COURS COMPLET D'ENSEIGNEMENT

POUR LE

CERTIFICAT D'ÉTUDES

DES SCIENCES

Physiques, Chimiques et Naturelles

PUBLIÉ SOUS LA DIRECTION DE

M. G. MANEUVRIER

Ancien élève de l'École normale supérieure,
Agrégé des Sciences Physiques et Naturelles,
Docteur ès Sciences Physiques,
Directeur adjoint du Laboratoire des Recherches Physiques
à la Faculté des Sciences de Paris.

Cette Collection comprend 8 volumes in-18
AVEC DE NOMBREUSES FIGURES DANS LE TEXTE

1° **Cours de Physique.** 630 pages. Broché, 5 fr. ; cartonné. 6 fr. » 2° **Travaux pratiques et manipulations de Physique.** 250 pages. Broché, 2 fr. 50 ; cartonné. 3 fr. 50	**Par A. GUILLET** Agrégé des Sciences Physiques, Préparateur de Physique à la Faculté des sciences de Paris.
3° **Cours de Chimie.** 516 pages. Broché, 5 fr. ; cartonné. . . . 6 fr. » 4° **Travaux pratiques et manipulations de Chimie.** 268 pages. Broché, 2 fr. 50 ; cartonné. 3 fr. 50	**Par L. MAQUENNE** Docteur ès Sciences Physiques, Assistant au Muséum d'Histoire naturelle de Paris.
5° **Cours de Zoologie.** 550 pages. Broché, 5 fr. ; cartonné. 6 fr. » 6° **Dissections et manipulations de Zoologie.** 300 pages. Broché, 2 fr. 50 ; cartonné. . . . 3 fr. 50	**Par L. BOUTAN** Docteur ès Sciences Naturelles, Maître de Conférences de Zoologie à la Faculté des sciences de Paris.
7° **Cours de Botanique.** 628 pages. Broché, 5 fr. ; cartonné. 6 fr. » 8° **Travaux pratiques et manipulations de Botanique.** 200 pages. Broché, 2 fr. 50 ; cartonné. 3 fr. 50	**Par G. COLOMB** Docteur ès Sciences Naturelles Sous-Directeur du Laboratoire des Recherches Botaniques à la Faculté des sciences de Paris.

Tous les volumes se vendent séparément.

AVERTISSEMENT DE L'ÉDITEUR

On sait que le *Certificat d'études physiques, chimiques et naturelles* est actuellement conféré aux étudiants en médecine par les Facultés des sciences, comme sanction d'un enseignement approprié, qui est professé dans les dites Facultés (1). Les origines, la nature et la portée de ce nouvel enseignement ont été nettement définies par les remarquables Rapports de MM. les doyens de la Faculté de médecine (2) et de la Faculté des sciences (3) de l'Université de Paris.

Les Facultés de médecine — dit M. Darboux — *se réservent de la manière la plus complète, l'étude des applications des sciences physiques et naturelles aux diverses branches de l'art de guérir; mais elles réclament des étudiants déjà initiés aux principes de ces sciences. L'enseignement nouveau doit donc être avant tout, un enseignement général et non pas un enseignement d'application. Mais comme le médecin n'est pas un théoricien, mais un homme pratique, le nouvel enseignement doit être, en même temps que théorique, pratique et expérimental.*

Fidèle aux traditions déjà anciennes de notre maison, nous ne pouvions rester indifférent ni étranger à cette importante évolution des études médicales : aussi avons-nous pris nos mesures pour y aider, nous l'espérons, avec efficacité. C'est dans cet esprit que nous publions un *Cours d'études physiques, chimiques et naturelles*, dont nous avons confié la direction et la rédaction à des professeurs expérimentés doublés d'hommes de sciences distingués, que nous avons été chercher à la Sorbonne même et au Muséum. Ce Cours complet comprend huit volumes, dont quatre volumes de Science pure et quatre de Science appliquée ou Travaux pratiques, qui sont, les uns et les autres, strictement conformes, dans la lettre comme dans l'esprit, aux nouveaux programmes de 1893. Nous les offrons avec confiance aux étudiants, convaincus que nous sommes de contribuer par là à diriger leurs études, à alléger leur besogne et à faciliter leur succès aux examens. Et si nous parvenons à y réussir, dans une certaine mesure, ce sera pour nous, comme pour nos collaborateurs, la plus précieuse des récompenses.

O. DOIN.

N. B. — Notre publication étant absolument conforme à l'esprit même des nouveaux programmes, s'adresse non seulement aux étudiants en médecine, mais encore aux bacheliers de tous ordres et même aux sujets d'élite qui se destinent à l'Ecole centrale, à l'Ecole de physique et chimie de la Ville de Paris, à l'Institut agronomique, aux Ecoles vétérinaires et, en général, aux carrières industrielles et agricoles.

---

(1) Décret relatif à l'institution dans les Facultés des sciences d'un certificat d'études physiques, chimiques et naturelles (du 31 juillet 1893).
(2) Décret relatif à la réorganisation des études médicales (du 31 juillet 1893).
(3) Réorganisation des études médicales (Rapport de M. Brouardel). — Certificat d'études physiques, chimiques et naturelles (Rapport de M. Darboux).

COURS DE BOTANIQUE

PAR

G. COLOMB

Docteur ès-Sciences Naturelles.
Sous-Directeur du Laboratoire des Recherches Botaniques
à la Faculté des Sciences de Paris.

Avec 660 figures dans le texte.

PARIS
OCTAVE DOIN, ÉDITEUR
8, PLACE DE L'ODÉON, 8

1897

COURS DE BOTANIQUE

LIVRE PREMIER

LA CELLULE ET LES TISSUS VÉGÉTAUX

CHAPITRE PREMIER

ÉLÉMENTS CONSTITUTIFS DE LA CELLULE

1. La Cellule est l'élément du corps vivant. — Tout organisme vivant est une association d'éléments juxtaposés auxquels on a donné le nom de *cellules*. Étudier la constitution d'une cellule, c'est donc étudier du même coup tous les éléments constitutifs du corps vivant.

2. Constitution d'une cellule-type complète et adulte. Ses parties essentielles. — Une cellule végétale complète, en pleine vie, se compose de quatre parties qui, de l'extérieur à l'intérieur, sont :

1° Une membrane M rigide, résistante, en cellulose ($C^6H^{10}O^5$), circonscrivant une sorte de chambre (fig. 1);

2° Une matière molle, granuleuse, semi-liquide, le *Protoplasma* ou Protoplasme P ;

3° Plongé dans le protoplasme, un corps arrondi à contours bien distincts, le *noyau* N ;

4° Enfin, disséminés çà et là dans le protoplasme, de petits grains souvent sphériques, parfois allongés, qui jouent un rôle très actif dans la vie de la cellule et qu'on nomme des *leucites*. Ils sont de dimensions trop petites pour qu'on puisse les distinguer sur la figure.

Il est bon de faire remarquer que, le plus souvent, surtout quand la cellule est un peu âgée, le protoplasme ne remplit pas toute la cavité cellulaire ; il en résulte nécessairement des vides V (fig. 2) nommés *vacuoles*,

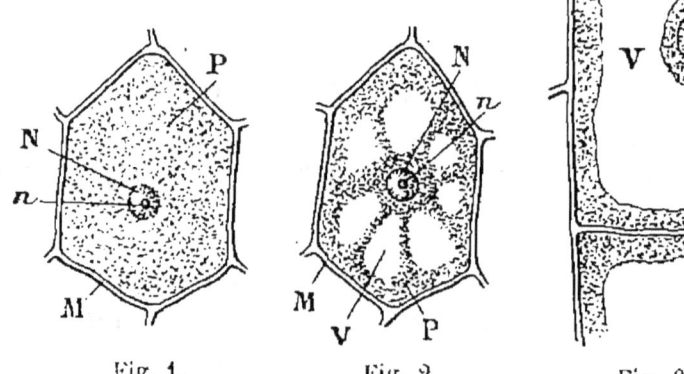

Fig. 1.   Fig. 2.   Fig. 3.

remplis d'un liquide spécial, le *suc cellulaire*.

Parfois même les différentes vacuoles confluent en une grande vacuole unique et centrale (fig. 3), le protoplasme ne faisant alors que tapisser la membrane et le noyau restant toujours enclavé dans le protoplasme.

3. Le protoplasme est la partie essentielle de la cellule. — D'abord il est facile de prouver que le protoplasme est vivant : en effet, il *respire*, c'est-à-dire que, comme tous les êtres vivants, il absorbe de l'oxygène et dégage de l'acide carbonique; il se *meut* sans cesse dans l'intérieur de la cellule, par de véritables mouvements de reptation, entraînant avec lui les granules, les leucites et le noyau. Il est doué d'une certaine contractilité, d'une *excitabilité* qui dépend des divers agents physiques auxquels il est soumis : ainsi, dans une cellule de feuille d'*Elodea Canadensis*, où les courants protoplasmiques sont particulièrement visibles, on peut s'assurer qu'une légère augmentation de température a pour effet d'accroître sensiblement leur vitesse. Les mouvements du protoplasme peuvent être également modifiés par l'électricité et la lumière. Le protoplasme est donc doué d'une sorte de *sensibilité*, vague sans doute, mais cependant réelle.

Enfin, le protoplasme est l'agent actif des échanges nutritifs, gazeux ou liquides, qui s'opèrent entre la cellule et le milieu extérieur.

Donc, le protoplasme *respire, se nourrit, grandit et meurt;* il est doué de *sensibilité* et de *motilité*. Nous verrons plus tard qu'il peut aussi se reproduire. Il présente donc bien tous les caractères d'une substance vivante. Il est clair, par conséquent, que toute cellule qui contient du protoplasme est une cellule vivante; que toute cellule privée de son protoplasme est une cellule morte. Nous avions donc raison de dire, au début de ce paragraphe, que le protoplasme est la partie essentielle de la cellule.

4. La membrane provient du protoplasme. — La membrane dérive du protoplasme. Il est facile de le prouver en blessant une cellule de *Vaucheria* (sorte d'Algue) de façon à ouvrir largement la membrane et à permettre au protoplasme de se répandre dans l'eau ambiante.

On le voit aussitôt prendre une forme arrondie et se refaire rapidement une nouvelle membrane protectrice de cellulose.

Il y a, d'ailleurs, des Champignons inférieurs, tels que les *Myxomycètes* chez lesquels, pendant une partie de son existence, le protoplasme est libre et rampe à la surface des écorces sur lesquelles il vit, ou dans la terre meuble dans laquelle il végète. Quand arrive l'époque de la reproduction, ce protoplasme s'enveloppe d'une membrane de cellulose.

5. Autonomie du noyau et des leucites. — Quant au noyau et aux leucites, on ne peut pas affirmer qu'ils soient produits par le protoplasme. Il est même probable, si l'on en croit certains auteurs, qu'ils ont une origine indépendante du protoplasme, un leucite ne pouvant provenir que d'un autre leucite préexistant, comme le noyau ne peut avoir pris naissance que d'un autre noyau.

6. Relations des parties de la cellule entre elles. — Protoplasme, noyau, leucites, seraient donc, d'après cette manière de voir, des parties qui, bien que coexistant dans une même cellule, jouiraient cependant d'une certaine indépendance les unes par rapport aux autres. Elles constitueraient une association dans laquelle chacune d'elles remplit un rôle, accomplit une fonction qui lui est propre. Le protoplasme est chargé des relations extérieures : c'est lui, notamment, qui reçoit du dehors les éléments nutritifs bruts nécessaires à la vie de la cellule et, par suite, à la vie de la plante tout entière.

Les leucites reprennent en sous-œuvre ces éléments, les modifient de façon à en extraire les substances utiles qui resteront dans la cellule afin d'être utilisées plus tard. Si nous osions comparer le rôle des leucites à celui de certains organes animaux, nous dirions que la fonction des leucites est une fonction glandulaire, accomplie aux dépens des matériaux contenus dans le protoplasme. Ces leucites puisent, en effet, dans le protoplasme des matériaux qu'ils modifient, comme les glandes animales modifient les matériaux que le sang leur apporte.

Quant au noyau, il a, comme nous le verrons, un rôle essentiellement reproducteur.

La fonction de la membrane est uniquement de protéger les éléments actifs de la cellule.

Connaissant, dans ses grandes lignes, la fonction attribuée à chacune des parties constitutives de la cellule, il est maintenant nécessaire d'y revenir et d'en faire une étude plus approfondie.

CHAPITRE II

LE PROTOPLASME ET LE SUC CELLULAIRE

7. Caractères chimiques du protoplasme. — Le protoplasme est une substance de formule chimique assez peu constante : cela se comprend d'ailleurs puisque, comme nous l'avons vu, il reçoit à chaque instant de l'extérieur une foule de corps qui ne tardent pas à subir, une fois absorbés, de nombreuses et profondes modifications. Le protoplasme, pris dans son ensemble, renferme donc une multitude de corps étrangers de composition variable. Il n'est, par conséquent, pas un corps homogène chimiquement défini. Cependant on peut dire de lui qu'il est formé d'un substratum, d'une substance fondamentale, dont la composition est probablement toujours la même, quelle que soit la cellule que l'on considère, et présentant tous les caractères des substances azotées. Tous les protoplasmes, en effet, quelle que soit la plante dans laquelle ils se trouvent, dégagent, par distillation sèche, des vapeurs ammoniacales, de l'eau, des bases et des carbures d'hydrogène.

Le protoplasme se coagule par la chaleur et se colore en rose par l'action de l'acide sulfurique en présence du sucre.

Certaines substances, comme la glycérine et l'alcool, jouissent de la propriété de contracter, de coaguler le protoplasme à l'intérieur de la cellule. Cette action s'explique facilement par l'avidité que ces deux liquides ont pour l'eau. En effet, le protoplasme est très riche en eau ; dès lors, l'alcool absorbant l'eau du protoplasme, il est clair qu'il doit en résulter pour celui-ci une contraction qui a pour effet de le détacher des parois cellulaires (fig. 4).

C'est même là un moyen de démontrer que le protoplasme est toujours enveloppé d'une couche hyaline *m* (fig. 4) que l'on nomme *membrane albuminoïde* et qui paraît n'être que la couche superficielle du protoplasme ayant subi une sorte de concentration. Cette membrane albuminoïde se rencontre également sur tout le pourtour des vacuoles.

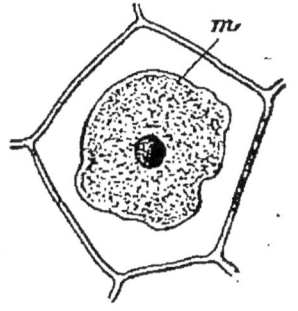

Fig. 4.
Protoplasme contracté.

Le protoplasme absorbe facilement certaines substances colorantes telles que l'hématoxyline, le carmin boraté, le violet de gentiane. Mais il reste imperméable à d'autres. Il n'est pas rare même qu'il demeure impénétrable aux dissolutions de sucre ou de chlorure de sodium. Cette imperméabilité est, en général, attribuée à la présence de la membrane albuminoïde *m* qui l'enveloppe de toutes parts.

8. Structure du protoplasme. — Le protoplasme est-il une substance amorphe ou possède-t-il une structure spéciale et complexe ? Il serait bien difficile, dans l'état actuel de la science, de répondre à cette question d'une façon définitive. Cependant la présence de granules infiniment petits dans son intérieur, les stries régulières qu'il présente dans certains cas, sembleraient indiquer qu'il est formé par la juxtaposition d'éléments associés, sur la nature et la forme desquels il serait prématuré de se prononcer, mais qui feraient de lui un corps *organisé*.

9. Substances diverses contenues dans le protoplasme. — Le protoplasme puisant, comme nous l'avons dit, dans le milieu extérieur une foule de substances qui s'y modifient et s'y transforment, il y a lieu de voir quels sont les corps étrangers les plus habituels que contient le protoplasme. Ces substances appartiennent à deux catégories : les matières que le protoplasme met en réserve pour ses besoins ultérieurs, et les substances d'élimination, les déchets provenant de son activité propre et qu'il immobilise quand il ne les rejette pas à l'extérieur. La chimie cellulaire étant d'ailleurs à peine ébauchée, l'origine et la fin de toutes ces substances sont encore entourées d'un certain mystère. Nous n'avons donc, pour ainsi dire, qu'à constater leur présence dans la cellule.

Amidon (voir p. 17 et suivantes).

Corps gras. — Le protoplasme renferme souvent des *corps gras*, qu'on nomme des *huiles* s'ils se présentent sous forme de gouttelettes liquides (fig. 5), des *beurres*, s'ils sont solidifiés sous forme de particules amorphes. Il est inutile de faire remarquer que, selon la température de la cellule, les huiles peuvent se transformer en beurres et inversement. Les cellules de la graine du Colza ou du Ricin, les fruits de l'Olivier ou du Lin, contiennent des gouttelettes huileuses; la Noix de coco, le Cacao, renferment des beurres à la température ordinaire.

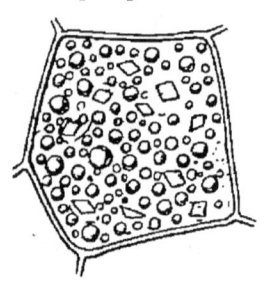

Fig. 5. — Gouttelettes huileuses et cristalloïdes.

Les corps gras sont toujours des matières de réserve quand ils se trouvent dans les cellules des graines.

Cristalloïdes (fig. 5). — Dans certaines cellules de la Pomme de terre, on trouve parfois des corps d'aspect cristallisé, c'est-à-dire présentant une forme géométrique régulière. Ce ne sont cependant pas de vrais cristaux, car ils peuvent augmenter de volume en absorbant de l'eau. Ils sont de nature albuminoïde; mais comme, une fois formés, ils ne se redissolvent jamais dans l'eau, il est évident qu'ils sont immobilisés dans la cellule et ne peuvent jamais être utilisés par elle : ce sont donc des produits d'élimination.

10. Substances contenues dans le suc cellulaire. — *Grains d'aleurone.* — Dans les cellules de la plupart des graines, mais surtout dans celles des graines oléagineuses, on trouve des corpuscules arrondis formés d'une substance albuminoïde amorphe, soluble dans l'eau, insoluble dans l'huile ou la glycérine et contenant des enclaves également albuminoïdes. Ces enclaves peuvent affecter la forme de cristalloïdes ou de globoïdes et sont souvent accompagnés de cristaux de nature minérale. Le cristalloïde renfermé dans le grain d'aleurone a tout à fait le même aspect que le cristalloïde précédemment décrit comme enclave du protoplasme; mais il en diffère parce qu'il se redissout facilement dans l'eau. Il constitue donc une matière de réserve, pouvant être utilisée par la cellule quand le moment en est venu.

Quant au globoïde, c'est, comme son nom l'indique, un corps de forme globulaire. Sa nature chimique semble le rapprocher des glycéro-phosphates ou des saccharo-phosphates de magnésie ou de calcium.

On a beaucoup discuté relativement à l'origine de ces

grains d'aleurone. L'explication la plus satisfaisante est la suivante : une graine récemment formée possède des cellules à nombreuses vacuoles contenant beaucoup de suc cellulaire. Ce suc tient en dissolution des matières minérales et des substances albuminoïdes diverses. Mais, peu à peu, la graine perd une grande quantité d'eau ; elle se désseche pour passer à l'état de *vie ralentie* et attendre ainsi le moment de germer. L'eau de ces vacuoles disparaît donc par évaporation. Les substances qui s'y trouvaient dissoutes se déposent, par conséquent, au fur et à mesure de la disparition de l'eau et finissent par remplir complètement l'espace primitivement occupé par la vacuole. Ce sont naturellement les substances les moins solubles qui se déposent les premières : cristaux,

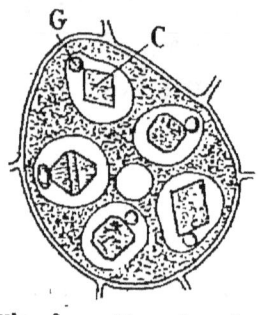

Fig. 6. — Vacuoles formatrices du grain d'aleurone avant la précipitation de la substance fondamentale albuminoïde.

cristalloïdes, globoïdes (fig. 6) ; puis les substances albuminoïdes plus solubles qui viennent se condenser autour de ces dépôts de première formation.

Quand la graine va germer, elle reprend de l'eau, le grain d'aleurone se redissout et la cellule reprend sa structure vacuolaire.

Cristaux. — Souvent, dans les vacuoles creusées au

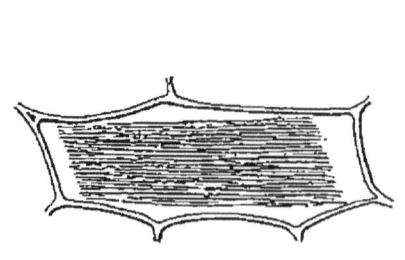

Fig. 7. — Raphides.

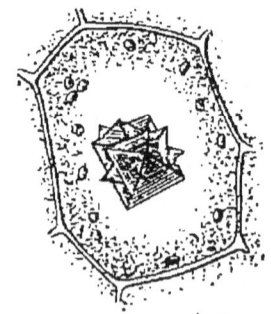

Fig. 8. — Cristal d'oxalate de calcium.

sein du protoplasme, on voit se déposer des cristaux

d'oxalate de calcium (fig. 8). Ces cristaux peuvent affecter deux formes cristallines différentes : tantôt ce sont des cristaux appartenant au système du prisme rhomboïdal oblique, tantôt des cristaux du système du prisme droit à base carrée. Ils se groupent souvent en paquets de longues aiguilles auxquels on a donné le nom de *raphides* (fig. 7). Mais, quel que soit le système cristallin auquel ils appartiennent, ces cristaux ne se redissolvent jamais dans l'eau de la cellule : ce sont donc, à n'en pas douter, des produits d'élimination.

L'inuline. — C'est une substance hydrocarburée dissoute dans le suc cellulaire et qui ne devient visible que si l'on observe dans l'alcool absolu la cellule qui la contient. L'alcool précipite, en effet, l'inuline qui se dépose alors sous forme de sphéro-cristaux, c'est-à-dire en groupes de cristaux rayonnant autour d'un

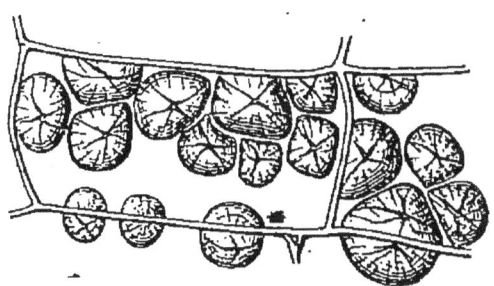

Fig. 9. — Sphéro-cristaux d'inuline.

centre (fig. 9), de façon que leur ensemble figure une sorte de sphéroïde.

L'inuline, qui est une matière de réserve, ne se rencontre jamais dans les mêmes cellules que l'amidon. Elle est très abondante dans les racines de Dahlia et dans les tubercules de Topinambour.

A ces substances, Aleurone, Cristaux et Inuline, il

faut en ajouter une foule d'autres qui sont dissoutes dans le suc cellulaire et que nous ne ferons qu'indiquer, attendu que leur étude doit trouver place dans le cours de Chimie.

Ce sont les *dextrines* et tous les *sucres* : la glucose qui se trouve dans les cellules des fruits doux, la lévulose dans les fruits mûrs et acides, la saccharose dans la Canne à sucre, la racine de Betterave, etc. ;

Des *gommes*, parmi lesquelles la gomme arabique, que l'on extrait des Acacias, la gomme adragante qui provient de l'Astragale. La gomme du pays est formée surtout par des Amygdalées (Pruniers, Cerisiers) ;

Des *glucosides*, tels que la digitaline (Digitale), la laurocérasine (Rosacées), l'arnicine (Arnica), l'absinthine (Absinthe), l'humuline (Houblon) ;

Des *tannins* (Chêne, Peuplier, Noix de galle), caractérisés par la coloration noire qu'ils forment avec les sels de fer ;

Des *acides fixes*, tels que l'acide oxalique ($C^2H^2O^4$), l'acide malique ($C^4H^6O^5$) qu'on trouve dans les Pommes vertes, les Groseilles, les Cerises, les Ananas ; les acides tartriques ($C^6H^6O^6$) dans les Raisins ; l'acide citrique dans la plupart des fruits acides ;

Des *acides volatils*, tels que l'acide cyanhydrique (C^2AzH) abondant dans les Rosacées, l'acide formique (CH^2O^2), l'acide acétique ($C^2H^4O^2$), l'acide valérique ($C^5H^{10}O^2$) dans les racines d'Angélique et de Valériane, etc

Des *matières colorantes*. Quand la couleur est rose, violette ou bleue, la matière qui la produit est toujours dissoute dans le suc cellulaire. Le rouge est, lui aussi, souvent dissout ; mais parfois il ne se manifeste que quand les cellules sont traitées par des solutions alcalines. C'est, par exemple, ce qui arrive pour l'*alizarine* et la *purpurine*, matières colorantes extraites de la racine de Garance, la *curcumine* qu'on tire du bois de Curcuma, la *santaline* qui se trouve dans le Santal. Quant au jaune, il existe ordinairement incorporé aux leucites.

Des *sels minéraux* très variés se trouvent dissous en abondance dans le suc cellulaire; ce sont des nitrates, des sulfates, des phosphates, des bicarbonates et des chlorures de potassium, de sodium, de magnésie, de calcium, de fer, etc.

Des *alcaloïdes*, substances azotées généralement combinées aux acides organiques de la cellule. Il est alors facile de comprendre qu'on peut les déplacer de leurs combinaisons et les extraire, par conséquent, en traitant les plantes qui les contiennent par un alcali minéral qui se substitue à eux et les rend libres en s'emparant de leur acide.

Nous donnons, d'ailleurs (p. 14), à titre de renseignement, un tableau emprunté à la chimie agricole de M. Gain et qui indique la provenance des principaux alcaloïdes, si importants au point de vue de la thérapeutique et de la médecine légales, puisque la plupart d'entre eux constituent des poisons d'une extrême violence.

Ferments solubles. — A certains moments, quand la cellule se dispose à utiliser ses réserves, apparaissent dans le suc cellulaire des ferments appropriés à la digestion de ces réserves. C'est ainsi que l'on peut alors rencontrer dans la cellule :

Des *diastases*, agissant sur l'amidon pour le transformer en sucre ;

De la *maltase*, agent de la transformation de la maltose en glucose ;

De l'*inulase*, qui agit sur l'inuline en la transformant en sucre ;

Tableau des principaux alcaloïdes végétaux.

FORMULES	ALCALOIDES	PLANTES D'ORIGINE	FAMILLES
$C^{30}H^{47}AzO^7$	Aconitine	*Aconitum Napellus* (Aconit)	Renonculacées.
	Amanitine	*Amanita*	Champignons.
$C^{17}H^{23}AzO^3$	Atropine	*Atropa Belladona* (Belladone)	Solanées.
	Berberine	*Berberis* (Epine-Vinette)	Berbéridées.
$C^{23}H^{26}Az^2O^4+4Aq.$	Brucine	*Strychnos Nux-vomica*	Strychnées.
$C^8H^{10}Az^4O^2$	Caféine	*Coffea* (Café)	Rubiacées.
	Chélidonine	*Chelidonium* (gr de Eclaire)	Papavéracées.
$C^{20}H^{24}Az^2O$	Cinchonine	*Cinchona* (Quinquina)	Rubiacées.
	Colchicine	*Colchicum* (Colchique)	Colchicacées.
$C^{18}H^{21}AzO^3+Aq$	Codéine	*Papaver* (Pavot)	Papavéracées.
$C^8H^{15}Az$	Conicine	*Conium* (Ciguë)	Ombellifères.
	Curarine	*Cocculus toxiferus*	Ménispermacées.
$C^{22}H^{25}Az^3O^6$	Delphinine	*Delphinium* (Pied d'alouette)	Renonculacées.
$C^{42}H^{68}Az^{32}O^7$	Delphinoïdine	*Delphinium* (Pied d'alouette)	—
$C^{20}H^{30}Az^2O^5$	Emétine	*Ipeca*	Rubiacées.
$C^{45}H^{21}Az^3O^2$	Esérine	*Physostigma*	Phaséolées.
	Hyoscyamine	*Hyoscyamus*	Solanées.
$C^{17}H^{19}AzO^3+Aq$	Morphine	*Papaver* (Pavot)	Papavéracées.
	Muscarine	*Muscari*	Liliacées.
$C^{23}H^{29}AzO^9$	Narcéine	*Papaver* (Pavot)	Papavéracées.
$C^{22}H^{23}AzO^7$	Narcotine	—	—
$C^{10}H^{14}Az^2$	Nicotine	*Nicotiana* (Tabac)	Solanées.
$C^{20}H^{21}AzO^4$	Papavérine	*Papaver* (Pavot)	Papavéracées.
	Pilocarpine	*Piper reticulatum*	Pipéracées.
$C^{17}H^{19}AzO^3$	Pipérine	*Piper nigrum*	—
$C^{20}H^{24}Az^2O^2+2H^2O$	Quinidine	*Cinchona* (Quinquina)	Rubiacées.
$C^{20}H^{24}Az^2O^2+3H^2O$	Quinine	*Cinchona* (Quinquina)	—
$C^{43}H^{69}AzO^{15}$	Solanine	*Solanum*	Solanées.
$C^{21}H^{20}Az^2O^2$	Strychnine	*Strychnos Nux-vomica*	Strychnées.
$C^{22}H^{33}Az^3O^3$	Staphysagrine	*Delphinium Staphysagria*	Renonculacées.
	Taxine	*Taxus baccata* (If)	Conifères.
$C^{19}H^{21}AzO^3$	Thébaïne	*Papaver* (Pavot)	Papavéracées.
$C^7H^8Az^4O^2$	Théobromine	*Theobroma Cacao*	Malvacées.
$C^{32}H^{52}Az^2O^8$	Vératrine	*Veratrum*	Colchicacées.

De l'*invertine*, qui dédouble le sucre de Canne non assimilable, en glucose et lévulose assimilables, c'est-à-dire capables d'être utilisées par la cellule pour sa nutrition ;

De l'*émulsine*, qui agit sur les glucosides et les transforme en sucre en donnant naissance à un produit de la série aromatique ;

EXEMPLE :

$$C^{20}H^{27}AzO^{11} + 2H^2O = 2C^6H^{12}O^6 + C^7H^6O + C^2AzH.$$

Amygdaline.   Glucose.   Hydrure   Acide
de benzoïle. cyanhydrique.

De la *pepsine*, qui, dans un milieu acide, transforme les réserves azotées en peptones ;

De la *saponase*, qui transforme les corps gras de réserve en glycérine et acide gras.

On peut remarquer en passant que la plupart de ces ferments se retrouvent chez les animaux pour la digestion des mêmes substances et que, par conséquent, les phénomènes digestifs s'accomplissent de la même façon dans les deux règnes. Nous pouvons, en outre, faire observer que le mot *digestion* est synonyme de *transformation des substances insolubles en substances solubles et assimilables*.

La digestion n'est donc qu'une dissolution consécutive à une transformation rendant cette dissolution possible.

CHAPITRE III

LES LEUCITES ET LA MEMBRANE

Les Leucites.

11. Leur composition. — On ne sait qu'une chose certaine sur la composition chimique des leucites : c'est qu'ils sont, comme le protoplasme, de nature albuminoïde. Mais il serait difficile d'en rien dire de plus précis. Tous se distinguent assez facilement du protoplasme ambiant, surtout si l'on fait usage de certains réactifs colorants comme le violet de gentiane très étendu, qui les colore sans colorer le protoplasme dans lequel ils sont plongés.

Ce procédé d'investigation, nécessaire pour ceux d'entre eux qui sont incolores, devient évidemment inutile pour ceux qui sont naturellement colorés et qui se distinguent à première vue du protoplasme général.

12. Les deux catégories de leucites. — Il y a, en effet, deux sortes de leucites : les leucites colorés ou *chromoleucites* et les *leucites incolores*.

Les plus importants des leucites colorés sont les *xantholeucites* ou leucites jaunes et les *chloroleucites* ou leucites verts. Les xantholeucites sont imprégnés d'une matière colorante jaune, la *xanthophylle*, plus connue sous le nom d'*étioline*. C'est à elle qu'est due la teinte jaune caractéristique des plantes dites étiolées, qui se sont développées dans l'obscurité. La xanthophylle est soluble dans l'alcool, mais insoluble dans l'eau.

Considérons une cellule de plante étiolée qui ne contient, par conséquent, que des xantholeucites et soumettons cette cellule à l'action de la lumière. Les xantholeucites se teignent alors rapidement en vert par la formation d'une substance azotée, la *chlorophylle*, qui vient se superposer à la xanthophylle et la masquer. La chlorophylle, que nous étudierons d'une façon plus approfondie lorsque nous nous occuperons de la feuille, est assez soluble dans l'alcool, mais l'est beaucoup plus dans l'éther, la benzine, l'huile de pétrole; c'est même cette inégale solubilité qui permet de l'isoler de la xanthophylle qui imprègne les mêmes leucites qu'elle.

Il existe encore quelques Chromoleucites d'une moindre importance fonctionnelle que les précédents. Ainsi on trouve dans les cellules de la racine de la Carotte, du fruit du Melon, des leucites colorés en jaune orangé par une substance cristallisée qui a reçu le nom de *Carotine*.

13. Rôles des leucites. — Les leucites paraissent avoir pour fonction principale la fabrication des réserves et notamment de l'amidon qui s'accumule sous forme de grains arrondis d'une abondance telle, qu'ils remplissent parfois presque complètement la cavité de la cellule qui les contient (fig. 10).

Ces grains d'amidon (fig. 11) sont ovoïdes et formés de couches alternativement ternes et brillantes, la couche superficielle étant toujours brillante et le point central sombre. Cette différence de réfringence est due à la plus ou moins grande quantité d'eau que contiennent les couches successives du grain, les cou-

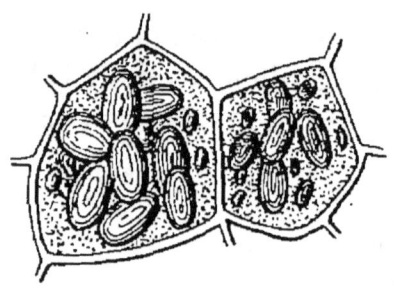

Fig. 10. — Cellules remplies de grains d'amidon.

ches ternes étant les plus aqueuses. Il est facile, en effet, de faire disparaître la stratification du grain d'amidon, soit en le traitant par l'alcool qui absorbe

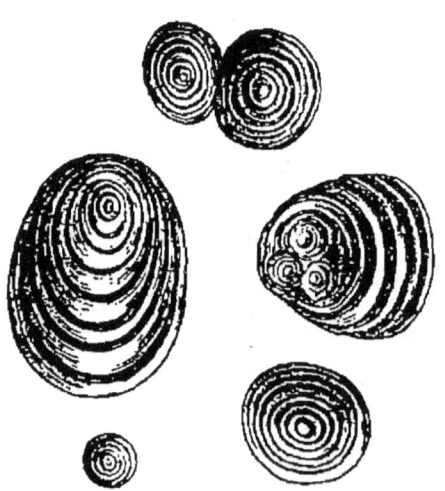

Fig. 11. — Grains d'amidon.

l'eau d'hydratation des couches obscures et rend tout le grain uniformément brillant, soit en le traitant par la potasse étendue qui lui fournit, au contraire, un excès d'eau et le rend sombre dans toute sa masse.

Rappelons que la réaction caractéristique de l'amidon, celle qui permet de le mettre en évidence dans les cellules, est son bleuissement par l'eau iodée.

Un grain d'amidon prend, semble-t-il, toujours naissance dans un leucite, quelquefois incolore, mais le plus souvent dans un chloroleucite (fig. 12). Nourri par

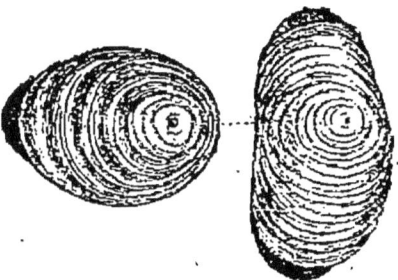

Fig. 12. — Leucites chlorophylliens formant des grains d'amidon.

le leucite dans lequel il est enclavé à l'origine, il augmente rapidement de volume par l'adjonction continue de couches nouvelles. Il arrive alors que son accroissement rapide fait éclater en un point l'enveloppe du leucite, et le grain d'amidon, continuant à croître, fait hernie à l'extérieur; n'étant plus nourri que par la partie encore contenue dans le leucite, il prend rapidement la forme excentrique qui lui est habituelle. Cependant quand, au lieu de prendre naissance dans la couche superficielle du leucite, il naît dans une couche centrale, il grossit uniformément sur tout son pourtour et conserve alors sa forme sphérique initiale.

Un même leucite pouvant produire ainsi, simultanément, plusieurs grains d'amidon, ne tarde pas à être épuisé et à disparaître, une fois sa fonction remplie. Alors les grains d'amidon formés se trouvent disséminés au milieu du protoplasme général, en attendant le moment où la cellule utilisant ses réserves, une *diastase* apparaîtra qui, transformant par fixation d'eau, l'amidon en dextrine puis en maltose (voir la

Germination, p. 77), le rendra soluble. Digéré, il disparaîtra donc peu à peu en se dissolvant dans les liquides cellulaires.

Sous l'action de la diastase (amylase) qui en attaque d'abord la surface, le grain d'amidon se détruit d'une façon assez irrégulière (fig. 13); mais il arrive quelquefois que la digestion de l'amidon s'arrête et que celui-ci se reforme. On voit alors de nouvelles couches se déposer à l'extérieur du grain, combler les vides et rendre peu à peu au grain, sa forme régulièrement arrondie. C'est cette observation qui nous a fait dire précédemment que le grain, nourri par le leucite, s'accroît comme le fait un cristal, par *apposition* de couches nouvelles à l'extérieur de celles plus anciennement formées.

Fig. 13. — Grain d'amidon irrégulièrement corrodé par l'amylase.

La membrane.

14. Constitution chimique de la membrane. — La membrane qui enveloppe la cellule adulte est formée en majeure partie d'une substance ternaire, la Cellulose, dont la formule est $C^6H^{10}O^5$. C'est la matière qui forme le coton. Mais la membrane n'est pas formée de cellulose pure : elle contient en outre, intimement mélangée à la cellulose, des composés pectiques ou gélatineux (pectose, pectine, acide pectique, etc.) (1).

Le seul dissolvant connu de la cellulose est le liquide de Schweitzer ou liquide cupro-ammoniacal, obtenu en faisant, à plusieurs reprises, passer de l'ammoniaque

---

(1) L. Mangin.

en dissolution dans l'eau, sur de la tournure de cuivre placée dans un entonnoir.

Le chloro-iodure de zinc colore la membrane cellulosique en bleu, ce qui se comprend facilement si l'on remarque que le chlorure de zinc transforme la cellulose en amidon et que celui-ci se colore ensuite en bleu par l'iode du chloro-iodure.

15. Modifications chimiques de la membrane. — Souvent, en vieillissant, la membrane subit des changements qui peuvent parfois modifier sa nature chimique. Ainsi les couches externes se transforment en *cutine*, $C^{16}H^{10}O$, substance se rapprochant beaucoup des corps gras (fig. 14) (voir Épiderme, p. 42). Dans ce cas le passage des couches internes cellulosiques aux couches externes *cutinisées* se fait par degrés insensibles. La membrane ne se cutinise que quand elle renferme des composés pectiques, jamais quand elle est faite de cellulose pure (1).

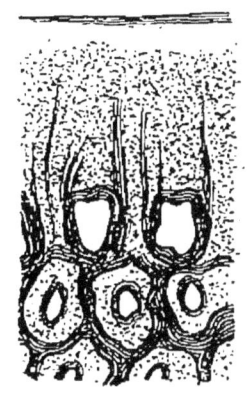

Fig. 14. — Membrane épaissie et cutinisée.

La *subérification* de la membrane n'est autre que sa transformation en liège ou *suber* se colorant en jaune par le chloro-iodure de zinc.

La *gélification* est une modification de la cellulose qui devient une matière de nature cornée pouvant se gonfler sous l'action de l'eau et former une sorte de mucilage ou gelée (graines de Lin).

La *lignification* n'est pas une transformation chimique de la cellulose de la membrane; c'est simple-

---

(1) L. Mangin.

ment une incrustation de cette membrane, une imprégnation de *lignine* ou vasculose, substance qui se colore en jaune par le sulfate d'aniline, en rouge par la fuchsine ammoniacale, en vert par le vert d'iode.

La cérification est une exsudation de cire à travers la membrane et qui a pour effet de la rendre imperméable aux liquides.

La minéralisation est, comme la lignification, une

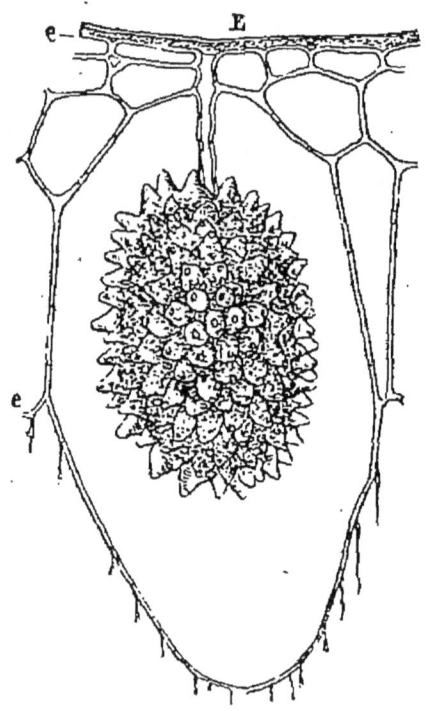

Fig. 15. — Cystolithe de *Ficus elastica*.

imprégnation plus ou moins complète. Il arrive souvent, en effet, que des dépôts de sels minéraux se produisent dans la membrane. Tel est le cas présenté par les cellules des Graminées et de l'épiderme des Équisétacées, dans les membranes desquelles se forment d'abondants dépôts de silice. C'est au point que certaines feuilles de Graminées en deviennent extrêmement coupantes, et que les Équisétacées ont pu être utilisées industriellement pour le polissage des métaux.

Dans certaines cellules épidermiques du *Ficus elastica* (Caoutchouc), du Houblon, de l'Ortie, la membrane produit une sorte de suspenseur cellulosique dans lequel on voit, incrustés, de nombreux cristaux de carbonate de calcium (fig. 15).

16. Structure de la membrane. — Si l'on étudie à un fort grossissement, la section transversale d'une cellule, on remarque que la membrane coupée se montre formée de couches concentriques alternativement sombres et brillantes, la couche la plus externe et la couche la plus interne étant toujours brillantes. Cette sorte de stratification est due à une différence dans l'hydratation, les couches ternes étant les plus aqueuses. C'est ce que nous avons déjà observé lorsque nous avons étudié la structure du Grain d'amidon (p. 18).

Sur une coupe longitudinale, la membrane se présente de face et se montre parfois sillonnée de bandes obliques, parallèles entre elles, alternativement sombres et claires, disposées en deux séries se coupant suivant un angle variable (fig. 16). Ces bandes déterminent une sorte de mosaïque formée de prismes parallélipipédiques et orientés perpendiculairement à la surface de la membrane. Ces prismes sont très sombres et, par conséquent, très riches en eau, s'ils sont formés par l'intersection de deux bandes ternes; ils sont demi-clairs, s'ils se trouvent à l'intersection d'une zone

Fig. 16.
Membrane sillonnée de bandes.

sombre avec une zone claire, et brillants, s'ils sont à la rencontre de deux zones claires. Donc les zones concentriques que nous avons remarquées sur une section transversale de la membrane se trouvent formées par la juxtaposition de prismes clairs et obscurs, ce qui semble faire supposer que la membrane a une structure cristalline. Les derniers travaux sur ce sujet paraissent, en outre, établir que, dans l'intérieur même de la membrane, se trouve un protoplasme spécial, le *dermatoplasme*, qui la nourrit et lui permet, par conséquent, de s'accroître aussi bien en épaisseur qu'en surface. D'après cette manière de voir, la membrane ne serait pas, comme on l'a dit, une sorte d'exsudation se formant *à l'extérieur* du protoplasme cellulaire, mais une formation se déposant *dans* une couche protoplasmique superficielle. D'ailleurs, quand nous traiterons de la division de la cellule (p. 33), nous verrons la cellulose se former au sein même du protoplasme, aux dépens et par la transformation chimique de petits grains (dermatosomes) dont quelques-uns persistent non modifiés au milieu de la membrane de nouvelle formation et la nourrissent.

17. Croissance de la membrane. — La membrane, d'abord très mince, devient peu à peu de plus en plus épaisse. En même temps qu'elle s'épaissit, elle s'allonge. On a cherché à savoir quel pouvait bien être le mécanisme de ce double accroissement. Certains auteurs ont prétendu qu'il se faisait par superposition de couches nouvelles à l'extérieur des couches anciennes. Mais si cette opinion suffit pour expliquer l'accroissement de la membrane en épaisseur, elle laisse inexpliqué l'accroissement en surface. On voit bien, en effet, comment l'*apposition* de couches nouvelles augmente l'épaisseur de la membrane, mais on comprend moins que cette apposition puisse produire un allongement appréciable. Il faut donc, de toute nécessité, admettre qu'il y a non seulement apposition, mais encore *intussusception*, c'est-à-dire dépôt, intercalation de matériaux nouveaux entre les parties déjà formées de la membrane cellulaire, de sorte que la membrane s'accroît dans tous les sens. Ces matériaux nouveaux seraient fournis par le dermatoplasme dont nous venons de parler et qui n'est autre qu'un prolongement du protoplasme dans l'épaisseur même de la membrane.

18. Résumé. — En résumé, on voit que réduite à ses parties essentielles, c'est-à-dire lorsqu'elle n'a pas encore été altérée par des modifications chimiques de sa substance ou par des imprégnations de substances étrangères, la *membrane* est formée d'une masse générale de nature cellulosique, au milieu de laquelle se trouve du dermatoplasme. Ce dermatoplasme n'est autre qu'un protoplasme spécial qui a toutes les propriétés du protoplasme général et est, par conséquent, capable de nourrir par intussusception, la membrane dans laquelle il se trouve. Recevant ainsi sans cesse, par l'intermédiaire du dermatoplasme, des matériaux nouveaux qui viennent s'intercaler aux anciens, la membrane s'épaissit et s'allonge.

L'épaississement n'est pas toujours uniforme et la membrane finit par présenter des parties épaisses et d'autres minces, d'où résultent des ornements soit en relief, soit en creux, sur lesquels nous aurons à revenir (p. 38 et suivantes).

CHAPITRE IV

LE NOYAU. — REPRODUCTION DES CELLULES

19. Universalité du noyau. — Le noyau de la cellule joue, comme nous allons le voir, un rôle d'une importance telle, qu'on ne comprend pas qu'une cellule puisse en être privée. C'est pourquoi, si certaines cellules végétales semblent n'en pas avoir, on peut affirmer que cela tient à l'imperfection de nos moyens de recherche. Et comme à mesure que nos procédés d'investigation deviennent plus puissants, le nombre des cellules qui paraissaient privées de noyau diminue de plus en plus, il est légitime de généraliser et d'admettre que toute cellule contient un noyau.

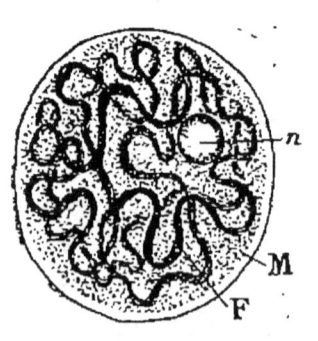

Fig. 17. — Le noyau (schéma).

20. Structure du noyau. — Le noyau (fig. 17), comprend 4 parties bien distinctes, qui sont :

1° La *membrane nucléaire* M ;

2° La substance fondamentale qui remplit la membrane et qu'on nomme le *suc nucléaire* ;

LE NOYAU 27

3° Un filament, F, plusieurs fois pelotonné sur lui-même : c'est le *filament nucléaire*;

4° Un ou plusieurs petits corps arrondis, les *nucléoles n* qui peuvent même, dans certains cas, renfermer des corps plus petits, les *nucléolules*.

21. Caractères physiques et chimiques des différentes parties du noyau. — La *membrane* et le *suc nucléaire* ne prennent pas les matières colorantes; ils se rapprochent donc, par cette propriété négative, du protoplasme qui, lui aussi, est peu sensible aux réactifs colorants. Le suc nucléaire est très aqueux, semifluide et d'autant plus abondant, naturellement, que le filament nucléaire occupe lui-même moins de place à l'intérieur du noyau.

Le *filament nucléaire*, pelotonné dans le noyau, peut, en effet, occuper la presque totalité du noyau. Il n'est pas rare, alors, que les parties de ce filament que le hasard du pelotonnement amène à être en contact, contractent entre elles des adhérences; de sorte que, dans ce cas, ce n'est plus un filament, mais un *réseau nucléaire* qui existe dans le noyau et dont les mailles sont occupées par le suc nucléaire.

Le filament nucléaire est formé d'une substance protoplasmique, la *linine*, dans laquelle sont disposées en séries linéaires des granulations d'une substance phosphorée, capable d'absorber et de fixer fortement les matières colorantes, telles que l'*hématoxyline* qui la colore en rouge, le violet de Paris ou le vert de méthyle; aussi a-t-on donné à cette substance le nom de *chromatine*.

On comprend alors que, dans le cas où le filament remplit presque le noyau, la chromatine est nécessairement très abondante dans ce noyau, et qu'à un grossissement insuffisant, elle semble y être uniformément répartie. C'est ce qui avait fait autrefois donner comme caractère distinctif du noyau, la facilité avec laquelle il absorbe les matières colorantes. C'était là une exagération évidente et une interprétation fausse des faits, puisque, de toutes les parties constitutives du noyau, les granulations de Chromatine et le nucléole seuls, prennent les matières colorantes.

Le filament nucléaire serait plus justement nommé la chaîne nucléaire, car il paraît être formé de tronçons placés bout à bout et accolés, quoique distincts, dans les noyaux à l'état de repos.

22. Les sphères directrices extra-nucléaires (fig. 18).

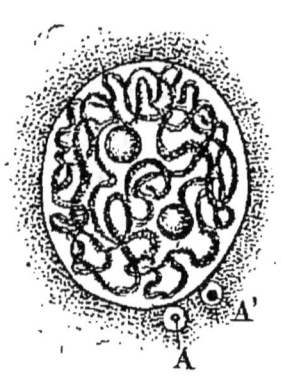

Fig. 18.
Les sphères directrices (schéma).

— Un peu en dehors du noyau, dans le protoplasme général de la cellule, mais tout contre le noyau, se trouvent deux petits corps arrondis, placés très près l'un de l'autre, et dont les limites sont marquées par une ligne circulaire de fins granules : ce sont les *sphères directrices* A et A'. Elles se distinguent nettement du protoplasme ambiant.

Reproduction des cellules.

23. La cellule peut se diviser. — Sans entrer, pour le moment, dans le détail de la reproduction des végétaux, nous pouvons dire que tout végétal commence par n'être jamais qu'une cellule unique. Or, comme un végétal se compose, dans la plupart des cas, d'une agglomération considérable de cellules juxtaposées, il est nécessaire de montrer comment la cellule primitive peut donner naissance à toutes les autres. Elle le fait en se divisant en deux, puis chacune des deux cellules nouvelles grandit pour se diviser à son tour et ainsi de suite ; de sorte que, de division en division, le végétal, monocellulaire au début, devient très rapidement polycellulaire.

24. Bipartition cellulaire. — On nomme ainsi l'acte par lequel une cellule se divise en deux autres. La bipartition débute par la division du noyau.

1re phase (fig. 19). — Les sphères directrices A et A' s'écartant l'une de l'autre en glissant en quelque sorte le long du noyau, viennent se placer aux deux pôles opposés ; indiquant ainsi quelle est la direction dans laquelle se fera la division. En même temps, ces sphères deviennent les points de convergence de stries rayonnantes, qui les font ressembler à des étoiles, d'où le nom d'*Asters* qu'on leur donne à cette phase de leur existence. Pendant ce déplacement des sphè-

Fig. 19. — Déplacement des sphères directrices (schéma).

res, le filament nucléaire est animé de mouvements assez nets à l'intérieur de la membrane nucléaire, rapprochant ses replis pour les écarter ensuite. Il ne tarde pas d'ailleurs à se segmenter transversalement en tronçons distincts affectant des formes diverses : tantôt ce sont des bâtonnets plus ou moins recourbés, tantôt des u, tantôt des crosses.

2.

2ᵉ phase (fig. 20). — Les nucléoles se dissolvent et disparaissent dans le suc nucléaire. La membrane du noyau elle-même se dissout graduellement et devient bientôt indistincte. Alors le suc nucléaire diffuse dans le protoplasme général et les tronçons du filament nucléaire se trouvent ainsi isolés entre les deux asters dont les stries se sont rejointes de façon à former une sorte de fuseau allant d'un aster à l'autre. Les stries constitutives du fuseau prenant difficilement les matières colorantes, le fuseau a reçu le nom de *fuseau achromatique*.

Fig. 20.

Le nombre des stries achromatiques semble être le même que celui des bâtonnets-tronçons du filament nucléaire.

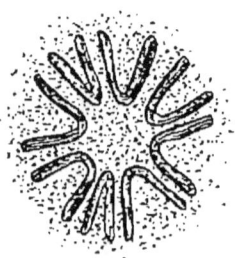

Fig. 21.

3ᵉ phase (fig. 21). — Tous les tronçons viennent se réunir à l'équateur du fuseau et forment ce qu'on appelle la *plaque nucléaire*. Ils s'y orientent de façon que leur partie convexe soit tournée vers le centre de la plaque.

4ᵉ phase. — Les tronçons se sont beaucoup épaissis, ils ont pris une forme plus trapue ; alors les granulations chromatiques qu'ils contiennent se divisent transversalement en deux, de façon à constituer dans chaque tronçon deux séries longitudinales parallèles (fig. 22). Puis la Linine elle-même se divise et chaque bâtonnet, quelle que soit sa forme, donne naissance par division longitudinale, à deux bâtonnets rigoureusement équivalents, puisqu'ils ont tous les deux même origine. La figure 22 montre le détail de la division d'un bâtonnet. La figure 23 représente les bâtonnets en place et se sectionnant.

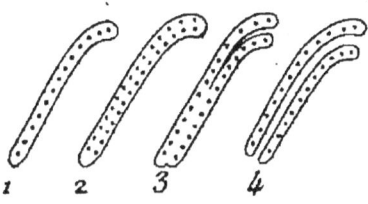

Fig. 22.

Fig. 23.

5ᵉ *phase.* — Les deux nouveaux bâtonnets ainsi produits, ont un sort différent : l'un d'eux se rend vers l'Aster supérieur A', l'autre vers l'Aster inférieur A, en paraissant glisser l'un et l'autre le long du filament

Fig. 24.

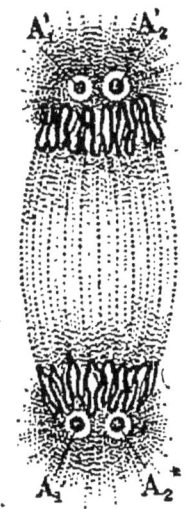

Fig. 25.

achromatique sur lequel s'appuyait le tronçon qui leur a, par son dédoublement, donné naissance (fig. 24).

Et comme le même phénomène se passe en même temps pour tous les tronçons de la plaque nucléaire, on voit que celle-ci se dédouble : une moitié des demi-tronçons se rend au pôle supérieur du fuseau achromatique, l'autre moitié se dirige vers le pôle inférieur. Ce double cheminement donne naissance à deux groupes distincts de tronçons provenant tous les deux du filament nucléaire du noyau primitif (fig. 25).

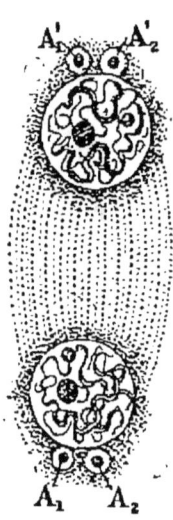

Fig. 26.

6ᵉ *phase* (fig. 26). — Dans chaque groupe, les tronçons se placent alors bout à bout, s'ajustent, s'accolent et finissent par reformer un nouveau filament nucléaire continu, ayant tout à fait le même aspect et la même structure que le filament du noyau primitif. Un peu plus tard, une fine membrane protoplasmique, bientôt remplie de suc nucléaire, apparaît autour du filament reconstitué ; un nucléole nouveau se différencie au sein du suc nucléaire et deux nouvelles sphères attractives $A_1 A_2$, $A'_1 A'_2$, provenant du dédoublement des sphères attractives primitives A et A' (fig. 24, 25 et 26), deviennent distinctes au voisinage de chaque nouveau noyau.

L'ensemble de ces divers phénomènes a reçu le nom de *caryokinèse*.

25. Le Cloisonnement. — Il arrive quelquefois (Algues) que les choses en restent là. La cellule se trouve alors posséder deux noyaux qui d'ailleurs peuvent se diviser à leur tour de façon que, de division en division, le protoplasme cellulaire finit par posséder un grand nombre de noyaux (fig. 27).

REPRODUCTION DES CELLULES

Mais, dans le cas le plus ordinaire, le protoplasme général de la cellule participe à la division, c'est-à-dire qu'il se segmente lui aussi par une membrane cellulosique de façon qu'en définitive, à la place de la

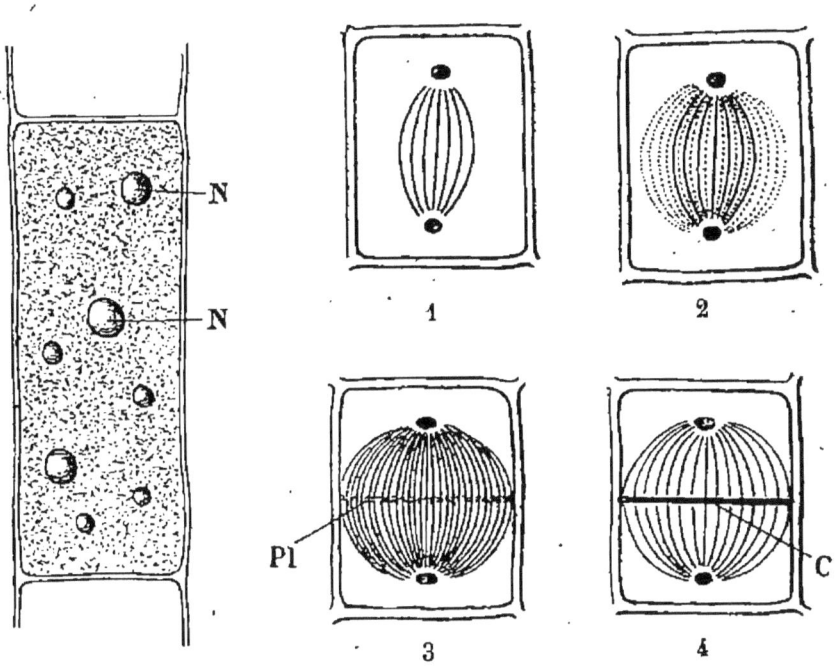

Fig. 27. — Cellule à plusieurs noyaux.

Fig. 28. — Cloisonnement d'une cellule.

cellule primitive, se trouvent deux cellules possédant chacune son noyau propre.

Dans les cellules qui doivent se segmenter par une cloison, on voit les fils achromatiques augmenter en nombre de façon à accroître les dimensions transversales du fuseau qui devient, par l'adjonction de ces nouveaux fils, assez large pour être tangent aux parois latérales de la cellule. A ce moment, apparaît sur chaque fil, dans son point équatorial, une granulation protoplasmique, un *dermatosome*. Le nombre de ces dermatosomes allant en augmentant, ils ne tardent pas à constituer, à l'équateur du fuseau, une plaque granuleuse continue Pl qui se distingue nettement du protoplasme ambiant. C'est au sein de cette plaque équatoriale que se dépose rapidement la cellulose destinée à former la cloison séparative C des deux cellules filles. Puis les fils achromatiques disparaissent rapidement et les deux nouvelles cellules, possédant un noyau avec deux sphères directrices, deviennent en tout semblables à la cellule mère et aptes à subir elles-mêmes un nouveau cloisonnement lorsque, par suite de la croissance qu'elles vont subir, elles auront atteint une taille suffisante.

CHAPITRE V

LES TISSUS

26. Structure linéaire. — Supposons que le cloisonnement que nous venons de décrire s'effectue chez les cellules filles toujours dans la même direction que dans la cellule mère : il est évident que les

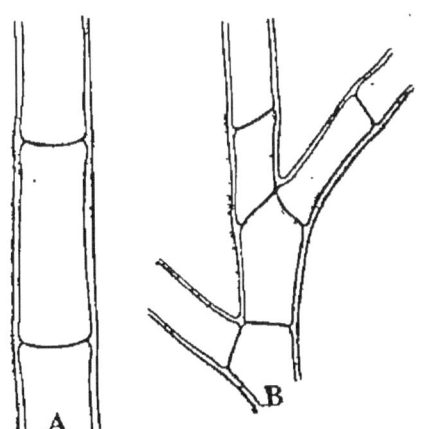

Fig. 29. — Structure linéaire.

bipartitions successives donneront naissance à un ensemble de cellules disposées en ligne, les unes à la file des autres. Un végétal ainsi constitué présente la *structure linéaire* ou filamenteuse qui se rencontre souvent chez les Algues et les Champignons (fig. 29 A).

Il est clair que certaines cellules de la file peuvent se cloisonner latéralement de façon à donner naissance à une nouvelle file de cellules formant rameau. Dans ce cas, la structure est dite *linéaire ramifiée* (Algues, fig. 29 B).

Dans cette structure linéaire ramifiée, les filaments et leurs rameaux peuvent s'enchevêtrer les uns dans les autres et même souder ensemble les membranes en contact de façon à constituer une sorte de feutrage plus ou moins compact, plus ou moins serré, auquel on a donné le nom de *faux tissu*. Cette structure est la règle chez les Champignons.

27. Structure lamellaire. — Supposons que le cloisonnement s'effectue dans deux directions seulement, c'est-à-dire que toutes les cloisons qui se produisent soient perpendiculaires à un plan; il en résultera une lame mince ne comprenant évidemment qu'un seul plan de cellules. Dans ce cas, la structure est dite *lamellaire* (certaines Algues).

28. Structure massive. — Enfin si le cloisonnement se produit indifféremment dans toutes les directions, il donne naissance à un tissu plus ou moins épais. C'est la *structure massive*, qui se présente dans la grande généralité des végétaux et dont nous aurons surtout à nous occuper.

29. Rapports des cellules entre elles. — Considérons maintenant un groupe de cellules jeunes (fig. 30) dérivant toutes les unes des autres par voie de bipartitions successives. Le mécanisme même du cloisonnement nous montre que toutes ces cellules sont nécessairement polyédriques à leur naissance et fortement serrées les unes contre les autres sans interstices d'aucune sorte. Les cellules y étant toutes semblables, le tissu qu'elles constituent par leur réunion a une *structure homogène*.

Mais à mesure que les cellules vieillissent, elles

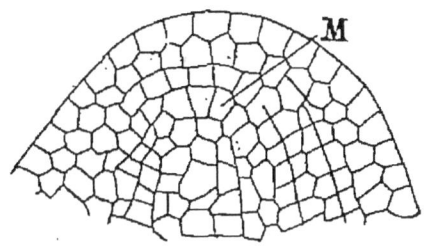

Fig. 30. — Groupe de cellules jeunes.

prennent souvent des aspects, des formes et même des fonctions différentes. C'est ce qu'on exprime en disant que le tissu se *différencie*.

La différenciation s'observe même dans la structure la plus simple, la structure linéaire. Il n'est pas rare, en effet, de rencontrer des Algues filamenteuses chez lesquelles les cellules d'un même filament prennent en se développant des aspects fort variés. Nous en verrons plus tard de nombreux exemples (p. 561).

30. Méats, lacunes. — La conséquence de cette différenciation, de cette inégalité dans le développement des cellules, est que, souvent, des cellules primitivement unies entre elles se décollent partiellement. La lame moyenne de la cloison commune se résorbe, le plus ordinairement aux angles, et il en résulte des espaces triangulaires ou polyédriques, remplis d'air, que l'on nomme des *méats intercellulaires* (fig. 31 M). Lorsque le décollement s'étend à tout un groupe de cellules, il en résulte des espaces vides, bordés de plusieurs cellules, et qu'on nomme des *lacunes*. Les méats sont isolés les uns des autres ; mais ordinairement les

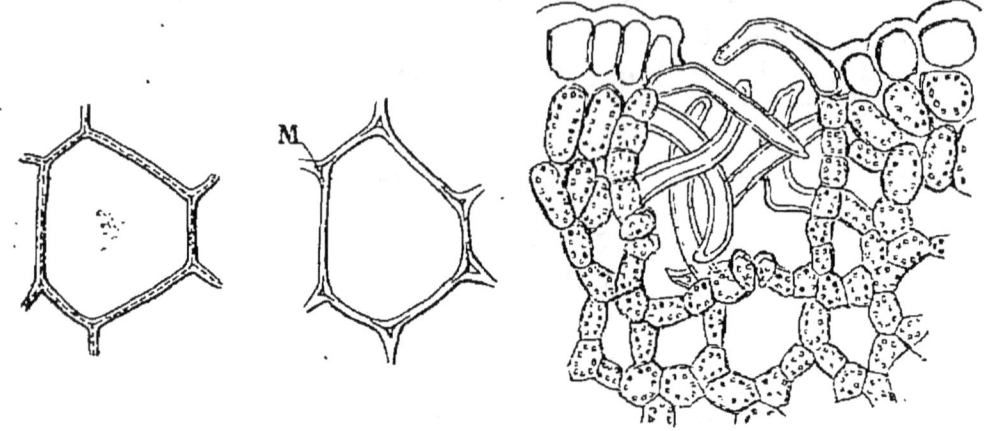

Fig. 31. — Méats et Lacunes.

lacunes d'un même organe communiquent entre elles et le tissu est alors dit *lacuneux*.

31. Ornements de la membrane. — Comme la membrane d'une cellule faisant partie d'un tissu est, en quelque sorte, le mur mitoyen qui la sépare des cellules avoisinantes, il est clair que les modifications que cette membrane peut subir doivent avoir une influence sur les rapports des cellules entre elles. Il est donc important de connaître ces modifications.

Dans une cellule jeune, la membrane est toujours mince. Mais nous avons vu (p. 24) que cette membrane s'épaissit en vieillissant. 3 cas peuvent se présenter :

1° Il peut se faire que l'épaississement se fasse uniformément sur toute l'étendue de la membrane. Dans ce cas, la surface de la membrane reste unie sans présenter la moindre dépression ou la moindre saillie sur toute son étendue.

2° La membrane s'épaissit dans son ensemble ; mais

certaines régions conservent leur minceur primitive. On dit, dans ce cas, que la membrane présente des ornements *en creux*, et, vus au microscope, ces ornements apparaissent brillants sur le fond sombre de la membrane épaissie. Quand les parties non épaissies sont de petites plaques arrondies, disséminées çà et là, la cellule est dite *ponctuée*. Elle est *rayée* quand les ponctuations sont transversalement allongées. Si les raies sont disposées très régulièrement les unes au dessous des autres comme les barreaux d'une échelle, les rayures sont alors *scalariformes* (fig. 32). Enfin

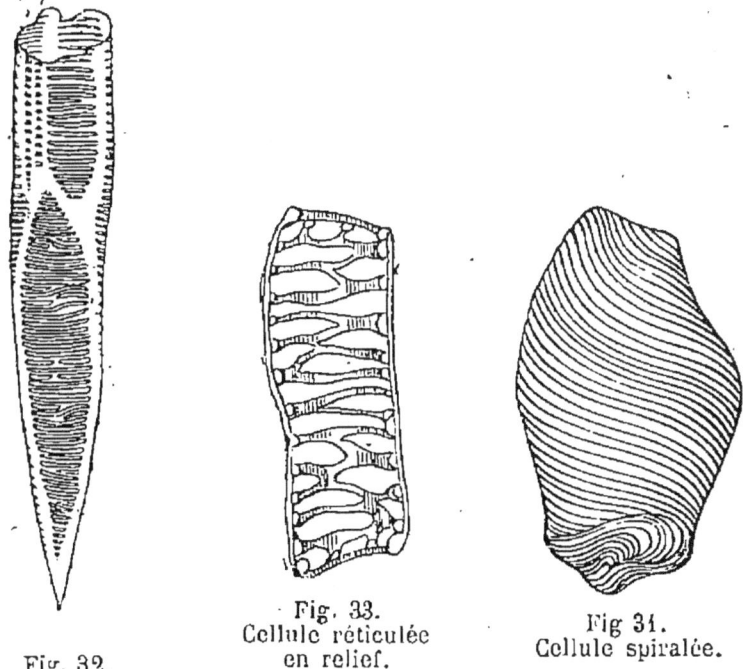

Fig. 32.
Cellule scalariforme.

Fig. 33.
Cellule réticulée en relief.

Fig 34.
Cellule spiralée.

si les régions restées minces sont reliées entre elles de façon à figurer un réseau, la cellule est dite *réticulée*.

3° Le dernier cas, assez fréquent, est la contrepartie du cas précédent : le fond de la membrane

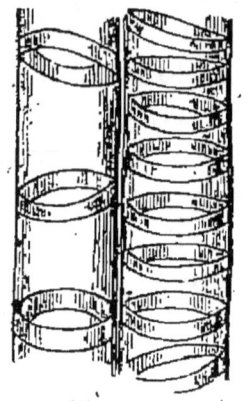

Fig. 35.
Cellule annelée.

reste mince et des épaississements ne se produisent que sur certaines régions assez espacées ; les ornements de la membrane sont alors des ornements en *relief*. Si les régions épaissies qui font toujours saillie à l'intérieur de la cellule sont en forme de spirale, la cellule est dite *spiralée* (fig. 34). Elle est *annelée* quand les ornements en relief affectent la forme d'anneaux (fig. 35). Il peut y avoir aussi des réseaux en relief (fig. 33).

32. Rôle des parties épaisses et des parties minces de la membrane. — Les cellules d'un même tissu étant juxtaposées, doivent pouvoir s'emprunter mutuellement les éléments qui leur sont nécessaires, c'est-à-dire pratiquer des échanges continuels.

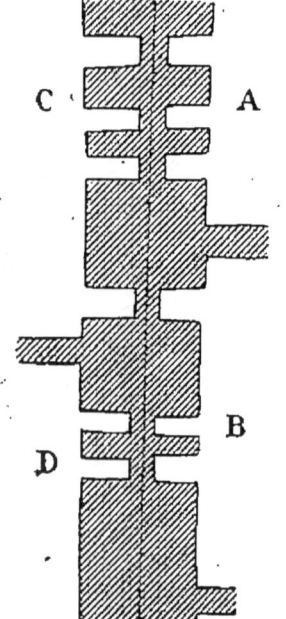

Fig. 36. — Correspondance des ponctuations de 4 cellules voisines A, B, C, D.

D'autre part, les cellules doivent pouvoir résister aux pressions qu'elles peuvent subir de la part de leurs voisines. Les épaississements de la membrane ont évidemment pour but d'accroître dans des proportions considérables leur solidité, tandis que les parties minces facilitent les échanges de cellule à cellule.

On remarque, en effet, que quand deux cellules ornées sont contiguës, les ornements des portions de leurs membranes qui sont en contact se correspondent toujours de la façon la plus absolue (fig. 36). De telle sorte qu'une cellule peut être ponctuée dans sa partie inférieure si elle est, par là, en contact avec une cellule ponctuée, et rayée ou réticulée à sa partie supérieure, si elle touche, par cette partie supérieure, une cellule rayée ou réticulée. On comprend combien les échanges sont facilités par cette correspondance entre les parties minces des parois mitoyennes de deux cellules voisines.

33. Communication des cellules entre elles. — On croyait autrefois que les échanges liquides de cellule à cellule s'opéraient uniquement par osmose, à travers les parties restées minces des membranes de séparation; mais on sait maintenant que la communication entre deux cellules voisines se fait d'une façon plus directe. En examinant de profil, et à un fort grossissement, une ponctuation (fig. 37), on s'aperçoit qu'elle est percée de très fins canalicules par lesquels la cellule communique directement avec la cellule voisine. Il y a donc continuité et, par conséquent, solidarité entre les protoplasmes de toutes les cellules qui composent le végétal.

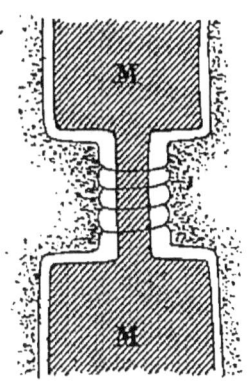

Fig. 37. — Communication de deux cellules voisines.

34. Les tissus. — Les massifs cellulaires très jeunes sont formés, avons-nous dit (p. 36 et 37), de cellules toutes semblables qui se différencient par la suite. Or, il arrive que la même différenciation affecte tout un groupe de cellules. Il se forme ainsi un *tissu*. Chaque tissu a une fonction à remplir dans la vie du végétal et tous les tissus sont, en général, faciles à caractériser par la forme de leurs cellules.

Il y a cinq sortes de tissus :

1° Le tissu dermique { épidermique ; subéreux ;

2° Le tissu vasculaire ;
3° Le tissu de soutien ;
4° Le tissu sécréteur ;
5° Le tissu conjonctif.

35. Le tissu épidermique. — Le tissu épidermique pourrait être aussi appelé tissu protecteur. C'est lui qui est chargé de protéger la plante contre les agents extérieurs. Sa place est dès lors tout indiquée : c'est un tissu de revêtement.

Ce qui caractérise ce tissu, c'est son imperméabilité.

Un épiderme est toujours formé d'un ou plusieurs plans de cellules contiguës, ne présentant aucun intervalle entre elles, sauf ceux nécessités par les échanges nutritifs entre la plante et le milieu extérieur (voir : stomates, p. 108).

Le plus souvent, les cellules épidermiques cutinisent (p. 21) la portion externe de leur membrane, c'est-à-dire leur face en contact avec l'atmosphère. Les parties cutinisées de toutes les cellules forment ainsi un revêtement continu, une sorte de lame plus ou moins épaisse, recouvrant toutes les cellules et par conséquent toute l'étendue de l'organe. C'est la *cuticule*. La cutinisation se complique très généralement de cérification (p. 22), ce qui en augmente encore l'imperméabilité. De plus, sa rigidité peut être encore accrue par les dépôts de minéraux, (silice ou oxalate de calcium, quelquefois carbonate de calcium).

Les cellules épidermiques ne renferment pas, ordinairement, de chlorophylle. Exception est faite pour les Fougères.

Il arrive fréquemment que certaines cellules, ou certains groupes de cellules épidermiques, font saillie sur la surface générale de l'épiderme et constituent ce qu'on nomme des *poils*. Les poils peuvent même être assez abondants pour être utilisés industriellement, comme, par exemple, les poils qui couvrent d'un duvet serré la surface de la graine du Cotonnier. Quelquefois les cellules qui prennent part à la formation du poil

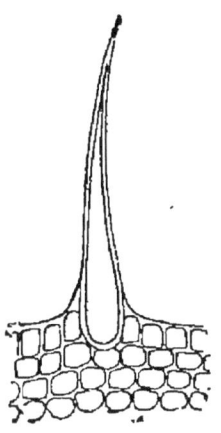

Fig. 38.
Poil jeune d'ortie.

peuvent durcir leurs membranes et acquérir une grande rigidité. Tels sont les poils unicellulaires urticants de l'Ortie qui constituent de véritables armes défensives (fig. 38), les aiguillons polycellulaires de la Ronce, etc.

36. Tissu subéreux. — Mais il peut arriver, il arrive généralement même, dans un certain nombre d'organes, que le tissu épidermique avec sa cuticule, n'a qu'une durée éphémère. L'organe resterait alors sans protection si les couches sous-épidermiques ne subérifiaient pas leurs membranes, de façon à constituer une couche plus ou moins épaisse de *liège*.

La subérification est donc la caractéristique du tissu subéreux.

Les cellules subérifiées ne sont pas nécessairement des cellules mortes : elles contiennent encore du protoplasme.

37. Tissu de soutien. — Les tissus de soutien, destinés à protéger la plante contre l'écrasement, chargés surtout de lui donner la rigidité qui lui est nécessaire, sont de deux sortes : le *sclérenchyme* et le *collenchyme*.

Le sclérenchyme est un tissu mort, en ce sens que les cellules dont il est formé ne contiennent plus de protoplasme. C'est sa dureté qui lui a fait donner le nom de *sclérenchyme*. Le plus souvent, les cellules qui, par leur groupement, constituent le sclérenchyme sont très allongées et terminées en pointe. Ces cellules allongées s'appellent des *fibres* (fig. 39); elles peuvent atteindre jusqu'à 15^{mm} dans le Chanvre, 40^{mm} dans le Lin, 80^{mm} dans l'Ortie et 220^{mm} dans la Ramie : on comprend alors que les fibres de ces plantes puissent être exploitées pour faire du fil et des cordes.

La membrane d'une fibre est ordinairement si épaisse, que sa cavité interne est complètement oblitérée (fig. 40); de plus, sa membrane s'est incrustée de lignine, ce qui la rend extrêmement dure et résistante. On comprend dès lors que plus un organe renferme de ces fibres, plus il est rigide.

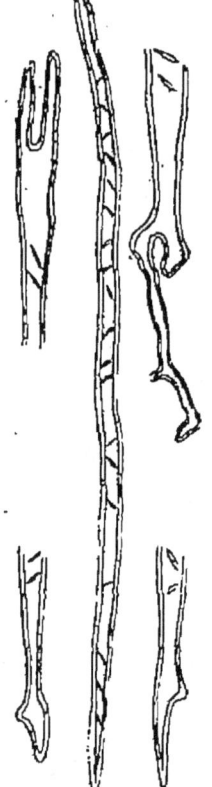

Fig. 39. — Fibres.

Il est bon de faire remarquer que parfois, au milieu des tissus charnus et mous, on rencontre des cellules ou des groupes isolés de cellules ayant sclérifié leurs parois et que, par conséquent, on peut ranger dans le tissu sclérenchymateux. Telles sont les *cellules pierreuses* que l'on rencontre dans certaines poires et qui, sous la dent, produisent l'impression de petits grains de sable.

LES TISSUS

Le *collenchyme* (fig. 41) est un tissu de cellules ordinairement allongées en fibres, à parois épaisses et résistantes. Ce qui distingue le collenchyme du sclérenchyme c'est que, si les parois des cellules du collenchyme sont épaisses, elles restent néanmoins à l'état de cellulose pure et ne s'incrustent pas de lignine. En

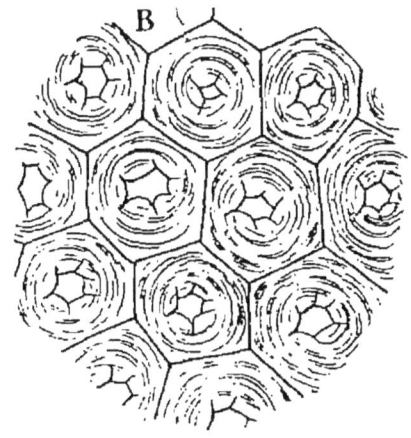

Fig. 40. — Section transversale de fibres lignifiées.

outre, le collenchyme est un tissu vivant, ses cellules contenant encore, quelque épaissies qu'elles soient,

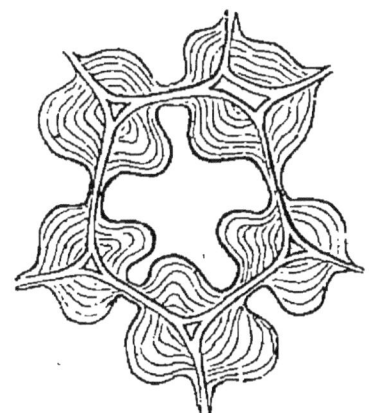

Fig. 41. — Cellule collenchymateuse.

noyau et protoplasme, tandis que le sclérenchyme est un tissu mort.

Tout en étant très solides, les fibres de collenchyme peuvent cependant s'allonger sous une traction de 1 ou 2 kilogrammes et conserver ensuite l'allongement quand la traction cesse. Cette expérience, facile à réaliser, montre que le collenchyme peut suivre sans se rompre l'allongement des tissus voisins encore en voie de croissance. Son rôle évident est donc d'assurer la solidité de l'organe qui le contient, tout en lui laissant la faculté de croître.

38. Le tissu conducteur. — Tout tissu chargé de conduire les liquides nutritifs d'un bout de la plante à l'autre, est un tissu conducteur.

Il y a deux sortes de tissus conducteurs : le *tissu vasculaire* et le *tissu criblé*.

L'élément du tissu vasculaire est le *vaisseau*.

Le vaisseau se compose de cellules *lignifiées* et mortes, ordinairement très allongées, et dont les membranes sont diversement ornées : elles sont ponctuées, scalariformes, spiralées ou annelées (voir p. 38). Ces cellules sont disposées en files courant d'un bout à l'autre du végétal, et c'est une pareille file qui constitue ce qu'on nomme le vaisseau.

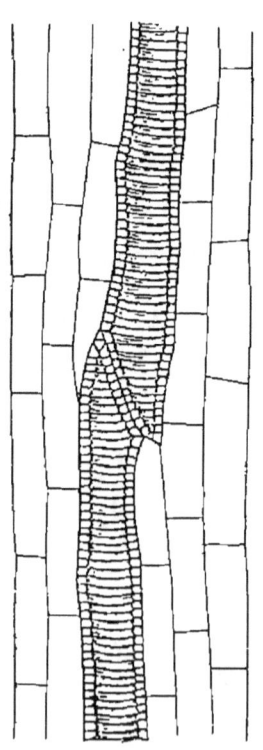

Fig. 42.
Un vaisseau fermé.

Deux cas peuvent se présenter : ou bien la cloison de séparation de deux cellules consécutives persiste, segmentant le vaisseau et interrompant sa continuité : un vaisseau ainsi constitué se nomme un *vaisseau fermé* ou *imparfait* (fig. 42). Les vaisseaux dont la cloison de séparation a disparu en totalité ou en partie sont des *vaisseaux parfaits* ou *ouverts*. Dans ce dernier cas, quelque complète que soit la résorption de la membrane, il reste toujours un bourrelet accusant la place qu'occupait primitivement la cloison détruite (fig. 43).

Le rôle des vaisseaux étant de conduire, dans toute la plante, l'eau et les substances qu'elle contient en

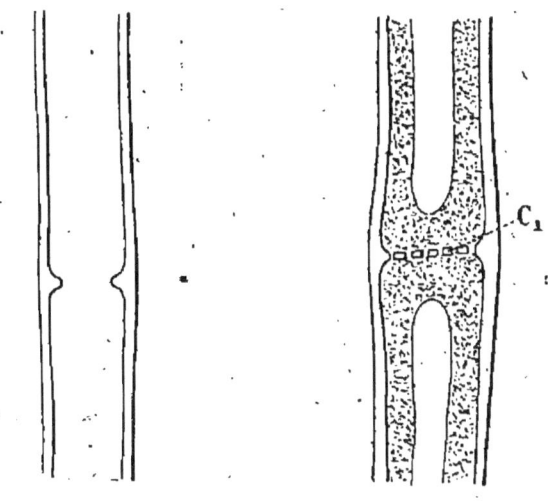

Fig. 43.
Un vaisseau ouvert.

Fig. 44.
Un tube criblé.

dissolution, il est clair que les vaisseaux ouverts sont plus aptes à accomplir leurs fonctions que les vaisseaux fermés. Cependant, chez ces derniers, la cloison transverse persistante, bien que lignifiée, présente cependant toujours assez d'ornements en creux pour que l'osmose puisse s'effectuer activement d'une cellule à l'autre, et pour que le transport de l'eau soit assuré malgré la cloison.

Le *tissu criblé* est une autre forme de tissu conducteur. Son élément caractéristique est le *tube criblé* (fig. 44) formé par une file de cellules généralement allongées dont les parois, d'épaisseur uniforme, sont ordinairement sans sculptures. Elles sont d'ailleurs toujours cellulosiques. La cloison de séparation de deux cellules consécutives est percée de trous comme un crible; de sorte qu'il y a une large communication entre toutes les cellules d'une même file, et que le contenu de l'une peut, sans difficulté, passer dans l'autre, par les perforations du crible.

Ce contenu est une substance gélatineuse, albuminoïde, de nature protoplasmique, souvent très riche en amidon, mais sans qu'on puisse y rencontrer aucun noyau, et qui forme le long de la paroi du tube et contre le crible une couche continue.

Telle est la structure d'un tube criblé isolé. Mais il peut se faire que deux tubes criblés, se trouvant côte à côte, aient une membrane commune.

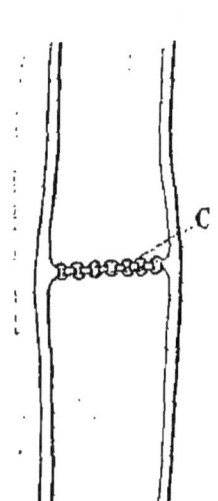

Fig. 45. — Un tube criblé avec son cal.

Il n'est pas rare, alors, de voir cette paroi commune criblée comme le sont les cloisons séparatrices transverses dont il a été question plus haut. De telle sorte que la circulation s'établit non seulement dans toute la longueur d'un même tube, mais d'un tube dans son voisin, à travers les cribles des parois latérales.

Ces tubes semblent avoir pour rôle de permettre la circulation et le transport des substances insolubles.

A l'automne, la cellulose de la paroi perforée qui constitue le crible se gonfle, empiète peu à peu sur les trous qui finissent par s'obstruer, de sorte que, pendant tout l'hiver, la communication entre les différents segments du tube criblé est interrompue (fig. 45); ce bouchon hivernal, provenant du gonflement de la membrane, se nomme le *cal*. Au printemps, le cal se contracte, les pores du crible redeviennent par conséquent libres et la communication se trouve rétablie.

39. Le tissu sécréteur. — 1re *forme*. Toute cellule ordinaire dans laquelle s'accumulent les produits d'élimination, cristaux ou cristalloïdes (fig. 46), peut être, à la rigueur, regardée comme appartenant au tissu sécréteur; mais ordinairement, les cellules qui renferment ou produisent les substances sécrétées, présentent des formes et des groupements particuliers auxquels nous réserverons d'une façon plus spéciale le nom de tissus sécréteurs.

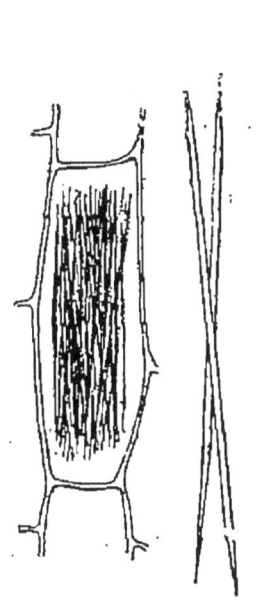
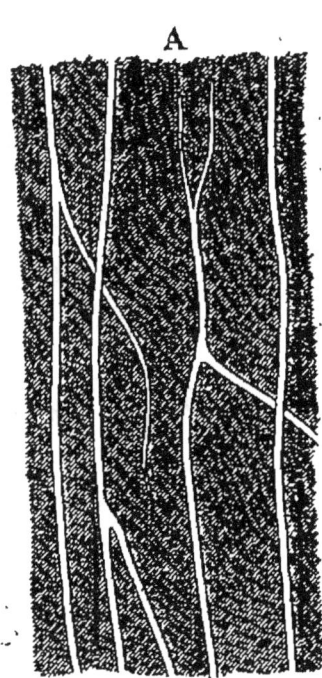

Fig. 46.
Cellule à cristaux.

Fig. 47. — Cellule ramifiée de l'Euphorbe.

2º *forme*. Une cellule unique s'allongeant indéfiniment en même temps que la plante, se ramifiant même par la bipartition active de son noyau, mais sans que cette bipartition soit suivie de cloisonnement, noyée par conséquent au milieu des autres tissus, peut contenir, comme cela a lieu dans les Euphorbes (fig. 47), une sorte de liquide dont la consistance et la couleur rappellent celles du lait et que, pour cette raison, on appelle du *latex*. Ce latex contient les substances d'élimination les plus diverses (gommes, résines, essences ou huiles essentielles).

3ᵉ *forme*. Le latex est contenu dans des files de cellules plus ou moins régulièrement disposées. Il peut

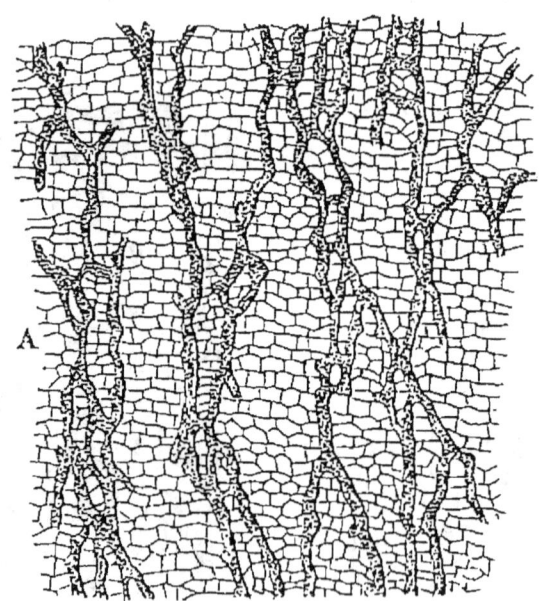

Fig. 47 *bis*. — Files de cellules à latex de la Scorzonère.

se faire que les cloisons de séparation persistent (cellules tannifères des Rosiers), mais elles disparaissent généralement en totalité (Scorzonère, fig. 47 *bis*) ou en partie seulement (Chélidoine, Grande Éclaire).

Les *cellules sécrétrices proprement dites*. — On pourrait faire observer que les trois formes précédentes appartiennent plutôt à un tissu récepteur de produits de sécrétion qu'à un tissu vraiment sécréteur. Car enfin, sauf peut-être en ce qui concerne la première forme, il n'est pas prouvé que ces produits soient fabriqués par les cellules mêmes qui les contiennent et dans lesquelles ils circulent. C'est comme si l'on disait que les canaux d'évacuation de la salive sont formés de tissu glandulaire. Aussi devons-nous faire remarquer que si nous avons placé ces formes dans le

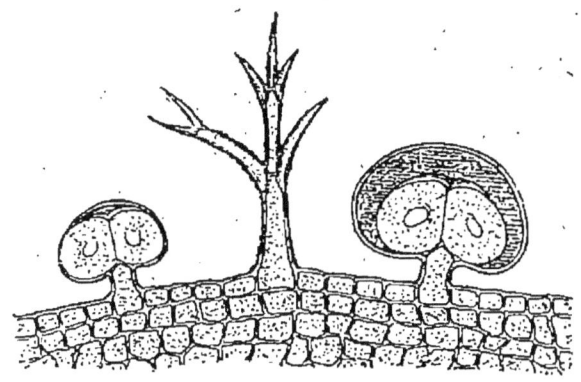

Fig. 48. — Glande à essence de *Lavandula Spica*.

tissu sécréteur, ce n'est que pour nous conformer à une classification généralement adoptée.

Le véritable tissu sécréteur est tout autre. On trouve sur les bractées des fleurs femelles du Houblon, sur l'épiderme de la Lavande (fig. 48), des poils polycellulaires disposés en écussons et évidemment sécréteurs, car ils déversent à l'extérieur une huile essentielle qui s'accumule entre la cuticule soulevée et la membrane cellulosique des cellules dont elle provient.

Le même tissu sécréteur, formé aux dépens de cellules épidermiques se retrouve chez un grand nombre de plantes, dans le Rhododendron, par exemple.

Mais il peut arriver que ce soient des cellules profondes, et non plus superficielles, qui deviennent sécrétrices. Alors sur une coupe transversale de l'organe qui les contient, on les voit rangées circulairement autour d'une lacune dans laquelle elles déversent leurs produits (fig. 49 A). Cette lacune, bordée sur toute sa longueur de cellules sécrétrices, peut souvent

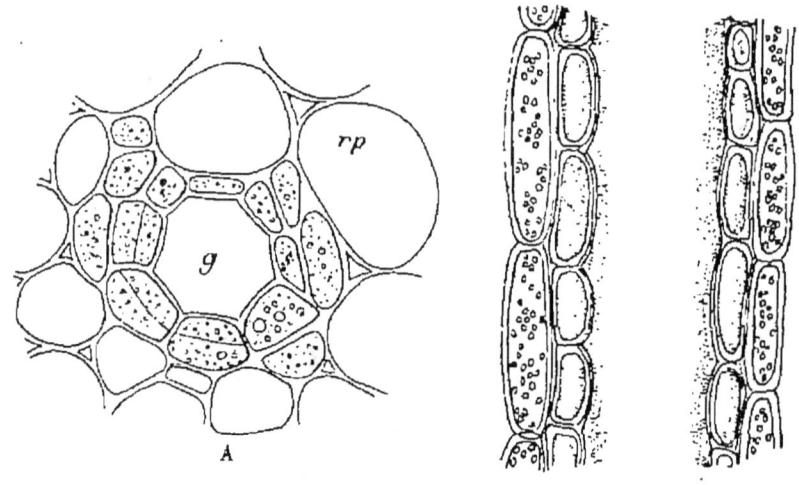

Fig. 49. — Un canal sécréteur coupé transversalement à gauche, longitudinalement à droite.

courir tout le long des organes et former un tube allongé (fig. 49 B); dans ce cas, elle prend le nom de *canal sécréteur* (Lierre). Si la lacune est courte et tapissée de tous côtés par des cellules sécrétrices, on la nomme une *poche sécrétrice*.

40. Produits de sécrétion. — Quelle que soit la forme de l'appareil sécréteur, les produits de sécrétion peuvent être des plus variables.

Ces produits sont des gommes analogues à celles qui se trouvent dans les lacunes du tissu de la Tige des Cerisiers, produites par les cellules qui les bordent.

La *Gomme arabique* provient d'un grand nombre d'*Acacias*.

La *Gomme adragante* est fournie par des *Astragales*.

La *Gomme du pays* est une production d'un grand nombre de Rosacées, Pruniers, Cerisiers, Abricotiers.

Dans les vaisseaux laticifères des plantes herbacées, on trouve souvent des gommes-résines. Les principales familles productrices de gommes-résines sont :

Les Ombellifères (Opoponax, *Assa fœtida*).
Les Térébinthacées (Myrrhe).
Les Guttifères (Gomme-Gutte).
Les Convolvulacées (Scammonée).
Les Euphorbiacées (Gomme d'Euphorbe), etc.

Le Caoutchouc est extrait des laticifères d'un grand nombre de plantes dont la plus connue est le *Ficus elastica*.

La Gutta-percha provient de l'*Isonandra Gutta* (de la famille des Sapotacées).

L'Opium est le suc desséché de la capsule du Pavot.

Les résines des Conifères (Pin, Sapin) se trouvent dans des canaux sécréteurs répandus un peu partout dans le corps du végétal.

Enfin, on trouve encore, comme produits de sécrétion, les glucosides les plus variés, tels que la digitaline (Digitale), la cubébine, l'helléborine, l'absinthine, etc. — Voici du reste un tableau qui donne l'origine d'un certain nombre de résines, d'oléo-résines et de baumes.

Résines.

RÉSINES	PLANTES D'ORIGINE	FAMILLES
Résine de gaïac..	Ecorce du *Gajacum oficinale*	Zygophyllées.
Mastic............	Genre *Pistacia*................	Térébinthacées.
Résines copals...	Genres *Hymenœa, Trachilobium*..	Légumineuses.
Dammar.........	Genre *Dammara*................	Conifères.
—	*Shorea robusta* et *Valeria indica*..	Diptérocarpées.
Sandaraque......	*Callitris quadrivalvis*...........	Conifères.
Ladanum........	Plusieurs *Cistus*................	Cistinées.
Résine de Jalap..	*Convolvulus off.* et *C. orizabensis*.	Convolvulacées.

Oléo-résines.

OLÉO-RÉSINES	PLANTES D'ORIGINE	FAMILLES
Résine élémi.....	Genres *Icica, Elaphrium*.........	Térébinthacées.
Térébenthine de la Mecque.....	*Balsamodendrum opobalsamum*...	—
Térébenthine de Chio..........	*Pistacia terebinthus*............	—
Térébenthine de Copahu.......	Plusieurs *Copaïfera*............	Légumineuses.
Térébenthine de Venise........	Mélèze (*Pinus larix*)...........	Conifères.
Térébenthine de Strasbourg....	*Abies pectinata*................	—
Poix de Bourgogne	*Epicea* ou Sapin noir............	—
Térébenthine du Canada........	*Abies balsamea*.................	—
Térébenthine commune..........	*Pinus maritima* et plusieurs pins.	—

Baumes.

BAUMES	PLANTES D'ORIGINE	FAMILLES
Sang-dragon.....	Palmiers.....................	»
Benjoin.........	*Styrax oficinalis*............	Styracinées.
Storax..........	—	—
Liquidambar.....	*Liquidambar styraciflua*......	Styracyfluées.
Baume de tolu...	*Toluifera balsamum*...........	Légumineuses.
— du Pérou.	*Myroxilon perniferum*.........	—

41. Développement d'un canal sécréteur. — Le canal sécréteur prend naissance dans une file de cellules allongées dans le sens de l'organe où elles se trouvent.

Considérons l'une des cellules de la file.

Elle se coupe en quatre par deux cloisons rectangulaires (A, fig. 50); puis, un méat apparaît au point de jonction des deux cloisons rectangulaires (B) : c'est l'ébauche du canal sécréteur. Des cloisons radiales augmentent le nombre des cellules, pendant que le méat primitif s'accroît et devient lacune (C);

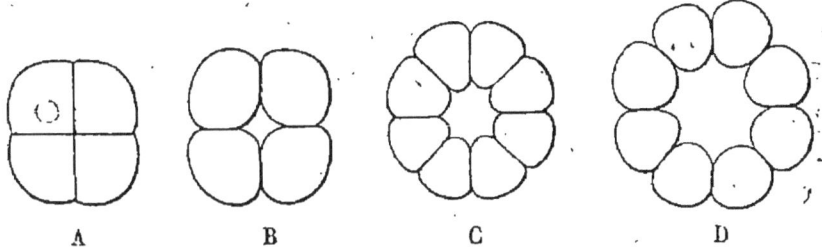

Fig. 50. — Développement d'un canal sécréteur.

et comme les mêmes phénomènes s'opèrent en même temps sur toutes les cellules de la file, il est clair qu'un canal d'abord très étroit, puis de plus en plus large à mesure que les méats centraux deviennent lacunes, prend naissance sur une longueur plus ou moins grande de l'organe.

42. Le tissu parenchymateux. — Le tissu parenchymateux comble tous les vides et sert à relier entre eux les autres tissus.

Composé de cellules très vivantes, il constitue la partie essentiellement active de tout végétal et l'on peut dire que tous les autres tissus n'existent que pour son service. C'est dans ses cellules que se passent tous les phénomènes de nutrition et d'assimilation. C'est le protoplasme de ses cellules qui modifie, transforme, *élabore* les principes nutritifs qui lui viennent du dehors, soit sous forme gazeuse par le tissu lacuneux, soit sous forme liquide par le tissu vasculaire, et qui en forme des réserves destinées à être plus tard utilisées pour la nutrition de la plante.

43. Les méristèmes. — Enfin, toutes les parties en voie de croissance sont formées de cellules très vivantes et qui sont en voie de bipartition active. Ces tissus très jeunes sont naturellement formés de cellules qui, n'ayant pas encore eu le temps de se différencier, sont toutes semblables, polyédriques, sans méats ni lacunes.

On donne le nom générique de *Méristèmes* à ces tissus en voie de formation et dont les cellules, se différenciant ultérieurement dans un sens ou dans l'autre, donneront naissance aux tissus variés de la plante que nous venons de passer en revue.

LIVRE II

ÉTUDE
D'UNE PLANTE PHANÉROGAME

INTRODUCTION

44. Les quatre embranchements du Règne végétal. — Connaissant la structure de la *cellule*, élément nécessaire de tout organisme végétal, connaissant aussi les *tissus*, c'est-à-dire les différentes façons dont les cellules s'unissent afin de réaliser des groupements capables d'accomplir les diverses fonctions vitales, il nous devient possible d'étudier la façon dont les tissus se groupent à leur tour pour former les *organes* dont l'ensemble constitue l'*individu* végétal.

Mais le monde des plantes est si vaste et les individus si variés d'aspect, qu'il serait illusoire de chercher à réaliser un type idéal, unique, synthétisant toutes les plantes qui peuplent le globe. Cependant si la réalisation d'un type unique est impossible, il est néanmoins facile de grouper toutes les plantes dans quatre Embranchements pouvant être représentés chacun par un seul type, où par un nombre très restreint de types bien caractérisés.

Si nous considérons, en effet, un Marronnier, nous voyons qu'il possède :

1° Des *racines* qui s'enfoncent dans le sol et y puisent certains liquides nécessaires à la vie de l'arbre;

2° Une *tige* qui se dresse vers le ciel et porte sur ses flancs tout un système de branches ou rameaux;

3° Des *feuilles* échelonnées le long des branches;

4° Des *fleurs* chargées d'assurer la reproduction de la plante.

Toutes les plantes qui, comme le Marronnier, possèdent ces quatre séries d'organes, se nomment des PHANÉROGAMES et font partie du premier Embranchement.

Le deuxième Embranchement, celui des CRYPTOGAMES VASCULAIRES, comprend les végétaux qui, tout en ayant racines, tiges et feuilles, ne possèdent pas de fleurs. Telles sont, par exemple, les Fougères.

Le troisième Embranchement est composé de plantes qui, n'ayant ni fleurs, ni racines, ont cependant des tiges portant des feuilles. Ce sont les MUSCINÉES. Exemple : les Mousses.

Enfin, dans le quatrième Embranchement, sont réunis tous les végétaux en nombre immense qui, comme les Champignons ou les Algues, n'ont ni racines, ni tiges, ni feuilles, ni fleurs; mais un appareil végétatif assez vague qu'on nomme un *thalle*. C'est ce qui a fait donner aux plantes de ce groupe le nom de THALLOPHYTES.

Le tableau suivant résume cette classification fondamentale :

VÉGÉTAUX
- *ayant fleurs*, racines, tiges et feuilles.... Phanérogames (Marronnier).
- *sans fleurs*
  - *à racines*, tiges et feuilles.. Cryptogames vasculaires (Fougères).
  - *sans racines*
    - ayant tiges et feuilles.... Muscinées (Mousses).
    - un *thalle*.... Thallophytes (Algues et Champignons).

INTRODUCTION

Nous allons successivement étudier ces quatre types en commençant par le type Phanérogame.

45. Coup d'œil général sur la vie d'une plante phanérogame. — Les fonctions qu'accomplissent les divers organes d'une plante sont de deux sortes : les unes assurent la conservation de l'individu, ce sont les fonctions de *nutrition*, les autres ont pour but la conservation de l'espèce, ce sont les fonctions de *reproduction*. La fleur servant uniquement à la reproduction et n'étant, d'ailleurs, comme nous le verrons, qu'un ensemble de feuilles modifiées, il en résulte que les trois organes essentiels à l'individu phanérogame sont la Racine, la Tige et la Feuille.

Représentons donc schématiquement (fig. 51) une plante formée de ces trois organes : soit R la Racine plongée dans la terre, T la Tige, F la Feuille.

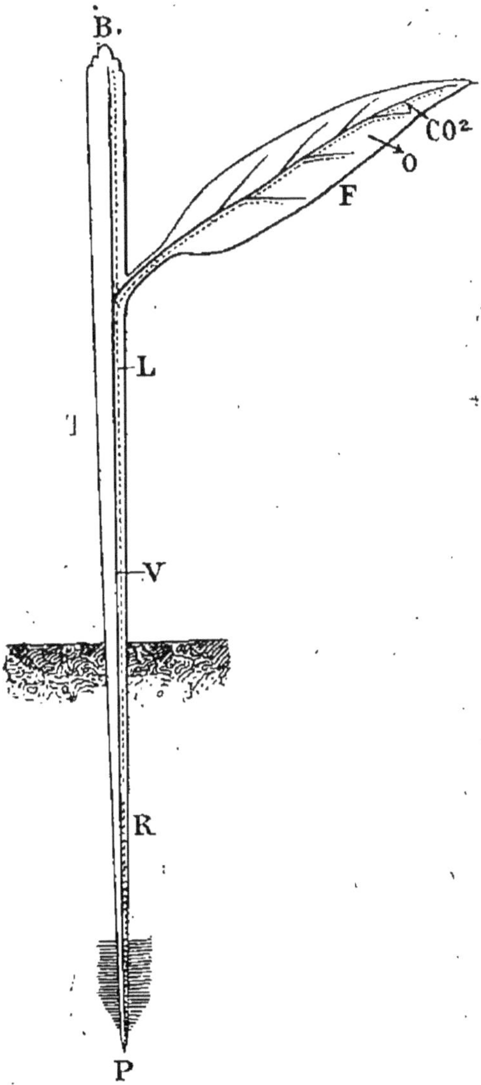

La Racine, par un mécanisme dont nous verrons le détail plus tard, puise dans le sol de l'eau chargée de sels. Un tissu conduc-

Fig. 51.
Schéma d'une plante phanérogame.

teur formé de vaisseaux V reçoit cette eau absorbée, à laquelle on donne le nom de *sève ascendante*, parce qu'elle monte depuis l'extrémité de la Racine jusque dans la Feuille F. Dans la Feuille, les vaisseaux se ramifient et la sève se trouve ainsi distribuée dans toutes les parties de l'organe.

Cette sève, pour pouvoir monter de la racine à la feuille, avait besoin d'être très liquide, très riche en eau par conséquent; mais une fois arrivée à destination, l'eau ne lui est plus utile. Or, la Feuille est le siège d'une transpiration active dont le résultat est le départ à l'état de vapeur, de la plus grande partie de l'eau amenée par la sève ascendante qui devient, par suite, de plus en plus concentrée.

Or, en même temps que cette concentration de la sève ascendante s'opère, la feuille puise dans l'air le Carbone qui s'y trouve à l'état d'acide carbonique, et, de ce Carbone, fabrique dans ses cellules une foule de produits carburés et, par conséquent, nutritifs. La sève concentrée et enrichie de ces nombreux matériaux nutritifs est reprise par un autre tissu conducteur formé de tubes criblés, dans lesquels elle circule à l'état de sève *élaborée* ou *descendante*. Les tubes criblés L la conduisent dans tous les organes qui ont besoin de nourriture, surtout dans les parties en voie de croissance, telles que la pointe P de la racine ou le bourgeon B qui termine la tige. C'est grâce à cette nourriture que le méristème qui se trouve en B peut se cloisonner activement, et que de nouveaux tissus s'échafaudent sur les tissus plus anciens et les prolongent, augmentant d'autant la longueur de la tige.

46. Réserves. — Mais il arrive parfois que la feuille fonctionne si activement qu'elle fabrique plus de matières nutritives que la plante n'en peut consommer.

Alors l'excès s'emmagasine dans le parenchyme d'une partie quelconque de la plante (tige, racine, feuille ou fleur), partie qui, le plus souvent, grossit considérablement et devient un *tubercule*. Mais la formation d'un tubercule n'est pas la conséquence forcée de la mise en réserve des matières nutritives, celles-ci pouvant fort bien s'emmagasiner un peu partout dans les cellules du parenchyme, sans que des tubercules se forment.

Les substances en réserve attendent plus ou moins longtemps le moment d'être utilisées. Quelquefois elles le sont presque immédiatement; mais souvent aussi elles ne le sont qu'après un intervalle de temps assez considérable.

C'est ainsi que la Carotte, la Betterave accumulent dans leurs racines des réserves de sucre qu'elles n'utiliseront que quand elles seront prêtes à former des fleurs. La Pomme de terre fabrique, l'été, des réserves d'amidon qu'elle emmagasine dans ses tiges souterraines renflées par places en tubercules. Ceux-ci, passant l'hiver dans le sol, fourniront, quand reviendra le printemps, aux jeunes bourgeons qu'ils portent, les aliments nécessaires à leur développement en une plante nouvelle.

47. Reproduction d'une Phanérogame. — Quand une plante phanérogame se dispose à se reproduire, elle développe sur certaines branches des organes particuliers, de structure assez complexe, formés par des groupements de feuilles plus ou moins profondément modifiées : ce sont des *fleurs*.

Les fleurs, par la transformation de certaines de leurs parties, produisent les *fruits* à l'intérieur desquels se trouvent des *graines* qui, placées dans des conditions convenables, donneront naissance à une nouvelle plante semblable à celle dont elles proviennent.

48. Durée d'une plante. — La durée de la vie d'une plante est très variable selon les espèces que l'on considère. Voyons, par exemple, comment se comporte un Ricin ou un Haricot. Au printemps, il sort de la graine une petite plante qui grandit, se développe, produit des feuilles d'abord, des fleurs et des graines ensuite, puis meurt en automne, ayant, en moins d'un an, passé par toutes les phases de son existence, y compris la phase reproductrice. Les plantes de cette catégorie s'appellent des plantes *annuelles*.

Une Betterave a besoin de deux ans pour accomplir tout son développement. La première année, elle fabrique, grâce à ses feuilles, d'abondantes réserves de sucre qu'elle accumule dans sa racine. A l'automne, toutes ses parties aériennes disparaissent et les parties souterraines tombent dans une sorte d'engourdissement qu'on nomme *vie ralentie*. C'est ainsi qu'elles passent l'hiver. Au printemps suivant, la plante ou plutôt les parties souterraines qui ont pu résister aux froids de l'hiver, retrouvent leur activité vitale, utilisent leurs réserves pour produire des feuilles d'abord, des fleurs ensuite, puis des fruits et des graines, après quoi la plante entière meurt. La Betterave est une plante *bisannuelle*, puisqu'elle a besoin de deux ans pour accomplir toute son évolution.

Il existe aussi des plantes *pluriannuelles* qui vivent plusieurs années avant de produire leurs graines, et qui meurent aussitôt après l'avoir fait.

Annuelles, *bisannuelles* ou *pluriannuelles*, toutes ces plantes sont à tige molle, *herbacée* et semblent n'avoir qu'un but : arriver jusqu'à la production de graines. Après quoi, leur rôle étant rempli, elles disparaissent.

A côté de ces plantes qui ne fleurissent qu'une fois, il en est d'autres qui persistent un grand nombre d'années et produisent à plusieurs reprises, sans mourir pour cela, des fleurs, des fruits et des graines ; on les nomme *plantes vivaces*.

Cette survie s'obtient par deux procédés principaux, selon que les parties aériennes peuvent ou ne peuvent pas résister aux froids de l'hiver.

Prenons, par exemple, le cas du Chêne et de tous les arbres, arbustes ou arbrisseaux dont la tige est très dure, très épaisse et très peu sensible à la gelée. Il est évident qu'une pareille tige pourra, sans inconvénient, traverser un hiver même rigoureux. Il est vrai que ses parties tendres et molles comme les feuilles, tomberont en général ; mais d'autres repousseront au printemps suivant.

Le cas des plantes *vivaces* herbacées est un peu plus complexe ; ainsi le Dahlia, qui fleurit pendant la saison chaude, n'en fabrique pas moins, en même temps, des réserves qu'il accumule dans ses racines. Aux premiers froids, les tiges, les feuilles et les fleurs disparaissent ; mais les racines souterraines persistent et passent ainsi l'hiver, dans la terre, abritées qu'elles sont contre la gelée. L'été suivant, les réserves servent à former de nouvelles parties aériennes, tiges, feuilles et fleurs. Les feuilles fabriquent de nouvelles réserves qui s'emmagasinent dans d'autres racines, et ainsi de suite.

L'Iris, la Primevère, le Sceau de Salomon, le Muguet et la plupart des autres plantes herbacées vivaces se comportent comme le Dahlia, ou, tout au moins, d'une façon très analogue.

CHAPITRE I

LA GRAINE ET LA GERMINATION

La Graine

49. Toute Phanérogame sort d'une graine. — Les considérations générales qui précèdent vont nous servir de guide pour ce qui va suivre. Nous avons vu que toute Phanérogame sort d'une graine. Il nous semble donc logique de prendre une Phanérogame à sa naissance, et de la suivre jusqu'à son complet développement. Nous allons donc commencer par étudier la structure d'une graine, et nous verrons ensuite comment une plante peut en sortir.

50. Constitution de la graine mûre (fig. 52). — Une graine mûre et complète comprend trois parties : 1° une enveloppe ou *tégument* T ; 2° une réserve nutritive A, l'*albumen*; 3° l'*embryon*, E.

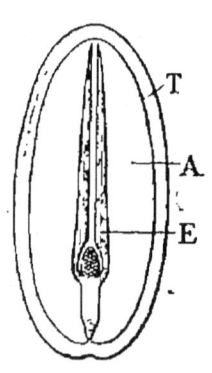

Fig. 52. — Section longitudinale schématique d'une graine à albumen.

1° *Le tégument.* — Le tégument, le plus souvent dur et coriace, sert à protéger la graine pendant le temps plus ou moins long qui sépare le moment où elle se détache de la plante mère, de celui où elle va *germer*, c'est-à-dire donner naissance à une plante nouvelle.

2° *L'albumen*. — L'albumen A est la réserve nutritive chargée de fournir à *l'embryon* E la nourriture nécessaire à son développement. L'albumen est formé par un parenchyme dont les cellules sont gorgées de matériaux de réserve. La réserve la plus répandue dans les graines est l'Aleurone (voir p. 9) qu'on ne trouve jamais dans les autres parties de la plante. Mais la matière nutritive de réserve peut être de nature très diverse : elle est souvent formée d'Amidon (Céréales), l'albumen est alors dit *farineux*. Il peut être *oléagineux*, c'est-à-dire contenir de l'huile (graine de Ricin) ou encore *corné*, lorsque la réserve est constituée par de la Cellulose Ex.: Café. Dans ce dernier cas, les parois cellulosiques des cellules sont très épaisses et l'albumen est dur comme de la corne : d'où son nom.

3° *L'embryon* (fig. 53). — L'embryon contient, extrêmement réduites, toutes les parties essentielles d'une

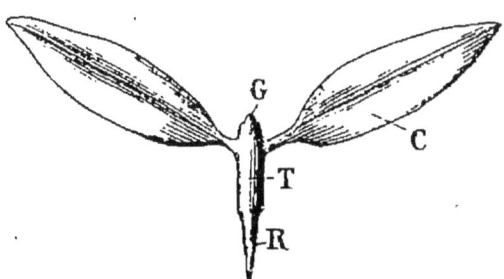

Fig. 53. — Schéma d'un embryon isolé.

plante adulte, à savoir : une tige, une racine et des feuilles.

Son corps est, en effet, formé d'un petit cylindre très court T, la *tigelle* qui représente la tige d'une plante ordinaire. Cette tigelle se termine en haut par une sorte de bourgeon mamelonné, G, la *gemmule*, et en bas par un cône R qui n'est autre qu'un rudiment de racine et qu'on nomme pour cette raison la *radicule*. Sur les flancs de la tigelle, à la naissance de la gemmule, on remarque une ou deux petites feuilles, C, les *cotylédons*, qui, dans la figure 52, se montrent comme ils sont réellement, c'est-à-dire relevés et appliqués l'un contre l'autre. Dans la figure 53, qui représente un embryon supposé isolé, nous les avons écartés l'un de l'autre pour les rendre plus distincts.

On voit, d'après cela, que l'embryon, pour produire une plante ordinaire, n'a absolument qu'à développer les différentes parties qui le constituent. C'est, en effet, la radicule qui deviendra la première racine; les cotylédons donneront les deux premières feuilles, et la gemmule, en grandissant, donnera naissance à la tige, aux rameaux et aux feuilles. Quant à la tigelle, si elle grandit, elle ne dépasse jamais 25 à 30 centimètres. Elle sert uniquement de trait d'union entre la Tige qui provient du développement de la gemmule et la Racine qui provient de la Radicule.

Les plantes dont la tigelle ne porte qu'un cotylédon sont appelées *Monocotylédones*. Celles qui possèdent deux cotylédons, ou plus de deux, se nomment des *Dicotylédones*.

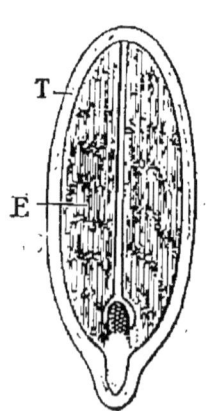

Fig. 54. — Section longitudinale schématique d'une graine sans albumen.

51. Autre type de graine (fig. 54). — La graine que nous venons de décrire est la graine du Ricin: l'albumen y est extérieur à l'embryon. Mais il y a un grand nombre de graines (Haricot, Pois) chez lesquelles la réserve nutritive se trouve dans les cotylédons eux-mêmes. Ceux-ci sont dès lors, très fortement épaissis, au point de remplir complètement le tégument et d'occuper la place réservée à l'albumen dans les graines qui en possèdent un. On voit donc qu'il y a deux types principaux de graines: les graines à albumen extérieur à l'embryon (Ricin), et les graines à albumen intérieur aux cotylédons, comme le Haricot. Les premières s'appellent *graines à albumen,* les secondes *graines sans albumen,* expression impropre, puisque dans tous les cas, l'albumen existe, le mot albumen étant pris dans le sens de réserve nutritive.

52. Vie ralentie. — Entre le moment où la graine se détache de la plante mère et celui où elle se dispose à germer, il s'écoule souvent un temps assez long. La graine, ayant perdu par la dessiccation la plus grande partie de son eau, est alors presque inerte. On a cru longtemps que la vie était complètement suspendue et l'on disait que la graine se trouvait à l'état de *vie latente;* mais des expériences précises (1) ont montré que, bien que très ralentie, la vie ne s'en manifeste pas moins, notamment par une respiration très faible, il est vrai, mais cependant appréciable. Son augmentation de poids est même assez sensible, ce qui prouve clairement qu'elle se nourrit.

Germination

53. Caractères auxquels on reconnaît qu'une graine est bonne. — Maintenant que nous connaissons la constitution de la Graine, il s'agit d'étudier les circonstances qui favorisent chez elle la reprise de l'activité vitale, c'est-à-dire qui la font entrer en *Germination.*

---

(1) Van Tieghem et Gaston Bonnier.

Quand on veut faire germer une graine, il est bon de s'assurer d'abord si elle est capable de le faire. Il existe pour cela un procédé assez primitif, mais qui réussit dans la plupart des cas : il consiste à jeter cette graine dans l'eau. Si elle s'enfonce au fond du liquide, on peut être assuré qu'elle est bien constituée, ou tout au moins, on est sûr qu'aucune de ses parties essentielles n'est remplacée par une lacune contenant de l'air et faisant fonction de flotteur.

Mais la réciproque n'est pas vraie, en ce sens que si une graine flotte sur l'eau, il ne s'ensuit pas pour cela qu'elle soit mauvaise. Un certain nombre de graines ont, en effet, une densité inférieure à celle de l'eau, soit parce que leur albumen est oléagineux (Ricin), soit parce que les tissus de l'embryon ou des téguments renferment naturellement de l'air (Iris, Pin).

Avant donc de s'en rapporter à l'épreuve de l'eau, il faudra bien s'assurer si la graine est d'espèce telle que cette épreuve lui soit applicable.

54. État des réserves de la graine. — De ce qu'une graine a toutes ses parties en bon état, il n'en faut pas cependant conclure qu'elle est capable de germer. Les réserves qui sont dans l'albumen peuvent, en effet, fort bien n'être pas mûres, c'est-à-dire n'être pas encore aptes à pouvoir être utilisées par l'embryon. En un mot, la graine peut n'avoir pas encore acquis son *pouvoir germinatif*.

En général, quand le fruit d'où provient la graine est mûr, la graine l'est aussi. Cependant, il y a lieu de signaler quelques plantes, telles que certaines Rosacées (Rosier, Aubépine, Pêcher), chez lesquelles la maturité interne de la graine n'est achevée que longtemps (un ou deux ans) après la maturité du fruit qui l'a produite.

Mais il ne suffit pas que la graine ait acquis son pouvoir germinatif; encore faut-il qu'elle ne l'ait pas perdu, c'est-à-dire que l'évolution chimique des réserves ne leur ait pas fait dépasser le point où elles peuvent être utilisées par l'embryon. Les graines farineuses (Céréales) conservées au sec, peuvent garder 15 et 20 ans leur pouvoir germinatif. Cette persistance du pouvoir germinatif peut être considérablement prolongée et atteindre plusieurs centaines d'années si les graines sont soustraites à l'influence de l'air, ce qui empêche naturellement l'altération des réserves par oxydation. C'est ainsi qu'on a pu faire germer des grains de Blé trouvés dans des tombeaux gallo-romains datant de l'époque des Antonins.

Les graines oléagineuses dans lesquelles l'huile s'oxyde et rancit assez rapidement à l'air, conservent moins longtemps que les graines à albumen farineux ou sucré, la propriété germinative. Mais les graines qui perdent le plus vite leur aptitude à germer sont celles dont l'albumen est corné et que la dessiccation altère au point de les rendre, au bout de quelques heures seulement, complètement inactives.

Le froid, même très intense, est à peu près sans action sur le pouvoir germinatif des graines. C'est ce qui permet aux graines semées à l'automne de traverser sans altération les hivers les plus rigoureux. Cette résistance au froid s'explique d'elle-même si l'on se rappelle que les graines à l'état de vie ralentie sont très pauvres en eau et que, par suite, la gelée ne peut avoir sur elles aucune prise.

En ce qui concerne l'effet produit par la chaleur sur les graines, il y a lieu de distinguer la chaleur sèche de la chaleur humide. Dans l'air sec, les graines de Blé ou de Maïs peuvent supporter sans altération sensible une chaleur de 100° prolongée pendant un quart d'heure, et 65° pendant une heure, tandis qu'un séjour d'une heure dans l'eau chaude à 55° suffit pour faire perdre à ces graines toute faculté germinative.

55. Conditions extérieures nécessaires à la germination. — Supposons donc que nous ayons une graine bien conformée et mûre, c'est-à-dire dans laquelle les réserves soient au point voulu. Pour la faire germer il faut lui fournir *de l'eau, de la chaleur et de l'oxygène*. Mais il intervient ici une question de quantité : il existe, en effet, pour chaque graine, un optimum d'hydratation, de température et de pression en deçà ou au delà duquel la germination est retardée.

Eau. — L'hydratation ne doit pas aller jusqu'à la saturation, car l'absorption d'une trop grande quantité d'eau peut provoquer la sortie, *l'exosmose* des matériaux nutritifs solubles de l'albumen, qui sont alors perdus pour la graine.

Chaleur. — La température optimum varie selon les différentes graines. Elle est ordinairement comprise entre 20 et 40 degrés. Elle est, par exemple, de 21° pour le Lin, le Trèfle, et de 38° pour le Concombre.

Oxygène. — Quant à la pression optimum de l'oxygène, elle n'a pas encore été mesurée d'une façon bien précise ; mais il est probable qu'elle correspond à la pression 1/5 que ce gaz a dans l'atmosphère.

Il est à remarquer que les dissolutions étendues de brome, d'iode et de chlore activent la germination. C'est même le procédé employé dans les jardins botaniques pour utiliser les vieilles graines. Cette action accélératrice s'explique par la propriété qu'ont ces corps de décomposer l'eau en présence de la lumière, avec dégagement d'oxygène. L'oxygène naissant agit alors très activement sur les graines.

56. Phénomènes germinatifs (fig. 55). — Prenons comme type la graine du Ricin : c'est une graine à albumen extérieur aux cotylédons, constituée comme celle qui est représentée fig. 52.

Après avoir laissé cette graine tremper dans l'eau pendant 48 heures, plaçons-la sur de la mousse humide, dans une pièce aérée et suffisamment chaude. Aussitôt, la graine qui, pendant son immersion, a déjà absorbé de l'eau en grande quantité, continue à en prendre à la mousse sur laquelle elle repose et se gonfle très sensiblement.

Le résultat de cet accrois-

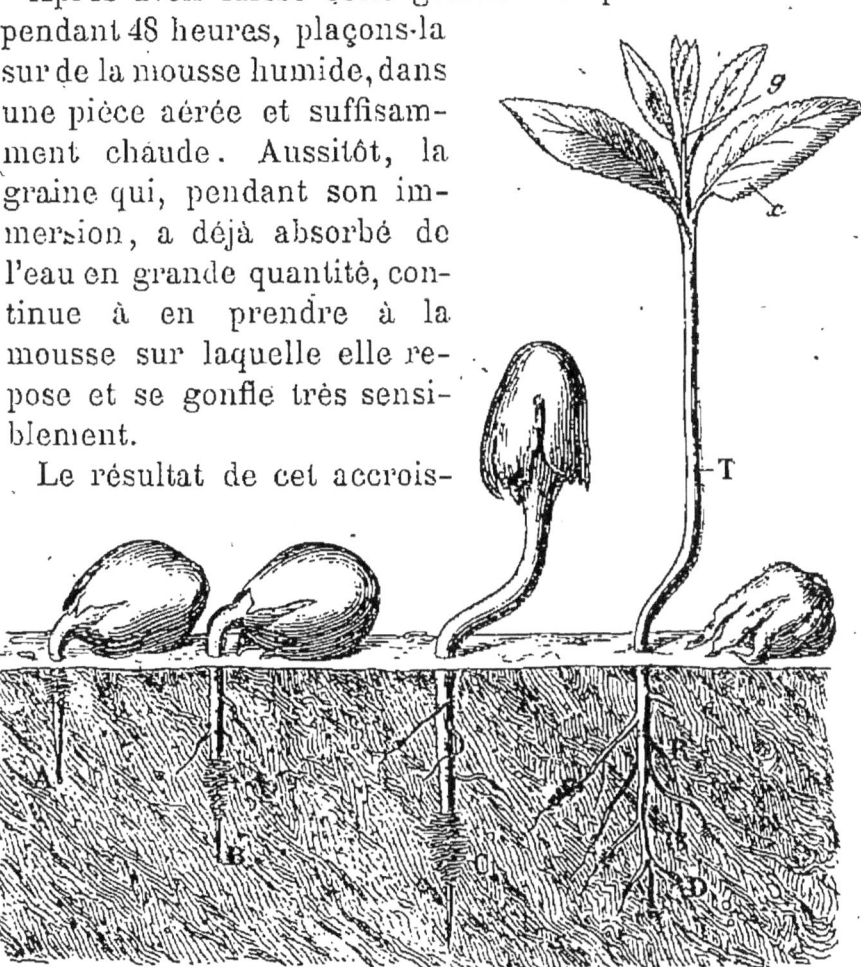

Fig. 55. — Phases de la germination d'une graine.

sement de volume interne est de faire éclater le tégument en son point de moindre résistance qui se trouve le plus souvent, en face même de la pointe de la Radicule.

Par la déchirure on voit sortir, se contourner de façon à s'enfoncer toujours verticalement dans la mousse humide, s'allonger ensuite, une sorte de petit cordon blanchâtre A : c'est la première racine provenant du développement exclusif de la radicule de l'embryon, et sur laquelle apparaissent très vite de petites racines secondaires (B).

Puis la tigelle s'allonge à son tour, se dressant verticalement vers le ciel, en sens inverse de la direction prise par la racine, et élevant ainsi la graine à une certaine hauteur au-dessus du sol. Pendant que s'effectue cet allongement de la tigelle, on voit s'accroître le nombre des petites racines secondaires ou *radicelles* qui naissent sur les flancs de la première racine, et dont le rôle est de fixer plus solidement la plante au sol, tout en aidant la racine mère dans ses fonctions d'absorption des liquides.

A ce moment, il est visible qu'à l'intérieur du tégument déchiré, l'albumen a diminué de volume dans de fortes proportions, de sorte que le tégument qui a éclaté au début parce qu'il était trop étroit, est maintenant devenu beaucoup trop large. Ceci nous indique déjà que l'accroissement de la radicule et de la tigelle a dû s'effectuer aux dépens de l'albumen.

Alors le tégument tombe (D) et les deux cotylédons, jusque-là maintenus serrés l'un contre l'autre par le tégument, s'écartent l'un de l'autre et s'étalent, portant souvent encore sur leur face inférieure quelques vestiges d'albumen non digéré qui ne tarderont pas à disparaître. Une fois étalés à la lumière, les cotylédons verdissent et prennent de plus en plus l'aspect de feuilles. La gemmule g, mise à découvert par l'écartement des *cotylédons c*, grandit en produisant des feuilles sur ses flancs, et la jeune plante possédant alors tous les organes qui lui sont essentiels, à savoir Racine, Tige et Feuilles, peut dorénavant vivre d'une vie indépendante.

On voit que la germination du Ricin, prise comme type, présente 4 phases distinctes :

1° Absorption d'eau ayant pour conséquence la déchirure du tégument et l'apparition de la radicule;

2° Croissance de la radicule qui devient la première racine et s'enfonce dans le sol (A, fig. 55);

3° Croissance de la tigelle qui soulève les cotylédons et le tégument à une certaine hauteur au-dessus du sol (C, fig. 55);

4° Chûte du tégument; épanouissement et verdissement des cotylédons qui deviennent les deux premières feuilles de la plante; développement de la gemmule en tige, rameaux et feuilles (D, fig. 55).

56. Autres modes de germination. 1° *Les cotylédons sont caducs.* — Dans la germination du Haricot et, en général, des graines dont la réserve est à l'intérieur des cotylédons, on retrouve encore ces quatre phases; seulement, comme le développement des différentes parties de la graine s'accomplit aux dépens de la provision de nourriture des cotylédons, ceux-ci se vident et se flétrissent de plus en plus, à mesure que la germination avance.

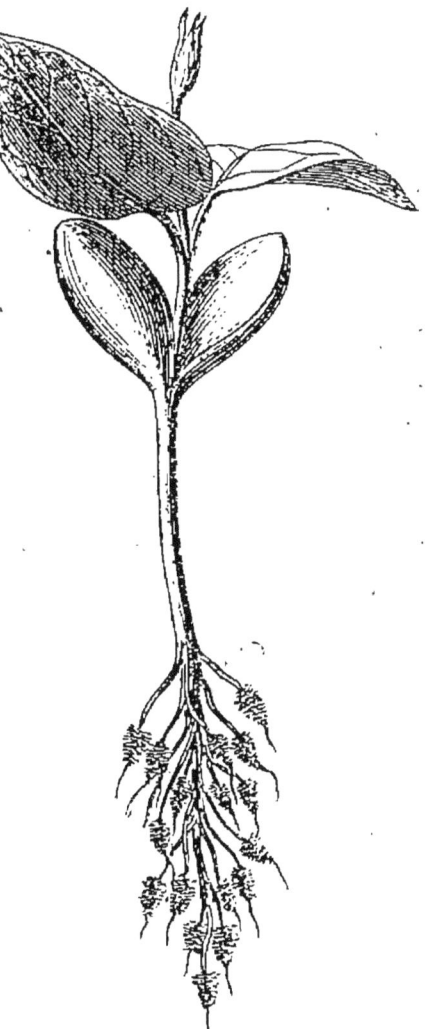

Fig. 56. — Haricot germé.

Et quand le verdissement de la gemmule et son développement en tige, rameaux et feuilles marque la fin de la germination, les cotylédons épuisés et flétris, désormais inutiles, se détachent et tombent. Mais avant leur chute, ils verdissent et forment alors au-dessous de la gemmule développée deux expansions plus ou moins épaisses, selon l'importance des réserves qu'ils contiennent encore (fig. 56). Ils peuvent donc, grâce à leur verdissement, continuer à nourrir pendant un certain temps la jeune plante, et c'est pour eux un nouveau titre à ce nom qu'on leur a donné, de *feuilles nourricières*. On voit que la germination du Haricot diffère peu de celle du Ricin ; mais il existe d'autres graines pour lesquelles les différences sont plus profondes.

2° *Germinations incomplètes*. — Si nous appelons *germination complète* toute germination qui présente les 4 phases types de la germination du Ricin, une germination qui subira un raccourcissement par la suppression de l'une ou de plusieurs de ces phases, sera nécessairement une *germination incomplète*.

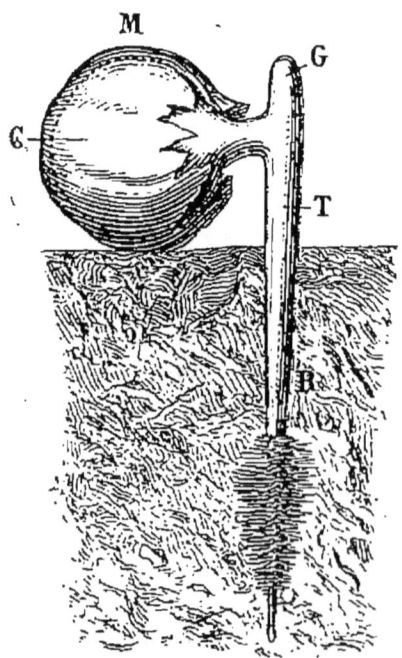

Fig. 57. — Germination incomplète du Marron d'Inde (schéma).

Un premier exemple de germination incomplète nous est donné par l'Ail, l'Anémone ou le Cerfeuil. La radicule s'allonge, mais la tigelle ne se développe pas, elle reste toujours courte, à l'état embryonnaire. Par conséquent, les cotylédons s'étalent et verdissent au ras du sol ou dans le sol même, si la graine y a été enfouie. On dit, dans ce cas, que la germination est *hypogée*, et l'on réserve le nom d'*épigée* à la germination analogue à celle du Ricin, dans laquelle la 2° phase (allongement de la tigelle) n'est pas supprimée.

Le gland du Chêne et le Marron d'Inde (fig. 57) nous offrent un exemple d'une germination plus raccourcie encore que ne l'est la germination de l'Ail. Non seulement la tigelle ne s'allonge pas, mais les cotylédons restent emprisonnés dans l'albumen et le tégument, sans jamais ni s'étaler, ni verdir. Ils se contentent d'allonger un peu leurs pétioles, de façon à dégager la gemmule G de l'albumen et à lui permettre de se développer à l'air, sans entraves.

Mais, malgré ces modifications de détail, malgré la suppression d'une ou de plusieurs phases dans la germination de certaines graines, on peut cependant dire que les phénomènes germinatifs sont partout les mêmes et présentent une constance et une fixité remarquables chez toutes les Phanérogames.

La germination d'une graine quelconque est donc, dans ses grandes lignes, la même que celle du Ricin prise comme type.

57. Utilisation des réserves par l'embryon. — Un fait désormais hors de doute, c'est que l'embryon se développe et grandit aux dépens des réserves qu'il trouve soit dans l'albumen qui l'entoure, soit dans ses propres cotylédons.

Mais ces réserves sont emmagasinées sous une forme généralement insoluble et il est clair que, sous cette forme, elles ne sont pas immédiatement assimilables par l'embryon. Il faut donc qu'elles subissent au préalable une transformation chimique, une digestion, qui les rende à la fois solubles et assimilables.

1° *La réserve est en dehors des cotylédons.* — Supposons, pour plus de clarté, que la graine possède un albumen extracotylédonaire (fig. 52). Les cotylédons sont appliqués contre l'albumen et de tous côtés entourés par lui. Quand la graine reprend sa vie active, la surface des cotylédons se met aussitôt à sécréter un suc digestif qui pénètre dans les cellules de l'albumen et opère la transformation nécessaire des matières nutritives qui s'y trouvent. Celles-ci, devenues solubles et par conséquent liquides puisqu'elles peuvent se dissoudre dans l'eau qui a pénétré en abondance dans la graine, sont alors absorbées par les cotylédons et, de là, se répandent dans tout l'embryon qui les utilise pour croître. Dans ce cas, les cotylédons accomplissent une double fonction : ils digèrent et absorbent. C'est le cas de la plupart des graines à albumen farineux (Céréales).

Mais il arrive souvent que les cellules de l'albumen, bien qu'encombrées de réserves, ont cependant conservé assez de vitalité pour pouvoir sécréter elles-mêmes le suc digestif et digérer ainsi leurs propres réserves. Alors les cotylédons se bornent à absorber les substances digérées en dehors d'eux.

2° *La réserve est dans les cotylédons.* — Si la réserve est intracotylédonaire, les matières nutritives étant tout absorbées, puisqu'elles sont déjà dans l'embryon, n'ont plus qu'à être digérées pour pouvoir se distribuer ensuite aux différents tissus. Cette digestion est accomplie par les cellules des cotylédons qui fabriquent elles-mêmes le suc digestif approprié à la nature de la réserve qu'ils contiennent.

En somme, on voit que, quel que soit le cas considéré,

le rôle principal est toujours dévolu aux cotylédons. C'est toujours par leur intermédiaire que l'embryon se nourrit. Aussi comprend-on le nom de *feuilles nourricières* qu'on leur a longtemps donné.

58. Les ferments digestifs. — Nous avons déjà fait remarquer (p. 15) que les sucs digestifs sécrétés par les cellules végétales sont tout à fait analogues aux sucs digestifs que fabriquent les diverses glandes qui s'échelonnent le long du tube digestif des animaux supérieurs et que la digestion animale et la digestion végétale sont des fonctions identiques. Nous pouvons maintenant appuyer ces conclusions de faits nouveaux.

1° *L'amylase et la digestion de l'amidon.* — Ainsi, quand la substance de réserve de la graine est de l'amidon, le ferment digestif sécrété est une diastase, l'*amylase*, analogue, sinon identique, à la diastase salivaire et qui, par une suite d'hydratations successives, transforme l'amidon en dextrine, maltose, glucose et lévulose. C'est, du moins, ce qui résulte de l'analyse du contenu des cellules : avant et après la digestion des matières amylacées, on trouve, en effet, que la richesse en glucose augmente à mesure que l'amidon disparaît sous l'influence de l'amylase. Et cependant, en se servant de l'amylase végétale dans des expériences *in vitro*, on n'a réussi à transformer l'amidon qu'en dextrine, sans pouvoir aller plus loin. Comment la dextrine devient-elle donc de la maltose dans les cellules, et par quel processus chimique la maltose se dédouble-t-elle en glucose et lévulose ? On ne le sait pas encore au juste.

Il semble toutefois, que la transformation de l'amidon en maltose est le résultat d'une soustraction plusieurs fois répétée d'une molécule de dextrine $C^{12}H^{20}O^{10}$

qui s'hydrate ensuite de façon à se transformer en une molécule de maltose $C^{12}H^{22}O^{11}$.

En effet : $nC^{12}H^{20}O^{10} = (n-1)C^{12}H^{20}O^{10} + C^{12}H^{20}O^{10}$,

et $\underset{\text{Dextrine.}}{C^{12}H^{20}O^{10}} + H^2O = \underset{\text{Maltose.}}{C^{12}H^{22}O^{11}}$.

Ces deux formules peuvent être réunies en une seule :

$$\underset{\text{Amidon}}{nC^{12}H^{20}O^{10}} + H^2O = (n-1)\underset{\text{Dextrine}}{C^{12}H^{20}O^{10}} + \underset{\text{Maltose.}}{C^{12}H^{22}O^{11}}.$$

Cette réaction peut, d'ailleurs, se renouveler un grand nombre de fois

$(n-1)C^{12}H^{20}O^{10} + H^2O = (n-2)C^{12}H^{20}O^{10} + C^{12}H^{22}O^{11}$.
$(n-2)C^{12}H^{20}O^{11} + H^2O = (n-3)C^{12}H^{20}O^{10} + C^{12}H^{22}O^{11}$.

et ainsi de suite jusqu'à ce qu'on arrive à une dextrine

$$(n-n')C^{12}H^{20}O^{10}$$

inattaquable par l'amylase.

Quant à la maltose produite elle se dédouble, par hydration, en glucose et lévulose

$$\underset{\text{Maltose.}}{C^{12}H^{22}O^{11}} + H^2O = \underset{\text{Glucose.}}{C^6H^{12}O^6} + \underset{\text{Lévulose.}}{C^6H^{12}O^6}.$$

L'attaque du grain d'amidon par le ferment peut

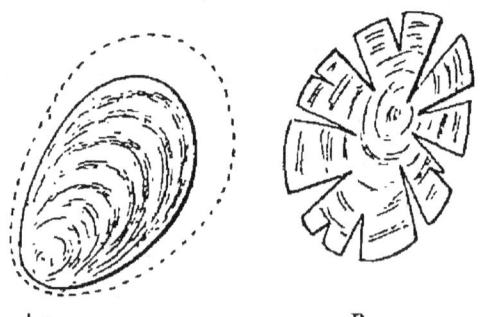

Fig. 58. — Grains d'amidon attaqués régulièrement et irrégulièrement.

être très régulière, de sorte que l'usure se fait simultanément sur toute la surface du grain (fig. 58 A), ou bien l'action corrosive de l'amylase est inégale (fig. 58, B); elle marche toujours de la périphérie au centre, mais plus vite suivant certains rayons que suivant d'autres. De sorte que le grain ne tarde pas à présenter des excavations rayonnantes, correspondant aux régions dans lesquelles la digestion a été le plus rapide. C'est cette marche de la digestion, semblant indiquer qu'il y a des lignes de moindre résistance, qui a fait penser que le grain d'amidon pourrait bien être un sphéro-cristal, c'est-à-dire formé de cristaux rayonnants à partir d'un point plus ou moins central (voir Travaux pratiques).

2° *L'invertase et la digestion du sucre de canne.* — La Saccharose, bien que soluble, n'est pas immédiatement assimilable. Pour pouvoir être utilisée par l'embryon, elle a besoin d'être *intervertie*, c'est-à-dire dédoublée en deux sucres assimilables, la glucose et la lévulose. C'est ce que fait un ferment spécial, l'*invertase*, qui se rencontre aussi dans le suc intestinal de l'Homme.

3° *L'émulsine.* — C'est encore une diastase, fréquente chez les Rosacées. Elle diffère des précédentes en ce que, tandis que celles-là ne fournissent *que* du sucre comme produit de dédoublement des réserves, l'émulsine donne du sucre et, en outre, d'autres substances variées dont le rôle dans la nutrition de l'embryon est inconnu. Ainsi, l'émulsine des Amandes amères agit sur l'amygdaline qu'elles contiennent, comme l'indique la formule suivante :

$$C^{20}H^{27}AzO^{11} + 2H^2O = C^7H^6O + HCAz + 2C^6H^{12}O^6.$$

Amygdaline. Eau. Aldéhyde benzoïque. Acide cyanhydrique. Glucose.

4° *Les pepsines.* — Les pepsines sont des ferments solubles chargés de la digestion des réserves albuminoïdes, telles que l'aleurone. Ainsi, la graine du Lupin renferme une trypsine qui transforme les matières albuminoïdes en *peptones*, en leucine et en tyrosine. C'est une réaction analogue à celle qui se produit sous l'influence de la pepsine dans l'estomac des animaux supérieurs et de l'homme.

5° *Les saponases*. — Quand la réserve renferme des corps gras (graines de Ricin, de Rave, de Chanvre, de Lin, de Maïs), on trouve dans les cellules une *saponase* qui saponifie ces substances, c'est-à-dire les dédouble en glycérine et acide gras. La réaction générale provoquée par les saponases peut être exprimée par la formule suivante :

$$\underset{\text{Oléine.}}{C^{57}H^{104}O^6} + 3H^2O = \underset{\text{Acide oléique.}}{3(C^{18}H^{34}O^2)} + \underset{\text{Glycérine.}}{C^3H^8O^3}.$$

Conclusion. — Beaucoup de ferments solubles autres que ceux dont nous nous sommes occupés peuvent se développer dans les cellules lorsque le moment est venu d'utiliser les réserves. Ces ferments sont d'ailleurs toujours parfaitement appropriés à la nature même de la réserve sur laquelle ils doivent agir. Mais nous pensons qu'il est inutile d'ajouter d'autres exemples à ceux que nous avons cités. Quel que soit, en effet, le ferment considéré, son action sur les réserves se réduit à une hydratation, suivie d'un dédoublement de la matière de réserve. C'est ce qu'il est facile de constater sur les formules établies plus haut.

La chimie cellulaire étant encore assez peu avancée, on ne peut affirmer que ces formules soient l'expression exacte des réactions qui se passent dans l'intérieur de la cellule. Mais on peut admettre qu'elles les résument avec une approximation très suffisante.

59. Échanges gazeux entre la graine et le milieu extérieur. Variations de poids de la graine pendant la

germination. — Depuis le début de la période germinative, le poids total de la graine va sans cesse en augmentant. Sans doute, la graine transpire, c'est-à-dire émet de la vapeur d'eau et, par conséquent, éprouve de ce chef une perte de poids ; mais cette perte est largement compensée par l'absorption continuelle de l'eau qu'on doit lui fournir. De sorte que la résultante de ces deux actions est, en somme, un accroissement continu du poids frais.

Le poids sec, c'est-à-dire le poids de la graine privée d'eau, va au contraire en diminuant jusqu'au moment où les cotylédons de la plantule verdissent; mais alors la germination est considérée comme terminée. Prenons deux lots d'une même sorte de graines, *ayant des poids égaux*, et desséchons le lot n° 1 au début de la germination, en le chauffant assez longtemps dans une étuve à 110°.: toute l'eau contenue dans les graines s'échappe. On pèse alors les graines desséchées et on note leur poids P qui est leur poids sec. On laisse ensuite germer les graines du deuxième lot dans l'obscurité pour éviter le verdissement prématuré de la plantule, et quand celle-ci est développée, on dessèche les graines germées, comme on l'a fait pour les graines non germées du premier lot. Soit P' le nouveau poids sec : on trouve constamment que P' est plus petit que P. Donc, *pendant la germination, le poids sec d'une graine diminue, tandis que son poids frais augmente.*

Cette perte de poids sec s'explique facilement, si l'on remarque que la respiration d'une graine en germination est très active : il y a donc absorption d'Oxygène et dégagement d'acide carbonique, par conséquent perte de Carbone pour la graine sans qu'il y ait gain d'Oxygène, puisque celui qui est absorbé doit se retrouver tout entier dans l'acide carbonique dégagé.

En réalité, au début de la germination, il y a plus

d'Oxygène absorbé qu'il n'en existe dans l'acide carbonique rejeté. Il y a donc, à ce moment, fixation d'Oxygène dans les tissus. Cet Oxygène se combine probablement à l'Hydrogène des réserves pour former de l'eau et par conséquent, il est aussi éliminé par la dessiccation en même temps que l'Hydrogène, avec lequel il s'est combiné; on ne doit donc pas le retrouver dans le poids sec, et l'on peut dire que la perte de poids sec se compose:

1º D'une perte de Carbone.

2º D'une perte d'Oxygène et d'Hydrogène unis dans la proportion nécessaire pour faire de l'eau.

Le tableau ci-dessous, que nous donnons à titre de renseignement, et qui résume l'analyse élémentaire d'une graine de Haricot au début et à la fin de la germination, montre que cette explication est bien la bonne et que la perte de poids sec provient bien d'une élimination de Carbone et d'eau.

Détail de la perte de poids d'une graine de Haricot pendant la période germinative.

	POIDS TOTAL	CARBONE	HYDROGÈNE	OXYGÈNE	AZOTE	MATIÈRES MINÉRALES
Graine au début de la germination....	gr. 0,926	gr. 0,407	gr. 0,056	gr. 0,376	gr. 0,041	gr. 0,045
Graine germée (la plante est développée).	0,566	0,248	0,033	0,198	0,041	0,045
Pertes de poids.	0,360	0,159	0,023	0,178	»	»

On voit que les 0^{gr},360 de perte de poids sec se composent de 0gr,159 de Carbone, de 0gr,023 d'Hydrogène et de 0gr,178 d'Oxygène. Or, 0,178, poids de l'Oxygène perdu, est très sensiblement égal à 8 fois 0,023, poids de l'Hydrogène éliminé. Donc il y a bien eu perte d'Oxygène et d'Hydrogène unis dans la proportion nécessaire pour faire de l'eau.

60. Dégagement de chaleur par la graine. — Les réactions chimiques, qui se passent à l'intérieur de la graine germant, ont pour effet de produire de la chaleur. Il ne faut donc pas s'étonner si la graine émet d'autant plus de radiations calorifiques que la digestion des réserves y est plus active. Au moment du maximum, la quantité de chaleur dégagée par 1 kilogramme de graines pendant une minute peut atteindre 120 calories.

On peut mettre en évidence la chaleur dégagée par la germination en plaçant simplement un thermomètre au milieu de graines en train de germer: le thermomètre monte d'une façon très sensible.

La chaleur dégagée pendant la germination est puisée à 3 sources principales:

1° La formation de l'acide carbonique dégagé;

2° Les oxydations résultant de la fixation de l'Oxygène dans la graine, surtout au début de la germination;

3° Les hydratations et les dédoublements des substances de réserve.

D'après cela on comprend qu'il suffit qu'un tissu respire, c'est-à-dire produise de l'acide carbonique, pour qu'il y ait dégagement de chaleur. Mais ce n'est que quand un tissu utilise ses réserves, c'est-à-dire quand les 3 sources que nous venons de signaler existent simultanément, que la chaleur produite augmente dans de fortes proportions.

CHAPITRE II

LA TIGE ET LA RACINE

Leurs caractères distinctifs.

61. Généralités. — Nous avons vu à la page 59, que la Racine est chargée :

1° De fixer la plante au sol;

2° D'y puiser l'eau chargée de sels divers, qui constitue la sève ascendante ;

3° De conduire cette sève à la Tige.

De son côté la Tige a pour fonctions essentielles :

1° De supporter les feuilles;

2° De leur amener la sève ascendante venue de la Racine.

Les deux organes doivent ensuite, par des canaux spéciaux, distribuer dans toutes les parties du végétal les matières nutritives fabriquées par les feuilles.

Le rôle de la Tige et de la Racine est donc d'établir une communication permanente entre le sol, qui fournit l'eau nécessaire à la plante, les feuilles qui puisent dans l'air le charbon qui s'y trouve à l'état d'acide carbonique et les tissus, surtout ceux qui, en voie de croissance, ont besoin d'un apport continuel de nourriture.

Caractères distinctifs de la Tige et de la Racine tirés de la morphologie externe.

62. 1ᵉʳ Caractère distinctif. Absence de feuilles sur la Racine. — Le caractère distinctif le plus apparent est évidemment le suivant :

La Tige porte des feuilles, la Racine n'en porte pas.

Ces feuilles peuvent, sur certaines tiges, être réduites à de simples écailles ; elles peuvent aussi être tombées, mais un examen attentif fait toujours découvrir les cicatrices qu'elles ont laissées en tombant et qui marquent la place qu'elles occupaient avant leur chute.

63. 2ᵉ Caractère distinctif. Directions que prennent la Tige et la Racine. Géotropisme. — *La Racine s'enfonce verticalement de haut en bas dans le sol : elle est dite, pour cela, Géotropique et son géotropisme est positif.*

La Tige se dresse verticalement de bas en haut : elle a un géotropisme négatif.

Cette orientation des tiges et des racines est très marquée au début de la germination. Quelle que soit la position qu'occupe une graine sur le sol où elle germe, quand bien même la pointe de la radicule se trouverait opposée au sol, on voit cette radicule, lorsqu'elle s'accroît, se recourber de façon à se diriger vers le centre de la terre, tandis que la gemmule, en se développant en tige, prend une direction inverse.

On a longtemps cherché quelle peut être la cause de cette direction constante des tiges et des racines. On a supposé d'abord, ce qui paraissait assez rationnel, que la Racine recherche l'obscurité et l'humidité et que c'est pour cela qu'elle s'enfonce dans le sol ; mais l'expérience suivante détruit cette explication.

Suspendons en l'air un pot à fleurs renversé et plein de terreau maintenu constamment humide, mais que l'on a eu soin de munir d'une toile métallique afin d'empêcher la chute du terreau (fig. 59). Dans la terre du pot on a placé des graines quelconques, des haricots par exemple. Quand les graines se mettent à germer, on voit les racines sortir du pot par les mailles de la toile métallique et se diriger vers le sol, à travers l'air. Donc la cause déterminante de la direction verticale des racines n'est pas la recherche de l'humidité et de l'obscurité.

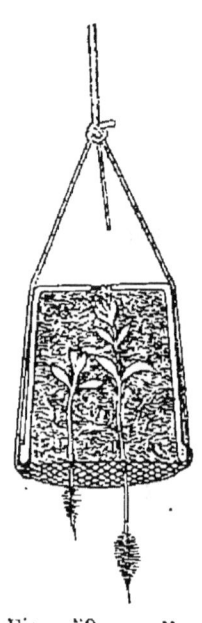

Fig. 59. — Expérience du pot renversé.

L'expérience de la roue de Knight semble démontrer que le Géotropisme est un effet produit sur les racines et les tiges par une force naturelle agissant dans le sens vertical.

Considérons en effet, une roue verticale pouvant tourner autour d'un pivot horizontal (fig. 60).

Piquons des graines sur la circonférence de cette roue, en les entourant d'un peu de mousse afin de les maintenir à un degré d'humidité convenable ; puis mettons la roue en mouvement.

Supposons que ce mouvement soit très lent. Les graines germent et l'on observe que les racines et les tiges, au lieu de se développer dans la direction verticale qui leur est ordinaire, s'accroissent dans la direction même où le hasard avait placé les radicules et les tigelles des graines disposées sur la roue. La rotation lente de la roue a donc eu pour conséquence d'annihiler la force inconnue, cause de ce Géotropisme qui se manifeste sur les racines et les tiges des graines au repos.

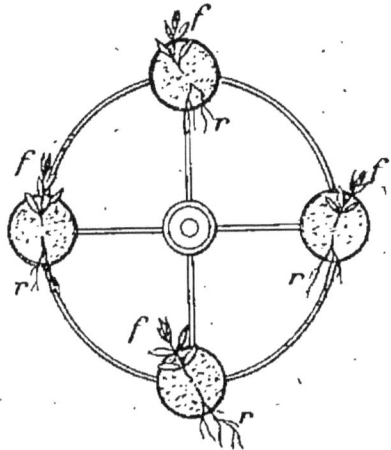

Fig. 60. — Roue de Knight tournant lentement.

Pour savoir quelle est cette force, il nous suffira donc de déterminer quelle est, de toutes les forces connues, celle dont l'effet est annulé par la rotation de la roue.

Or, il est facile de démontrer que toute force de direction constante qui agit dans le plan de la roue, est sans effet sur les graines.

En effet (fig. 61), considérons une force F de direction quelconque, mais parallèle au plan de la roue et que nous

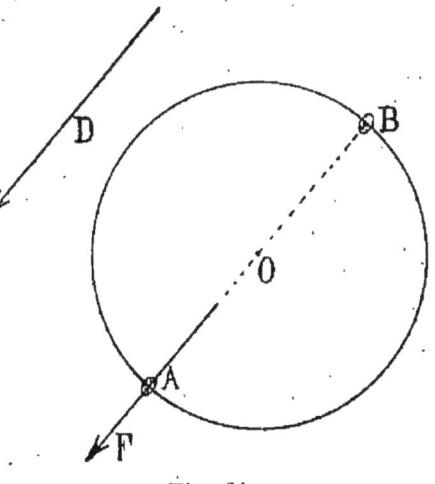

Fig. 61.

supposerons, pour un instant, être la cause déterminante du Géotropisme. Quand la graine sera en A, la force F agissant suivant la direction OF sollicitera la racine à s'écarter du centre O. Quand, par suite du mouvement de rotation, la graine arrivera en B, la racine sera au contraire sollicitée vers le centre, de sorte que, quand la graine est en B, la force F détruit elle-même l'effet qu'elle tend à produire sur la même graine quand elle est en A. C'est donc, pour la graine qui tourne en même temps que la roue comme si cette force F n'existait pas.

Or, le raisonnement s'applique à toute force de direction constante agissant parallèlement au plan de rotation.

Donc nous avions raison de dire que toute force agissant dans le plan de rotation est, conformément à l'expérience, de nul effet sur la graine.

Il nous reste à démontrer la proposition réciproque, c'est-à-dire qu'une force n'agissant pas dans le sens de la roue, continue, malgré la rotation, à avoir une action directrice sur la racine.

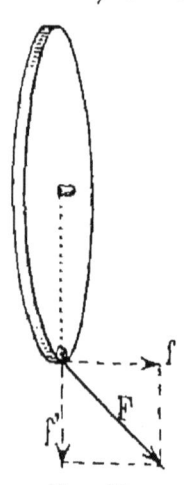

Fig. 62.

Soit, en effet, une force F' agissant en dehors du plan de rotation (fig. 62). Elle peut se décomposer en deux autres, l'une f' agissant dans le plan de la roue et qui est annulée par la rotation, comme il vient d'être dit, l'autre f perpendiculaire à la première et qui, quelle que soit la position qu'occupe la graine sur la roue en mouvement, agirait sur elle d'une façon continue et toujours dans le même sens. Cette force f orienterait par conséquent la racine. Or l'expérience nous a montré que, dans le cas d'une rotation lente, la Racine ne s'oriente pas, donc f ne peut pas exister, ce qui revient à dire que la force F, dont elle provient, doit être située dans le plan de la rotation.

Il résulte évidemment de cette double démonstration que la force directrice cherchée ne peut être que dans le plan de la roue.

Mais remarquons que nous n'avons fait aucune hypothèse sur l'orientation à donner au plan de la roue. L'expérience montre que la seule condition que la roue doive remplir pour que le Géotropisme ne se fasse plus sentir sur les graines en expérience, est d'être verticale. Par conséquent la démonstration s'applique à un plan vertical de rotation quelconque. Quelle que soit l'orientation de ce plan, la force qui détermine le Géotropisme y est contenue. Cette force étant contenue à la fois dans tous les plans verticaux, il faut bien qu'elle soit elle-même verticale.

Or, dans l'état actuel de la science, nous ne connaissons qu'une seule force naturelle qui soit verticale, c'est la Pesanteur ; nous pouvons donc dire que *la cause déterminante du géotropisme est la Pesanteur.*

On peut confirmer cette conclusion en variant la forme de l'expérience. Si, par exemple, le mouvement de la roue verticale est rapide au lieu d'être lent, on détruit bien encore l'action de la Pesanteur sur les graines, mais on développe une force nouvelle, la force centrifuge, qui sollicite les radicules dans la direction où elle agit. On voit en effet les racines se diriger toutes dans le sens du rayon en s'éloignant du centre (fig. 63).

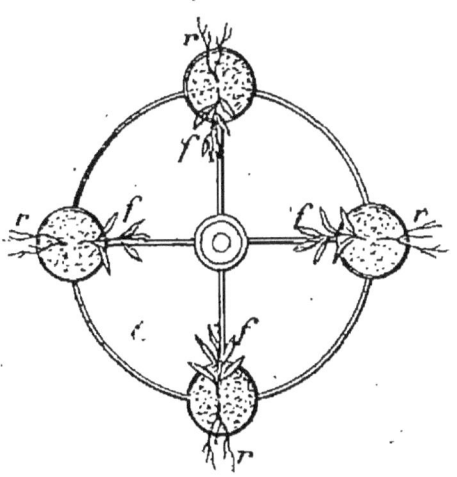

Fig. 63. — Roue de Knight tournant rapidement.

90 ÉTUDE D'UNE PLANTE PHANÉROGAME

Donc toutes les fois qu'annulant l'effet de la pesanteur, nous faisons agir sur les radicules une force nouvelle, ces radicules obéissent à la force introduite. Nous pouvons donc légitimement en conclure que les radicules doivent obéir à l'action directrice de la pesanteur, quand celle-ci agit seule.

On peut aussi faire tourner la roue dans un plan horizontal autour d'un pivot vertical (fig. 64). On voit alors les racines suivre la direction de la résultante R de la force centrifuge C et d'une force verticale P qui ne peut être que la force de pesanteur.

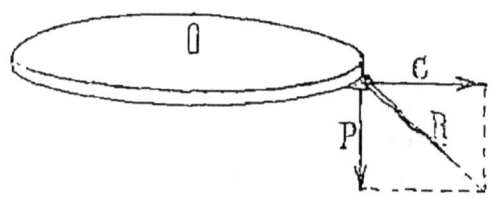

Fig. 64. — Roue de Knight tournant horizontalement.

Le géotropisme est donc, très probablement, dû à la Pesanteur.

Nous connaissons maintenant la cause, nous voyons l'effet, mais nous ignorons encore par quel mécanisme l'effet est produit par la cause, et surtout nous ignorons pourquoi la même cause, la Pesanteur, peut produire sur la Racine et sur la Tige des effets diamétralement opposés.

64. Tiges à direction anormale. — Il y a quelques tiges qui, normalement, ne se dirigent jamais dans le sens vertical :

Telles sont, par exemple, les tiges rampantes du Fraisier, que l'on nomme vulgairement *coulants*, les tiges souterraines de l'Iris, de la Primevère. Ces dernières, que l'on a souvent confondues avec des racines, ont reçu le nom spécial de *Rhizomes*.

D'autres obéissent d'abord, au sortir de la graine, au géotropisme et montent verticalement ; mais leur allongement est tel, qu'elles ne peuvent bientôt plus se soutenir sans l'aide d'un support qu'elles utilisent en s'enroulant autour de lui, soit de gauche à droite, comme le Liseron, soit de droite à gauche comme le Houblon (ce dernier cas est rare). Les tiges qui s'enroulent ainsi s'appellent *tiges volubiles*.

Parfois elles s'accrochent au support au moyen de certains organes transformés en vrilles (Vigne-vierge), ou en crampons (Lierre), ou encore au moyen d'aiguillons comme la Ronce.

Nous reviendrons un peu plus loin sur cette question.

65. Causes qui peuvent modifier le géotropisme. Phototropisme.

— Parmi les causes nombreuses qui peuvent modifier la direction normale des tiges, nous citerons en première ligne la Lumière. Il est possible même de formuler une loi générale relative à l'influence qu'elle exerce : on peut dire que, dans la plupart des cas, *la Lumière retarde la croissance des tiges.*

Il suffit, pour le prouver, de mesurer la quantité dont s'allongent dans le même temps deux tiges de même espèce et en tout comparables, c'est-à-dire de même âge et placées dans les mêmes conditions de température, de pression, d'humidité, mais dont l'une est à l'obscurité et l'autre à la lumière. On constate que l'allongement de la plante placée à l'obscurité est bien plus considérable que celui de la plante qui pousse à la lumière. Le rapport des allongements peut en 12 heures être égal à $\frac{1}{4}$.

Ce rapport varie d'ailleurs, selon la plante que l'on considère et selon l'intensité de la lumière.

Voici le dispositif de l'expérience qui permet de déterminer quel est, pour une plante donnée, l'optimum d'intensité lumineuse.

Plaçons au centre d'un plateau tournant, mu par un

mouvement d'horlogerie (fig. 65), un vase contenant une plante jeune, en voie de croissance et éclairons-la par une source lumineuse S d'intensité connue.

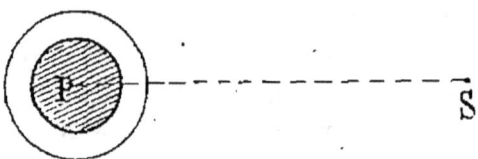

Fig. 65. — Expérience de Wiesner.

On se rend facilement compte que, pendant la rotation du plateau, toutes les faces de la plante seront successivement éclairées de la même façon. Le résultat produit sur cette plante sera donc le même que si elle était immobile et également éclairée de tous les côtés.

Disposons maintenant autour de la source S, diffé-

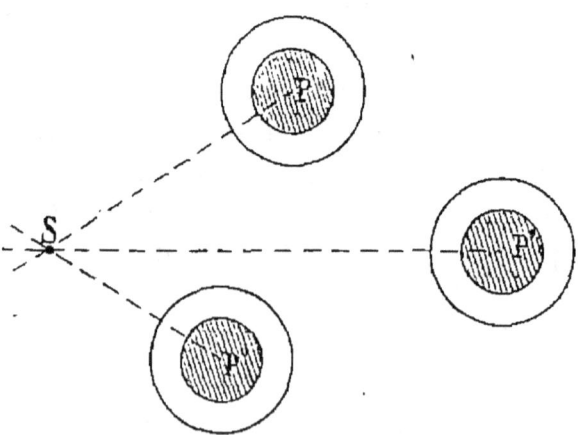

Fig. 66. — Expérience de Wiesner.

rents plateaux tournant tous d'une manière uniforme et avec des vitesses égales. Toutes les plantes que ces plateaux supportent ont été choisies aussi comparables que possible, mais elles sont inégalement éclairées puisqu'on a soin de les placer à des distances différentes de la source lumineuse. Comme la quantité de lumière que reçoit une surface donnée est inversement proportionnelle au carré de la distance de la surface à la source lumineuse, si l'on mesure la distance à laquelle chaque plante se trouve de la source on peut en déduire la quantité de lumière qu'elle en reçoit.

On n'a plus alors qu'à mesurer l'allongement, pendant un temps donné, de chacune des tiges en expérience, pour en déduire l'influence retardatrice de l'intensité lumineuse correspondante.

On constate, par ce moyen, que le minimum d'allongement correspond, en général, à une intensité lumineuse équivalente à l'intensité de la lumière solaire diffuse; en deçà ou au delà de cette intensité, l'allongement est plus considérable. Donc si l'on fait varier l'intensité de la lumière qui agit sur une plante en voie de croissance, on voit qu'il existe un optimum d'intensité auquel correspond un minimum d'allongement.

Il est à remarquer, d'ailleurs, que quand la lumière devient trop intense, elle agit comme l'obscurité ; par conséquent, pour que l'action retardatrice se fasse sentir sur une plante donnée, il faut qu'il n'y ait ni trop, ni trop peu de lumière.

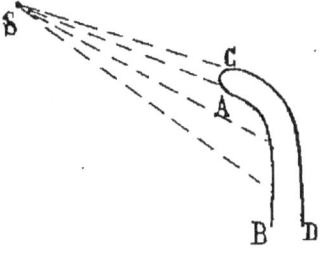

Fig. 67. — Phototropisme d'un organe en voie de croissance.

Cela étant, supposons une tige éclairée latéralement, toujours du même côté, par une source lumineuse d'intensité convenable S (fig. 67). Etant donnée l'action retardatrice de la Lumière, il est évident que la face éclairée A B, s'allongera beaucoup moins que la face C D; il en résultera nécessairement une courbure de la tige du côté de la source, jusqu'à ce que cette tige, pointant vers la source S, l'éclairement soit devenu le même sur les deux faces. A partir de ce moment, la croissance étant la même de tous les côtés, la tige se dirigera vers la source lumineuse. C'est ce qu'on exprime vulgairement en disant que les tiges fuient l'ombre et recherchent la lumière et c'est pourquoi aussi on a donné à cette action directrice de la lumière le nom de *Phototropisme*.

On s'explique, dès lors, la direction que prennent les tiges de jeunes plantes poussant dans un pot et placées dans une pièce qui n'est éclairée que d'un côté par une seule fenêtre. Si l'on a soin de laisser le pot immobile, on voit toutes les tiges pointer vers la fenêtre en dépit de l'influence du Géotropisme vaincu par le Phototropisme.

Les racines semblent être peu sensibles à l'action de la lumière. Cependant les racines aériennes, telles que les racines de Vanille, paraissent avoir un phototropisme négatif, c'est-à-dire qu'au lieu de se diriger vers la lumière, elles la fuient. Il semble donc qu'en ce qui concerne les racines, la lumière ait, au rebours de ce qui se passe dans les tiges, une action accélératrice relativement à la croissance.

Le phototropisme a-t-il pour la plante une utilité quelconque? Il est évident qu'il a pour résultat de diriger les feuilles vers la radiation lumineuse qui leur est, comme nous le verrons, nécessaire pour accomplir leurs fonctions. De plus les tiges se placent, grâce au phototropisme, dans la position la meilleure pour recevoir sur leurs faces de la lumière rasante, c'est-à-dire le moins possible et, par conséquent, pour que leur croissance soit aussi peu retardée que possible.

66. Hydrotropisme ou influence de l'humidité. — La tige s'accroît moins sur sa face exposée à la sécheresse que sur sa face exposée à l'humidité. Il en résulte qu'elle se courbe du côté le plus sec : elle semble fuir l'humidité, elle a un *hydrotropisme négatif*.

La racine, au contraire, a un *hydrotropisme positif*; elle semble attirée par l'humidité parce que, contrairement à ce qui se passe dans la tige, elle s'accroît plus du côté sec que du côté humide.

On peut le démontrer par une expérience classique très simple qui consiste à suspendre obliquement un tamis plein de terre, dans lequel on a semé des graines

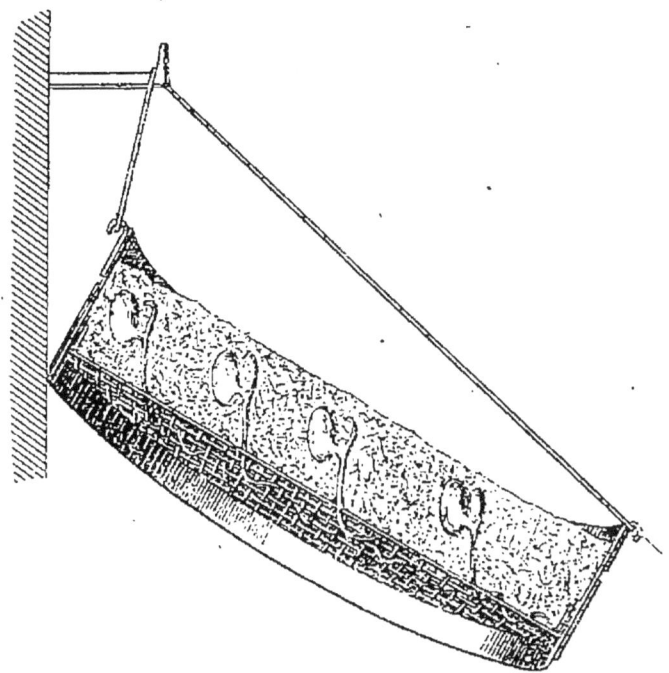

Fig. 68. — Influence de l'humidité sur la direction des racines.

(fig. 68). Les racines commencent par obéir au Géotropisme, et sortent du tamis ; mais aussitôt sorties, elles s'infléchissent du côté de l'humidité et rentrent dans le tamis ; mais alors la racine se trouvant également humide sur ses deux faces, le Géotropisme redevient prépondérant et ramène l'extrémité de la racine dans la position verticale. Celle-ci sort de nouveau du tamis pour y revenir ensuite sous l'action de l'Hydrotropisme, décrivant ainsi une courbe sinueuse très caractérisée.

En résumé, nous voyons que le Géotropisme, l'Hydrotropisme et le Phototropisme agissent sur les racines et les tiges de façons absolument opposées :

La Racine est géotropique et hydrotropique positivement. La Tige l'est négativement.

La Racine, quand elle est phototropique, l'est négativement. La Tige l'est positivement.

67. Thermotropisme. — La Chaleur influe sur l'accroissement de la Racine et de la Tige. Toutes les deux sont douées d'un Thermotropisme positif, c'est-à-dire qu'elles se dirigent vers la source de chaleur, pourvu que celle-ci ne soit pas trop intense. Il y a, comme pour la lumière, une intensité optimum différente pour chaque espèce de plante.

68. 3ᵐᵉ Caractère distinctif. — L'accroissement. — *L'accroissement de la Racine est purement terminal; l'accroissement de la Tige est à la fois terminal et intercalaire.*

D'abord on n'a, pour se convaincre que la Racine ne s'accroît que par son sommet, qu'à couper avec des ciseaux quelques millimètres de l'extrémité d'une racine jeune. Elle cesse désormais de s'allonger. — Mais on peut le démontrer encore d'une façon plus rigoureuse : Prenons une jeune racine, et traçons à partir de son extrémité, au moyen d'un vernis quelconque, des traits équidistants limitant des intervalles égaux I, II, III (fig. 69). Au bout de quelques heures, nous pourrons constater que l'intervalle I est le seul qui ait augmenté de longueur, tous les autres ayant conservé leurs dimensions primitives.

Donc, la région de croissance de la Racine est sa région terminale.

Si nous voulons préciser davantage, nous n'avons qu'à partager, par des lignes très rapprochées, l'intervalle I en intervalles très petits 1, 2, 3,...10. Nous verrons alors, au bout de quelques heures, que les lignes se sont espacées comme l'indique la figure. Ce qui indique bien que la région qui présente le maximum d'accroissement, n'est pas tout à fait à l'extrémité mais en est très voisine; de sorte qu'il serait peut-être plus exact de dire que l'accroissement de la Racine n'est pas rigoureusement terminal, mais plutôt *subterminal*. Il y a évidemment, près de l'extrémité, un centre de formation de nouveaux tissus qui viennent se surajouter aux tissus anciens, et qui accroissent d'autant la longueur de l'organe.

Dans la tige, la croissance se fait aussi surtout à l'extrémité; mais tandis que les régions de la Racine situées à quelques millimètres, à peine, de l'extrémité, ont déjà atteint leur taille définitive et ne s'accroissent plus en

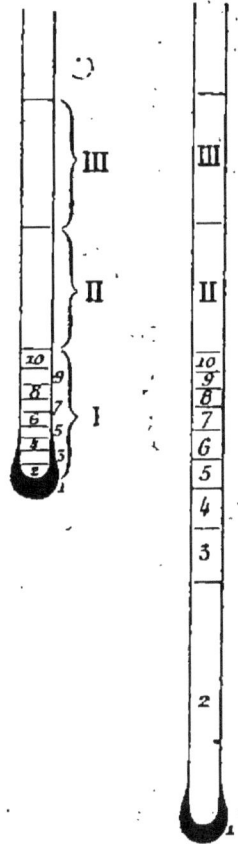

Fig. 69. — Accroissement terminal de la racine.

longueur, on trouve dans la Tige, des parties très éloignées de l'extrémité et qui n'en continuent pas moins à s'allonger. En somme, la zone de croissance limitée à la région terminale, dans la Racine, s'étend, pour la Tige, à la presque totalité de l'organe : Une portion de tige n'a jamais fini de croître.

69. **4ᵐᵉ Caractère distinctif. — La coiffe et le bourgeon.** — *A l'extrémité de la Racine se trouve une*

coiffe protectrice qui n'existe pas à l'extrémité de la Tige dont la protection est assurée par un bourgeon.

70. La coiffe. — D'après ce que nous avons dit du mode d'accroissement de la Racine, il est évident que c'est à son extrémité que se trouvent les tissus de nouvelle formation, les plus jeunes par conséquent et les plus tendres. Or, la Racine s'enfonçant en terre, c'est surtout cette extrémité, qui est exposée aux frottements les plus intenses contre les pierres, les grains de sable ou les parties anguleuses du sol. Il est donc absolument nécessaire que cette extrémité soit efficacement protégée contre l'usure. C'est ce rôle protecteur que remplit la *coiffe*, sorte de chapeau qui recouvre l'extrémité jeune de l'organe (fig. 70).

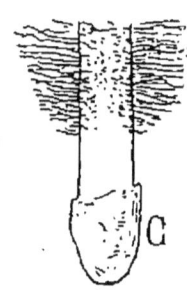

Fig. 70. — Extrémité de la racine.

Évidemment, cette coiffe ne peut manquer de s'user sous l'action continue des frottements qu'elle subit lorsque la racine s'enfonce dans le sol. Néanmoins, elle conserve toujours une épaisseur constante parce qu'à mesure que ses couches extérieures s'usent et disparaissent, des couches nouvelles viennent la doubler à l'intérieur, formées qu'elles sont par le centre actif dont nous avons constaté l'existence à l'extrémité de la Racine (voir p. 97).

71. Généralité de la présence de la coiffe à l'extrémité de la Racine. — Les racines des plantes d'eau elles-mêmes (Azolla, Lentille d'eau, etc.), possèdent une coiffe, bien qu'elles n'aient pas à subir de frottements, puisque leur allongement se produit dans un liquide. Mais ces racines ont besoin cependant d'être protégées contre les animalcules vivant dans l'eau et aussi contre la sortie, l'exosmose, des principes solubles que peuvent contenir les cellules de leur extrémité.

Les racines aériennes d'Orchidées ont aussi une coiffe destinée à entraver la transpiration. Si celle-ci pouvait, en effet, librement se produire, elle ferait perdre aux cellules actives de l'extrémité de la racine l'eau qui leur est nécessaire pour vivre, se multiplier et produire ainsi l'allongement de l'organe.

On voit que le rôle de la coiffe de la racine est toujours un rôle protecteur, approprié au milieu dans lequel elle vit et se développe.

72. Les bourgeons. — La tige n'a pas de coiffe protectrice, elle a un *bourgeon* terminal.

On n'a qu'à examiner, même superficiellement, une tige pour constater qu'elle est du haut en bas partagée en segments superposés. Les plans qui limitent les segments et sur lesquels sont attachées les feuilles se nomment les *nœuds*. Ils sont très visibles chez certaines plantes comme le Bambou, le Caoutchouc, le Blé, la Mélisse, le Ricin (fig. 71), où ils sont accusés par un bourrelet saillant. Les segments, limités par les nœuds, s'appellent les *entre-nœuds*.

Fig. 71. — Tige de Ricin.

Or à mesure qu'on se rapproche de l'extrémité de la tige, on voit que les entre-nœuds se raccourcissent, les nœuds se rapprochent par conséquent les uns des autres; les feuilles, de plus en plus jeunes, sont aussi de plus en plus petites et, tout à fait au bout de la tige, les toutes jeunes feuilles sont serrées les unes contre les autres, redressées contre l'extrémité de la tige qu'elles embrassent et protègent en se recouvrant les unes les autres comme les tuiles d'un toit, et formant, par leur groupement, ce qu'on nomme le *bourgeon*.

La figure 72 représente schématiquement une coupe longitudinale du bourgeon. On y remarque le sommet de la tige, puis de jeunes feuilles qui, s'imbriquant, constituent le bourgeon ; les feuilles les plus jeunes, qui sont aussi les plus rapprochées du sommet, n'étant encore que de légères saillies de la surface. Les feuilles jeunes, voisines du sommet, sont très petites encore, mais recourbées au-dessus du sommet qu'elles couvrent d'une sorte de dôme. Elles sont à leur tour recouvertes par des feuilles plus âgées et, par suite, plus grandes, et c'est tout cet ensemble qui constitue ce qu'on nomme le bourgeon. A mesure qu'on s'éloigne du sommet de la tige, on voit les feuilles qui s'étalent de plus en plus et finissent par prendre leur forme et leur situation habituelles.

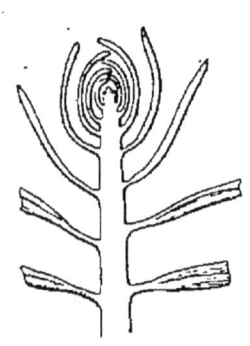

Fig. 72. — Coupe longitudinale schématique d'un bourgeon.

On devine que le bourgeon doit avoir pour effet principal d'empêcher la dessication du sommet de la tige. Mais il le protège en outre contre le refroidissement. En effet, entre les feuilles qui constituent le bourgeon se trouve emprisonné de l'air, mauvais conducteur de la chaleur, qui s'oppose, par conséquent, au rayonnement calorifique du sommet de la tige. Il arrive même en automne, lorsque la végétation s'arrête, que les feuilles ordinaires tombent; alors les feuilles les plus externes du bourgeon durcissent, deviennent épaisses et coriaces et généralement de couleur foncée, ce qui augmente leur pouvoir absorbant pour la chaleur du dehors. Ces feuilles modifiées constituent les *écailles* caractéristiques du bourgeon d'hiver, si visibles dans le Marronnier ou le Frêne.

Dans le Marronnier, notamment, ces écailles sécrètent une sorte de gomme visqueuse qui cimente les joints et bouche tous les interstices. En outre, des poils se développent entre les feuilles du bourgeon, formant une sorte de feutrage cotonneux, un véritable duvet; c'est grâce à ce luxe de précautions que le sommet des tiges de Marronnier peut traverser sans inconvénients les hivers les plus rigoureux.

Le bourgeon écailleux d'hiver se rencontre dans un grand nombre d'arbres. Au printemps, quand la végétation reprend son activité, le sommet de tige se remet à croître, produit des feuilles nouvelles en même temps que les feuilles déjà ébauchées à l'intérieur du bourgeon, se développent, font éclater l'enveloppe écailleuse du bourgeon d'hiver devenu trop étroit, et déterminent la chute des écailles. A la place que ces écailles occupaient, il reste souvent des cicatrices très visibles qui peuvent même, dans certains cas, permettre de calculer l'âge d'une branche. Il suffit, en effet, de compter combien elle porte de régions cicatricielles pour savoir combien elle a passé d'hivers. Cette observation se fait particulièrement bien sur le Hêtre.

73. 5me Caractère distinctif. — **Les Poils absorbants.** — *La Racine porte à son extrémité un bouquet de poils absorbants. Quand la Tige porte des poils, ils ne sont jamais absorbants.*

Le bouquet de poils radicaux dont nous parlons est très visible si l'on a soin de faire pousser dans un verre contenant de la mousse humide la racine que l'on veut observer. On remarque alors que l'ensemble des poils affecte une forme générale cylindro-conique, les poils les plus jeunes et, par conséquent, les plus courts se trouvant les plus rapprochés de la coiffe C (fig. 73).

Un fait assez singulier au premier abord, est le suivant : Si l'on observe une racine en voie de croissance (fig. 73), on remarque qu'à mesure qu'elle s'allonge, le manchon de poils, au lieu d'accroître en même temps ses dimensions, occupe toujours à peu près la même longueur de racine et la même situation relativement à la coiffe (fig. 73, A et B), c'est-à-dire qu'en s'enfonçant de plus en plus profondément dans le sol, l'extrémité de la racine semble emporter avec elle le bouquet de poils qu'elle possède.

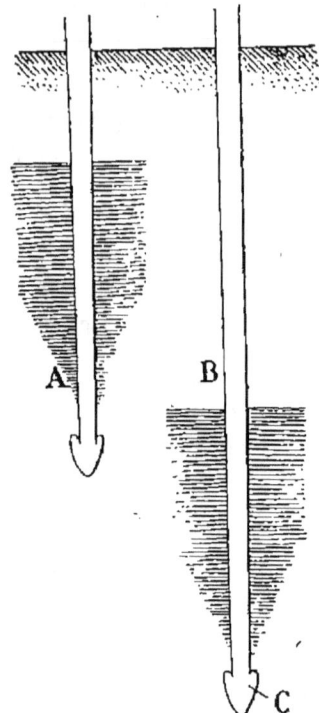

Fig. 73. — Disposition des poils à l'extrémité de la racine.

Ce n'est pas tout à fait ainsi que les choses se passent ; et si l'on avait pu marquer d'un trait distinctif tous les poils de la racine A, on se serait aperçu qu'aucun des poils de cette racine n'existe plus quand cette même racine a atteint la longueur B. Chaque poil a donc une existence des plus éphémères.

En effet, lorsque l'extrémité de la racine s'allonge, des poils nouveaux naissent dans le voisinage de la coiffe, tandis que les plus vieux, c'est-à-dire ceux qui sont les plus éloignés de la coiffe, se détachent et tombent. Si bien que, chaque fois qu'un poil ancien disparaît, il est remplacé par un plus jeune qui naît contre la coiffe, et le résultat final est que, comme la chute des anciens poils et la naissance des nouveaux sont des phénomènes qui passent inaperçus, nous pouvons croire que ce sont toujours les mêmes qui descendent avec la racine à mesure qu'elle s'allonge.

74. Rôle absorbant des poils de la Racine. — Ce rôle peut être très facilement mis en évidence par l'expérience suivante :

On prend une jeune plantule venant de germer et on la choisit n'ayant encore qu'une seule racine non ramifiée. On fait plonger dans de l'eau contenant en dissolution les sels utiles à la plante, toute la région pilifère de cette racine (fig. 74), en ayant soin de lais-

Fig. 74. — Rôle absorbant des poils radicaux.

ser hors de l'eau la coiffe et toute la partie de la racine qui ne porte pas de poils. La plantule croît et se développe tout aussi bien qu'une autre plantule témoin placée à côté et dont la racine entière est plongée dans le milieu nutritif.

On peut faire l'expérience inverse, c'est-à-dire s'arranger de façon que toute la racine, sauf la région des poils, sont plongée dans le milieu nutritif; la plantule, au lieu de croître, dépérit et meurt. De ces expériences il résulte que la région pilifère est bien la région par laquelle la racine absorbe les liquides nutritifs nécessaires à la plante.

On peut démontrer de la même façon que si la tige porte des poils, ils ne sont pas absorbants; on n'a pour cela qu'à plonger dans l'eau la région de la tige qui est couverte de poils en laissant hors de l'eau la région pilifère de la racine; la plante ne tarde pas à périr.

Nous verrons plus tard (p. 255) comment se fait cette pénétration des liquides par des poils radicaux.

Caractères distinctifs de la tige et de la racine tirés de leur structure anatomique.

75. Les trois parties de la Tige et de la Racine. — Plaçons en regard l'une de l'autre deux coupes transver-

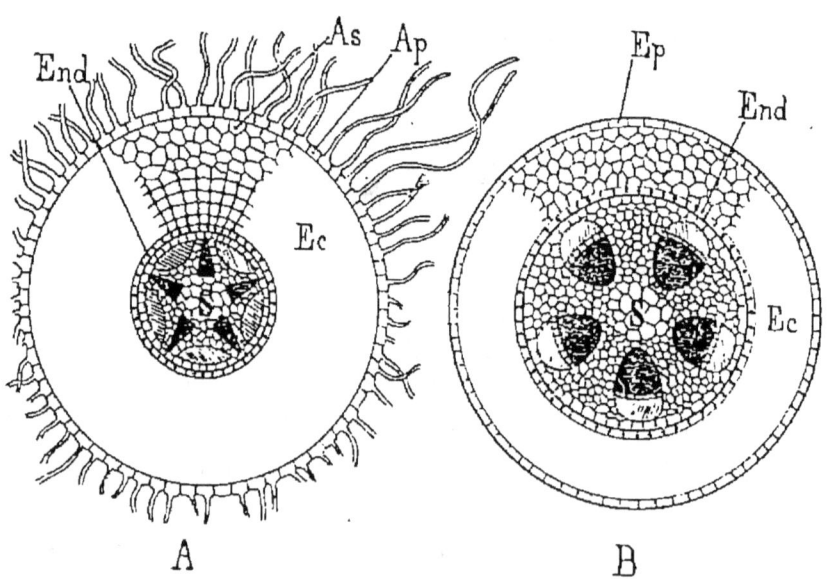

Fig. 75. — Comparaison de la Racine A et de la Tige B. Sections transversales.

sales (fig. 75), l'une, A, faite dans la région pilifère d'une racine, l'autre, B, dans une tige herbacée, non loin de son sommet, à la base du bourgeon terminal, par exemple, afin d'avoir affaire à une partie de l'organe aussi jeune que possible.

Une première et rapide inspection de la figure montre que la Racine et la Tige sont toutes deux composées de trois parties bien distinctes, formant comme trois cylindres emboîtés l'un dans l'autre.

Pour la Racine, les trois parties sont : 1° l'*assise pilifère* Ap composée d'une seule assise de cellules dont les prolongements forment les poils radicaux (fig. 75, A) ; 2° l'*écorce* Ec qui va de l'assise As à l'assise End *inclusivement ;* 3° le *cylindre central* ou *stèle* S qui s'étend de l'assise End *exclusivement* jusqu'au centre.

La Tige contient, elle aussi, un cylindre central S et une écorce Ec ; mais l'Assise pilifère est remplacée par l'Épiderme Ep, qui n'a ni la même origine (voir p. 125) ni les mêmes fonctions que l'assise pilifère et qui ne peut, par conséquent, pas lui être homologuée.

76. L'écorce de la Racine. — *La présence d'un épiderme dans la Tige et son remplacement par une Assise pilifère dans la Racine constitue déjà une première différence anatomique entre les deux organes;* mais, comme nous aurons l'occasion d'y revenir, nous ne nous y arrêterons pas pour le moment. Si l'on compare les sections transversales d'une Tige et d'une Racine de même épaisseur totale, il est visible que l'écorce de la Tige est beaucoup plus mince que celle de la Racine. C'est naturellement le contraire qui a lieu pour les Cylindres centraux.

Examinons maintenant de plus près les deux écorces.

L'écorce de la Racine se divise en deux zones bien distinctes, la zone externe et la zone interne (fig. 75). La zone externe, qui commence à l'Assise As, est formée de cellules assez irrégulièrement disposées, tandis que les cellules de la zone interne, qui se termine par l'assise End, sont rangées en séries radiales très régulières, présentant, à chaque angle, des méats quadrangulaires qui, chez les plantes d'eau, deviennent de grandes lacunes pleines de gaz.

L'assise située immédiatement sous l'assise pilifère AP, se nomme l'*assise subéreuse*. Nous avons vu (p. 102) que les poils et, par suite, l'assise qui les produit, n'ont

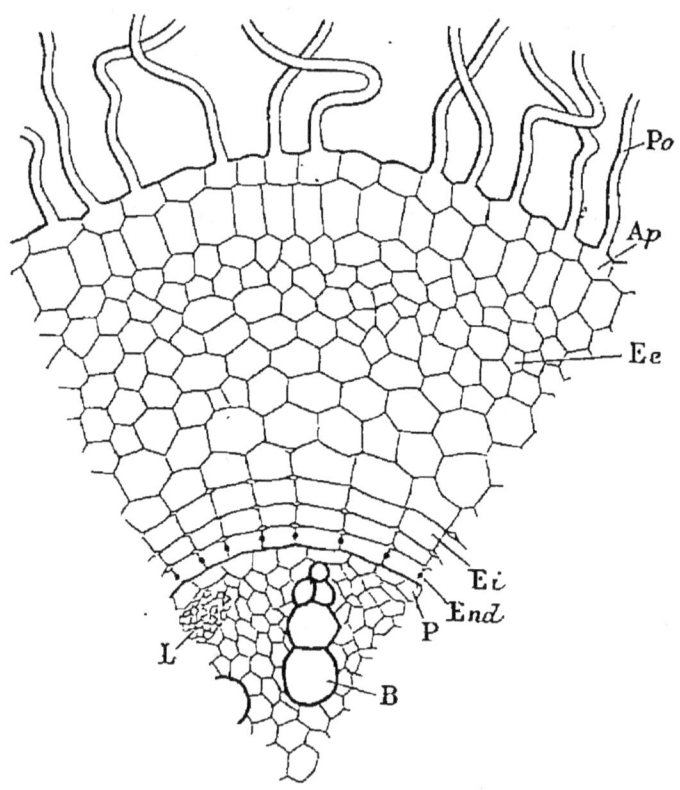

Fig. 76. — Ecorce de la racine.

qu'une durée éphémère. Quand l'assise pilifère a rempli ses fonctions pendant un certain temps, elle tombe, et sa chute aurait pour conséquence de laisser à nu les tissus de l'écorce si l'assise subéreuse n'avait pas subérifié les parois de ses cellules et formé ainsi, tout autour de l'écorce, un revêtement protecteur de liège.

L'assise interne End de l'écorce, se nomme l'*Endoderme*. Loin de présenter entre elles des méats, même dans les écorces très lacuneuses, ses cellules sont fortement engrenées les unes avec les autres par une série de plissements (fig. 77) échelonnés sur la partie moyenne de leurs faces radiales (1).

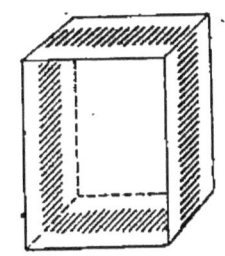

Fig. 77. — Plissements d'une cellule endodermique isolée (schématique).

Leurs deux faces tangentielles sont privées de plissements. La figure 78 représente schématiquement ce que verrait un observateur occupant la

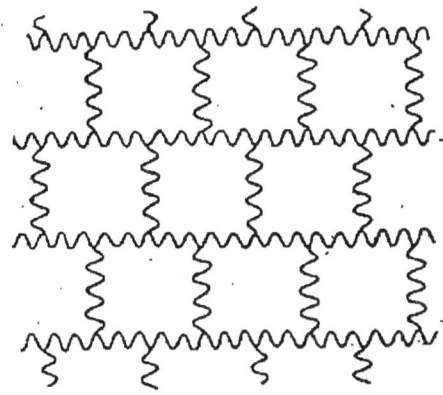

Fig. 78. — Endoderme vu de l'intérieur de la racine (schéma).

place du cylindre central supposé enlevé et regardant

---

(1) Nous nommons *faces radiales* les 4 faces d'une cellule qui sont parallèles à des rayons de la Tige ou de la Racine, et *faces tangentielles* celles qui sont parallèles à des plans tangents à la surface de l'organe. Ainsi, pour une cellule endodermique, les faces radiales sont la face supérieure, la face inférieure et les deux faces latérales de droite et de gauche. Les faces tangentielles sont : la face qui est tournée vers l'écorce et celle qui est en contact avec le cylindre central.

l'étui formé autour de lui par l'endoderme. On voit par là combien les cellules de cette assise sont fortement attachées les unes aux autres; elles constituent donc une assise de protection très efficace du cylindre central contre les pressions pouvant venir du dehors.

Sur une section transversale de l'Écorce observée au microscope (fig. 75, 76), ces plissements de l'endoderme apparaissent comme des ponctuations sombres placées sur les membranes radiales des cellules. Ces ponctuations sont même la principale caractéristique de l'Endoderme.

77. L'écorce de la Tige.

— L'Assise pilifère n'existe pas dans la Tige dont l'assise la plus externe est l'Épiderme, formé de cellules intimement juxtaposées et constituant pour l'organe un revêtement protecteur d'autant plus efficace que ses cellules sont très souvent cutinisées.

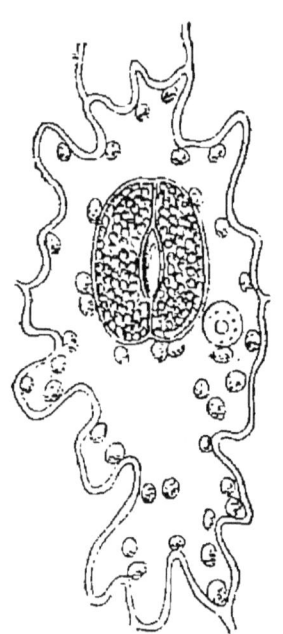

Fig. 79. — Un stomate.

Stomates. — De distance en distance, on remarque sur l'épiderme des appareils nommés *stomates*, formés par deux cellules dites *cellules stomatiques* et affectant la forme de haricots (fig. 79). Ces deux cellules, se regardant par leurs faces concaves, laissent entre elles une sorte de boutonnière, l'*ostiole*, sous laquelle se trouve une lacune plus ou moins considérable qui a reçu le nom de *Chambre sous-stomatique* (fig. 98). La Chambre sous-stomatique est en continuité avec les lacunes qui peuvent exister dans l'écorce ; de sorte que tout le système lacunaire

Fig. 80. — Section d'un stomate.

est mis par l'ostiole en communication directe avec l'atmosphère.

Origine des Stomates. — Un Stomate résulte toujours de la division en deux d'une cellule épidermique ; puis, la cloison de bipartition se sépare en deux lames qui s'écartent l'une de l'autre dans leur partie moyenne, ce qui détermine la formation de l'ostiole. On voit sur la fig. 81 les différents stades 1, 2, 3, 4, que nous venons de décrire, de la formation d'un Stomate.

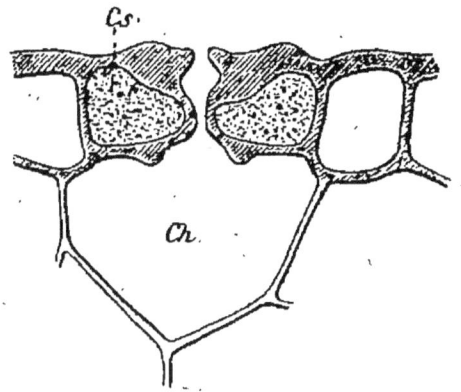

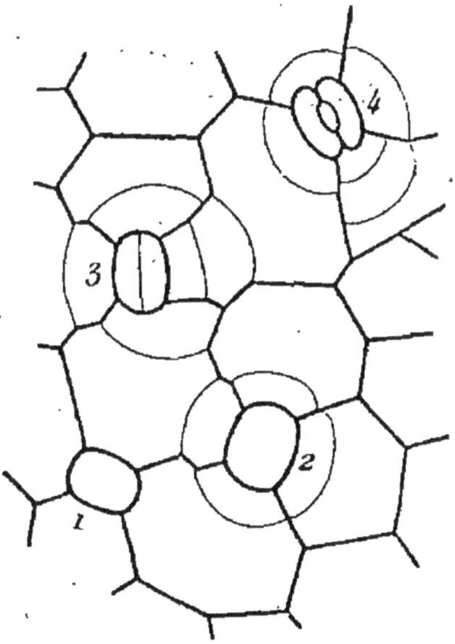

Fig. 81. — Formation des stomates

Mouvements des Stomates. — Si l'on examine la coupe d'un Stomate (fig. 80), on voit que les membranes des cellules stomatiques, Cs, sont plus épaisses le long de l'ostiole que partout ailleurs. Si l'on suppose que, pour une cause quelconque, les cellules stomatiques se remplissent d'eau, elles se gonflent, la pression augmente à leur intérieur, elles deviennent *turgescentes*. Elles tendent, par conséquent, à s'allonger. Les membranes extérieures, demeurées minces et flexibles, se prêtent à cet allongement; mais les membranes en bordure de l'ostiole, épaissies, s'y refusent. La courbure des cellules stomatiques s'accentue donc à cause de l'inégal allongement de leurs deux faces, et, par conséquent, l'ostiole s'ouvre plus largement. Si la turgescence diminue, le phénomène inverse se produit : les cellules reprennent, grâce à l'élasticité des membranes, leur forme primitive et l'ostiole se referme ou, du moins, réduit le diamètre de son ouverture.

Donc, tout ce qui augmente la turgescence des cellules stomatiques a pour effet d'ouvrir plus largement le stomate. Tout ce qui diminue la turgescence détermine sa fermeture. Bien entendu il s'agit ici d'un stomate jeune. Les stomates âgés, dont les cellules stomatiques ont des membranes uniformément épaissies sur tout leur pourtour, ne sont plus sensibles aux variations de la turgescence : ils restent indéfiniment soit ouverts, soit fermés.

Or, la cause qui a sur la turgescence une influence prépondérante est la lumière ; c'est ce dont on se rendra compte un peu plus tard (p. 260). On ne sera donc pas étonné d'apprendre que, la lumière déterminant un appel d'eau dans les cellules, les stomates jeunes sont toujours ouverts à la lumière et fermés à l'obscurité.

La présence des stomates sur la Tige et leur absence sur la Racine établissent donc une différence importante entre les deux organes; il est bon, d'ailleurs, de faire remarquer que ce résultat était facile à prévoir :

la Racine ne possédant, en effet, pas d'épiderme, ne peut pas avoir de stomates.

Écorce proprement dite de la Tige. — La division de l'écorce de la Tige en deux zones, externe et interne, est beaucoup moins nette que dans la Racine.

Il existe encore un endoderme, mais beaucoup moins caractérisé que dans la Racine; souvent même les ponctuations caractéristiques disparaissent de très bonne heure. L'endoderme ne se distingue alors des tissus voisins que par l'abondance des matières de réserve qu'il renferme. On y rencontre surtout de l'amidon que l'on peut mettre en évidence, comme on l'a vu page 19, au moyen d'eau iodée : l'amidon accumulé dans les cellules endodermiques bleuit immédiatement.

78. Cylindre central (Racine et Tige) des plantes à épaisseur limitée. Structure primaire. — 1° **Les faisceaux**. — La différence essentielle entre la Racine et la Tige, résulte de l'étude du Cylindre central. On se rappelle (page 46) que le tissu vasculaire ou ligneux a pour élément le *vaisseau*, à parois lignifiées. Tout groupe de vaisseaux, accompagnés ou non de fibres également lignifiées, s'appelle un *faisceau vasculaire* ou *ligneux*, ou encore le *Bois*.

On se rappelle aussi que le tissu criblé a pour élément le *tube criblé*. Tout tissu resté cellulosique, formé de cellules généralement allongées dans le sens longitudinal et enclavant un ou plusieurs tubes criblés, s'appelle un *faisceau criblé* ou *libérien*, ou encore le *Liber*.

Ceci posé, considérons les deux coupes transversales de la figure 82.

Dans la Tige, comme dans la Racine, on voit que

le Bois (indiqué par des taches noires) et le Liber (marqué par des hachures) sont disposés le long d'un cercle. Donc tout plan qui passe par l'axe de l'organe et par l'un des faisceaux, partage la Tige ou la Racine en deux moitiés symétriques. Il est donc possible de reconnaitre l'existence de plusieurs plans de symé-

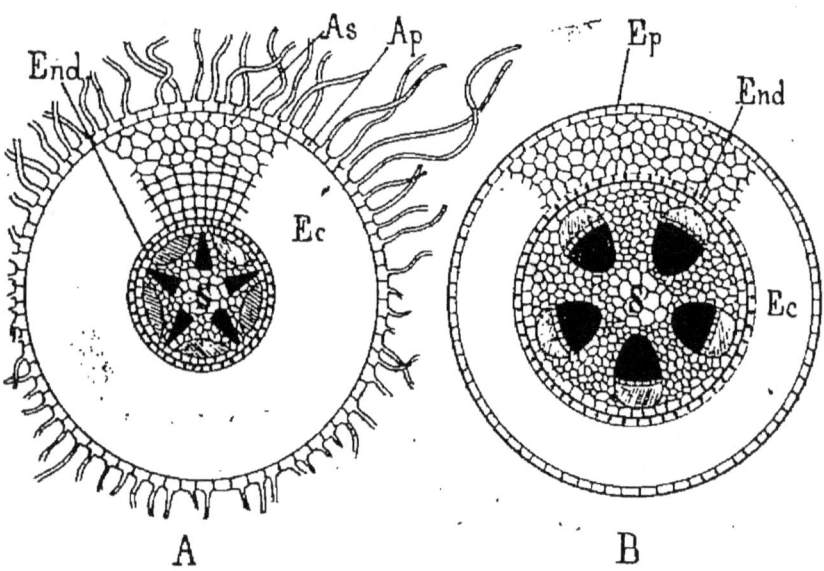

Fig. 82. — A, Racine ; B, Tige. — Les parties couvertes de hachures sont les faisceaux libériens, les parties noires, les faisceaux ligneux.

trie. C'est ce qu'on exprime en disant que la Tige et la Racine ont une *symétrie axile*.

Mais si nous examinons la situation relative du Bois et du Liber dans l'un et l'autre organe, les différences apparaissent. En effet, les faisceaux libériens et les faisceaux ligneux, distincts, séparés, et alternant régulièrement sur tout le pourtour de la Racine, forment dans la Tige, des faisceaux mixtes, *libéro-ligneux*, à liber externe et à bois interne.

La séparation des faisceaux libériens et des faisceaux ligneux dans la Racine, leur réunion en fais-

ceaux mixtes dans la Tige, établissent entre les deux organes une différence d'autant plus importante qu'il n'y a, pour ainsi dire, pas d'exceptions. C'est donc là le caractère distinctif par excellence qui permet de reconnaître, dans tous les cas, si l'organe dont on étudie une section, est une Tige ou une Racine.

Structure du Faisceau. — Examinons maintenant de plus près (fig. 83) la structure d'un faisceau isolé ; d'autres différences vont surgir.

Dans le faisceau ligneux de la Racine, les vaisseaux

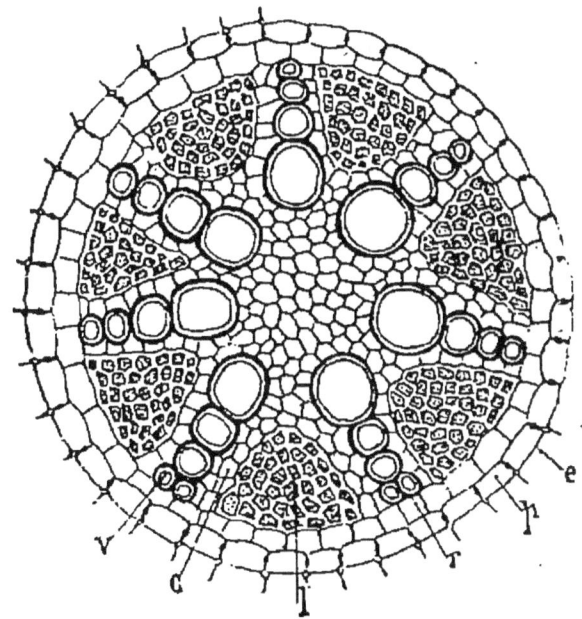

Fig. 83. — Coupe transversale d'un cylindre central de Racine.

les plus étroits, V, sont les plus rapprochés de l'écorce et leurs dimensions augmentent à mesure qu'ils se rapprochent du centre. Une section longitudinale du faisceau nous montrerait que les vaisseaux de plus petit diamètre ont des ornements annelés ou spiralés, les plus gros étant ponctués.

Dans la Tige, la disposition est inverse (fig. 84 et 85) :

les plus petits vaisseaux Vs (spiralés et annelés), sont les plus rapprochés du centre et les plus gros Vp, (ponctués) sont voisins du Liber, c'est-à-dire de l'écorce.

En outre, *le faisceau ligneux de la Racine est exclusivement formé de vaisseaux, tandis que dans le faisceau ligneux de la Tige, les vaisseaux sont entremêlés de fibres et de cellules ligneuses* constituant un éner-

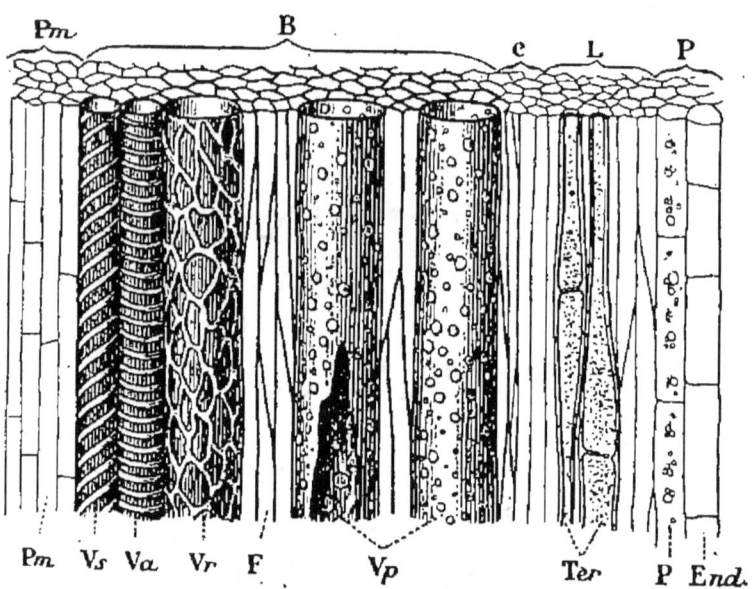

Fig. 84. — Section longitudinale d'un faisceau de Tige.

gique tissu de soutien. L'utilité de ce tissu de soutien se comprend d'ailleurs : la Tige, se dressant dans l'air, a besoin d'être soutenue de façon à conserver une rigidité suffisante, tandis que, dans la Racine qui se trouve en terre, le tissu de soutien est inutile ; aussi y est-il souvent réduit à sa plus simple expression (voir p. 188, § 115).

Nous savons maintenant comment les faisceaux libériens et ligneux sont disposés autour du cylindre central, aussi bien dans la Tige que dans la Racine. Nous avons vu, d'autre part, quelle est la structure de chacun d'eux, il ne reste donc plus qu'à examiner comment est constitué le tissu qui se trouve dans les intervalles des faisceaux et qu'on nomme le *tissu conjonctif*.

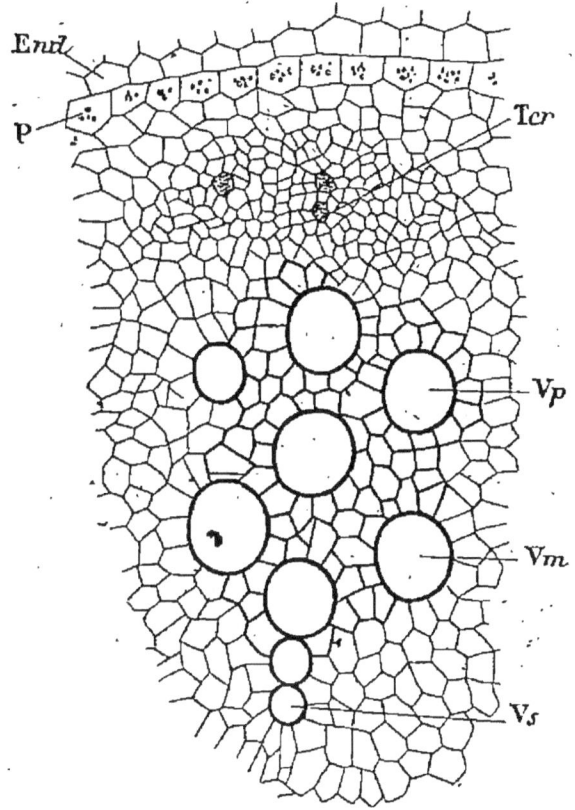

Fig. 85. — Section transversale d'un faisceau de Tige.

2° Le Conjonctif dans la Tige. — Dans la Tige, on remarque que le Cylindre central est partagé en deux zones (fig. 87) : l'une externe, A, qui commence contre l'Endoderme et s'arrête à une certaine distance du centre, c'est le *conjonctif externe*; l'autre, qui occupe tout le milieu du cylindre central, est le *conjonctif central* qu'on appelle encore la *moelle*.

Il est souvent très difficile, sur une coupe transversale, de distinguer le point précis où se termine le conjonctif externe et où commence le conjonctif central, parce que les dimensions transversales des cellules qui constituent les deux conjonctifs sont souvent les mêmes ; mais sur une coupe longitudinale, la transition est beaucoup plus brusque, beaucoup mieux marquée (fig. 86).

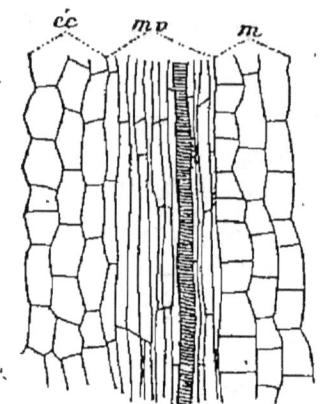

Fig. 86. — Distinction, sur une coupe longitudinale de la Tige, du conjonctif central et du conjonctif externe.

Les cellules du conjonctif externe *mv* sont, en effet, presque toujours très allongées dans le sens longitudinal, tandis que les cellules de la moelle *m* sont tout au plus aussi hautes que larges.

Considérons d'abord le conjonctif externe. Les faisceaux libéro-ligneux sont noyés dans ce tissu *qui les déborde aussi bien du côté extérieur que du côté intérieur ;* c'est-à-dire qu'en dehors des libers de tous les faisceaux le conjonctif externe forme une assise continue P, le *péricycle* (fig. 87) qui ne comprend, le plus souvent, qu'un rang de cellules. Le Péricycle tapisse intérieurement l'Endoderme, dont il se distingue très facilement, parce que ses cellules alternent très régulièrement avec les cellules endodermiques. Ce dispositif établit une démarcation tranchée entre les deux assises, et montre distinctement où finit l'Écorce et où commence le Cylindre central.

Du côté de la moelle, le conjonctif externe déborde aussi le bois de chaque faisceau et forme, là encore, une assise continue qui, entourant la moelle, a reçu le nom de *Zone périmédullaire*.

---

(1) On ne distinguait pas, autrefois, la zone périmédullaire de la moelle ; mais les deux tissus ont une origine tout à fait différente.

Les parties du conjonctif externe qui se trouvent dans les intervalles des faisceaux s'appellent les *rayons primaires*. Mais il faut bien retenir que Péricycle, Rayons primaires, et Zone périmédullaire, ne sont que des régions diverses d'un même tissu. Nous verrons qu'elles ont toutes la même origine et qu'elles ne se distinguent l'une de l'autre que par la place qu'elles occupent dans le cylindre central.

Résumé. — Donc, en résumé, de l'extérieur à l'intérieur du Cylindre central de la Tige, on rencontre :

a. — La zone externe P (fig. 87) du conjonctif externe

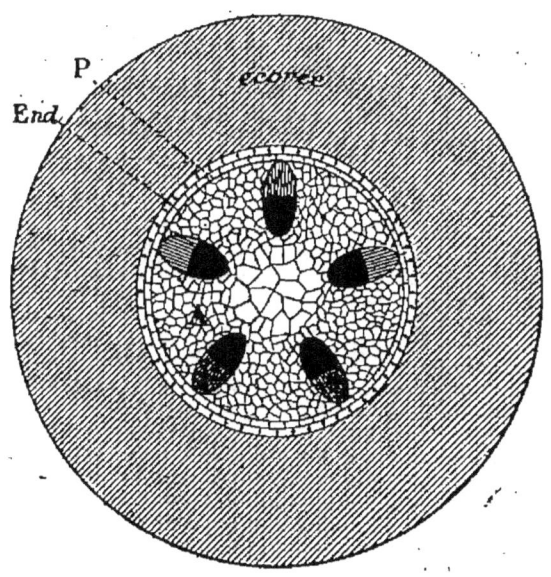

Fig. 87. — Schéma du cylindre central de la Tige.
A, conjonctif externe ; au centre, la moelle ; *End*, endoderme ; P, péricycle.

ou Péricycle, qui se trouve contre l'Endoderme et passe en dehors de tous les libers des faisceaux libéro-ligneux ;

b. — Le cercle des faisceaux libéro-ligneux, séparés

les uns des autres par le conjonctif externe formant les *rayons primaires*;

c. — La zone interne du conjonctif externe, ou *zone périmédullaire*, qui borde, en dedans, la partie ligneuse de tous les faisceaux et, limite en dehors, le conjonctif central;

d. — Enfin le *conjonctif central* ou *moelle*.

3° Conjonctif de la Racine. — Occupons-nous maintenant de la Racine (fig. 88).

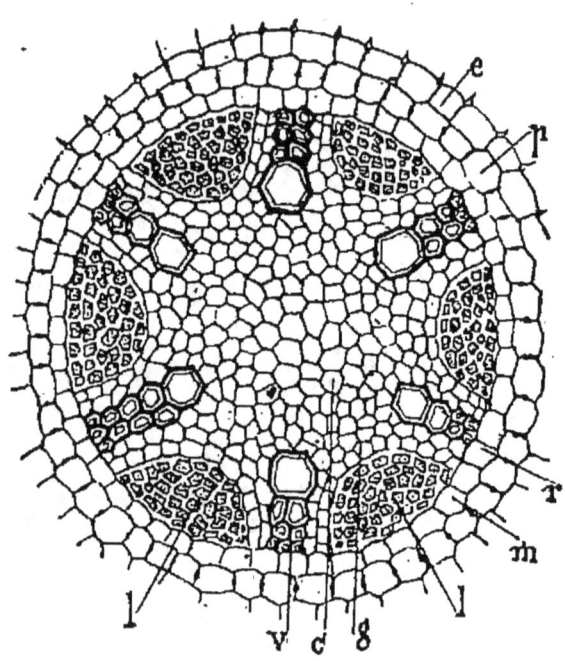

Fig. 88. — Cylindre central d'une Racine.

Il existe encore un conjonctif externe qui débute, comme dans la Tige, par une assise péricyclique *r* passant en dehors de tous les faisceaux libériens et ligneux. Seulement, ici, le conjonctif central n'existe pas : il n'y a pas de moelle. De sorte que, logiquement, le conjonctif externe occupant la totalité du cylindre central, sauf, bien entendu, la place prise par les faisceaux, on devrait lui supprimer l'épithète d'*externe*; nous la conserverons cependant à cause de l'analogie, de l'identité d'origine et de fonctions que ce conjonctif présente avec le conjonctif externe de la Tige.

La moelle étant absente, l'assise analogue à la zone périmédullaire de la Tige, s'étend depuis le bord interne des faisceaux jusqu'au centre de la Racine.

Donc, dans une section de cylindre central de Racine, on ne trouve plus que deux zones, au lieu des quatre qui se rencontrent dans la Tige, ce sont :

a. — La zone externe du conjonctif ou Péricycle ;

b. — Le conjonctif proprement dit, dans lequel sont rangés, *en ordre alternant*, les faisceaux libériens et les faisceaux ligneux. Ce conjonctif occupe la totalité du cylindre central, jusqu'au centre, et il est l'homologue du conjonctif externe de la Tige.

On donne d'ordinaire à cette structure de la Tige et de la Racine le nom de *structure primaire*.

79. — Origine de la structure primaire de la Tige (1). — Il est intéressant de savoir d'où proviennent tous les tissus constitutifs de la Tige et de la Racine, quelle est leur origine et comment, étant nés, ils se différencient et s'organisent.

Occupons-nous d'abord de la Tige et, pour cela, faisons une coupe longitudinale passant par l'axe du sommet de la tige d'un *Solanum nigrum*, par exemple. Remarquons, tout à fait à l'extrémité, un paquet de cellules que nous avons ombrées pour les rendre plus distinctes. Ce sont ces cellules qui, par leurs cloisonnements répétés, sont destinées à fournir tous les tissus

---

(1) Léon Flot.

dont nous avons constaté l'existence dans la Tige ; aussi les appelle-t-on des *initiales*.

I*ep*, la cellule tout à fait terminale, se cloisonne latéralement et donne sur toutes ses faces des segments qui, grandissant et se cloisonnant ensuite toujours

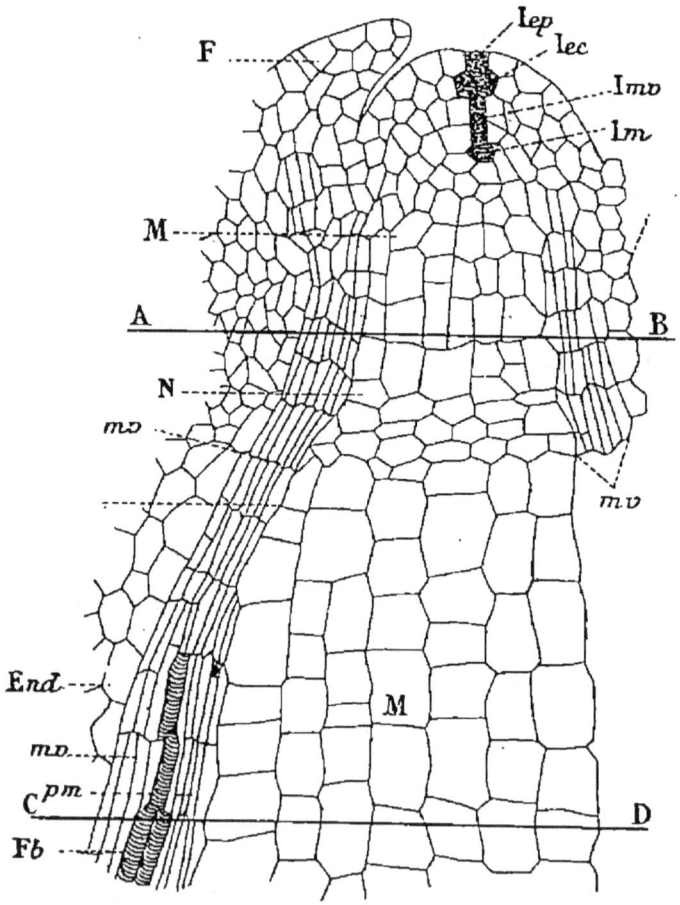

Fig. 89. — Coupe longitudinale de l'extrémité d'une tige de *Solanum Nigrum*.

dans le même sens, donneront naissance à une assise superficielle de cellules placées côte à côte et recouvrant complètement les tissus sous-jacents : c'est l'épiderme ; I*ep* est donc l'initiale de l'épiderme.

I*ec* est l'initiale de l'écorce ; elle forme comme la précédente I*ep*, d'abord des segments latéraux, seulement ; puis dans ces segments, le cloisonnement se fait dans tous les sens. Il en résulte nécessairement un tissu épais de plusieurs couches de cellules qui, par leur différenciation ultérieure, donneront l'écorce *ec*.

I*mv* se sectionne aussi latéralement comme les précédentes ; les cellules latérales ainsi produites vont, en se cloisonnant à leur tour, donner d'autres cellules qui, se sectionnant surtout dans le sens tangentiel, c'est-à-dire parallèlement à la surface de la Tige, produiront un tissu de cellules allongées *mv* qui est le *méristème vasculaire*. C'est ce méristème qui, comme on peut s'en rendre compte en examinant la coupe dans la région CD où se trouve déjà un vaisseau, différenciera plus tard ses cellules de façon à les transformer en bois, en liber ou en conjonctif externe, occupant dans le cylindre central les situations respectives que nous avons déjà décrites. La forme allongée de ses cellules, même les plus jeunes, accuse, dès l'origine, le rôle dévolu à ce méristème et qui consiste dans la formation des vaisseaux, des fibres et, en général, du tissu vasculaire.

Enfin, la cellule initiale I*m* se segmente par les cloisons tangentielles, parallèles au plan tangent au sommet de la tige, et produit ainsi sur sa face inférieure des cellules nouvelles qui, en se cloisonnant ensuite longitudinalement et transversalement, donneront la moelle M ou conjonctif central.

On voit, en somme, qu'il y a au bout de la tige un groupe d'initiales dont chacune a un rôle spécial et doit produire une des parties de la Tige. Ces initiales, en se cloisonnant, superposent de cette façon des tissus nouveaux aux tissus déjà plus anciens et allongent d'autant la tige. Une initiale donne l'Epiderme, une autre l'Écorce, une troisième le Méristème vasculaire et une quatrième la Moelle.

80. Différenciation du Méristème vasculaire.

Une section transversale faite très près du sommet, présenterait sur toute son étendue des cellules qui ne diffèrent guère les unes des autres et offrent le même aspect. Toutes ces cellules très jeunes, à peu près semblables, constituent ce qu'on appelle le méristème terminal ou primitif et, à cet état, la structure de la Tige est appelée *primordiale*.

Un peu plus bas, une section faite suivant A B (fig. 89)

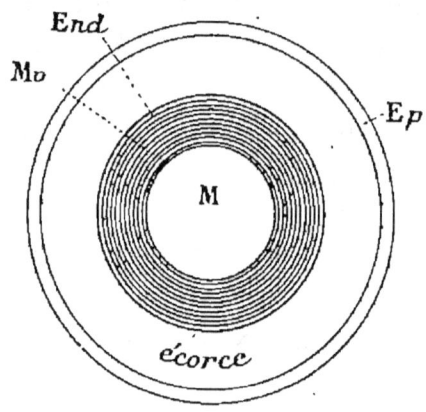

Fig. 90. — Section de la tige près du sommet (schéma).

nous montrerait (fig. 90) que les cellules, plus âgées que dans la coupe précédente, puisqu'elles sont plus éloignées de leurs initiales, ont pris des formes spéciales, qui accusent déjà les différents tissus dont la tige sera formée ; on y voit, en effet, un épiderme Ep, une écorce, un anneau Mv de méristème vasculaire et une moelle M.

Une section faite plus bas encore, suivant CD, nous montrerait une différenciation plus accentuée (fig. 91) :

certaines cellules de la région interne du méristème vasculaire, *mais non situées dans l'assise la plus interne*, deviennent en lignifiant leurs parois, des vaisseaux et des fibres (B, fig. 91), tandis qu'en face, du côté externe, *mais non dans l'assise la plus externe*, apparaissent les premiers tubes criblés L.

Enfin, sur une coupe faite à quelques millimètres

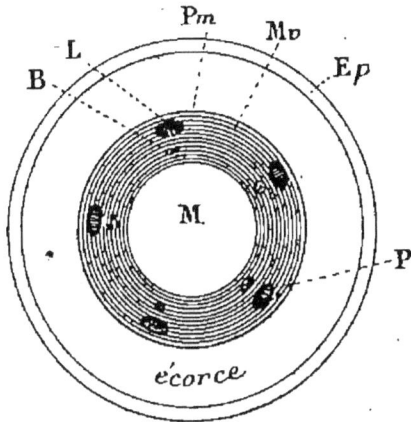

Fig. 91. — Section de la tige faite un peu plus bas que la précédente.

plus bas, la différenciation a encore progressé : le Bois et le Liber ont marché en quelque sorte à la rencontre l'un de l'autre, c'est-à-dire que la différenciation en fibres ligneuses et vaisseaux des cellules du méristème vasculaire se fait à partir des premiers vaisseaux formés, dans la direction du Liber, tandis que la différenciation en Liber et en tubes criblés des cellules du même méristème se fait à partir des premiers tubes criblés dans la direction du Bois. C'est ce qu'on exprime en disant que la formation du Bois est centrifuge, tandis que celle du Liber est centripète. Il peut se faire que le Bois et le Liber arrivent à se rencontrer. Mais, plus fréquemment, la formation dans le méristème, du Bois et du Liber, s'arrête avant que les deux tissus ne soient venus au contact, et il subsiste entre eux une assise de méristème rapidement différenciée en tissu conjonctif (voir fig. 82 B).

En même temps que s'opérait ainsi la formation des faisceaux libéro-ligneux au sein du Méristème vasculaire, les rayons primaires prenaient leur aspect conjonctif définitif, et l'on voit qu'à ce moment la Tige a pris l'aspect type que nous avons décrit à la page 111. Il résulte clairement de tout ce que nous venons de dire, que le rôle du Méristème vasculaire est de donner naissance aux fibres de soutien et surtout au tissu conducteur, tubes criblés et vaisseaux, d'où son nom de méristème vasculaire (1).

81. Origine de la structure primaire de la Racine. — Il est inutile de faire des répétitions ; car le mécanisme est le même que pour la Tige. Une section longitudinale (fig. 92) montre, en effet, qu'il y a à l'extrémité de la Racine un groupe de cellules initiales, qui, par leurs cloisonnements successifs, donnent tous les tissus de la Racine.

Il y a une cellule initiale pour la coiffe, dont on remarquera les couches externes formées de cellules dissociées et qui disparaissent à mesure que de nouvelles couches se forment au voisinage de l'initiale.

On peut assimiler la coiffe de la Racine à l'épiderme de la Tige ; ces deux Tissus ont, en effet, une origine semblable. Seulement, la coiffe est un épiderme local et sans cesse en voie de rajeunissement.

Un groupe d'initiales, situé immédiatement au-dessus de l'initiale de la coiffe, donne toute l'écorce dont l'assise pilifère se trouve être la couche la plus

---

(1) Léon Flot.

externe. On comprend maintenant pourquoi nous avons dit (p. 105) que l'assise pilifère de la Racine ne peut pas être homologuée à l'Épiderme de la Tige. Car en raison de son origine spéciale, de sa formation aux dépens d'initiales autres que celles qui produisent

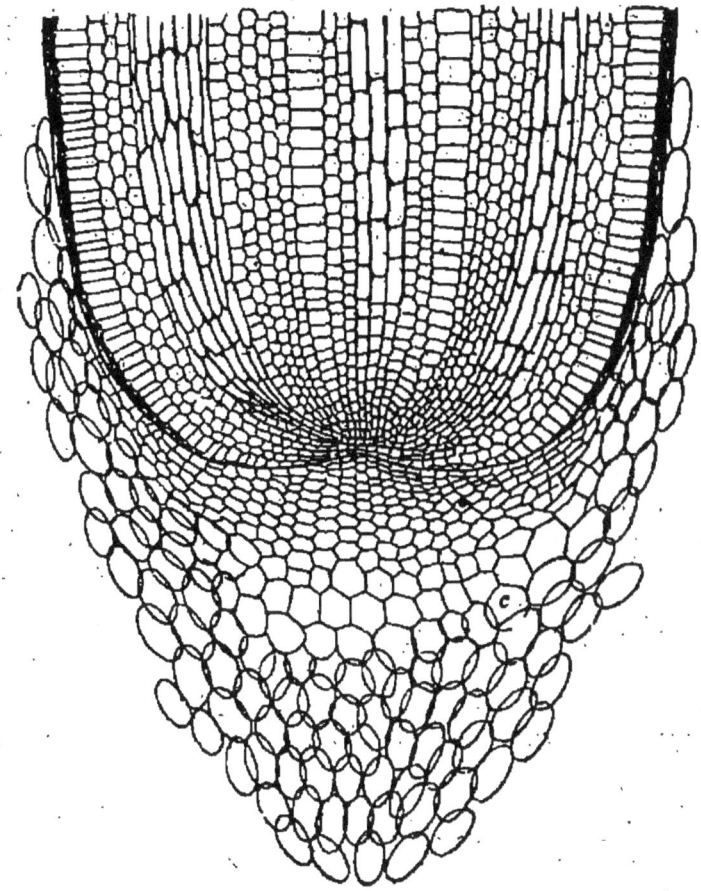

Fig. 92. — Extrémité de la Racine (coupe longitudinale).

l'Écorce, l'épiderme ne peut pas être considéré comme faisant partie de cette Écorce, tandis que l'assise pilifère a les mêmes initiales que l'Écorce proprement dite dont elle fait, dès lors, partie.

Enfin, une ou deux initiales internes donnent le

cylindre central au sein duquel apparaîtront le Bois et le Liber qui, ici, ont tous les deux une différenciation centripète; les premiers vaisseaux comme les premiers tubes criblés formés, se différenciant tout contre le Péricycle.

82. Modifications que peut apporter l'âge à la structure primaire de la Tige. — Quand une Tige a acquis la structure primaire telle que nous l'avons décrite, tous ses tissus étant définitivement différenciés sont désormais immobilisés et cette structure ne peut plus subir que des modifications de détail. C'est un cas assez fréquent chez les plantes annuelles.

Par exemple, il arrive que le Péricycle épaissit et lignifie fortement les parois de ses cellules (fig. 93); le

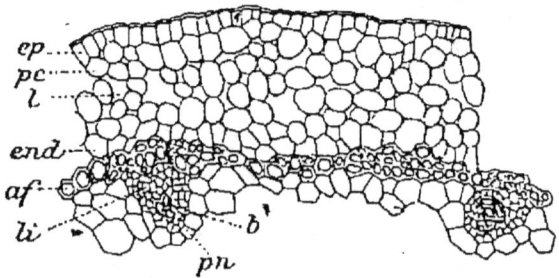

Fig. 93. — Montrant le péricycle *af* transformé en sclérenchyme.

Péricycle constitue alors tout autour du Cylindre central, un anneau de soutien de sclérenchyme (on en voit un exemple dans le Jonc). Cet anneau peut, d'ailleurs, n'être pas continu, les fibres de sclérenchyme n'existent alors qu'en face des faisceaux (Vigne, Clématite...).

Il en est de même de la zone périmédullaire dont tout ou partie des cellules se lignifient souvent, formant ainsi un sclérenchyme, soit continu, soit segmenté et appuyé contre les pointes internes des faisceaux. Quelquefois, cette zone périmédullaire reste très longtemps avant de se différencier d'une façon définitive alors que tous les autres tissus le sont déjà. Très longtemps, elle demeure à l'état de méristème et reste, par conséquent, capable de former du tissu vasculaire, ce qui est, comme nous l'avons vu, le rôle principal du tissu dont elle provient. On voit alors du liber tardif apparaître dans cette zone, et le bois de chaque faisceau se trouve ainsi compris entre deux libers, l'un interne, d'origine périmédullaire, et l'autre externe. C'est là le cas ordinaire chez les Cucurbitacées, avec cette différence toutefois, que la formation du liber interne est contemporaine de celle du bois et non pas tardive.

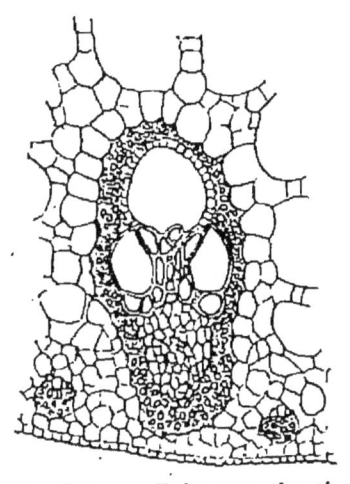

Fig. 94. — Faisceau de tige d'Acorus complètement enveloppé de sclérenchyme.

Enfin, le conjonctif des rayons primaires peut, lui aussi, lignifier les parois de ses cellules. La lignification peut être générale ou localisée autour des faisceaux qui se trouvent dès lors enveloppés d'une gaine complète de sclérenchyme (fig. 94) (Renonculacées, Monocotylédones).

83. Modifications apportées par l'âge aux Racines à structure primaire persistante. — Le méristème vasculaire, formateur du tissu vasculaire et du tissu de soutien, occupant tout le cylindre central de la Racine, et la différenciation du bois étant toujours centripète, c'est-à-dire s'effectuant progressivement du péricycle vers le centre, il n'y a rien d'impossible à ce que cette différenciation atteigne le centre lui-même.

Tous les faisceaux ligneux sont alors réunis au centre, et le bois de la Racine figure une étoile à autant de branches qu'il y a de faisceaux ligneux (fig. 95); si le nombre des faisceaux est réduit à deux, le bois forme une bande rectiligne. On dit dans ce cas, que la Racine a le type binaire (fig. 96).

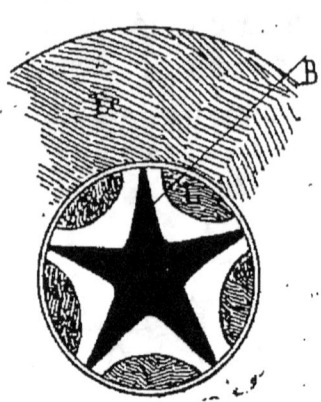

Fig. 95. — Structure d'une Racine du type 5 dont tous les faisceaux ligneux B se rencontrent au centre de l'organe (schéma).

Métaxylème (fig. 97). — Il arrive souvent que dans les intervalles des faisceaux de bois primaire, le méristème vasculaire restant, non encore différencié, se transforme en vaisseaux Mx qui se trouvent, par conséquent, exactement en face des faisceaux libériens; leur différenciation

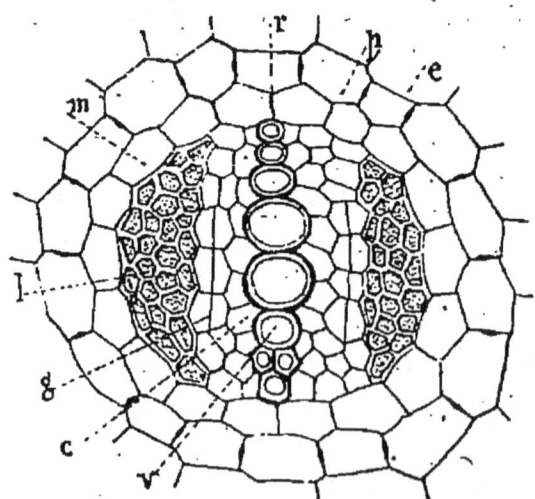

Fig. 96. — Section transversale d'une Racine du type binaire (Betterave).

est centrifuge, c'est-à-dire que le premier vaisseau

formé est plus rapproché du centre de la Racine que les suivants, de sorte que la formation de ce nouveau bois progresse graduellement dans la direction du liber.

Ce bois M*x* de deuxième formation a reçu le nom de *Métaxylème*. Il est très souvent réuni latéralement aux faisceaux primaires qui l'avoisinent, surtout si, comme

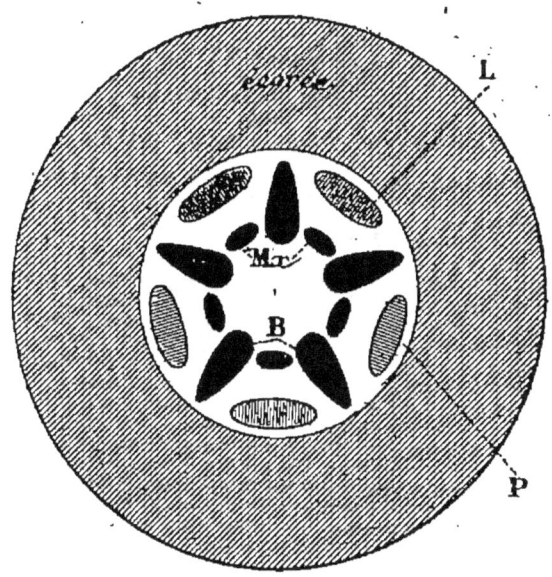

Fig. 97. — Schéma indiquant la place où se forme le métaxylème M*x* entre les faisceaux B du bois primaire.

dans les Monocotylédones, les faisceaux primaires sont nombreux et rapprochés, car alors un ou deux vaisseaux de métaxylème interposé suffisent pour réunir en forme de V deux faisceaux voisins.

Enfin, il arrive parfois que, dans la catégorie des racines qui nous occupent, c'est-à-dire qui, toute leur vie, conservent la structure primaire et ne s'épaississent pas, le méristème vasculaire n'ayant pas à former de nouveaux vaisseaux ne conserve pas ses caractères de méristème actif, c'est-à-dire ses parois minces et sa plasticité. Alors les parois de toutes ses cellules, même dans la région péricyclique, s'épaississent et se lignifient fortement, constituant ainsi un

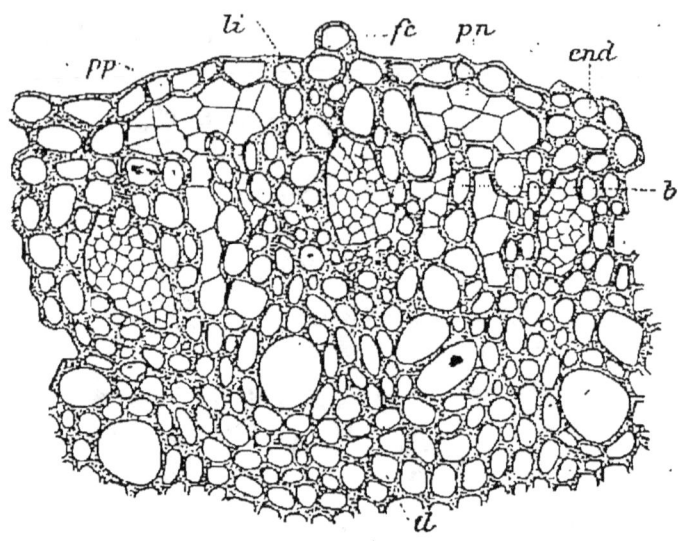

Fig. 98. — Racine dont tout le conjonctif est lignifié.

très énergique tissu de soutien au milieu duquel sont plongés les faisceaux du liber, du bois et du métaxylème (fig. 98).

84. Raccordement de la Tige à structure primaire avec la Racine à structure primaire. — Faisons trois coupes successives, l'une A dans la Racine, l'autre B dans la région intermédiaire entre la Racine et la Tige et qu'on nomme *région tigellaire*, la troisième C dans la région tigellaire supérieure, qui confine à la Tige (fig. 99). Nous voyons d'abord que la moelle qui n'existe pas dans la coupe A commence à apparaître en B pour atteindre en C tout son développement. On voit ensuite que, en B chaque faisceau se divise en deux suivant une ligne radiale, aussi bien les faisceaux libériens que les faisceaux ligneux. Les deux moitiés de chaque liber s'écartent l'une de l'autre à mesure qu'on monte dans la région tigellaire. Il en est de même de chaque moitié des faisceaux ligneux; seulement, ici, l'écartement se complique d'une rotation, d'une torsion de 180° qu'effectue chaque moitié de faisceau, de sorte qu'en définitive, on a, un peu plus haut, la coupe C dans laquelle les

Fig. 99. — Raccordement de la Tige et de la Racine dans la région tigellaire.

vaisseaux du bois commencent à être mélangés de fibres incomplètement lignifiées et présentant encore la réaction cellulosique. Enfin dans l'espace vertical qui sépare C de la vraie Tige, la structure caulinaire s'affirme et devient celle qui est représentée figure 87.

Si la Tige possède un tissu de soutien, on le voit apparaître vaguement en C. En A et B il n'existe pas.

Structure secondaire de la Tige et de la Racine.

85. **Plantes à épaississement continu.** — A côté des plantes à croissance limitée, et qui, toute leur vie, conservent la structure dite primaire, à faisceaux plus ou moins séparés, il y en a d'autres qui, comme les arbres de nos forêts et autres plantes ligneuses, ont

une croissance pour ainsi dire illimitée, et un épaississement continu.

Voici comment, chez ces plantes, les choses se passent.

86. Épaisissement de la Tige. — Il y a, au sommet de la Tige, un groupe d'initiales fonctionnant comme il a été dit et formant un Épiderme, une Écorce, un Méristème vasculaire et une Moelle, de sorte qu'une coupe transversale faite très près du sommet nous donnerait la répétition de la figure 90. (Fig. 100.)

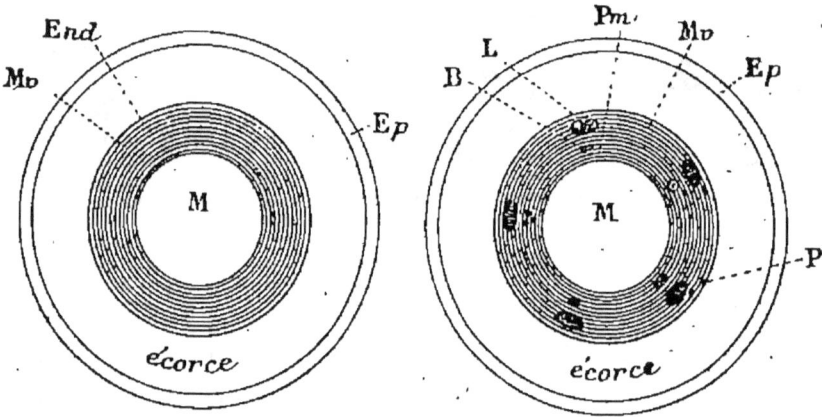

Fig. 100. — Section de la Tige près du sommet (schéma).

Fig. 101. — Section de la Tige faite un peu plus bas que la précédente.

Sur une section transversale faite un peu plus bas que la précédente, on verrait que le méristème vasculaire a commencé, comme d'habitude, à constituer du Bois sur sa face interne et du Liber sur sa face externe. Seulement, tandis que, dans les tiges à épaississement limité et à structure primaire persistante, cette différenciation se fait par paquets séparés par des larges rayons de méristème destinés à devenir des rayons de conjonctif (fig. 101), dans les tiges à structure secondaire, les rayons de méristème qui deviendront du conjonctif sont extrêmement réduits. De sorte que, dès le début, le Bois semble former un anneau continu sur tout le pourtour interne du méristème vasculaire, le Liber, un autre anneau également continu sur tout le pourtour externe, avec, entre ces deux anneaux différenciés, un anneau de méristème qui ne l'est pas et reste, par conséquent, capable de former de nouveaux tissus.

C'est la persistance d'un anneau de méristème actif entre le Bois et le Liber qui constitue la différence capitale entre la structure primaire et la structure secondaire.

A cet état la tige se montre donc formée (fig. 102. A) :

1° D'une écorce avec son épiderme E*p* à l'extérieur, et son endoderme *End* à l'intérieur ;

2° D'un péricycle P qui tapisse intérieurement l'endoderme et n'est autre que l'assise externe différenciée du Méristème vasculaire ;

3° D'un anneau continu L de tissu libérien ;

4° D'une zone annulaire qui, au lieu de se différencier rapidement en tissu conjonctif, comme dans les tiges à épaississement limité, reste à l'état de méristème et demeure, par conséquent, toujours active et apte à cloisonner ses cellules. C'est l'*Assise génératrice* A*g* ;

5° D'un anneau continu de bois B (vaisseaux et fibres) interrompu seulement par de minces rayons conjonctifs C.

6° D'une zone périmédullaire P*m* qui est la zone la plus interne du méristème vasculaire ;

7° Enfin d'une moelle M.

On voit que les seules différences qui existent entre la structure secondaire et la structure primaire, sont que les rayons de tissu conjonctif différenciés dans le méristème vasculaire et qui séparent les faisceaux libéro-ligneux les uns des autres, sont très étroits dans la structure dite secondaire.

En outre, le Bois et le Liber en se différenciant, le premier par formation centrifuge, le second par formation centripète, n'arrivent pas à se rencontrer et laissent entre eux une zone de méristème qui, au lieu de devenir du tissu conjonctif comme cela se produit dans la structure primaire, reste active de façon à pouvoir produire de nouveaux tissus.

87. Mécanisme de l'épaississement de la Tige. — Les cellules de l'assise génératrice Ag continuent donc à se cloisonner dans le sens tangentiel et produisent

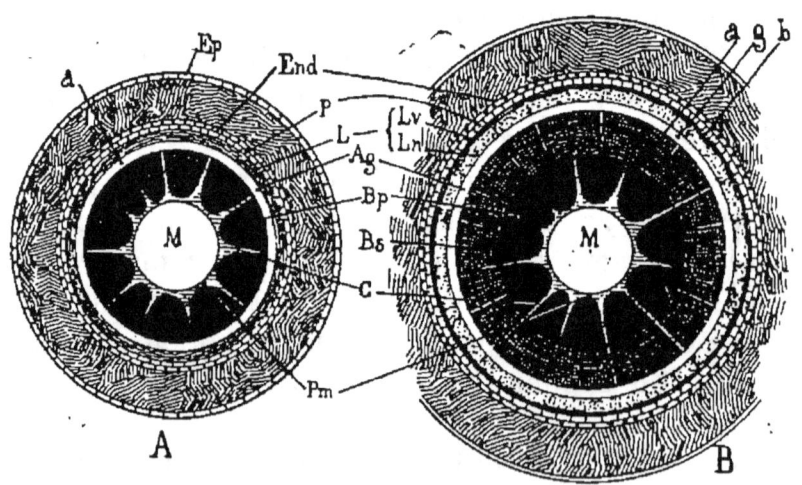

Fig. 102. — Épaississement de la Tige.

ainsi continuellement de nouvelles cellules qui, une fois formées, grandissent pour se cloisonner à leur tour. Cette assise s'épaissit donc rapidement en refoulant vers l'extérieur le liber ancien et l'écorce, et augmente ainsi l'épaisseur de la Tige, qui prend l'aspect représenté par la figure 102, B. En comparant les sections A et B on remarque facilement l'épaississement dont l'assise génératrice a été le siège.

Au début, elle était en a où elle n'avait qu'une épaisseur très faible (fig. 102. A et B.).

En multipliant ses cellules, elle a pris une épaisseur plus grande qui va de a en b (fig. 102. B).

Elle a donc, en s'épaississant, refoulé vers l'extérieur l'Écorce, le Péricycle et le Liber Lv (fig. 102. B) qui, pressé contre le Péricycle et l'Écorce s'y est à demi écrasé.

Mais l'assise génératrice épaissie différencie rapidement ces cellules. Sa couche interne Bs devient du bois, dit *secondaire*, qui se superpose extérieurement au bois Bp de première formation.

Sa couche externe Ln devient de nouveau liber, très turgescent et qui contribue encore à écraser le vieux liber Lv.

De sorte qu'il ne reste plus entre le bois Bs et le liber Ln de nouvelle formation, qu'une zone mince Ag de tissu actif qui va continuer à s'épaissir pour former encore du bois secondaire sur sa face interne, du liber secondaire sur sa face externe.

Il semblerait, d'après la façon dont nous venons de décrire les phénomènes que l'épaississement doive se faire par saccades : l'assise Ag multiplierait ses cellules par des cloisonnements actifs, puis, quand elle serait épaissie, ses cellules nouvellement formées deviendraient du bois, dans la zone interne et du liber dans la zone externe. Après quoi l'anneau Ag de méristème qui existe entre bois et liber, se remettrait à multiplier ses cellules. Ce n'est là qu'un artifice destiné à faire comprendre les diverses phases de l'épaississement.

L'assise génératrice forme *continuellement* de nouvelles cellules qui, à peine nées, se différencient déjà, les cellules externes en liber, les cellules internes en bois. L'épaississement et la différenciation sont donc simultanés et le résultat de ce fonctionnement de l'assise génératrice est que de nouvelles couches de liber viennent sans cesse se déposer à l'intérieur du liber plus ancien qui se trouve ainsi refoulé vers l'extérieur, que du bois nouveau vient se déposer à l'extérieur du bois déjà formé, et que la Tige grossit ainsi par l'intercalation continue de nouveau tissu vasculaire au tissu vasculaire ancien. C'est ce qui lui permet de fournir aux feuilles nouvelles qui se développent dans le bourgeon terminal, les vaisseaux et les tubes criblés dont elles ont besoin.

88. Couches annuelles. — L'assise génératrice fonctionne ainsi jusqu'à l'automne, puis elle s'arrête pendant tout l'hiver. Au printemps suivant, elle reprend son activité et constitue sur sa face interne du bois qui se superpose au bois ancien et du liber jeune sur sa face externe. L'effet de cette formation de tissus nouveaux est de refouler le liber et l'écorce de l'année précédente.

A ce propos, remarquons que le liber de l'année précédente, comprimé entre le liber de nouvelle formation, gorgé de protoplasme et très turgescent, qui le repousse d'une part, et l'écorce qui résiste d'autre part, s'écrase complètement. De sorte qu'en dehors de la zone génératrice g, il n'existe jamais qu'une mince couche de liber, réduit au seul liber Ln de l'année et extérieurement auquel on remarque une assise plus ou moins épaisse Lv de liber ancien écrasé (fig. 102. B).

Remarquons aussi qu'au printemps, époque où la sève est très abondante, le bois formé par l'assise génératrice est riche en larges vaisseaux et pauvre en fibres. A mesure que l'année s'avance et que la circulation, devenue moins active, exige moins de vaisseaux, les fibres deviennent peu à peu prédominantes et même, à la fin de l'automne, l'assise génératrice ne produit plus que des fibres. C'est contre ce bois d'automne, très compact et très dur, que viendra s'appliquer sans transition, le bois riche en vaisseaux et par conséquent très tendre du printemps suivant. Aussi la distinction entre les deux bois est-elle facile à faire, même à l'œil nu. Les couches annuelles de bois sont très visibles et il est possible, en comptant ces couches sur la section d'une Tige, de savoir quel est l'âge de la Tige.

La figure 103 montre le schéma d'une section de tige de 2 ans, qui résume tout ce que nous venons de dire.

89. Rayons conjonctifs secondaires. — On y remarque en outre certaines lignes radiales de tissu conjonctif non lignifié, partageant le bois en secteurs : ce sont les *rayons secondaires*. Ils maintiennent d'ordinaire la communication entre la moelle et les tissus extérieurs vivants dont elle serait séparée si le bois formait autour d'elle une sorte d'étui compact, ininter-

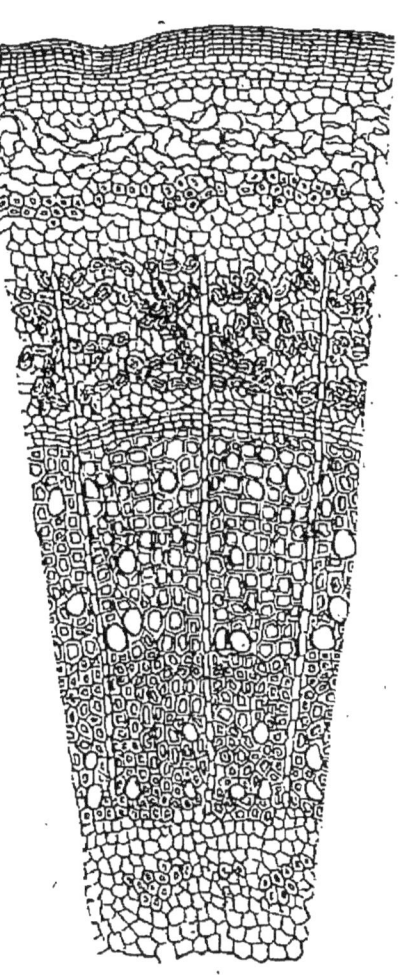

Fig. 103. — Coupe d'une Tige de deux ans de *Daphne Mezereum*.

rompu, de tissus morts. L'origine de ces rayons est facile à comprendre : certains segments de l'assise génératrice, au lieu de donner naissance à des cellules qui deviendront du bois et du liber, produisent des cellules qui se différencient en tissu conjonctif. Ces segments peuvent d'ailleurs changer de place, c'est-à-dire que telle partie de l'assise génératrice qui produisait des rayons conjonctifs, se met tout à coup à donner naissance à du bois et à du liber. L'inverse a lieu également. C'est ce qui explique que certains rayons qui partent de la zone périmédullaire s'arrêtent au milieu du bois, tandis que d'autres partent d'un point assez éloigné de la zone périmédullaire et vont jusqu'à l'assise génératrice. Les premiers s'arrêtent parce que la partie de l'Assise génératrice qui les produisait a cessé brusquement de fournir du tissu conjonctif pour produire du bois, tandis qu'à côté, une autre partie de cette même Assise génératrice, qui jusqu'alors avait formé du bois, se met à fournir des cellules qui deviennent simplement du tissu conjonctif et donne ainsi naissance aux seconds rayons que nous avons signalés.

90. — Cas des Monocotylédones. — Les tiges des Monocotylédones offrent sur une section transversale, un aspect spécial. Représentons par exemple une tige de Petit-Houx (fig. 104) : on voit un cylindre central où sont disposés, sur plusieurs cercles concentriques, un nombre parfois considérable de faisceaux libéro-ligneux à liber externe comme d'habitude, et qui vont en diminuant de diamètre et d'importance, à mesure que l'on se rapproche de l'écorce. Les plus extérieurs sont même des faisceaux fort incomplets et tout à fait rudimentaires. On dirait que les cellules qui les ont formés n'ont pas eu assez de vitalité pour évoluer complètement.

Comment cette structure prend-elle naissance ?

Si nous faisons une section très près du sommet d'une tige de Monocotylédone, nous y voyons, comme chez les

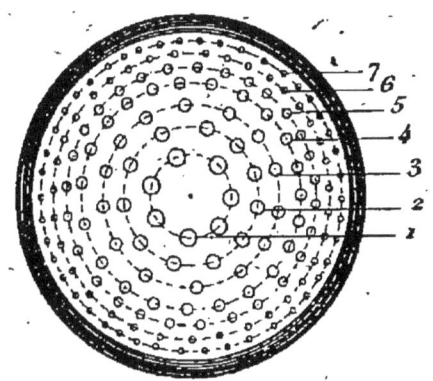

Fig. 104. — Schéma d'une tige de Monocotylédone.

Dicotylédones, une écorce, un méristème vasculaire Mv et une moelle Td qui peut être d'ailleurs très réduite (fig. 104 bis). Mais tandis que du bois se forme dans la zone interne et du liber dans la zone externe du mé-

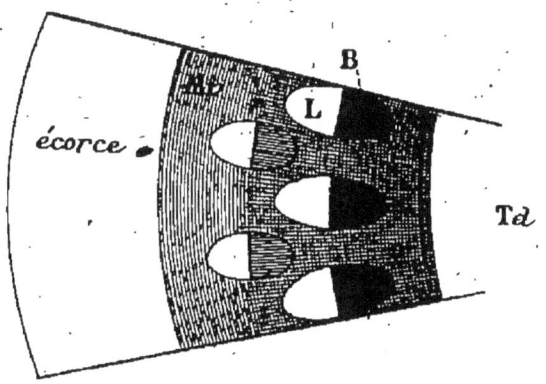

Fig. 104 bis. — Schéma d'un fragment de tige de Monocotylédone.

ristème vasculaire des Dicotylédones, chez les Monocotylédones, ce sont des groupes de cellules, des ilots de la zone interne du méristème vasculaire qui se différencient tout d'une pièce et deviennent des faisceaux libéro-ligneux, les cellules les plus externes de chaque îlot devenant du liber L et les plus internes du bois B. Il se forme donc un premier cercle de faisceaux dans la partie interne du méristème vasculaire, cercle qui laisse en dedans de lui une zone de méristème plus ou moins épaisse et que l'on nomme, comme nous l'avons vu, la *zone périmédullaire*. Quant aux cellules qui occupent les intervalles des faisceaux, elles se transforment en tissu conjonctif parfois complètement lignifié. Mais le plus souvent la lignification n'a lieu que dans les cellules entourant immédiatement chaque faisceau qui se trouve ainsi protégé par une gaine complète de sclérenchyme.

A cet état, quand il n'y a encore qu'un cercle de faisceaux, on voit que la tige d'une Monocotylédone présente à très peu de chose près, l'aspect d'une tige de Dicotylédone à structure primaire, bien que le mode de formation des faisceaux ne soit pas le même dans les deux cas. On y rencontre, en effet, de l'intérieur à l'extérieur : 1° une moelle ; 2° une zone périmédullaire ; 3° un anneau de conjonctif différencié dans lequel se trouve un cercle de faisceaux libéro-ligneux ; puis, 4° une zone de méristème vasculaire demeuré actif et qui occupe la place du Péricycle chez les Dicotylédones, et enfin 5° l'Écorce.

Mais il est très rare que les choses en restent là. D'ordinaire, la partie la plus externe du méristème vasculaire, celle qui n'est pas différenciée et qui correspond, comme situation, au Péricycle des Dicotylédones, reste active. Ses cellules se sectionnent donc activement par des cloisons tangentielles et son épaisseur augmente. Alors, dans le tissu de cellules très jeunes ainsi nouvellement formé, on voit se différencier des îlots cellulaires qui s'organisent en bois et en liber et finissent bientôt par constituer un second cercle de faisceaux, en dehors du premier. On voit que cette deuxième rangée de faisceaux naît, comme la première, par la différenciation d'îlots de cellules, isolés au milieu du méristème formateur.

Tant que la zone externe péricyclique du méristème reste active, il se forme ainsi successivement des cercles concentriques de faisceaux, chaque cercle

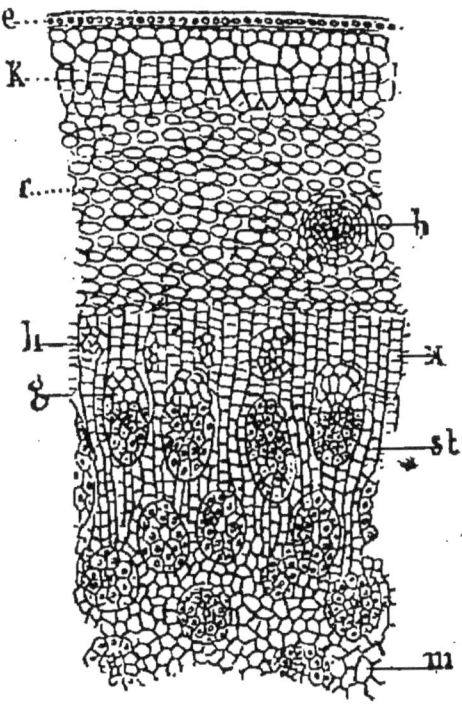

Fig. 105. — Coupe transversale pratiquée à 20 centimètres du sommet d'une jeune tige de *Dracœna* et montrant les îlots du méristème vasculaire qui deviendront des faisceaux par la différenciation de leurs cellules en bois et en liber. — *x*, portion externe du méristème vasculaire, toujours active et en voie de sectionnement; *g*, faisceau déjà formé; *h*, faisceau en formation; *st*, cellules du méristème différenciées en tissu conjonctif; *f*, faisceau foliaire.

vasculaire nouveau se formant en dehors du dernier cercle formé.

Il y a quelques Monocotylédones (*Dracœna*), chez lesquelles la zone externe du méristème reste active et cloisonne ses cellules pendant toute la vie du végétal. Il en résulte que de nouveaux cercles de faisceaux se forment indéfiniment à l'extérieur des anciens et que l'épaississement du végétal est illimité. C'est de cette façon que les Dragonniers atteignent des dimensions extraordinaires (fig. 105).

Mais le plus souvent, la zone externe du méristème vasculaire perd son activité après avoir formé un certain nombre de cercles de faisceaux, et encore les derniers constitués restent-ils souvent à l'état rudimentaire, petits et mal conformés. C'est le cas de la grande majorité des Monocotylédones. (Voir fig. 112.)

Il est bien entendu qu'entre le cas des Dicotylédones et celui des Monocotylédones on peut trouver tous les intermédiaires. Mais, en somme, les Monocotylédones ne sont pas, à ce point de vue, si différents des Dicotylédones qu'on pourrait le croire. Que l'Assise génératrice soit entre bois et liber, ou qu'elle soit extra-libérienne, la chose est de faible importance : elle n'en est pas moins toujours une portion du Méristème vasculaire primitif qui ne s'est pas différenciée et qui est restée capable de produire de nouveaux tissus.

Cette Assise génératrice peut donc, selon les cas, occuper une place variable ; mais on voit qu'elle est toujours une portion du méristème vasculaire.

94. Formations secondaires dans le Cylindre central de la Racine.

— Nous savons maintenant comment s'épaissit le cylindre central de la Tige. La Racine s'épaissit aussi de la même façon, par le jeu d'une Assise génératrice qui n'est, comme toujours, qu'une partie restée active du méristème vasculaire.

Or il est facile de prévoir la place que doit occuper dans la Racine, l'Assise génératrice d'épaississement. Considérons, en effet, un cylindre central de Racine dans lequel les faisceaux ligneux sont réunis au centre et où le métaxylème est très développé dans les intervalles des faisceaux ligneux primaires.

Il est manifeste que dans une pareille Racine la seule portion du méristème vasculaire qui ne soit pas différenciée d'une façon définitive, la seule capable,

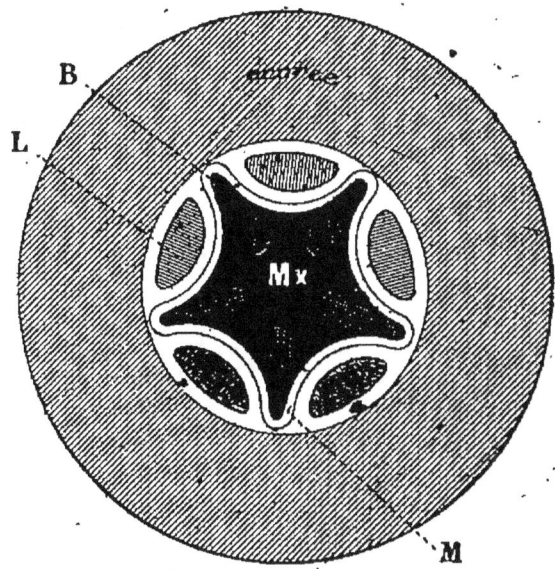

Fig. 106. — Schéma d'une jeune Racine montrant la place qu'occupe le méristème vasculaire M quand le bois, le liber et le métaxylème sont différenciés.

par conséquent, de se cloisonner encore pour former de nouveaux tissus, se compose du Péricycle, d'abord, et ensuite de toutes les parties que nous avons laissées en blanc sur la figure 106. On comprend donc que, dans la Racine (fig. 107), l'Assise génératrice AG occupe une bande cellulaire sinueuse qui passe en dedans de chaque faisceau libérien et en dehors de chaque faisceau ligneux. La partie a de cette Assise génératrice qui se trouve en dehors des faisceaux du bois, est due au dédoublement par des cloisons tangentielles, des cellules péricycliques contre lesquelles sont appliqués les faisceaux ligneux primaires ; a, est la cellule provenant du dédoublement du péricycle et qui prolonge l'Assise génératrice en dehors du faisceau ligneux.

Les parties Ag, situées en dedans de chaque faisceau libérien, entrent en activité les premières et, comme nous l'avons vu pour la Tige, elles forment sur leurs

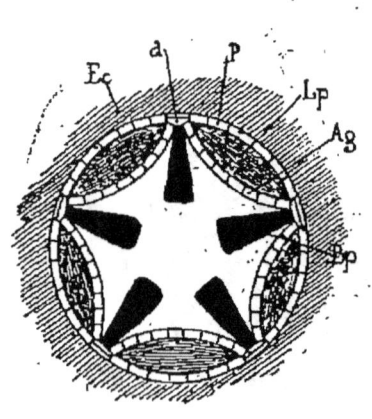 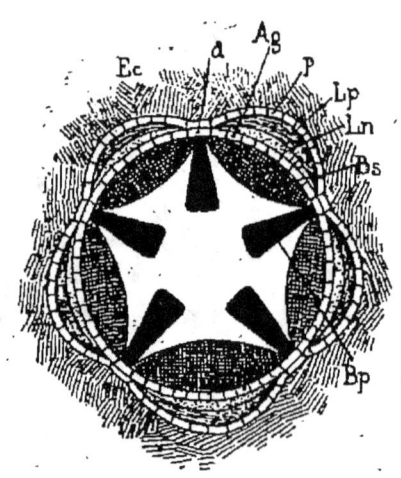

Fig. 107. — Schéma de la Racine au moment où l'assise génératrice Ag va commencer à fonctionner.

Fig. 108. — Les parties intra-libérienne de l'assise génératrice ont fonctionné seules de façon que l'assise génératrice est maintenant circulaire.

deux faces des tissus nouveaux, c'est-à-dire qu'en s'épaississant, l'assise Ag transformé en bois ses cellules internes, en liber ses cellules externes, et le résultat de cet épaississement est de refouler le liber Lp, le péricycle extra-libérien P et l'écorce ; de sorte qu'au bout de quelque temps la Racine présente l'aspect de la figure 108 : le péricycle situé en face des faisceaux ligneux n'a pas bougé puisque la portion correspondante de l'Assise génératrice, la cellule a, n'a pas encore fonctionné. D'autre part, on voit que le liber ancien Lp et le péricycle P qui l'enveloppe, ont été refoulés par l'activité de l'Assise génératrice qui se trouve en dedans des faisceaux du liber de première formation. Cette même portion de l'assise A*g* formant du bois sur sa face interne, s'est déplacée vers l'extérieur et est venue se placer sur la même ligne que les cellules péricycliques *a* jusqu'alors inactives. L'assise

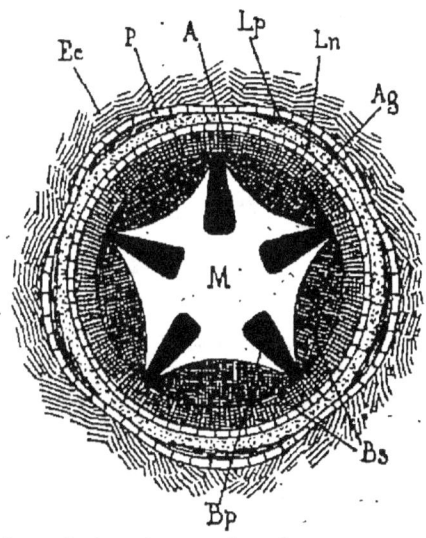

Fig. 109. — L'assise génératrice a fonctionné sur tout son pourtour.

génératrice est, à ce moment, devenue circulaire. Elle entre alors en activité sur tout son pourtour, en produisant, comme le fait l'assise analogue du cylindre central de la Tige, du bois, dit secondaire, sur sa face interne et du liber secondaire sur sa face externe. Au bout d'un certain temps, la Racine a pris l'aspect représenté par la figure 109 qui représente la racine de la figure 108 épaissie.

A est le point d'où est partie l'assise génératrice, A*g* est l'assise génératrice dans sa position actuelle, Bs le bois secondaire qu'elle a formé sur sa face interne.

L*n* le liber secondaire qui provient d'elle également, L*p* le liber de première formation refoulé vers l'extérieur et à demi écrasé, P le péricycle et enfin Ec l'écorce.

On peut remarquer qu'à cet état, la Racine ressemble singulièrement à la Tige épaissie. Elle ne s'en distingue que par les pointements Bp du bois primaire dont la structure permettra toujours de voir que l'on a affaire à une Racine (voir p. 113), à condition toutefois que ces pointements soient distincts sur la section transversale que l'on examine.

Ce n'est pas toujours le cas. En effet, il arrive très

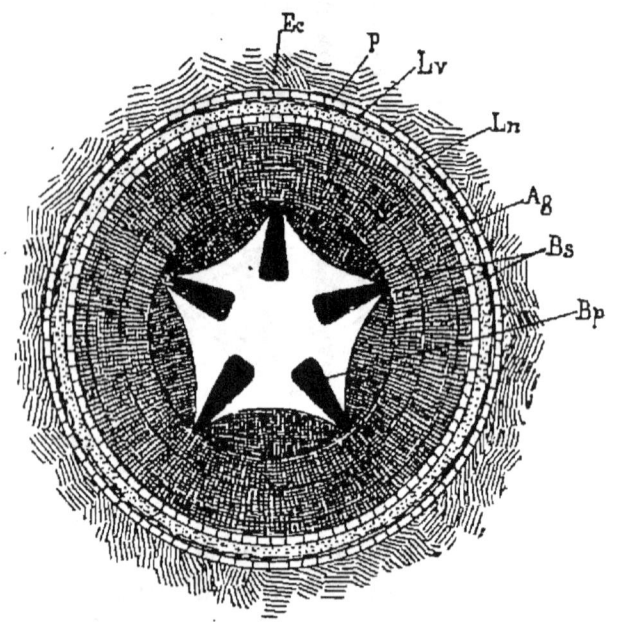

Fig. 110. — Racine de trois ans (comparer à la figure 109).

souvent que le méristème vasculaire qui occupe le centre de la Racine, lignifie complètement ses cellules de sorte que les pointements primaires Bp sont noyés au milieu d'un tissu ligneux qui ne permet plus guère de les distinguer.

Tant que l'assise génératrice Ag fonctionne, la Racine s'épaissit et prend de plus en plus l'aspect d'une Tige. La ressemblance est d'autant plus grande que, dans la

Racine, comme dans la Tige, et pour la même raison, il se forme des couches annuelles de bois.

Résumé. — Donc si la Racine et la Tige sont, au début, quand elles sont jeunes ou quand elles ne s'épaississent pas, de structures différentes, elles arrivent à se ressembler tout à fait quand elles s'épaississent, et toujours l'épaississement est dû à l'activité d'une *Assise génératrice, portion persistante du méristème vasculaire.*

92. Formations secondaires dans l'écorce. — On comprend que le cylindre central s'épaississant, il faut nécessairement que l'écorce se modifie pour suivre le mouvement d'accroissement. Aussi est-elle le siège de cloisonnements actifs, localisés dans une zone circulaire située plus ou moins profondément et qui se met à fonctionner comme la zone génératrice de la Tige : elle donne naissance à plusieurs couches de cellules dont les

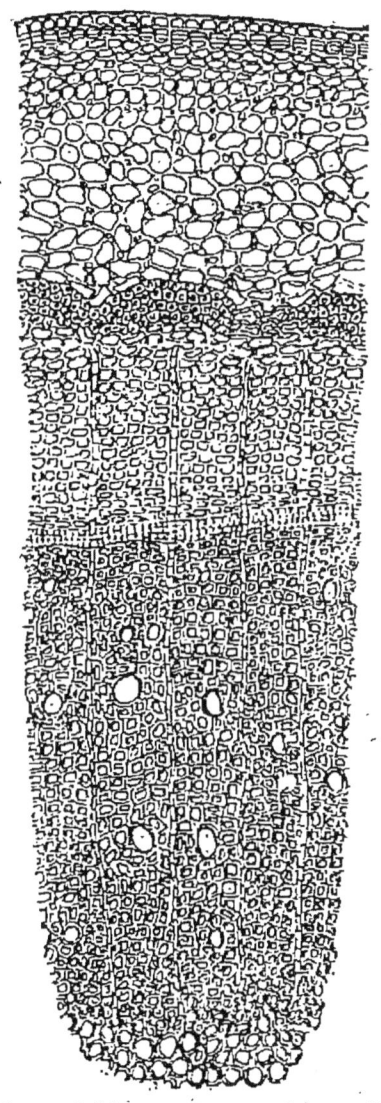

Fig. 110 *bis*. — Jeune chêne. On voit sous l'épiderme, le phellogène qui commence à fonctionner.

plus externes se subérifient et deviennent un liège plus ou moins épais qui enveloppe toute la tige : c'est le *suber*. Quant aux cellules internes de l'épaississement, elles demeurent parenchymateuses, riches en chlorophylle et ne font que prolonger l'écorce primitive sous-jacente : c'est le *phelloderme*. L'ensemble du suber, de l'assise génératrice corticale ou *phellogène* et du phelloderme, constitue ce qu'on nomme le *périderme*.

Or si l'on remarque que le phellogène naît et s'organise dans une couche souvent profonde de l'écorce

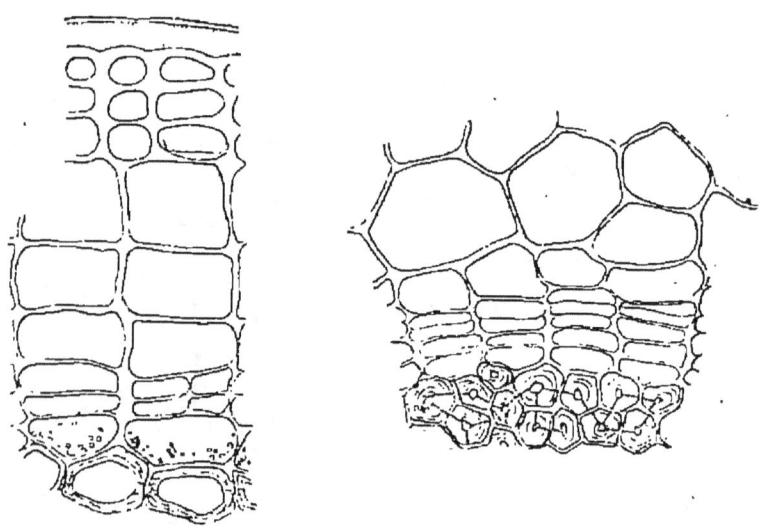

Fig. 111. — Formation du liège dans la partie profonde de l'écorce du Framboisier.

primaire (fig. 111), on comprend que toute la partie de cette écorce qui se trouve en dehors du phellogène est complètement isolée des tissus vivants internes, par l'interposition du liège de nouvelle formation : cette portion externe de l'écorce ne tarde donc pas à dépérir, à s'exfolier et à tomber, découvrant ainsi le subor qui est alors exclusivement chargé de la protection de l'organe.

93. Lenticelles.— Mais avant que cette exfoliation se produise, les cellules corticales qui bordent les grandes lacunes (chambres sous-stomatiques) qui sont sous les

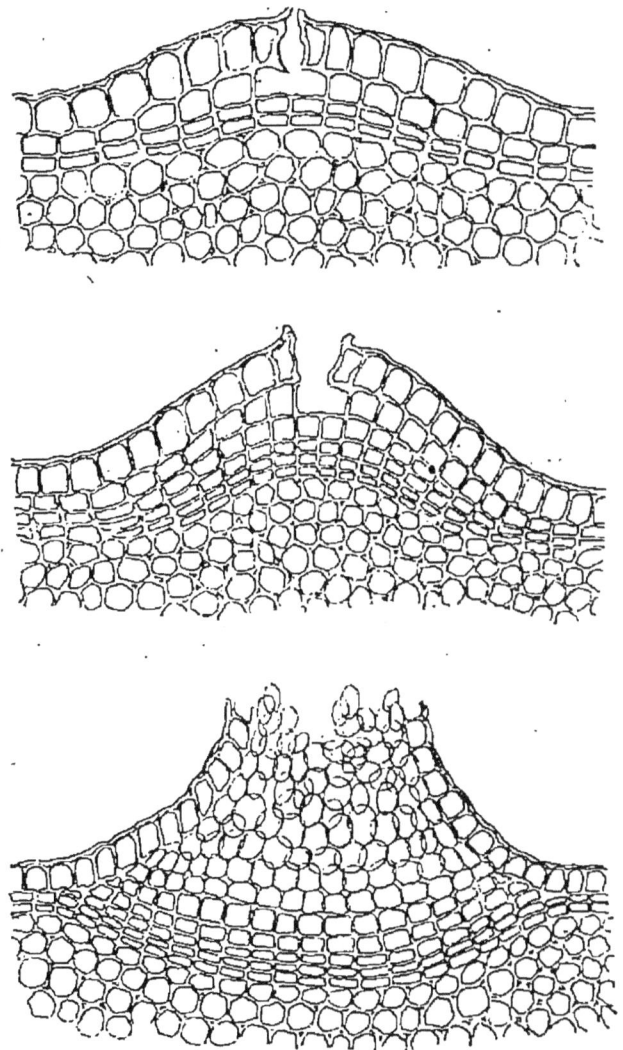

Fig. 112. — Différents stades de la formation d'une lenticelle sous un stomate de Bouleau.

stomates, se sont mises à proliférer, à se cloisonner et à former de nouvelles cellules qui remplissent bientôt la chambre sous-stomatique, soulèvent l'épiderme, le font éclater et viennent faire hernie à l'extérieur. C'est ce qu'on nomme une *lenticelle*.

Ces nouvelles cellules subérifient leurs parois, et arrondissent leurs contours. Pendant ce temps, le cloisonnement suivi de subérification des cellules sous-stomatiques gagne les cellules voisines, et ce liège, d'abord isolé et localisé, finit par se raccorder au liège du périderme. Si l'on considère que les cellules subérifiées de la lenticelle sont toutes arrondies et que, par conséquent, elles laissent entre elles des intervalles (fig. 112-3), des méats dans lesquels l'air peut circuler; si l'on considère en outre que le liège péridermique arrondit lui aussi ses cellules de raccord avec la lenticelle, on reconnaîtra que les lenticelles jouent par rapport au périderme le rôle que les stomates jouent relativement à l'épiderme : c'est-à-dire que les lenticelles sont des appareils chargés de mettre en communication directe avec l'air extérieur les tissus vivants sous-péridermiques qui, sans cela, enfermés dans une gaine continue et imperméable de liège, ne pourraient plus effectuer d'échanges gazeux avec l'atmosphère et périraient rapidement asphyxiés.

94. Durée transitoire du phellogène. — Tandis que dans le cylindre central c'est la même assise génératrice qui fonctionne pendant toute la vie du végétal, dans l'écorce il n'en est pas de même. Au bout d'un temps variable qui peut d'ailleurs être assez considérable (15 ou 20 ans dans le Chêne-Liège), le phellogène cesse de fonctionner. Il s'en forme alors un autre plus rapproché du cylindre central que ne l'était, à l'origine, le premier phellogène (fig. 113).

Ce deuxième phellogène fonctionne exactement comme le premier : c'est-à-dire qu'il fabrique du liège sur sa face externe, du phelloderme sur sa face interne.

Le premier périderme se trouvant, dès lors, séparé par le deuxième liège de tous les tissus vivants internes, meurt et se crevasse sans tomber comme dans le Chêne, ou s'exfolie et tombe comme dans le Platane. Mais quel que soit son sort, qu'elle tombe ou ne tombe pas, toute la partie de l'écorce qui se trouve en dehors du périderme nouveau, se nomme le *rhytidome*.

Après avoir vécu un certain temps, ce deuxième phellogène cesse de fonctionner et fait place à un troisième qui se constitue plus profondément encore que ne l'avait fait le deuxième et ainsi de suite. De sorte qu'à force de prendre naissance dans des couches de plus en plus profondes, il arrive qu'un phellogène finit par dépasser les limites de l'écorce et par s'organiser dans le cylindre central, au niveau du liber secondaire récemment formé, c'est-à-dire, en somme, dans le méristème vasculaire. A partir de ce moment, l'activité du phellogène ne durera qu'un an, et, à chaque printemps, un phellogène nouveau se formera à la même profondeur que celui de l'année

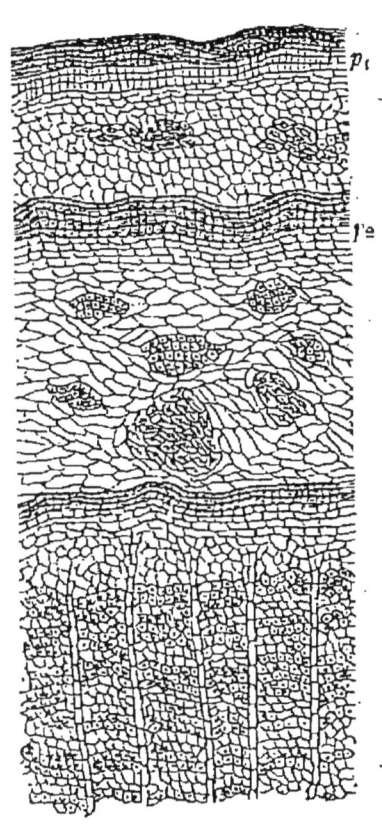

Fig. 113. — Coupe transversale d'une tige de Chêne dans laquelle le vieux phellogène p_1 cessant de fonctionner, est remplacé par un phellogène plus jeune p_2 qui se forme dans une couche plus profonde de l'écorce.

précédente, c'est-à-dire dans le liber de l'année, exfoliant par conséquent tout le liber précédemment formé qui se trouve en dehors de lui.

95. Formations secondaires dans l'écorce de la Racine. — Tout ce que nous avons dit de l'écorce de la Tige peut se répéter à propos de celle de la Racine au point de vue de la formation du périderme. La seule différence que l'on puisse établir entre les deux organes c'est que la Racine ne possédant pas de stomates, les lenticelles se développent par une prolifération locale plus active du phellogène et non plus dans les chambres sous-stomatiques.

Caractères distinctifs entre la Tige et la Racine tirés de la ramification.

95. Les Membres. — Les membres qui s'échelonnent le long de la Tige se nomment les *feuilles* et les *ra-*

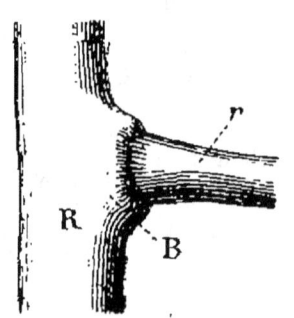 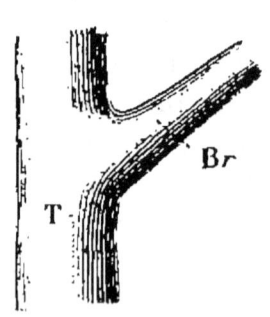

Fig. 114. — Insertion des radicelles sur la Racine mère.

Fig. 115. — Insertion des rameaux sur la tige.

meaux. Ils sont en étroite corrélation, puisqu'un rameau naît toujours à l'aisselle d'une feuille, c'est-à-dire dans l'angle aigu que la feuille forme avec la Tige.

Les membres qui prennent naissance sur la Racine se nomment des *radicelles*.

Une première différence entre ces deux catégories de membres est la suivante. Si l'on examine le point où une radicelle r s'insère sur la Racine principale R, on voit qu'elle est entourée d'une sorte de bourrelet B (fig. 114) qui indique bien que la radicelle a pris naissance à l'intérieur de la Racine et qu'elle a été obligée, pour sortir, de percer l'écorce. C'est ce qu'on exprime en disant que la radicelle a une origine *endogène*.

Dans la Tige (fig. 115) rien de semblable : il y a continuité parfaite entre l'épiderme de la Tige T et celui du rameau Br. Celui-ci est donc *exogène*.

97. Situation des membres sur la Tige et sur la Racine. — Examinons maintenant la situation des membres sur l'un et l'autre organe. On peut considérer la Tige et la Racine comme deux cônes réunis par un cylindre plus ou moins long qui est la tigelle. La tigelle ne porte aucun appendice, si ce n'est à sa partie supérieure, le ou les cotylédons, souvent caducs. Nous n'avons pas à nous en occuper à ce point de vue.

Sur la Racine, les radicelles R s'échelonnent les unes au-dessous des autres, disposées le long de certaines génératrices du cône (fig. 116).

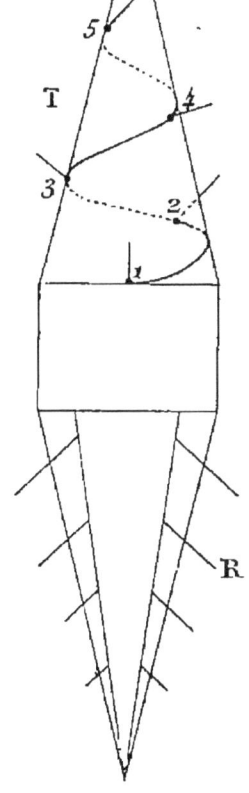

Fig. 116. — Schéma de la disposition des membres sur la Racine et sur la Tige.

Sur la Tige, la disposition des feuilles, et par conséquent des rameaux est tout autre. Si l'on joint par un trait continu les points d'insertion des feuilles consécutives, on décrit (fig. 116) autour de la tige, une hélice. C'est-à-dire qu'une feuille n'est jamais située exactement *au-dessus* de la précédente.

Représentons, théoriquement, par un tronc de cône une portion de Tige, et supposons ce tronc de cône reposant par sa grande base sur le plan horizontal.

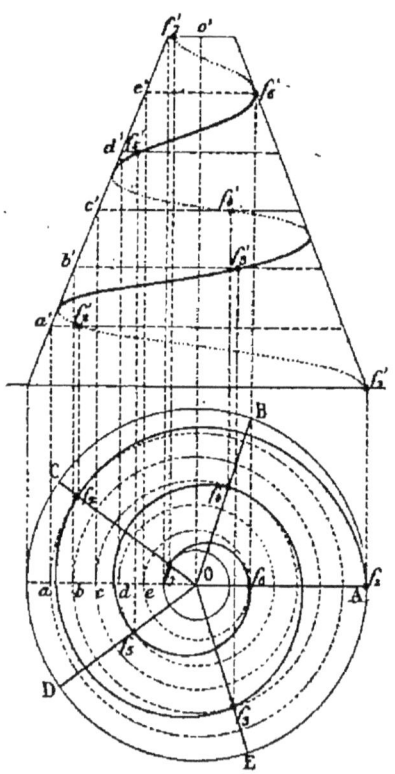

Fig. 117. — Épure représentant la disposition des membres sur la Tige.

En projection verticale, le contour apparent du tronc sera un trapèze et les projections horizontales de ses deux bases seront deux cercles concentriques.

Les nœuds successifs se projettent horizontalement suivant des cercles concentriques aux deux premiers et, verticalement, suivant des horizontales : soient $f_1 f'_1$, $f_2 f'_2$, $f_3 f'_3$... les points d'insertion des feuilles dont l'ordre de succession est marqué par les indices des lettres qui les désignent. On remarque que tous les points d'insertion sont contenus dans un certain nombre de plans verticaux (5 dans le cas actuel), passant tous par l'axe du tronc de cône et dont les traces sur le plan horizontal sont oA, oB, oC, oD, oE. Considérons les deux plans OA et OC qui contiennent les deux feuilles consécutives f_1 et f_2, ces deux plans font entre eux un angle

LA TIGE ET LA RACINE 155

AoC qu'on nomme l'*angle de divergence* des deux feuilles.

Remarquons que si, partant de la feuille f_1, nous suivons l'hélice foliaire, nous rencontrons successivement $f_2\,f_3\,f_4\,f_5$ et nous ne revenons au plan of_1 qui nous a servi de point de départ, qu'avec la feuille f_6. Nous avons donc rencontré 5 feuilles. De plus nous avons fait deux fois le tour complet de la tige. C'est ce qu'on a l'habitude d'exprimer par la fraction $\frac{2}{5}$.

Le numérateur 2 exprime que, partant d'une feuille et suivant l'hélice foliaire, il faut faire deux tours complets sur la tige avant de retrouver une feuille immédiatement superposée à la première ; et le dénominateur exprime qu'en faisant ces deux tours on rencontre 5 feuilles sur son trajet.

La fraction de divergence n'est pas nécessairement $\frac{2}{5}$; elle peut être $\frac{1}{2}, \frac{1}{3}, \frac{1}{4}, \frac{2}{5}, \frac{2}{7}, \frac{3}{8}, \frac{3}{11}$, etc.

La fraction $\frac{3}{8}$ par exemple, exprime que deux feuilles exactement superposées sont séparées par 3 tours de spire, et que sur ces 3 tours on rencontre 8 feuilles.

Un rameau naissant toujours à l'aisselle d'une feuille, il est clair que les rameaux sont soumis à la même règle de divergence que les feuilles.

98. Origine de la ramification. 1° *Dans la Tige*. — Le bourgeon commence à se dessiner dans le méristème terminal de la tige, à l'aisselle de chaque ébauche de feuille. C'est une cellule épidermique qui devient l'initiale de l'épiderme du rameau et, au dessous, certaines cellules du méristème cortical deviennent l'une, l'initiale de l'écorce, l'autre, celle du méristème vasculaire qui vient se raccorder avec celui de la tige, et la troisième, l'initiale de la moelle. Ces initiales n'ont plus qu'à se cloisonner comme le font les initiales de la tige principale pour constituer un rameau.

2° *Dans la Racine.* — La naissance d'une radicelle est un peu plus compliquée, cette radicelle ayant, comme on l'a vu, une origine profonde.

C'est aux dépens du péricycle de la racine principale que les radicelles prennent naissance, et les cellules péricycliques *gr* qui les produisent, chez les Phanéro-

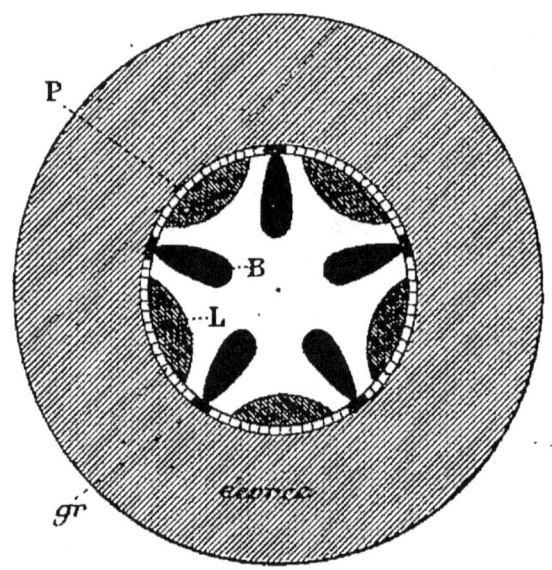

Fig. 118. — Place qu'occupent dans le péricycle de la Racine les cellules *gr* qui produisent les radicelles.

games, se trouvent toujours en face des faisceaux ligneux (fig. 118).

Or les faisceaux du bois ayant, dans la Racine, une course rectiligne, les radicelles qui naissent en face d'eux, doivent nécessairement être disposées le long d'un certain nombre de lignes droites, correspondant au nombre des faisceaux ligneux qui se trouvent dans la Racine.

Considérons une cellule péricyclique G située en face d'un faisceau ligneux et devant produire la radicelle. Elle se cloisonne d'abord tangentiellement par une cloison (fig. 119.2). Puis des cloisons radiales apparaissent (fig. 119.3) et le péricycle se trouve divisé en deux assises. L'assise externe se divise à son tour par des cloisons tangentielles et il en résulte un massif cellulaire, le *massif rhizogène*, qui forme une sorte de papille sous l'endoderme soulevé.

Les trois cellules centrales du massif (fig. 119.4)

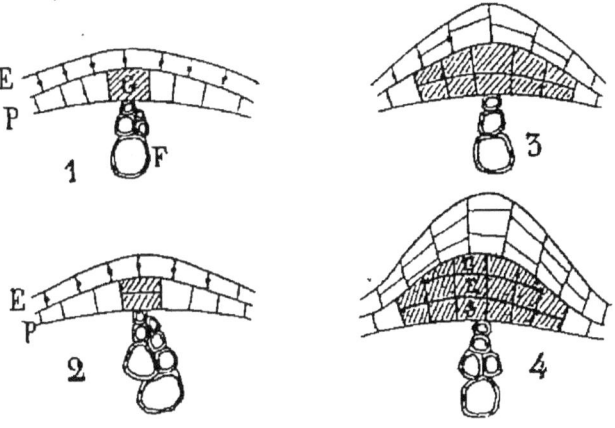

Fig. 119. — Naissance d'une radicelle aux dépens d'une cellule péricyclique située en face des faisceaux du bois.

deviennent les initiales de la radicelle. C'est l'initiale de la coiffe, E celle de l'écorce et S celle du cylindre central. Ces cellules, une fois constituées, se cloisonnent comme le font les initiales de la racine principale (voir p. 125) et la radicelle grandit en prenant une structure identique à celle de la racine principale, avec cette réserve toutefois que le nombre des faisceaux est le plus souvent réduit et moins considérable que dans la racine mère. Ces faisceaux, d'ailleurs, se raccordent sans difficulté avec ceux de la racine mère puisque la radicelle naît en face d'eux.

On pourrait croire, et on croyait autrefois, que la radicelle, en grandissant, déchirait purement et simplement l'écorce pour venir au jour. On sait maintenant qu'elle fait mieux : elle la digère et s'en nourrit.

Que l'on se reporte à la figure 119 et l'on verra que l'endoderme E qui coiffe le massif rhizogène s'est cloisonné en même temps que le péricycle et a formé une sorte de fourreau qui grandit en même temps que la radicelle. Cet endoderme cloisonné se nomme la *poche* de la radicelle. Son rôle est de sécréter des sucs digestifs qui dissolvent et digèrent les tissus de l'écorce. C'est donc la poche qui fraie le chemin à la radicelle à travers l'écorce et qui, absorbant les liquides qu'elle digère, les transmet à la radicelle qui s'en nourrit et les utilise pour croître. Quand toute l'écorce est traversée, le rôle de la poche est terminé ; elle ne tarde pas à disparaître et la radicelle, surmontée de sa coiffe, s'enfonce dans le sol où, organisée comme la racine principale, elle accomplit les mêmes fonctions.

La seule différence essentielle que l'on puisse signaler entre la radicelle et la racine mère c'est que la radicelle n'est pas géotropique ou du moins, l'est faiblement.

99. Systèmes radicaux. — Sur les flancs de la racine principale ou *pivot*, naissent donc des radicelles. Celles-ci, à leur tour, produisent des radicelles de deuxième ordre et ainsi de suite jusqu'aux dernières ramifications, ordinairement très fines et qui, dans leur ensemble, constituent ce qu'on nomme le *chevelu*.

Trois cas peuvent se présenter : 1° Le pivot est bien développé ainsi que les radicelles. Le système est alors un système *pivotant ordinaire*. C'est le cas de la plupart des arbres de nos pays (fig. 120).

2° Le pivot est très développé et les radicelles qui en proviennent demeurent très petites. Exemple : la Carotte, la Betterave. C'est un système *pivotant exagéré* (fig. 121).

3° Enfin, c'est le contraire qui peut se produire : les radi-

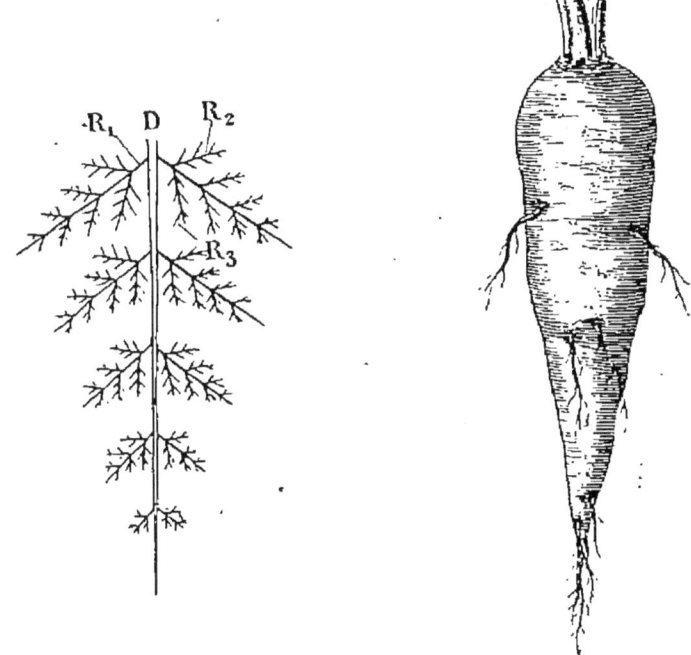

Fig. 120. — Système radical pivotant.

Fig. 121. — Système pivotant exagéré.

celles très développées et très longues naissent sur un pivot rudimentaire. Le système est, dans ce cas, dit *fasciculé*. Ce cas se présente dans les Céréales (fig. 122).

Fig. 122. — Système fasciculé.

Ces divers modes d'enracinement des plantes nous font déjà comprendre la nécessité de *l'alternance des cultures*. Si, dans un champ, on a cultivé du Blé dont la racine fasciculée épuise la surface du sol, il faut, l'année suivante, y cultiver une plante à racine pivotante (Sainfoin, Luzerne, Betterave), qui va chercher dans les couches profondes les sucs dont elle a besoin.

Le sol ayant été, la première année, épuisé en surface par le Blé et la seconde année en profondeur par la Luzerne, il est nécessaire de le laisser complètement se reposer la troisième année. C'est ce qu'on exprime en disant qu'on le met en *jachères*.

La connaissance du système radical d'une plante a aussi son utilité en ce qui concerne l'arrosage. Il est clair, en effet, qu'une plante à racine pivotante exagérée n'a besoin d'être arrosée qu'au pied. Une plante à racine fasciculée doit être arrosée à une certaine distance du pied, puisque c'est là seulement qu'il existe des poils absorbants. Enfin, une plante à système pivotant ordinaire doit être arrosée à la fois au pied et à une certaine distance du pied.

Résumé général des caractères distinctifs de la Tige et de la Racine.

On peut résumer, en quelques lignes, les différences qui permettent de distinguer une Tige d'une Racine.

100. Caractères tirés de la morphologie externe. — 1° La Tige *porte des feuilles*, la Racine n'en porte jamais.

2° La Racine est *positivement géotropique*, la Tige l'est *négativement*, si toutefois aucune cause telle que le phototropisme ou l'hydrotropisme ne vient influer sur la direction normale que doit prendre l'organe.

3° *L'accroissement* de la Racine est uniquement *subterminal*. L'accroissement de la Tige est, à la fois, *terminal et intercalaire*.

4° A l'extrémité de la Racine se trouve une *coiffe* chargée de protéger la région d'accroissement contre les frottements inévitables que la Racine subit en s'enfonçant dans le sol. — La Tige ne possède pas de coiffe, mais un *bourgeon* terminal formé de jeunes feuilles imbriquées qui protègent son extrémité contre le froid et la sécheresse.

5° La Racine porte, vers son extrémité, un manchon de *poils absorbants*. — Quand la Tige porte des poils, ils ne sont pas absorbants.

101. Caractères tirés de la structure anatomique. — 6° Relativement au cylindre central, l'écorce est bien plus épaisse dans la Racine que dans la Tige. De plus, l'écorce de la Tige a des stomates et l'écorce de la Racine n'en a pas.

7° Dans les plantes qui conservent toute leur vie la structure primaire, les faisceaux libériens et les faisceaux ligneux disposés sur un même cercle, *alternent* dans la Racine; dans la Tige, ils sont *superposés* et disposés en faisceaux libéro-ligneux, à liber externe et à bois interne.

8° Dans les faisceaux ligneux de la Racine, les plus gros vaisseaux du bois, c'est-à-dire les plus jeunes, sont les plus rapprochés du centre de l'organe; dans la Tige, les plus gros vaisseaux sont, dans chaque faisceau ligneux, les plus éloignés du centre.

9° Dans la Racine, un faisceau ligneux est uniquement formé de vaisseaux. Dans la Tige, entre les vaisseaux, se trouvent des fibres ligneuses de soutien.

10° Enfin, dans la Racine, il n'y a pas de moelle. Dans la Tige, il y a, à l'intérieur de la zone périmédullaire, un tissu conjonctif interne, d'origine spéciale qui a son initiale propre et qui est la moelle.

102. Caractères tirés de la ramification. — 11° Les radicelles sont disposées en lignes longitudinales, le long de la Racine principale ou *pivot*, et elles ont une origine profonde péricyclique, ce qui les oblige à percer l'écorce pour venir au jour. Les rameaux de la Tige disposés sur une hélice, ont une origine superficielle et leur épiderme est en continuité avec celui de la Tige. Elles n'ont donc rien percé pour venir au jour.

CHAPITRE III

LA FEUILLE

103. Disposition des feuilles à chaque nœud. — La Feuille est supportée par la Tige. Nous avons vu (p. 153) comment les feuilles, attachées aux nœuds, sont disposées le long de la Tige. Nous pouvons maintenant compléter les notions acquises.

Quand, à chaque nœud, il n'y a qu'une feuille, on dit que la position des feuilles sur la tige est *alterne*. Ce nom qui, en toute rigueur, est impropre, provient de ce que l'angle de divergence de deux feuilles consécutives étant, en général, peu éloigné de 180 degrés, les feuilles paraissent, dans ce cas, être disposées alternativement d'un côté et de l'autre de la tige. Exemples : le Lin, le Charme, etc.

Fig. 123.
Feuilles alternes de Moutarde.

LA FEUILLE 163

Quand chaque nœud porte deux feuilles, elles sont toujours situées l'une en face de l'autre. Aussi dit-on qu'elles sont *opposées*. Exemples : la Menthe, le Sureau, l'Érable.

Enfin, s'il y a plus de deux feuilles à chaque nœud, comme elles sont disposées en couronne, on dit qu'elles

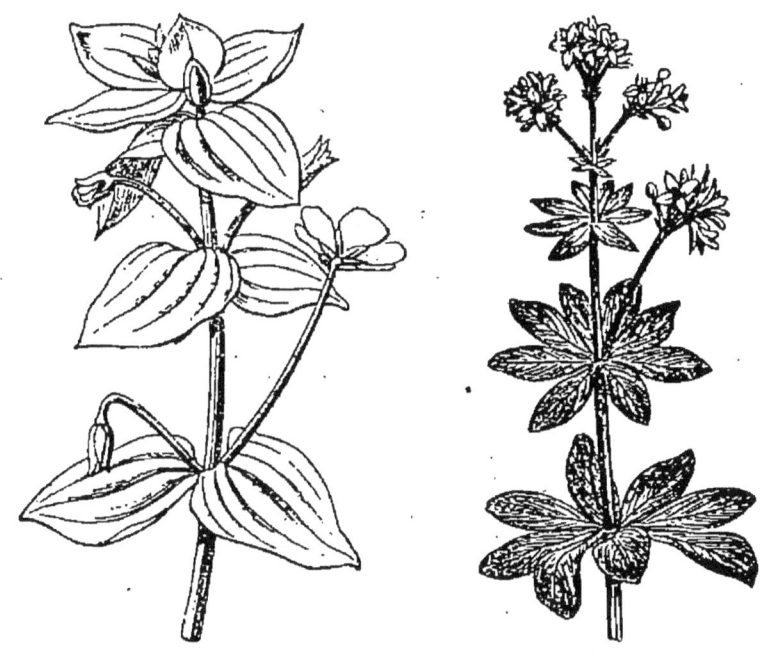

Fig. 124.
Feuilles opposées de Mouron rouge.

Fig. 125.
Feuilles verticillées.

sont *verticillées* ou qu'elles forment un *verticille*. Exemple : le verticille du Laurier-Rose, qui est formé de trois feuilles. Cette dernière disposition est relativement assez rare. Les deux premières sont beaucoup plus fréquentes.

104. Aspect extérieur d'une feuille (fig. 126). — La partie principale d'une feuille est une lame aplatie L, que l'on nomme le *limbe*, orientée de façon à tourner une face vers le ciel et l'autre vers la terre (fig. 126). Le limbe a donc une face supérieure et une face inférieure. Il s'attache à la tige par un filet grêle P, le

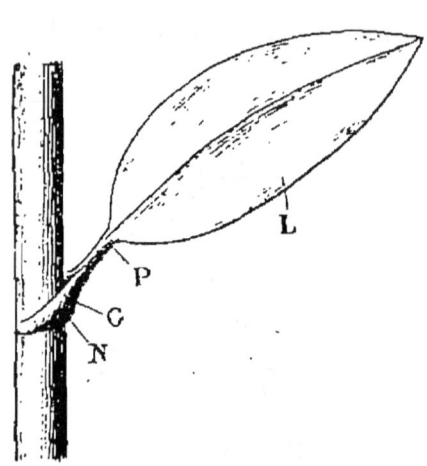

Fig. 126.
Aspect extérieur de la feuille.

pétiole. Quelquefois, la base du pétiole s'élargit de façon à venir s'insérer sur une partie plus ou moins considérable de la circonférence du nœud N. Dans ce cas, le pétiole enveloppe, embrasse plus ou moins la tige. On dit alors que la feuille est *engainante* et la base élargie du pétiole se nomme la *gaine* G.

A l'aisselle de chaque feuille se trouve toujours un bourgeon, prêt à se développer en rameau et que l'on nomme à cause de sa situation, *bourgeon axillaire*. Ordinairement, il n'y a qu'un bourgeon axillaire; mais il peut y en avoir un plus grand nombre (Noyer).

On voit immédiatement que la gaine constitue un bon appareil de protection pour ce bourgeon axillaire.

105. Morphologie du limbe. — Le pétiole se prolonge dans le limbe et s'y ramifie de diverses façons, en donnant naissance à des *nervures* qui se ramifient à leur tour. Les dernières ramifications finissent par être extrêmement fines et, par leurs anastomoses, constituent souvent un réseau très délicat. Les mailles de ce réseau sont remplies par le tissu propre du limbe ou *parenchyme*.

Sous le rapport de la disposition des nervures dans

LA FEUILLE

le limbe, ou *nervation*, les feuilles appartiennent à quatre types :

1° Le pétiole se prolonge en une *nervure médiane* (fig. 127), le long de laquelle s'échelonnent les nervures secondaires comme les barbes d'une plume s'éche-

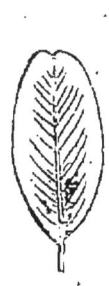   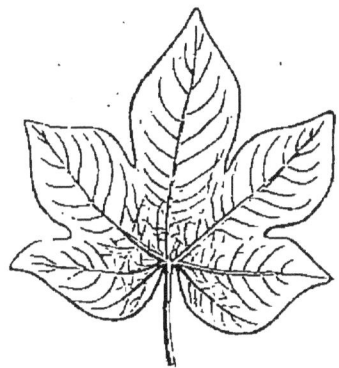

Fig. 127. — Feuille pennée.   Fig. 128. — Feuille palmée.

lonnent le long de la hampe. La nervation est dite *pennée* et la feuille *penninerve*. Exemple : l'Orme, le Charme.

2° A son entrée dans le limbe, le pétiole se prolonge

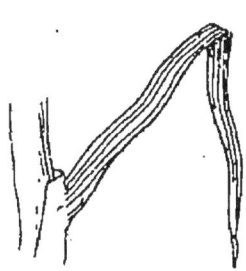   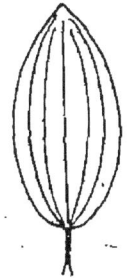

Fig. 129.
Feuille rectinerve.

Fig. 130.
Feuille curvinerve.

en un certain nombre de nervures à peu près d'égale valeur. On dit alors que la nervation est *digitée* ou

166 ÉTUDE D'UNE PLANTE PHANÉROGAME

palmée et que la feuille est *palminerve*. Exemple : Lierre, Platane (fig. 128).

3° Le limbe reçoit des nervures qui sont toutes parallèles entre elles : la nervation est *parallèle* et la feuille est *rectinerve* ou *rubanée*. C'est le cas de la plus grande partie des Monocotylédones, chez lesquelles il n'y a guère que les Aroïdées et quelques Palmiers qui n'aient pas de feuilles rubanées (fig. 129).

4° Les nervures, partant toutes du point où le pétiole s'attache au limbe, se recourbent de façon à venir toutes converger vers le sommet de la feuille (fig. 130); la nervation est alors *courbe* et la feuille *curvinerve*. Ce mode de nervation est assez peu répandu ; on le rencontre chez les Mélastomacées.

105. Différentes manières d'être du parenchyme. — Le bord de la feuille peut être uni, sans présenter la moindre découpure, si petite qu'elle soit. On dit qu'il

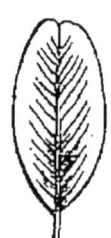
Fig. 131.
Feuille entière.

Fig. 132.
Feuille dentée.

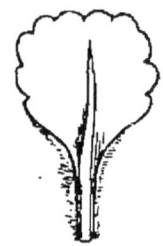
Fig. 133.
Feuille crénelée.

est *entier*. Exemple : Buis, Pervenche, Caoutchouc (fig. 131).

S'il présente de petites dents aiguës (fig. 132), le bord est *denté*. Exemple : Châtaignier.

Quand ces dents sont arrondies, on dit que la feuille est *crénelée* (fig. 133). Supposons que les dents s'accentuent au point de pénétrer jusqu'à la moitié de l'espace qui sépare de la nervure médiane le bord de la feuille. Les dents sont alors des *lobes* et la feuille est *lobée* (fig. 134). Exemple : Chêne, Lierre.

Fig. 134. — Feuille lobée.   Fig. 135. — Feuille partite.

Que les lobes dépassent le milieu des nervures secondaires, on dit alors que la feuille est *partite* (fig. 135). Elle est *séquée* quand les découpures atteignent la nervure médiane (fig. 136). Exemple : Fougères.

Enfin quand, non seulement la nervure médiane, mais encore la base des nervures secondaires est découverte, la feuille est *composée* de *folioles* (fig. 137). Exemple : Robinia, Marronnier.

Une feuille, quelle qu'elle soit, rentre toujours dans un des types précédents ou présente une combinaison des dispositions que nous venons de signaler; par exemple, la feuille du Robinia (fig. 137) est une feuille *penninerve composée de folioles pennées entières*.

La connaissance de ces variations du type est né-

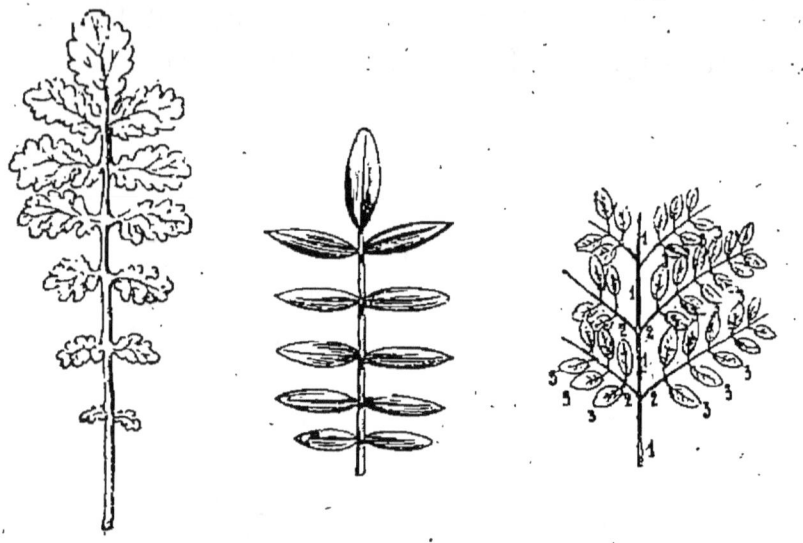

Fig. 136. Feuille séquée.

Fig. 137. Feuille composée.

Fig. 138. — Feuille composée à deux degrés ou décomposée.

cessaire pour l'étude de la classification. Etudions maintenant les diverses parties de la Feuille.

106. Morphologie du pétiole. — Le pétiole a une symétrie bilatérale, c'est-à-dire qu'il possède un plan de

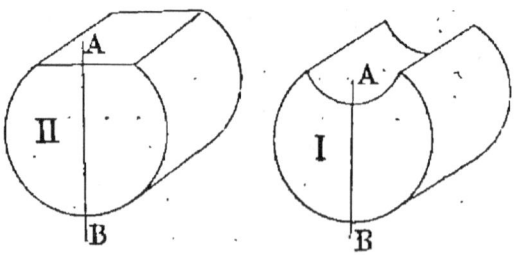

Fig. 139. — Symétrie du pétiole.

symétrie ou encore, plus simplement, qu'il a une droite et une gauche, tandis que la Tige et la Racine, étant cylindriques, présentent, comme nous l'avons vu, une symétrie axile. La symétrie bilatérale du pétiole s'accuse souvent à première vue, qu'il soit creusé d'une gouttière sur sa face supérieure (I, fig. 139) ou simplement aplati (II, fig. 139). Cependant, il existe des cas nombreux où le pétiole étant rigoureusement cylindrique, il faut avoir recours à l'examen anatomique pour trouver le plan de symétrie que la forme extérieure n'accuse plus.

Le pétiole peut manquer, le limbe s'attache alors directement sur la tige et l'on dit que la feuille est *sessile*.

107. La gaine et les stipules. — Une feuille dans laquelle la gaine existe avec sa forme type se nomme une feuille *engainante*. Mais il arrive parfois (B, fig. 140) que la gaine se prolonge au-dessus du point où la feuille s'attache, de sorte que cette feuille semble être

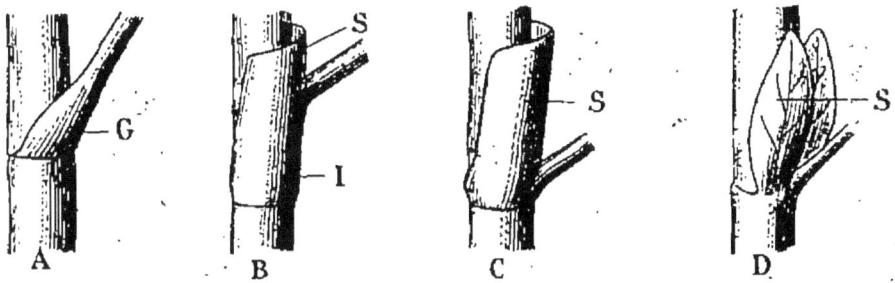

Fig. 140. — Les différents aspects que peut présenter la gaine.

insérée sur le dos même de la gaine. Dans ce cas, il devient possible de reconnaître dans la gaine, deux régions : la région inférieure I et la région supérieure S, qui se nomme encore la *ligule*, le point de séparation des deux régions étant le point où s'attache la feuille. Les Graminées nous offrent l'exemple d'une gaine dans laquelle ces deux régions sont très nettes. La région inférieure y est même assez développée pour entourer la Tige sur une longueur qui peut atteindre plusieurs décimètres. Mais le cas contraire peut se produire, c'est-à-dire que la partie inférieure I est quelquefois tellement courte qu'elle n'existe pour ainsi dire pas, et que la ligule existe seule. Elle prend souvent, dans ce cas, un développement tel qu'on a cru devoir lui donner le nom spécial d'*Ochrea* (fig. 140, C). On trouve chez les Polygonées (Oseille, Patience), une Ochrea très caractérisée.

Enfin, la gaine inférieure I étant absente, la ligule peut se diviser en deux parties latérales, d'aspect variable, mais généralement foliacées, qui s'attachent de part et d'autre du point d'insertion de la feuille : ce sont les *stipules* qui sont caduques, comme dans le Hêtre, ou persistantes, comme dans le Saule. Les stipules persistantes peuvent même, dans certaines circonstances, devenir de véritables feuilles capables de remplacer la feuille absente ou ayant subi une modification qui la rend impropre à accomplir sa fonction habituelle. C'est ce qui se passe par exemple, dans le *Lathyrus aphaca*, où les stipules, très développées, se substituent à la feuille transformée en vrille.

108. Structure anatomique du pétiole. — Une section transversale du pétiole nous montre qu'il est revêtu d'un épiderme tout à fait semblable à celui de la Tige; sous l'épiderme, se trouve un tissu conjonctif, prolongement de l'écorce de la Tige, et dans lequel sont plongés des faisceaux libéro-ligneux, disposés sur un arc de cercle généralement ouvert dans la partie qui correspond à la face supérieure du pétiole. Ces faisceaux n'ont pas tous la même taille : leurs dimensions diminuent régulièrement depuis le faisceau le plus gros qui se trouve à la partie médiane de l'arc jusqu'à ceux qui en occupent les extrémités (fig. 141).

Il peut se faire que l'arc vasculaire soit fermé; mais, même dans ce cas, les dimensions progressivement

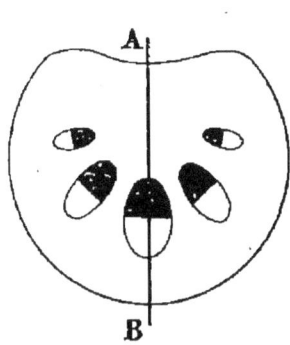

Fig. 141. — Section transversale schématique d'un pétiole.

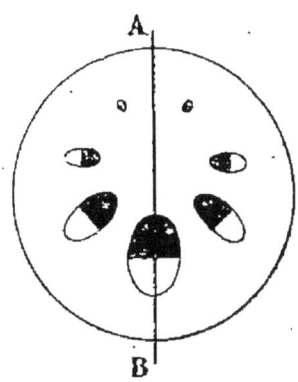

Fig. 142. — Section transversale schématique d'un pétiole.

décroissantes des faisceaux accusent encore l'existence d'un plan de symétrie AB caractéristique de la structure pétiolaire (fig. 142).

Les faisceaux ont leur bois tourné vers la concavité de l'arc et leur liber vers l'extérieur. En dehors du liber de l'arc vasculaire, il peut exister un arc continu ou interrompu de sclérenchyme de soutien.

Tous ces faisceaux peuvent rester distincts ou se réunir latéralement. Il y a alors un arc continu de bois doublé extérieurement par un arc continu de liber (fig. 143). Mais, quelle que soit la disposition qu'affectent les faisceaux, le pétiole présente toujours une symétrie bilatérale très nette.

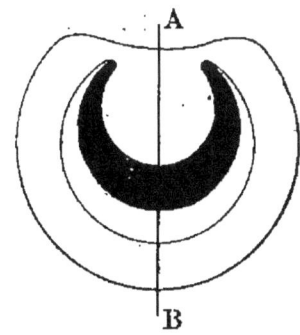

Fig. 143. — Section schématique d'un pétiole.

109. Structure du limbe. — 1° *Le parenchyme :* Il y a

lieu d'étudier la structure du parenchyme et celle des nervures.

Sur une section transversale (fig. 145), le parenchyme se montre enveloppé de tous côtés par un épiderme que l'on nomme *supérieur* ou *inférieur*, selon qu'il recouvre la face de la feuille qui se tourne vers le ciel ou sa face opposée. Cet épiderme, vu de face, présente de nombreux stomates (fig. 144). Il peut y avoir des

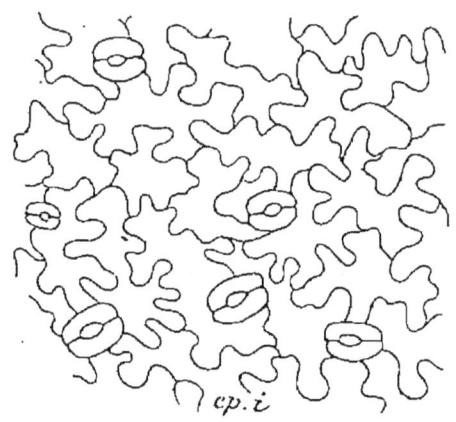

Fig. 144. — Épiderme inférieur d'une feuille.

stomates aussi bien sur la face supérieure que sur la face inférieure, c'est cependant sur cette dernière qu'ils sont d'ordinaire le plus nombreux. Il y a même des plantes telles que le Houx, le Lierre et, en général, les plantes dont les feuilles ont la face supérieure très cutinisée, qui ne présentent de stomates que sur la face inférieure. Les stomates sont, le plus souvent, disséminés sans ordre sur l'épiderme; mais quelquefois ils sont disposés en lignes régulières (Graminées).

Les cellules épidermiques ne renferment pas de corps chlorophylliens; seules les cellules stomatiques en possèdent. Les cellules de l'épiderme ne laissent entre elles aucun méat, elles sont fortement pressées les

LA FEUILLE   173

unes contre les autres et même, dans beaucoup de cas, leur adhérence réciproque est encore accrue par des contours sinueux (fig. 144).

Le *mésophylle*, c'est-à-dire tout le parenchyme recouvert par l'épiderme, se partage en deux zones d'aspect différent. La zone en contact avec l'épiderme supérieur est formée par le *tissu palissadique*, com-

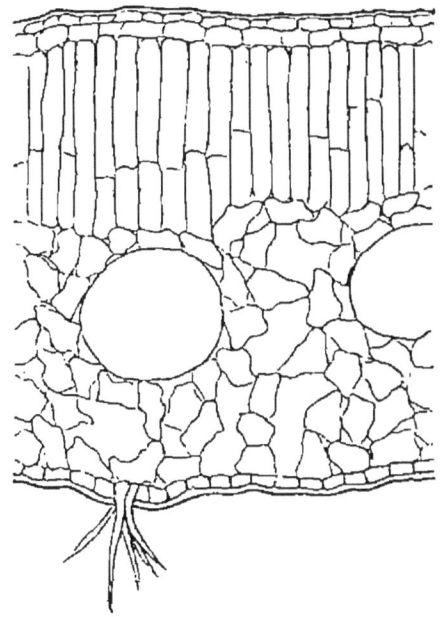

Fig. 145. — Section transversale d'un limbe de feuille.

posé d'une ou plusieurs rangées de cellules allongées, placées côte à côte et sans méats (fig. 145).

La deuxième zone, celle qui est en contact avec l'épiderme inférieur, comprend le *tissu lacuneux* dont les cellules forment un tissu lâche, à nombreuses lacunes qui communiquent directement avec l'extérieur par les ostioles des stomates.

Toutes les cellules du mésophylle renferment de grains de chlorophylle en quantités à peu près égales Mais la présence de nombreuses lacunes dans le tissu

10.

contigu à l'épiderme inférieur, fait que la face inférieure de la feuille semble généralement d'un vert plus pâle que la face supérieure.

2° *Les Nervures*. — Chaque nervure est composée

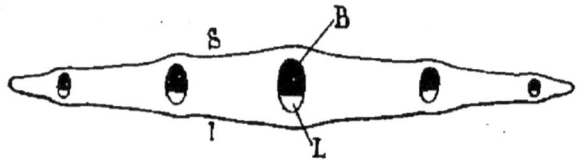

Fig. 145 *bis*. — Présentation des nervures dans le limbe.

d'un faisceau libéro-ligneux dont le bois est tourné vers la face supérieure de la feuille.

Pour se rappeler cette orientation du faisceau de la nervure, on n'a qu'à imaginer un faisceau quittant la Tige pour entrer dans la feuille (fig. 146). Le bois qui, dans la Tige, est tourné vers l'intérieur, devient évidemment supérieur au liber, lorsque le faisceau s'incurve de façon à pénétrer dans le pétiole.

A mesure qu'une nervure se ramifie en émettant sur ses flancs des nervures secondaires, son faisceau se réduit naturellement de plus en plus.

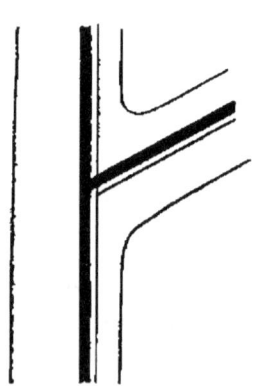

Fig. 146. — Raccordement des nervures de la feuille avec les faisceaux de la tige.

Que deviennent les plus fines nervures ? Il arrive qu'il y a purement et simplement *anastomose* entre les nervures, c'est-à-dire que les faisceaux déliés qui proviennent de deux nervures voisines s'abouchent de telle sorte que les liquides passent sans difficulté de l'une à l'autre. Il résulte de cet état de choses un réseau vasculaire continu dont les mailles sont remplies par le parenchyme chlorophyllien (fig. 147).

Mais il y a d'autres petites nervures qui se terminent au milieu du mésophylle. Dans ce cas, les tubes libériens disparaissent les premiers, puis ce sont les vaisseaux du bois les plus rapprochés du liber; enfin la nervure finit par n'être plus composée que de quelques vaisseaux annelés ou spiralés, qui eux-mêmes se réduisent souvent à un seul, aboutissant à un massif de cellules lignifiées, de forme ovoïde, entourées de tous côtés par du tissu très riche en chlorophylle.

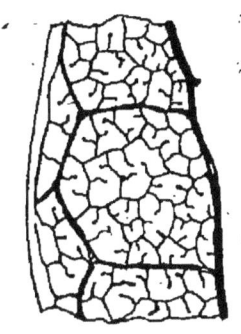

Fig. 147. — Disposition des nervures dans le limbe.

Parfois, la terminaison de la nervure s'opère dans le voisinage d'un stomate (fig. 148). Alors la chambre

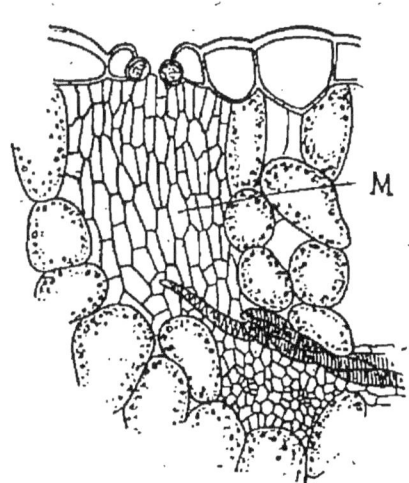

Fig. 148. — Terminaison d'une nervure dans un stomate aquifère.

sous-stomatique est remplie d'un tissu M de petites cellules très serrées, gorgées d'eau, et le stomate prend spécialement, dans ce cas, le nom de stomate aquifère.

110. Origine de la feuille. — Faisons une section longitudinale dans le sommet d'une jeune tige. On voit, très près du sommet, de petits mamelons dus à la prolifération locale active des cellules du méristème terminal : ce sont des ébauches de feuilles.

Si nous considérons l'un de ces mamelons, nous voyons que certaines des cellules profondes qui le composent se cloisonnent activement dans le sens même

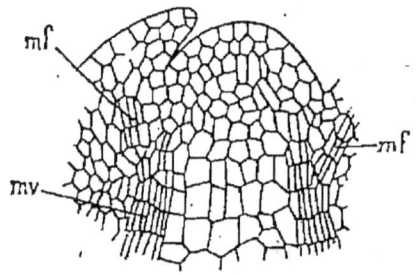

Fig. 149. — Formation simultanée du méristème vasculaire foliaire et du méristème vasculaire de la tige.

du mamelon et forment un tissu de cellules allongées *mf*, en tout semblable au méristème vasculaire *mv* de la tige, avec lequel d'ailleurs, il vient se raccorder. C'est, en effet, un méristème vasculaire dont les cellules se différenciant en vaisseaux et en tubes criblés, donneront le tissu vasculaire propre à la feuille.

Le méristème vasculaire foliaire *mf* et le méristème vasculaire *mv* de la tige, étant comme on le voit dès l'origine, dès le bourgeon, en continuité l'un avec l'autre, les vaisseaux qui se différencieront simultanément dans ces deux méristèmes de même âge, se raccorderont tout naturellement. C'est ce que montre la fig. 150, qui représente une section longitudinale dans la région où se fait le raccordement du tissu vasculaire d'une feuille très jeune avec le tissu vasculaire à peine formé de la tige. Les premiers vaisseaux commencent seulement à apparaître dans les deux méristèmes.

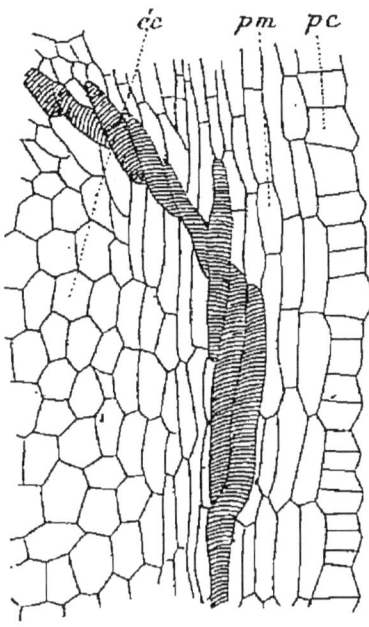

Fig. 150. — Façon dont se fait le raccordement du tissu vasculaire de la feuille avec celui de la tige.

On comprend que si le méristème vasculaire foliaire mf embrasse le méristème de la tige mv et se raccorde avec lui le long d'un grand arc de cercle, il y aura, dans ce méristème mf, place pour la formation de nombreux faisceaux se rendant à la feuille. Dans ce cas, il y a généralement une gaine G à la feuille.

La fig. 152, qui est une section transversale suivant A B de la tige représentée fig. 151, montre le méristème vasculaire foliaire mf, très peu au-dessus de son point de jonction avec le méristème de la tige. De nombreux faisceaux F commencent à y

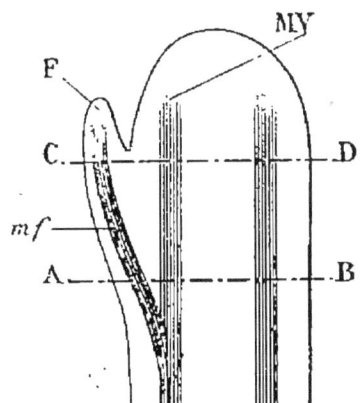

Fig. 151. — Région de raccordement du méristème vasculaire de la feuille avec le méristème vasculaire de la tige.

apparaître. La fig. 153 qui représente une section transversale suivant C D de la fig. 151, fait voir le méristème particulier mf de la feuille, dans lequel ne sont pas encore différenciés les vaisseaux.

Donc le mamelon qui est l'ébauche de la feuille, s'accroît

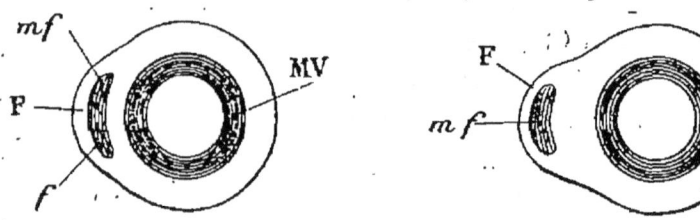

Fig. 152. — Coupe suivant A B de la figure 151.

Fig. 153. — Coupe suivant C D de la figure 151.

d'abord par son extrémité seulement puisque c'est là que la différenciation est le moins avancée, et constitue une sorte de lame qui est le limbe.

Mais l'accroissement terminal cesse bientôt pour être rem-

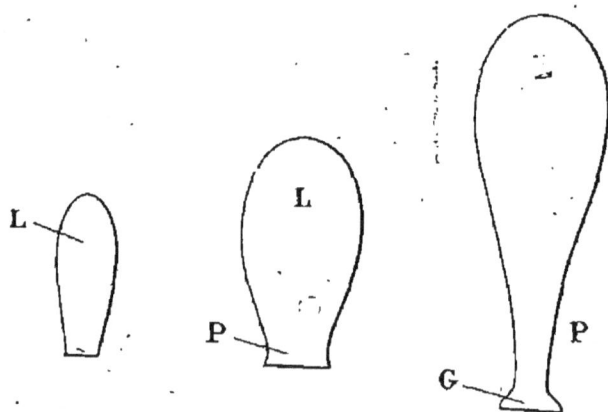

Fig. 154. — Développement d'une feuille.

placé par un accroissement intercalaire général qui a pour effet d'élargir et d'allonger ce qui deviendra le limbe. Puis la partie basilaire demeurée mince s'allonge s'il y a lieu et devient le pétiole (fig. 154). A cet état, la feuille possède tous ses éléments qui n'ont plus qu'à grandir pour atteindre leurs dimensions et leur forme définitives.

111. Chute des feuilles. — On sait qu'à l'automne, la plupart des plantes vivaces de nos pays perdent leurs feuilles. Cette chute n'est pas due, comme on pourrait le croire, à une dessiccation de l'organe. Elle est le plus souvent le résultat d'une véritable autotomie, d'une amputation opérée par la plante sur elle-même.

Une assise transversale de cellules de la base du pétiole se cloisonne perpendiculairement à l'axe de ce pétiole et forme plusieurs assises (fig. 155, I). L'assise moyenne se résorbe et disparaît (fig. 155, II),

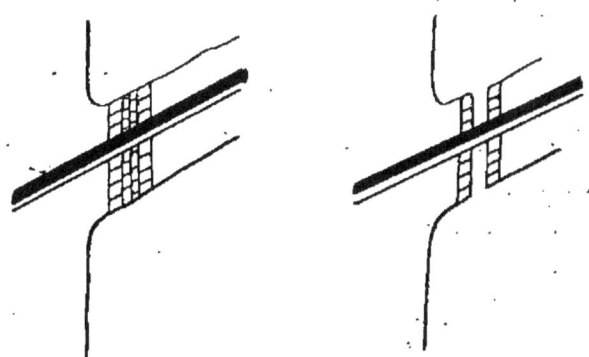

Fig. 155. — Mécanisme de la chute des feuilles.

de sorte que la feuille ne reste plus attachée à la tige que par son bois et son sclérenchyme. Ces deux tissus, étant des tissus morts, n'ont pas, en effet, été intéressés par la segmentation et la résorption consécutive qui s'est opérée dans le parenchyme ambiant. On comprend qu'à cet état, il suffit d'un coup de vent pour détacher complètement la feuille en cassant les vaisseaux et les fibres. La lame cellulaire mise à découvert par la résorption de l'assise moyenne constitue un tissu de cicatrisation. On voit qu'une feuille ne tombe jamais qu'après avoir, en quelque sorte, pansé elle-même la blessure que sa chute occasionne à l'épiderme de la tige.

CHAPITRE IV

VARIATION DE L'APPAREIL VÉGÉTATIF DU TYPE PHANÉROGAME

112. Variations spécifiques. Variations physiologiques.
— Dans ce qui précède, nous avons appris à connaître la structure type des organes végétatifs d'une plante phanérogame. Mais cette structure peut, pour des causes multiples, subir des modifications nombreuses. Il y a lieu d'étudier les *variations spécifiques*, celles qui sont constantes, héréditaires pour chaque espèce, et les *variations physiologiques*, celles qui sont produites dans une même plante par les conditions diverses dans lesquelles cette plante peut se trouver.

Variations spécifiques.

113. Différentes sortes de tiges. — Nous avons déjà dit (page 90) quelques mots des tiges à direction anormale, c'est-à-dire des tiges grimpantes, rampantes, souterraines ou volubiles ; nous pouvons maintenant revenir, avec quelques détails, sur cette question.

Tiges volubiles. Nutation. — On nomme tiges volubiles les tiges qui grandissent en s'enroulant autour d'un support. Il est facile de se rendre compte de la cause de l'enroulement.

Imaginons une tige qui grandit de façon que son accroissement soit rigoureusement le même sur toutes ses faces. Il est évident que son sommet montera en ligne droite; mais si l'allongement est plus intense d'un côté que de l'autre, la tige se courbera du côté du plus faible allongement.

C'est ce qui arrive pour la plupart des tiges; seulement la ligne du plus fort accroissement varie constamment et pour des causes diverses, dont l'une peut être la variation de la direction de l'éclairement (voir p. 92 et suivantes); de sorte que le sommet de la tige, s'inclinant tantôt d'un côté, tantôt de l'autre, décrit dans l'air une courbe assez compliquée; c'est à ce phénomène qu'on a donné le nom de *circumnutation*. Dans la tige volubile la ligne du plus fort accroissement se déplace très régulièrement autour de la tige, et, par suite, la courbe décrite par son extrémité est une hélice. Qu'une pareille tige, en tâtant ainsi l'espace environnant, vienne à rencontrer un

Fig. 156. — Tige volubile sinistrogyre de Liseron.

support, sa croissance en hélice la fera évidemment s'enrouler autour du support.

Ordinairement, les tiges volubiles s'enroulent de gauche à droite en montant; c'est-à-dire que, si l'on regarde la plante sur son support, chaque tour visible de l'hélice vient de gauche pour monter vers la droite. C'est là le cas le plus général (fig. 156). Cependant, le Houblon s'enroule en sens inverse, c'est-à-dire de droite à gauche.

Tiges grimpantes non volubiles — D'autres tiges, sans être volubiles, peuvent cependant, par d'autres procédés, s'accrocher à des supports.

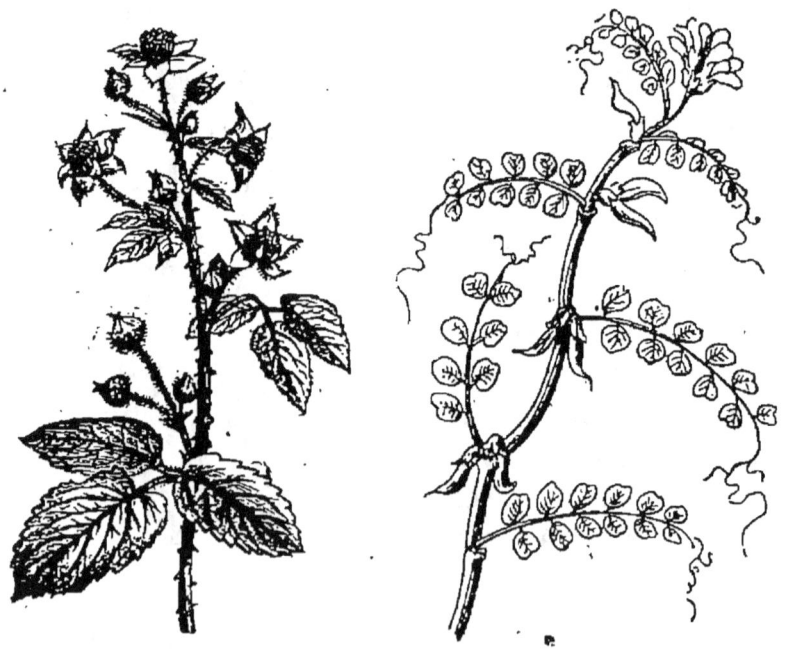

Fig. 157. — Tige à aiguillons de la Ronce.   Fig. 158. — Feuille du *Vicia* Sepium (Vesce).

Ainsi la Ronce, le Rosier s'accrochent par des productions épidermiques nommées des *aiguillons* (fig. 157).

D'autres, comme le Lierre, adhèrent au support par des racines dites *adventives* (voir page 185) qui se développent en des points variés de la tige. Ces racines s'appliquent contre le support et s'y cramponnent, grâce à une sorte de colle qu'elles sécrètent et qui, en se desséchant, maintient l'adhérence. On nomme ces appareils des *Crampons*.

Mais la plupart des tiges grimpantes s'accrochent par des *vrilles*, filaments enroulés qui peuvent être de nature très diverse. Ce sont, ou bien des feuilles réduites à leur nervure médiane (Melon, Courge, Bryone), ou des pétioles de feuilles ordinaires, comme dans la Capucine, la Clématite, ou des terminaisons de feuilles comme dans la Vesce (fig. 158) ou enfin des rameaux comme dans la Vigne.

Le mécanisme de l'enroulement des vrilles autour d'un support est facile à comprendre. Une vrille commence toujours par s'allonger en ligne droite ; mais si l'on vient à exercer une pression légère (2 ou 3 milligrammes pendant quelques secondes) sur l'une de ses faces, cette pression suffit pour retarder la croissance de la face pressée. Il en résulte évidemment une courbure de la vrille du côté du plus faible accroissement, c'est-à-dire du côté où s'exerce la pression retardatrice de l'allongement. Or, une vrille qui sort du bourgeon, s'allonge et présente des mouvements de circummutation d'une certaine amplitude, comme si elle explorait l'espace pour y trouver un obstacle. Que dans ce mouvement elle vienne à toucher un corps quelconque, une branche d'arbre par exemple, elle subit de ce fait une pression qui la force à se courber dans le sens même de la pression, c'est-à-dire vers l'obstacle. Elle s'enroule donc autour du support qu'elle a rencontré et y fait un nombre souvent assez grand de tours de spire. Dans la Bryone, il se passe même, en outre, un phénomène assez curieux. Toute la partie de la vrille comprise entre la tige dont elle sort, et le support auquel elle s'est accrochée, s'enroule en hélice de façon à approcher la plante de son support.

Il est à remarquer que la vrille étant fixée à ses deux extrémités, son enroulement en hélice ne peut se faire sans produire une torsion qui, à la longue, compromettrait la solidité de la vrille ; aussi, voit-on celle-ci changer plusieurs fois le sens de sa torsion (fig. 159).

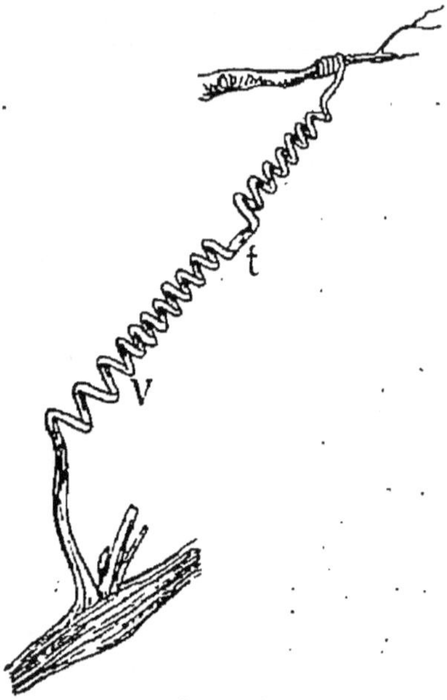

Certaines vrilles comme, par exemple, celles de la Vigne-Vierge, ont un phototropisme négatif qui fait qu'elles se dirigent toujours vers l'obscurité, par conséquent vers le mur contre lequel la plante végète. Puis, quand le bout de la vrille rencontre un obstacle, elle produit un renflement en forme de disque qui s'adapte très exactement, en les moulant, à toutes les inégalités de la surface du support. Il en résulte une adhérence telle qu'une vrille de Vigne-Vierge peut, sans se détacher, supporter un poids de plusieurs kilogrammes. Une fois fixée, la vrille s'enroule de façon à rapprocher la plante de son support, puis elle se lignifie et meurt, mais sans rien perdre pour cela de sa solidité ; car, au bout de 10 ans, une vrille lignifiée de Vigne-Vierge peut encore supporter un poids de 5 kilogrammes sans se détacher ni se rompre.

Fig. 159.
Vrille de Bryone enroulée.

Tiges rampantes et racines adventives. — Il existe un certain nombre de tiges qui, au sortir de la graine, s'élèvent d'abord verticalement, mais qui, trop grêles pour leur allongement, ne tardent pas à s'incurver vers le sol et à végéter en rampant à sa surface. La tige du Fraisier est le type de ces tiges rampantes.

Cette tige nous offre un exemple d'un phénomène assez répandu : nous voulons parler du développement de racines qui naissent sur le flanc même de la tige, et qu'on nomme *racines adventives*. Grâce à ces racines, la tige se nourrit directement, et il arrive même d'ordinaire que la racine normale, devenue inutile puisque de nombreuses racines adventives se sont substituées à elle, se dessèche et meurt.

Les racines adventives du Fraisier naissent généralement sur les nœuds de la tige. En face même du point où elles se sont développées, de nombreux rameaux et de nombreuses feuilles prennent naissance, et forment une touffe de Fraisier qui puise sa sève directement dans le sol par les racines adventives situées au-dessous d'elle.

Alors, la tige, mieux nourrie, devient plus vigoureuse et se remet à s'allonger, pour s'enraciner un

Fig. 160. — Tige rampante de Potentille.

peu plus loin en donnant naissance à une nouvelle touffe de feuilles et ainsi de suite. Si bien que, grâce à ce mode de végétation et à ces enracinements successifs de la tige, le terrain se trouve bientôt envahi par un grand nombre de touffes de Fraisier qui ne sont que des parties différentes d'un même individu. La commune origine de tous ces pieds de Fraisier n'est pas toujours facile à mettre en évidence, car les portions de tiges qui les reliaient primitivement entre eux et dont tous proviennent, ne persistent pas ; elles se dessèchent rapidement et meurent. De sorte que chaque touffe, n'étant plus reliée à ses voisines, paraît avoir une individualité bien distincte. La Potentille (fig. 160), plante très voisine du Fraisier, présente des phénomènes analogues.

Les tiges souterraines. Les rhizomes. — Certaines tiges sont naturellement souterraines. On les nomme des *rhizomes*. Considérons le rhizome du Sceau-de-Salomon.

Au printemps, le bourgeon terminal du rhizome se

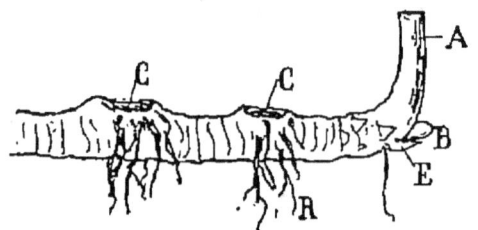

Fig. 161. — Schéma de la végétation du Sceau-de-Salomon. — A, extrémité du rhizome relevée et formant les parties aériennes de la plante; C, cicatrices laissées par les parties aériennes tombées des années précédentes; B, bourgeon axillaire qui va prolonger le rhizome sous terre; E, écaille foliaire.

relève verticalement et vient développer à l'air des feuilles et des fleurs, pendant que des racines adventives (R, fig. 161) se développent sur le rhizome pour nourrir directement les parties devenues aériennes. Mais celles-ci se flétrissent à l'automne et tombent, laissant une cicatrice circulaire C qui a valu son nom à la plante.

Le rhizome ayant perdu son extrémité se trouve donc tronqué; mais un bourgeon axillaire B, le plus rapproché de la cicatrice, se développe horizontalement et fournit un rameau qui prolonge le rhizome et dont l'extrémité se redressera aussi verticalement au printemps suivant.

Donc, chaque année, il se forme une cicatrice et le nombre des cicatrices permet par conséquent de déterminer l'âge du rhizome.

Dans la Primevère, le rhizome s'allonge indéfiniment sous terre et ne redresse jamais son extrémité. Les rameaux qui, chaque année, sortent de terre, proviennent de bourgeons axillaires nés dans le sol sur les flancs du rhizome à l'aisselle de petites écailles qui ne sont autres que des feuilles atrophiées.

Les tiges bulbeuses. — Certaines tiges demeurent très courtes, en forme de plateau. Les feuilles, qu'on nomme, dans ce cas, des *écailles*, sont nécessairement très serrées les unes contre les autres en une masse arrondie et compacte.

L'ensemble du plateau et des feuilles qu'il porte est ce qu'on nomme un *bulbe* (Safran, Colchique).

A l'aisselle de l'une des écailles du bulbe, très normalement, par conséquent, un bourgeon se développe en une longue hampe florifère qui se renfle à la partie inférieure où se développent de nombreuses écailles foliaires. Il se produit ainsi un bulbe n° 2 identique au bulbe n° 1 qui lui a donné naissance et qui va disparaître.

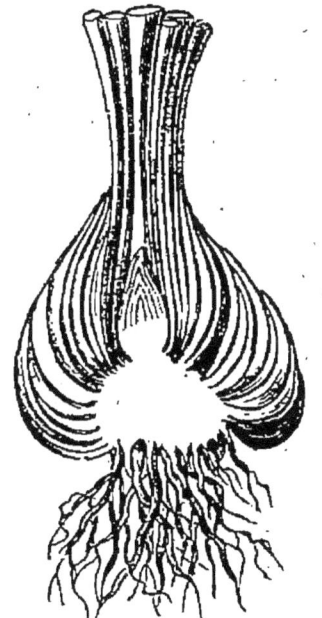

Fig. 162. — Bulbe de Lis.

L'année suivante le bulbe n° 2 se comportera comme le bulbe n° 1 s'est comporté l'année précédente, c'est-à-dire qu'à l'aisselle de l'une de ses écailles il produira un rameau florifère dont la base élargie deviendra un bulbe n° 3 et ainsi de suite.

Variations physiologiques.

114. Influence des conditions extérieures sur la structure des plantes. — La plante est un organisme plastique, c'est-à-dire, que sa structure peut se modifier sous l'influence des conditions diverses dans lesquelles elle peut être placée. Il y avait lieu de rechercher dans quelle mesure et sous quelles influences, certaines de ces modifications s'opèrent.

115. Influence du milieu souterrain (1). — Un problème intéressant à résoudre est le suivant : Dans les organes souterrains d'une plante, racines ou rhizomes, existe-t-il des particularités de structure qui soient dues au milieu dans lequel ces organes vivent? Si oui, est-il possible d'arriver expérimentalement à déterminer quelles sont les particularités de structure dues à l'hérédité, et quelles sont celles qui résultent du genre de vie spécial que ces organes mènent à l'intérieur du sol?

L'anatomie expérimentale, partie de la science née d'hier, va nous répondre. On prend deux graines aussi identiques que possible, ayant le même poids, le même volume et provenant de la même plante ; on les fait germer ensemble de façon que la tige de l'une des

---

(1) J. Costantin.

VARIATIONS PHYSIOLOGIQUES   189

graines se développe à l'air dans des conditions normales tandis qu'on force l'autre à se développer dans un manchon plein de terre, dans un milieu souterrain, par conséquent. Les deux graines sont d'ailleurs placées dans les mêmes conditions de température. Quelle que soit la plante en expérience,

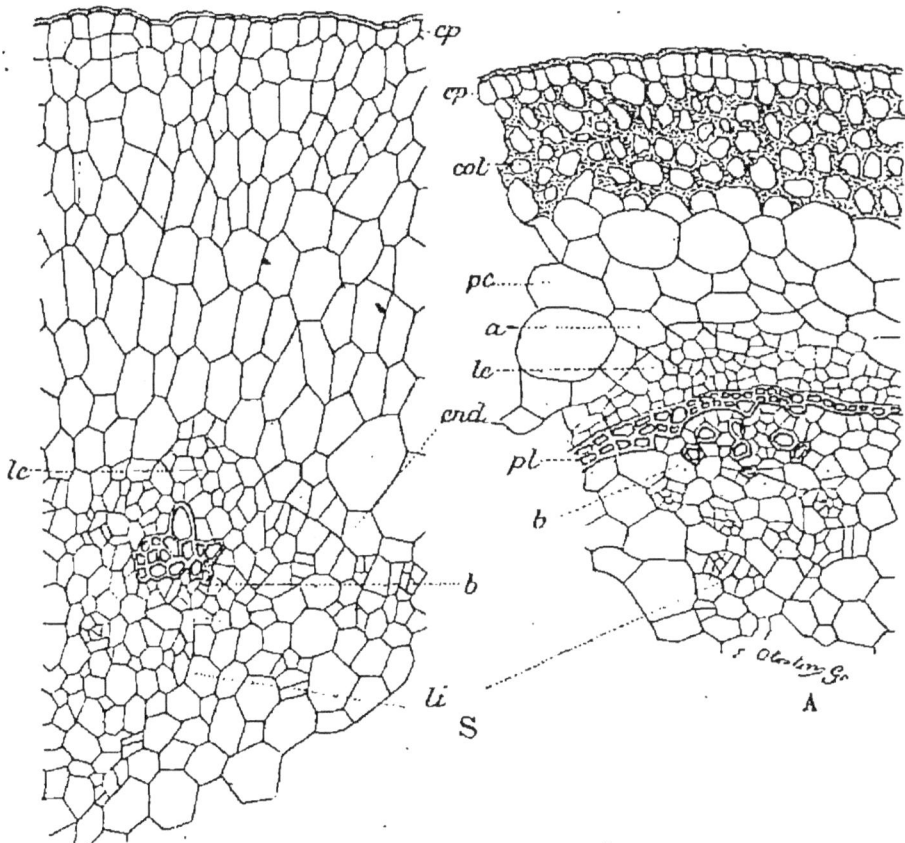

Fig. 163. — Tige de *Solanum tuberosum* cultivée dans deux milieux différents; A, à l'air libre; S, dans la terre.

quand on compare la structure des deux tiges ainsi développées dans des milieux différents (fig. 163), on constate toujours que dans la tige à développement souterrain forcé (fig. 163, S), les tissus de protection prennent un développement considérable : l'écorce,

11.

par exemple, y est beaucoup plus épaisse que dans la tige aérienne normale et les tissus subérifiés y occupent une place plus large.

Par contre, les tissus de soutien, bois, sclérenchyme ou collenchyme, dont on comprend la nécessité pour la tige aérienne dressée, ont disparu ou tout au moins sont très réduits dans la tige souterraine.

L'expérience inverse qui consiste à forcer une racine naturellement souterraine à se développer dans l'air humide, vient corroborer et confirmer les résul-

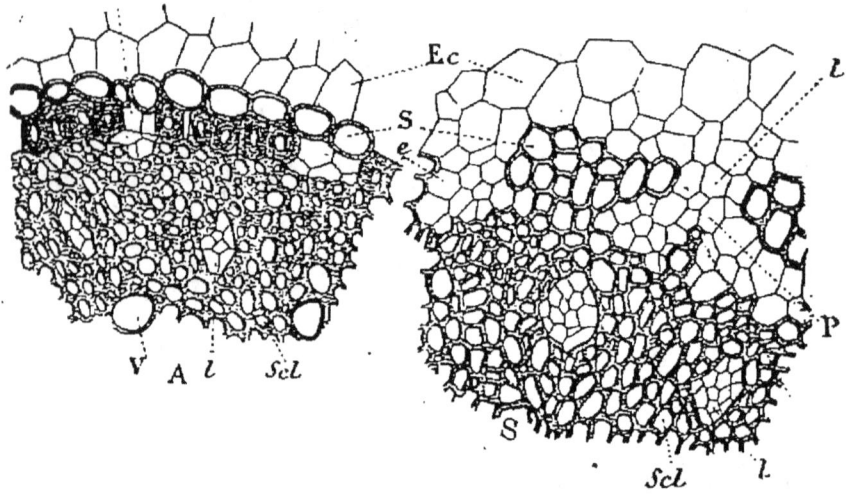

Fig. 164. — S, racine de Vanda cultivée dans le sol ; A, la même cultivée dans l'air.

tats de l'expérience directe ; car on trouve toujours que, dans ces conditions, l'écorce diminue d'importance relativement au cylindre central, et qu'au contraire le tissu de soutien et le bois prennent un plus grand développement (fig. 164).

Or si, observant une plante qui possède à la fois un rhizome et une tige aérienne, comme cela se rencontre dans l'Anémone, on compare la structure de ces deux tiges, et si l'on remarque que le rhizome a moins de tissu de soutien et plus de tissu protecteur que la tige aérienne (fig. 165), observation conforme aux résultats de l'expérience, on est en droit d'en conclure

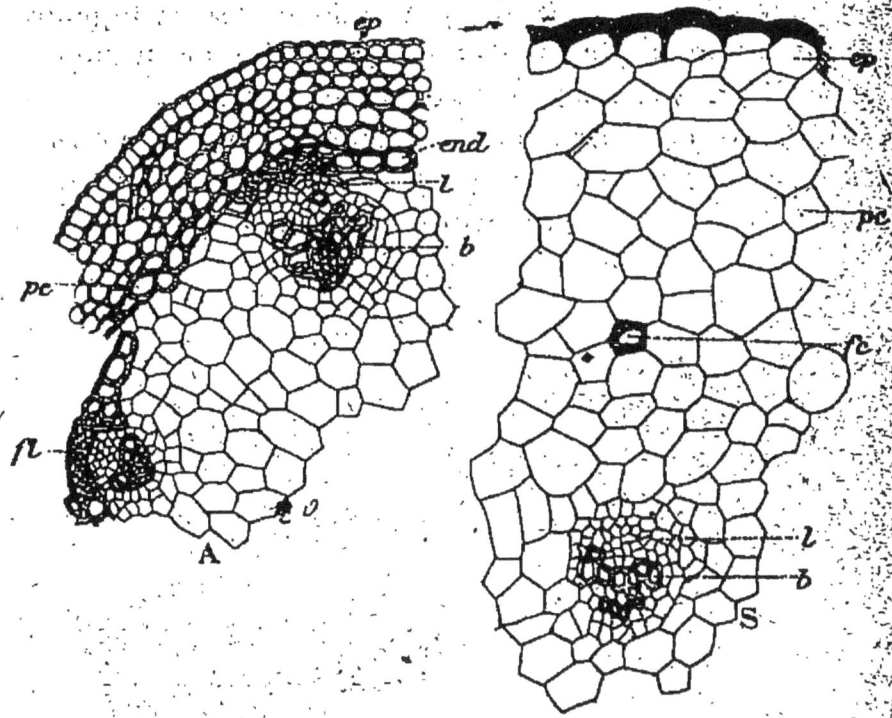

Fig. 165. — S, rhizome d'Anémone ; A, tige aérienne de la même plante

que cette différence de structure est bien due à la différence des milieux dans lesquels vivent les deux tiges.

116. Influence du milieu aquatique (1). — La même méthode a été appliquée pour déterminer quelle est sur une plante l'influence du milieu aquatique.

En faisant pousser dans l'air des tiges normalement aquatiques comme celles du Cresson, et en compa-

---

(1) J. Costantin.

rant la structure de ces tiges à celle des tiges aquatiques normales, on constate que les lacunes, très nombreuses et très grandes dans la tige aquatique, sont beaucoup plus réduites dans la tige rendue aérienne. D'autre part, dans celle-ci, le tissu vasculaire augmente d'importance ainsi que le tissu de soutien.

La contre-expérience qui consiste à faire développer sous l'eau une tige normalement aérienne, donne des

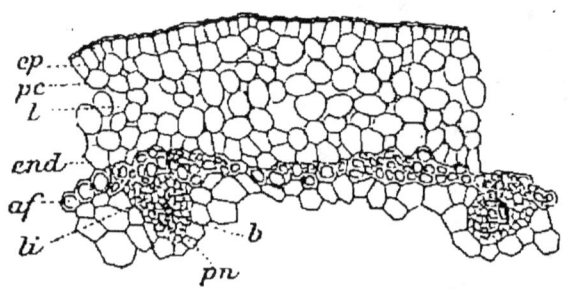

Fig. 166. — Tige aérienne d'Hottonia.

résultats identiques, c'est-à-dire que des lacunes apparaissent dans l'écorce et que le système vasculaire et le tissu de soutien diminuent, au contraire, d'importance.

Ces résultats étant acquis, si l'on fait l'anatomie comparée de tiges de plantes ayant normalement, à la fois, des tiges aériennes et des tiges aquatiques, on remarque toujours entre ces diverses parties d'une même plante des différences de structure identiques celles que l'on a expérimentalement produites; on doit donc en conclure légitimement que le *milieu aquatique détermine, sur les tiges, la formation ou le développement des lacunes dans l'écorce et une réduction sensible des tissus vasculaires et de soutien* (fig. 166 et 167).

En ce qui concerne les feuilles, les résultats sont

analogues à ceux que l'on a obtenus pour les tiges et la méthode est identique. On a pu, avec quelques précautions, obtenir dans l'eau le développement complet d'espèces normalement aériennes et, inversement, on a réussi à faire végéter dans l'air des plantes ordinairement aquatiques, telles que le Nénuphar; on a toujours vu que les cellules épidermiques prennent dans l'eau une forme moins ondulée, et que leurs membranes de séparation deviennent rectilignes.

En même temps la chlorophylle qui, dans l'air, est localisée dans les cellules stomatiques seules, se rencontre dans toutes les cellules épidermiques des feuilles aquatiques.

Les stomates sont moins nombreux sur les feuilles aquatiques que sur les feuilles aériennes.

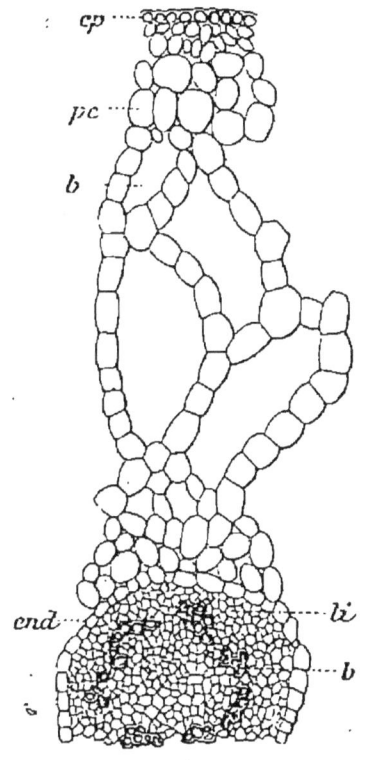

Fig. 167. — Tige aquatique d'Hottonia.

Les éléments vasculaires et le sclérenchyme sont moins développés dans les feuilles aquatiques que chez les feuilles aériennes.

Enfin le tissu lacuneux prend la prédominance sur le tissu palissadique au point que ce dernier disparaît même souvent en totalité, de sorte que la feuille aquatique est exclusivement formée de tissu lacuneux. Elle a, comme on dit, une *structure homogène*.

L'anatomie comparée nous conduit aux mêmes résultats que l'expérience, et si l'on compare les feuilles aériennes aux feuilles aquatiques d'une même plante, on retrouve entre elles les mêmes différences que nous venons de signaler.

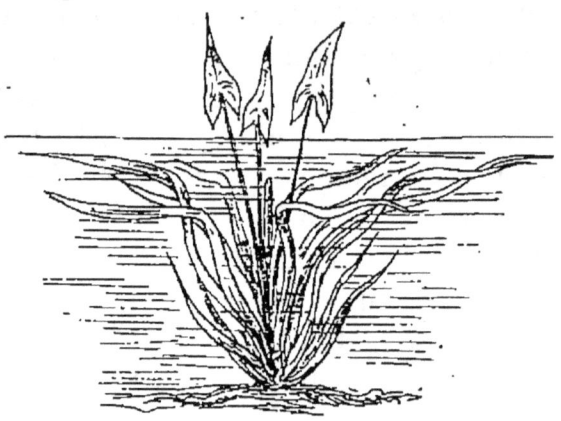

Fig. 168. — Un pied de Sagittaire.

Si nous examinons, par exemple, une Sagittaire, nous remarquons que cette plante possède deux sortes de

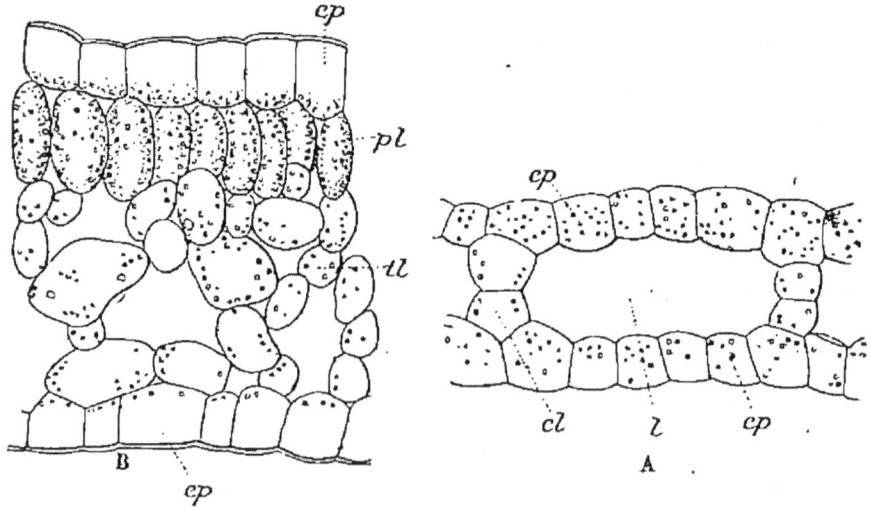

Fig. 169. — Coupe d'une feuille de Sagittaire ; A, feuille aquatique ; B, feuille aérienne.

feuilles : les unes, rubanées, sont complètement immergées, les autres sont hors de l'eau et présentent très nettement la forme de fers de flèches (fig. 168).

VARIATIONS PHYSIOLOGIQUES 195

La Renoncule d'eau présente, elle aussi, deux sortes de feuilles : les immergées qui se réduisent presque à leurs nervures, et les émergées qui possèdent un limbe complet.

Comparons les sections transversales des feuilles de la Sagittaire (fig. 169) et nous pourrons toucher du doigt les différences de structures signalées plus haut et qui sont manifestement dues à l'influence du milieu aquatique.

117. Influence de la lumière (1). — En semant deux graines identiques dans le même sol, et en ayant soin de laisser l'une d'elles exposée à la lumière solaire, tandis que l'autre se développe à l'ombre d'un bâtis en bois qui ne laisse arriver jusqu'à elle que la

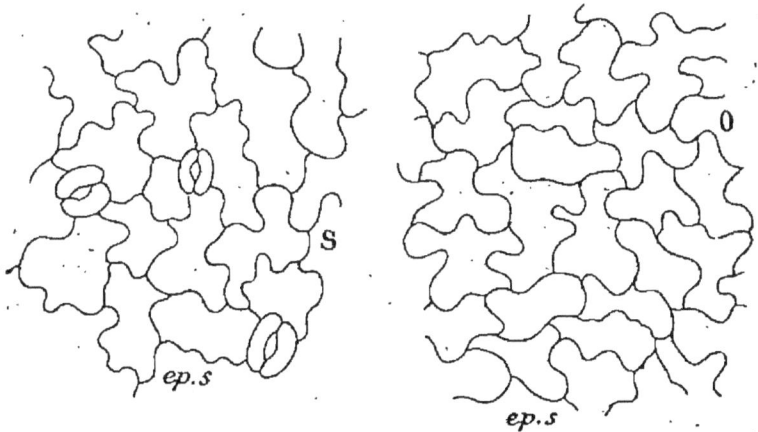

Fig. 170. — Épiderme supérieur d'une feuille ; S, exposée au soleil ; O, exposée à l'ombre (*circea lutertiana*).

lumière diffuse, on constate que la plante développée à la lumière directe est toujours plus grosse et d'aspect plus vigoureux que celle qui n'a reçu que la lumière

---

(1) L. Dufour.

diffuse. Elle acquiert une taille plus grande, se ramifie plus abondamment, sa tige principale et ses branches ont un plus grand diamètre que les parties correspondantes de la même plante exposée à une lumière plus faible.

Les feuilles, mieux développées en surface, sont aussi plus épaisses et la floraison est plus hâtive.

Si de l'examen morphologique on passe à l'étude anatomique, on remarque :

1° Que les stomates sont plus abondants au soleil qu'à l'ombre (fig. 170);

2° Que la cuticule de l'épiderme est plus épaisse;

3° Que le tissu en palissade présente un plus grand développement et est plus riche en chlorophylle, que les vaisseaux sont plus nombreux et le sclérenchyme plus abondant; en un mot que tous les tissus acquièrent, au soleil, un développement accusant une vigueur d'autant plus considérable que l'éclairement est plus intense.

118. Influence du climat (1). — Différentes parties d'un *même* pied d'une plante vivace ayant été plantées à des altitudes diverses comprises entre 50 et 2,400 mètres au-dessus du niveau de la mer, on a toujours observé que les individus cultivés aux altitudes élevées restent nains, c'est-à-dire que leurs parties aériennes, courtes et trapues, s'élèvent fort peu au-dessus du sol et sont même souvent rampantes. Ces individus deviennent en tout semblables aux autres plantes spontanées qui poussent naturellement dans les régions élevées des Alpes.

En même temps leurs feuilles, plus vertes, devien-

---

(1) Gaston Bonnier.

nent aussi plus épaisses que celles des individus cultivés en plaine et se font remarquer par le développement excessif de leur tissu en palissade (fig. 171). L'épiderme est fortement cuticularisé et, en général, les tissus de protection des parties aériennes, tous les tissus subéreux par exemple, sont très épais et en proportion considérable au milieu des autres tissus.

Ces mêmes caractères se présentent toujours dans les plantes spontanées du climat alpin. On peut donc

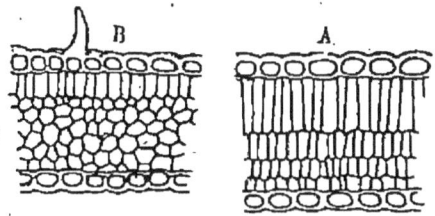

Fig. 171. — Influence du climat sur la structure des feuilles. A, plante cultivée sur les Alpes; B, la même espèce cultivée en plaine.

dire que le climat alpin a pour effet d'accentuer la différenciation des tissus, surtout des tissus de protection.

Or, quand on étudie des plantes des régions arctiques et appartenant à la même espèce que celles qui ont été mises en expérience dans les Alpes, on est surpris de voir que ces plantes ont une structure toute différente de celle des plantes alpines. Le tissu protecteur y est peu développé, la cuticule de l'épiderme peu épaisse, et si les feuilles sont plus grandes et plus épaisses que les feuilles de la plante alpine, elles sont aussi plus pauvres en tissu palissadique et presque exclusivement composées de tissu lacuneux.

Au premier abord, ces résultats discordants étonnent; car les Alpes et les régions arctiques telles que le Spitzberg, paraissent être, pour les plantes, des milieux tout à fait comparables. Il y avait donc lieu de rechercher à quelles causes il faut attribuer ces divergences de structure entre des plantes de même espèce vivant dans les deux régions considérées.

Or, au point de vue des conditions climatériques, il y a entre la région alpine et les régions arctiques, deux différences essentielles :

1° Les régions arctiques sont humides, la région alpine est sèche;

2° Les régions arctiques sont soumises à une lumière continue, c'est-à-dire que le soleil reste sans interruption pendant les six mois d'été au-dessus de l'horizon, tandis que le soleil se couchant chaque soir sous nos latitudes, les plantes des Alpes sont soumises à une lumière discontinue.

On pouvait donc prévoir que ces conditions d'existence différentes peuvent avoir, sur une même espèce de plantes, une influence capable de produire les modifications importantes que nous avons signalées dans la structure.

Et en effet on a démontré (1) d'une part, que des plantes végétant sous une cloche de verre dont l'atmosphère est saturée par la présence constante d'une certaine quantité d'eau, perdent leur cuticule et offrent une réduction considérable des tissus de soutien et de protection, ainsi que des tissus vasculaires. En même temps le tissu lacuneux des feuilles augmente d'importance au détriment du tissu palissadique. D'autre part, l'exposition d'une plante à une lumière continue (2) (fig. 172) a montré que cette plante laissée plusieurs mois en expérience, présente des feuilles beaucoup moins différenciées qu'une autre

---

(1) Lhotelier.
(2) Gaston Bonnier.

plante de même espèce exposée pendant le même temps à la lumière discontinue (fig. 173).

Dans ces expériences la source lumineuse était la

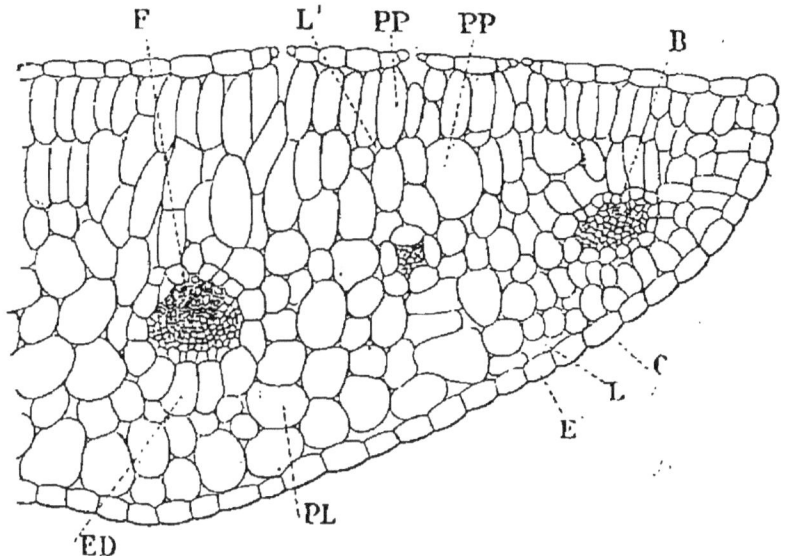

Fig. 172. — Feuille exposée à une lumière continue.

lumière électrique tamisée par un verre épais. Une expérience préalable avait démontré qu'une plante se développe de la même manière, qu'elle soit sou-

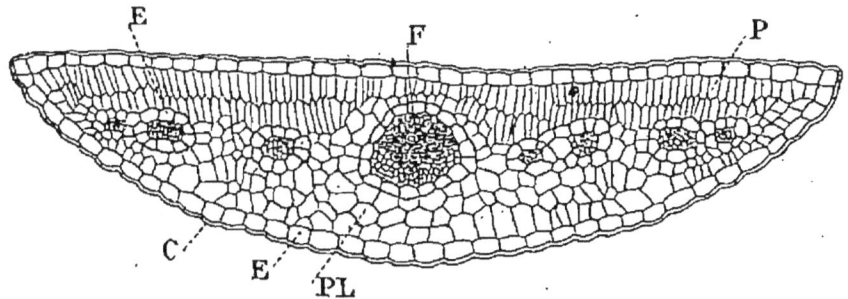

Fig. 173. — Une feuille de même espèce que la feuille de la figure 172, mais exposée à la lumière discontinue.

mise à une lumière électrique discontinue ou à la lumière du soleil.

De ces observations et expériences nous sommes donc en droit de conclure que les différences de structure observées entre les plantes des régions arctiques et celles des régions alpines, sont bien dues aux conditions diverses d'humidité et de lumière que les plantes rencontrent dans les deux régions considérées.

119. Le transformisme.

— Ces premiers résultats obtenus, grâce à ce qu'on a appelé l'*anatomie expérimentale*, sont des plus encourageants et ils permettent d'espérer qu'en persévérant dans cette voie féconde, on finira par donner une probabilité voisine de la certitude à cette loi hypothétique de l'Évolution, en vertu de laquelle plusieurs individus d'une même espèce végétale, placés dans des conditions différentes d'existence, peuvent, en s'adaptant aux milieux dans lesquels ils vivent, acquérir des caractères spéciaux qui, allant en s'accentuant de génération en génération, arrivent à se fixer par l'hérédité.

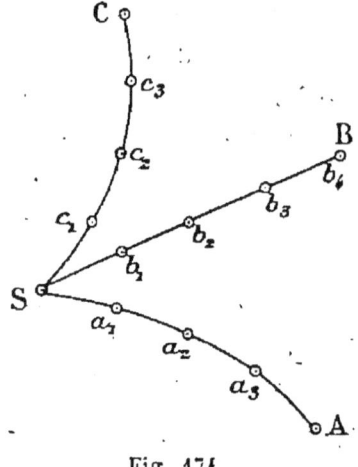

Fig. 174.

Considérons, pour fixer les idées (fig. 174), une plante S originelle donnant 3 graines qui, livrées aux hasards de la dissémination, se trouvent placées dans des conditions différentes, leur permettant cependant de se développer et de produire des plantes a_1, b_1, c_1. Ces plantes vont s'adapter aux milieux dans lesquels elles vivent et, dès la première génération, elles présenteront déjà des différences. Mais les causes modificatrices continuant à agir dans le même sens, ces différences iront nécessairement en s'accentuant; les caractères acquis se fixeront par l'hérédité de façon que les plantes définitives A, B, C, finiront, au bout d'un temps plus ou moins long, peut-être de plusieurs milliers d'années, par être tellement différentes les unes des autres qu'il paraitra invraisemblable qu'elles puissent avoir une origine commune S.

La constatation de la communauté d'origine est même souvent rendue plus difficile encore, sinon impossible, par la disparition totale de la plante originelle S et des intermédiaires a, b, c, la fossilisation ne conservant que les plantes placées dans des conditions très spéciales.

Les Naturalistes partisans de la fixité des espèces, ne voyant que les plantes A, B et C, nient la plante S et les intermédiaires qu'ils ne voient pas, et ne veulent pas que les espèces puissent se transformer. Les Transformistes, convaincus par de nombreuses observations de la plasticité des corps organisés, devinent la plante S et les intermédiaires, les découvrent parfois et arrivent, dans certains cas rares mais probants, à reconstituer tous les chainons de la chaine qu'ils avaient soupçonnée.

Telle est, en quelques mots, la différence essentielle qui existe entre les deux Écoles; mais plus on avance dans l'étude des êtres, plus les présomptions s'accumulent qui paraissent donner raison aux Transformistes, et l'anatomie expérimentale des végétaux leur apporte un argument nouveau qui, bien que de date relativement récente, n'est cependant pas un des moindres.

CHAPITRE V

PHYSIOLOGIE GÉNÉRALE

120. Introduction. — La nutrition d'un végétal comprend trois stades :

1° La plante puise dans le milieu ambiant une foule d'éléments divers. C'est *l'absorption* ;

2° Avec les éléments absorbés, le protoplasme des cellules fabrique un certain nombre de composés organiques complexes qui sont *mis en réserve* dans les cellules ;

3° Les réserves sont ensuite rendues assimilables, *digérées*. La digestion d'une substance peut suivre immédiatement sa mise en réserve. Mais elle peut aussi ne se faire que très longtemps après.

4° Les réactions chimiques qui opèrent la transformation des éléments absorbés en substances de réserve, puis la digestion de ces réserves, donnent naissance à des produits secondaires, parfois inutiles ou nuisibles, qui sont éliminés. L'*élimination* peut donc être considérée comme un quatrième stade de la nutrition. Nous allons passer en revue ces quatre stades.

1° Absorption.

121. Analyse chimique de la plante. — En analysant une plante par les procédés en usage en chimie organique, on trouve toujours que cette plante contient du Carbone, de l'Hydrogène, de l'Oxygène et de l'Azote.

122. Résultats de l'analyse. — De plus, l'analyse des cendres des végétaux y a révélé la présence, à l'état de combinaison, de presque tous les métalloïdes, sauf le Bore, le Sélénium, le Tellure et l'Arsenic. On y a en outre rencontré la plus grande partie des métaux. Cependant, il est curieux de faire remarquer que l'Aluminium n'existe pas dans les cendres (1); et cependant il forme la base de l'argile dont on connaît l'abondance dans la nature et l'influence sur la constitution des sols arables.

Règle générale, plus une plante perd d'eau quand on la dessèche, plus ses cendres contiennent une forte proportion de substances minérales. Ce résultat semble déjà indiquer, avant tout autre examen, que les minéraux doivent, au moins pour la plus grande part, se trouver en dissolution dans l'eau de la plante.

Donc, voilà qui est acquis : il entre, dans la constitution des plantes, une grande variété d'éléments minéraux. Mais il n'y en a guère que 12 que l'on y rencontre d'une façon constante, quelle que soit la plante que l'on considère ; ce sont :

Le Carbone, l'Hydrogène, l'Oxygène, l'Azote, le Soufre, le Phosphore, le Chlore, le Silicium, le Potassium, le Calcium, le Magnésium et le Fer.

La proportion de ces éléments varie non seulement d'une plante à l'autre, mais encore dans la même plante, selon l'âge auquel on l'analyse, selon la composition du terrain dans lequel elle végète. Cette proportion est même différente

---

(1) On ne l'a guère trouvé que dans les cendres des Lycopodiacées.

au même moment, dans les différents organes d'une même plante. Ainsi, l'analyse élémentaire de l'Orge donne des résultats différents, selon que l'opération porte sur la tige et les feuilles, sur la racine ou sur la graine, comme l'indique le tableau suivant.

Pour 100 parties de cendres, on a trouvé :

	RACINE	PAILLE	GRAINES
Acide phosphorique....	3,86	5,77	35,66
Magnésie............	2,86	3,70	7,64
Potasse......	8,10	16,20	31,85
Chaux...............	4,42	9,91	1,76
Soude............. ...	4,26	7,35	1,97
Oxyde de fer..........	2,94	0,33	0,31
Acide sulfurique.......	5,38	6,10	0,36
Chlore....	0,32	1,93	Traces.
Silice............... ..	12,06	11,91	8,20
Sable et silice insoluble.	54,90	30,80	11,74

De la présence constante de ces éléments minéraux dans les plantes, doit-on conclure qu'ils en sont les éléments constitutifs nécessaires? Que, sans eux, la plante ne pourrait vivre? En aucune façon. Se trouvant dans tous les sols, ils peuvent fort bien avoir été absorbés à l'état de dissolution par les racines sans qu'ils soient pour cela le moins du monde utiles à l'organisme végétal. Leur présence dans la plante peut fort bien n'être que le résultat d'un phénomène mécanique d'osmose. Une fois dans la plante, ils sont difficilement éliminés, ils y restent, et leur présence est dès lors manifestée par l'analyse organique.

Il y avait donc nécessité d'appeler l'expérience

à l'aide de l'analyse pour tâcher de déterminer quels sont ceux de ces éléments qui sont nécessaires, utiles, indifférents ou nuisibles à la plante.

123. Cultures dans des sols artificiels. — Le procédé d'abord employé pour cette détermination et actuellement encore en vigueur dans toutes les stations de chimie agricole, consiste à prendre deux parcelles A et B, égales et voisines, du même sol naturel.

L'une reçoit un poids connu du composé chimique défini dont on veut étudier l'influence sur le développement de la plante; l'autre est laissée telle qu'elle est. Pour fixer les idées, supposons que l'on veuille étudier l'influence du phosphate de potassium sur la végétation, et que ce soit la parcelle A dont la terre ait été mélangée de cette substance. On sème en A et en B et en même temps, le même poids de graines provenant de la même plante; puis, plus tard, on pèse à l'état sec les deux récoltes. Soit P le poids de la récolte de A, P' le poids de celle de B. Si, à chaque expérience que l'on tente, P est plus grand que P', on peut en conclure que le phosphate expérimenté est utile à la plante. Si, au contraire, P est chaque fois plus petit que P', c'est que le phosphate est nuisible. Il est indifférent si P est tantôt plus grand, tantôt plus petit que P'.

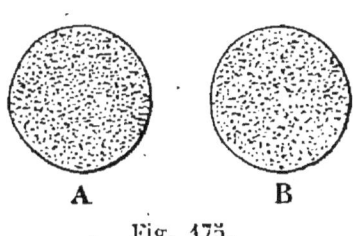

Fig. 175.

Ce procédé un peu grossier, ne permet d'expérimenter qu'une seule substance à la fois. Il est cependant employé dans les stations agronomiques pour l'essai des engrais. C'est une méthode essentiellement pratique, grâce à laquelle on peut même arriver à déterminer d'une façon assez précise, quelle est, pour un sol donné, la quantité optimum d'un composé défini quelconque. Cette quantité optimum est évidemment celle qui a produit la récolte pour laquelle le rapport $\frac{P}{P'}$ est le plus grand.

On est arrivé par ce moyen, à trouver que les trois corps absolument indispensables au développement des plantes sont l'Azote, le Phosphore et le Potassium, à l'état de combinaisons bien entendu, et en quantité variable selon les plantes sur lesquelles on expérimente.

Amendements; engrais. — La précédente méthode qui n'est devenue vraiment scientifique que depuis 1841 (1), est empiriquement et comme inconsciemment appliquée depuis un temps immémorial. Ce sont, en effet, les observations faites de tout temps par les agriculteurs qui les ont amenés à comprendre la nécessité des amendements et des engrais, pratiques qui rendent le sol plus apte à la culture en le modifiant.

Les *engrais* sont des composés utiles à la plante et que l'on incorpore au sol, lorsque celui-ci ne les possède pas ou a perdu ceux qu'il possédait.

Nous venons de voir comment la méthode dite des sols artificiels permet de déterminer scientifiquement quels sont les meilleurs engrais.

Quant à l'*amendement*, c'est une pratique agricole qui a pour effet de mêler au sol des substances qui modifient sa texture physique et rendent, en outre, assimilables par la plante, des corps qui se trouvaient dans le sol et qui, sans cette opération, n'auraient pu être utilisés.

Les amendements sont à base de chaux, siliceux ou mécaniques.

---

(1) Avec Wiegmann et Polstorff.

Amendements à base de chaux. — Les amendements à base de chaux sont : les *chaulages*, le *marnage* et le *plâtrage*.

Les chaulages consistent à mêler de la chaux aux sols argileux ou siliceux qui manquent d'éléments calciques. Ce chaulage a surtout pour effet de rendre assimilables les substances organiques contenues dans le sol, en faisant passer à l'état d'Ammoniaque l'Azote qu'elles contiennent.

Le marnage a les mêmes effets, quoique moins intenses, que le chaulage ; seulement, comme la marne, outre la chaux, contient de l'argile, c'est là un moyen d'introduire ce dernier élément dans les terres trop siliceuses. Si le terrain est trop argileux, on peut néanmoins le marner, à condition de choisir pour cela une marne siliceuse contenant de 30 à 70 0/0 de silice.

Le plâtrage, qui consiste à répandre du plâtre sur le sol au moment où la végétation commence, a, croit-on, pour effet, de mobiliser les alcalis (1) et de leur permettre de s'enfoncer dans les profondeurs du sol. C'est ce qui expliquerait l'action bienfaisante du plâtre sur les plantes à racine pivotante, comme la Luzerne.

Amendements siliceux. — L'*écobuage* consiste à faire, avec le sol superficiel trop argileux et avec les débris végétaux, des tas auxquels on met le feu. Sous l'action de la flamme, l'argile se transforme en brique qui, répandue ensuite sur toute la superficie du sol, produit le même effet que la silice.

Le *colmatage* est une opération qui consiste à répandre sur les terres trop argileuses les limons sableux charriés par les fleuves.

Amendements mécaniques. — Il y a d'abord le *drainage* et le *labourage* qui ont pour effet d'aérer le sol. Mais l'amendement mécanique le plus important est certainement l'*irrigation*, opération qui consiste à sillonner les terres

---

(1) D'après M. Deherain, les sulfates sont réduits dans les terres arables, et les alcalis amenés à l'état de carbonates.

trop sèches de rigoles dans lesquelles on fait couler de l'eau quand le besoin s'en fait sentir. Le rendement du terrain ainsi irrigué, peut augmenter du simple au triple.

124. Méthode des liquides nutritifs ou méthode de Knop. — La méthode des sols artificiels, tout en fournissant de précieuses indications sur la valeur relative, comme engrais, des divers composés chimiques, ne peut pas donner des résultats d'une précision rigoureuse. Il est, en effet, impossible de se procurer des sols artificiels débarrassés des produits étrangers qui peuvent intervenir et altérer les résultats. On a donc songé à écarter cette cause d'erreur en employant la méthode des liquides nutritifs.

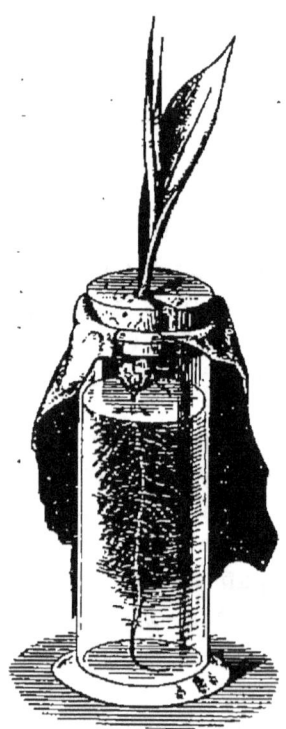

Fig. 176. — Appareil pour l'emploi de la méthode de Knop.

Cette méthode consiste à constituer un liquide *titré*, formé d'eau distillée contenant en dissolution les substances les plus favorables au développement de l'espèce végétale en expérience. On a, pour constituer ce liquide, les indications approximatives fournies par la première méthode. En tâtonnant, on finit par obtenir le milieu dans lequel l'espèce considérée atteint son développement maximum. En retranchant alors telle ou telle substance du liquide nutritif et en y faisant ensuite développer la plante, on voit si la soustraction produit un effet quelconque sur le développement. Si le développement se fait mieux, c'est, évidemment que la substance retranchée était nuisible, si le développement se fait plus mal, c'est qu'elle était utile.

Cette méthode peut être appliquée de la manière suivante :

On fait germer une graine sur un bouchon de liège recouvrant une éprouvette à pied. Le bouchon est percé de trous assez larges pour permettre aux racines qui vont se développer de pénétrer librement dans l'intérieur de l'éprouvette et de venir plonger dans le liquide nutritif qu'elle contient. Les racines se développent à l'abri de la lumière grâce à un fourreau de papier goudronné qui enveloppe complètement l'éprouvette et que, dans la figure 176, nous avons supposé déchiré.

On fait alors varier le milieu nutritif par la suppression de l'un quelconque de ses éléments, et l'on observe l'effet produit sur la plante. C'est ainsi qu'on est arrivé à cette conclusion qui confirme, dans leurs traits généraux, les résultats obtenus par la méthode analytique, que les éléments nécessaires à la plante sont :

Le Carbone
L'Hydrogène
L'Oxygène
L'Azote
Le Phosphore
Le Silicium

Le Potassium
Le Soufre
Le Magnésium
Le Calcium
Le Fer
Le Manganèse.

On a démontré, en outre, que le Sodium, cependant si répandu dans la nature, n'est d'aucune utilité aux plantes et que le Lithium leur est nuisible.

On remarquera que les corps reconnus comme nécessaires sont, à très peu de chose près, ceux dont l'analyse élémentaire a décelé la présence constante dans les plantes. Les deux méthodes se complètent donc l'une par l'autre et chacune d'elles apporte à l'autre une remarquable confirmation.

On ne peut faire à la méthode de Knop qu'une seule critique : c'est que l'expérience portant sur des plantes supérieures, celles-ci, au moins pendant la première partie de leur développement, utilisent les réserves de leurs graines, réserves qui introduisent dans la question une donnée inconnue pouvant troubler les résultats. La plante, en effet, dans ce cas spécial, ne se nourrit pas exclusivement des éléments contenus dans le liquide nutritif. Aussi a-t-on avantage à se servir de plantes provenant d'un germe aussi petit que possible. C'est pour ce motif que M. Raulin a répété l'expérience sur des Champignons inférieurs qui proviennent d'une seule cellule primordiale extrêmement petite, la spore, et dans laquelle, par conséquent, ne peuvent se trouver que des quantités insignifiantes de nourriture. Le développement plus ou moins rapide de la plante en expérience, n'est donc, dans ce cas, évidemment dû qu'à l'influence du liquide nutritif, et les résultats obtenus sont plus précis et plus complets. En opérant sur quelques moisissures communes et en les cultivant sur un liquide spécial (1), M. Raulin est arrivé à considérer comme essentiels pour les végétaux inférieurs les mêmes corps que ceux qui conviennent aux végétaux supérieurs, avec, toutefois, le Zinc en plus et le Calcium en moins.

125. Forme assimilable de la matière minérale. — Laissons, pour le moment, l'Oxygène de côté, pour

---

(1) Voici quel est pour le *Sterigmatocystis nigra*, le liquide nutritif employé par Raulin.

Eau..........................	1,500	Sulfate d'ammonium.....	0,25
Sucre candi.................	70	Sulfate de fer............	0,07
Acide tartrique.............	4	Sulfate de zinc...........	0,07
Azotate d'ammonium.....	4	Silicate de potassium....	0,07
Phosphate d'ammonium..	0,60	Carbonate de manganèse.	0,07
Carbonate de potassium..	0,60	Oxygène de l'air.	
Carbonate de magnésium.	0,40		

nous occuper des onze autres corps que nous avons signalés et voyons sous quelle forme soluble ils peuvent être puisés dans le sol par les racines.

Le Carbone peut être pris dans les débris végétaux sous forme de glucose, d'acide tartrique, d'acide malique, de glycérine, d'alcool, etc... C'est même la seule façon, pour les plantes non vertes, de trouver du Carbone. Nous verrons (p. 221) que les plantes vertes puisent une grande quantité de Carbone à une autre source importante qui est l'acide carbonique contenu dans l'atmosphère.

La potasse doit se trouver dans le sol avec le Phosphore, sous forme de phosphate acide. Le sulfate de magnésie peut fournir à la fois du Soufre et du Magnésium.

Le Fer est utilisé sous la forme de phosphate de peroxyde. L'Hydrogène est absorbé sous forme d'eau ou de sels ammoniacaux. Bref, tout engrais qui contiendra, à l'état de sel soluble, l'un des douze corps reconnus comme nécessaires, sera utile à la plante. Toute substance qui pourra transformer en sels solubles les sels insolubles des minéraux utiles qui se trouvent dans le sol, sera un bon engrais.

Absorption de l'azote.

126. Nitrification. — Prenons pour exemple l'Azote. Si l'on fait abstraction de l'eau et de l'oxygène, on peut dire que les trois corps qui constituent un aliment de première nécessité pour la plante, sont le Potassium, le Phosphore et l'Azote.

On pourrait croire que l'Azote entrant pour les $\frac{78}{100}$ dans l'atmosphère, c'est là que la plante puise l'Azote dont elle a besoin. Il n'en est rien ! Ce n'est pas par cette voie que ce gaz pénètre dans l'organisme végétal. Il y entre par les racines; mais on comprend alors qu'il ne peut le faire que s'il s'est transformé dans le sol en sels solubles, azotates ou sels ammoniacaux.

Dans quelles conditions s'opère cette transformation ? Quel est l'agent capable de l'effectuer ?

Supposons un sol contenant des composés organiques azotés. La transformation de cet Azote organique en sels solubles s'effectue en trois temps :

1° Il devient de l'ammoniaque : c'est l'*ammonisation;*

2° L'ammoniaque produit se transforme en acide azoteux ou nitreux : c'est la *nitrosation*. Il y a, dès lors, formation de nitrites;

3° L'acide azoteux des nitrites s'oxyde à son tour et les nitrites se transforment en nitrates : c'est la *nitrification*.

L'*ammonisation* s'opère sous l'influence des nombreux microbes (bactéries ou moisissures) qui pullulent dans la couche superficielle du sol et qui ont sur les matières organiques une action oxydante des plus énergiques. Le Carbone devient, grâce à eux, de l'acide carbonique, l'Hydrogène passe, en partie, à l'état d'eau et le reste de l'Hydrogène se porte sur l'Azote avec lequel il forme de l'ammoniaque. L'agent principal de cette fermentation ammoniacale est le *bacillus mycoïdes.*

Une fois l'ammoniaque formé, il s'oxyde sous l'action d'un ferment spécial, la *nitromonade* (1) et devient ainsi de l'acide nitreux, capable de former des nitrites avec les bases du sol.

$$2AzH^3 + 6O = Az^2O^3 + 3H^2O$$

---

(1) Découvert par Winogradsky.

Presque aussitôt, simultanément, pourrions-nous presque dire, un autre microorganisme, le *ferment nitrique* entre en jeu et oxydant l'acide nitreux transforme aussitôt les nitrites en nitrates.

$$Az^2O^3 + O^2 = Az^2O^5$$

Ces différents stades de l'acte de la nitrification exigent certaines conditions pour se développer. Il faut d'abord que le sol contienne de l'oxygène libre : d'où la nécessité des labourages et l'inconvénient de la submersion.

Il faut ensuite une température optimum de 35 degrés et une certaine humidité : les pluies chaudes de l'été sont donc particulièrement favorables à la nitrification.

La terre doit être légèrement alcaline : aussi la nitrification ne s'opère-t-elle pas très bien dans les terres siliceuses qui sont acides, ou dans les terres trop alcalines comme celles qui ont été trop énergiquement chaulées.

127. Les sources de l'Azote contenu dans le sol. — On a vu que l'Azote doit se trouver dans le sol à l'état de débris organiques. D'où la nécessité de certains engrais organiques pour rendre au sol appauvri l'Azote que la nitrification, puis la végétation qui en absorbe les produits, lui a enlevé.

On comprend aussi la sagesse des règlements forestiers qui interdisent d'enlever les feuilles sèches des forêts. Les ferments de la nitrification trouvent, en effet, dans ces débris organiques, les matériaux nécessaires à leur activité, et c'est en grande partie aux dépens de ces débris que le sol appauvri s'enrichit en Azote pour la reprise de la végétation au printemps suivant.

Mais il y a d'autres sources d'Azote capables de réparer les pertes que l'absorption des nitrates par les racines cause au sol. Quand on abandonne à l'abri de la pluie, mais non à l'abri de l'air, dans des pots vernissés, de la terre qu'une analyse rigoureuse a démontrée être pauvre en Azote, on remarque qu'au bout d'un certain temps la proportion d'Azote a considérablement augmenté (1). Si la terre mise en expérience a été préablement calcinée, elle perd la propriété de s'enrichir en Azote. Ce résultat ne peut s'expliquer que si on admet qu'il existe dans le sol un ferment, destructible par la chaleur, et qui jouit de la faculté de fixer dans le sol l'Azote qu'il prend à l'air.

L'air semble donc être une des sources principales de l'Azote pour les plantes.

Assolements. — Certains végétaux ont aussi la propriété d'améliorer le sol dans lequel on les cultive, de l'enrichir en Azote au lieu de l'épuiser. C'est sur cette observation que repose la pratique fort ancienne des assolements.

De temps immémorial on avait remarqué qu'un sol épuisé par la culture du Blé, retrouve une partie de ses qualités primitives si l'on y cultive une légumineuse, Sainfoin, Trèfle ou Luzerne. Cette observation a suffi pour déterminer les agriculteurs de toutes les époques et de tous les pays à faire alterner les cultures, c'est-à-dire à cultiver une Légumineuse dans la terre même où l'année précédente on avait récolté des Céréales. C'est à cette alternance, fondée pendant longtemps sur l'empirisme, que l'on a donné le nom d'assolements.

Ce n'est que depuis quelques années (2) que l'on sait

---

(1) Berthelot.
(2) Grâce aux travaux de MM. G. Ville, Van Tieghem, Laurent, Helbriegel, Wilfarth, Bréal, Schlesing fils et Prazmowski.

exactement à quoi s'en tenir sur le rôle des Légumineuses dans la réfection du sol appauvri.

Il n'est pas rare, il est même très fréquent de rencontrer des Légumineuses dont les radicelles hypertrophiées présentent des nodosités, des sortes de petits tubercules qui intriguaient fort les Botanistes (fig. 177). Or une coupe mince dans l'un de ces tubercules montre que ses cellules sont bourrées de corpuscules de forme irrégulière (fig. 178) qui ressemblent tout à fait à des bactéries, mais en diffèrent par leur mode de reproduction. Aussi les appelle-t-on des *bactéroïdes*. Ces bactéroïdes (*Rhizobium leguminosarum*) sont bien la cause déterminante des nodosités, car

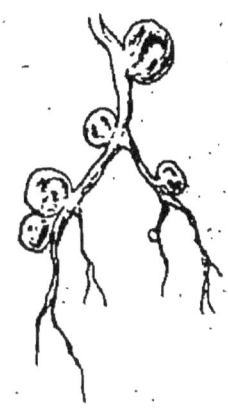

Fig. 177. — Nodosités de Légumineuses.

une légumineuse cultivée dans un sol préalablement stérilisé ne présente jamais de nodosités radi-

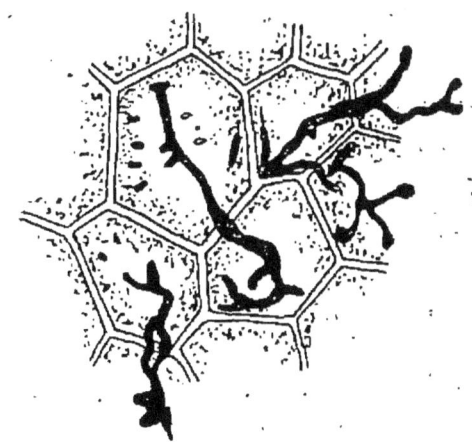

Fig. 178. — *Rhizobium leguminosarum*.

cellaires. Et, d'autre part, les nodosités se développent aussitôt qu'on inocule à une légumineuse, jusqu'alors indemne, un liquide obtenu en délayant dans de l'eau des nodosités riches en bactéroïdes, provenant d'une autre Légumineuse.

Or les Légumineuses qui ne possèdent pas de nodosités n'enrichissent pas le sol en Azote. On le prouve en cultivant dans deux sols identiques, deux lots de Légumineuses. Les Légumineuses du premier lot présentent des nodosités, celles de l'autre lot n'en présentent pas. L'analyse finale des plantes faisant partie des deux lots, prouve que les Légumineuse à radicelles tuberculeuses sont riches en Azote et ont été, par conséquent, capables de l'assimiler, tandis que les autres s'en sont montrées incapables. On peut même prouver que l'Azote est, dans ce cas, directement puisé dans l'atmosphère ; car si l'on a soin d'éliminer du sol toutes les substances azotées qui s'y trouvent, et qu'on cultive la Légumineuse à nodosités, dans cette terre privée d'Azote et sous une cloche contenant de l'air, on constate, par l'analyse, que l'air atmosphérique qui enveloppe la plante s'appauvrit en Azote à mesure que la plante grandit et s'enrichit.

De toutes ces expériences il résulte :

1° Que les nodosités des Légumineuses sont dues à l'envahissement d'un bactéroïde, le *Rhizobium leguminosarum;*

2° Que la plante qui possède des nodosités peut s'enrichir en Azote aux dépens de l'atmosphère.

Reste à savoir comment se fait cette fixation de l'Azote.

Les bactéroïdes envahissent les tissus des radicelles. Celles-ci, blessées, s'hypertrophient par la multiplication rapide de leurs cellules qui se trouvent bientôt pleines de nombreuses colonies microbiennes. Mais les bactéroïdes absorbent l'Azote libre qui se trouve dans le sol et qui provient de l'atmosphère, le fixent ainsi dans la plante qui s'en nourrit et qui arrive même à s'en constituer des réserves dans les cellules des nodosités. De sorte qu'une fois la récolte faite, si l'on a soin de laisser dans le sol les racines avec leurs nodosités, celles-ci, en se détruisant, enrichissent le sol de l'énorme quantité d'Azote qu'elles contiennent et qui peut être utilisée par la culture suivante.

Si même on veut que la richesse du sol en Azote soit plus grande encore, il convient de sacrifier toute la récolte des Légumineuses et de l'enfouir dans la terre par un labourage. C'est à cette pratique que l'on a donné le nom de *sidération* (1).

Absorption de l'oxygène par la plante.

128. Respiration. — Tous les composés organiques qui entrent dans la plante par les poils des racines contiennent de fortes proportions d'Oxygène. Il y a cependant une autre source importante de ce gaz : c'est l'air, et l'acte par lequel la plante puise l'Oxygène dans l'air a reçu le nom de Respiration.

Tous les tissus vivants d'un végétal respirent, c'est-à-dire qu'ils absorbent de l'Oxygène et dégagent de l'acide carbonique.

La respiration étant d'ailleurs le phénomène vital par excellence, il serait bien extraordinaire que la plante, qui est un organisme vivant, ne respirât pas.

La respiration d'une plante quelconque est mise en évidence par l'expérience de Garreau. On place sous une cloche à bords rodés à l'émeri, reposant sur une

---

(1) G. Ville.

lame de verre également rodée, un pot contenant une plante et à côté de lui un cristallisoir rempli d'eau de potasse ou d'eau de baryte. Dans le voisinage de cette première cloche on en dispose une autre qui, elle aussi, contient un cristallisoir d'eau de baryte, mais ne renferme pas de plante. Cette seconde cloche est destinée à servir de témoin. Au bout d'une ou deux heures, on constate que l'eau de baryte s'est troublée dans la cloche qui contient la plante et est restée limpide dans l'autre. Donc la plante a dégagé des quantités appréciables d'acide carbonique et par conséquent elle respire.

On peut encore mettre la respiration en évidence par l'appareil à renouvellement continu d'air.

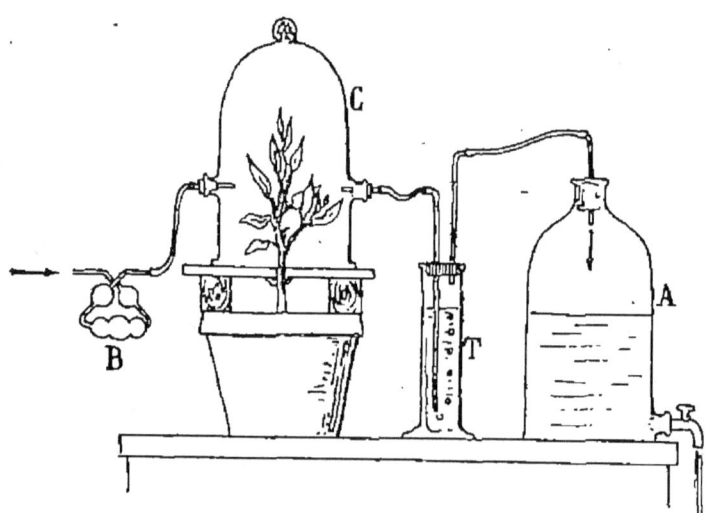

Fig. 179. — Appareil destiné à mettre en évidence le phénomène respiratoire.

A est un aspirateur qui, au moyen d'un tube T rempli d'eau de baryte, communique avec une cloche C hermétiquement close et contenant une plante. L'air aspiré pénètre dans la cloche après avoir traversé une série de boules B contenant de l'eau de baryte où il se débarrasse de son acide carbonique, et cependant, quand il a traversé la cloche et barboté dans l'eau de baryte du tube T, il la trouble. Ce qui prouve bien que dans son passage à travers la cloche, il s'est chargé d'acide carbonique, lequel ne peut provenir que de la respiration de la plante.

129. Variations et lois du phénomène respiratoire. — On a cru longtemps que le volume de CO^2 dégagé par la respiration est rigoureusement égal à celui de l'Oxygène absorbé. C'est même cette idée qui avait fait assimiler par Lavoisier la respiration à une combustion. Les choses ne sont pas aussi simples.

L'Oxygène absorbé sert à produire dans les tissus des réactions chimiques de nature inconnue, mais dont le dernier terme est la formation de l'acide carbonique. Il y a donc entre l'absorption de l'Oxygène et l'émission d'acide carbonique toute une série peut-être longue de phénomènes complexes; aussi n'y-t-il pas lieu de s'étonner que le rapport $\dfrac{CO^2}{O}$, c'est-à-dire le rapport de l'acide carbonique émis à l'Oxygène absorbé, soit rarement égal à 1.

On a cherché à préciser (1) quelles sont, pour les diverses plantes, les variations de ce rapport et les conditions dans lesquelles il varie. Nous ne pouvons entrer dans le détail des expériences remarquables qui ont été faites, nous nous bornerons à en donner les conclusions qui permettent de se faire du phénomène de la respiration une idée très nette et très précise.

Si nous considérons le rapport $\dfrac{CO^2}{O}$ nous voyons

---

(1) Gaston Bonnier et L. Mangin.

que, pour une plante donnée, ce rapport est tout à fait indépendant des conditions extérieures. Quelles que soient la pression, la température, l'intensité de l'éclairement, le rapport $\frac{CO^2}{O}$ reste toujours le même.

Ce rapport $\frac{CO^2}{O}$ est généralement plus petit que l'unité, surtout si la plante est jeune, ce qui prouve bien qu'il y a fixation d'Oxygène dans les tissus.

Mais de ce que le rapport $\frac{CO^2}{O}$ ne varie pas sensiblement quand les conditions dans lesquelles se trouve la plante changent, il ne s'ensuit pas que chacun des termes ne puisse pas varier avec ces conditions, dans d'assez larges limites. Car quelles que soient les variations de chaque terme, si tous les deux varient dans la même proportion, le rapport n'en restera pas moins constant. Il y avait donc lieu d'étudier les variations d'intensité du phénomène respiratoire, c'est-à-dire de mesurer les valeurs absolues de CO^2 dégagé et de O absorbé, dans un temps donné, par une plante dont on fait varier les conditions d'existence. On a trouvé que l'intensité de la respiration augmente indéfiniment et d'une manière continue avec la température, jusqu'à ce que celle-ci soit telle que la plante ne puisse plus vivre.

La lumière diffuse retarde l'intensité du phénomène respiratoire.

La respiration augmente avec l'état hygrométrique de l'air.

L'ensemble des radiations lumineuses les plus réfrangibles (violettes) est plus favorable à la respiration que les radiations les moins réfrangibles (rouges).

Enfin la respiration dégage de la chaleur.

Sources auxquelles la plante puise son carbone.

130. Assimilation chlorophyllienne. — Nous avons vu déjà que le Carbone entre dans la plante avec les carbonates directement puisés dans le sol. Il peut encore provenir des débris végétaux qui sont dans le sol et pénétrer dans la racine sous forme de glucose, glycérine, alcool, etc. Mais nous avons déjà dit (p. 211) que les plantes vertes puisent à une autre source la plus grande partie du carbone qu'elles s'assimilent, et que cette source n'est autre que l'acide carbonique déversé dans l'air par la respiration des êtres vivants et par les combustions.

L'agent de l'absorption et de l'assimilation de l'acide carbonique de l'air est cette substance qui colore les feuilles en vert et que l'on nomme la *chlorophylle*.

Voici, sans entrer pour le moment dans le détail des phénomènes, ce qui se passe : sous l'influence de la lumière, toutes les parties vertes des plantes, feuilles et jeunes tiges, absorbent l'acide carbonique du milieu ambiant. Toujours sous l'influence de la lumière, la chlorophylle décompose cet acide carbonique absorbé en Carbone qui reste dans les tissus et en Oxygène qui se dégage.

Il est facile de mettre expérimentalement ces échanges gazeux en évidence. Le procédé le plus simple consiste à placer une plante verte sous une cloche hermétiquement close et contenant une atmosphère chargée d'acide carbonique. On expose le tout à la lumière et, au bout de quelque temps, on analyse le gaz contenu dans la cloche. On trouve ainsi que l'acide carbonique, s'il n'a pas totalement disparu, est tout au moins en beaucoup plus petite quantité qu'au début de l'expérience et qu'il a été remplacé par de l'Oxygène. Comme cette expérience ne réussit pas avec des plantes non vertes, qu'elle ne réussit pas davantage avec des plantes vertes placées dans l'obscurité, on est en droit d'en conclure que, pour qu'une plante puisse absorber l'acide carbonique de l'air et dégager de l'oxygène, il faut : 1° qu'elle soit verte ; 2° qu'elle soit exposée à la lumière.

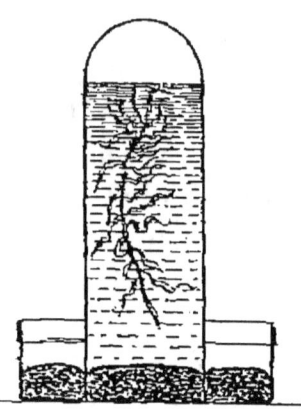

Fig. 180.

On peut varier la forme de l'expérience en mettant par exemple une plante verte aquatique (*Elodea canadensis*) dans une éprouvette de verre remplie d'eau chargée d'acide carbonique. On expose l'éprouvette au soleil et l'on voit aussitôt une multitude de bulles gazeuses se dégager de l'*Elodea* et venir se réunir à la partie supérieure de l'éprouvette. Le gaz ainsi obtenu rallume une allumette présentant encore un point en ignition, c'est donc de l'Oxygène (fig. 180).

C'est Priestley qui découvrit ce phénomène à la fin du xviii° siècle et, comme il opérait toujours plus ou moins à la lumière, il en conclut que la respiration des plantes était antagoniste de la respiration des animaux, que l'une corrigeait l'autre, en ce sens que la respiration des plantes avait pour but et pour raison d'être de purifier l'air vicié par la respiration animale.

Mais, lorsqu'on eut reconnu nettement (1) que la décomposition de l'acide carbonique dans les tissus et l'émission consécutive d'oxygène ne s'effectuent que le jour, et que, la

---

(1) De Saussure, de 1804 à 1833.

nuit, les échanges gazeux s'effectuent juste en sens contraire, on admit aussitôt que les plantes sont douées de deux respirations : la *respiration nocturne*, qui se fait comme la respiration des animaux, et la *respiration diurne* qui se fait en sens contraire. On disait alors que, le jour, les plantes, par la respiration, absorbent de l'acide carbonique et dégagent de l'Oxygène, tandis que, la nuit, leur respiration se manifeste par une absorption d'Oxygène et une émission d'acide carbonique.

Mais, depuis les expériences si simples et si lumineuses de Garreau, on sait que la respiration ordinaire, normale, s'effectue nuit et jour et que, le jour, en présence et sous l'influence de la lumière, une autre fonction s'accomplit qui n'a rien de commun avec la respiration et qu'on nomme l'assimilation du Carbone ou assimilation chlorophyllienne. Ces deux fonctions ne sont même pas accomplies par le même organe ; car, tandis que c'est le protoplasme des cellules qui respire, l'agent de l'assimilation est cette substance verte, connue sous le nom de chlorophylle, qui se trouve dans les chloroleucites et est, par conséquent, absolument distincte du protoplasme.

Comme les effets produits sur l'air ambiant par les deux fonctions sont précisément inverses l'un de l'autre, on comprend que l'effet le plus intense puisse fort bien masquer le plus faible et le faire passer inaperçu. Ainsi, la respiration étant moins intense le jour que la nuit puisque la lumière exerce sur elle une action retardatrice, tandis qu'au contraire, l'assimilation chlorophyllienne augmente d'intensité avec la lumière, on se rend très bien compte que le faible dégagement diurne d'acide carbonique par la respiration ait pu, pendant longtemps, échapper aux physiologistes, caché qu'il était par l'abondante émission d'Oxygène due à l'assimilation chlorophyllienne. La nuit, au contraire, l'assimilation s'arrête tandis que la respiration persiste ; le dégagement d'acide carbonique ne peut plus être méconnu. C'est ainsi que s'explique l'erreur commise jusqu'à Garreau par les physiologistes qui se sont occupés des échanges gazeux entre la plante et l'atmosphère..

ÉTUDE D'UNE PLANTE PHANÉROGAME

131. Les corps chlorophylliens. — Maintenant que nous connaissons dans ses grandes lignes le phénomène de l'assimilation, il est nécessaire de l'étudier avec quelque détail et, en particulier, de chercher à connaître d'une façon plus complète et plus précise cette chlorophylle qui est l'agent principal du phénomène.

On sait que si l'on étudie au microscope le tissu d'un organe vert d'une plante, on remarque, au sein du protoplasme, des corps de forme variable selon les plantes, mais le plus souvent arrondis, qui sont colorés en vert et que nous avons appelés des *chloroleucites*. Ce sont bien des leucites indépendants du protoplasme général, car ils jouissent de la propriété de se bipartir, de se reproduire au sein du protoplasme dont ils se distinguent facilement d'ailleurs. On voit, en effet (fig. 181), ces corps chlorophylliens s'allon-

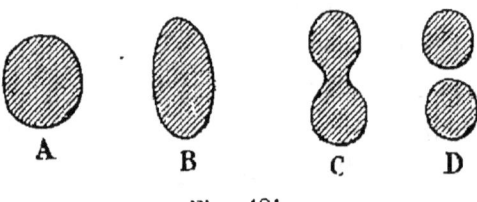

Fig. 181.

ger suivant un de leurs diamètres, puis s'étrangler et bientôt se diviser de façon à donner naissance à deux corps nouveaux. Donc, pas plus que les leucites ordinaires, les corps chlorophylliens ne naissent d'une différenciation locale du protoplasme : ils se multiplient par bipartition et chacun d'eux ne peut provenir que d'un corps chlorophyllien préexistant. Ce mode de reproduction en fait donc, à n'en pas douter, de vrais leucites et nous avons raison de les appeler des leucites chlorophylliens ou des chloroleucites.

132. Comment apparait la chlorophylle. — Faisons germer une graine dans l'obscurité. Au début, nous voyons dans les cellules de la jeune plantule des leucites parfaitement incolores, mais qui ne tardent pas à s'imprégner dans toute leur masse d'un pigment jaune auquel on a donné le nom de xanthophylle.

C'est cette substance qui donne aux plantes, vertes dans les conditions normales, mais qui ont poussé dans l'obscurité, cette coloration jaune qui caractérise les végétaux dits *étiolés*. Aussi la xanthophylle s'appelle-t-elle quelquefois *étioline*. Si sur cette plante étiolée on fait agir la lumière, on voit aussitôt apparaître, dans les leucites à xanthophylle, un second pigment qui se superpose au premier et le masque en imprégnant à son tour et uniformément, toute la masse du leucite. Ce pigment d'un beau vert est la chlorophylle, et tout leucite qui en contient se nomme un chloroleucite.

De ce qui précède nous pouvons donc conclure que le chloroleucite est formé de trois parties :

1° Un substratum, une substance fondamentale de nature protoplasmique, mais qui néanmoins ne se confond pas avec le protoplasme général ;

2° Un pigment jaune, la xanthophylle.

3° Un pigment vert, la chlorophylle, qui se superpose au premier et qui ne peut se développer qu'à la lumière.

133. Conditions de formation de la chlorophylle. Influence de la radiation lumineuse. — La lumière étant en général nécessaire à la formation de la chlorophylle, il était intéressant de savoir quelles sont les radiations lumineuses les plus actives à cet égard, quelles sont celles sous l'influence desquelles la chlorophylle apparait le plus vite dans les leucites et en plus grande abondance.

Il suffit pour cela de disposer dans les différentes parties d'un spectre de jeunes plantules étiolées. On a soin de séparer ces plantules les unes des autres par des écrans, opaques de façon que chacune d'elles ne reçoive qu'une seule nature de radiations : on remarque alors que les plantules verdissent non seulement dans toute la partie lumineuse du spectre, mais encore dans les parties, obscures pour notre œil, qui s'étendent en deçà du rouge et au delà du violet, ou, comme on dit, dans l'infra-rouge et dans l'ultra-violet. Le verdissement des plantules a lieu au delà du violet jusqu'à une distance du dernier rayon violet visible, égale à toute la portion lumineuse du spectre, et dans l'infra-rouge jusqu'à une distance du dernier rayon rouge visible, égale à celle qui sépare le rouge du jaune moyen. Il est bon d'ajouter que la plantule qui verdit le plus vite est celle qui se trouve dans le jaune, et que la rapidité du verdissement décroît à partir du jaune jusqu'à l'infra-rouge d'une part, et jusqu'à l'ultra-violet, de l'autre.

Il est clair que si l'on veut savoir quel est le point extrême de l'ultra-violet dans lequel une plantule peut verdir, il faut faire l'expérience avec un spectre fourni par un prisme de quartz qui laisse passer les radiations ultra-violettes. De même, si l'on veut être renseigné sur la partie active de l'infra-rouge au point de vue qui nous occupe, il faut avoir soin de se servir d'un spectre fourni par un prisme de sel gemme qui n'arrête pas les radiations infra-rouges.

Ces résultats nous montrent que la lumière, ce mot étant pris dans son sens vulgaire, n'est pas nécessaire au développement de la chlorophylle, puisque les plantes étiolées verdissent dans l'ultra-violet et dans l'infra-rouge, régions invisibles pour notre œil et que nous qualifions par conséquent d'obscures. Mais cette obscurité est relative; car, de ce que nous ne voyons pas ces radiations, il ne s'ensuit pas qu'elles ne puissent être perçues par des organes plus sensibles que ne l'est l'œil. La division du spectre en deux régions, l'une lumineuse, l'autre obscure, est en effet purement arbitraire : elle exprime simplement ce fait qu'il existe toute une catégorie de radiations dont les unes, dites lumineuses, affectent notre œil, tandis que les autres ne l'affectent pas; mais ces dernières, invisibles pour nous, peuvent fort bien influencer la plante et déterminer chez elle des réactions se traduisant par une production de chlorophylle. Nous dirons donc que *les radiations lumineuses sont, à des degrés divers, nécessaires à la formation de la chlorophylle*, et nous comprendrons parmi ces radiations aussi bien celles qui constituent la partie visible du spectre que celles qui la prolongent et forment sa partie invisible, ultra-violette ou infra-rouge.

Nous sommes maintenant renseignés sur la nature des radiations utiles au verdissement des plantes; cherchons si leur intensité a une influence quelconque sur la production de la chlorophylle.

En faisant tomber sur une plantule étiolée une radiation totale, c'est-à-dire comprenant toutes les radiations du spectre depuis les infra-rouges jusqu'aux ultra-violettes, ce qui revient à dire : en éclairant une plantule étiolée soit au moyen du soleil, soit au moyen d'une source lumineuse artificielle, nous voyons que la chlorophylle commence à apparaître à une lumière diffuse assez faible pour être à peine perceptible à l'œil; puis la production de la chlorophylle augmente à mesure que l'intensité lumineuse s'accroît, et cela jusqu'à une certaine intensité optimum, variable selon les plantes sur lesquelles on expérimente. Si l'on dépasse cette intensité, la chlorophylle se développe de moins en moins bien et il arrive même, lorsque les radiations deviennent trop intenses, que la plante, loin de continuer à s'enrichir en chlorophylle, perd celle qu'elle possédait.

Donc, étant donnée une plante, il faut, pour que cette plante prenne de la chlorophylle, qu'elle subisse l'influence de la radiation lumineuse. Seulement cette radiation ne doit pas dépasser une certaine intensité limite au delà de laquelle la chlorophylle antérieurement formée se détruit. Il y a donc, pour chaque plante, un optimum d'éclairement auquel correspond un maximum de production de la chlorophylle.

134. Influence de la radiation calorifique sur la formation de la chlorophylle. — Si l'on étudie l'influence de la radiation calorifique sur la production de la chlorophylle, on arrive à des conclusions analogues aux précédentes, à savoir : 1° que, toutes choses égales d'ailleurs, la production de la chlorophylle augmente, avec la température ; 2° qu'il existe une température minimum au-dessous de laquelle la chlorophylle ne peut pas se produire, une température maximum à partir de laquelle elle ne se produit plus et, entre ce minimum et ce maximum, une température optimum correspondant à une production maximum de chlorophylle.

Le minimum, l'optimum et le maximum de température sont variables pour chaque plante.

135. Influence de la lumière sur la situation des corps chlorophylliens dans la cellule. — Si l'on éclaire dans des directions différentes une cellule vivante contenant des corps chlorophylliens, on voit toujours ces corps se disposer dans la cellule de façon à former par leur ensemble des plaques orientées perpendiculairement à la direction du rayon incident. Considérons, par exemple, une cellule A (fig. 182) éclairée

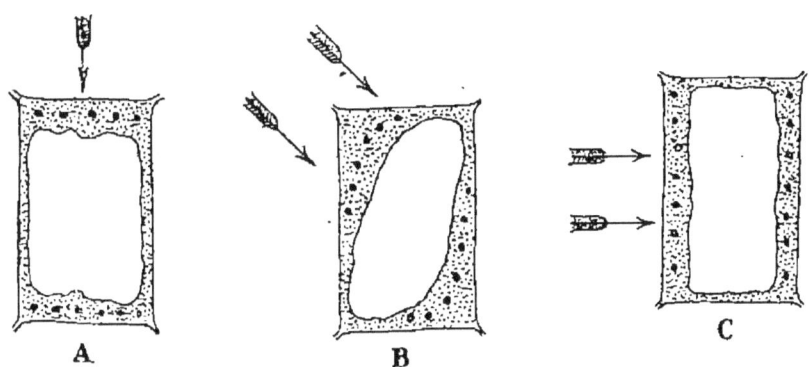

Fig. 182. — Orientation des corps chlorophylliens sous l'influence de la lumière.

normalement à sa face supérieure. On voit tous les corps chlorophylliens venir se ranger le long de cette face et le long de la face opposée. Si l'incidence du rayon lumineux change, les corps chlorophylliens changent aussi de place (B et C, fig. 182), et si l'éclairage devient latéral, les corps chlorophylliens quittent complètement les faces supérieure et inférieure de la cellule pour venir se ranger le long des faces latérales.

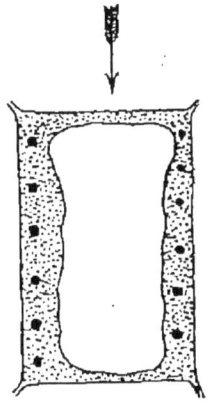

Fig. 183.

En somme, les corps chlorophylliens se placent toujours de façon à utiliser la plus grande partie des rayons lumineux qui viennent frapper la cellule, à condition toutefois que l'intensité lumineuse ne dépasse pas l'intensité optimum dont nous avons signalé l'existence pour chaque plante ; car alors les phénomènes sont renversés et les grains de chlorophylle semblent fuir la lumière. Si, par exemple, une radiation trop vive frappe normalement la face supérieure de la cellule, les grains de chlorophylle se rangent le long des parois latérales (fig. 183) de façon à recevoir le moins possible de ces radiations trop intenses.

Il ne faudrait pas déduire de là que les corps chlorophylliens sont animés de mouvements propres au sein du protoplasme. C'est celui-ci qui est phototactique, c'est à lui que la lumière imprime des mouvements variés. C'est lui qui, selon les circonstances, vient s'accumuler sur les faces supérieure, inférieure ou latérales, et les corps chlorophylliens, entraînés par lui, ne font que suivre son mouvement.

136. Nature chimique de la chlorophylle. — On peut, pour préparer la chlorophylle, utiliser sa solubilité dans l'alcool fort et dans l'éther de pétrole. Pour cela, on dessèche à l'étuve des feuilles d'Épinard. On les pulvérise ensuite et on les agite avec de l'alcool fort. L'alcool dissout en même temps la chlorophylle et la xanthophylle dont sont imprégnés les leucites chlorophylliens.

On agite cette dissolution avec du noir animal et on filtre ; le noir animal laisse passer l'alcool, mais retient les deux substances colorantes.

Or, si l'on traite ce noir par de l'alcool à 65° qui ne dissout pas la chlorophylle, mais dissout la xanthophylle, on comprend que cet alcool entraîne avec lui la xanthophylle seule, laissant la chlorophylle sur le charbon.

On verse ensuite sur le noir animal de l'éther de pétrole qui dissout la chlorophylle. On n'a plus qu'à faire évaporer le liquide pour obtenir la chlorophylle cristallisée dans le système du prisme rhomboïdal oblique.

ABSORPTION DU CARBONE

La chlorophylle a, selon les plantes d'où on la retire, une composition chimique variable. C'est une substance azotée qui, par ses propriétés chimiques, se rapproche de la *bilirubine*, substance colorante de la bile des animaux. C'est un acide faible.

La composition élémentaire de la chlorophylle de l'Épinard est la suivante :

Carbone.	73,97
Hydrogène.	9,80
Azote.	4,15
Oxygène.	10,33
Cendres	1,75
	100,00

Les cendres sont surtout formées de phosphates alcalins.

A la lumière, même diffuse, la chlorophylle s'oxyde et se décolore. La solution de chlorophylle dans dix parties d'éther et d'alcool absolu est dichroïque, c'est-à-dire que, selon l'incidence sous laquelle on la regarde, elle présente deux colorations différentes : elle est vert foncé par transmission, rouge brun par réflexion.

137. Absorption de radiations par la chlorophylle. — Ce qui caractérise surtout la chlorophylle, c'est son action sur la lumière.

Si l'on fait tomber sur un prisme un rayon solaire auquel on a eu soin de faire traverser une cuve de verre étroite, à faces parallèles, et contenant une dissolution alcoolique de chlorophylle, on constate que le spectre obtenu présente, outre ses raies noires normales, un certain nombre de larges bandes provenant évidemment de ce que les radiations qui correspondent à ces bandes ont été arrêtées au passage par la dissolution de chlorophylle. On ne les retrouve donc plus dans le spectre.

Les bandes principales d'absorption se trouvent situées dans le rouge et dans le violet. La plus impor-

Rouge Violet

Fig. 184. — Le spectre de la chlorophylle.

tante, la plus nette, la plus intense est celle qui se trouve dans le rouge pur. La chlorophylle absorbe donc et retient surtout les radiations rouges. Les autres bandes de la partie la moins réfrangible du spectre sont moins larges, moins foncées et surtout à bords moins nets que la première bande; elles indiquent évidemment que l'absorption des radiations correspondantes par la chlorophylle n'est que partielle.

D'autre part, les trois larges bandes de la région la plus réfrangible indiquent que la chlorophylle absorbe une grande quantité des radiations violettes.

138. Influence des radiations sur l'assimilation chlorophyllienne. — Nous savons déjà que le Carbone assimilé par la plante est puisé dans l'air, et qu'il provient en majeure partie de la décomposition de l'acide carbonique de l'air par la chlorophylle. Nous avons vu aussi que cette action de la chlorophylle ne peut se produire qu'en présence de la lumière. Or, nous venons de constater que la chlorophylle absorbe certaines radiations lumineuses et laisse passer les autres. Nous sommes donc en droit de nous demander si ce ne seraient pas précisément ces radiations absorbées qui seraient utilisées par la chlorophylle et qui la rendraient apte à décomposer l'acide carbonique.

C'est bien, en effet, ce que démontre l'expérience. On peut employer pour cela plusieurs méthodes.

Méthode de l'écran absorbant. — Plaçons une plante verte sous une cloche à double paroi semblable à celle qui est représentée dans la figure 185. On a eu soin, au préalable, de remplir l'intervalle compris entre la double paroi d'une dissolution alcoolique de chlorophylle. On comprend très bien que la lumière qui arrive à la plante après avoir traversé la dissolution ne contient plus aucune des radiations que la chlorophylle absorbe et retient. Or, on constate que, dans ces conditions, la plante verte n'assimile pas le Carbone, ce dont on peut s'assurer en analysant l'air de la cloche avant et après la mise en expérience. C'est donc que les radiations absorbées par la chlorophylle interposée sont bien les radiations qui seraient nécessaires à la plante pour assimiler.

Fig. 185. — Méthode de l'écran absorbant.

Méthode du spectre. — On peut employer dans le même but des méthodes plus précises.

On peut, par exemple, disposer côte à côte un certain nombre de petites éprouvettes, reposant sur le mercure, et pleines d'une eau contenant en dissolution une quantité connue d'acide carbonique. Chaque éprouvette contient en outre une feuille verte, longue et mince, et l'on s'arrange de façon que les feuilles introduites dans toutes les éprouvettes aient la même surface, le même âge, le même développement, bref, soient aussi comparables entre elles que possible.

Les éprouvettes étant séparées les unes des autres par des écrans opaques, on étale sur toute la série un spectre solaire très pur, de façon que chaque éprou-

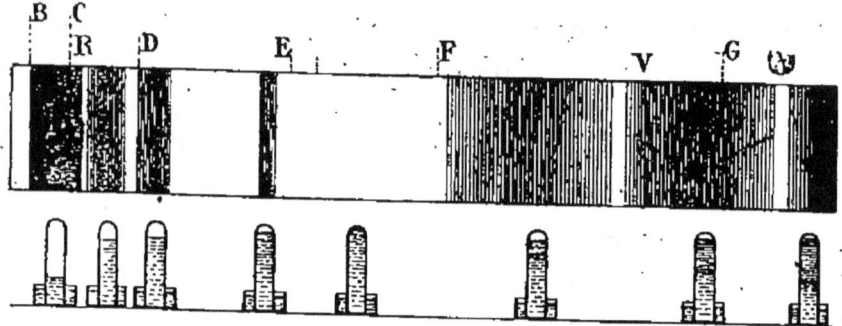

Fig. 186. — Méthode du spectre.

vette ne reçoive que des radiations d'une seule nature bien déterminée. Telle éprouvette ne recevra que des rayons rouges, par exemple, telle autre des rayons orangés, etc.

On voit aussitôt un gaz, que l'on peut reconnaître comme étant de l'Oxygène, se dégager dans certaines de ces éprouvettes et venir se réunir à leur partie supérieure. On laisse l'expérience se poursuivre pendant six heures, puis on l'arrête et on mesure la quantité d'oxygène dégagée dans chaque éprouvette, quantité que l'on peut considérer comme proportionnelle à l'intensité de l'assimilation dans la région du spectre où s'est produit le dégagement gazeux.

On trouve, de cette façon, que l'intensité maximum correspond à la région rouge où se trouve la large bande d'absorption de la chlorophylle, et que cette intensité va en diminuant jusqu'au jaune où elle devient nulle.

L'assimilation reprend dans la région violette à la

hauteur des trois larges bandes noires que nous avons signalées. Seulement, là, le dégagement d'Oxygène est à peine sensible, sans doute à cause de la grande dispersion des radiations qui ne pénètrent alors qu'en très petite quantité dans chaque éprouvette.

Méthode des bactéries. — Il existe une méthode très originale et en même temps beaucoup plus sensible que la précédente, qui met nettement en évidence le rôle que jouent les radiations violettes de la partie la plus réfrangible du spectre, rôle que nous avait fait prévoir l'inspection du spectre d'absorption de la chlorophylle.

Dans une eau contenant de grandes quantités d'une

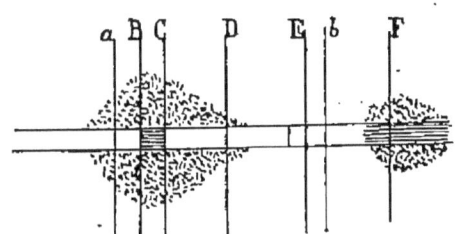

Fig. 186 *bis*. — Méthode des bactéries.

petite bactérie, le *Bacterium termo*, on place un filament d'Algue verte que l'on observe au microscope. Le *bacterium termo* est très avide d'Oxygène, ce gaz lui étant nécessaire pour vivre. Si le filament d'Algue est suffisamment éclairé, on verra toutes les bactéries uniformément répandues autour de l'Algue qui, assimilant le Carbone, leur fournit, par toute sa surface, l'Oxygène dont elles ont besoin.

Mais si, au lieu d'éclairer l'Algue d'une manière uniforme en projetant sur elle de la lumière ordinaire, on fait tomber sur cette Algue un spectre microscopique, on voit aussitôt les bactéries se diviser en deux groupes : l'un, le plus nombreux, se forme dans la région rouge, et s'étend jusqu'au jaune ; l'autre, de moindre importance, se constitue dans la région violette. Étant donnée l'avidité des bactéries pour l'Oxygène, il est manifeste qu'elles abandonnent les régions de l'Algue qui ne leur en fournissent pas, pour se porter de préférence sur les points où le dégagement est abondant. Or, il est facile de remarquer que le groupement des bactéries coïncide avec les points où se trouvent les bandes d'absorption dans le spectre de la chlorophylle.

139. Influence de l'intensité de la radiation sur l'assimilation. — Nous venons de voir que l'intensité du phénomène de l'assimilation chlorophyllienne par les parties vertes des plantes dépend de la *nature* des radiations qui tombent sur la plante. Ce phénomène dépend aussi de l'*intensité* de ces radiations. Il ne commence, en effet, à se produire que si les radiations incidentes ont une certaine intensité minimum. Ainsi, une plantule de Haricot pourra fort bien verdir à la lumière diffuse très faible ; mais, malgré ce verdissement, elle ne commencera à assimiler le Carbone que si l'éclairement devient sensiblement plus fort.

A mesure que l'intensité de l'éclairement augmente, la rapidité de l'assimilation augmente aussi. Mais cette progression croissante du phénomène n'est pas, sauf dans quelques cas particuliers, indéfinie. Il y a une intensité optimum de l'éclairement, intensité qui correspond souvent à l'intensité de l'éclairement solaire direct et pour laquelle l'assimilation passe par un maximum. Elle décroît ensuite si l'on continue à faire croître l'intensité de la radiation à partir de l'optimum.

La température influe aussi sur le phénomène. Il ne peut se produire qu'à partir d'une certaine température minimum, variable selon les plantes; seulement il semble, qu'en ce qui concerne les radiations calorifiques, il n'y ait pas d'optimum. L'assimilation chlorophyllienne, comme la respiration, croît indéfiniment avec la température, jusqu'au moment, bien entendu, où celle-ci est suffisante pour tuer la cellule végétale.

Enfin, toutes choses égales d'ailleurs, l'assimilation est favorisée par une proportion d'environ 10 0/0 d'acide carbonique dans l'air.

140. Mode d'action de la chlorophylle. — On sait que, pour se former, l'acide carbonique dégage de la chaleur: un charbon qui brûle le prouve surabondamment. Inversement, pour se décomposer, l'acide carbonique doit absorber de la chaleur. Il est probable que cette chaleur lui est fournie dans la plante par les radiations lumineuses que la chlorophylle a la propriété d'absorber et qu'elle transforme ensuite en radiations calorifiques. Le corps chlorophyllien n'est donc pas autre chose qu'un transformateur d'énergie, au même titre que les machines électriques. Celles-ci transforment l'énergie mécanique qu'on leur fournit, en énergie électrique; la chlorophylle transforme de même l'énergie lumineuse qu'elle absorbe, en énergie calorifique qui rend possible la décomposition de l'acide carbonique et la fixation du Carbone dans les tissus. Cette manière de comprendre le mode d'action de la chlorophylle recevra une confirmation remarquable quand nous étudierons la chlorovaporisation (p. 249 et suiv.).

141. Rapport du volume d'oxygène émis au volume d'acide carbonique absorbé dans l'assimilation chlorophyllienne. — Si l'on analyse, avant et après l'expérience, l'air d'une cloche dans laquelle une plante verte assimile, on trouve dans presque tous les cas que le rapport $\frac{O}{CO^2}$ de l'Oxygène émis à l'acide carbonique absorbé est presque toujours égal à 1. Cette constatation semblerait indiquer que dans les tissus de la plante la décomposition de l'acide carbonique est totale, puisque l'acide carbonique renferme, comme on sait, un volume d'Oxygène égal au sien.

Cette conclusion serait rigoureuse si l'assimilation chlorophyllienne existait seule; mais on se rappelle que concurremment à cette assimilation, en même temps qu'elle, s'opère la respiration qui produit sur l'atmosphère un effet absolument contraire, puisque, par la respiration, la plante absorbe de l'Oxygène et dégage de l'acide carbonique.

L'analyse finale de l'atmosphère de la cloche ne peut donc donner que la résultante des deux effets contraires que la plante produit simultanément sur l'air ambiant.

On a réussi cependant à séparer les deux phénomènes en arrêtant l'assimilation chlorophyllienne sans influer en quoi que ce soit sur la respiration (1). Il est, en effet, possible de trouver une dose convenable d'éther ou de chloroforme qui empêche la chlorophylle d'agir. On n'a plus alors qu'à mesurer dans ces conditions, la respiration qui se produit seule, et comme on a préalablement mesuré les échanges gazeux totaux dans les mêmes conditions d'éclairement, de température, et de pression, il est facile d'en conclure le rapport $\frac{O}{CO^2}$ dû à l'action chlorophyllienne seule. On trouve généralement que ce rapport $\frac{O}{CO^2}$ est plus grand que 1, c'est-à-dire qu'il y a plus d'oxygène dégagé que

---

(1) Gaston Bonnier et L. Mangin.

d'acide carbonique absorbé ; et comme nous nous rappelons que le rapport $\frac{CO^2}{O}$ provenant de la respiration est ordinairement plus petit que 1, c'est-à-dire qu'il y a plus d'Oxygène absorbé que d'acide carbonique dégagé, on comprend que le rapport résultant de la superposition des deux fonctions simultanées inverses soit le plus souvent très voisin de l'unité.

142. Parasitisme. — La chlorophylle étant nécessaire aux plantes pour assimiler le Carbone, il est clair qu'une plante privée de cet auxiliaire indispensable ne peut vivre qu'à la condition de trouver ailleurs le Carbone dont elle a besoin.

Souvent, les plantes sans chlorophylle végètent sur d'autres végétaux plus favorisés, enfoncent dans leurs tissus de véritables suçoirs et vivent ainsi des emprunts forcés qu'ils font à leur hôte. Ces plantes se nomment des *parasites*. Telles sont les Orobanches, qui vivent sur les racines de Pins, la Cuscute qui s'enroule autour des pieds de Luzerne que ses suçoirs épuisent et tuent.

Il n'est même pas toujours nécessaire qu'une plante soit privée de chlorophylle pour être parasite. Ainsi le Gui, bien que vert, forme sur les Pommiers, sur les Peupliers de vigoureuses touffes qui vivent aux dépens de l'hôte. On a prétendu qu'il y avait réciprocité de services rendus, entre le Pommier et le Gui. Celui-ci, en effet, ne perdant pas ses feuilles en hiver, peut continuer à assimiler le Carbone pendant la mauvaise saison, alors que le Pommier est complètement dégarni de feuilles. De sorte que si, pendant l'été, le courant nutritif va indiscutablement du Pommier au Gui, pendant l'hiver il irait du Gui au Pommier. Ces sortes d'associations de végétaux dans lesquelles chaque membre de l'association travaille, pour sa part, à la prospérité commune, se nomme une *symbiose*. Nous verrons (p. 594) d'autres exemples de symbiose plus frappants et mieux caractérisés que celui que présente l'association du Gui et du Pommier.

Les Mélampyres, les Rhinantes qui sont des plantes vertes, nous offrent encore, malgré leur richesse en chlorophylle, des exemples très nets de parasitisme.

2° et 3° Constitution des réserves. Leur digestion.

143. Synthèses organiques et digestion. — Nous avons donné (p. 209 et suivantes) la liste des principales substances organiques ou minérales que l'analyse fait découvrir dans les tissus végétaux.

Il serait intéressant de connaître par quel processus les synthèses organiques s'accomplissent dans les cellules; comment prennent naissance les principes immédiats aux dépens des éléments minéraux puisés dans le milieu ambiant.

Malheureusement, le chimisme interne de la plante est encore assez mystérieux et l'on en est réduit, dans la plupart des cas, aux hypothèses. On suppose généralement que les moyens employés par la plante pour opérer ses synthèses ne diffèrent pas sensiblement de ceux dont nous disposons dans nos laboratoires. Tout paraît se faire par voie d'oxydation et de réduction, d'hydratation, de déshydratation et de condensation. Nous ne pouvons donc, pour ce chapitre, que renvoyer le lecteur aux traités spéciaux de chimie organique où sont exposés tout au long les différents procédés de synthèse des composés organiques.

D'autre part, quand il s'est agi de la germination (p. 76), nous avons donné de nombreux exemples de digestion de réserves. Nous savons donc à quoi nous en tenir à cet égard.

144. Mise en réserve des substances fabriquées par la plante. Leur utilisation. — Il arrive souvent que l'utilisation des substances de réserve est moins rapide que leur formation, ou, en d'autres termes, que l'alimentation est supérieure à la consommation. Dans ce cas, la plante emmagasine dans certains organes l'excès des aliments quelle reçoit ou fabrique.

La Betterave, la Carotte, par exemple, accumulent dans leurs racines des réserves de sucre. Le Topinambour met ses réserves d'inuline dans certaines de ses tiges souterraines qui se renflent et deviennent des tubercules. La réserve d'amidon de la Morelle tubéreuse se place dans des tiges souterraines qui grossissent par places et deviennent ces tubercules auxquels on donne le nom de Pommes-de-terre.

Dans les plantes, dites grasses, comme les *Cactus*, les *Opuntia*, les *Sedum*, les *Agave*, la réserve est aqueuse. C'est ce qui permet à ces plantes de vivre dans les terrains sablonneux et arides et de pouvoir résister très longtemps à la sécheresse.

Ordinairement nous utilisons pour notre alimentation les substances mises en réserve par les végétaux. Mais si l'on a soin de laisser une Pomme-de-terre, par exemple, évoluer complètement, on voit qu'il arrive toujours un moment où elle utilise ses réserves.

Ainsi, c'est grâce à ses tubercules que la Morelle est une plante vivace.

Pendant tout l'été, les feuilles étant très nombreuses, l'alimentation est très active, et les tubercules, bourrés d'amidon, se forment. A l'automne, les tiges aériennes se dessèchent et tombent, et les tubercules passent l'hiver dans la terre, à l'état de vie ralentie.

Au printemps suivant, les bourgeons qui se trouvent sur les pommes-de-terre, se développent aux dépens des réserves accumulées, et forment un nouveau pied de Morelle qui reconstitue dans ses tiges souterraines de nouvelles réserves.

La Betterave qui est une plante bisannuelle (voir p. 62), passe la première année à former des réserves de sucre qu'elle emploie l'année suivante pour fleurir et fructifier. Il en est de même pour la Carotte.

Le Dahlia constitue chaque année dans ses racines des réserves d'inuline aux dépens desquelles des tiges feuillées se développeront l'année suivante.

Enfin, sans qu'il soit nécessaire de multiplier les exemples, rappelons que la plante entoure l'embryon de sa graine d'une abondante réserve.

4° Élimination.

145. Substances éliminées. — L'ensemble des corps fixés dans les tissus par l'absorption, la mise en réserve et la digestion constituent le gain de la plante. Pour pouvoir établir son bilan complet, il est nécessaire de mettre sa perte en regard de son gain. C'est ce que nous allons faire en étudiant l'Élimination.

Les substances éliminées sont de nature très diverse et les organes d'élimination très variés. Nous savons déjà, en effet, que la respiration a pour conséquence de faire sortir de la plante, du Carbone à l'état d'acide carbonique. Il est vrai que le jour, tout au moins, ce Carbone est immédiatement repris par l'assimilation chlorophyllienne. Il n'y a donc, de ce côté, une perte sensible que pour les plantes sans chlorophylle.

L'assimilation chlorophyllienne cause à la plante une légère perte d'Oxygène, car le volume de l'acide carbonique absorbé étant plus petit que celui de l'Oxygène émis, il y a plus d'Oxygène dégagé qu'il n'y en a d'absorbé sous forme d'acide carbonique; il est vrai que, par contre, la respiration absorbant plus d'Oxygène qu'elle ne dégage d'acide carbonique, il y a, de ce fait, une petite quantité d'Oxygène fixé dans la plante, ce qui établit en quelque sorte une compensation avec la perte résultant de l'assimilation chlorophyllienne.

Mais il y a une cause importante de déperdition : C'est l'émission de vapeur d'eau qui fait éprouver au végétal une perte très sensible en Hydrogène et Oxygène.

146. Emission de vapeur d'eau. — Il est facile de prouver que la plante émet de la vapeur d'eau par une expérience directe qui consiste à placer une plante sous une cloche de verre. Le pot qui contient la plante est vernissé et recouvert d'un disque de plomb percé d'un trou central pour le passage de la tige. Au bout de très peu de temps on voit l'eau ruisseler sur les parois de la cloche. Le pot étant recouvert d'un vernis imperméable et d'un disque de plomb, le ruissellement que l'on observe sur la cloche ne peut évidemment pas être attribué à l'humidité de la terre du pot. Il faut donc admettre que la plante émet de la vapeur d'eau.

147. Mesure de la quantité de vapeur d'eau émise. — Le même pot vernissé et recouvert de son disque de plomb, dont nous nous sommes servi dans l'expérience précédente, étant placé sur l'un des plateaux d'une balance, on établit l'équilibre au moyen d'une tare mise sur l'autre plateau. Au bout de deux ou trois heures, on s'aperçoit que l'équilibre est rompu en faveur de la tare. Il y a donc eu diminution de poids de la plante, diminution qui ne peut provenir que de l'émission de la vapeur d'eau. Les poids marqués que l'on est obligé de mettre pour rétablir l'équilibre dans le plateau où se trouve la plante, indiquent, très approximativement, le poids de la vapeur d'eau émise pendant la durée de l'expérience.

On peut employer dans le même but une autre méthode : une plante, ou simplement une branche feuillée, étant fixée dans le bouchon d'un tube plein

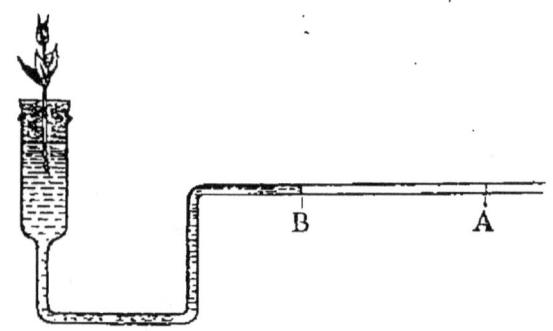

Fig. 187. — Mesure de l'émission de vapeur d'eau.

d'eau, on note le point précis A qu'occupe l'extrémité de la colonne liquide au début de l'expérience (fig. 187).

Au bout d'un temps déterminé, une heure par exemple, on constate que l'extrémité de la colonne liquide s'est déplacée et a reculé de A en B. Si le tube a été préalablement jaugé, c'est-à-dire si l'on sait quelle est la longueur du tube occupée par un millimètre cube de liquide, en mesurant la longueur AB, on sait quel est le volume d'eau absorbé et émis sous forme de vapeur par la plante pendant l'heure qu'a duré l'expérience.

Cette méthode a l'avantage de permettre de comparer le pouvoir d'émission des différents organes d'une même plante placés dans les mêmes conditions d'humidité, de température, de pression et d'éclairement.

ÉLIMINATION

148. Organes qui servent à l'émission de la vapeur d'eau. — Par où s'échappe cette vapeur d'eau? Des expériences précises (1) ont récemment démontré que la diffusion des gaz et de la vapeur d'eau, par conséquent, peut s'effectuer sur toute la surface épidermique des parties jeunes. Il est d'ailleurs bien évident que la diffusion est d'autant plus active que la membrane épidermique est moins cutinisée, c'est-à-dire moins imperméable. Mais c'est surtout par les stomates que les gaz et notamment la vapeur d'eau entrent dans la plante et en sortent. *Les stomates sont donc la voie principale par laquelle la vapeur d'eau s'échappe des plantes.*

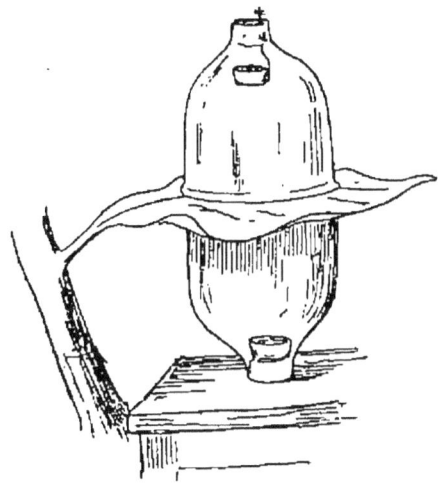

Fig. 188. — Expérience de Garreau.

Une expérience classique, due à Garreau, montre bien que les stomates jouent, dans l'émission de la vapeur d'eau, un rôle important. Entre deux cloches de verre on interpose, comme l'indique la figure 188, une feuille vivante.

---

(1) L. Mangin.

Dans chaque cloche se trouve une coupelle contenant un poids connu de chlorure de calcium, substance très avide d'eau.

Au bout d'un temps suffisant, on pèse de nouveau le chlorure de calcium, et l'augmentation de poids de chaque coupelle donne le poids de la vapeur d'eau émise par la face correspondante de la feuille, pendant la durée de l'expérience. Par ce moyen, on constate que c'est toujours la face inférieure, la plus riche en stomates, qui laisse dégager le plus grand poids de vapeur d'eau, et si l'on a mis en expérience une feuille dont la face supérieure ne possède aucun stomate, ce qui est le cas pour les feuilles très dissemblables sur leurs deux faces, on remarque que l'augmentation de poids du chlorure en relation avec la face supérieure est tout à fait insignifiante (1).

Une expérience plus précise encore et plus convaincante, si c'est possible, est la suivante (2). On applique étroitement contre une feuille de Graminée, par exemple, un papier imprégné d'un mélange de chlorure de palladium et de protochlorure de fer. Ce mélange est jaunâtre quand il est sec, mais devient gris quand il est humide.

Il peut donc, par son changement de couleur, déceler les moindres traces d'humidité. Or, quand on vient

---

(1) En remplaçant le chlorure de calcium par de la baryte, on voit que celle-ci augmente de poids du côté de la face la plus riche en stomates. Or, la baryte absorbant l'acide carbonique, il faut en conclure que c'est aussi par les stomates que ce gaz s'échappe. Les stomates sont donc, non seulement les orifices de sortie de la vapeur d'eau, mais encore la voie principale des échanges gazeux entre la plante et l'atmosphère.

(2) Merget.

à séparer de la feuille de Graminée le papier sensible, on le voit semé de petites taches grises, disposées en séries longitudinales qui correspondent exactement aux lignes très régulières, suivant lesquelles sont disposés les stomates des Graminées.

Les stomates ont donc laissé passer de la vapeur d'eau pendant la durée de l'expérience, et comme le reste du papier sensible n'a pas changé de couleur, il est évident que le reste de la feuille n'en a émis qu'une quantité insignifiante.

Dès lors, une conclusion s'impose : c'est que tous les organes jeunes, surtout ceux dont l'épiderme n'est pas cuticularisé et dont les tissus superficiels sous-épidermiques ne sont pas subérifiés, peuvent émettre de la vapeur d'eau ; mais que cette émission doit être particulièrement intense, toutes choses égales d'ailleurs, dans les organes à la surface desquels les stomates, surtout les stomates aquifères, sont abondants. C'est le cas des jeunes tiges et des feuilles qui laissent, en effet, dégager de grandes quantités de vapeur.

La quantité de vapeur d'eau émise dans un temps donné par une plante est-elle invariable, quelles que soient les conditions dans lesquelles la plante se trouve? A priori, c'est peu probable. Il est évident, en effet, que l'émission de la vapeur doit être activée, comme la simple évaporation d'un liquide, par l'élévation de la température, par la sécheresse de l'air ou son agitation ; que cette émission doit être d'autant plus rapide, que la surface d'émission de la plante est elle-même plus grande et qu'elle possède une proportion plus considérable de stomates. C'est là, précisément, ce que l'expérience vérifie.

149. Variation de la quantité de vapeur d'eau émise. — Mais il y a une cause assez inattendue de variation dans l'intensité du phénomène : c'est la plus ou moins grande intensité de l'éclairement.

Si, par l'une des méthodes précédemment décrites, on mesure les quantités de vapeur dégagées dans le même temps, par une même plante dans des conditions différentes d'éclairement, on remarque que le dégagement est beaucoup plus actif à la lumière directe qu'à la lumière diffuse et surtout qu'à l'obscurité ; toutes les autres conditions restant, bien entendu, les mêmes.

L'émission de vapeur d'eau par la plante n'est donc pas une simple évaporation, puisque la radiation lumineuse n'a aucune action ni accélératrice, ni retardatrice sur l'évaporation ordinaire.

150. Origines de la vapeur d'eau émise par les plantes. — Il y a donc lieu de rechercher quelles sont les sources auxquelles la plante puise l'eau qu'elle émet sous forme de vapeur.

Ces sources sont au nombre de deux :

Que la plante soit verte ou non, son protoplasme perd toujours de la vapeur d'eau. On a donné à cette émission de vapeur, ayant son origine dans l'activité protoplasmique, le nom de *transpiration*.

D'autre part, sous l'influence de la chlorophylle, il se produit une certaine quantité de vapeur d'eau qui, se diffusant dans les méats et les lacunes intercellulaires, vient, en définitive, sortir par les stomates de l'épiderme.

On a donné à ce dégagement de vapeur, dû à la chlorophylle, le nom de *chlorovaporisation*.

Donc, si l'on mesure la quantité d'eau émise par une plante verte exposée à la lumière, on voit que les nombres obtenus comprennent à la fois : 1° l'eau dégagée par la *transpiration* et 2° celle qui provient de la *chlorovaporisation*.

151. Transpiration et chlorovaporisation. Leur importance. — Il est possible de séparer ces deux fonctions l'une de l'autre et de faire la part de chacune d'elles dans l'émission de la vapeur d'eau. Il suffit, pour cela, de placer dans des conditions aussi identiques que possible, deux plantes de même espèce et de même surface, l'une étiolée et l'autre verte, et de mesurer par un des procédés précédemment décrits, la quantité de vapeur d'eau émise par chacune d'elles dans un temps donné. On compare ensuite entre eux les résultats obtenus.

On a pu, de cette façon, se convaincre que la transpiration protoplasmique n'entre que pour une très faible part dans le phénomène total de l'émission de la vapeur d'eau (2 à 3 0/0 chez les Graminées) et que la plus grande partie de la vapeur dégagée provient de la chlorovaporisation.

On comprend d'ailleurs que, dépendant de la chlorophylle, la chlorovaporisation doive, selon l'éclairement, varier dans d'assez larges limites. Nulle à l'obscurité, elle peut atteindre à la lumière une très grande intensité. Ainsi un pied de Maïs a chlorovaporisé en une heure, à la lumière diffuse, 17^{mgr}, au soleil, 608^{mgr}. C'est ce qui explique qu'en 10 heures de jour, transpiration et chlorovaporisation agissant ensemble, un champ de Maïs d'un hectare, tenant 30 plants au mètre carré, émette 36,300 kilogrammes d'eau. On voit, par cet exemple quelle énorme quantité d'eau les plantes déversent chaque jour dans l'atmosphère.

En résumé, toutes les plantes transpirent, qu'elles possèdent ou non de la chlorophylle ; mais les plantes vertes sont, en outre, le siège d'une chlorovaporisation d'autant plus active que l'éclairement est plus intense, et la quantité totale de vapeur d'eau émise par la plante est la somme des quantités dégagées par la transpiration, d'une part, et la chlorovaporisation de l'autre.

152. Relation de la chlorovaporisation avec l'éclairement. — Nous savons que la chlorophylle agit en absorbant certaines radiations qui ont pour effet de fournir à la plante la chaleur nécessaire à la décomposition de l'acide carbonique puisé dans l'air par les parties vertes (voir p. 237). Mais il peut se faire que les radiations absorbées ne soient pas toutes utilisées par l'assimilation chlorophyllienne. L'excès de chaleur peut alors servir à vaporiser de l'eau, et ce serait là l'origine de la chlorovaporisation (1).

On avait un moyen bien simple de vérifier le degré de probabilité de cette hypothèse, en étudiant la relation qui existe entre l'assimilation chlorophyllienne et la chlorovaporisation. S'il est vrai que cette dernière ne soit produite que par les radiations non utilisées par l'assimilation, plus, pour un éclairement d'intensité donnée, l'assimilation sera considérable, moins elle laissera de radiations disponibles et, par conséquent, moins la chlorovaporisation sera active. Si l'hypothèse est admissible, il devra exister une sorte de balancement entre ces deux fonctions qui seront, dès lors, antagonistes et se régleront l'une par l'autre.

La vérification a été faite (2). On sait qu'étant donné un certain éclairement, l'assimilation chlorophyllienne atteint son maximum d'intensité dans une atmosphère

---

(1) Ph. Van Tieghem.
(2) H. Jumelle.

contenant 10 0/0 d'acide carbonique; on a constaté que, dans ces conditions, l'émission de vapeur d'eau passe par un minimum.

D'autre part, les anesthésiques arrêtent l'assimilation chlorophyllienne et ralentissent notablement la transpiration proprement dite; et cependant, quand on fait agir de l'éther sur une plante verte, on remarque une augmentation de la quantité de vapeur d'eau émise; il faut donc que la chlorovaporisation soit devenue plus active.

Ces expériences prouvent que, conformément à l'hypothèse, il y a balancement entre la chlorovaporisation et l'assimilation chlorophyllienne, l'intensité de l'une décroissant quand l'intensité de l'autre augmente. Nous pouvons donc admettre comme très probable, que la chlorovaporisation et l'assimilation chlorophyllienne ont le même point de départ: l'absorption des radiations lumineuses par la chlorophylle, et leur transformation en radiations calorifiques, et que la chlorovaporisation utilise toutes les radiations laissées disponibles par l'assimilation.

153. Sudation. — Qu'une cause quelconque vienne à arrêter brusquement l'émission de la vapeur d'eau par la plante, que l'air, par exemple, devienne saturé d'humidité ou mieux encore que le soleil, en se couchant, interrompe la chlorovaporisation, l'eau n'en continue pas moins, pendant quelque temps, à affluer de la racine dans les feuilles. Aussi voit-on des gouttelettes liquides perler à la surface des feuilles et, en général, de toutes les parties jeunes, surtout si elles sont vertes. Ce phénomène, auquel on a donné le nom de *sudation*, est très visible chez les Graminées. C'est ainsi que se forment dans l'herbe des prés toutes ces gouttelettes que l'on confond ordinairement avec la rosée. La sudation est abondante surtout chez les plantes qui possèdent un grand nombre de stomates aquifères.

154. Nectar. — Parfois le liquide, avant de s'exsuder, traverse des tissus particuliers contenant une réserve sucrée, et auxquels on a donné le nom de *nectaires*. Aussi, quand il vient perler à la surface, contient-il une forte proportion de sucre. Il constitue alors le nectar dont les insectes sont si friands.

155. Odeur crépusculaire. — Enfin, le liquide exsudé peut entraîner avec lui des essences odoriférantes. C'est ce qui explique pourquoi une pluie, un arrosage, qui augmentent la proportion d'eau contenue dans la plante, le coucher du soleil ou simplement le passage devant le soleil, d'un nuage, toutes causes qui, diminuant l'éclairement, produisent l'arrêt de la chlorovaporisation et déterminent la sudation, accroissent l'intensité du parfum que répandent certains organes végétaux.

156. Les matières sécrétées. — Lorsque nous avons étudié les différentes substances que l'on peut rencontrer dans les cellules, nous avons vu qu'un certain

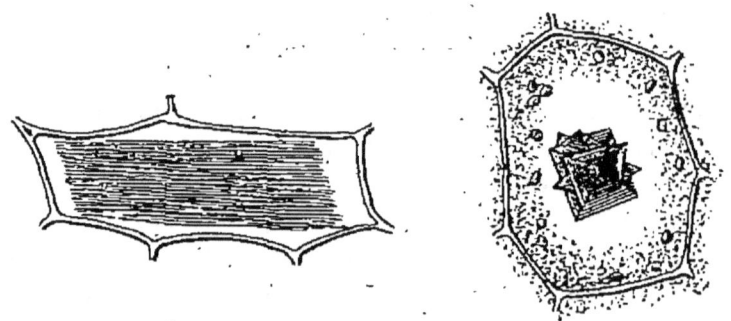

Fig. 189. — Cristaux d'oxalate de calcium.

nombre de ces substances peuvent être considérées comme des matériaux de déchet ou de rebut, prenant naissance au cours du travail chimique d'assimilation exécuté par la cellule sur les matériaux nutritifs qui lui arrivent du dehors.

Tantôt ces matières de rebut se déposent purement et simplement dans les cellules ordinaires. Tel est le cas des cristaux d'oxalate de calcium.

Il en est de même de certaines substances grasses d'élimination, telles que l'huile de palme ou l'huile d'olive.

Mais souvent aussi, les produits de désassimilation s'amassent dans des appareils spéciaux, cellules, canaux ou poches sécrétrices (voir p. 49), de forme et d'origine variées.

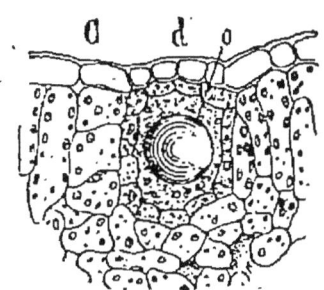

Fig. 190. — Poche sécrétrice de la Fraxinelle.

Telles sont certaines huiles essentielles, carbures

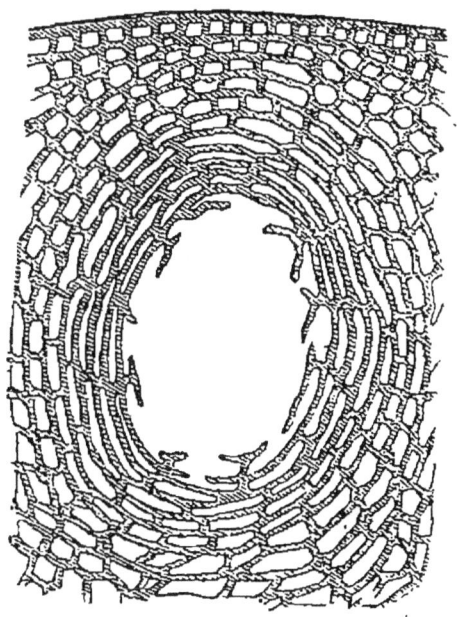

Fig. 191. — Glande de Citron.

d'hydrogène liquides très volatiles, qui, en s'oxydant à l'air, peuvent se transformer en résines. Ces essences se déposent souvent, sous forme de gouttelettes, dans les cellules épidermiques. Elles donnent alors aux plantes leurs parfums caractéristiques.

On peut citer, parmi les essences, le camphre, l'essence de citron, la menthe et toutes les essences des plantes de la famille des Labiées; la cannelle, le cubèbe, le santal, l'arnica, etc.

Les gommes résines sont des sucs opaques contenus dans les *vaisseaux laticifères* des plantes herbacées (Ombellifères, Euphorbiacées, etc.).

Les résines existent dans un grand nombre de plantes à l'état de dissolution dans les essences. Les baumes ne sont que des oléorésines additionnées d'acides benzoïque et cinnamique (benjoin, liquidambar, baume de tolu). Enfin citons encore les alcaloïdes dont nous avons donné un tableau, page 14.

157. Résumé du bilan de la plante. — Le gain de la plante se compose donc :

1º De l'eau, chargée de substances solubles, qui lui vient du sol par les racines;

2º De l'Azote atmosphérique qu'elle prend par la même voie, après sa transformation en nitrates dans le sol;

3º Du Carbone que lui fournit l'acide carbonique de l'air décomposé par la chlorophylle;

4º De l'Oxygène qu'elle puise dans l'air par la respiration.

Quant à ses pertes, elles sont constituées :

1º Par la vapeur d'eau émise par la transpiration et la chlorovaporisation;

2º Par l'Oxygène que dégage l'assimilation chlorophyllienne;

3º Par l'acide carbonique émis pendant la respiration;

4° Par tous les produits variés de désassimilation qui constituent les sécrétions.

Quand le gain est supérieur à la perte la plante grandit, prospère et peut même constituer des réserves.

Si le gain est inférieur à la perte, la plante dépérit et meurt.

La circulation dans les végétaux.

Il s'agit maintenant de relier entre eux tous les phénomènes que nous venons de décrire. Il est nécessaire de montrer comment les dissolutions peuvent être puisées dans le sol par la Racine, et transportées ensuite aux feuilles où la transpiration et la chlorovaporisation les concentrent, et où l'assimilation chlorophyllienne les élabore et les enrichit en principes carburés qui se distribuent ensuite partout où ils sont nécessaires à la nutrition des organes.

158. Pénétration des liquides dans la Racine. — La pénétration des liquides de l'extérieur à l'intérieur de la Racine par les poils absorbants, est un phénomène osmotique. Nous n'avons pas à expliquer l'osmose. Disons seulement que si l'on dispose, dans un cristallisoir contenant de l'eau pure, un tube à entonnoir renversé, fermé par une membrane en baudruche et contenant un liquide épais, tel qu'un sirop de sucre coloré en rouge pour qu'on le voie mieux, on constatera au bout de quelque temps, que le liquide rouge s'est élevé dans le tube fort au-dessus du niveau de l'eau dans le cristallisoir, et que l'eau du cristallisoir est légèrement teintée de rose (fig. 192). Donc l'eau du cristallisoir a traversé la baudruche pour entrer dans le tube, beaucoup plus vite que le liquide du tube n'en est sorti pour venir dans le cristallisoir. C'est à ce double passage simultané de deux liquides à travers la même membrane qu'on a donné le nom d'*osmose*.

Or, un poil radical n'est pas autre chose qu'une cel-

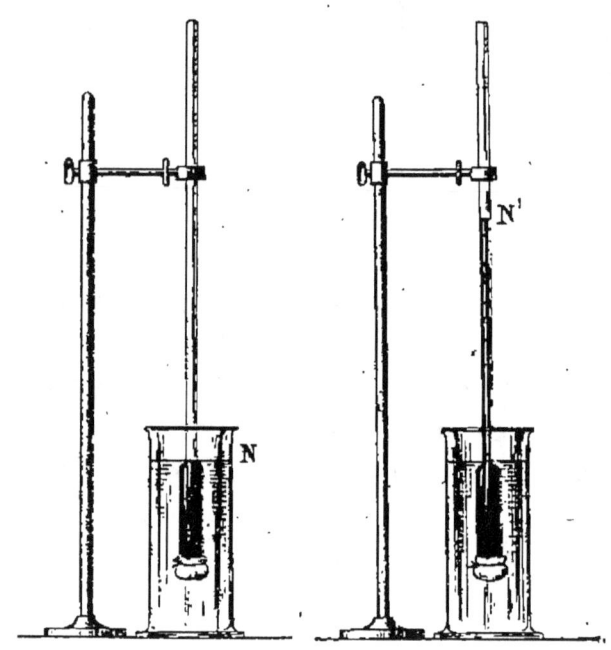

Fig. 192. — Expérience de Dutrochet.

lule superficielle qui s'est allongée de façon à faire fortement saillie dans le milieu extérieur (fig. 193).

La membrane du poil joue ici le même rôle que la baudruche dans l'expérience précédente connue sous le nom d'expérience de Dutrochet (fig. 192). Le protoplasme et le suc cellulaire qui remplissent le poil, sont de nature semi-fluide et en tout semblables à ces substances dites *Colloïdes* qui, comme le sirop épais de sucre, traversent difficilement les membranes. D'autre part, le milieu dans lequel le poil fait saillie contient de l'eau chargée de quelques sels solubles de nature *cristalloïde*, c'est-à-dire qui se prêtent facilement à l'osmose. Donc une Racine munie de ses poils absorbants est tout à fait comparable à un tube de Dutrochet : les liquides extérieurs pénètrent très facilement dans le poil, d'où ils se répandent ensuite dans les vaisseaux de la Racine. Donc, au niveau des poils radi-

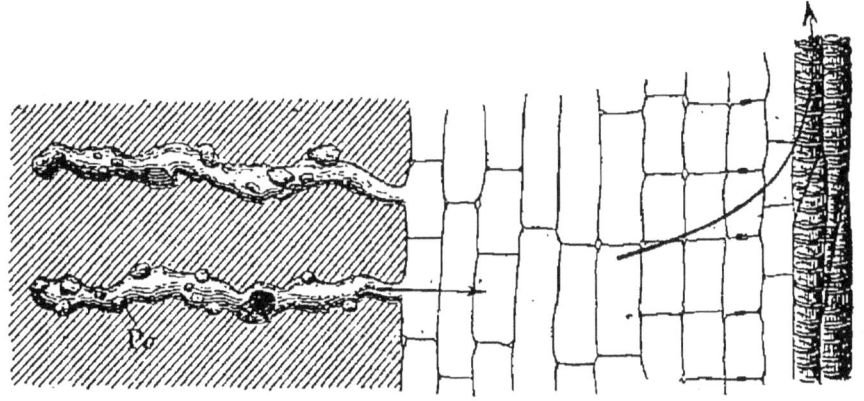

Fig. 193. — Absorption de liquides par les poils de la Racine.

caux il y a évidemment pénétration des liquides extérieurs ; il y a, comme on dit, *endosmose*.

Y a-t-il en même temps *exosmose*, c'est-à-dire sortie des liquides du poil dans le milieu extérieur ? C'est possible, car, lorsqu'un poil est appliqué contre un caillou calcaire, il y trace un sillon, il s'y incruste légèrement, comme s'il sécrétait un acide capable de dissoudre le calcaire. Il y aurait donc, de la part du poil, une véritable sécrétion. Mais cette exosmose problématique est, en tout cas, toujours très faible.

159. Ascension de la sève brute. — Voilà donc la sève brute entrée dans les poils ; de cellule en cellule, elle gagne, par diffusion, par imbibition progressive, les vaisseaux du bois qui sont des tubes capillaires. L'expérience de Dutrochet montre que la force osmotique est, à elle seule, capable de faire monter le niveau du liquide dans le tube à une hauteur bien supérieure au niveau dans la cuvette. Donc la force osmotique est une première cause de l'ascension de la sève brute dans les vaisseaux du bois.

Mais, ces vaisseaux eux-mêmes sont des capillaires extrêmement fins, et l'on sait que les liquides qui *mouillent* les parois d'un tube capillaire montent d'autant plus haut dans ce tube qu'il est plus fin, et cela quelles que soient la forme du tube et la substance dont il est fait.

La capillarité, unie à la force osmotique, peut donc faire monter assez haut le liquide absorbé par les racines, surtout si l'on songe qu'étant très aqueux, ce liquide est très mobile.

Du reste, on peut s'en assurer par l'expérience en coupant au ras de terre un pied de vigne en pleine végétation, et en remplaçant la tige par un tube de verre très soigneusement mastiqué sur la section. On voit très rapidement la sève s'y élever à une hauteur N de plusieurs décimètres sous la seule et vigoureuse poussée des forces osmotiques et capillaires (fig. 194).

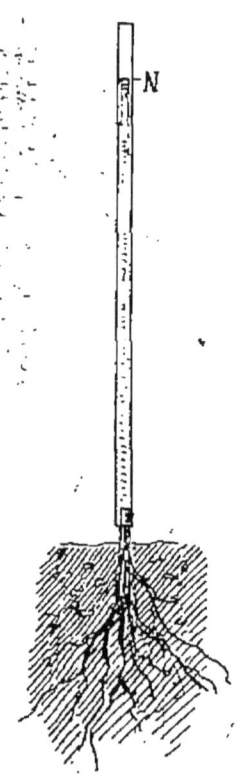

Fig. 194. — Expérience montrant quelle est la puissance de la force osmotique.

Mais ces deux forces ne suffiraient pas à elles seules à produire l'ascension de la sève jusqu'aux feuilles les plus élevées d'un arbre. Il faut qu'une autre force vienne apporter son concours. Or l'émission active de vapeur d'eau qui, pendant le jour, s'opère à la surface des feuilles, produit évidemment une diminution de pression qui détermine un appel de sève, et cette force d'aspiration ajoutée aux autres suffit pour expliquer que la sève puisée dans le sol monte jusqu'aux parties plus élevées du végétal, jusqu'aux feuilles les plus éloignées du tronc.

160. Distribution de la sève élaborée.— Arrivée dans la feuille, cette sève brute se répand dans les cellules avec les matériaux qu'elle contient. La transpiration et la chlorovaporisation, très abondantes dans la feuille qui est le tissu vert par excellence, concentrent cette sève en même temps que l'assimilation chlorophyllienne l'enrichit en substances carburées nutritives, fabriquées aux dépens de l'acide carbonique de l'air. La sève brute et aqueuse est devenue ainsi une sorte de matière semi-liquide très propre à nourrir les divers organes en voie de croissance. On la nomme *la sève élaborée.*

La sève élaborée est distribuée partout au moyen des tubes criblés du liber. C'est du moins ce que l'on suppose d'après un certain nombre d'expériences dont la plus classique est la suivante (1).

Fig. 195. — Schéma de la forme cicatricielle d'une ablation circulaire du liber autour d'un rameau.

Si l'on fait une section superficielle autour d'un rameau de façon à le décortiquer complètement en enlevant suivant une bande circulaire tout le liber, jusqu'au bois, on voit se former sur les deux bords de la plaie, un bourrelet de cicatrisation (fig. 195). Mais

---

(1) Hanstein.

tandis que le bourrelet le plus rapproché du tronc est mince et peu accusé, l'autre est extrêmement développé et même il s'y forme très souvent des racines adventives, ce qui indique évidemment une nutrition plus complète.

Cette suractivité de la nutrition du rameau est rendue plus évidente encore si ce rameau est fructifère; car alors les fruits qu'il porte prennent un développement inaccoutumé.

Toutes ces particularités s'expliquent très bien si l'on admet que la sève élaborée redescend des feuilles du rameau par les tubes criblés du liber, en suivant la direction de la flèche (fig. 195). Trouvant le passage coupé par l'ablation des tubes libériens de la région décortiquée, cette sève nutritive ne peut quitter le rameau. Elle est donc utilisée sur place pour la formation du bourrelet cicatriciel et la nutrition des fruits.

On peut même faire une contre-expérience qui ne fait que confirmer les résultats de la précédente : si, en décortiquant, on respecte une bande de liber, les mêmes phénomènes ne se représentent pas, c'est-à-dire que les fruits atteignent et conservent leurs dimensions normales.

De ces deux expériences nous pouvons donc conclure avec quelque logique, que les tubes criblés du liber servent bien à ramener dans les rameaux, dans les tiges, dans tous les organes en voie de croissance et jusqu'au bout des plus minces radicelles, la sève élaborée par l'activité foliaire.

161. Turgescence. — La circulation de la sève et la pénétration de l'eau dans les cellules vont nous permettre de nous rendre compte de ce qu'on entend par la *turgescence* des cellules.

Que, pour une cause quelconque, une cellule attire

à elle de grandes quantités d'eau, la pression augmente aussitôt dans son intérieur. C'est ce qu'on exprime en disant que la cellule devient *turgescente*. La turgescence varie nécessairement avec la quantité d'eau absorbée par la cellule. Elle peut être très considérable, puisqu'on a calculé que, dans certaines cellules de la moelle de l'*Heliantus annuus*, elle atteint 13 $\frac{1}{2}$ atmosphères.

Sous une pareille pression, il est clair que les cellules doivent se distendre, s'allonger, et que cet allongement purement mécanique entraîne, comme conséquence, leur cloisonnement et leur multiplication. La turgescence et les causes qui la peuvent modifier (radiation calorifique ou lumineuse) seraient, d'après cette manière de voir, la raison première de la croissance des végétaux.

D'autre part, la lumière augmentant l'émission de la vapeur d'eau doit diminuer la turgescence des cellules sur lesquelles elle agit et, par conséquent, retarder l'allongement. Cela expliquerait assez l'action retardatrice de la lumière sur la croissance.

162. Mouvements des feuilles. — La turgescence plus ou moins grande des cellules va nous permettre aussi d'expliquer un certain nombre de phénomènes d'observation facile, mais dont la cause est assez longtemps restée mystérieuse. Nous voulons parler des mouvements qu'effectuent les feuilles de quelques plantes, mouvements qui peuvent être, les uns, spontanés et réguliers, les autres, provoqués par un contact.

Les mouvements spontanés sont, en général, dus à la variation de l'intensité d'éclairement. Ainsi l'on voit souvent, au crépuscule, le pétiole de certaines feuilles se relever ou s'abaisser, selon les cas, et le limbe, qu'il soit simple ou composé, se replier sur lui-

15.

même. C'est ce qu'on observe très nettement chez un grand nombre de Papilionacées telles que le Trèfle

Fig. 196. — Feuilles de Trèfle.
Position de veille et position de sommeil.

(fig. 196), le *Robinia pseudo-acacia* (fig. 197), le Lupin (fig. 198).

Dans toutes ces plantes, les folioles se meuvent de

Fig. 197. — Feuilles de *Robinia pseudo-acacia*.
A position de veille et B position de sommeil.

façon à venir, le soir, appliquer leurs faces supérieures ou inférieures l'une contre l'autre.

On comprend que, dans cette position, la surface

de rayonnement soit considérablement diminuée. Ces

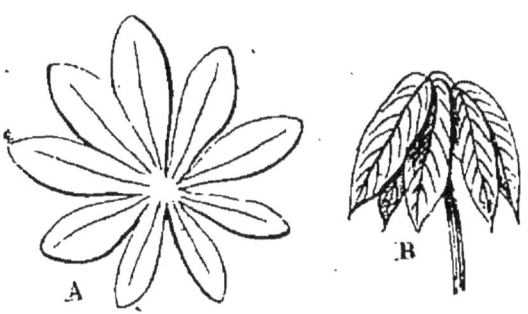

Fig. 198. — Feuille de Lupin. A position de veille, B position de sommeil.

mouvements dits *nictytropiques*, ont donc pour effet de protéger la feuille contre le refroidissement nocturne.

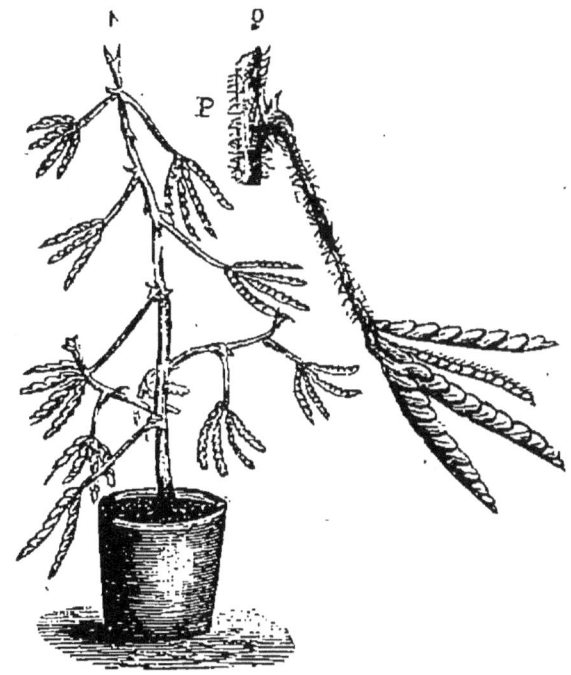

Fig. 199. — Pied de Sensitive. Position de sommeil.

Les feuilles capables de mouvements nictytropiques

peuvent donc prendre deux positions bien distinctes : la position de veille ou diurne, caractérisée par l'épanouissement complet des surfaces foliaires, et la position de sommeil ou nocturne, dans laquelle les surfaces foliaires sont reployées de façon à être réduites à leur minimum.

Considérons, par exemple, un pied de Sensitive. Les mouvements nictytropiques sont, dans cette plante, particulièrement accentués et c'est là qu'on les a étudiés avec le plus de soin. Le soir, au coucher du soleil, le pétiole principal est abaissé ; les quatre pétioles secondaires se réunissent en un faisceau, en même temps les folioles se relèvent et viennent appliquer les unes contre les autres leurs faces supérieures.

163. Mécanisme des mouvements. — Si l'on examine de près la structure d'une feuille de Sensitive, on voit qu'à la base du pétiole principal et des pétioles secondaires, comme à la base de chaque foliole, il existe un petit renflement. C'est lui qui joue dans la production des mouvements un rôle important, aussi l'appelle-t-on le *renflement moteur*.

Quand la nuit arrive, la chlorovaporisation cesse d'autant plus brusquement que l'obscurité succède plus rapidement à la lumière. L'eau qui affluait dans la feuille, ne s'y évaporant plus, s'accumule dans les renflements moteurs et détermine dans leurs cellules une forte turgescence, dont la conséquence est de faire passer la feuille de sa position de veille à sa position de sommeil.

L'accumulation de l'eau dans les renflements moteurs se comprend d'autant mieux que l'assimilation chlorophyllienne a eu pour effet de fabriquer, pendant le jour, des réserves considérables de sucre qui viennent peu à peu s'emmagasiner dans les renflements, surtout dans le renflement principal. Celui-ci est donc, le soir, gorgé de sucre. Or, le sucre étant une substance éminemment osmotique doit, au moment de la cessation de la chlorovaporisation, appeler et retenir l'eau en quantité considérable. D'où la turgescence particulière des cellules du renflement.

Pendant la nuit, le sucre du renflement principal, étant lentement consommé, se répand peu à peu dans la feuille, d'une part, dans le rameau, de l'autre. La turgescence diminue donc progressivement et l'on voit,

Fig. 200. — Renflement moteur de la base du pétiole.

en effet, le pétiole se relever peu à peu jusqu'au matin et reprendre lentement sa position de veille, tandis que les pétioles secondaires et les folioles, dont les renflements moteurs ont reçu une partie du sucre évacué par le renflement principal, conservent leur turgescence et gardent, toute la nuit, leur position de sommeil.

Quand le soleil reparait, la chlorovaporisation reprend son cours, et l'eau, s'échappant en vapeur, quitte, par conséquent, les renflements moteurs des folioles et des pétioles secondaires. Aussitôt, la turgescence diminuant, la feuille s'étale et reprend sa position de veille.

Mais, au moment où les folioles s'étalent à la lumière, la feuille se remet à assimiler activement le Carbone et à fabriquer de nouvelles réserves de sucre qui vont s'emmagasiner peu à peu, dans le renflement moteur du pétiole principal. La turgescence de ce renflement va, par suite, en augmentant progressivement jusqu'au soir, où elle atteint son maximum au moment de la cessation de la chlorovaporisation. Aussi voit-on le pétiole principal qui, redressé le matin, va s'abaissant lentement à partir du lever du soleil jusqu'à son coucher, au fur et à mesure qu'augmente la turgescence, déterminée dans les cellules de son renflement moteur, par la proportion sans cesse croissante de sucre qui s'y accumule (1).

Nous devons dire que dans l'explication précédente des mouvements spontanés des feuilles de la Sensitive une large part est faite à l'hypothèse. Mais nous sommes obligés de nous en contenter provisoirement faute d'autre.

Les mouvements nictytropiques observés dans les autres plantes peuvent être expliqués de la même façon, ces mouvements étant, quoique moins accentués, analogues à ceux qui se produisent chez la Sensitive.

164. Mouvements dus à une irritation mécanique. — Si l'on vient à ébranler, même très faiblement, une feuille de Sensitive, elle prend immédiatement sa position de sommeil.

Le siège du mouvement est encore le renflement moteur; mais, cette fois, la partie active du renflement semble être sa partie inférieure. Si, en effet, on enlève avec un bon scalpel la partie supérieure du renflement, la feuille ne perd pas son excitabilité. Mais toute sensibilité et toute aptitude aux mouvements provoqués disparaissent quand, laissant intacte la partie supérieure du renflement, on enlève la partie inférieure.

D'autre part, quand la feuille, ayant été excitée, a pris sa position de sommeil, on remarque que les cellules inférieures du renflement sont flasques et molles comme si elles avaient perdu leur eau. Ceci ne peut guère s'expliquer que si l'on admet une excitabilité et

---

(1) Millardet, P. Bert, Van Tieghem.

une contractilité particulière du protoplasme de ces cellules, ayant pour conséquence l'expulsion rapide, immédiate, de l'eau qu'elles contiennent et la diminution consécutive de la turgescence. Puis peu à peu, ces cellules reprennent l'eau qu'elles ont expulsée, redeviennent turgescentes et la feuille se redresse et s'étale dans sa position de veille.

La Sensitive n'est pas la seule plante jouissant de cette excitabilité curieuse. La plupart des feuilles capables de mouvements nictytropiques sont dans le même cas; seulement leur sensibilité est beaucoup plus faible

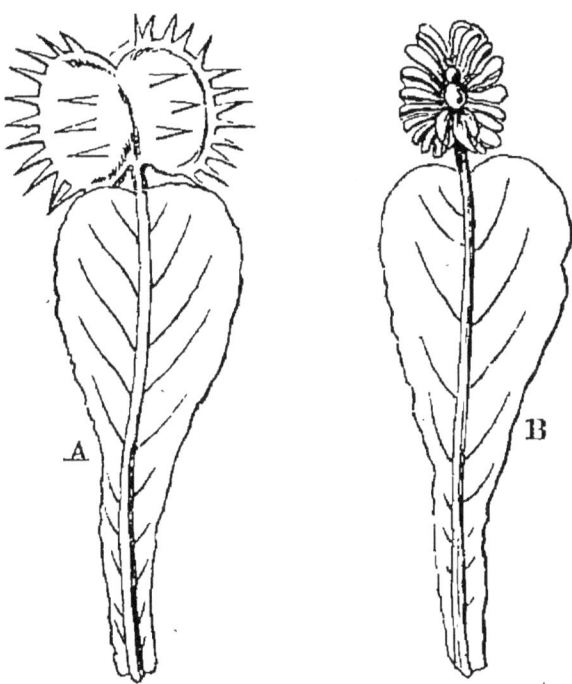

Fig. 201. — Dionée gobe-mouche.

et il faut une irritation prolongée pour provoquer chez elles des mouvements appréciables.

Deux plantes, la Dionée gobe-mouche et le Rossolis

268   ÉTUDE D'UNE PLANTE PHANÉROGAME

(*Drosera rotundifolia*) présentent des phénomènes singuliers. Quand un insecte vient à toucher les poils centraux (fig. 201) du limbe d'une feuille de Dionée, les deux moitiés du limbe se replient l'une sur l'autre, en tournant autour de la nervure médiane comme autour d'une charnière ; et comme les bords du limbe sont armés de poils rigides qui s'enchevêtrent les uns dans les autres, l'insecte se trouve pris comme dans un étau.

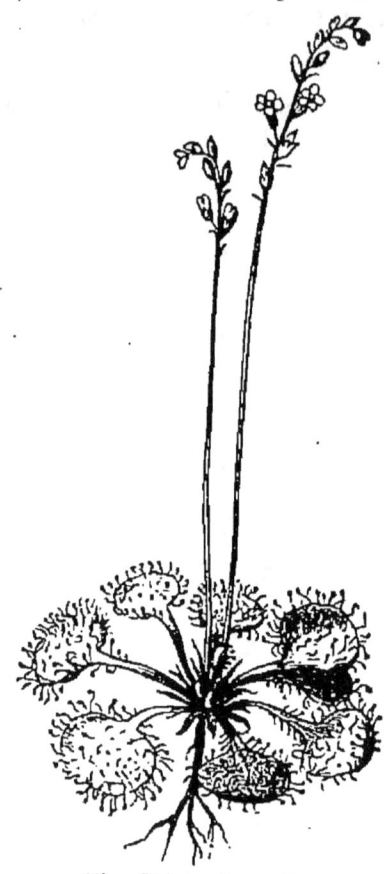

Fig. 202. — Rossolis.

Les feuilles de Rossolis ont un limbe couvert de poils glandulaires très longs (fig. 203. A). Quand un insecte vient à toucher le limbe, tous les poils se rabattent autour de lui et l'emprisonnent (fig. 203. B). Ces poils secrètent un liquide qui opère sur l'insecte une

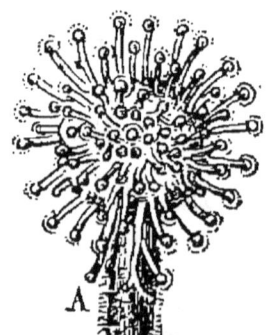 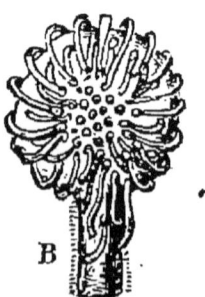

Fig. 203. — Limbe d'une feuille de Rossolis (*Drosera*). A, poils étalés, B, poils repliés.

véritable digestion. C'est ce qui avait fait donner à ces plantes le nom de *plantes carnivores*. Mais il est au moins douteux que cette digestion soit suivie d'une absorption de la part de la plante.

Le mécanisme des mouvements de la Dionée et des Rossolis n'est pas encore connu.

CHAPITRE VI

LA REPRODUCTION DES PHANÉROGAMES

La Fleur.

165. Préliminaires. — Nous savons comment une plante phanérogame végète et s'entretient par le fonctionnement de ses trois membres : La Racine, la Tige et la Feuille. Il nous reste maintenant à étudier comment cette même plante arrive à produire la graine d'où nous l'avons vue sortir (p. 64).

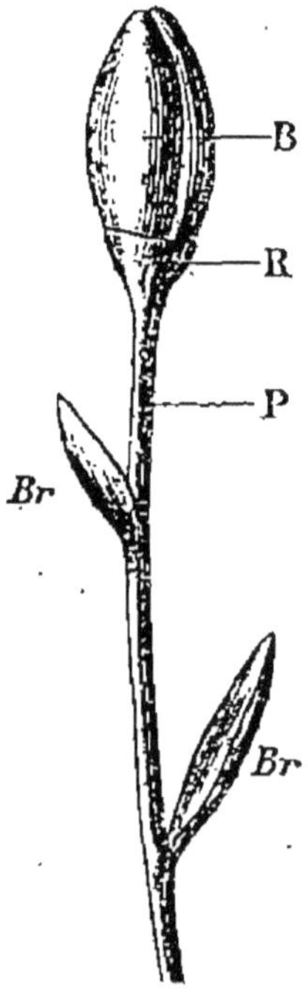

L'organe de la reproduction est la Fleur.

Ce n'est pas un membre ou un organe nouveau : c'est simplement un ensemble de feuilles qui, en raison de leur adaptation à un rôle tout spécial, se sont modifiées assez profondément pour que, dans beaucoup de cas, leur vraie nature ne puisse être révélée que par un examen assez approfondi.

Fig. 204.

Le rameau à l'extrémité duquel se trouve cet ensemble de feuilles transformées qui est la Fleur, s'appelle le *Pédoncule* ou *Pédicelle* (P) (fig. 204). Les feuilles

INFLORESCENCE 271

souvent incomplètes et très réduites que porte le pédicelle sur ses flancs se nomment des *bractées* (B*r*). Le sommet du pédicelle, ordinairement élargi en plate-forme, et sur lequel s'attachent les feuilles modifiées qui forment la Fleur, est le *réceptacle* (R), et enfin, quand la Fleur est jeune et que ses feuilles constitutives sont serrées et réunies en une sorte de bourgeon, ce bourgeon terminal, d'aspect particulier, se nomme le *bouton* (B).

166. Inflorescence. — Avant d'étudier la Fleur en elle-

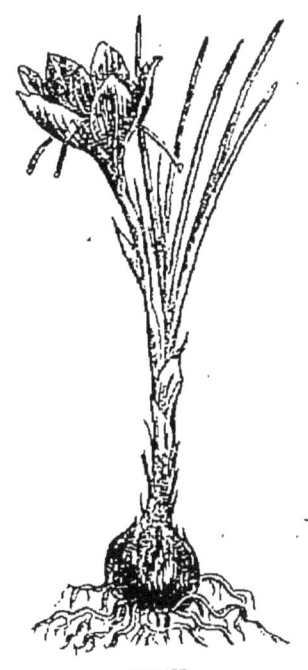

Fig. 205. — Inflorescence solitaire du Safran.

Fig. 206.
Inflorescence groupée du Tabac.

même, il est bon de rechercher comment les fleurs se disposent ou se groupent sur la plante.

La façon dont les fleurs sont disposées sur les organes végétatifs se nomme l'*inflorescence*, et son étude fournit de bons caractères pour la classification ; c'est à ce point de vue que cette étude est importante.

Les fleurs sont *solitaires* ou *groupées*.

Elles sont *solitaires* quand l'observateur, partant d'une fleur et descendant le long de son pédicelle de façon à gagner le pédicelle de la fleur la plus voisine, rencontre en chemin de vraies feuilles bien caractérisées. Si, en effectuant le même trajet, il ne rencontre que des bractées, les fleurs sont dites *groupées*. C'est ce qu'on exprime encore en disant que les fleurs solitaires sont celles qui sont séparées les unes des autres par de vraies feuilles, tandis que les fleurs groupées ne sont séparées que par des bractées. Exemple de fleurs solitaires : le Safran (fig. 205). Exemple d'inflorescence groupée : le Tabac (fig. 206).

Inflorescence solitaire. — L'inflorescence solitaire peut être *définie* ou *indéfinie*. Elle est définie quand le rameau florifère, étant terminé par une fleur, cesse de s'allonger et ne produit sur ses flancs, à l'aisselle de ses feuilles, que des rameaux secondaires également terminés par des fleurs. L'inflorescence définie se nomme aussi une *cyme*.

Quand l'axe principal de l'inflorescence se termine, non par une fleur, mais par un bourgeon ordinaire qui lui permet de s'accroître et de produire sur ses flancs un nombre indéfini de rameaux florifères, on dit que l'inflorescence est *indéfinie*. Dans ce cas, le nombre des fleurs latérales n'est limité que par la vigueur de la plante.

Ainsi la fig. 205, qui représente le Safran, nous montre une inflorescence solitaire définie ou terminale et la fig. 207 nous montre une inflorescence solitaire indéfinie : a tige, terminée par un bourgeon ordinaire, s'accroit, en effet, indéfiniment. On la nomme aussi inflorescence solitaire *axillaire* parce que chaque fleur solitaire naît à l'aisselle d'une vraie feuille.

Fig. 207. — Inflorescence solitaire indéfinie de la Pervenche.

nflorescence groupée définie. — Comme l'inflorescence solitaire, l'inflorescence groupée peut être définie ou indéfinie et la définition est la même. Quand elle est définie, il peut se présenter deux cas :

1° L'axe, un peu au-dessous de la fleur qui le termine, porte deux bractées opposées à l'aisselle, de chacune desquelles naît un pédoncule secondaire défini, qui lui-même, à l'aisselle des deux bractées, donne naissance à deux axes tertiaires, etc.

Chacun de ces groupes, composés d'un rameau défini et des deux rameaux *dichotomiques*, c'est-à-dire qui naissent sur ses flancs à l'opposé l'un de l'autre s'appelle une *cyme bipare*, C (fig. 208). Exemple : Gypsophylle, Petite Centaurée ;

2º Les bractées à l'aisselle desquelles naissent les

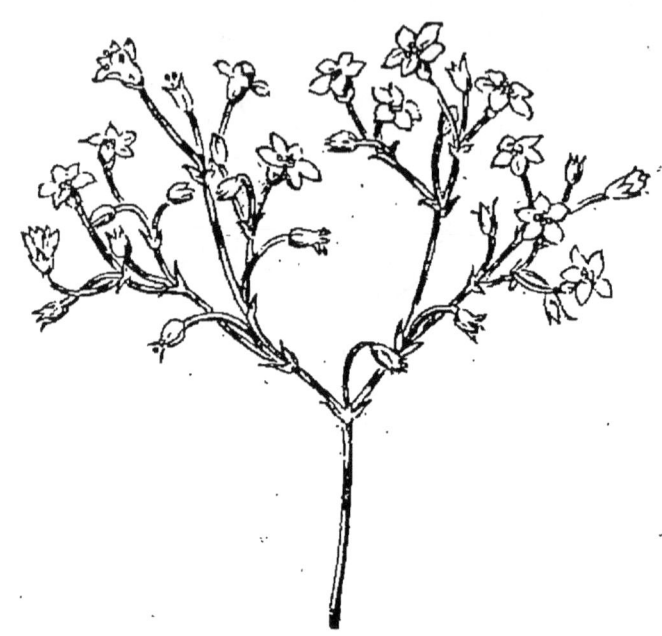

Fig. 208. — Gypsophylle. Inflorescence en cyme bipare.

pédicelles latéraux, ne sont pas opposées, mais alternent. On a alors une *cyme unipare*. Cette cyme peut être un *sympode* (fig. 209 B). On voit que le sympode n'est pas

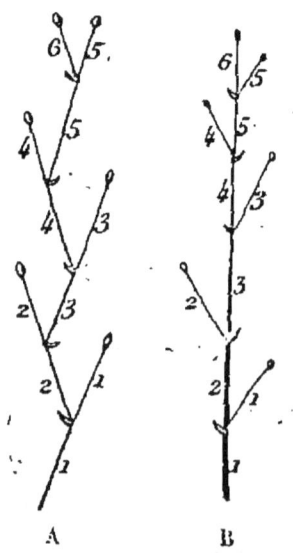

Fig. 209.— Cyme unipare ; B, sympode hélicoïde.

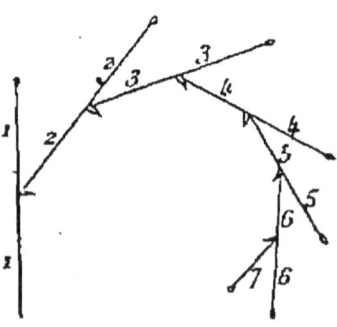

Fig. 210. — Inflorescence scorpioïde.

autre chose qu'un système de ramification semblable

à celui qui est représenté en A, mais dans lequel chaque rameau, né à l'aisselle d'une bractée, se place dans le prolongement de la branche qui lui a donné naissance en rejetant celle-ci de côté. Ainsi le rameau 2, né de 1 (fig. 209, B), à l'aisselle d'une bractée, s'est mis dans le prolongement de 1 en rejetant sa partie supérieure du côté opposé à la bractée. Ce genre de sympode se nomme *sympode hélicoïde*.

La cyme unipare peut être *scorpioïde*, quand le rameau dominant, au lieu d'être, comme dans le cas précédent, alternativement à droite et à gauche, est toujours du même côté de l'axe. L'inflorescence s'enroule alors en spirale sur elle-même. Cette inflorescence se rencontre fréquemment chez les Borraginées (fig. 210).

Inflorescence groupée indéfinie. — 1ᵉʳ *Cas.* — Il n'y a que deux degrés de végétation, c'est-à-dire qu'il n'y a jamais que l'axe principal du groupe, qu'on appelle *l'axe principal de l'inflorescence*, et des axes secondaires qui naissent en nombre indéterminé le long de cet axe, à l'aisselle de ses bractées, et *qui se terminent chacun par une fleur*.

Fig. 211.
Une grappe.

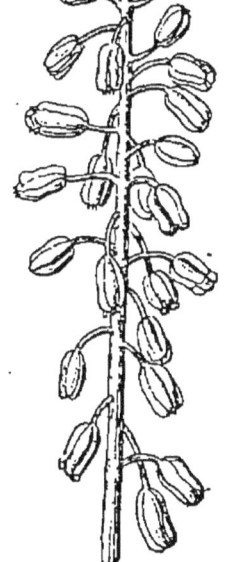

Fig. 212.
Grappe de Muscari.

Les différents groupements de fleurs qui rentrent dans cette catégorie sont : la *grappe*, le *corymbe*, l'*épi*, l'*ombelle* et le *capitule*.

La *grappe* est une inflorescence à deux degrés, dans laquelle l'axe principal s'est allongé autant qu'il a pu le faire, et porte sur toute sa longueur, en nombre indéterminé, des axes secondaires égaux entre eux, assez allongés et terminés chacun par une fleur. Ex. : le Muscari (fig. 212), le Groseiller.

Le schéma de cette inflorescence est donné par la figure 211. On remarquera combien la grappe ressemble, à première vue, à la cyme unipare hélicoïde (fig. 209, B.) Mais en regardant plus attentivement, on verra que ces deux inflorescences diffèrent par la place qu'occupent les bractées relativement aux rameaux florifères. Dans la grappe, l'axe principal est un organe simple, une tige rectiligne, produisant sur ses flancs des rameaux secondaires. Dans la cyme hélicoïde, ce qui paraît être l'axe principal de l'inflorescence est formé par la superposition de parties appartenant à des générations différentes.

Le *corymbe* (fig. 213 et 214) est une grappe dans

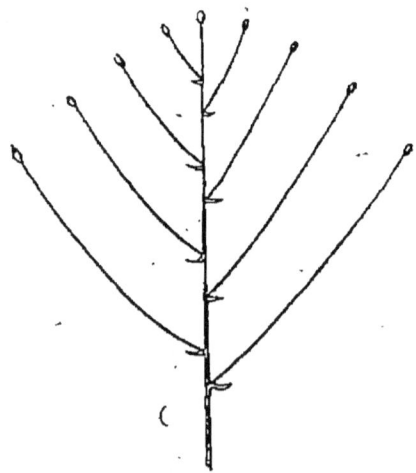

Fig. 213. — Un corymbe (schéma).

laquelle les rameaux secondaires, en nombre indéterminé, sont allongés mais inégaux entre eux de façon

INFLORESCENCE

que toutes les fleurs soient à peu près au même niveau. Ex. : le Pommier.

L'ombelle est une grappe dans laquelle l'axe princi-

Fig. 214. — Fleurs en corymbe (Poirier).

pal de l'inflorescence est raccourci au point de ne plus exister. Les axes secondaires semblent alors tous

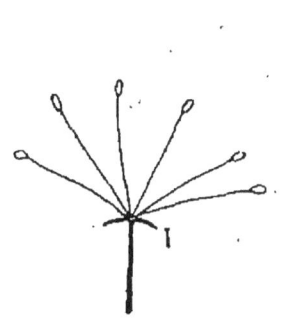

Fig. 215
Une ombelle (schéma).

Fig. 216. — Fleur en ombelle simple (Cerisier).

partir du même point (fig. 215 et 216), et toutes les bractées qui, dans la grappe, sont échelonnées le long de l'axe, se trouvent ici réunies à l'origine commune des pédicelles où elles forment une collerette qu'on nomme l'*involucre* (fig. 215).

L'*épi* est une grappe dans laquelle les rameaux se-

Fig. 217.
Epi (schéma).

Fig. 218. — Fleurs en épi
(Bouillon Blanc).

condaires n'existent plus, de sorte que chaque fleur, se trouvant privée de pédicelle, est sessile sur l'axe principal, à l'aisselle de sa bractée mère. Ex. : le Bouillon Blanc (fig. 217 et 218).

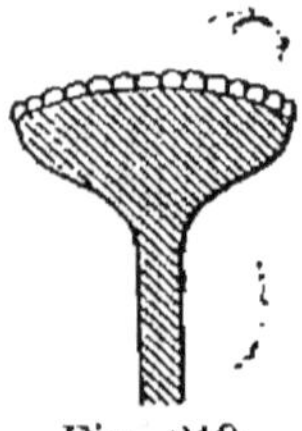

Fig. 219.
Capitule (Schéma).

Enfin le *capitule* est une ombelle dans laquelle les rameaux secondaires n'existent plus. Les fleurs sont alors sessiles, groupées et serrées côte à côte sur le sommet élargi de l'axe principal de l'inflorescence (fig. 219). Ex. : le Souci (fig. 220), la Matricaire, la Marguerite.

2ᵉ *Cas.* — Dans tous les cas précédents, l'inflorescence est simple; mais, le plus souvent, les pédoncules de la deuxième génération ou pédoncules secondaires, insérés sur l'axe principal de l'inflorescence, ne se terminent pas immédiatement par une fleur. Ils se ramifient à leur tour de façon à produire des rameaux de troisième génération.

La complication devient alors, en apparence, extrême, parce que la ramification des rameaux secondaires peut se faire suivant le même type que la ramification de l'axe principal, ou elle peut se faire suivant un type différent. On peut alors imaginer toutes les combinaisons possibles entre les différents types d'inflorescences. Il y a bien des chances pour que la combinaison imaginée soit réalisée dans la nature. Nous nous bornerons à en citer quelques exemples.

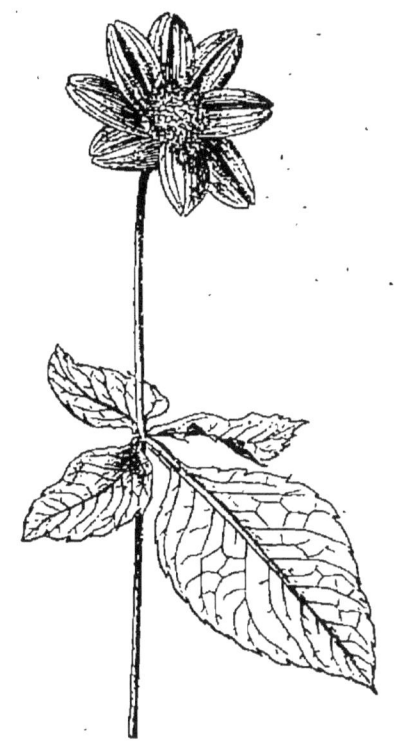

Fig. 220. — Fleur en capitule (Souci des champs).

Le Blé, le Chiendent, sont des épis dont les ramifications sont elles-mêmes de petits épis ou *épillets*; l'inflorescence est donc un épi d'épillets (fig. 221).

L'Achillée Mille-feuilles (fig. 222) est un corymbe de capitules. — Les Ombellifères ont des inflorescences en *ombelles* composées d'*ombellules* (fig. 223 et 224). Dans

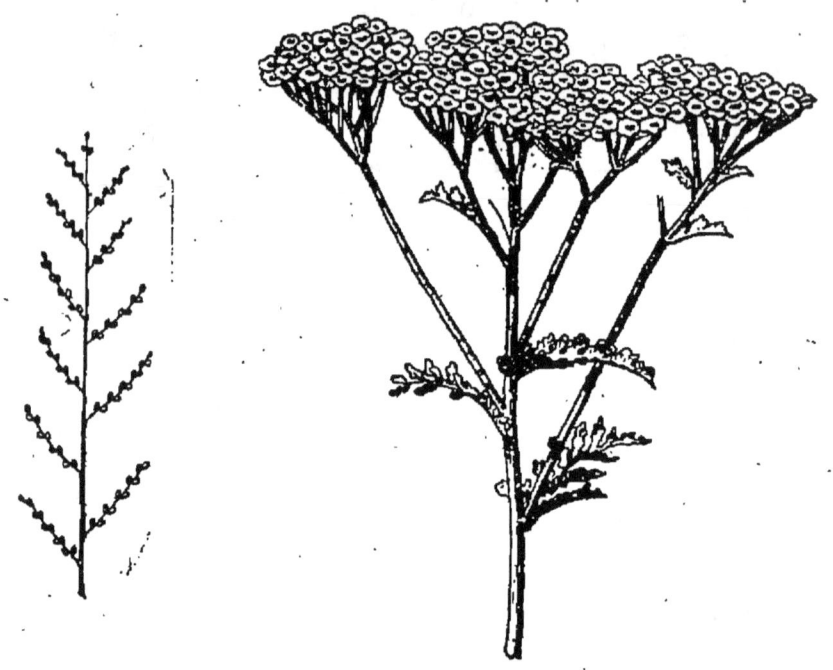

Fig. 221. — Epi ou grappe d'épillets.

Fig. 222. — Fleurs en corymbe de capitules (*Achillée Mille-feuilles*).

ce cas, on remarque à la base de chaque ombellule,

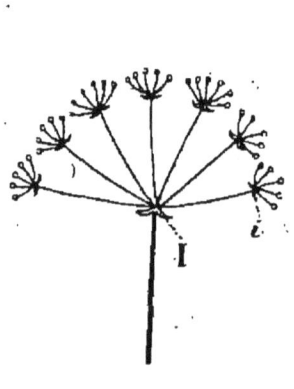
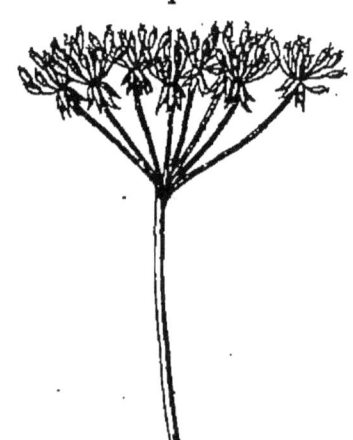

Fig. 223. — Ombelle d'ombellules (schéma).

Fig. 224. — Fleurs en ombelle d'ombellules.

un petit involuce qu'on nomme un *involucelle*.

INFLORESCENCE 281

L'inflorescence du Lierre (fig. 225) est une grappe d'ombelles.

Il est inutile d'allonger cette liste, le lecteur saura, dans la plupart des cas, au moyen de ce qui précède,

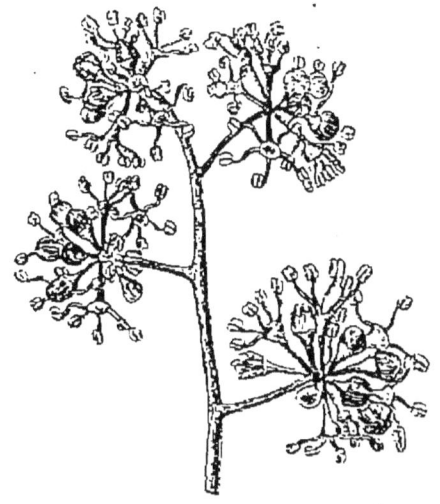

Fig. 225. — Inflorescence du Lierre.

reconnaitre à quel type plus ou moins complexe d'inflorescence appartient la plante qui lui sera soumise. D'ailleurs tout ce qui est relatif à l'inflorescence doit surtout s'apprendre par l'usage.

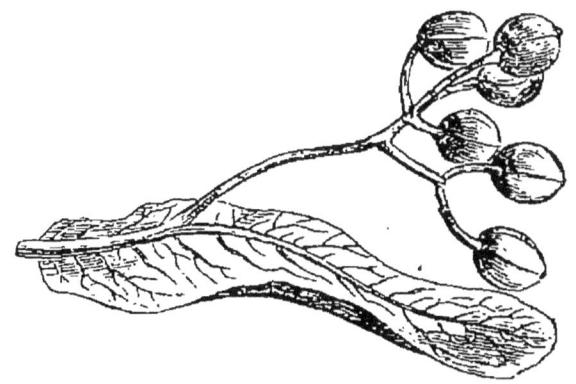

Fig. 226. — Inflorescence du Tilleul.

3° *Cas anormaux*. — Il y a cependant quelques cas

qui, au premier abord, semblent aberrants et difficiles à faire rentrer dans la règle générale.

Dans le Tilleul, par exemple (fig. 226), le groupe de fleurs semble naître de la face supérieure d'une bractée.

Fig. 227.
Cladodes du Petit-Houx.

Cette apparence tient à ce que le pédoncule floral et la bractée à l'aisselle de laquelle il se trouve, sont nés en même temps, et, ayant grandi ensemble, sont restés soudés sur une plus ou moins grande longueur. C'est ce qu'on exprime en disant qu'ils sont *concrescents*.

Dans le Petit-Houx, les fleurs paraissent naître sur le milieu des feuilles. Mais c'est qu'en réalité ces feuilles sont des rameaux élargis, n'ayant des feuilles que l'apparence. On leur donne le nom de *cladodes* (fig. 227).

Nous ne pouvons faire l'étude détaillée de toutes les anomalies possibles. Disons seulement que toujours elles peuvent s'expliquer et se ramener au type général si l'on a soin de tenir compte des adhérences possibles entre les différents organes.

La Fleur. — Généralités.

166bis. **Les Verticilles floraux.** — Considérons une fleur complète, mais réduite à son minimum de complica-

LA FLEUR 283

tion. Elle se compose de quatre verticilles de feuilles plus ou moins profondément modifiées et disposées sur les quatre nœuds terminaux du pédoncule floral (fig. 228).

Ces quatre nœuds sont naturellement séparés par trois entre-nœuds; et comme ces entre-nœuds sont très courts, très surbaissés, il en résulte que les quatre verticilles floraux sont très rapprochés les uns des autres. Aussi contractent-ils souvent entre eux des adhérences.

D'autre part, à cause de la forme même de l'extrémité du pédoncule, il est clair que les verticilles floraux sont en retrait les uns sur les autres et que, dans

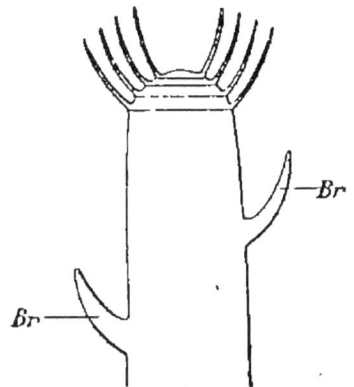

Fig. 228. — Disposition des Verticilles floraux sur les nœuds terminaux d'une Tige.

l'ensemble, le plus rapproché du sommet est aussi celui qui est le plus interne.

Enfin, les verticilles floraux sont soumis aux mêmes lois que les verticilles foliaires; c'est-à-dire que les feuilles des verticilles successifs ne sont pas situées les unes en face des autres. Il y a alternance, une feuille d'un verticille se trouvant toujours exactement placée en face de l'intervalle qui sépare deux feuilles du verticille précédent. Cette règle ne souffre que de très rares exceptions.

167. Les parties constitutives de la Fleur. — Voyons maintenant quelle est la forme des feuilles de chacun des quatre verticilles floraux.

1ᵉʳ Verticille.— Le premier verticille, c'est-à-dire le plus externe, se nomme le *calice* : il est formé de feuilles généralement vertes, à peine modifiées par conséquent, et qui sont les *sépales* (fig. 229, S).

2ᵉ *Verticille*. — Le deuxième verticille ou *corolle* est constitué par des feuilles plus modifiées que les sépales, en ce sens qu'elles ne sont plus vertes, mais ordinairement teintes de couleurs plus ou moins brillantes : ce sont les *pétales* (P).

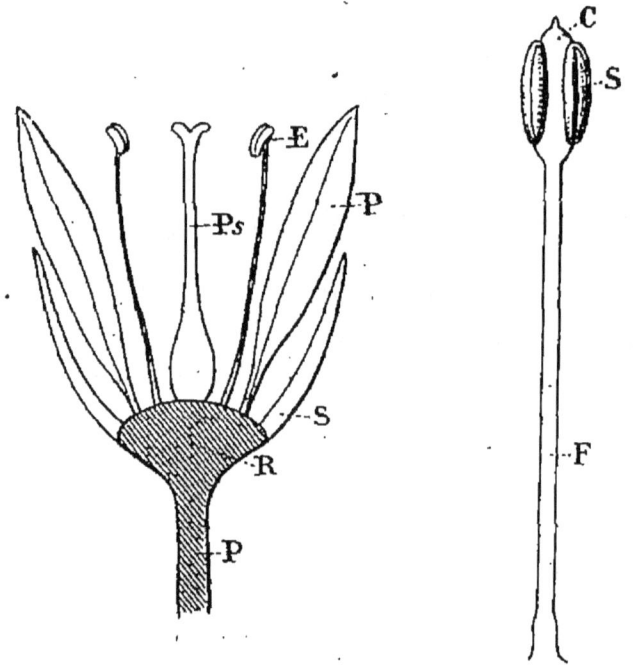

Fig. 229. — Fleur schématique.

Fig. 230. L'étamine.

3ᵉ *Verticille*. — Le 3ᵉ verticille est l'*androcée*, qui est formé d'*étamines* (E). L'étamine est une feuille encore plus profondément modifiée que le pétale. Elle se compose d'un long pétiole grêle, le *filet* (fig. 230, F), surmonté d'un limbe assez particulier, l'*anthère*. L'anthère porte des *sacs* (S), qui s'ouvrent à la maturité et laissent échapper une fine et abondante poussière qu'on nomme le *pollen*. Les sacs qui sont portés par l'anthère et d'où s'échappe le pollen se nomment *sacs polliniques*.

4ᵉ *Verticille*. — Le verticille le plus central est le *gynécée* ou *pistil* (PS); c'est le plus souvent (fig. 231) une masse ovoïde, l'*ovaire* (O), surmonté d'un prolongement grêle (S), le *style*, qui se termine par une sorte de plate-forme (St), le *stigmate*.

Si l'on ouvre l'ovaire, on le trouve creux, quelquefois partagé en plusieurs chambres par des cloisons, mais contenant toujours un ou plusieurs petits corps ronds, les *ovules*.

Au premier abord, il est bien difficile de reconnaitre dans un pareil organe un ensemble de feuilles, si profondément modifiées qu'on les suppose. Nous verrons cependant, en en faisant une étude plus approfondie, que le pistil est le résultat de la soudure, de la concrescence de

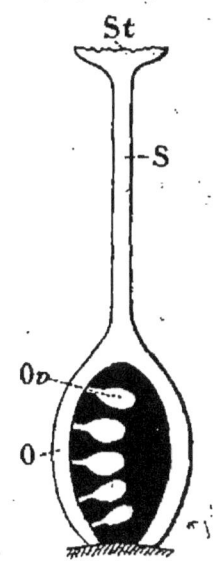

Fig. 231. — Le pistil. — St, stigmate; S, style; O, ovaire; Ov, ovules.

plusieurs feuilles, nommées *carpelles*, dont les ovules ne sont que des lobes.

168. Importance relative des verticilles floraux. Leur rôle. — L'ovaire est destiné à devenir le *fruit* et les ovules les *graines*; mais cette importante transformation ne peut s'opérer que si des grains de pollen, produits par l'étamine de la même fleur ou mieux encore, d'une autre fleur de même espèce, viennent *féconder* l'ovule en tombant sur son stigmate. Sans entrer, pour le moment, dans le détail de la façon dont s'accomplit cette *fécondation*, nous voyons déjà que, pour la transformation de l'ovule en graine, il faut le concours du grain de pollen. Donc les organes essentiels de la Fleur sont l'androcée et le pistil, puisqu'eux seuls concourent directement à la formation de la graine.

Le calice et la corolle n'ont qu'une fonction relativement accessoire qui est d'envelopper les organes centraux et essentiels, et de les protéger, dans le bouton, pendant le cours de leur développement. Une fois les étamines et le pistil mûrs, le bouton s'ouvre et la fleur s'épanouit, rendant possible la dissémination dans l'espace du pollen provenant de l'anthère, et découvrant, en même temps, le stigmate qui peut dès lors recevoir le pollen d'une autre fleur de même espèce (1).

Donc, en résumé, au point de vue de la fonction qu'elle est appelée à remplir, la Fleur contient deux catégories d'organes :

1° Les organes reproducteurs qui sont l'*étamine* et le *pistil*. L'étamine produit le *pollen* qui, en tombant sur le pistil, le féconde et rend possible son évolution c'est-à-dire sa transformation en *fruit*, en même temps que les ovules qu'il contient deviennent des *graines*.

2° Les organes protecteurs qui forment ce qu'on appelle quelquefois le *périanthe* et qui comprennent le *calice* et la *corolle*.

---

(1) On verra plus loin que les graines sont plus vigoureuses quand la fécondation est croisée, c'est-à-dire quand c'est le pollen d'une fleur qui féconde une autre fleur de même espèce, que quand la fécondation est directe, c'est-à-dire quand une fleur est fécondée par son propre pollen. D'ailleurs il est rare que cette fécondation directe soit possible, car le pistil et les étamines d'une même fleur ne sont pas souvent mûrs en même temps, et le pollen, par exemple, est disséminé longtemps avant que le pistil de la même fleur soit apte à le recevoir.

Etude particulière des éléments de la Fleur.

169. Le calice. — Étant données les idées générales que nous avons maintenant sur l'organisation et le rôle de la Fleur, nous pouvons étudier en détail chacun des organes qui la constituent, et voir quelles sont les modifications que ces organes peuvent subir selon les espèces que l'on considère. Occupons-nous d'abord du calice.

Les sépales n'offrent pas grand chose de remarquable: en effet, ce ne sont, en général, que des feuilles vertes

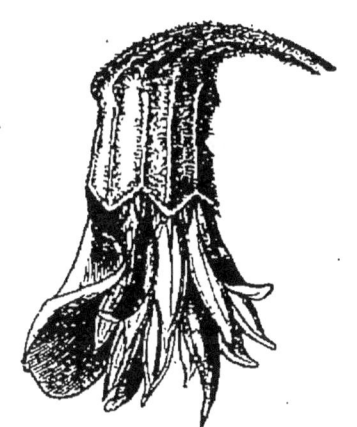 

Fig. 232. — Calice gamosépale du *Toluifera Balsamum*.　　Fig. 233. — Sépale éperonné de l'Aconit.

peu modifiées. Il y a cependant des cas où ces sépales prennent un aspect particulier ou offrent une disposition spéciale. C'est quand, par exemple, ils se soudent entre eux, bord à bord, de façon à former une sorte de coupe. Le calice est, dans ce cas, *gamosépale* (fig. 232); on réserve le nom de *dialysépale* aux calices dont les sépales sont restés distincts. Mais qu'il soit gamosépale ou dialysépale, le calice peut être *régulier* comme dans la Renoncule, où tous les sépales sont identiques les uns aux autres comme forme et comme dimensions, ou bien *irrégulier* comme dans l'Aconit, où l'un des sépales présente un éperon volumineux (fig. 233).

Le calice, au lieu d'être vert, peut être coloré. Souvent, alors, la corolle est absente (Anémone des bois, Clématite). Il n'est pas rare cependant de rencontrer des fleurs dans lesquelles le calice et la corolle sont également bien développés et colorés tous les deux de brillantes couleurs. Le cas se présente, par exemple, dans le Lis et la Tulipe.

Préfloraison. — Si l'on étudie une fleur en bouton, on remarque que les sépales y affectent des dispositions particulières et y ont, entre eux, des rapports très constants pour une même espèce, mais variables d'une espèce à l'autre. Il est donc intéressant de connaitre ces dispositions qui peuvent fournir de bons caractères de classification.

On nomme *préfloraison* la façon dont les sépales sont arrangés dans le bouton et il est facile de représenter par une figure cette préfloraison : supposons que nous fassions une section transversale du bouton et que nous représentions l'arrangement des pétales tel qu'il se présente sur la section, nous obtiendrons l'une des figures suivantes, que nous croyons assez claires par elles-mêmes pour qu'il ne soit pas nécessaire de les expliquer. Ces figures résument les préfloraisons les plus habituelles que l'on rencontre dans les diverses fleurs (fig. 234 à 244).

170. La corolle. — On peut dire des pétales tout ce que nous avons dit des sépales, c'est-à-dire que, de même que le calice est dialysépale ou gamosépale, la

LA FLEUR

Fig. 234.
Préfloraison valvaire.

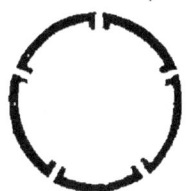

Fig. 235. — Préfloraison indupliquée.

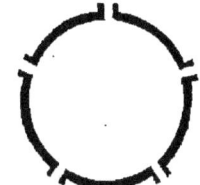

Fig. 236. — Préfloraison rédupliquée.

Fig. 237. — Préfloraison décussée.

Fig. 238. — Préfloraison tordue à trois folioles.

Fig. 239. — Préfloraison tordue à quatre folioles.

Fig. 240. — Préfloraison tordue à cinq folioles.

Fig. 241. — Préfloraison imbriquée à trois folioles.

Fig. 242. — Préfloraison imbriquée à cinq folioles.

Fig. 243. — Préfloraison imbriquée alternative.

Fig. 244. — Préfloraison cochléaire.

Fig. 245. — Préfloraison vexillaire.

BOTAN.

corolle peut être *dialypétale*, comme dans le Pavot

Fig. 246. — Fleur dialypétale. Pavot.

(fig. 246) ou *gamopétale* comme dans la *Convolvulus*

Fig. 247. — Fleur gamopétale (*Convolvulus*).

(fig. 247); elle peut être régulière comme dans le Coquelicot ou le Bouton d'or, irrégulière comme dans le Muflier (fig. 249).

Enfin la préfloraison, dans le bouton, peut présenter l'une quelconque des dispositions que nous avons signalées lorsqu'il s'est agi du calice.

On comprend d'ailleurs que le calice et la corolle ne jouant qu'un rôle assez secondaire, peuvent manquer l'un ou l'autre, si ce n'est tous les deux, comme par exemple dans la fleur du Saule, qui manque complètement de périanthe.

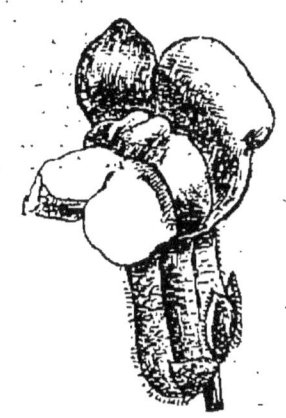

Fig. 248. — Corolle irrégulière du Muflier.

Structure des pétales. — Les pétales (comme les sépales) ont une structure analogue à celle des feuilles (fig. 249), seulement leur épiderme produit

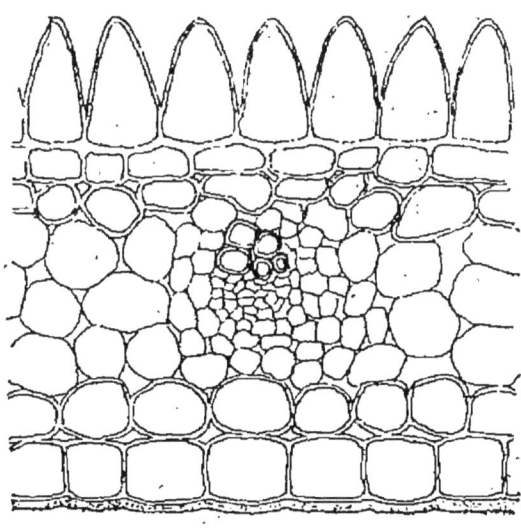

Fig. 249. — Structure d'un pétale de Rose.

souvent des papilles qui leur donnent un aspect velouté, et qui contiennent des essences odoriférantes sous forme de gouttelettes. Ce sont ces essences, entraînées, le soir, à l'extérieur, par la sudation consécutive à la cessation de la chlorovaporisation qui font que l'odeur s'accentue davantage au coucher du soleil.

La nature foliaire du sépale et du pétale résulte assez de leur structure et de leur aspect extérieur pour qu'il soit superflu d'en donner d'autres preuves. Cependant, si l'on examine un pied d'Hellébore, on voit qu'à mesure qu'elles se rapprochent de la fleur, les feuilles se modifient insensiblement de façon à prendre peu à peu la forme de bractées. De plus, entre les bractées proprement dites et les sépales, on trouve également tous les intermédiaires.

171. L'androcée. — L'androcée est formée par les étamines. Ici encore, il peut y avoir concrescence entre les diverses étamines qui se soudent entre elles. On dit dans ce cas qu'il y a *adelphie*, et les étamines sont

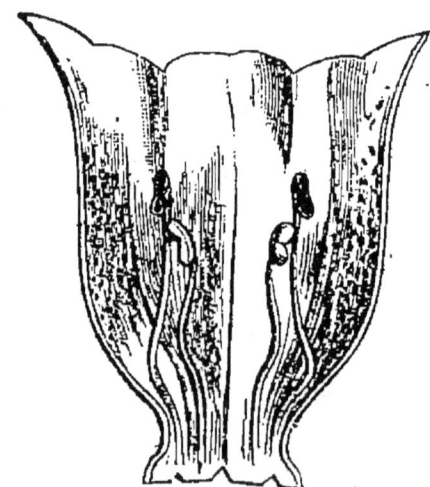

Fig. 250. — Fleur de Digitale ouverte pour montrer l'adhérence des étamines au tube de la corolle.

dites *monadelphes* si, soudées toutes ensemble, elles ne forment qu'un seul groupe.

Elles sont *diadelphes* si elles en forment deux, *triadelphes* quand elles en forment trois, etc.

Non seulement les étamines peuvent se souder entre elles, mais elles peuvent encore contracter adhérence avec les autres verticilles floraux. Ainsi, quand une corolle est gamopétale, il n'est pas rare, il est même de règle que les étamines soient soudées au tube formé par la soudure latérale des pétales (Solanées, Labiées, Scrophularinées, etc.). La figure 250, qui représente une fleur de Digitale ouverte, montre les étamines attachées sur le tube de la corolle.

Quand la corolle est dialypétale, les étamines alternant, selon la règle, avec les pétales, se trouvent nécessairement en face des sépales, c'est donc avec eux que les étamines peuvent se souder.

Il peut même arriver, dans les cas fréquents où l'androcée est formée par deux verticilles concentriques d'étamines, que les étamines du verticille externe, qui sont situées en face des sépales, se soudent avec eux, tandis que les étamines du deuxième verticille adhèrent aux pétales qui leur sont opposés. C'est ce que l'on peut voir, par exemple, dans la Jacinthe des bois.

Mais il est inutile d'insister sur les adhérences qui peuvent se produire entre les différents verticilles floraux. On en verra suffisamment d'exemples quand on s'occupera de la classification des Phanérogames.

172. L'étamine ; sa nature foliaire. — L'Étamine est formée d'un *filet* supportant à sa partie supérieure une lame aplatie, le *Connectif*. Sur les bords du connectif se trouvent deux *sacs polliniques*, l'un à droite, l'autre à gauche, et chaque sac pollinique est ordinairement formé, au moins quand il est jeune, de deux *loges* qui plus tard se réunissent en une seule. Un sillon longitudinal indique extérieurement la ligne de séparation des deux loges (voir fig. 230).

L'ensemble du connectif et des deux sacs polliniques biloculaires qu'il porte, a reçu le nom d'*Anthère*.

Dans l'étamine telle que nous venons de la décrire, on peut donc, à la rigueur, reconnaître un pétiole, le *filet*, et un limbe, l'*anthère*, bien que, par sa forme assez particulière, l'Anthère présente un aspect sensiblement différent de celui qu'offre la limbe d'une feuille ordinaire. Il est cependant utile de donner d'autres preuves de l'homologie qui existe entre une étamine développée et une feuille normale.

Ces preuves sont de plusieurs sortes. D'abord on sait

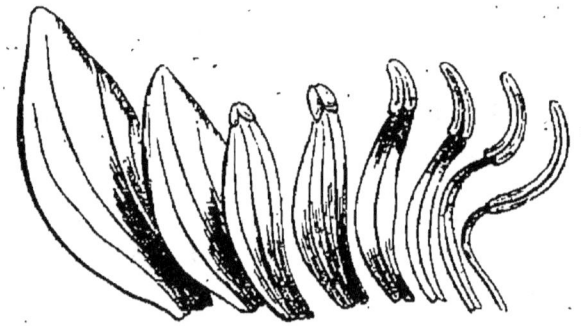

Fig. 251. — Passage insensible des pétales aux étamines dans la fleur du Nénuphar.

que les fleurs doubles, telles que les Roses ou les Œillets, sont obtenues par la transformation des étamines en pétales. Dès lors, la conclusion qui s'impose, c'est que les deux organes, pouvant se transformer l'un dans l'autre, sont de même nature. Si donc le pétale est une feuille modifiée, comme nous l'avons vu, l'étamine n'est pas non plus autre chose.

Une autre preuve nous est fournie par l'observation de la fleur du Nénuphar, où l'on assiste, pour ainsi dire, à la transformation graduelle et progressive du pétale en étamine. On trouve, en effet, toutes les formes de passage entre le pétale normal et l'étamine bien caractérisée (fig. 258).

On a aussi rencontré dans certaines Roses des sépales monstrueux portant sur leurs bords des sacs polliniques parfaitement conformés.

173. Structure de l'étamine. — Il y a, dans l'étamine, à considérer le *filet* et *l'anthère*.

Une section transversale du filet nous montre qu'il est formé d'un parenchyme homogène protégé par un épiderme et enveloppant un faisceau libéro-ligneux dont le bois est tourné vers l'axe de la fleur (fig. 252). Le filet a donc manifestement, une symétrie bilatérale qui fournit un argument sérieux en faveur de l'opinion qui fait de l'étamine un organe de nature foliaire. La symétrie bilatérale est, en effet, une des caractéristiques de la feuille.

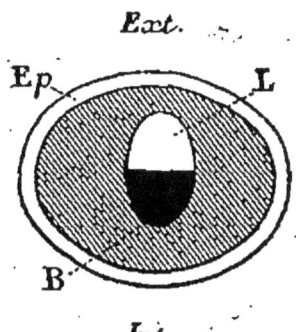

Fig. 252. — Structure d'un filet d'étamine.

Suivons maintenant le développement de l'anthère. Une section transversale dans une anthère très

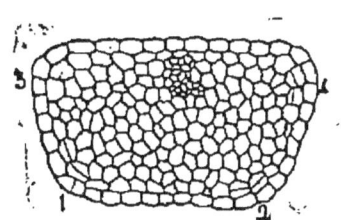

Fig. 253. — Dévelopement de l'étamine. Section transversale d'une étamine très jeune. — 1ᵉʳ état.

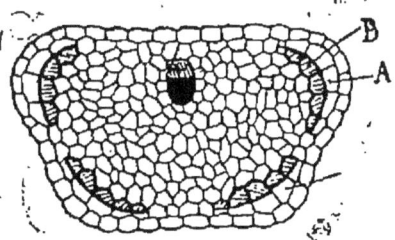

Fig. 254. — Développement de l'étamine. — 2ᵉ état.

jeune montre qu'elle est formée d'un méristème parfaitement homogène (fig. 253), recouvert d'un épiderme.

Un peu plus tard, un faisceau libéro-ligneux se différencie dans la partie médiane du connectif. Ce faisceau n'est que le prolongement de celui du filet. En même temps, l'assise sous-épidermique se met à se cloisonner tangentiellement en 4 points symétriques deux à deux par rapport au plan médian du connectif (1, 2, 3, 4 de la fig. 253).

Ce cloisonnement tangentiel localisé a pour effet de produire deux rangées de cellules, deux feuillets sous-épidermiques, A et B, parallèles à la surface de l'anthère (fig. 254).

Les deux assises A et B ont un sort bien différent; car B va produire les grains de pollen et A la paroi du sac. A cet effet, le feuillet B se cloisonne dans tous les sens, de sorte que ce qui n'était qu'un feuillet de-

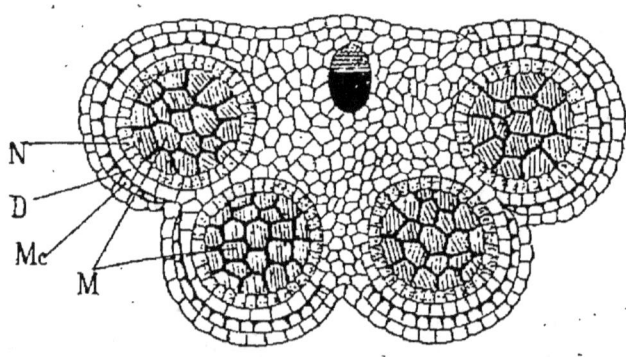

Fig. 255. — Développement de l'étamine. — 3ᵉ état.

vient rapidement un massif de cellules M (fig. 255). Quant au feuillet A de la figure 254, il se sectionne tangentiellement et constitue ainsi deux ou trois assises superposées N, D, Mc (fig. 255) formant paroi autour du massif des cellules M. L'assise la plus interne (N) allonge ensuite dans le sens radial (fig. 255) ses cellules qui prennent un protoplasme très dense et généralement coloré en jaune; et comme, en même temps, les cellules du parenchyme général du connectif qui touchent au massif des cellules M du côté interne prennent exactement le même aspect et la même forme que les cellules de l'assise N, il en résulte que les cellules M se trouvent complètement enveloppées d'une gaine de cellules jaunes.

Les cellules M, destinées à produire les grains de pollen, se nomment les *cellules mères* du pollen.

L'assise N, qui se détruira et produira par sa résorption une gelée nutritive dans laquelle flotteront les grains de pollen produits par les cellules M, est appelée l'*assise nourricière*.

L'assise D, qui ne prend aucun caractère particulier, est destinée, elle aussi, à disparaître.

Enfin l'assise Mc, dont les cellules renferment une importante réserve d'amidon, deviendra l'*assise mécanique* chargée de déterminer l'ouverture, la *déhiscence*, du sac pollinique.

Donc, en résumé, à cette phase de son développement, l'étamine se compose du connectif sur les bords duquel sont disposés les quatre massifs M des cellules mères du pollen. Chaque massif est complètement entouré par une assise de cellules jaunes et séparé de l'extérieur par une paroi formée des assises D qui peuvent occuper plusieurs rangs de l'assise mécanique Mc et de l'épiderme.

Voyons comment vont évoluer toutes ces cellules :

174. Formation des grains de pollen. — Considérons d'abord une des cellules mères des grains de pollen. Elle se divise, par le procédé ordinaire, en quatre cellules filles occupant les quatre sommets d'un tétraèdre, mais que, pour la commodité de l'explication, nous représentons dans un même plan sur la figure 256. A ce moment chaque cellule M, divisée en quatre cellules filles, s'isole de ses voisines par la gélification de la partie moyenne A des parois mitoyennes. De sorte qu'à la place primitivement occupée par les cellules M, on voit un certain nombre de groupes de quatre cellules ou tétrades (fig. 257). Dans chaque tétrade les cellules ne tardent pas à se séparer les unes des autres par la gélification de la lame moyenne des membranes de séparation. De sorte que la tétrade se dissocie en donnant naissance à quatre grains de pollen désormais indépendants les uns des autres. On

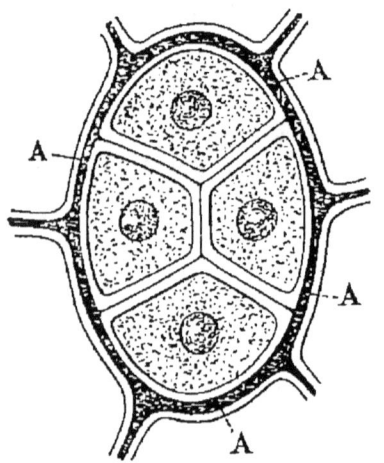 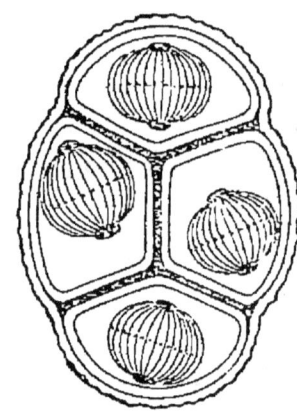

Fig. 256. — Cloisonnement d'une cellule mère.

Fig. 257. — Les quatre cellules de chaque tétrade se séparent.

voit qu'à la place du massif des cellules mères, il y a maintenant autant de fois quatre grains de pollen, qu'il y avait primitivement de cellules M.

En même temps, l'assise nourricière N et l'assise moyenne D (fig. 255) se sont détruites, augmentant ainsi la capacité de la loge dans laquelle se trouve le pollen dont les grains se nourrissent de leurs débris. Remarquons en outre que les deux assises N et D formaient à elles seules la cloison de séparation de deux loges voisines ; il est donc évident que cette cloison disparaît et que les deux *loges* se trouvent désormais réunies en un seul *sac*.

175. La paroi du sac pollinique. — Nous n'avons plus maintenant qu'à rechercher ce que devient l'assise MC.

Cette assise, utilisant sa réserve d'amidon, l'emploie à épaissir et à lignifier considérablement ses parois internes, c'est-à-dire les parois de ses cellules qui sont tournées du côté de l'intérieur du sac pollinique. Les parois externes, celles qui sont appliquées contre l'épiderme, restent minces et cellulosiques. La figure 258 montre la disposition des parties lignifiées sur une des cellules, supposée isolée, de l'assise mécanique.

Fig. 258. — Une cellule isolée de l'assise mécanique.

Arrivée à cette nouvelle phase de son développement, l'étamine offre donc la structure suivante (fig. 259) :

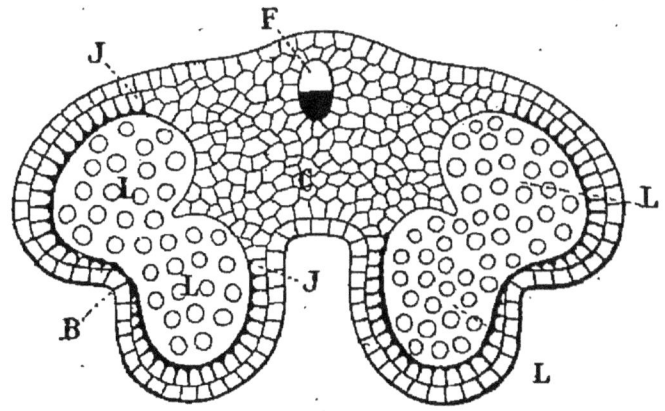

Fig. 259. — Une étamine mûre.

Un connectif C portant sur ses bords deux sacs contenant les grains de pollen. Chaque sac est formé par la réunion de deux loges L primitivement séparées. La paroi du sac est constituée par une assise mécanique J (qui peut d'ailleurs comprendre plusieurs couches de cellules) et dont chaque cellule est lignifiée sur sa face interne et cellulosique sur sa face externe. Cette assise mécanique est interrompue en face de la place qu'occupait, avant sa résorption, la cloison de séparation des deux loges, et qui est marquée extérieurement par un sillon longitudinal B assez profond. En ce point la paroi du sac est exclusivement formée par l'épiderme et, par conséquent, fort peu résistante.

A cet état l'étamine est mûre ; elle n'a plus qu'à s'ouvrir pour rendre libres les grains de pollen et permettre leur dissémination dans l'espace.

175. Déhiscence de l'anthère. — La déhiscence ou ouverture de l'anthère est causée par la dessiccation de la paroi.

Supposons pour plus de simplicité que l'assise mécanique se réduise à un seul rang de cellules. Quand le bouton s'ouvre et que l'anthère se trouve exposée

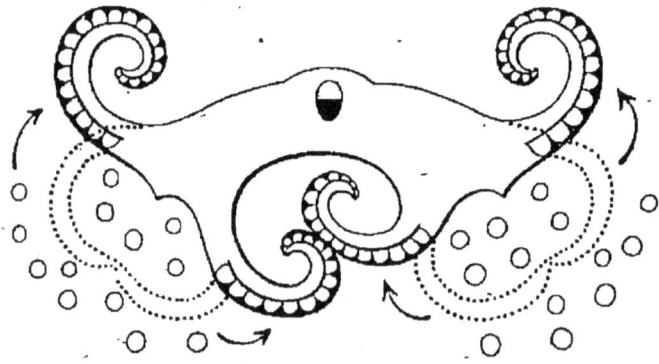

Fig. 260. — Étamine s'ouvrant.

à l'air, elle se dessèche ; or, une membrane qui se dessèche se rétracte évidemment d'autant plus qu'elle contient une plus grande quantité d'eau. Il est donc clair que les parois externes cellulosiques des cellules de l'assise mécanique se raccourciront plus que leurs parois internes qui sont ligneuses et par conséquent pauvres en eau. Il résulte de cette contraction inégale que la paroi de l'anthère aura une tendance à se recourber vers l'extérieur, et qu'une traction assez forte s'exercera sur les cellules épidermiques inertes qui forment à elles seules la paroi du fond du sillon. Il se produira à cet endroit une déchirure, et les parois, n'éprouvant plus de résistance, se recourberont vers l'extérieur en ouvrant largement le sac pollinique et en mettant les grains de pollen en liberté (fig. 260).

L'épiderme ne joue aucun rôle dans la déhiscence de l'anthère; car dans un certain nombre de plantes (Vigne, Aristoloche) l'épiderme se résorbe avant la déhiscence et sa disparition n'empêche pas l'anthère de s'ouvrir. D'ailleurs, en prenant certaines précautions, on a pu réussir à enlever l'épiderme de l'anthère d'une fleur de Tabac; on a fait la même opération sur une étamine de Digitale sans que, dans aucun cas, la déhiscence ait été gênée le moins du monde.

176. Le grain de pollen. — Reprenons l'étude des grains de pollen au moment où tous les grains de pollen d'une même tétrade vont se séparer. C'est ce que représente la figure 261. On remarquera que chaque noyau se divise en deux autres et qu'entre eux apparaît une ébauche de cloison ; donc le grain marque une tendance manifeste à devenir bicellulaire. Mais cette ébauche de cloison n'évolue pas complètement : elle reste albuminoïde et finit même par disparaître, laissant les deux noyaux libres au milieu du protoplasme général ; l'un de ces noyaux est ordinairement plus grand que l'autre.

A une phase plus avancée, le grain de pollen est complètement séparé de ses voisins et libre au milieu de la gelée nutritive qui provient de la destruction des cellules nourricières.

On comprend alors que la membrane de chaque grain, étant en contact, extérieurement, avec le liquide nutritif et, intérieurement, avec le protoplasme du grain, s'épaissit par apposition de nouvelles couches aussi

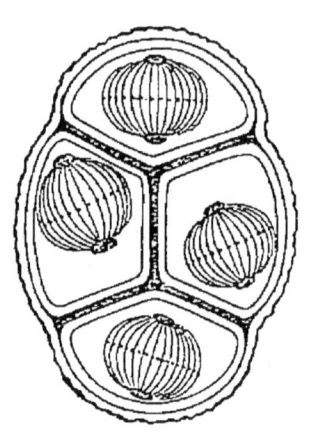

Fig. 261. — Division du noyau dans chaque grain de Pollen en formation.

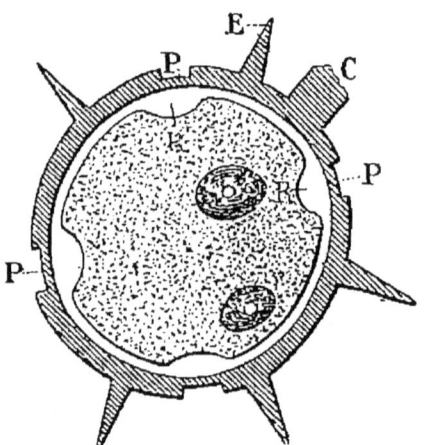

Fig. 262.
Un grain de Pollen.

bien à l'extérieur qu'à l'intérieur. Mais cet épaississement est très inégal ; car, une fois définitivement constituée, la membrane du grain de pollen présente, à l'extérieur, des ornements divers (épines E, crêtes C, pores P, plis, etc.) ; à l'intérieur, en face des pores ou des plis, on remarque des épaississements R constituant de véritables réserves de cellulose qui seront ultérieurement utilisées (fig. 262).

Si maintenant on étudie la structure de la membrane, on voit que cette membrane peut se décomposer en deux couches : l'externe ou *exine*, le plus souvent très imprégnée de cutine, et l'interne ou *intine* qui est demeurée cellulosique.

Donc, en résumé, un grain de pollen est une cellule à deux noyaux, pleine de matières de réserve (amidon, sucre, graisses) et, à paroi divisée en deux couches: l'exine, cutinisée et ornée de saillies diverses, l'intine, cellulosique. L'exine est souvent amincie ou nulle en certains points qu'on appelle des pores.

Le grain de pollen est alors prêt à être disséminé dans l'espace pour aller féconder l'ovule. Nous avons donc à voir maintenant quelle est la structure de cet ovule et du pistil qui le renferme.

177. Le pistil. — Structure du carpelle. — Le pistil est formé de *carpelles* réunis ou séparés.

Un carpelle est une feuille sessile, insérée sur le sommet du pédoncule et qui se distingue des feuilles ordinaires parce qu'elle se prolonge en un bec S, le *style*, qui, lui-même, se termine par une plate-forme S*t*, le *stigmate*. Les bords du carpelle sont épaissis et forment les *placentas* Pl, sur lesquels sont attachés de petits corps arrondis, les *ovules* Oo destinés à devenir les graines.

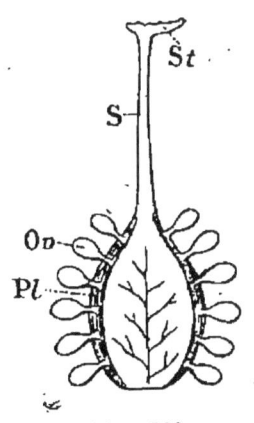

Fig. 263.
Un carpelle.

Une nervure médiane parcourt le carpelle de bas en haut, et deux nervures latérales, contenues dans les placentas, envoient des ramifications aux ovules. C'est ce que montre la figure 263 *bis* qui représente la section transversale de plusieurs carpelles et qui fait voir que le bois des faisceaux est tourné vers l'intérieur de la fleur. L'orientation des faisceaux du carpelle est donc la même que celle des faisceaux d'une feuille ordinaire.

178. Rapports des carpelles entre eux. — Les carpelles d'une même fleur étant disposés en verticille au sommet du pédoncule, nous pouvons les figurer en nous servant de la même convention que pour les sépales lorsqu'il a été question de la préfloraison (p. 288). Supposons, par exemple, que le pistil de la fleur considérée

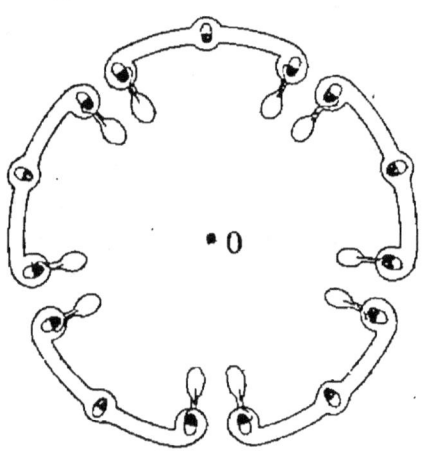

Fig. 263 *bis*.

soit formé de cinq carpelles disposés en verticille. Une section transversale du pistil nous donnera la figure théorique 263 *bis*, qui montre les 5 carpelles rangés en cercle autour du centre O de la fleur.

Trois cas principaux peuvent se présenter.

1er cas. Les carpelles, naissant et grandissant ensemble, se soudent bord à bord, placenta contre placenta (fig. 264), formant par leur réunion une chambre ovoïde, l'*ovaire*, aux parois de laquelle sont attachés les ovules qui sont, dès lors, très efficacement protégés contre les intempéries, puisqu'ils se trouvent dans une cavité close de toutes parts.

LA FLEUR

Un observateur supposé placé dans l'ovaire pourrait voir ces ovules attachés le long de cinq méridiens marqués chacun par une double côte saillante. Chaque côte, qui n'est autre que le placenta de l'un des carpelles composant l'ovaire, porte un rang d'ovules.

Les ovaires qui présentent cette disposition sont dits à *placentation pariétale*. Les placentas font, en effet, partie de la paroi même de l'ovaire.

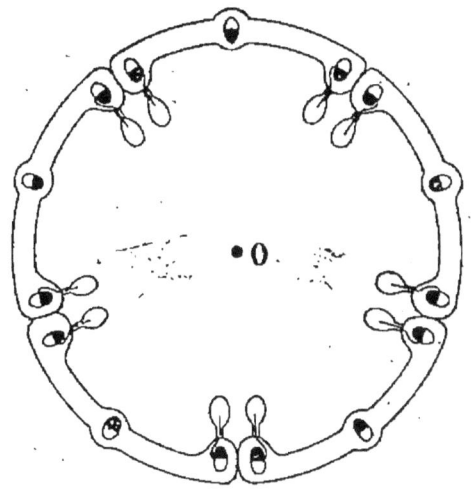

Fig. 264.

On dit aussi quelquefois que le pistil qui présente cette disposition est *gamocarpelle*, tous les carpelles étant, en effet, soudés, concrescents. Il est en même temps *uniloculaire*, parce que l'ovaire n'est formé que d'une seule grande chambre ou loge.

2ᵉ cas. Quand tous les carpelles sont distincts, le pistil est diffus ou *dialycarpelle* (fig. 265); mais alors chaque carpelle se replie sur lui-même, de façon que ses deux placentas, celui de droite et celui de gauche, viennent s'accoler et se souder (1). Si bien que les

---

(1) Quand nous disons que le carpelle se replie de façon

ovules se trouvent encore enfermés dans une cavité close et protégés, par conséquent.

Le pistil est alors formé d'autant d'ovaires distincts qu'il y a de carpelles. C'est la disposition qu'offrent la Pivoine, la Spirée, le Haricot, le Saxifrage.

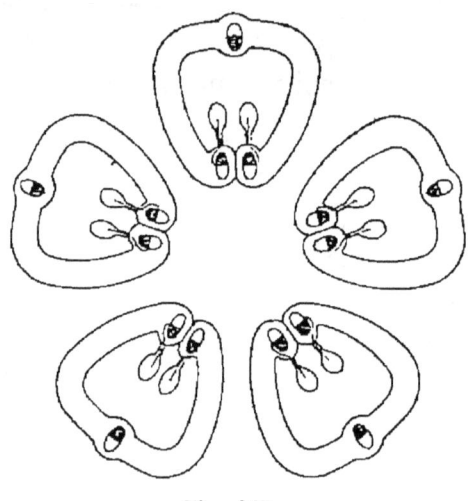

Fig. 235.

3ᵉ cas. Le pistil peut être *gamocarpelle pluriloculaire* (fig. 266). Si, en effet, non content de se replier sur lui-même de façon à souder ensemble ses deux placentas, chaque carpelle se soude encore aux deux carpelles voisins, la fleur ne présente qu'un ovaire unique, mais qui cette fois est creusé d'autant

---

à souder ensemble ses deux placentas, nous ne voulons pas dire, que le carpelle est d'abord étalé, puis qu'une fois développé, il se replie sur lui-même. Dès son apparition au sommet du pédoncule, le Carpelle a sa forme définitive, qu'il ne modifie plus dans le cours de sa croissance. Notre expression est donc une façon abrégée de dire : « le pistil présente le même aspect que si l'on prenait chaque carpelle pour le replier sur lui-même en cornet et souder l'un à l'autre ses deux placentas. »

de loges qu'il y a de carpelles composants. Chaque loge est, dans ce cas, formée par un carpelle replié sur lui-même. Il est d'ailleurs facile de voir qu'il suffit d'amener au contact les carpelles de la figure 265 pour obtenir la figure 266. Tous les placentas forment alors

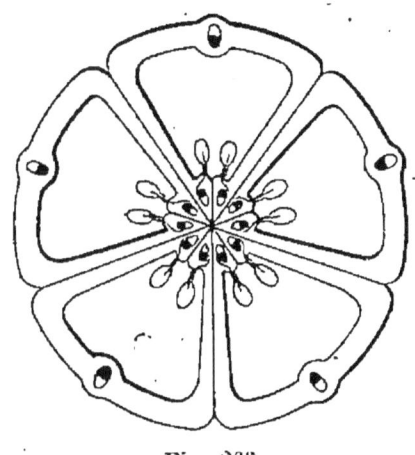

Fig. 266.

une masse unique située dans l'axe de l'ovaire et sur laquelle sont attachés tous les ovules ; aussi dit-on, dans ce cas, que la *placentation est axile*.

Le pistil gamocarpelle pluriloculaire est plus perfectionné que les autres : l'ovule y est, en effet, beaucoup mieux protégé que partout ailleurs, puisqu'il occupe une position plus centrale. En outre, plusieurs loges peuvent être détruites sans que les autres en souffrent. La formation des graines et leur maturation sont donc mieux assurées par ce mode de placentation que par les autres, et surtout que par la placentation pariétale.

179. Concrescence des styles et des stigmates. — Dans un pistil dialycarpelle, dans lequel tous les carpelles sont séparés, il est clair que les styles et les stigmates qui surmontent chaque carpelle restent aussi séparés.

Le même cas peut se présenter dans les pistils gamo-

Fig. 267. — Styles distincts dans la fleur de Ciguë.

carpelles. Par exemple, dans les Ombellifères (fig. 267), dans les Œillets, etc., bien que les carpelles soient soudés en un ovaire unique, les styles restent cependant distincts. Mais généralement, les styles sont

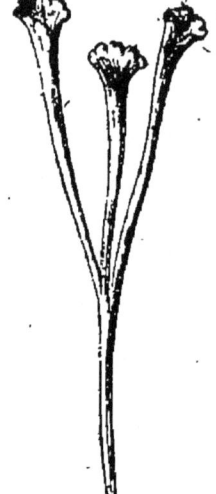
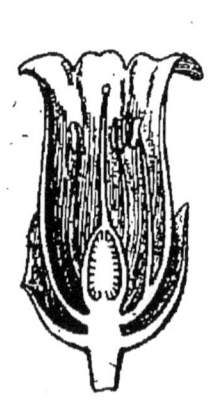

Fig. 268. — Styles de Crocus soudés sur une partie seulement de leur longeur.

Fig. 269. — Style unique de la Belladone.

Fig. 270. — Stigmates distincts de la Tulipe.

concrescents lorsque les carpelles le sont. La soudure peut n'être que partielle lorsque, comme dans le

Crocus (fig. 268), elle ne s'étend qu'à une partie de la longueur des styles, ou bien elle est totale, comme dans la Belladone (fig. 269).

Enfin, les styles étant concrescents, les stigmates peuvent rester séparés, exemple : Tulipe (fig. 270) ; ou bien former une masse unique en forme de tête (fig. 271). Dans ce dernier cas, la soudure est complète d'un bout à l'autre du pistil et rien n'indique plus, extérieurement, de combien de carpelles est formé l'ovaire.

180. Ovaires présentant des modifications aux types précédents. — Tels sont les trois modes de placentation les plus habituels; mais il existe un certain nombre de types aberrants, qu'il est bon de connaître.

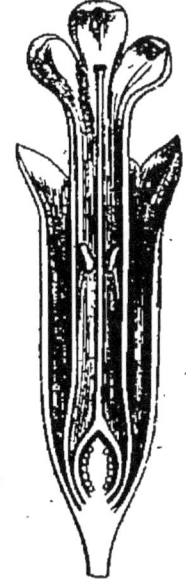

Fig. 271. — Stigmates non distincts de la Primevère.

Pour comprendre les différents cas qui peuvent se présenter, il est nécessaire de faire bien attention à la façon dont sont orientés les faisceaux qui parcourent soit les parois de l'ovaire, soit la masse placentaire.

Prenons quelques exemples. Les Caryophyllées présentent souvent, une disposition analogue à celle de la figure 272 : un ovaire, au centre duquel se trouve une colonne C, indépendante et isolée et qui porte les ovules. La section transversale de la colonne placentaire C montre deux cercles concentriques de faisceaux différemment orientés : le cercle interne a son bois tourné vers le centre, comme dans les tiges, tandis que les faisceaux du cercle externe tournent leur bois vers la paroi de l'ovaire, comme dans la masse placentaire de la figure 266. Or, si l'on compare d'abord la figure 272 avec la figure 273, on voit que ces deux figures sont identiques si l'on supprime dans

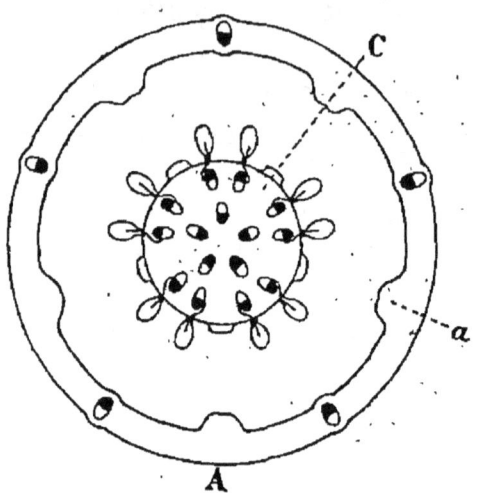

Fig. 272. — Ovaire de Caryophyllée.

l'ovaire B (fig. 273) les cloisons ombrées qui séparent les loges. Et en effet on retrouve souvent, dans les

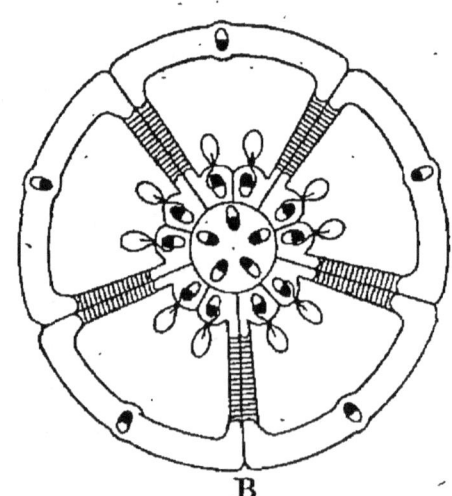

Fig. 273. — Représentation théorique de l'ovaire des Caryophyllées.

ovaires de Caryophyllées, les traces a des cloisons qui ont disparu. Comparons maintenant l'ovaire B (fig. 273) avec l'ovaire gamocarpelle pluriloculaire de la figure 266; on voit qu'il y a, entre ces deux ovaires, une grande ressemblance. Il y a cependant au centre de l'ovaire B, au point de jonction des placentas, quelque chose de plus que dans la figure 266 : c'est tout simplement le pédoncule floral qui se prolonge dans l'ovaire en s'insinuant entre les carpelles. Le pédoncule étant de nature caulinaire, il n'est donc pas étonnant que les faisceaux du cercle interne soient orientés comme dans une tige.

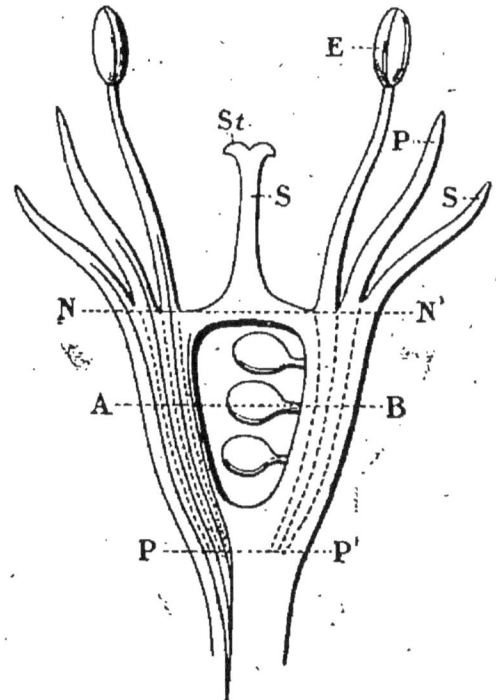

Fig. 274. — Ovaire adhérent.

Dans toutes les Caryophyllées la placentation devient toujours *centrale* (comme dans la figure 273, B) par la disparition des cloisons des loges; mais il est bon d'ajouter que le cercle interne des faisceaux de la colonne centrale n'existe pas dans toutes les Caryophyllées, c'est-à-dire que le pédoncule ne s'y prolonge pas nécessairement.

Autre type : Il arrive souvent que le calice, la corolle, les étamines et le pistil sont soudés ensemble dans leur partie inférieure et ne se séparent pour devenir distincts que dans leur partie supérieure (fig. 274).

On exprime souvent cette disposition en disant que l'ovaire est *infère*, parce que les divers verticilles floraux semblent s'insérer au niveau NN' et l'ovaire parait, par conséquent, être placé *au-dessous* de la fleur. Mais, en réalité, le point d'origine des différentes parties de la fleur est situé beaucoup plus bas, en PP'. Entre le niveau PP' et le niveau NN', les verticilles sont tous soudés ensemble. De sorte qu'au niveau AB la paroi de l'ovaire est très complexe et constituée par l'ensemble de tous les verticilles floraux ; en effet, une coupe suivant AB montrerait dans la paroi de l'ovaire tous les faisceaux des différents verticilles disposés suivant plusieurs cercles concentriques.

Fig. 275. — Ovaire adhérent de Campanule.

D'après les considérations qui précèdent, on voit que, dans ce cas, l'ovaire n'est *infère* qu'en apparence, et que cette apparence est due à l'adhérence qu'il contracte pendant sa croissance avec les autres verticilles floraux. La dénomination d'ovaire infère est donc à rejeter et doit être remplacée par celle d'*ovaire adhérent aux autres verticilles*, ou, par abréviation, *ovaire adhérent* (Ombellifères, Campanulacées, Ericacées).

181. Cas singuliers. — On voit, par les exemples que nous avons cités, combien il faut faire attention pour déterminer la nature d'un ovaire et le type de placentation auquel il appartient. Il y a même des cas singuliers où il est facile de prendre pour un ovaire un organe qui n'en est pas un : tel est le cas des Roses (fig. 276).

Quand on examine une Rose, on voit sous la fleur apparente une masse arrondie ovoïde, que les débutants ne manquent pas de prendre pour un ovaire infère ou adhérent. C'est une erreur : cette masse est en effet constituée par le réceptacle ou sommet R du pédoncule, dont les bords, se relevant, ont pris la forme d'une coupe (fig. 276). Les sépales S, les pétales P et les étamines E sont échelonnés à leur place habituelle sur le

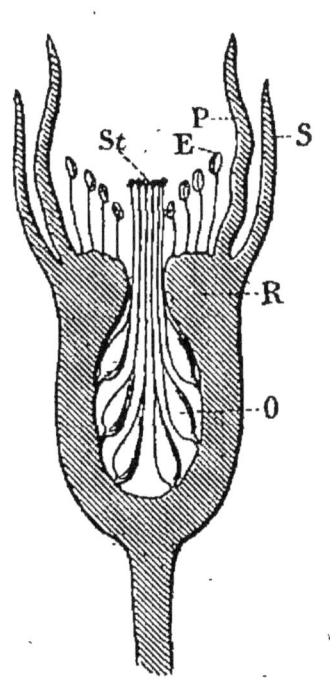

Fig. 276. — Coupe longitudinale théorique d'une Rose.

réceptacle, c'est-à-dire, dans le cas présent, sur le bord de la coupe, tandis que les carpelles O, qui sont ici séparés, le pistil étant dialycarpelle, s'attachent au fond de la coupe réceptaculaire et sur ses parois; seuls, les styles et les stigmates St sortent par l'ouverture en un faisceau serré.

182. L'ovule. Sa forme extérieure. — Connaissant l'ovaire, il nous reste maintenant à étudier l'ovule, petit corps rattaché Pl au placenta par le *funicule* F (fig. 277). Il se compose d'une masse cellulaire interne, le *nucelle* N, enveloppée d'un *tégument* le plus souvent formé de deux parties emboîtées l'une dans l'autre : la *primine* P*r* et la *secondine* S*c*. Un orifice M, le *micropyle*, formé par une interruption des téguments, découvre le sommet du nucelle. Un faisceau, ramification du faisceau placentaire P*l*, se rend dans la primine et s'y ramifie suivant le mode foliaire, c'est-à-dire de façon à déterminer dans l'ovule un plan de symétrie.

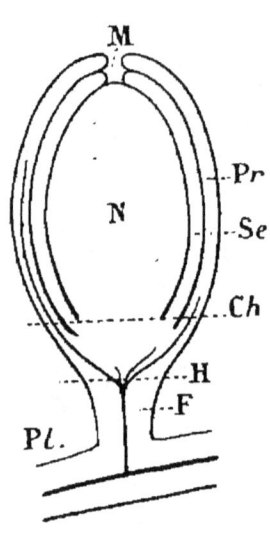

Fig. 277. — Ovule droit ou orthotrope.

La région C*h*, où le nucelle se relie au tégument, se nomme la *chalaze*, et le plan H suivant lequel l'ovule se rattache au funicule est le *hile*. Quand l'ovule devenu graine se détachera du funicule, c'est suivant le plan du hile que se fera la séparation.

L'ovule que nous venons de décrire, et dans lequel le hile et la chalaze, voisins l'un de l'autre, sont aux antipodes du micropyle par rapport au nucelle, s'appelle un ovule *droit* ou *orthotrope*.

L'ovule *anatrope* ou *réfléchi* (fig. 278), de beaucoup le plus fréquent, est celui dans lequel le hile H et le micropyle M étant voisins et rapprochés du placenta, la chalaze se trouve à l'autre bout de l'ovule. Dans ce cas, le funicule F, qui va du placenta à la chalaze, se confond depuis le hile jusqu'à la chalaze avec l'ovule à la surface duquel il détermine un bourrelet saillant, le *raphé* R. Dans l'ovule renversé, le plan de symétrie est donc accusé extérieurement par la présence du raphé.

Enfin, l'ovule peut être *courbé* ou *campylotrope* quand le hile H, la chalaze C*h* et le micropyle M sont tous les trois très rapprochés et dans le voisinage du placenta P*l*. Le nucelle n'a plus alors sa forme ovoïde

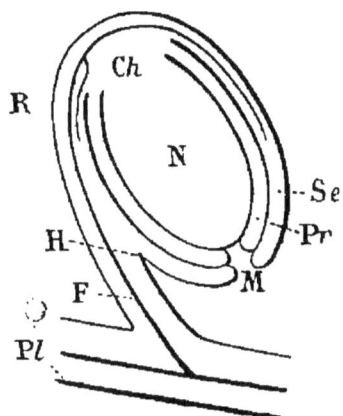

Fig. 278. — Ovule réfléchi ou anatrope.

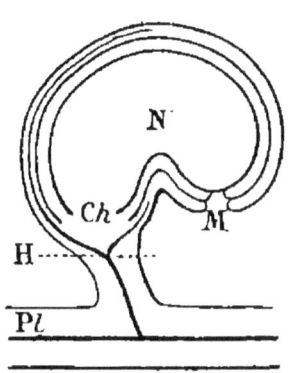

Fig. 279. — Ovule courbé ou campylotrope.

habituelle, il est courbé sur lui-même (fig. 279). Le plan de symétrie de l'ovule est alors évidemment son plan de courbure.

183. Structure interne de l'ovule (fig. 280). — Les téguments n'offrent rien de bien spécial. Chacun d'eux est composé d'un tissu parenchymateux recouvert d'un épiderme. De plus la primine est parcourue par un système de faisceaux provenant du faisceau placentaire. La secondine ne possède aucun système vasculaire.

La structure du nucelle est un peu plus compliquée. Il y a encore un épiderme qui recouvre un parenchyme dont les cellules sont très riches en protoplasme, puis, dans le voisinage du micropyle, sous l'épiderme dont elle est séparée par une sorte de calotte formée de débris de cellules paraissant avoir été écrasées, on aperçoit une grosse cellule S d'aspect particulier : c'est le *sac embryonnaire* qui, très souvent, renferme en son centre une grande vacuole, de sorte que son protoplasme et son noyau, sont rejetés contre la paroi.

Dans la région du sac embryonnaire la plus voisine du micropyle, se trouvent trois cellules assez semblables d'aspect, mais qui auront des sorts bien diffé-

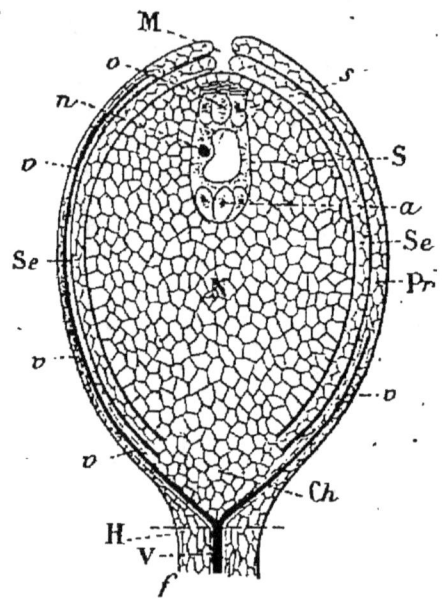

Fig. 280. — Coupe longitudinale d'un ovule.

rents; l'une d'entre elles est l'*oosphère* o, qui doit devenir l'œuf, les deux autres sont les *synergides* s. Celles-ci disparaîtront.

A l'opposé de l'oosphère se trouvent également trois cellules a, les *antipodes*, qui, elles aussi, son destinées à disparaître.

184. Développement de l'ovule. — Comment l'ovule acquiert-il cette structure complexe? C'est ce que va nous apprendre l'étude de son développement.

L'ovule apparait sur le placenta comme une simple

proéminence cellulaire (fig. 281, 1) qui est la première ébauche de ce qui deviendra le nucelle.

Puis (fig. 281, 2), à côté de cette saillie, apparaît un bourrelet annulaire qui, en grandissant en même temps que le nucelle, lui constitue une première enveloppe destinée à devenir la secondine.

A côté de ce premier bourrelet s'en développe un second qui se moule sur le premier et, le gagnant de

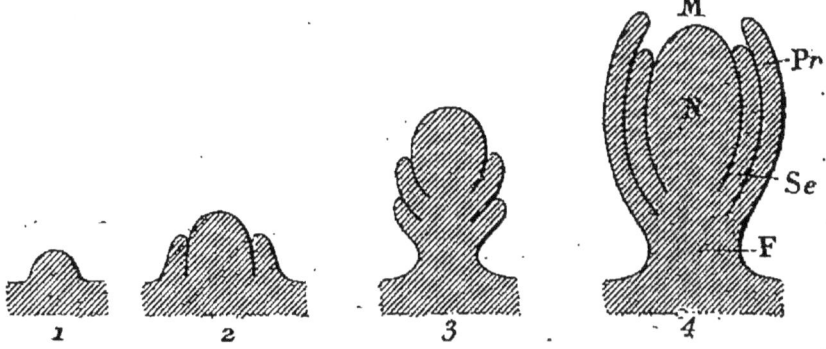

Fig. 281. — Développement de l'ovule.

vitesse, le dépasse bientôt légèrement (fig. 281, 4). On reconnaît déjà, à cet état, la forme caractéristique de l'ovule et on comprend que ces diverses parties n'ont qu'à s'accroître pour que l'ovule prenne sa dimension et sa forme définitives.

La primine et la secondine, ne se rejoignant pas exactement au sommet du nucelle, laisseront entre elles un orifice qui sera le micropyle.

185. Différenciation du nucelle. — Pendant que le nucelle grandit, on voit (fig. 282, 1) une cellule sous-épidermique A, située près du micropyle, qui se divise en deux cellules a et b par une cloison tangentielle (II).

La cellule b se divise rapidement par des cloisons radiales et longitudinales en un certain nombre d'assises de très petites cellules dont l'ensemble constitue la *calotte*. En même temps la cellule a se divise par des cloisons tangentielles en quatre cellules superposées, a_1, a_2, a_3, a_4.

Il ne faut pas oublier que pendant que ces cloisonnements successifs s'opèrent, le nucelle lui-même est en

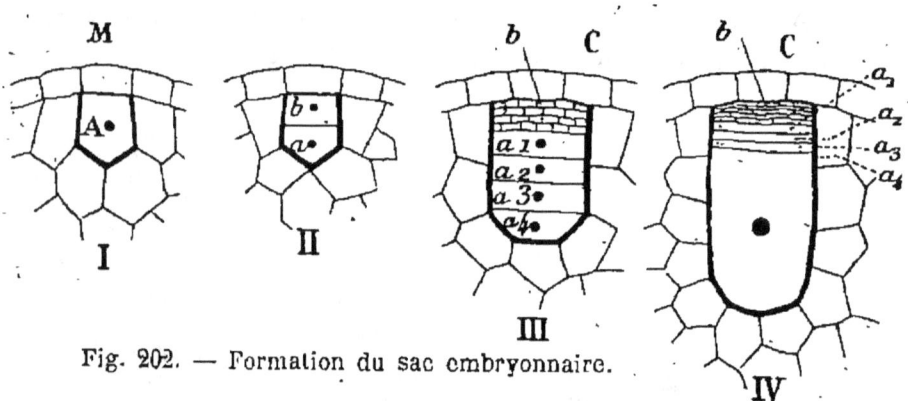

Fig. 202. — Formation du sac embryonnaire.

voie d'accroissement par la division rapide de ses autres cellules. Seulement, tandis que les bipartitions de celles-ci se font dans un sens quelconque, le cloisonnement des cellules a et b est orienté dans une direction bien déterminée.

Ceci posé, reprenons nos cellules a_1, a_2, a_3, a_4. La cellule a_4 seule grandit et, en augmentant de volume, elle refoule devant elle, en les pressant contre l'épiderme, la calotte et les cellules a_1, a_2, a_3, qui, à demi écrasées, finissent par former une masse confuse coiffant la cellule a_4 devenue le *sac embryonnaire*.

Ces phénomènes préliminaires se produisent quelquefois en même temps, dans plusieurs cellules sous-épidermiques placées côte à côte (Rosier), comme s'il devait se former plusieurs sacs embryonnaires; mais, bientôt l'un deux prend la prédominance sur les autres dont la croissance s'arrête. De sorte qu'en définitive, il n'y a jamais à la fois qu'un sac embryonnaire dans la région micropylaire du nucelle.

LA FLEUR 319

186. Développement de l'oosphère. — Etudions maintenant les phénomènes qui se passent dans le sac embryonnaire.

Au stade où nous sommes arrivés, le sac embryonnaire, bien que beaucoup plus grand que les cellules qui l'avoisinent, est loin d'avoir atteint sa taille définitive; il va suivre maintenant le mouvement de croissance du nucelle dans lequel il se trouve; il lui arrive

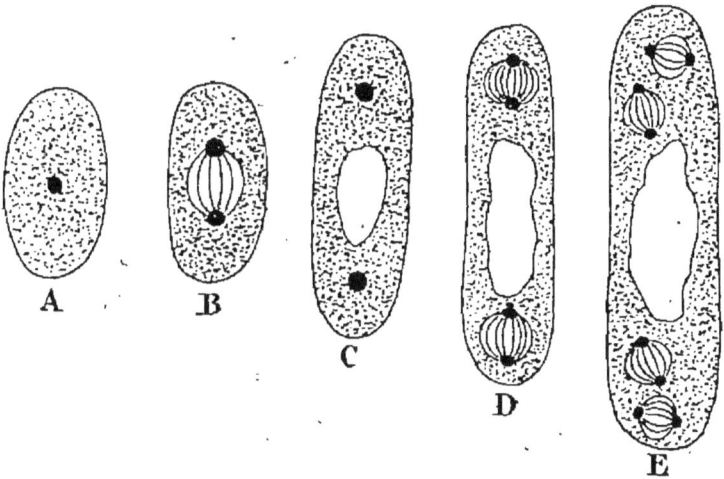

Fig. 283. — Développement de l'oosphère.

même de grandir plus vite que le nucelle en digérant les cellules qui l'entourent.

A un certain moment, son noyau se divise en deux (fig. 283, B) et comme le sac embryonnaire grandit rapidement et que les deux noyaux sont naturellement entraînés par l'allongement, ils s'écartent l'un de l'autre de façon à rester aux deux pôles opposés, séparés qu'ils sont par une vacuole centrale qui grandit en même temps que le sac (fig. 283, C).

Le sac s'allongeant toujours, les deux noyaux se divisent tous les deux dans le sens de l'axe du sac embryonnaire. De sorte qu'il y a maintenant quatre noyaux, situés deux par deux aux deux extrémités du sac (fig. 283, D).

Ensuite, ces deux noyaux se divisent à leur tour de façon à produire quatre noyaux en bas et quatre en haut. Dans chaque tétrade, les quatre noyaux sont situés aux quatre sommets d'un tétraèdre. Cette disposition résulte de ce que les trois divisions successives figurées en D et en E s'opèrent dans trois directions rectangulaires. Mais pour la clarté de la figure, nous sommes

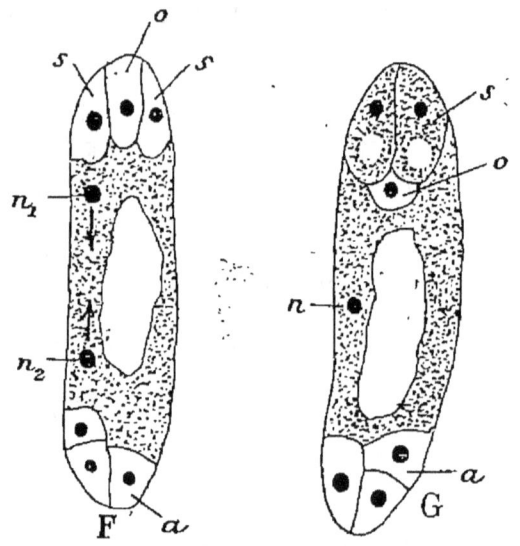

Fig. 283 bis. — Développement de l'oosphère.

obligé de supposer les quatre noyaux dans le même plan qui serait celui de la figure.

Des quatre noyaux de la tétrade supérieure, qui est voisine du micropyle, trois s'entourent d'une membrane mince, *albuminoïde* : ce sont les deux synergides s et l'oosphère o (fig. 283 bis, F).

De même les trois noyaux de la tétrade inférieure qui se trouvent tout à fait à la base du sac s'entourent de membranes *cellulosiques* et deviennent les trois antipodes a.

Deux noyaux n_1 et n_2, l'un au pôle supérieur, l'autre au pôle inférieur du sac, restent donc inoccupés et libres dans le protoplasme général. Ils marchent à la rencontre l'un de l'autre et se fondent en un seul noyau *n* qui est le noyau du sac embryonnaire (fig. 283 *bis*, G).

Quand le sac embryonnaire a pris cette structure qui est, on se le rappelle, sa structure définitive, la croissance du nucelle est terminée et l'ovule est prêt à être fécondé.

Fécondation.

187. Généralités. — L'acte de la fécondation comprend plusieurs phases :

1° Le transport du pollen d'une fleur sur le stigmate d'une fleur de même espèce, c'est la *pollinisation;*

2° La *germination du grain de pollen* qui émet un prolongement, le *tube pollinique*. Cette germination s'accomplit sur le stigmate dans lequel le tube pénètre ; il s'enfonce ensuite dans le style, y chemine en s'allongeant, arrive dans la cavité de l'ovaire et finit par pénétrer dans un ovule par le micropyle ;

3° La *fécondation* proprement dite, comprenant tous les phénomènes qui s'accomplissent au contact du tube pollinique et de l'oosphère.

188. Pollinisation. — Quand une fleur est complète, c'est-à-dire comprend étamines et pistil, on dit qu'elle est *stamino-pistillée* ou *hermaphrodite*. Le pollen n'a alors qu'à tomber sur le stigmate par son propre poids, ou bien il y est porté par un léger courant d'air. D'autres fois (fig. 286), ce sont des mouvements spontanés des étamines qui portent le pollen sur le stigmate.

Dans ce cas, la pollinisation est *directe*.

Mais la pollinisation directe n'est pas toujours possible.

Il existe, en effet, un grand nombre de plantes dont

les fleurs ne sont pas complètes : les unes n'ont que des étamines et les autres que le pistil : les premières sont des fleurs *staminées* ou *mâles*, les secondes des fleurs *pistillées* ou *femelles*. Une plante qui ne pos-

Fig. 284. — *Loasa lateritia*. Mouvements spontanés des étamines.

sède que des fleurs unisexuées, les unes mâles, les autres femelles, s'appelle une plante à fleurs *diclines*.

Deux cas peuvent alors se présenter, ou bien les deux sortes de fleurs sont réunies sur le même pied; on dit alors que la plante est *monoïque* (Chêne, Maïs, Arum). La plante est *dioïque* quand les fleurs staminées sont réunies sur un pied de la plante et les fleurs pistillées sur un autre (Chanvre, Saule, Houblon) (fig. 296).

On comprend que, dans ce cas, la pollinisation ne

FÉCONDATION

peut se faire que d'une fleur à une autre fleur. La fécondation est alors *croisée*.

Mais il n'y a pas que chez les plantes à fleurs diclines que la pollinisation soit nécessairement croisée. Il n'est pas rare, en effet, qu'une fleur hermaphrodite soit *dichogame*, c'est-à-dire que ses étamines et son pistil n'arrivent pas à maturité en même temps. Fréquemment, le pollen est parti et les étamines sont vides, quand le stigmate est apte à recevoir

Fig. 285. — Houblon, fleur mâle.

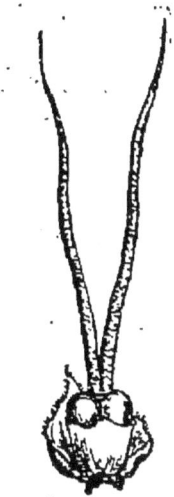

Fig. 286. — Houblon, fleur femelle.

la poussière fécondante, ou bien c'est l'inverse qui a lieu : le stigmate a déjà reçu le pollen d'une autre fleur quand les étamines arrivées à maturité, s'ouvrent.

Cette ordinaire impossibilité de la pollinisation directe est d'ailleurs heureuse ; car on a remarqué que la pollinisation directe ne produit la plupart du temps que des graines pauvres et chétives. C'est donc la pollinisation croisée qui est la pollinisation normale.

Le pollen a donc le plus souvent, pour rencontrer le stigmate qui lui convient, un chemin assez considérable à faire. C'est le vent ou les insectes qui se chargent du transport. Le vent est une force aveugle ; il y a donc évidemment une foule de grains de pollen perdus. La pollinisation par les insectes est plus sûre.

Quand, en effet, un Bourdon visite un champ de trèfle pour y puiser au fond des fleurs le nectar dont il est friand, il butine de fleur en fleur. En frottant avec sa tête les étamines d'une fleur, il se charge de pollen qu'il va porter ensuite sur le stigmate d'une autre, opérant ainsi inconsciemment, mais sûrement, la pollinisation croisée.

Le pollen une fois sur le stigmate y est fortement maintenu, d'abord parce que sa surface rugueuse est, comme nous l'avons vu, hérissée de crêtes et d'épines, et ensuite parce que la surface stigmatique est elle même couverte de papilles qui sécrètent ordinairement un liquide visqueux et gluant, très adhésif.

189. Germination du grain de pollen. — Voilà donc le grain de pollen fixé à une papille stigmatique (fig. 287); s'il y trouve chaleur, humidité et oxygène,

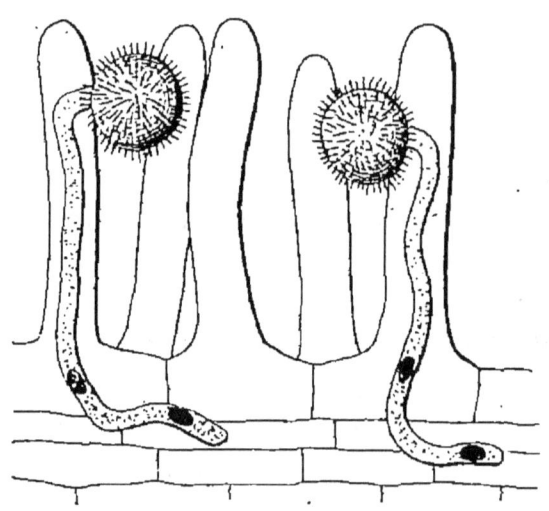

Fig. 287. — Grains de Pollen germant sur un stigmate.

en d'autres termes si le temps est humide et chaud, le grain de pollen germe.

Il commence par absorber une certaine quantité

d'eau de façon à devenir très turgescent. L'exine cède alors à la pression en un point où, moins épaisse, elle est moins résistante qu'ailleurs, c'est-à-dire en face d'un pore. Aussitôt l'intine fait saillie à travers l'exine et détermine la formation d'une papille qui, s'allongeant peu à peu, devient un long tube, le *tube pollinique* (1), dans lequel passe tout le protoplasme du grain, ainsi que ses deux noyaux.

En produisant son tube, le grain de pollen a bientôt

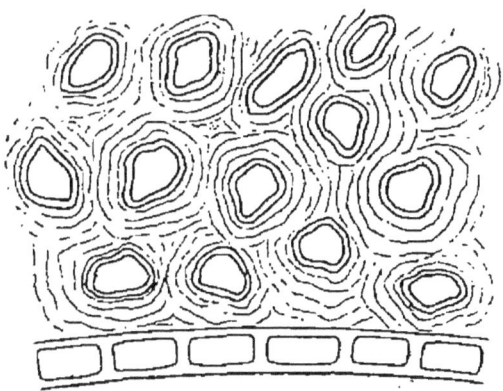

Fig. 288. — Tissu conducteur.

épuisé toutes les réserves qu'il contenait, y compris la réserve de cellulose qui, nous l'avons vu, s'est formée dans l'intine, en face des pores et des plis de l'exine; aussi le tube ne tarderait-il pas à cesser de croître, s'il ne trouvait en dehors de lui la nourriture dont il a besoin. Il pénètre, en effet, dans les papilles stigmatiques, s'enfonce, en les digérant, dans les tissus

---

(1) Quand le grain de pollen absorbe trop d'eau, il devient trop turgescent, le tube pollinique s'allonge trop vite et éclate à son extrémité, laissant échapper le protoplasme qu'il contient. C'est le phénomène qui se passe pour les arbres fruitiers, pour la Vigne notamment, pendant les années pluvieuses. On dit alors que la Vigne *coule*.

du stigmate et arrive ainsi à un tissu situé plus ou moins profondément dans le style, et qu'on nomme le tissu conducteur. Ce tissu est formé de cellules ayant fortement gélifié leurs membranes, il forme donc le long du style et souvent suivant son axe, une sorte de cordon mucilagineux Tc, sans consistance et en même temps très nutritif, dans lequel le tube pollinique tp pénètre sans difficulté, et où il trouve en même temps les principes nutritifs qui sont nécessaires à sa croissance. Il suit donc naturellement ce tissu qui n'offre aucune résistance à son allongement et finit ainsi par arriver à un placenta le long duquel le tissu conducteur se prolonge (fig. 289).

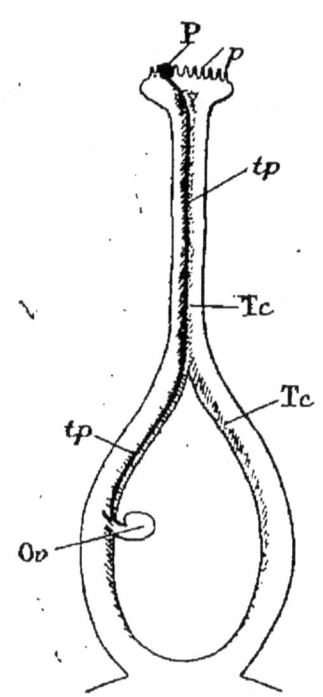

Fig. 289. — Trajet du tube pollinique dans le style.

Le tube pollinique suit alors ce placenta et arrive à un ovule Ov dans lequel il pénètre, ordinairement par le micropyle. Cependant, il y a des cas (Casuarinées, Bouleau) où le tube pollinique, au lieu de gagner le micropyle, perce dans la région de la chalaze les téguments de l'ovule, afin de gagner l'oosphère par le plus court chemin ; mais ces cas sont exceptionnels (1).

Quel que soit d'ailleurs, le chemin suivi, le tube pollinique arrive jusqu'à l'oosphère et c'est là que la fécondation s'opère.

---

(1) Treub, Nawaschin.

190. Phénomènes qui se passent dans le tube pollinique pendant son allongement. —

Ces phénomènes ont été particulièrement bien étudiés dans le *Lilium Martagon* (1). C'est donc cette plante que nous prendrons comme type.

On se rappelle que le grain de pollen est divisé en deux cellules inégales, l'une petite qu'on nomme la cellule *génératrice*, l'autre grande, c'est la cellule *végétative*.

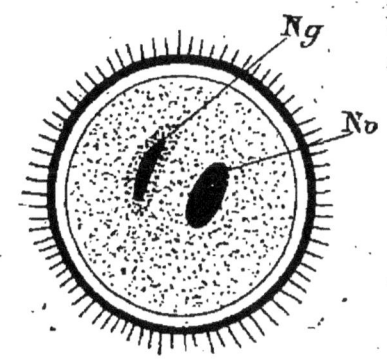

Fig. 290. — Un grain de pollen avec ses deux noyaux.

Ces deux cellules ne sont pas séparées par une cloison cellulosique. Elles sont cependant distinctes, car le noyau Ng de la cellule génératrice est entouré d'un protoplasme en forme de lentille ou de croissant qui ne se confond pas avec le protoplasme végétatif du grain de pollen (fig. 290).

Quand le tube pollinique se développe, les deux noyaux y passent avec leurs protoplasmes respectifs et occupent toujours l'extrémité du tube, le noyau végétatif Nv, précédant le noyau générateur Ng (fig. 291). Puis le noyau générateur se divise en deux autres noyaux, N_1 et N'_1, qui entraînent chacun la moitié du protoplasme de la cellule génératrice.

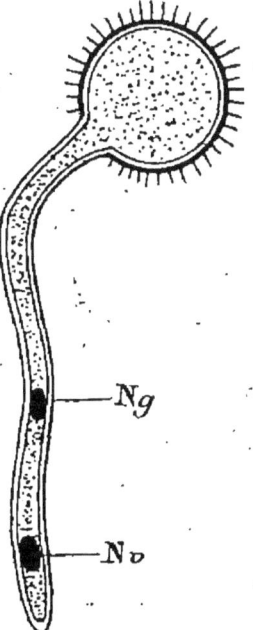

Fig. 291. — Grain de pollen germant.

---

(1) Léon Guignard.

Si l'on compte le nombre des segments chromatiques de chacun des noyaux N_1 et N_1', on voit que ce nombre est de 12 dans le Lis Martagon qui nous occupe, juste la moitié du nombre normal des segments dans les cellules ordinaires de l'appareil végétatif du même Lis.

Les deux noyaux N_1 et N_1', une fois formés grossissent, tandis que le noyau Nv donne des signes de dégénérescence et ne tarde même pas à disparaître. Evidemment, ses éléments servent à nourrir les deux noyaux N_1 et N_1' qui cheminent, portés par le tube pollinique, jusqu'au micropyle et à l'oosphère.

191. Arrivée du tube pollinique dans l'ovule. — Arrivé au micropyle, le tube pollinique se rétrécit pour y pénétrer, puis, dissociant les cellules épidermiques du nucelle, vient toucher le sommet du sac embryonnaire.

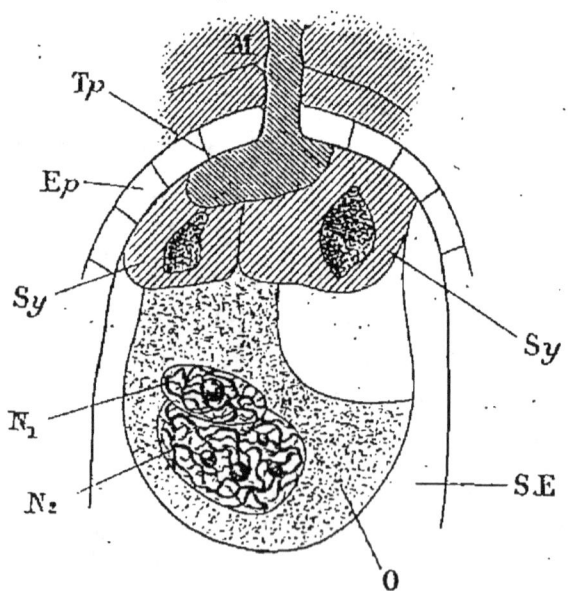

Fig. 292. — Arrivée du tube pollinique dans l'oosphère.

dans la région où se trouvent les synergides et l'oosphère.

Une fois là, le tube pollinique Tp pénètre dans le sac embryonnaire en s'insinuant le plus souvent entre les deux synergides, et arrive au contact direct de l'oosphère qui est ordinairement situé un peu plus bas que les synergides (fig. 292). Or, on sait que la membrane de l'oosphère est simplement albuminoïde. Le contenu du tube pollinique n'est donc séparé du contenu de l'oosphère que par la membrane cellulosique du tube. Celle-ci se résorbe et le noyau N_1 est déversé dans l'oosphère où il va très vite s'accoler à son noyau N_2. Il est à remarquer que ce noyau n'a, lui non plus, que 12 segments chromatiques comme le noyau N_1 du tube pollinique. On peut donc dire que le noyau N_1 et le noyau de l'oosphère ne sont que deux demi-noyaux puisque, comme nous l'avons dit, le nombre normal des segments, dans le Lis Martagon, est de 24 pour toutes les cellules végétatives.

Le second noyau N_1', frère de N_1, ne sort pas ordinairement du tube pollinique où il ne tarde pas à se détruire. Cependant, il pénètre parfois, lui aussi, dans l'oosphère, mais même dans ce cas, il paraît n'y jouer aucun rôle actif.

192. Phénomènes qui se passent dans l'oosphère. — Voilà donc les deux noyaux N_1 et N_2, le noyau mâle et le noyau femelle accolés. Le noyau mâle qui, à son arrivée, est toujours plus petit que le noyau femelle, commence par grossir sans atteindre cependant les dimensions du noyau femelle. Puis, après un certain temps de repos, les deux noyaux N_1 et N_2 se fusionnent de façon à ne plus former qu'un noyau unique contenant le nombre normal 24, de segments chromatiques.

L'oosphère est devenu l'*œuf* dont le noyau, maintenant complet, est capable d'évoluer et de se transformer en embryon.

Transformation de l'ovule en graine et de l'ovaire en fruit.

193. Développement de l'albumen. — Ce que nous avons dit du Lis Martagon s'applique aussi aux autres plantes. Il n'y a que des variations sans importance dans les phénomènes de la fécondation, quand on passe d'une plante à une autre.

L'œuf est donc formé.

Les synergides disparaissent et les antipodes aussi, et l'œuf reste seul, suspendu par sa membrane à la partie supérieure du sac embryonnaire qui contient, comme on se le rappelle, un gros noyau n (fig. 293).

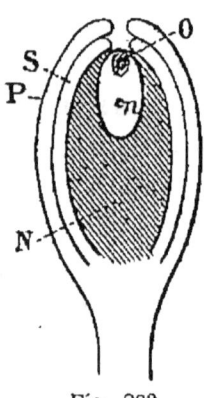

Fig. 293.
Ovule fécondé.

Donc, à ce moment, l'ovule fécondé est formé des parties suivantes :

1° Des deux téguments, primine et secondine, P et S (fig. 293) ;

2° De ce qui reste du nucelle N. On sait, en effet, que le sac embryonnaire, pendant sa période de croissance, a digéré une partie du nucelle, quelquefois même il l'a digéré totalement, de sorte qu'il remplit à lui seul tout l'ovule. Mais nous supposerons que ce cas ne s'est pas présenté et qu'il reste, autour du sac, une certaine quantité du tissu nucellaire ;

3° Du sac embryonnaire qui contient un noyau n et l'œuf O.

Avant même que l'œuf soit formé, au moment où les noyaux mâle et femelle s'accolent dans l'oosphère, le noyau n se divise en deux (fig. 294, A), puis chaque moitié en deux et ainsi de suite, de sorte que bientôt

FORMATION DE L'ALBUMEN 331

on voit, rangés tout le long de la membrane du sac embryonnaire, un grand nombre de noyaux provenant tous du noyau du sac (fig. 294, B et C).

Des membranes de cellulose, perpendiculaires à la paroi du sac et se raccordant avec elle, apparaissent

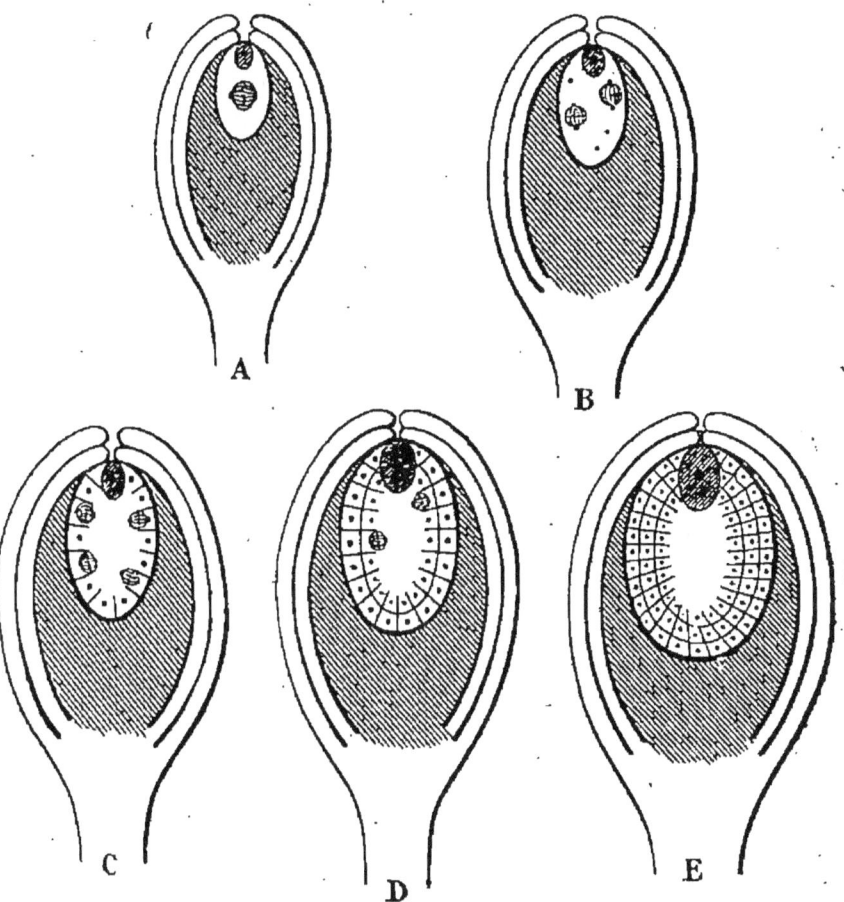

Fig. 294. — Formation de l'albumen.

et séparent les noyaux qui se trouvent ainsi logés dans un certain nombre d'alvéoles dont le fond est la paroi même du sac embryonnaire (fig. 294, C).

Dans cette même figure, on peut voir des noyaux qui commencent à se diviser de nouveau, et comme le même phénomène se passe sur tout le pourtour du sac, on voit qu'il se forme ainsi (fig. 294, D) une seconde rangée de noyaux qui se séparent des premiers par des cloisons tangentielles, c'est-à-dire parallèles à la paroi du sac. Puis cette seconde rangée se divise à son tour, produisant une troisième rangée, et ainsi de suite. On voit donc que le sac embryonnaire ne tarde pas à être complètement envahi par un tissu cellulaire qui est l'*albumen*, et qui s'est développé

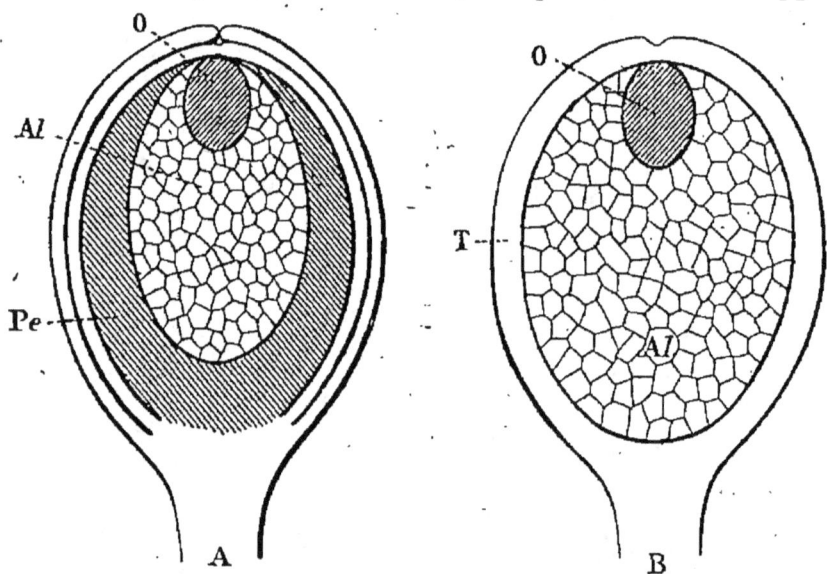

Fig. 295. — Albumen n'ayant pas digéré tout le nucelle.

Fig. 296. — Albumen ayant digéré tout le nucelle.

en gagnant progressivement de la périphérie du sac à son centre; c'est ce qu'on exprime en disant que sa formation est centripète. Il peut même arriver que le sac embryonnaire étant très volumineux, l'albumen n'arrive pas à atteindre la région centrale; il reste alors au milieu du sac un liquide nutritif albumineux (lait de Coco), remplissant une chambre bordée de tous côtés par le tissu cellulaire de l'albumen.

En comparant les figures A, B, C, D, E (fig. 294), on peut constater que, pendant la formation même de l'albumen, le sac embryonnaire grossit et empiète de plus en plus sur le nucelle. Cet empiétement n'est pas un simple refoulement : c'est une véritable digestion ; c'est-à-dire que le sac embryonnaire digère, absorbe le nucelle, et en emmagasine les éléments nutritifs dans l'albumen en formation. Nous avons déjà vu de nombreux exemples de digestion semblable sans qu'il soit nécessaire d'y insister davantage (p. 75 et 158).

Deux cas peuvent alors se présenter :

Ou bien (fig. 296, A), le sac embryonnaire ne digère pas tout le nucelle ; alors, comme les cellules non absorbées de celui-ci se remplissent de substances de réserve, l'œuf O se trouve entouré de deux albumens emboîtés l'un dans l'autre : L'albumen interne A*l* est l'albumen formé dans le sac embryonnaire par le procédé que nous avons décrit, et l'albumen externe ou *périsperme* Pe est la partie du nucelle qui a subsisté lorsque le sac embryonnaire a terminé sa croissance. Le Nénuphar possède un périsperme bien caractérisé.

Ou bien le sac embryonnaire a digéré tout le nucelle, même la secondine dont il ne reste plus trace ; alors l'albumen A*l* remplit complètement le seul tégument T qui ait persisté (fig. 295, B). C'est le cas ordinaire.

194. Développement de l'œuf en embryon. — Nous avons momentanément laissé l'œuf de côté pour ne nous occuper que de la formation de l'albumen dans le sac embryonnaire. Cette manière de procéder est chronologiquement conforme à la réalité des faits.

L'œuf ne commence, en effet, à se transformer et à se développer en embryon que lorsque la formation de l'albumen est très avancée, sinon terminée.

Alors, l'œuf (fig. 297, 1) se divise en deux cellules, l'une, supérieure, *s* et l'autre, inférieure, *e* (2).

Le suspenseur. — La cellule *s*, par des cloisonnements transversaux, donne naissance à un *suspenseur* S qui rattache l'embryon au sommet du sac embryonnaire. Quand les cloisonnements se font toujours dans le même sens, comme dans la figure 297, le suspenseur est formé d'une simple file de cellules

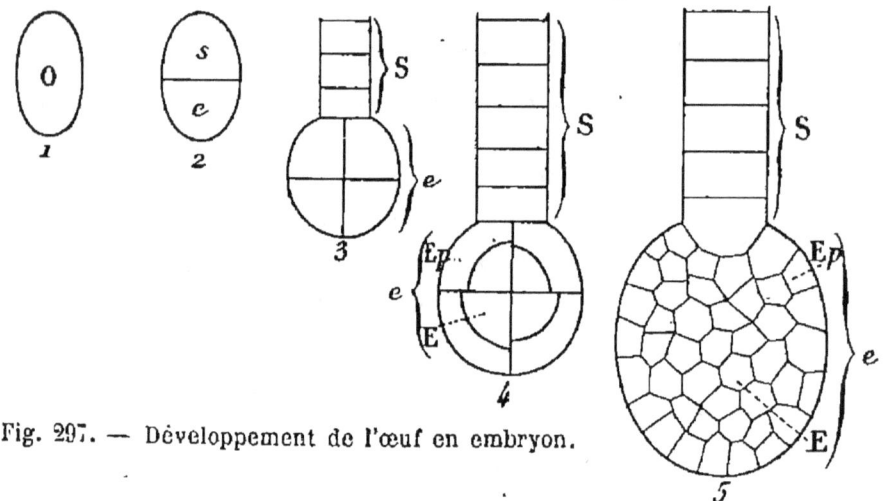

Fig. 297. — Développement de l'œuf en embryon.

(*Iberis*). Mais, le plus souvent, les cloisonnements, après avoir été transversaux, se font ensuite dans tous les sens, de sorte que le suspenseur est formé d'un massif cellulaire (Haricot, Capucine).

Quelle est la fonction du suspenseur? Tantôt il se borne, en s'allongeant, à enfoncer dans l'albumen la cellule *e* ou l'embryon qui en provient. Puis, ce rôle rempli, il se désagrège et disparaît. Tantôt ses cellules se remplissent de matières nutritives diverses (amidon, sucre, albuminoïdes) et constitue ainsi un tissu de réserve qui contribue à nourrir la cellule *e* pendant sa transformation en embryon. Il n'est même pas rare que cette réserve étant très abondante, le suspenseur se gonfle en tubercule, comme on peut l'observer dans le Cytise. — Il peut encore produire sur ses flancs des sortes de suçoirs qui vont s'enfoncer dans le placenta et y puisent directement la nourriture nécessaire à l'embryon.

En somme, on voit que, soit directement, soit indirectement, le rôle du suspenseur est toujours de contribuer à nourrir l'embryon pendant le cours de son développement, soit qu'il le porte et l'enfonce, en s'allongeant, au milieu des tissus nutritifs de l'albumen, soit encore qu'il le nourrisse lui-même avec les réserves qu'il a constituées dans ses cellules, soit enfin qu'il le fasse vivre en parasite sur le placenta.

L'embryon. — Si maintenant nous considérons la cellule *e*, nous allons la voir se transformer en embryon.

Elle se divise en 4 (fig. 297, 3), puis (fig. 297, 4) des cloisons tangentielles y délimitent un épiderme. Ensuite (5 même fig.), les cellules internes se cloisonnant dans tous les sens, déterminent la formation d'un parenchyme E tandis que, pour suivre le développement du massif interne, l'épiderme E*p* multiplie ses cellules par des cloisons radiales.

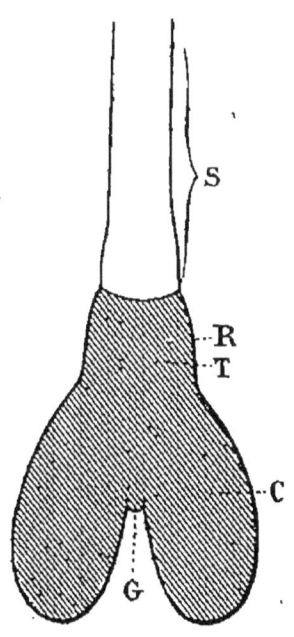

Fig. 298. — Embryon en voie de développement.

A partir de là (fig. 298), le développement se fait d'une façon très inégale : une radicule R et une tigelle T apparaissent dans le prolongement même du suspenseur ; puis une ou deux protubérances C se développent au sommet de la tigelle et deviennent le ou les cotylédons. Entre les cotylédons nait un petit mamelon G qui est la gemmule, et l'embryon, ayant alors toutes ses parties constitutives, n'a plus qu'à grandir pour acquérir la dimension définitive qu'il doit avoir dans la graine.

195. Digestion de l'albumen. — Nous avons vu qu'en grandissant, le suspenseur enfonce de plus en plus l'embryon dans l'albumen. De même, quand l'embryon se développe, sa croissance a pour effet de lui faire occuper, au sein de l'albumen, une place de plus en plus grande. C'est en digérant l'albumen qu'il se fait la place dont il a besoin.

Ici encore deux cas peuvent se présenter.

Ou bien l'embryon a atteint sa taille définitive avant d'avoir digéré tout l'albumen dont il reste, dès lors, une grande partie.

Ou bien l'embryon digère tout l'albumen et met dans ses cotylédons considérablement épaissis, les réserves qu'il prend à l'albumen. Dans ce cas, l'embryon finit par remplir tout le tégument.

Nous avons vu, en effet (p. 65 et 66), qu'il y a deux sortes de graines : celles qui possèdent un albumen autour de l'embryon et celles qui n'en ont pas. Le Ricin est un exemple de graine albuminée, le Lupin est un exemple de graine exalbuminée. Mais on voit qu'entre ces deux sortes de graines, il n'y a pas une différence essentielle, car, dans les deux cas, il y a eu un albumen et si le Lupin semble n'en plus avoir, c'est qu'il a été digéré et mis en réserve par l'embryon avant son passage à l'état de vie ralentie, tandis que dans le Ricin il n'est digéré et utilisé qu'au moment même de la germination.

LES TÉGUMENTS DE LA GRAINE

196. Développement des téguments. — Nous savons maintenant d'où provient l'embryon et comment il se forme ; nous savons aussi qu'elle est l'origine de l'al-

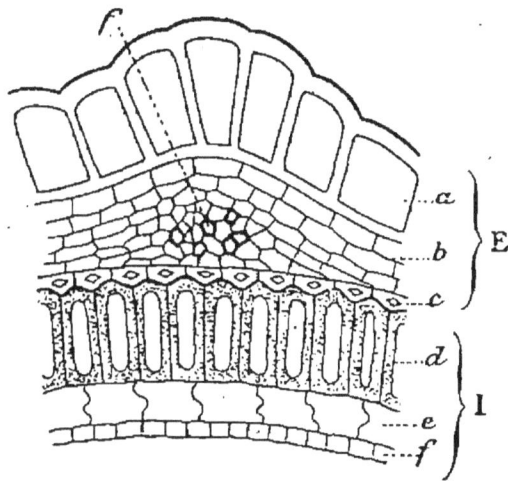

Fig. 299. — Les téguments de la graine de la violette.

bumen. Pour avoir l'histoire complète de la genèse d'une graine, il ne nous reste donc plus qu'à voir comment les téguments de la graine se constituent aux dépens des téguments de l'ovule.

Nous avons déjà vu que la secondine est très généralement digérée, soit par le sac embryonnaire lui-même, avant la formation de l'albumen, soit par l'albumen pendant sa formation dans le sac embryonnaire.

Quant au tégument externe, il multiplie et agrandit ses cellules de façon à suivre sans se rompre le développement des tissus intérieurs. Ses faisceaux libéroligneux deviennent plus nombreux, son parenchyme,

Fig. 300.
Graine de Cotonnier.

d'abord homogène, se différencie d'une façon souvent très compliquée et se divise en couches superposées d'aspect ou de propriétés très différentes. C'est ce que montre la figure 299, qui représente les différentes couches du tégument d'une graine de violette. Il arrive même que le tégument donne naissance à des ornements divers, par exemple à de longs poils comme dans la graine du Cotonnier, ce qui facilite beaucoup la dissémination de la graine par le vent.

197. Le fruit. Classification des fruits. — En même temps que toutes ces transformations s'opèrent dans l'ovule, des modifications importantes se produisent dans l'ovaire qui devient le *fruit*. Les parois de l'ovaire, devenues celles du fruit, prennent alors le nom de *péricarpe*.

Le péricarpe lui-même se divise en 3 couches qui, de l'extérieur à l'intérieur, sont : l'*ectocarpe*, le *mésocarpe* et l'*endocarpe*. Par exemple dans la pomme, l'*ectocarpe* est la pelure, le *mésocarpe* la partie charnue comestible, l'*endocarpe* cette peau parcheminée qui enveloppe les pépins ou graines. Ces quelques notions vont nous permettre d'établir une classification des différents fruits.

On a souvent cherché à classer les fruits, d'une façon simple et rationnelle, nous nous contenterons d'indiquer la classification qui a été donnée par Payer et qui nous paraît être, de beaucoup, la meilleure.

A. FRUITS CHARNUS. — Le péricarpe plus ou moins charnu ne s'ouvre pas à la maturité pour mettre en liberté les graines; il pourrit. Ce groupe contient deux classes de fruits :

a. Baies. — Mésocarpe et endocarpe entièrement

CLASSIFICATION DES FRUITS

charnus; le fruit met les graines en liberté en se putréfiant (Groseilles, Raisins).

b. Drupes. — Mésocarpe charnu, endocarpe ligneux ou parcheminé et ayant reçu le nom de *noyau*. Le noyau contient la graine ou *amande*. La partie charnue se putréfie, tandis que le noyau s'ouvre sous la pression interne provoquée par la graine germant (Cerise, Pêche, Nèfle...).

B. FRUITS SECS. — Le péricarpe est entièrement sec à la maturité. Ce groupe contient deux sous-groupes :

1° *Fruits secs indéhiscents*, c'est-à-dire ne s'ouvrant pas d'eux-mêmes à la maturité; le péricarpe ne s'ouvre que sous la pression de l'embryon germant. Ce sous-groupe comprend lui-même trois classes de fruits :

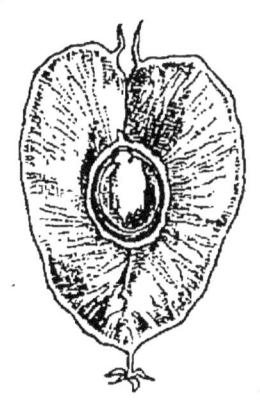
Fig. 301.
Samare d'orme.

a. Akène. — Fruit sec indéhiscent ne contenant qu'une seule graine non adhérente avec le péricarpe (Sarrazin, Renoncule).

b. Caryopse. — Fruit sec indéhiscent ne contenant qu'une seule graine qui adhère au péricarpe (Blé, Maïs).

c. Samare (fig. 301). — C'est un akène dont le péricarpe est muni de sortes d'ailes qui donnent prise au vent et facilitent la dissémination (Orme, Érable).

2° *Fruits secs déhiscents.* — Le péricarpe s'ouvre de lui-même à la maturité. On appelle aussi très souvent ces fruits, des *fruits capsulaires*. Ils sont de cinq sortes :

a. Follicule. — Fruit uniloculaire, formé par un seul carpelle, déhiscent par son bord ventral qui porte les graines (fig. 302).

b. Gousse. — Fruit uniloculaire formé d'un seul carpelle déhiscent à la fois par ses deux bords, dont l'un répond au placenta et porte les graines, et l'autre cor-

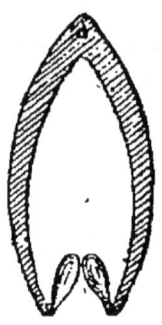

Fig. 302. — Section transversale d'un follicule.

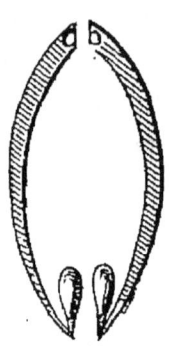

Fig. 303. — Section transversale d'une gousse.

respond au dos de la feuille carpellaire (Haricot, Pois) (fig. 303).

c. Pixyde. — Fruit uniloculaire ou pluriloculaire s'ouvrant par une fente circulaire transversale ; ressemble à une boîte et à son couvercle (Jusquiame, Mouron rouge) (fig. 304).

d. Silique. — Fruit formé de deux carpelles et pro-

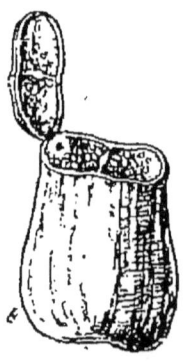

Fig. 304. — Une pixyde.

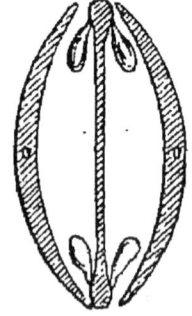

Fig. 305. — Section transversale d'une silique.

venant d'un ovaire à placentation pariétale. Seulement, les deux placentas, fortement accrus, se sont réunis de façon à former une fausse cloison qui rend le fruit biloculaire à la maturité. Les deux carpelles se détachent de la cloison et des placentas chargés de graines (Crucifères) (fig. 305).

e. Capsule. — Cette classe comprend tous les fruits secs déhiscents qui ne rentrent pas dans les classes précédentes. Il y a, par exemple, les *capsules loculicides*, qui s'ouvrent par une fente longitudinale au

Fig. 306. — Capsule loculicide à placentation axile.

Fig. 307. — Capsule loculicide à placentation pariétale.

niveau de la ligne dorsale des carpelles (fig. 306 et 307); les *capsules septicides*, dont les carpelles se séparent

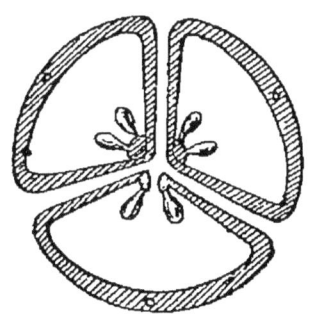

Fig. 308. — Capsule septicide à placentation axile.

Fig. 309. — Capsule septicide à placentation pariétale.

précisément le long de leurs lignes de soudures (fig. 308 et 309); les *capsules septifrages*, dont la déhiscence s'opère par des fentes longitudinales pratiquées de chaque côté des cloisons ou des placentas (fig. 310 et 311).

Fig. 310. — Capsule septifrage à placentation axile.

Fig. 311. — Capsule septifrage à placentation pariétale.

C. Fruits simples, multiples, composés. — Quand la fleur contient un seul carpelle, ou plusieurs carpelles réunis en un seul ovaire, le fruit produit est simple (pomme, cerise). Quand la fleur contient plusieurs carpelles indépendants, chaque carpelle devenant un fruit, on dit que la fleur a produit un fruit *multiple*. Quand la fleur est composée, c'est-à-dire produit une véritable inflorescence, les fruits qui succèdent à chaque fleur étant très rapprochés les uns des autres, on dit que le fruit est *composé*.

D. Fruits induviés. — Dans certaines plantes, le fruit simple, multiple ou composé, est enveloppé dans une partie de la fleur qui s'est accrue pendant sa maturation. On dit alors que le fruit est *induvié*. On se rappelle que dans le Rosier, les ovaires sont au fond d'une sorte de bouteille formée par un accroissement marginal du réceptacle. Quand le fruit multiple, formé d'akènes nombreux, est mûr, il est donc placé au fond du réceptacle devenu charnu et connu sous le nom de cynorrhodon (fig. 312). Dans le Noisetier (fig. 313), le fruit simple est enveloppé à sa base par un invo-

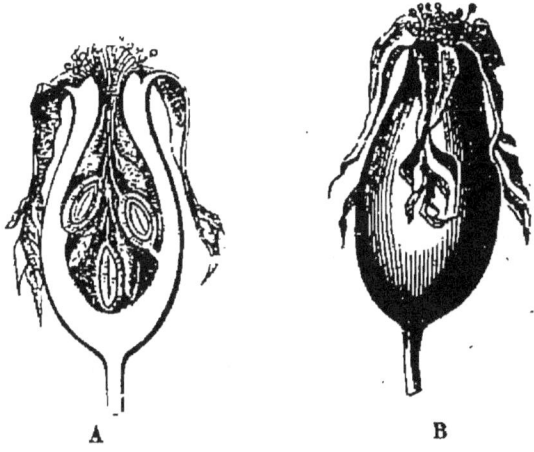

Fig. 312. — Fruit du Rosier. — A, ouvert en long; B, entier.

lucre de parties épaissies, d'abord charnues, puis sèches. Dans le *Physalis Alkekengi* (fig. 314), le fruit

Fig. 313.
Fruit de Noisetier.

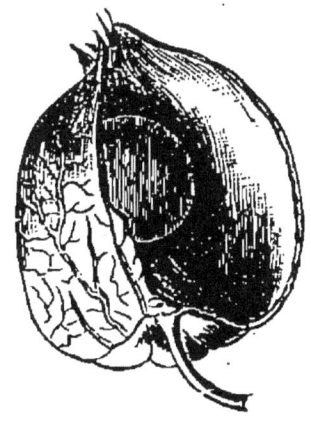

Fig. 314. — Fruit du Physalis Alkekengi.

est logé dans un sac membraneux rouge formé par le calice très accru. Dans la Bruyère, c'est la corolle qui persiste autour du fruit. Dans la Figue (fig. 315), les

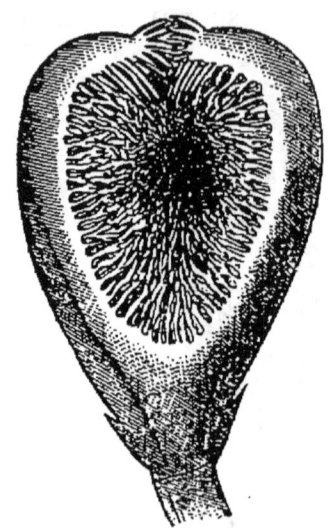

Fig. 315. — La Figue.

fruits sont logés le long des parois internes d'une sorte de sac charnu et succulent provenant d'un développement marginal exagéré du réceptacle floral.

E. FRUITS NON INDUVIÉS, MAIS ACCOMPAGNÉS DE PARTIES ACCRUES DE LA FLEUR. — Ce cas se présente assez fréquemment. Ainsi, dans la Fraise (fig. 316), la partie charnue et comestible est constituée par le réceptacle qui porte de petits akènes. Dans la Clématite (fig. 317), les styles persistent au-dessus des fruits et s'y déve-

Fig. 316. — La Fraise.

Fig. 317.
Fruits de la Clématite.

loppent en larges plumets velus. Dans le Pissenlit et les Composées en général, le style persistant forme un bec qui se termine par une aigrette souvent fort élégante, etc.

Autres modes de reproduction des plantes.

198. Multiplication. — Pour étudier les Phanérogames, nous sommes partis de la graine et nous avons suivi la plante dans le cours de son développement jusqu'au moment où, à son tour, elle a donné naissance à de nouvelles graines qui n'ont plus qu'à germer pour reproduire à leur tour un végétal nouveau. Nous avons donc ainsi accompli le cycle complet de la vie d'une Phanérogame. Il semble donc que nous devions nous arrêter là ; mais, avant de passer à un autre sujet, il n'est peut-être pas inutile de dire quelques mots de certains autres modes de reproduction, ou plutôt de multiplication très employés et qu'on nomme le *marcottage*, le *bouturage* et le *greffage*.

199. Marcottage. — Engageons dans un pot plein de terre une branche de Laurier-Rose, par exemple, encore attenante au tronc principal. Pour faire cette opération, il suffit de fendre longitudinalement un pot à fleurs ordinaire de façon à pouvoir y faire pénétrer le rameau (fig. 318). Quand celui-ci en occupe l'axe, on fixe le pot sur un support et on le remplit de terre. Très rapidement, la partie enterrée développe des racines adventives qui nourrissent directement la branche. On peut alors, la rendre indépendante du tronc en la coupant en S au moyen d'un sécateur.

Cette opération, qui consiste à forcer sur une branche encore attachée au tronc, le développement de racines adventives destinées à permettre à la branche de vivre indépendante, s'appelle le *marcottage*. Quelquefois on opère sans accessoires d'aucune sorte, en recourbant, simplement un rameau et en maintenant en terre, au moyen d'un crochet de bois, une partie soigneusement effeuillée de ce rameau : on verra très

Fig. 318. — Marcottage du Laurier-Rose.

rapidement s'y développer des racines adventives (fig. 319).

On peut accélérer l'opération et hâter très sensiblement l'apparition des racines adventives, en incisant circulairement, jusqu'au bois, la portion du rameau destinée à être enterrée (fig. 320), et en enlevant un lambeau annulaire d'écorce. On a vu (page 259) que, dans ce cas, la sève descendante, arrêtée au bord supérieur de la blessure, y détermine la formation d'un bourrelet de cicatrisation sur lequel naissent bientôt des racines adventives.

MULTIPLICATION DES PHANÉROGAMES

On peut obtenir le même résultat, soit en tordant la partie du rameau que l'on veut enterrer, soit en lui faisant une blessure quelconque qui hâte l'apparition des racines adventives.

Il y a des plantes qui se marcottent particulièrement

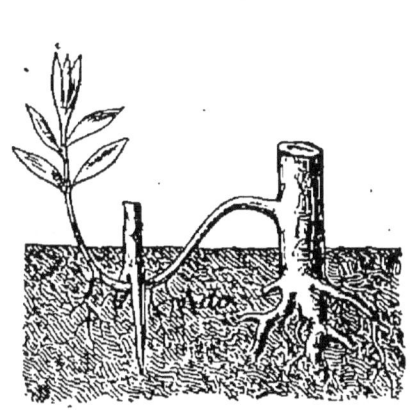

Fig. 319. — Marcottage d'une branche de Saule.

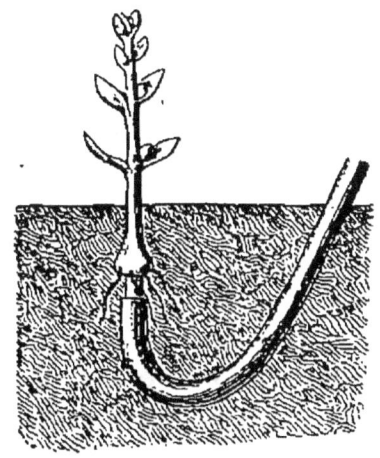

Fig. 320. — Développement accéléré des racines adventives par incision circulaire du rameau enterré.

bien. Telles sont, par exemple, la Glycine, l'Aristoloche, le Magnolia, le Laurier-Rose, le Grenadier, l'Œillet, etc.

200. Le bouturage. — Le bouturage consiste à placer en terre une partie préalablement détachée d'un végétal, de façon que des racines adventives s'y développent et en fassent un végétal indépendant. On comprend que cette opération doit réussir moins sûrement que le marcottage dans lequel le rameau continue à être nourri par la plante mère à laquelle il reste attaché jusqu'à ce qu'il puisse vivre sans son aide. Il faut, en effet, pour qu'un rameau puisse se bouturer, qu'il ne périsse pas entre le moment où il est détaché de la plante mère, et celui où il a produit des racines adventives capables de le nourrir. Certains végétaux, tels que le Saule, le Sureau, le Peuplier, se bouturent sans qu'il soit nécessaire de prendre de grandes précautions ; mais le plus grand nombre exige des soins assidus dont le détail ne peut trouver place ici.

En général, les plantes ligneuses se bouturent moins facilement que les plantes herbacées. Cependant, le bouturage réussit très bien pour le Saule, le Sureau, le Peuplier, le Groseiller, le Rosier, la Vigne, les Araucaria, tout aussi bien que pour des plantes herbacées, telles que le Pélargonium ou le Bégonia.

201. La greffe ou greffage. — Le greffage est une opération de culture qui consiste à prendre, sur un végétal, un *œil* ou bourgeon qu'on nomme une *greffe*, et à le forcer à se souder à un autre végétal capable de le nourrir et de lui donner une vigueur qu'il n'aurait pas si on le laissait sur la plante mère qui l'a produit. La plante nourrice du bourgeon-greffe se nomme le *sujet*.

Deux tissus ne peuvent se souder que s'ils sont très vivants et de même nature. Il est donc évident qu'on ne peut greffer un bourgeon provenant d'une plante, que sur une autre plante de même espèce ou d'espèce très voisine.

De plus, il faut que la greffe et le sujet étant supposés d'espèces très voisines, on s'arrange de façon à mettre en contact des tissus de l'un et de l'autre aussi identiques que possible et d'une grande vitalité.

Or, l'assise génératrice qui est sous l'écorce est un des tissus les plus vivants que l'on puisse trouver. Enlevons donc avec la greffe un lambeau d'écorce qui, sur sa face interne, emporte avec lui du tissu générateur et mettons-le à la place d'un morceau d'écorce du sujet. Il est évident que le tissu générateur de la greffe va se trouver en contact immédiat avec le tissu générateur du sujet et que, par conséquent, la soudure sera possible, surtout si l'on a soin d'opérer au printemps, au moment de la reprise d'activité du tissu générateur.

On peut faire l'opération de la manière suivante (fig. 321) : On enlève une greffe en forme d'écusson, B, et on fait dans le sujet une incision en forme de T pénétrant jusqu'au bois. On soulève les lèvres de l'incision et on y insère l'écusson B. On ligature fortement et l'on n'a plus qu'à attendre la reprise de la greffe.

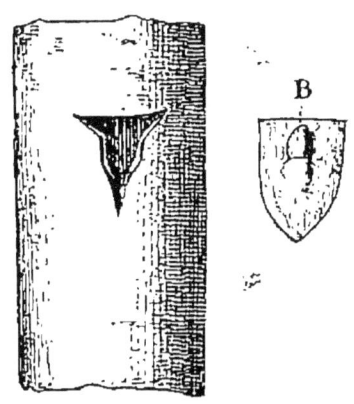

Fig. 321. — Greffe en écusson.

202. Utilité des précédentes opérations de culture.
— On sait qu'un grand nombre de variétés de plantes obtenues par la culture ne se reproduisent que difficilement par graines. Ainsi, personne n'ignore que les différentes variétés de Rosiers proviennent toutes des modifications apportées par la culture à l'Églantier sauvage. Si l'on sème des graines de Rosier, on remarque qu'elles donnent presque toujours naissance à des plantes dégénérées et même à des Églantiers.

Cet inconvénient ne se présente pas avec le marcottage, le bouturage et le greffage, puisque les nouvelles plantes que l'on obtient par ces procédés, ne sont que des parties détachées de plantes anciennes, parties qui possèdent, par conséquent, toutes les propriétés des plantes dont elles proviennent. Ces trois opérations sont donc très utiles, et même nécessaires, lorsqu'il s'agit de multiplier des variétés en leur conservant les caractères qui leur sont propres et sans s'exposer à les voir retourner à leur forme ancestrale.

LIVRE III

CLASSIFICATION DES PHANÉROGAMES

CHAPITRE I

SOUS-EMBRANCHEMENTS ET CLASSES

203. Préliminaires. — Nous estimons qu'il est difficile, pour ne pas dire impossible, d'étudier exclusivement dans les livres, la classification des Phanérogames. Un moyen plus pratique, plus rapide, et surtout plus attrayant, consiste à herboriser, seul ou mieux avec un guide sûr et ayant une connaissance approfondie du sujet. Mais, comme il n'est pas fréquent de trouver un pareil guide, il vaut mieux tâcher de se tirer d'affaire tout seul, ce qui est très possible, à la condition de se munir d'une Flore commode et simple (1).

---

(1) Nous recommandons tout spécialement la *Nouvelle Flore*, de MM. Gaston Bonnier et G. de Layens, pour le Nord et l'Ouest de la France et pour les environs de Paris. Il existe aussi des mêmes auteurs, une *Flore de France*, conçue dans le même esprit pratique que la *Nouvelle Flore* et d'une manipulation remarquablement facile.

Nous ne ferons donc ici que résumer succinctement les caractères distinctifs de chaque famille, en donnant pour chacune d'elles les produits qu'on en retire et qui sont utilisés en médecine et en pharmacie.

204. Diagrammes. — Un diagramme est un graphique destiné à permettre d'embrasser d'un seul coup d'œil, les caractères distinctifs d'une fleur, la disposition relative des verticilles floraux, et le nombre des pièces qui les constituent. C'est donc un résumé de toutes les particularités que peut présenter une fleur.

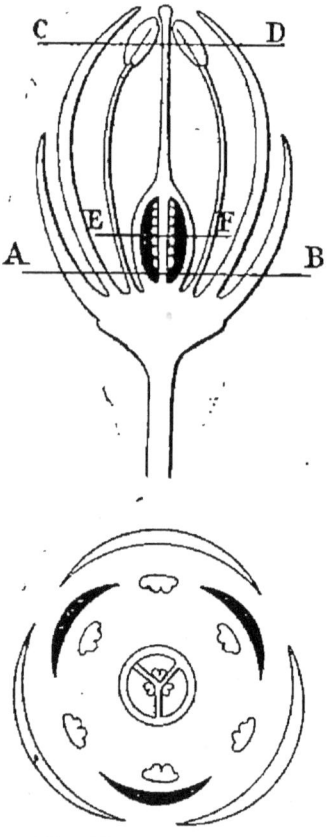

Fig. 322. — Comment on établit un diagramme.

Nous avons déjà vu (p. 288) par quelle convention on arrive à figurer la préfloraison des sépales et des pétales. La convention est la même pour l'établissement des diagrammes : on suppose le bouton coupé par 3 plans transversaux ; l'un, A B, coupe les sépales et les pétales près de leur base (fig. 322). L'autre, C D, coupe les étamines au niveau des anthères. Le troisième, E F, sectionne le pistil à l'équateur de l'ovaire. On projette ensuite toutes ces sections sur un même plan perpendiculaire à l'axe de la fleur et c'est cette projection qui forme le diagramme.

Pour compléter les renseignements fournis par le

diagramme, on convient ordinairement de représente par un trait double, les sépales verts, par un trait noir plein, les pétales colorés. De plus on relie par des traits minces ou pointillés, les différentes pièces qui ont contracté adhérence.

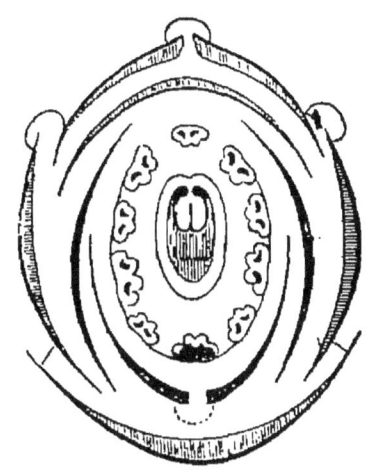

Fig. 323.

Ainsi, dans le diagramme ci-contre (fig. 323). Les traits indiquent que tous les sépales sont soudés entre eux, qu'il en est de même des deux pétales inférieures et de neuf étamines sur dix.

Le diagramme représenté fig. 324, montre de la même façon, que tous les pétales sont soudés en un tube auquel adhèrent les étamines.

205. Classification générale. — L'embranchement des Phanérogames se divise en deux sous-embranchements d'inégale importance, si l'on considère le nombre des espèces qui constituent chaque groupe.

Deux cas, en effet, se présentent :
1° Ou bien il y a dans la fleur un ou plusieurs ovaires clos, destinés à renfermer et à protéger les ovules. C'est le cas que nous avons particulièrement étudié dans les pages qui précèdent. Les plantes dont l'ovaire présente cette disposition constituent le sous-embranchement des *Angiospermes* qui comprend l'immense majorité des Phanérogames.

Fig. 324.

2° Ou bien il n'y a pas d'ovaire clos. Les carpelles

restent étalés sans se souder les uns aux autres, et portent les ovules qui se trouvent dès lors exposés à l'air libre. Ces plantes, relativement peu nombreuses, forment le sous-embranchement des *Gymnospermes*.

Le sous-embranchement des Angiospermes a été partagé en deux classes : celle des Monocotylédones et celle des Dicotylédones.

206. Caractères distinctifs des Monocotylédones et des Dicotylédones. — 1° Les Monocotylédones sont caractérisées par la présence dans leur embryon, d'un seul cotylédon, tandis que chez les Dicotylédones il en existe deux.

C'est là le caractère distinctif principal entre les deux classes. Mais ce caractère a le défaut de n'être pas très apparent et de nécessiter, pour être mis en évidence, l'emploi d'appareils optiques plus ou moins grossissants et un examen souvent minutieux de l'embryon.

Heureusement qu'à ce caractère s'en ajoutent d'autres moins constants, moins importants, mais beaucoup plus pratiques, et qui peuvent servir presque toujours à reconnaître si une plante donnée est une Monocotylédone ou une Dicotylédone.

2° Chez les Monocotylédones, les pièces de chaque verticille floral sont très souvent au nombre de trois ou d'un multiple de trois, tandis que chez, les Dicotylédones les pièces des verticilles floraux vont par quatre, cinq, ou un multiple de quatre ou de cinq.

3° Les feuilles des Monocotylédones sont généralement rubanées, parallélinerves, disposition que ne présentent jamais les feuilles des Dicotylédones, sauf les feuilles immergées de quelques plantes, comme la Sagittaire. Il est juste de faire remarquer que certaines Monocotylédones, comme les *Arums*, n'ont pas les feuilles rubanées. Malgré ces rares exceptions, le caractère tiré des feuilles fournit, dans la grande majorité des cas, d'excellents renseignements.

4° Quand nous avons étudié le mode de végétation et d'épaississement des Monocotylédones, nous avons vu (p. 138) que la zone externe du méristème vasculaire s'épaissit, ajoutant extérieurement des couches nouvelles aux couches anciennes, et qu'au milieu des tissus neufs ainsi produits, se différencient des faisceaux nouveaux. Les faisceaux les plus jeunes sont donc les plus extérieurs.

Or, les faisceaux les plus jeunes sont évidemment ceux qui sont destinés aux feuilles nouvelles, c'est-

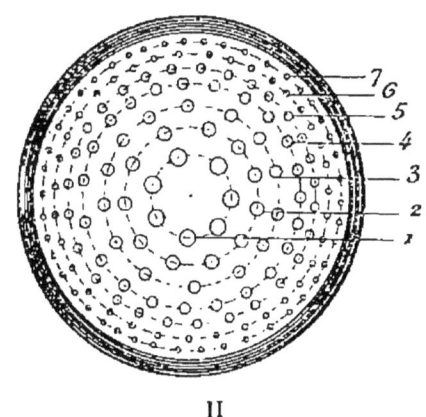

Fig. 325. — Course des faisceaux dans une tige de Monocotylédone.

à-dire à celles qui sont les plus hautes sur la tige (fig. 325. I). Donc, quand une feuille nouvelle f_7 prend naissance à l'extrémité de la tige, on voit qu'il doit se former sur tout le pourtour de cette tige, un cercle 7 de faisceaux (fig. 325 II) destinés en partie à la feuille

f_7 et extérieurs aux faisceaux 6 qui se rendent dans la feuille f_6, comme les faisceaux 5 pénétraient dans la feuille f_5, avant sa chute. Ces considérations suffisent pour expliquer la course sinueuse des faisceaux que l'on observe sur la figure schématique 325 I, et qui représente la silhouette longitudinale des faisceaux dans une tige de Monocotylédone.

Quant au grand nombre des faisceaux que l'on voit sur la section transversale II (fig. 325), il s'explique par ce fait que la feuille, au lieu de se contenter de quelques faisceaux comme chez les Dicotylédones, en prend une grande quantité.

5° Enfin, considéré en lui-même, le faisceau des Mo-

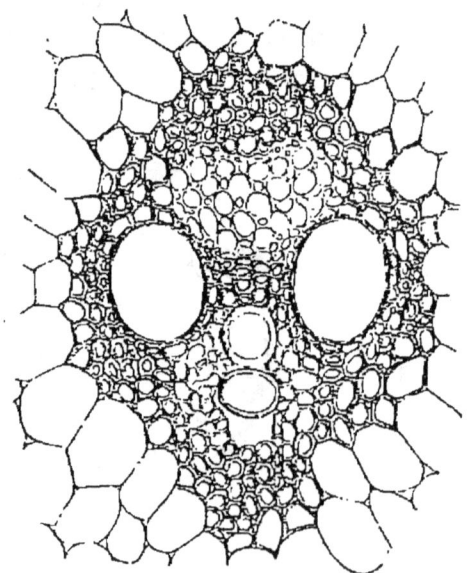

Fig. 326. — Un faisceau de Monocotylédone.

nocotylédones est entouré d'une gaine ininterrompue de sclérenchyme, formée par la différenciation du méristème vasculaire dont il provient.

De plus, la partie ligneuse des faisceaux est très souvent disposée en forme de V, encadrant plus ou moins le liber (fig. 326). En d'autres termes, le liber du faisceau se trouve entre les deux branches d'un V formé par l'ensemble des vaisseaux du bois.

Très souvent à la pointe du V, dans les faisceaux âgés, se trouve une lacune produite par la dissociation des cellules mêlées aux vaisseaux les plus anciens qui eux-mêmes disparaissent.

Le tableau suivant résume les premiers termes de cette classification des phanérogames.

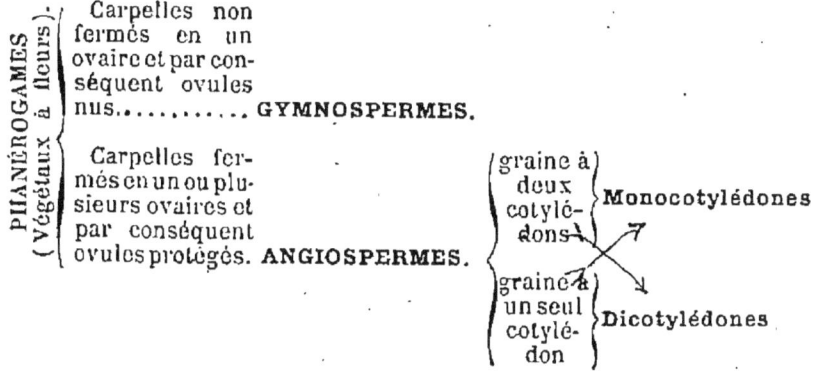

CHAPITRE II

PHANÉROGAMES ANGIOSPERMES

PRINCIPALES FAMILLES DE LA CLASSE DES MONOCOTYLÉDONES

Liliacées.

207. Caractères. — Fleur régulière (fig. 327.) — Périanthe à 3 sépales et 3 pétales libres, les sépales étant colorés comme les pétales. — 6 étamines. —

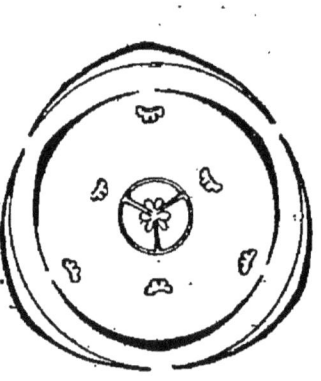

Fig. 327. — Diagramme de Liliacées.

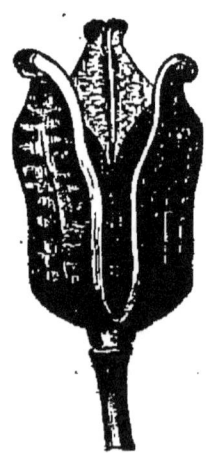

Fig. 328. Fruit de Tulipe.

Ovaire à 3 loges formées par 3 carpelles. — Placentation axile.

Selon la forme du fruit, les Liliacées se partagent en deux tribus.

1° La tribu des *Liliées* (Lis, Tulipe, Ail) à fruit sec, déhiscent, à déhiscence loculicide (fig. 328).

2° La tribu des *Asparaginées* (Asperge) à fruit charnu indéhiscent.

208. — Liliées utiles. — Les *Aloe* (fig. 329) fournissent, par la section de leurs feuilles, un suc que l'on fait évaporer. Le résidu est une substance sèche, résineuse, cas-

Fig. 329. — Aloe Socotrina.

sante, à cassure conchoïdale, à saveur amère, à odeur nauséeuse et qui jouit de propriétés purgatives énergiques.

Les *Scilles*, plantes bulbeuses (fig. 330). Les écailles externes du bulbe sont sèches et brunes, les écailles intérieures charnues et succulentes. Les bulbes de Scilles contiennent un mucilage amer, utilisé comme diurétique et expectorant, à l'état de dissolution dans l'alcool.

Les *Allium* (Ail). L'inflorescence est entourée quand elle est jeune, d'une grande bractée ou *spathe* qui s'ouvre à la maturité et laisse à découvert une inflorescence en ombelle, à nombreuses fleurs, volumineuse, et disposée au sommet d'une longue tige ou hampe sortant d'un bulbe ou ognon.

L'Ognon (*Allium Cepa*) es' surtout cultivé pour l'usage culinaire. Il renferme une essence qui a été considérée comme un diurétique et recommandée dans certaines hydropisies.

L'Ail proprement dit, se distingue de l'Ognon, par son bulbe décomposé en bulbilles vulgairement nommés *gousses* d'Ail. C'est un stimulant énergique de l'estomac.

208. — Asparagées utiles. — Les *Asparagus* ou Asperges, plantes dioïques à fruit charnu. Il y a une souche souterraine qui produit des tiges aériennes comestibles et diurétiques, quand elles sont jeunes.

Les *Smilax* dont les nombreuses espèces fournissent la *racine de Salsepareille*, autrefois employée comme sudorifique.

Fig. 330. — Bulbe de Scille.

Le *Petit-Houx* (*Ruscus aculeatus*), (fig. 227, p. 282) a une racine amère et âcre, employée comme diurétique.

Le *Sceau de Salomon*, le *Muguet*, le *Dracæna* ou Dragonnier (ce dernier peut acquérir une très grande taille) sont des Asparagées.

Les Colchicacées

209. Caractères. — Les Colchicacées ne diffèrent des Liliacées que par l'indépendance plus ou moins grande de leurs carpelles (fig. 332) et par la déhiscence de leur fruit qui est septicide au lieu d'être loculicide comme chez les Liliacées. De plus, les étamines sont souvent extrorses, c'est-à-dire que les anthères sont tournées vers l'extérieur de la fleur.

210. Colchicacées utiles. — Le *Colchicum autumnale* (fig. 331) développe au printemps ses feuilles, qui disparaissent en été. Les fleurs ne se montrent qu'en automne. Le bulbe à odeur

Fig. 331. — *Colchicum autummale*.   Fig. 332. — Fleur de Veratrum.

désagréable, renferme un principe amer, la *Colchicine*, qui sert à la préparation d'une dissolution alcoolique ou *teinture*, employée comme diurétique, contre la goutte et le rhumatisme.

Le *Veratrum* (fig. 332). — Le *Veratrum album* est une plante à rhizome, qui contient un alcaloïde toxique, la *Vératrine*, auquel il doit ses propriétés purgatives. C'est aussi un émétique énergique. On l'a prescrit à l'extérieur, en liniment contre la gale. — Le *Veratrum officinale* est une plante à bulbe, originaire du Mexique et produisant des graines (graines de Cévadille) riches en vératrine.

Iridacées.

211. Caractères de la famille. — Fleurs régulières stamino-pistillées, à réceptacle très concave. — 3 sépales colorés, 3 pétales colorés, 3 étamines extrorses. — Stigmates, dilatés en lames petaloïdes (semblables à des pétales). — Ovaire à 3 loges, infère,

Fig. 333. — Fleur d'Iris.

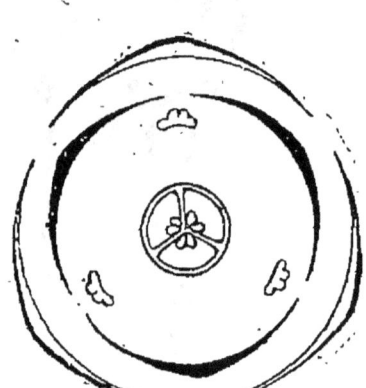

Fig. 334. — Diagramme d'Iris.

c'est-à-dire soudé avec les enveloppes de la fleur. (Voir le diagramme, fig. 334). Les graines sont pourvues d'un albumen. — En somme, les Iridacées sont des Liliacées à ovaire adhérent et ne possédant que 3 étamines.

212. Iridacées utiles. — Les *Iris* ont des rhizomes (fig. 335) qui se redressent chaque année de façon à former une partie aérienne, et leur fruit est une capsule allongée, à trois loges et à déhiscence loculicide.

L'*Iris Germanica*, à fleurs d'un bleu foncé, l'*Iris pallida*, à fleurs bleu pâle et l'*Iris Florentina*, à fleurs blan-

MONOCOTYLÉDONES 363

ches, sont cultivés pour leur rhizome, employé en parfumerie ; c'est avec ce rhizome qu'on fabrique la poudre d'Iris, qui doit son odeur à une substance cristalline, le camphre d'Iris. Le rhizome d'Iris sert aussi à préparer les pois à cautère.

Le *Crocus sativus*, Iridacée à bulbe et à fleurs veinées et

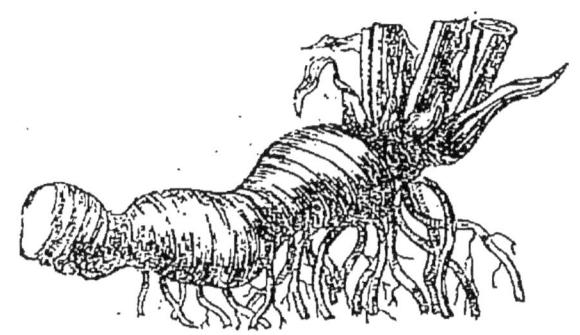

Fig. 335. — Rhizome d'Iris.

pourprées, est cultivé comme plante d'ornement et aussi pour ses styles et stygmates que l'on arrache au moment de la préfloraison et que l'on vend sous le nom de safran.

Amaryllidées.

213. Caractères. — La petite famille des Amaryllidées est intermédiaire entre les Iridacées et les Liliacées en ce sens qu'*elles ont l'ovaire adhérent comme les Iridacées et 6 étamines comme les Liliacées.* Les Narcisses, le Perce-neige, sont des Amaryllidées.

Orchidées.

214. Caractères. — La Fleur est, comme on dit, irrégulière, expression impropre qui signifie que la fleur a un plan de symétrie, une droite et une gauche, ce qui n'a rien d'irrégulier. — Si l'on examine la figure 336, on voit que l'ovaire O est adhérent aux autres verticilles floraux, que le sépale S forme avec les deux pétales latéraux, Pl, une sorte de casque au-dessus de la fleur. De chaque côté, un sépale Sl constitue une

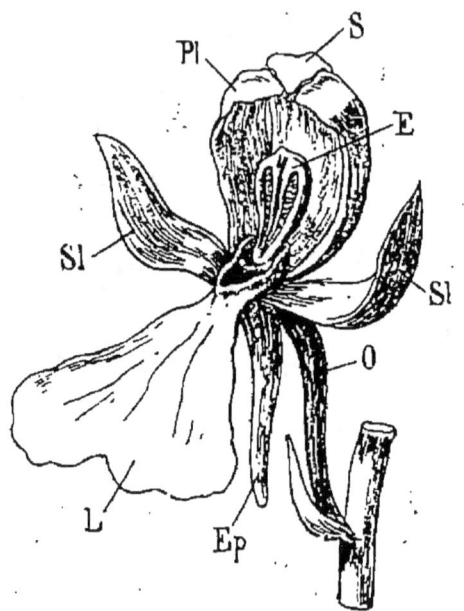

Fig. 336. — Une fleur d'Orchidée.

aile, et le dernier pétale L, très allongé, d'une forme tout à fait particulière, est le labelle. Très souvent, ce labelle se prolonge en un long éperon creux, Ep. Les sépales sont pétaloïdes, c'est-à-dire colorés.

L'androcée est formé le plus souvent d'une seule étamine fertile, E, à côté de laquelle on en remarque deux autres (1) avortées et réduites à deux petits tubercules nommés *staminodes* (st sur le diagramme) que l'on voit sur la figure 337.

---

(1) Dans le *Cypripédium* c'est l'inverse qui a lieu : l'étamine supérieure est stérile et les deux latérales fertiles.

Les trois étamines et le pistil, soudés ensemble, forment une colonne épaisse, le *gynostème*, qui ne se divise qu'au sommet pour former, du côté du labelle,

Fig. 337. — Portion supérieure du gynostème, et anthère de l'*Orchis Militaris*.

le stigmate, et, de l'autre côté, l'étamine et les staminodes. Le style se prolonge souvent en une sorte de bec, *rostellum*, entre les deux loges de l'anthère (fig. 337).

L'ovaire est tricarpellaire et uniloculaire à placentation pariétale, et le fruit est une capsule à déhiscence septifrage (fig. 338).

Le diagramme (fig. 339) indique toutes ces particularités. Si l'on admet que la fleur d'Orchidée a normalement 6 étamines disposées sur deux cercles concentriques, et que les 3 étamines *e* voisines du labelle L ont complètement avorté, on pourra remarquer que le diagramme

Fig. 338. — Coupe transversale du fruit tricarpellaire à placentation pariétale de l'Orchis Militaris.

de l'Orchidée se rapproche beaucoup du diagramme d'une Liliacée et rentre dans le type général des Monocotylédones. L'Orchidée serait une Liliacée irrégulière à ovaire infère et à placentation pariétale. Les graines n'ont pas d'albumen.

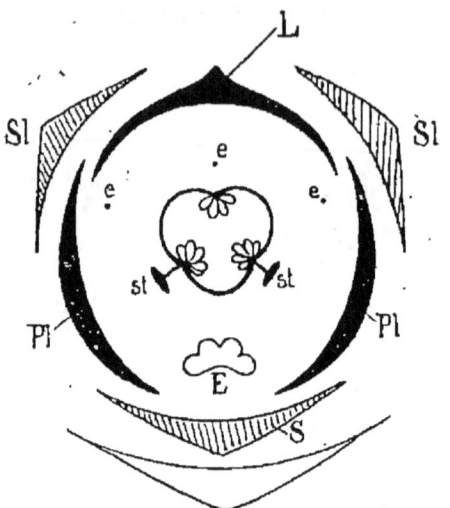

Fig. 339. — Diagramme d'Orchidée.

L'anthère s'ouvre (fig. 337) par deux fentes longitudinales. Seulement, les grains de pollen, au lieu d'être distincts et de se disséminer à l'état de poussière, sont réunis par une matière visqueuse, en une masse ovoïde (fig. 340). C'est une *pollinie*. On voit les pollinies en place dans les étamines ouvertes de la figure 337. Chaque pollinie surmonte une partie rétrécie, la *caudicule*, qui se termine par un renflement gluant, le *rétinacle*, généralement logé dans une sorte de poche, la *bursicule*, pratiquée dans le stigmate (fig. 337).

Fig. 340. — Une pollinie d'Orchidée.

Ce sont les insectes qui, en venant puiser le nectar au fond de l'éperon du labelle, enlèvent en se retirant les pollinies qu'ils emportent avec eux et qu'ils déposent sur le stigmate d'une autre Orchidée.

Remarque. — Si l'on compare le diagramme (fig. 339) à la figure 336, on peut être surpris de voir que dans la figure 336 le labelle est tourné vers le bas, tandis que, dans le diagramme, il est tourné vers le haut. Cela tient à ce que, pendant la croissance, l'ovaire infère a subi sur lui-même, une torsion de 180°; de sorte que le labelle qui devrait occuper la partie supérieure de la fleur, se trouve être dirigé vers le bas. On a rétabli les choses dans leur situation normale en exécutant le diagramme.

215. Mode de Végétation des Orchidées de nos pays. — Si l'on déterre complètement une Orchidée de nos pays, on voit que la tige se prolonge en un gros tubercule ridé et à demi-flétri, et qu'au-dessus de ce tubercule s'en trouve un autre, rejeté latéralement, et évidemment en voie de formation (fig. 341).

Fig. 341.
Une Orchidée complète.

Prenons une Orchidée au printemps : comme toutes ses parties aériennes ont disparu pendant l'hiver, elle est réduite à un gros tubercule formé l'année précédente et à un bourgeon qui se développe et grandit en utilisant les réserves accumulées dans le tubercule. Celui-ci, par conséquent, se vide peu à peu et se flétrit.

La tige ainsi produite comprend donc une partie souterraine qui ne porte que des feuilles réduites à des écailles et une partie aérienne qui porte à la fois des fleurs et des feuilles vertes capables, par conséquent, d'assimiler le Carbone.

A l'aisselle d'une écaille de la partie souterraine, naît un bourgeon qui ne tarde pas à produire une racine adventive très près de son sommet. Cette racine, en grandissant, perce l'écaille et sort par la déchirure (fig. 342). C'est dans cette racine nouvelle que s'accumulent les réserves produites par l'activité foliaire. Elle grossit donc et devient un nouveau tubercule qui augmente d'importance à mesure que la saison s'avance. A l'automne, la tige de l'année qui a fructifié se dessèche; le tubercule ancien, flétri, disparaît, et il ne reste plus que le tubercule nouveau et le bourgeon sur lequel il s'est développé. C'est ce bourgeon qui, au printemps suivant, utilisera les réserves du tubercule pour produire un nouveau rameau florifère.

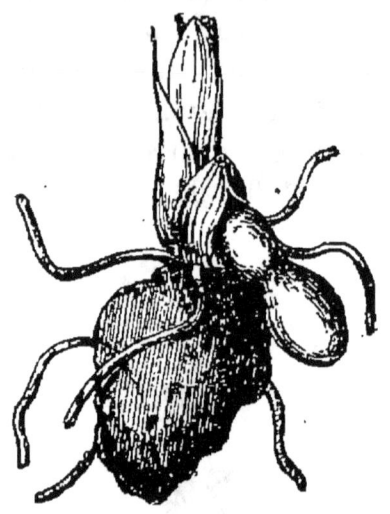

Fig. 342. — Naissance de la racine adventive destinée à devenir le tubercule de la nouvelle année.

Et ainsi de suite indéfiniment.

216. Orchidées utiles. — Outre les nombreuses espèces exotiques ornementales, il existe un certain nombre d'Orchidées utiles au point de vue pharmaceutique ou médical.

Ainsi les *Orchis Morio, pyramidalis, coriophora, longicruris, maculata, conopsea,* contribuent à fournir la substance nommée *salep* et utilisée dans l'alimentation des enfants et des convalescents. Le salep est riche en amidon et, par conséquent, nutritif. Il est de plus émollient à cause du mucilage abondant qu'il renferme. Le salep est constitué par les tubercules de nouvelle formation arrachés après la floraison de la plante, échaudés puis desséchés.

La *Vanille* est une belle Orchidée grimpante qui produit, à la hauteur de chaque nœud, des racines adventives avec lesquelles elle se fixe au support. Son fruit est une sorte de gousse allongée qui contient une matière odorante, la vanilline employée comme parfum.

217. Familles voisines. — 1° Les *Scitaminées* à fleurs irrégulières comme les Orchidées, mais à albumen amylacé, nous fournissent quelques plantes ornementales comme le *Canna* ou des espèces à fruits comestibles comme le Bananier (*Musa*).

2° Les *Hydrocharidées* sont des plantes aquatiques, voisines des Orchidées par l'absence d'albumen dans leurs graines; mais elles s'en écartent par la régularité de leurs fleurs.

3° *Les Zingiberacées.* — Fleurs du type 3; 3 étamines, dont une seule fertile à anthère biloculaire, surmontée d'un long appendice, ovaire adhérent à trois loges. — Le fruit est une capsule déhiscente.

Le *Zingiber officinale* est une plante dont le rhizome contient une huile volatile à saveur forte et piquante et à odeur aromatique agréable. Ses propriétés stimulantes le font employer comme condiment.

Le *Curcuma* possède aussi un rhizome qui contient une matière colorante utilisée en teinture, et une huile essentielle qui le fait employer comme condiment. L'arrow-root de l'Inde, substance comestible, provient du *Curcuma leucorhiza*. Les *Alpinia* ont des rhizomes employés comme condiments. Les *Elettaria* et les *Amomum*, dont les graines se vendent sous le nom de *Cardamomes* sont aussi des Zingibéracées.

Les *Maranta*, dont les rhizomes sont très riches en amidon, servent aussi à la préparation de l'arrow-root.

4° *Les Joncées.* — Les Joncées ont des fleurs réunies en groupes sur les flancs de la tige et presque identiques aux fleurs de Liliacées, seulement leur couleur est verte ou brune à la maturité. Les Joncées n'ont pas d'albumen dans la graine.

Les Palmiers.

218. Caractères. — Arbres à tige élancée et simple, c'est-à-dire non ramifiée, portant un bouquet de feuilles à son extrémité seulement. A mesure que le bourgeon terminal produit des feuilles nouvelles, les anciennes se détruisent en laissant adhérente à la tige leur base engainante. Cette tige ne s'épaissit jamais. Et comme la partie inférieure de la tige qui correspond à la pousse de la première année ne porte de feuilles, il en résulte que cette partie est toujours en apparence plus grêle que la partie supé-

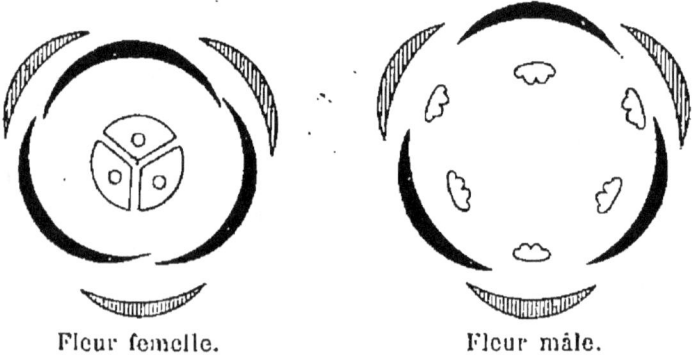

Fleur femelle.   Fleur mâle.
Fig. 343. — Diagrammes de fleurs de Palmier.

rieure qui a un revêtement épais, formé de la base des feuilles tombées.

Les feuilles sont généralement simples quand elles sont jeunes; mais à mesure qu'elles vieillissent, le parenchyme qui remplit les intervalles des nervures se déchire et la feuille semble être composée.

MONOCOTYLÉDONES

Les fleurs, ordinairement diclines, sont groupées en grappes ou *régimes*, protégées par une grande bractée enveloppante en forme de cornet et qu'on nomme une *spathe*. Il y a des grappes mâles et des grappes femelles. Il arrive parfois (Cocotier) que la plante est monoïque, mais d'autres, comme le Dattier, sont dioïques.

Les fleurs sont du type 3 (fig. 343), c'est-à-dire qu'elles ont 3 sépales et 3 pétales, 6 étamines. Le pistil est à 3 loges et formé de 3 carpelles bi ou uniovulés. Généralement, sur les 3 carpelles, deux avortent (Cocotier). Les graines sont albuminées.

219. Palmiers utiles. — L'*Areca Catechu*, beau palmier à tronc dressé et terminé par un bouquet de grandes feuilles pennées, produit des graines riches en tannin; on les recommande dans l'Inde contre les vers intestinaux.

Fig. 344.
Fruit de *Metroxylon Rumphii*.

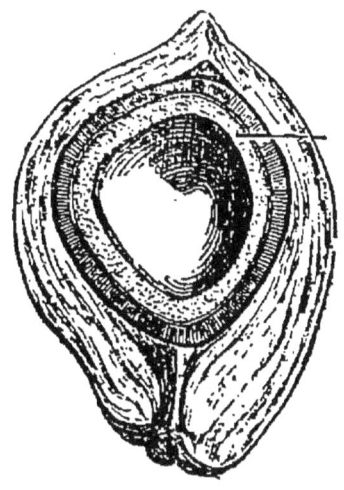

Fig. 345. — Coupe longitudinale d'une noix de Coco.

Le *Calamus Draco* a un fruit gros comme une cerise, couvert d'écailles renversées. Il se recouvre, à la maturité, d'une résine rouge, épaisse, connue sous le nom de *Sang*

Dragon. On en prépare des emplâtres et de la poudre dentifrice, mais on en fait surtout des vernis.

Le Sagoutier (*Metroxylon Rumphii* (fig. 344) et *M. Sagu*, Asie et Océanie tropicales), sert à préparer le *sagou*. Le sagou provient de la moelle, très riche en fécule, du sagoutier. Le tapioca est obtenu en torréfiant partiellement la fécule encore humide. Beaucoup d'autres Palmiers servent d'ailleurs à la préparation du sagou, par exemple, le *Phénix farinifera*, l'*Arenga sacharifera*, etc.

L'*Eloeio Guineensis*, possède un fruit dont la pulpe pressée produit l'*huile de palme*, comestible à l'état frais, mais qui est utilisée surtout pour la fabrication du savon.

Le Cocotier (*Coccos nucifera*) a une graine dont l'albumen produit une huile odorante servant à l'éclairage et à la fabrication du savon (fig. 345). Elle est aussi comestible à l'état frais.

Le Dattier (*Phenix dactylifera*) produit un fruit riche en fécule et en sucre, la datte.

D'autres Palmiers (*Copernicia cerifera*) produisent de la cire. Le Palmier à sucre laisse, par incision, couler un liquide sucré que l'on peut laisser fermenter pour avoir l'*arrach* de Java. On mange les jeunes feuilles d'un certain nombre d'espèces. Les graines du *Phytelephas*, dures comme l'ivoire, servent à faire des objets de tabletterie. Enfin, le bois de la plupart des Palmiers arborescents est excellent pour la construction.

Aroïdées.

220. Caractères. — Les Aroïdées forment une des rares familles de Monocotylédones dont les feuilles ne sont pas rubanées (fig. 346). L'inflorescence est un *spadice*, sorte d'épi le long duquel sont groupées les fleurs diclines : les fleurs femelles à la base (fig. 347), les mâles un peu au-dessus et tout à fait à l'extrémité une sorte de massue de fleurs stériles. Partout le périanthe manque.

Le spadice est enveloppé dans une grande bractée enroulée en forme de cornet (fig. 346).

Le fruit qui succède à chaque fleur femelle est une baie qui contient une ou plusieurs graines albuminées.

Fig. 346.
Un pied d'*Arum Maculatum*.

Fig. 347. — Inflorescence en *Spadice* de l'Arum.

221. Aroïdées utilisées. — Le rhizome de l'*Arum maculatum* (Gouet, Pied de veau) a des propriétés purgatives; ses feuilles sont vésicantes.

L'*Acorus Calamus* à fleurs hermaphrodites, possède un rhizome contenant un principe amer, l'*acorine*, quelquefois utilisé pour aromatiser la bière.

Les organes souterrains de l'*Arum Colocasia* sont comestibles. Il en est de même de ceux de l'*Arum esculentum* ou *Chou Caraïbe*.

222. Les Typhacées sont voisines des Aroïdées, seulement elles possèdent des épis mâles et des épis femelles.

Les Graminées.

220. Caractères généraux. — L'inflorescence des Graminées est caractéristique : les fleurs sont toujours groupées en petits épis qu'on nomme *épillets*, et les épillets sont eux-mêmes groupés en épis ou en grappes le long de l'axe floral principal ; c'est-à-dire que l'inflorescence est un épi ou une grappe d'épillets.

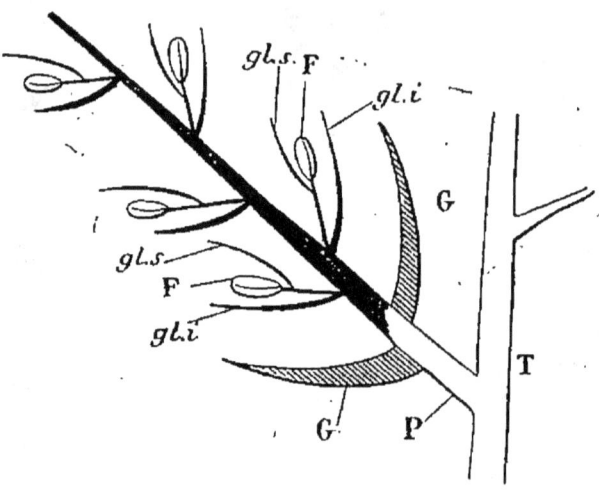

Fig. 348. — Un épillet multiflore de Graminée.

Considérons un épillet à plusieurs fleurs (fig. 348). Sur l'axe principal T de l'inflorescence s'attache le pédoncule P de l'épillet, puis deux bractées stériles G, les *glumes*. S'échelonnent ensuite, le long de l'axe de l'épillet, les *glumelles inférieures* (*gl. i.*) qui portent à leur aisselle les pédoncules floraux ; l'axe de chaque fleur produit une bractée, la *glumelle supérieure* (*gl. s.*); de sorte que la fleur se trouve ainsi comprise entre deux glumelles qui l'enveloppent et la protègent.

Il faut noter qu'un épillet peut fort bien ne contenir qu'une seule fleur (fig. 349).

La glumelle inférieure n'a qu'une nervure médiane. La glumelle supérieure a deux nervures parallèles qui semblent indiquer qu'elle est formée par la concrescence de deux glumelles semblables à la glumelle inférieure (fig. 350).

L'axe de la fleur porte en outre, à l'opposé de la glumelle supérieure, en face par conséquent de la glumelle inférieure, deux petites bractées ré-

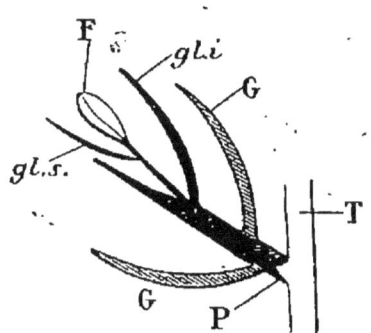

Fig. 349.
Un épillet à une seule fleur.

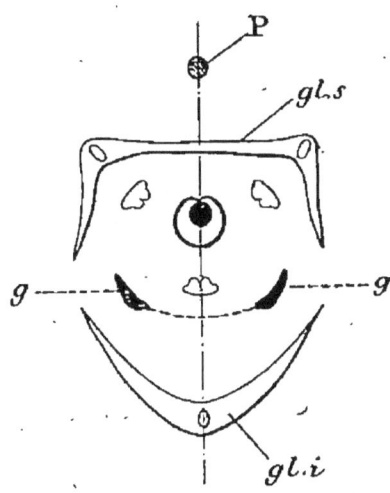

Fig. 350. — Diagramme d'une fleur de Graminée.

duites à des écailles et qu'on nomme les *glumellules* (*g.* fig. 350).

Si maintenant nous considérons les *parties* essentielles de la fleur, nous voyons qu'il existe trois étamines disposées en un seul verticille: l'une de ces étamines étant placée en face de l'intervalle qui sépare les deux glumellules (*g, g* fig. 350), les deux autres se trouvent donc contre la glumelle supérieure.

Les anthères, trop lourdes pour des filets trop grêles, s'inclinent à la maturité et les loges s'écartant l'une de l'autre par leurs extrémités, donnent à cette anthère la forme d'un X (fig. 351). Quant-au pistil il est formé d'un seul ovaire surmonté de deux styles plumeux. L'ovaire ne comprend qu'un seul carpelle uniovulaire dont les placentas se soudent l'un à l'autre en face de l'axe P de l'épillet.

Le fruit est un caryopse (voir page 339). La graine renferme un abondant albumen farineux.

Fig. 351.
Fleur de Graminée.

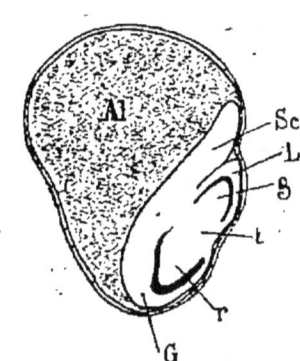
Fig. 352. — Coupe longitudinale simplifiée, d'une graine de Maïs.

L'embryon occupe l'une des extrémités de l'albumen (fig. 352) ; il est petit et offre une organisation spéciale : son unique cotylédon, nommé *scutelle* ou *écusson* (Sc), se recourbe vers le bas de façon à envelopper la radicule *r* d'une sorte de gaine G qu'elle est obligée de percer pour venir au jour.

De même, de l'autre côté, la ligule L de l'écusson enveloppe complètement la gemmule *g*, de sorte que cette gemmule doit, elle aussi, pour sortir, percer cette enveloppe ligulaire.

Toutes les feuilles de Graminées ont, en effet, une ligule *l* qui prolonge la gaine G au-dessus du point d'insertion du limbe L (fig. 353). La ligule du cotylédon n'est donc qu'une ligule ordinaire, assez grande pour coiffer la gemmule. On la nomme la *piléole*

Les feuilles sont distiques, c'est-à-dire attachées

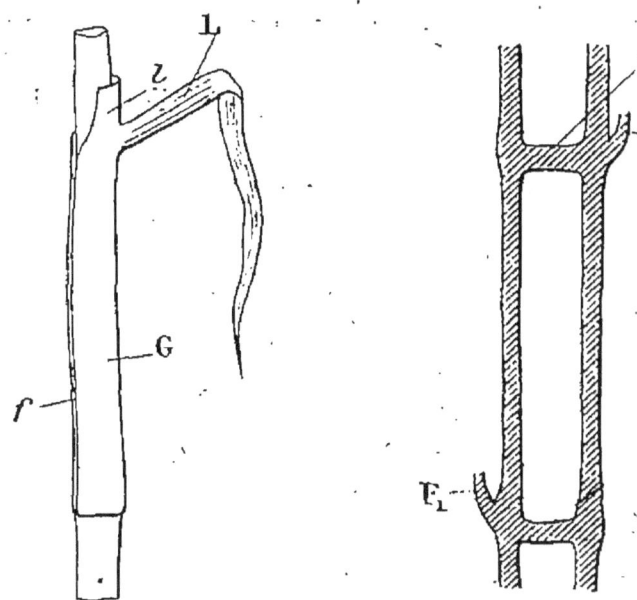

Fig. 353. — Une feuille de Graminée avec sa ligule *l*.

Fig. 354. — Coupe longitudinale théorique d'une tige de Graminée.

alternativement aux deux côtés opposés de la tige quand on passe d'un nœud à l'autre.

La gaine, très longue, est fendue le long de la génératrice *f* opposée au point d'attache du limbe (fig. 353). Cette gaine G a une longueur assez grande pour envelopper parfois la tige sur une longueur de plusieurs entre-nœuds.

Enfin la tige est rigide, cylindrique, ordinairement renflée aux nœuds. Elle est *fistuleuse*, c'est-à-dire creusée suivant son axe d'un canal interrompu au niveau des nœuds par des planchers P (fig. 354). Cette même figure 354 montre la disposition distique des feuilles F dont on n'a laissé que deux amorces F_1 et F_2.

225. Les Graminées utiles. — 1° *Fleurs stamino-pistillées à trois étamines, disposées en épis d'épillets.* — Les *Triticum* à épillets solitaires échelonnés sur l'axe principal de l'inflorescence (fig. 355). Chaque épillet contient 3, 4 ou 6 fleurs, dont une ou plusieurs stériles.

Le *Triticum repens* ou Chiendent (fig. 355), a un rhizome

Fig. 355.— (Chiendent, *Triticum repens*).   Fig. 356. — Panicule d'Avoine.

qui passe pour donner des infusions diurétiques. Du Blé, du Seigle, de l'Orge, on extrait la farine contenue dans l'albumen de la graine. L'Orge germé contient du sucre produi aux dépens de l'amidon de l'albumen par une diastase spéciale sécrétée par l'embryon. En broyant ces grains d'Orge germé on obtient une matière sucrée qu'on nomme le malt, et que l'on fait fermenter pour obtenir la bière.

L'*Andropogon Nardus* est cultivé à Ceylan et à Singapoor pour la production de *l'essence de citronelle*. L'essence de verveine est produite par l'*Andropogon citratus* (Ceylan); l'essence dite de géranium provient de l'*Andropogon schœnanthus*, herbe du nord et du centre de l'Inde. Quant à l'*Andropogon muricatus*, il possède de nombreuses racines grêles et odorantes qui constituent le Vettiver.

2° *Fleurs stamino-pistillées à trois étamines. Epillets en panicules.* — Quand les épillets sont groupés en grappes irrégulières, on dit que l'inflorescence est un *panicule* (fig. 356).

On peut encore citer l'Avoine, aliment pour les chevaux.

Les *Arundo* ou Roseaux, tels que le Roseau à grenouille (*Arundo donax*), à feuilles très larges et dont la souche est employée comme diurétique et antilaiteuse. La Canne à sucre (*Saccharum officinarum*) dont la tige contient une grande quantité d'un liquide sucré qui sert à la fabrication du sucre.

3° *Fleurs Stamino-pistillées à six étamines.* — Nous ne citerons que le *Riz* (*Oriza sativa*) qui présente six étamines disposées en deux verticilles concentriques.

4° *Fleurs unisexuées monoïques.* — Le *Zea maïs*. Les fleurs staminées sont portées par un panicule terminal, tandis que les fleurs pistillées sont portées par des épillets disposés en épis enveloppés dans plusieurs spathes membraneuses.

Cypéracées

225. **Famille voisine des Graminées: les Cypéracées** — Les Cypéracées, très voisines des Graminées, s'en distinguent cependant:

1° Par leur tige triangulaire résultant de ce que leurs feuilles, au lieu d'être distiques, sont insérées sur trois rangs;

2° Par leurs feuilles dont la gaine est complète et non fendue;

3° Par leur carpelle qui porte trois styles plumeux au lieu de deux.

CHAPITRE III

PHANÉROGAMES ANGIOSPERMES

PRINCIPALES FAMILLES
DE LA CLASSE DES DICOTYLÉDONES

226. Divisions des Dicotylédones. — Les Dicotylédones se partagent en trois ordres :

1° Les *Apétales* dans lesquelles toutes les parties du périanthe sont semblables et ordinairement vertes ;

2° Les *Gamopétales* chez lesquelles tous les pétales sont soudés en un tube ;

3° Les *Dialypétales* chez lesquelles tous les pétales sont indépendants les uns des autres.

I. — APÉTALES A OVAIRE NON ADHÉRENT

Urticacées.

227. Division des Urticacées. — Pas de caractères bien généraux autres que ceux tirés de la réduction plus ou moins considérable des fleurs. On divise les Urticacées en *Urticées, Cannabinées, Morées, Artocarpées* et *Ulmacées*.

1° Urticées. — Le type est l'Ortie à fleurs dioïques

DICOTYLÉDONES APÉTALES 381

ou monoïques, mais toujours unisexuées et dont nous donnons le diagramme ci-dessous (fig. 357); on remar-

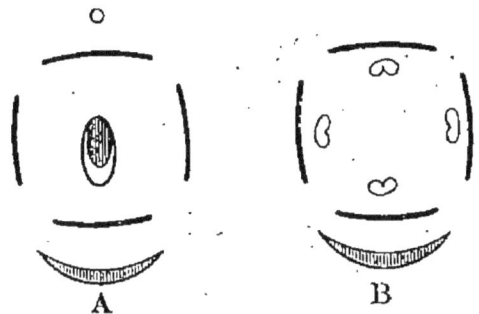

Fig. 357. — Diagrammes de fleurs d'Ortie.
A, fleur femelle; B, fleur mâle.

quera que les étamines sont opposées et non alternes, aux quatre sépales verts.

Les feuilles de l'Ortie sont couvertes de poils glanduleux aigus et remplis d'un liquide acide. La pointe des poils pénètre dans la peau et s'y brise en versant dans la blessure le liquide irritant que contient la glande (fig. 358).

L'Ortie peut être utilisée comme textile.

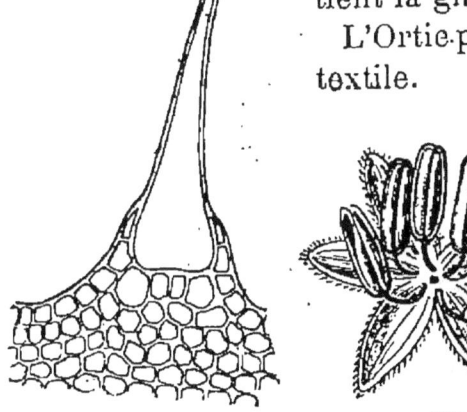  

Fig. 358.
Poil urticant de l'Ortie.

Fig. 359.
Fleur mâle du Houblon.

Fig. 360. — Fruit du Houblon, coupé en long pour montrer l'embryon courbé.

2° LES CANABINNÉES. — Fleurs dioïques, à périanthe simple, composé d'un calice à cinq sépales; cinq étamines opposées aux sépales et insérées sur leurs bases (fig. 359): ovule courbé et graines sans albumen à embryon courbé (fig. 360). Fruit sec indéhiscent. Feuilles opposées, stipulées.

Citons le Houblon (*Humulus Lupulus*) dont les fleurs mâles

Fig. 361. — Houblon mâle.

sont disposées en grappes (fig. 361) et les fleurs femelles en chatons (fig. 362). Le fruit est enveloppé par les sépales qui sont recouverts de glandes (fig. 363) contenant une huile essentielle, et qui se détachent sous forme de poussière jaune,

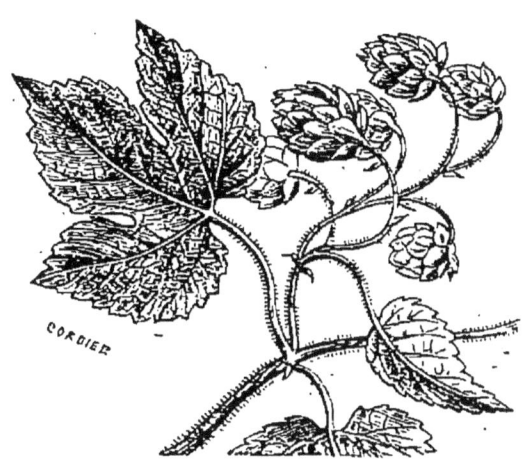

Fig. 362. — Houblon femelle.

le *Lupulin*, quand le chaton ou *cône* est sec. Le Lupulin contient un principe amer, la *Lupuline*, utilisé pour aromatiser la bière.

Le Chanvre, plante annuelle, dioïque, à fibres textiles, dont l'embryon est huileux. Les sommités fleuries du chanvre de l'Inde forment la base du Hachisch ; le chanvre contient, en effet, une oléorésine narcotique et, en même temps, stimulante du système nerveux.

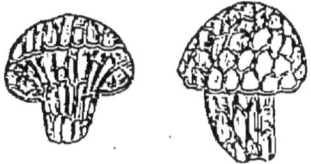

Fig. 363. — Le *lupulin*.

3° LES MORÉES. — Le Mûrier a des fleurs possédant quatre sépales et quatre étamines opposées aux sépales (fig. 364). Dans le bouton, les filets des étamines sont généralement recourbés en dedans. L'inflorescence femelle est un épi court et à fleurs serrées (fig. 365).

La *Mûre* ou fruit du Mûrier est un akène entouré par

des nus charnus. Ce sont donc les sépales qui, dans la mûre, sont comestibles.

Fig. 364.
Fleur mâle de Mûrier.

Fig. 365.
Inflorescence femelle de Mûrier.

L'écorce du Mûrier est amère et purgative. Les feuilles du Mûrier blanc servent à l'alimentation des vers à soie. Certains *Dorstenia* sont stimulants et sudorifiques.

4° Artocarpées. — Elles ne diffèrent des Morées que parce que leurs filets staminaux sont dressés dans le bouton au lieu d'y être incurvés.

Les *Ficus* (Figuiers) ont leurs fleurs disposées dans un réceptacle fortement excavé et muni d'une très petite ouverture supérieure près de laquelle sont situées les fleurs staminées; les fleurs pistillées occupent le fond de la coupe. A la maturité, le calice et le pédoncule de chaque fleur femelle, ainsi que toute la portion interne du réceptacle, deviennent charnus et comestibles. La graine est albuminée.

Les *Ficus* sont riches en laticifères qui fournissent la plus grande partie du caoutchouc du commerce (*F. elastica*, *F. laccifera* dans la Malaisie, et *F. macrophylla* et *rubiginosa* en Australie).

Le Figuier des pagodes (*F. indica*) laisse exsuder, à la suite de piqûres faites par le *Coccus Lacca*, une substance rougeâtre, astringente, la *gomme laque*, qui entre dans la composition de quelques dentifrices.

Les *Castilloa*, riches en latex, fournissent le caoutchouc.

L'*Antiaris toxicaria* (*Upas antiar*) a un latex blanc très toxique, employé par les Indiens pour empoisonner leurs flèches.

Le *Galactodendron utile* ou arbre-à-la-vache, fournit un latex utilisé contre la dysenterie.

5° Les Ulmacées. — Fleurs hermaphrodites du type 5 : cinq sépales opposés aux étamines (fig. 336). Ovaire

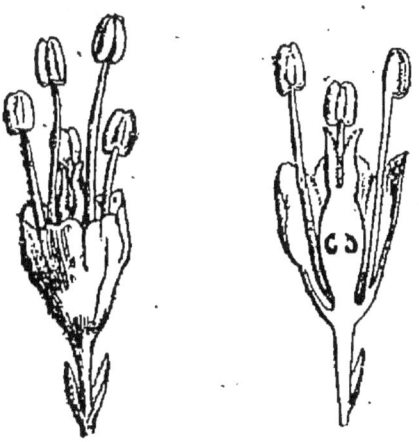

Fig. 366. — Fleur d'Orme.

uniloculaire et uniovulé. Le fruit de l'Orme est sec et ailé (voir fig. 301).

Les Ormes sont des arbres. L'écorce de l'*Ulmus fulva* jouit de propriétés émollientes dues à la grande quantité de mucilage qu'elle contient.

Les *Platanées* sont voisines des Ulmacées.

Les Pipéracées.

228. Description de quelques espèces. — Un seul genre est intéressant, le genre Piper, parce qu'il fournit le poivre.

Le Poivre noir est une plante grimpante dont les fleurs sont disposées en épis (fig. 367). Chaque fleur est serrée dans une bractée en forme de coupe (fig. 368) et possède deux étamines et un ovaire globulaire, uniloculaire et uniovulé. Le fruit est une baie qui constitue le *grain de poivre*. Si on lui laisse

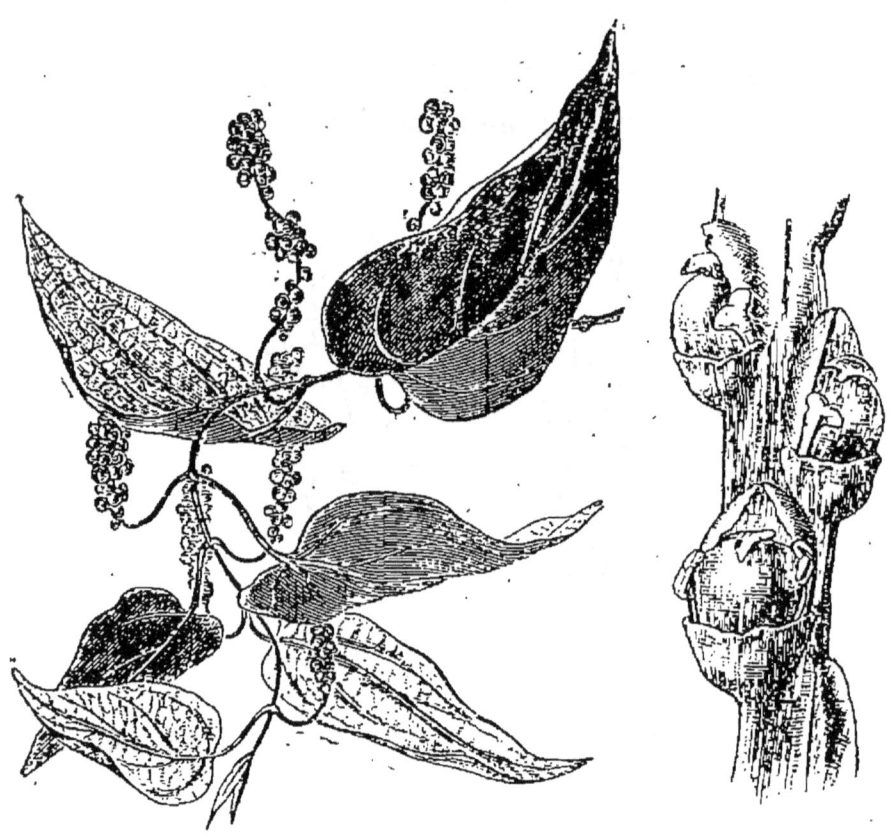

Fig. 367. — *Piper Nigrum*.

Fig. 368. — *Piper Nigrum*. Portion d'inflorescence.

son péricarpe on a du *poivre noir*; si l'on enlève le péricarpe on a du *poivre blanc*.

Le Poivre Cubèbe (*Piper cubeba*) contient une résine, de l'acide cubébique, de la cubébine, du camphre de cubèbe, employés dans les maladies de la vessie.

Le *Piper angustifolium* ou Matico a des feuilles contenant une huile utilisée dans les mêmes cas que le cubèbe.

DICOTYLÉDONES APÉTALES 387

Les Salicinées.

229. Description de quelques espèces. — Cette petite famille ne comprend que deux genres, le genre Saule (*Salix*) et le genre Peuplier (*Populus*).

Les Peupliers ont un périanthe en forme de godet, sur le

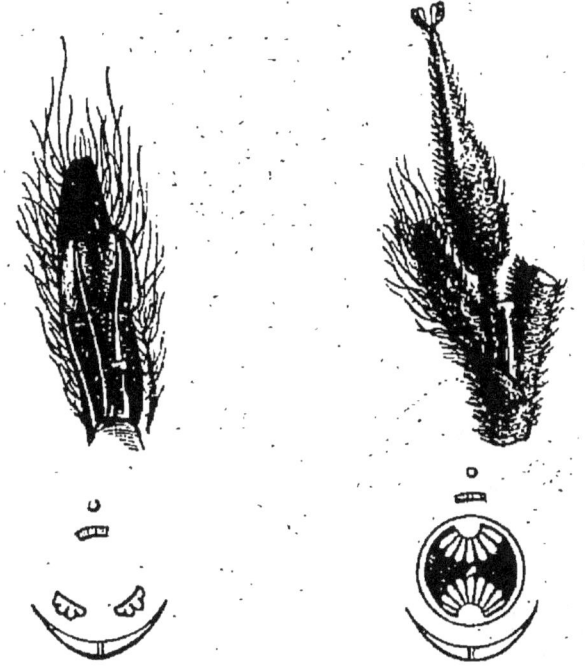

Fig. 369. — Fleur mâle de Saule et son diagramme.   Fig. 370. — Fleur femelle de Saule et son diagramme.

bord duquel s'insèrent un grand nombre d'étamines. Les fleurs femelles ont le même godet à ovaire uniloculaire formé de deux carpelles à placentation pariétale. Le fruit est une capsule s'ouvrant par deux valves. Les graines, sans albumen, sont couvertes de poils fins et cotonneux.

Les fleurs, dioïques, sont disposées en chatons.

Les bourgeons sont couverts d'écailles sécrétant une matière résineuse odorante. Ces bourgeons sont considérés comme diurétiques et antiscorbutiques, au même titre que les bourgeons de sapin.

Les *Salix* n'ont pas le disque en godet des *Populus*. Les fleurs mâles n'ont que de deux à cinq étamines (fig. 369) et les fleurs femelles sont réduites à un ovaire à placentation pariétale (fig. 70).

Les Saules fournissent la *salicine*, médicament très puissant, employé dans les affections rhumatismales.

Les Polygonacées.

230. Caractères. — Fleurs du type 3, mais où il est bien difficile de distinguer les sépales des pétales (fig. 371). 6 étamines. Ovaire, uniloculaire et uniovulé, à un ovule droit. Placentation centrale libre, ce qui rapproche les Polygonacées des Primulacées.

Le fruit est triangulaire et ne contient qu'une seule graine albuminée.

Fig. 371.
Fleur de *Rheum officinale*.

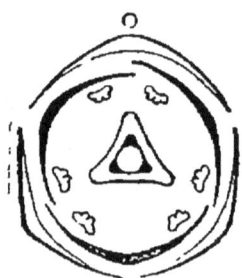

Fig. 372. — Diagramme de la fleur du *Rumex acetosa*.

Les feuilles possèdent une ligule très développée et qui enveloppe la tige sur une assez grande longueur au-dessus du point d'insertion de la feuille. On nomme *Ochrea* cette ligule spéciale.

DICOTYLÉDONES APÉTALES

231. Polygonacées utiles. — Les *Rheum* ont un rhizome qui, coupé en morceaux et séché, est envoyé de Chine en Europe sous le nom de racine de rhubarbe. Cette racine de rhubarbe est purgative.

Le *Rumex acetosa* (Oseille) a des feuilles et des fleurs rendues acides par la grande quantité d'oxalate de calcium qu'elles renferment. La racine est rougeâtre, amère et astringente. Le *Rumex Patientia* a des feuilles comestibles, non acides, et une racine astringente et dépurative.

Le *Polygonum Fagopyrum* ou Sarrazin, est cultivé pour ses graines riches en amidon.

Chénopodées.

232. Caractères. — Fleurs peu apparentes, régulières, hermaphrodites, ordinairement du type 5. Corolle nulle, un calice à cinq sépales et cinq étamines oppo-

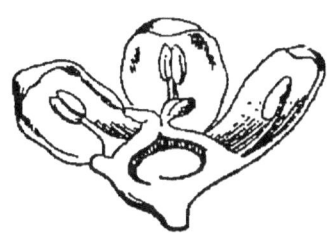

Fig. 373. — Fleur de Betterave.

sées aux sépales. Ovaire uniloculaire et uniovulé à un ovule renversé. 2 styles. Fruit sec indéhiscent, graine albuminée à embryon annulaire ou même hélicoïde. Feuilles alternes.

233. Chénopodées utiles. — Le *Chenopodium vulvaria* (Vulvaire), plante indigène à odeur de crevettes gâtées, était autrefois considérée comme anti-spasmodique.

Le *Ch. Bonus Henricus* (Épinard sauvage, fig. 386), émollient et laxatif; on peut le prescrire comme légume aux personnes constipées.

L'*Atriplex hortensis* (Arroche, Bonne-dame) a des feuilles comestibles et émollientes dont on fait des bouillons d'herbes que l'on prend à la suite des purgatifs.

Fig. 374. — *Chenopodium Bonus Henricus.*

La *Beta vulgaris* (Betterave), cultivée pour sa racine qui contient une grande quantité de sucre.

Les *Spinacia* ou Epinards, cultivés pour leurs feuilles comestibles et en même temps laxatives.

APÉTALES A OVAIRE ADHÉRENT

Cupulifères.

234. Caractères. — Les Cupulifères ont des fleurs unisexuées, monoïques, groupées en inflorescences séparées, affectant la forme d'épis serrés auxquels on a donné le nom de *chatons*. Dans chaque fleur femelle un seul ovule se développe en graine.

Cette famille comprend trois tribus : les Bétulinées

Fig. 375. — Rameau florifère du Chêne.

les Quercinées et les Corylées qui sont respectivement représentées par le Bouleau, le Chêne et le Noisetier. La tribu des Quercinées seule nous intéresse.

Tribu des Quercinées. — Les fleurs mâles (fig. 375) sont groupées en chatons simples. Chaque fleur comprend un périanthe de six petits sépales verts entourant huit étamines ou plus, selon les espèces que l'on considère.

Les fleurs femelles (fig. 376) sont groupées en cha-

Fig. 376.
Fleur femelle du Chêne.

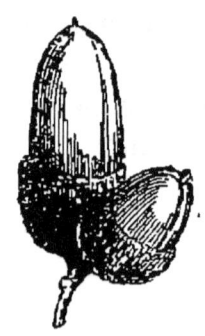

Fig. 377.
Le gland du Chêne.

tons courts de forme globuleuse. Chaque fleur femelle est formée d'un périanthe à six divisions soudées par leur base avec un ovaire à trois loges biovulées; seulement le fruit devient uniloculaire et à une seule graine, par avortement de tout le reste. Ce fruit est entouré à la base, par une sorte de cupule produite par une dilatation du pédoncule floral, et revêtue d'appendices en forme de bractées ou de tubercules plus ou moins développés. Le fruit se nomme le *gland* (fig. 377).

L'écorce du Chêne, riche en tannin, est utilisée pour le tannage des cuirs et employée en médecine à cause de ses propriétés astringentes.

Le *Quercus lusitanica* (Grèce, Asie Mineure) produit à la suite de la piqûre d'un insecte, le *Cynips Gallæ tinctoriæ*, des excroissances nommées *galles d'Alep*, très riches en tannin (fig. 378).

DICOTYLÉDONES APÉTALES

Aux Cupulifères se rattachent le Châtaignier, qui contient, lui aussi, beaucoup de tannin dans son écorce, le Hêtre dont le fruit, ou *faîne*, produit une huile comestible, l'Aune, dont

Fig. 378. — *Quercus infectoria* et ses galles.

l'écorce est astringente, le Noisetier, utile à cause de sa graine huileuse, le Bouleau, dont la sève sucrée peut servir à la fabrication du sucre.

Les Juglandées.

235. Description du Noyer. — Cette famille voisine de celle des Cupulifères, est représentée, chez nous, par le Noyer. Les fleurs du Noyer (*Juglans*) sont monoïques et disposées en chatons. Les mâles sont allongés, les femelles globuleux.

La fleur mâle a six sépales et un nombre variable d'étamines. La fleur femelle a un périanthe double, l'ovaire adhérent, uniloculaire et uniovulé. Le fruit est une drupe dont la portion charnue nommée *brou* est, comme les feuilles, riche en tannin. Le noyau du fruit renferme un seul embryon à deux gros cotylédons huileux, cérébriformes.

L'infusion de feuilles de Noyer est astringente. On l'a recommandée contre la scrofule.

Le sirop de brou de noix est tonique et digestif.

L'extrait de brou passe pour être vermifuge et purgatif; l'écorce interne est vésicante.

LES DICOTYLÉDONES DIALYPÉTALES A OVAIRE NON ADHÉRENT

Les Renonculacées.

236. Caractères. — Fleurs hermaphrodites. — Étamines en nombre indéfini à anthères généralement tournées en dehors. — Carpelles libres, au moins au sommet, et souvent très nombreux sur un réceptacle ordinairement bombé. Ovules anatropes. Graines albuminées. Chaque carpelle devient un fruit sec à la maturité. Les feuilles sont habituellement alternes.

Ce sont là les caractères à peu près constants de la famille. Cependant certaines espèces offrent des exceptions : par exemple, la Clématite a des feuilles opposées. C'est d'ailleurs la seule Renonculacée présentant cette particularité.

237. Description des Renonculacées utiles. — Les Ancholies (*Aquilegia*) ont le type 5 : cinq sépales pétaloïdes caducs, et cinq pétales munis chacun d'un long éperon (fig. 379); un grand nombre d'étamines, et cinq carpelles indépendants (fig. 380). Avec les fleurs de l'Ancholie on préparait autrefois un sirop très employé comme calmant dans la bronchite. Les graines passaient pour diurétiques et dépuratives, aussi en faisait-on des infusions.

DICOTYLÉDONES DIALYPÉTALES

Les pétales fournissent à la teinture une belle couleur bleue.
Les *Nigella* (fig. 381) ont des graines nommées Poivrette

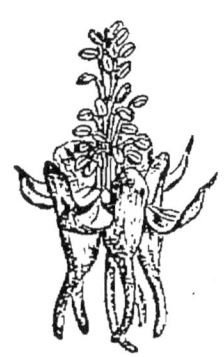
Fig. 379.
Fleur d'Ancholie.

Fig. 380.
Diagramme de Fleur d'Ancholie.

à cause de leur saveur piquante rappelant celle du cumin, aussi leur a-t-on également donné le nom de *cumin noir*.

L'Hellébore est une plante rhizomateuse dont le rhizome

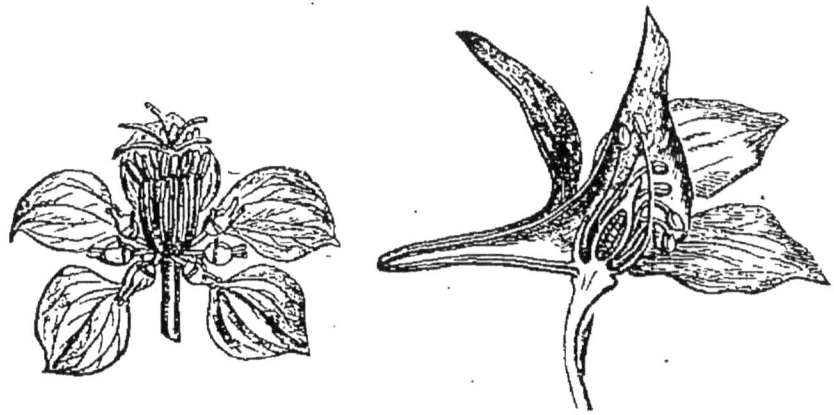
Fig. 381. — Fleur de Nigelle.   Fig. 382. — Fleur de Dauphinelle.

contient une huile et un narcotique, l'*helléborine*, qui est un véritable poison.

Le Staphisaigre (*Delphinium Staphysagria*) se distingue, comme tous les *Delphinium*, des autres Renonculacées par son calice irrégulier (fig. 382). Sa graine à saveur brûlante et amère, contient un albumen huileux, riche en alcaloïdes très toxiques : on employait autrefois ces graines pour détruire les poux.

L'*Aconit Napel* est reconnaissable à son sépale supérieur en forme de casque (fig. 383) ; on utilise la racine, la feuille et les jeunes bourgeons qui renferment une substance toxique très énergique l'*aconitine*. Cette substance se retrouve d'ailleurs en quantité plus ou moins grande dans les autres Aconits.

Fig. 387.
Fleur d'Aconit Napel.

Les *Renoncules* se distinguent de l'Aconit et de la Dauphinelle par leur périanthe régulier et double, c'est-à-dire ayant calice et corolle. Elles sont très abondantes en France. Toutes renferment de l'*anémonine*, de la *ficarine* et de l'acide ficarique, substances irritantes qui, mises en contact avec la peau font l'effet de vésicatoires.

Les *Anémones*, les *Adonis*, jouissent de propriétés semblables.

Les *Clématites* (voir fig. 317) sont des plantes ligneuses ordinairement grimpantes, à périanthe simple. Les feuilles vertes, écrasées sur la peau, y produisent de la vésication et même des escarres superficielles, utilisées par les mendiants pour se faire des ulcères passagers, d'où le nom d'*herbe aux gueux* donné à la plante.

Le *Thalictrum flavum* (Rhubarbe des pauvres) a un rhizome contenant de la *Berbérine*. La décoction du rhizome constitue un purgatif doux.

Les Pivoines. — La racine de pivoine était autrefois recommandée comme un antispasmodique puissant.

Les Magnoliacées.

238. Produits qu'on en retire. — Cette famille ne nous intéresse qu'au point de vue des produits qu'on en retire.

L'écorce du Magnolia est considérée comme fébrifuge.

L'Anis étoilé employé pour aromatiser les liqueurs, est le fruit d'un *Illicium*.

L'écorce de canelle est l'écorce du *Canella alba* ; elle jouit de propriétés stimulantes énergiques.

Les Rosacées.

239. Caractères. — Il est difficile de trouver aux Rosacées des caractères généraux. Cependant on peut dire que le réceptacle de la fleur est généralement concave, que les carpelles séparés sont placés dans la cavité du

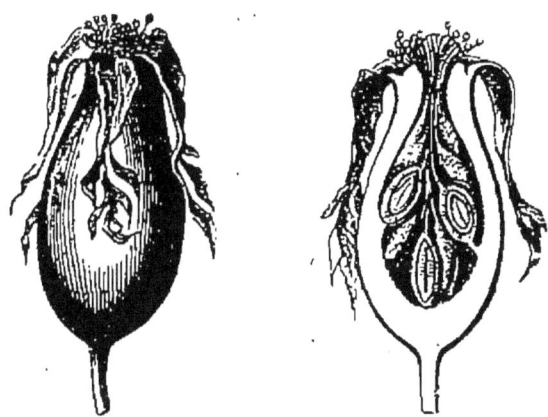

Fig. 384. — Fruits du Rosier (*Rosa canina*).

réceptacle (fig. 384), tandis que les nombreuses étamines sont insérées sur les bords. Les ovules sont toujours anatropes.

Enfin la fleur est régulière, et les feuilles stipulées dentées.

240. Classification des Rosacées. — On partage les Rosacées en un certain nombre de tribus.

1° *Tribu des Rosées.* — Le réceptacle est très concave en forme de sac et les étamines très nombreuses.

En somme, cette tribu présente les caractères principaux que nous avons donnés pour les Rosacées en général.

Les pétales des Roses servent à préparer l'*essence de rose*, et les réceptacles devenus charnus et rouges, contenant les fruits (fig. 397), sont connus sous le nom de *cynorrhodons :* ils servent à préparer le *confectio rosæ* des pharmaciens.

2° *Tribu des Agrimoniées.* — Mêmes caractères que les Rosées, mais moins accentués. Par exemple, le réceptacle est moins concave, les étamines moins nombreuses et les carpelles sont seulement au nombre de 2 ou 3 (fig. 385).

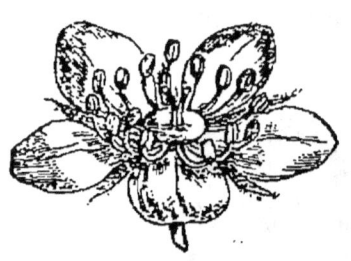

Fig. 385.
Fleur d'Aigremoine.

On a préconisé l'emploi de l'infusion des feuilles et des fleurs de l'Aigremoine dans les cas d'angine chronique.

Le *Cousso* (*Brayera abyssinica*) est un arbre d'Abyssinie (fig. 386). Ses fleurs sont considérées comme ténifuges.

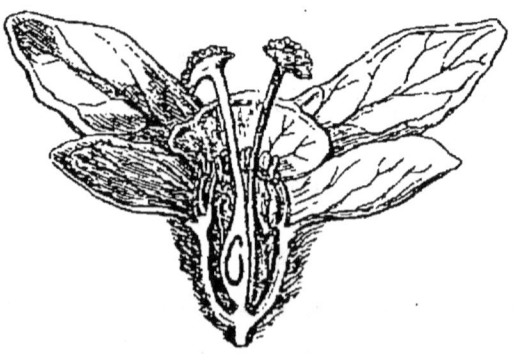

Fig. 386. — Fleur de *Brayera Abyssinica*.

L'Alchemille n'a plus que cinq étamines et un seul carpelle

au fond de la concavité du réceptacle avec un style gynobasique, c'est-à-dire s'insérant à la base de l'ovaire (fig. 387).

Autres espèces : les *Pimprenelles*.

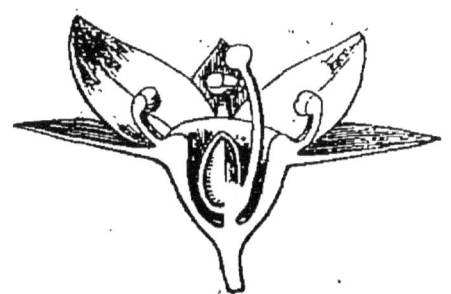

Fig. 387. — Fleur d'Alchémille.

3° *Tribu des Fragariées*. — Le réceptacle n'est plus concave ; il est saillant en son centre et porte une grande quantité de carpelles distincts (fig. 388). La fleur est régulière et du type 5 (fig. 389). Nous avons déjà parlé de la fraise (p. 344).

Les Potentilles contiennent une assez forte proportion de tannin.

La Ronce (Mûrier des haies) a la même fleur que le Fraisier; seulement ses fruits deviennent charnus, drupacés, comestibles. Les jeunes pousses contiennent beaucoup de tannin et sont, par conséquent, astringentes.

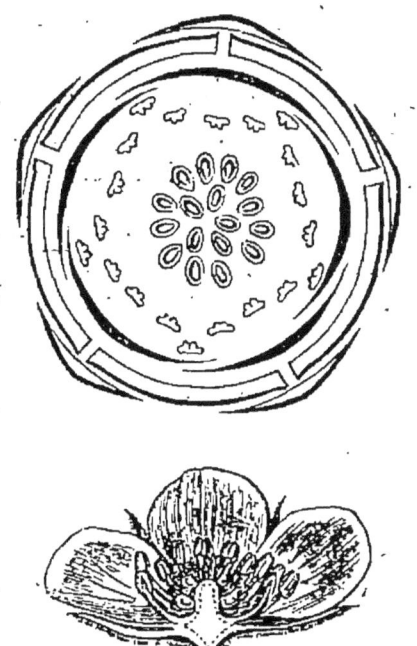

Fig. 388.
Fleur de Fraisier et son diagramme.

Mêmes propriétés pour le *Geum urbanum* ou Herbe de Saint-Benoît.

6° *Tribu des Spirées*.— Réceptacle concave (fig. 389). Beaucoup d'étamines, plusieurs carpelles *pluriovulés*.

La décoction de la racine de *Spirea ulmaria* (Reine des prés) est considérée comme diurétique.

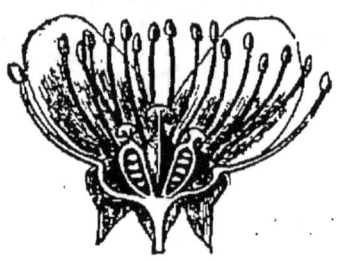

Fig. 389. — Coupe verticale d'une fleur de *Spirea ulmaria*.

5° *Tribu des Quillajées*. — Elle renferme le *Quillaja sapinaria* ou *bois de Panama*, arbre du Chili dont l'écorce est très riche en mucilage qui mousse dans l'eau et peut dégraisser la laine. La poudre d'écorce est sternutatoire à cause de la saponine qu'elle renferme.

6° *Tribu des Pyrées*. — Ici le réceptacle est encore concave, seulement il est soudé avec l'ovaire (fig. 390)

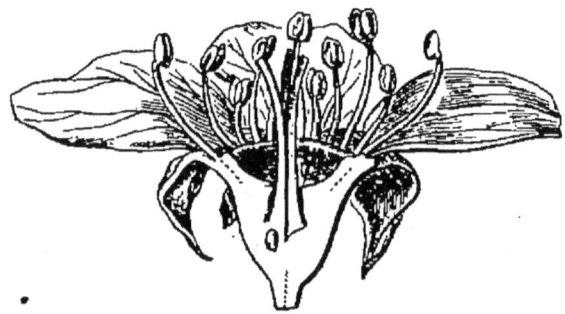

Fig. 390. — Fleur de Poirier. Coupe verticale.

formé de cinq carpelles biovulés et concrescents de façon à former un ovaire pluriloculaire (fig. 391).

Le fruit est formé par le réceptacle devenu succulent (Pomme, Poire, Coing).

Les graines de Coing, très riches en mucilage, sont émollientes et appliquées surtout en cataplasmes.

7° *Tribu des Prunées.* — Fruit drupacé à une seule graine sans albumen.

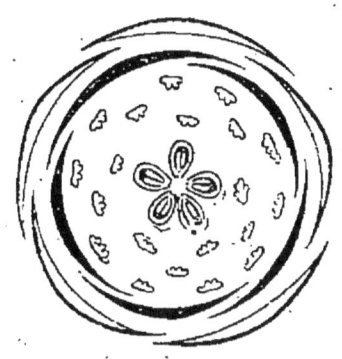

Fig. 391. — Diagramme de la fleur du Poirier.

Les feuilles distillées du Laurier-Cerise fournissent de l'essence d'amandes amères et de l'acide cyanhydrique.

L'amande de l'Amandier contient de *l'amygdaline* qui, sous l'action d'un ferment, se transforme en acide cyanhydrique et en essence d'amandes amères.

Il y a en outre dans les cellules des cotylédons, une huile fixe, l'huile *d'amandes douces*.

Les pédoncules des Cerises sont vendus comme diurétiques et calmants.

Les Légumineuses.

1° Légumineuses papilionacées.

240. Caractères. — La corolle est papilionacée, c'est-à-dire à symétrie bilatérale et formée de trois pétales : *a* (fig. 392), est *l'étendard* ; *b, b,* les *deux ailes*, et *c*, la *carène*, est formée des deux pétales inférieurs soudés en une seule pièce.

Le calice est gamosépale (fig. 393).

Il y a 10 étamines, dont 9 sont soudées et une libre. On dit qu'elles sont *diadelphes*.

402 CLASSIFICATION DES PHANÉROGAMES

Le pistil est formé d'un carpelle unique à ovules courbés.

Le fruit est une gousse et les graines n'ont pas d'albumen.

Les feuilles stipulées sont composées de folioles et

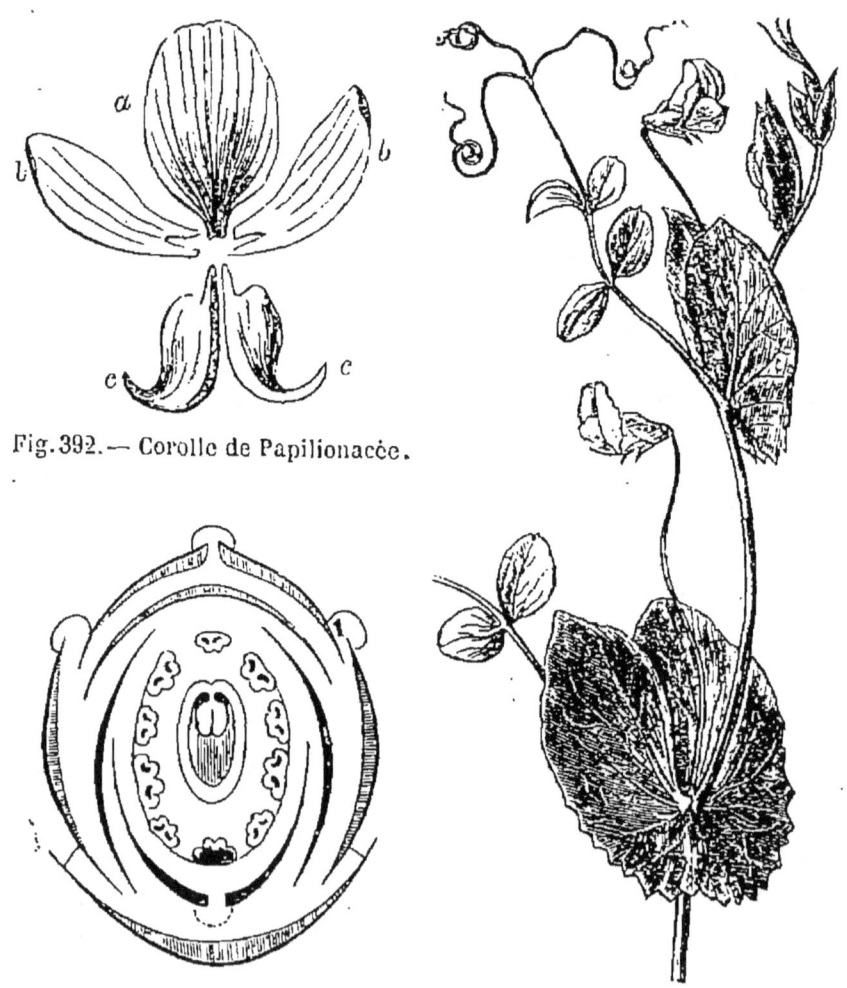

Fig. 392. — Corolle de Papilionacée.

Fig. 393. — Diagramme de fleur de Papilionacée.

Fig. 394. — *Pisum sativum*.

quelquefois les dernières folioles sont transformées en vrilles (fig. 394).

241. Papilionacées utiles.— Un grand nombre fournissent des graines et quelquefois des fruits comestibles (Haricot, Pois, Fève, Lentille, Vesce).

La Fève de Calabar est employée dans les maladies des yeux pour contracter la pupille. Elle contient un poison énergique.

L'Indigotier produit l'indigo, matière tinctoriale.— Les Astragales fournissent la *gomme adragante*.

Les *Glycyrrhiza* donnent la racine de réglisse médicinale.

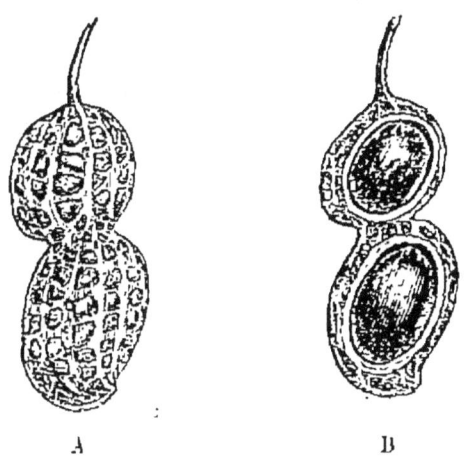

Fig. 385. — Fruit d'Arachide. — A, entier; B, coupé.

Les graines de l'*Arachis hypogœa* (fig. 395) (côte occidentale d'Afrique) produisent l'huile d'arachide. Les *Pterocarpus* produisent le Kino et *Pt. Santalinus* donne le *santal* employé en teinture.

Le Genet est dangereux pour les moutons parce qu'il renferme des narcotiques, la *scoparine* et la *spartéine*.

Le baume de tolu provient du *Toluifera Balsamum*.

2° Légumineuses césalpiniées.

242. Caractères. — C'est, dans le bouton, la carène qui enveloppe les ailes et celles-ci qui empiètent sur l'étendard.

On exprime cette particularité en disant que la pré-

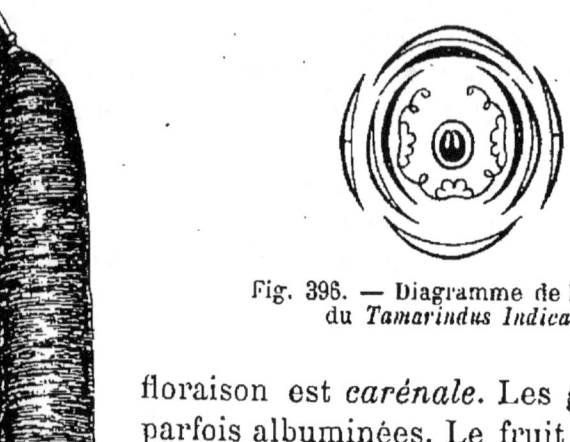

Fig. 396. — Diagramme de la fleur du *Tamarindus Indica*.

floraison est *carénale*. Les graines sont parfois albuminées. Le fruit est toujours une gousse.

243. Césalpiniées utiles. — Citons l'*Hematoxylon campechianum* (Amérique centrale) dont le bois contient une matière colorante rouge, soluble dans l'eau et renfermant beaucoup d'*hématoxyline*. Le bois de campêche est quelquefois employé en Amérique et en Angleterre contre la diarrhée des enfants.

Les *Tamariniers* ont 9 étamines, dont 3 seulement fertiles.

Le mésocarpe des fruits de tamarin est connu en pharmacie sous le nom de *pulpe de tamarin*.

Les *Hymenœa* (Brésil, Inde, Zanguebar) produisent une substance résineuse qui s'accumule sur l'écorce en masses plus ou moins volumineuses : c'est le *Copal*. On en fait un vernis très employé. L'écorce du fruit est astringente.

Fig. 397. — Fruit du Cassia Fistula. — A, entier ; B, coupé en long.

La Casse (fig. 397 A) est le fruit du *Cassia Fistula* (Jamaïque). Cette gousse est partagée en loges (fig. 397 B) dont chacune contient une graine et une pulpe saccharine, molle, employée en pharmacie.

Le Séné est la feuille d'un certain nombre de Cassia. Le *C. angustifolia* donne le séné d'Arabie. Le *C. acutifolia* produit le séné d'Alexandrie, le *C. oborata* donne le séné d'Italie. Le séné a des propriétés purgatives.

Les *Copaïfera* fournissent le baume de copahu, liquide visqueux, translucide, jaunâtre, à odeur aromatique, employé dans toutes les maladies des muqueuses.

Les *Erythrophlœum* (Sierra Leone) produisent l'*Ecorce de Mançone* riche en *érythropléine*, alcaloïde qui est un violent poison pour le cœur.

3° Légumineuses mimosées.

244. Caractères. — La fleur de certaines Légumineuses césalpiniées est régulière; mais ce qui est un accident chez les Césalpinées, est la règle chez les Mimosées (fig. 398). Les étamines sont

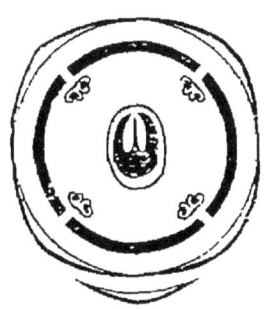

Fig. 398. — Diagramme de fleur de *Mimosa pudica*.

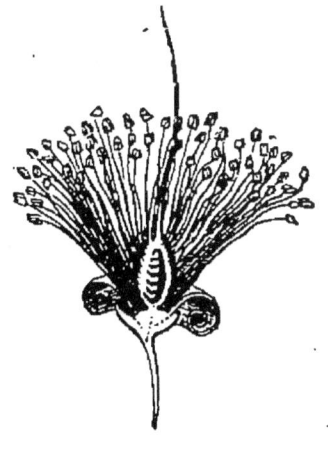

Fig. 399.
Fleur d'Acacia Catechu.

souvent très nombreuses (fig. 399). Le fruit est toujours une gousse et l'on peut remarquer que c'est là le seul caractère bien constant dans toute la famille des Légumineuses. On peut y ajouter cependant le caractère tiré des feuilles qui sont stipulées et composées de folioles.

245. Mimosées utiles. — Les Acacias ont la fleur régulière et de nombreuses étamines. Les Acacias et surtout l'*Aca-*

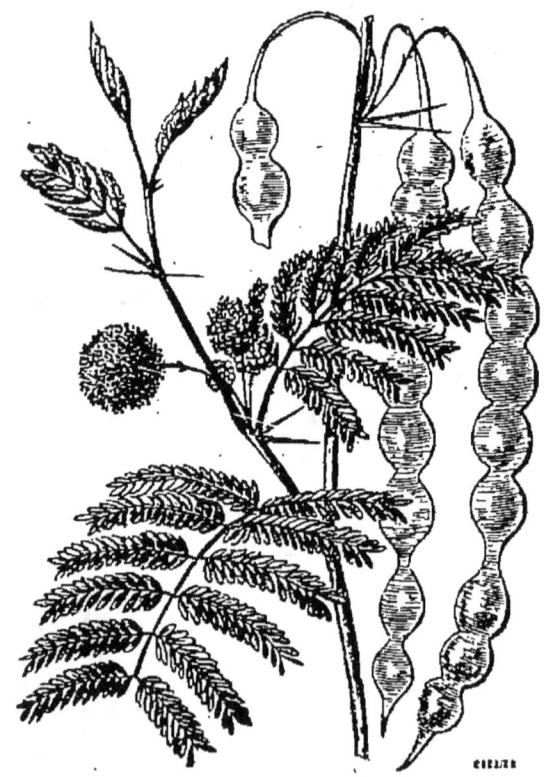

Fig. 400. — *Acacia Arabica*. Rameau fructifère et florifère.

cia Arabica (fig. 400) (Afrique), fournissent la gomme arabique.

L'*Acacia Catechu* (Inde) a une écorce riche en tannin et un bois qui produit le Cachou, substance brune, astringente, avec arrière-goût douceâtre. Il contient de la *catéchine*.

L'*Acacia anthelminthica* fournit l'*écorce de Moucenna* qui contient une sorte de *saponine* vermifuge.

Les Lauracées.

246. Espèces utiles. — Ces plantes habitant pour la plupart les pays chauds, nous nous bornons à donner, à titre de renseignements, la liste de celles d'entre elles qui nous fournissent des produits utiles.

Le Canellier, *Cinnamomum Zeylanicum* (Ceylan), fournit l'écorce de canelle de Ceylan. Il contient aussi une huile essentielle dans ses feuilles et dans sa racine. Celle-ci peut donner également un camphre solide.

Le Camphrier, *Cinnamomum Camphora* (Japon, Chine), donne le camphre par sublimation.

L'*Écorce de Bibiru* contient de la *bibirine*, utilisée comme fébrifuge, à l'état de sulfate, dans la médecine anglaise. Cette écorce provient du *Nectandra Rodiæi*.

Les *Sassafras* produisent une huile logée dans l'écorce et qui est stimulante et sudorifique.

Le Laurier d'Apollon, *Laurus nobilis*, a des feuilles odorantes qui doivent leurs propriétés stimulantes, utilisées dans l'art culinaire, à une huile semblable à celle du *Cinnamomum*. La graine contient une huile grasse, formée en majeure partie de laurostéarine qui entre dans la composition du baume de Fioraventi.

Les Menispermacées.

247. La Coque du Levant. — Le fruit de l'*Anamirta Cocculus* (Inde, Malaisie) est la *Coque du Levant* dont on s'est servi pour empoisonner les rivières. Sa vente est interdite en France.

Les Berbéridacées.

248. Caractères. — Fleurs du type 3 plus ou moins répété. Cette famille n'est représentée chez nous que par l'Épine-

Vinette (*Berbéris vulgaris*), arbrisseau assez haut, à fleurs petites, jaunes, disposées en grappes pendantes (fig. 401). Les étamines s'ouvrent par un panneau ovale (fig. 402). Le fruit est une baie de saveur aigrelette dont on fait des sirops, des limonades.

L'écorce du *Berberis*

Fig. 401. — *Berberis vulgaris*.

Fig. 402.
Étamine de Berberis.

est amère, tonique et fébrifuge; elle doit ses propriétés à deux alcaloïdes, la *berbérine* et l'*oxyacanthine*.

Les Nymphéacées.

249. Caractères et Espèces utiles. — Les Nymphéacées, à nombreuses étamines passant insensiblement aux pétales, comprennent le Nénuphar blanc et le Nénuphar jaune dont le rhizome est riche en amidon et en tannin.

Le *Sarracena purpurea* (Amérique du Nord) passe pour diurétique et efficace contre la goutte.

Le Lotus sacré de l'Egypte est le *Nelumbo nucifera*, dont les Chinois mangent les graines après les avoir fait griller.

Papavéracées.

250. Caractères. — Fleurs régulières du type 2, à

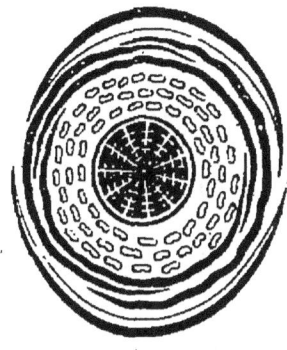

Fig. 403.
Diagramme de la fleur du Pavot.

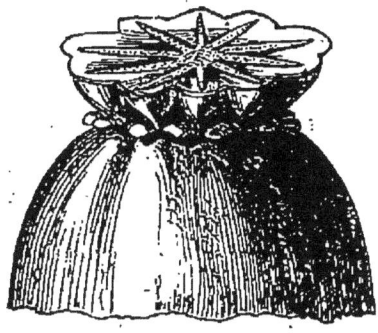

Fig. 404. — Partie supérieure de la capsule du Pavot.

périanthe double (fig. 403). *Deux sépales caducs.* Quatre pétales chiffonnés dans le bouton. Nombreuses étamines extrorses. — Ovaire uniloculaire à placentation pariétale, formé d'un nombre indéterminé de carpelles, et auquel succède une capsule s'ouvrant par de petits orifices pratiqués dans le haut du fruit, sous le plateau qui le surmonte et qui résulte de la concrescence des stigmates. Ces orifices ou pores alternent avec les placentas (fig. 404).

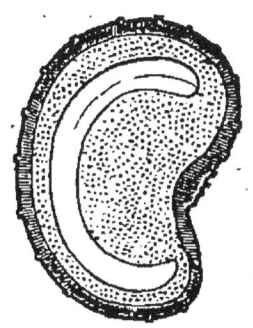

Fig. 405. — Coupe longitudinale d'une graine de Pavot.

Les graines sont albuminées (fig. 405).

La plupart des organes contiennent un latex blanc ou coloré.

251. Papavéracées utiles. — Le *Papaver somniferum*, dont les variétés sont nombreuses, est cultivé pour son huile

(huile d'œillette) et pour son *opium*. L'huile est donnée par l'albumen de la graine. L'opium est un liquide blanc, visqueux, noircissant et s'épaississant à l'air et qui coule d'incisions pratiquées dans le fruit avant qu'il soit parvenu à maturité. Les capsules, mûres et sèches, servent à faire des décoctions narcotiques. Elles sont beaucoup moins riches en alcaloïdes actifs que les capsules vertes, parce que ces alcaloïdes ont été en partie consommés par les graines pendant la maturation.

Le Coquelicot, *Papaver Rhœas*, dont les fleurs servent à faire une infusion calmante, renferme un alcaloïde, la *rhœadine*, non toxique.

La grande Éclaire, *Chelidonium majus*, est une herbe vivace de nos pays, à fleurs jaunes, à ovaire uniloculaire et à deux placentas. Elle possède un abondant latex jaune, irritant et qui est utilisé dans les campagnes pour détruire les verrues.

Le latex du *Glaucium flavum* est employé dans le Midi pour guérir les ulcères des bêtes à cornes.

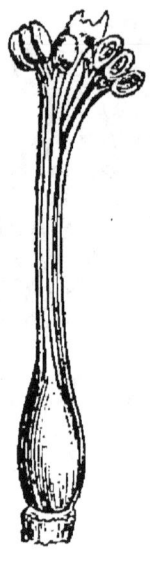

Fig. 406. — Androcée de la Fumeterre.

A côté des Papavéracées se trouve la petite famille des **Fumariacées**, qui se distingue par deux étamines latérales et trifurquées et par sa fleur irrégulière (fig. 406).

Crucifères.

252. Caractères. — Famille très homogène. Quatre sépales libres entre eux, dont les deux latéraux sont bossus à leur base (fig. 407).

Quatre pétales égaux s'étalant en croix au-dessus du calice.

Six étamines, dont deux petites opposées aux sépales bossus et quatre plus grandes insérées un peu plus haut que les autres et opposées deux par deux aux sépales non bossus (fig. 408).

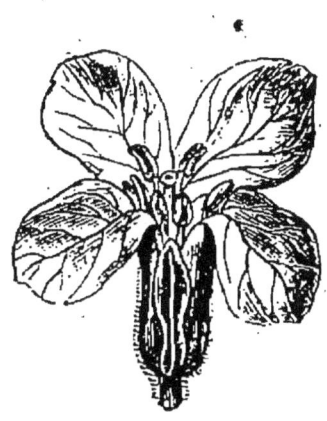

Fig. 407.
Fleur de Giroflée.

Fig. 408. — Diagramme de la fleur de la Giroflée.

Le pistil allongé est terminé par un style très court. Il est formé de deux carpelles soudés par leurs placentas; seulement, les deux placentas opposés se

Fig. 409. — Fruit de *Brassica oleracea* (Silique).

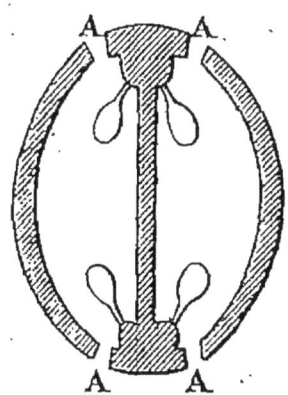

Fig. 410. — Coupe transversale d'une Silique.

prolongent de façon à se réunir, *ce qui fait que l'ovaire est partagé en deux loges par cette cloison surnuméraire.*

Les deux stigmates, au lieu d'être en face du milieu de chaque carpelle, se trouvent dans le prolongement des placentas.

Le fruit sec qui succède au pistil est une *silique* ou une *silicule* (fig. 409) : une silique quand il est plus long que large, une silicule quand il est très raccourci. Il s'ouvre par quatre fentes A situées de part et d'autre de la fausse cloison; de sorte qu'il se sépare en deux valves, laissant entre elles la cloison sur le cadre de laquelle sont attachées les graines (fig. 410). Les graines n'ont pas d'albumen.

Les feuilles sont alternes.

253. Crucifères utiles. — Citons : *Nasturtium officinale*, Cresson de fontaine, plante antiscorbutique, diurétique et stomachique. Elle doit ses propriétés à une huile essentielle qu'on rencontre chez beaucoup d'autres Crucifères. Elle contient aussi de l'iode.

Sinapis nigra. Sa graine, pulvérisée et triturée avec de l'eau à moins de 50° C., prend des propriétés irritantes utilisées pour faire des sinapismes. Il s'y développe, en effet, une essence sulfurée et azotée par la réaction d'un ferment soluble, la myrosine, contenu dans l'embryon, sur un glucoside salin, le myronate de potassium, contenu dans le parenchyme; les graines de moutarde blanche, *Sinapis alba*, donnent une poudre à saveur brûlante, mais sans huile essentielle, et que l'on mélange à la moutarde noire pour préparer le condiment bien connu.

Le Raifort (*Cochlearia Armoracia*), les Choux (*Brassica*), les Radis (*Raphanus*) sont des Crucifères.

Famille voisine des Crucifères.

A côté des Crucifères, nous citerons les **Capparidées**, qui ne s'en distinguent souvent que par l'absence d'une fausse cloison dans l'ovaire.

DICOTYLÉDONES DIALYPÉTALES

Le Caprier, *Capparis spinosa*, est cultivé dans la région méditerranéenne pour ses bourgeons floraux qui constituent les câpres.

Les Caryophyllées.

254. Caractères. — Cinq sépales; au-dessous du calice se trouve une sorte de calice plus petit, le *calicule* (fig. 411). — Cinq pétales libres s'étalant horizontalement au-dessus du tube du calice. — Dix étamines

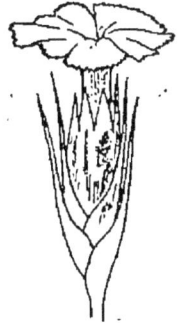

Fig. 411.
Fleur d'Œillet.

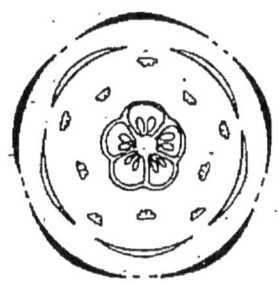

Fig. 412. — Diagramme de fleur de Caryophyllée.

sur deux verticilles. — Ovaire à fausse placentation centrale (voir p. 309) surmonté de styles distincts, 2, 3 ou 5, indiquant le nombre des carpelles.

Feuilles opposées. Tige renflée aux nœuds.

255. Caryophyllées utiles. — La tribu des *Silénées* est caractérisée par les sépales soudés en un tube. Elle comprend les Œillets, la Saponaire (fig. 413), dont le rhizome et les feuilles contiennent de la saponine qui fait mousser l'eau comme le ferait du savon. La saponine se trouve aussi dans la Nielle (*Lichnis Githago*), qui vit dans les blés. Aussi sa graine mêlée au blé communique-t-elle souvent à la farine des propriétés toxiques. On employait autrefois la décoction

414 CLASSIFICATION DES PHANÉROGAMES

de Nielle pour le traitement de la gale, de la teigne et autres maladies de peau.

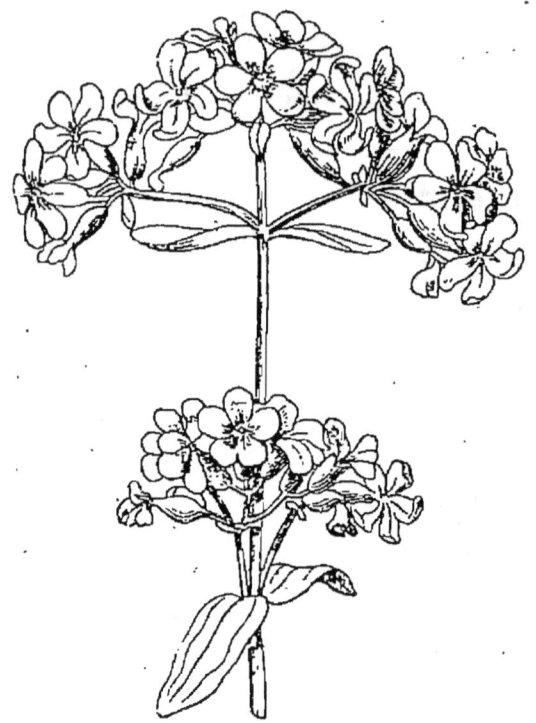

Fig. 413. — Saponaire officinale.

La tribu des *Alsinées* est caractérisée par son calice dialysépale. C'est à cette tribu qu'appartient le Mouron des oiseaux.

Les Rutacées.

256. Caractères et espèces utiles. — Les Rutacées ne diffèrent des Caryophyllées que parce que les cloisons de l'ovaire qui disparaissent chez celles-ci, persistent dans les Rutacées. Nous pouvons citer le *Ruta graveolens* ou Rue, dont les graines sont anthelminthiques et les feuilles congestionnantes. — La Fraxinelle (*Dictamnus albus*) a une racine fébrifuge et tonique qui entrait dans la composition de vieux médicaments : orviétan, opiat de Salomon, baume de Fioraventi. —

Les orangers, le *Quassia amara*, dont le bois est tonique et stimulant, le Gaïac, sont des Rutacées.

Les Térébinthacées, voisines des Rutacées, fournissent beaucoup d'essences balsamiques, telles que l'encens.

Les Euphorbiacées.

257. Caractères et espèces utiles. — Les fleurs n'ont pas de pétales, en général; mais, comme certains genres exotiques en possèdent, on les classe parmi les dialypétales.

Les fleurs sont mâles ou femelles, monoïques ou dioïques.

Dans le Ricin, par exemple, les fleurs mâles comprennent

Fig. 414.
Fleur mâle du Ricin.

Fig. 415. — Fleur femelle du Ricin et son diagramme.

5 sépales et un certain nombre d'étamines à filets abondamment ramifiés (fig. 414).

La fleur femelle a 3 sépales et l'ovaire, à 3 loges uniovulées, est surmonté d'autant de styles bifurqués qu'il y a de carpelles (fig. 415).

Le fruit est une capsule (fig. 416) qui met en liberté des graines dont le tégument est renflé en *caroncule* (fig. 417) autour du micropyle. La graine renferme un albumen oléagineux qui produit l'huile de ricin purgative.

Les Euphorbes renferment un latex, une gomme résine très irritante. L'*Euphorbia Lathyris* fournit des graines

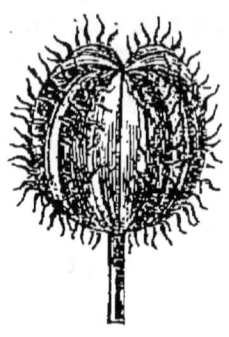

Fig. 416.
Fruit du Ricin.

Fig. 417. — Graine du Ricin.
A, entière ; B, coupée.

(graines d'Epurge) qui contiennent une huile purgative et vomitive.

Le Croton (Malabar) a des graines qui contiennent une huile purgative.

Les Malvacées.

258. Caractères.— La Guimauve en est le type. Il y a

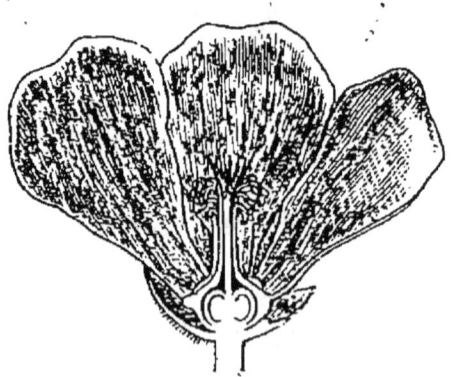

Fig. 418. — Fleur de Guimauve.

un calicule de trois bractées (fig. 419) ; un calice à cinq sépales soudés ; une corolle de cinq pétales sou-

dés à leur base. Les étamines, nombreuses, sont soudées par leur base en un tube qui entoure le style (fig. 418).
— L'ovaire comprend un grand nombre de carpelles

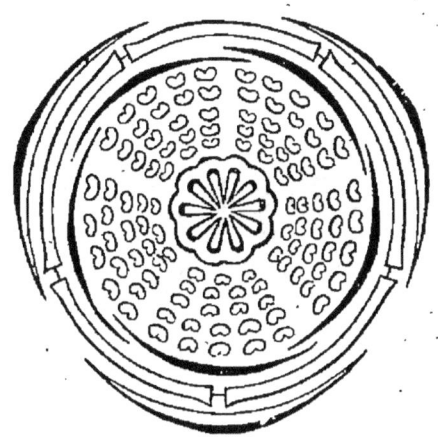

Fig. 419. — Diagramme de la fleur de Mauve.

formant un grand nombre de loges uniovulées; cet ovaire est surmonté d'un style unique qui s'étale au-dessus des étamines et s'y termine en un grand nombre de stigmates.

A la maturité, le fruit se découpe en autant d'akènes qu'il y avait de carpelles dans le pistil.

259. **Malvacées utiles.** — Les fleurs de l'*Althœa officinalis* donnent des tisanes émollientes; elles font partie des *quatre-fleurs* pharmaceutiques. On emploie sa racine dans le même but.

Les fleurs de Mauve jouissent des mêmes propriétés que celles de Guimauve.

Le Cotonnier (*Gossypium herbaceum*), est cultivé pour les poils qui hérissent sa graine et qui sont textiles.

Le *Theobroma Cacao* (fig. 420) fournit les graines de cacao avec lesquelles on fait le chocolat. Ces graines contiennent aussi une matière grasse, le beurre de cacao.

Le *Cola* a une graine qui constitue, comme le thé, un aliment d'épargne.

Fig. 420. — *Theobroma Cacao*.

Le Tilleul (fig. 421) a des fleurs qui servent à la préparation

Fig. 421. — Tilleul. Rameau florifère.

de tisanes aromatiques, sudorifiques et anti-spasmodiques.

Familles voisines des Malvacées.

A côté des Malvacées, se trouvent :

Les **Diptérocarpées**. On retire de certaines d'entre elles le camphre de Bornéo.

Les **Ternstrœmiacées**, auxquelles appartient le Thé.

Les **Bixacées**, auxquelles appartiennent : le Rocouyer, dont les graines sont recouvertes d'une matière colorante rouge ; le *Rocou*, considéré comme purgatif ; le Papayer, dont le latex est très riche en papaïne, substance très voisine de la pepsine.

Les **Ampélidées** qui comprennent la Vigne.

Les **Buxées**, parmi lesquelles on range le Buis.

Les **Rhamnées**, où l'on rencontre le *Jujubier*, dont le fruit est vendu sous le nom de jujube.

Les **Hypéricinées**, qui renferment le Millepertuis, employé en infusions contre la bronchite chronique.

DICOTYLÉDONES DIALYPÉTALES A OVAIRE ADHÉRENT

Les Ombellifères.

250. Caractères. — Fleurs régulières à ovaire infère. Cinq sépales très réduits (fig. 422). Cinq pétales souvent ployés en dedans à leur pointe (fig. 423). — Cinq étamines. Ovaire infère à deux loges. Chaque loge contient un ovule réfléchi et pendant.— L'ovaire est surmonté de deux styles (fig. 423).

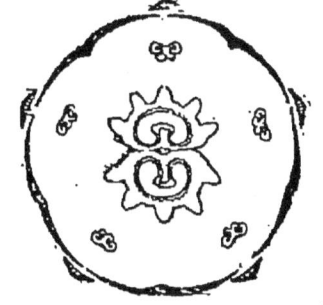

Fig. 422. — Diagramme d'une fleur d'Ombellifère, *Conium maculatum*.

Le fruit est sec et muni de dix côtes situées, cinq en face des pétales et cinq en face des sépales.

A la maturité, le fruit se sépare en deux moitiés qui

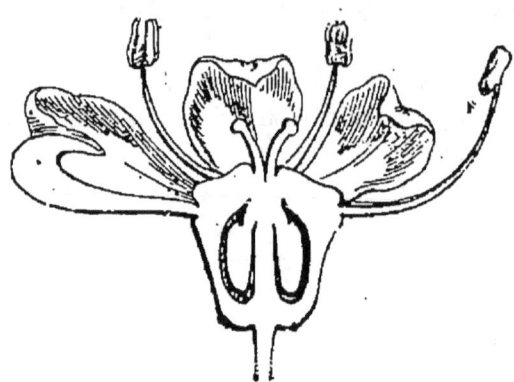

Fig. 423. — Fleur de *Conium Maculatum*.

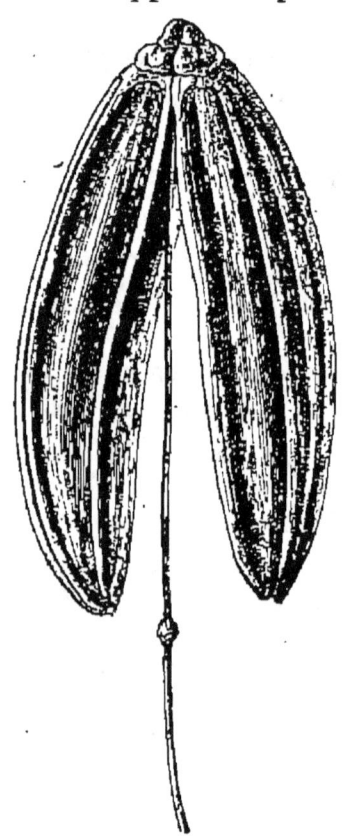

Fig. 424. — Fruit du Fenouil.

sont supportées par la *columelle*, prolongement du pédoncule (fig. 424).

Les graines ont un albumen abondant.

L'inflorescence est en ombelle.

Les feuilles sont généralement très découpées et fortement engainantes.

Les Ombellifères sont très fréquemment pourvues de canaux sécréteurs qui, dans le fruit, ont reçu le nom de bandelettes.

261. Ombellifères utiles. — Le *Conium maculatum* ou Ciguë contient deux alcaloïdes, dont l'un surtout, la *Conine*, est très toxique. Beaucoup d'autres sécrètent une huile essentielle odorante tels sont : le *Pimpinella A- sum* ou Anis vert, le *Peuceda-*

num narthex ou Asa fœtida, le Fenouil, l'Angélique, le Cumin.

Le Thapsia renferme dans sa racine une essence irritante énergique. La Carotte a une racine comestible.

La famille des *Araliacées*, dont fait partie le Lierre, est une petite famille voisine des Ombellifères. Le Lierre contient de nombreux canaux sécréteurs renfermant une essence. Les feuilles du Lierre sont utilisées pour faire suppurer es vésicatoires.

A côté de cette famille, citons seulement les **Saxifragacées**.

Les **Grossulariées**, dont le Groseiller est le représentant.

Les **Hamamélidées**, parmi lesquelles l'*Hamamelis virginica*, dont la teinture et l'eau distillée jouissent de propriétés analgésiques puissantes.

Les **Liquidambarées**, parmi lesquelles le *Liquidambar* produit une résine molle connue sous le nom de styrax liquide.

Les **Myrtacées**, dont font partie l'Eucalyptus et le Grenadier.

LES DICOTYLÉDONES GAMOPÉTALES A OVAIRE NON ADHÉRENT

Les Solanées.

262. Caractères. — Fleurs régulières. Type 5. Ca-

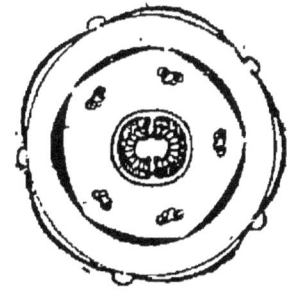

Fig. 426. — Diagramme de la fleur de la Belladone.

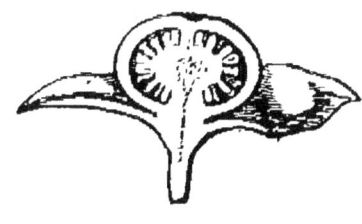

Fig. 427. — Coupe longitudinale du fruit de la Belladone.

lice gamosépale, corolle gamopétale. Cinq étamines,

souvent très rapprochées par leurs anthères et concrescentes par leur base avec le tube de la corolle.

Le pistil, biloculaire multiovulé à placentation axile, est formé par la soudure de deux carpelles (fig. 426).

Le fruit est une baie charnue (fig. 427) contenant beaucoup de graines albuminées. — Les feuilles sont en général alternes.

263. Solanées utiles.— La Belladone (*Atropa Belladona*), a une corolle campanulée violette (fig. 428), des feuilles vert

Fig 428. — *Atropa Belladona*. Belladone.

foncé, alternes. Le fruit est une grosse baie d'un violet foncé. Le rhizome et le fruit contiennent un alcaloïde, l'*atropine*, très toxique, qui produit la dilatation de la pupille. C'est un sédatif puissant du système nerveux.

La Douce-amère, *Solanum Dulcamara* (fig. 429), contient une substance amère, avec arrière-goût douceâtre, la *Dulcamarine*. Elle contient aussi un alcaloïde, la *Solanine*.

La Morelle tubéreuse, *Solanum tuberosum*, renfle ses

tiges souterraines en tubercules riches en amidon, qui constituent la Pomme-de-terre.

Fig. 429. — *Solanum Dulcamara*. Douce-amère.

La Tomate, *Solanum lycopersicum*, cultivée pour ses fruits.

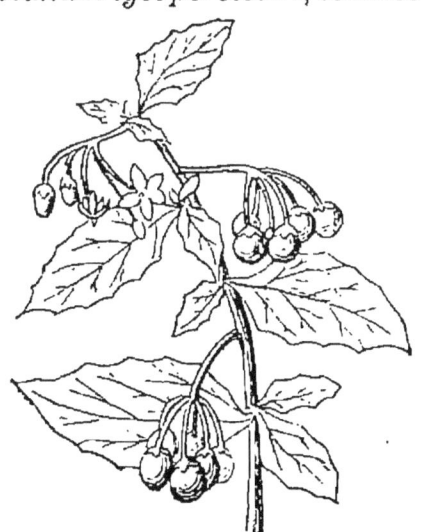

Fig. 430. — *Solanum nigrum*.

L'Aubergine, *S. Melolonga*, a un fruit charnu, allongé, ovoïde, violet quand il est mûr ; on le mange cuit.

La Morelle noire, *S. nigrum* (fig. 430), contient de la solanine et était autrefois utilisée pour faire des cataplasmes calmants que l'on appliquait sur les ulcères et les cancers. Sa décoction administrée en lavements peut être toxique.

L'Alkekenge (voir p. 343) a des baies rouges qui, desséchées, donnent une poudre autrefois employée contre la goutte.

Les fruits des *Capsicum* ou Piment fournissent le poivre de Cayenne et le poivre de Guinée: ils ont une saveur brûlante due à un alcaloïde, la *Capsicine*.

Fig. 431. — *Nicotiana Tabacum*.

Le *Datura Stramonium* renferme un alcaloïde, la *Daturine*, très toxique, abondante dans les feuilles et surtout dans les graines. A faible dose, elle est sédative du système nerveux. On recommande de fumer les feuilles sèches pour calmer les accès d'asthme.

Les *Nicotiana* sont des Solanées dont les feuilles constituent le tabac qui doit ses propriétés à un alcaloïde, la nicotine, très toxique.

Le *N. Tabacum* est cultivé en France (fig. 431). Le

DICOTYLÉDONES GAMOPÉTALES

N. rustica fournit le tabac turc. Le *N. repanda* est surtout cultivé à la Havane.

Les Jusquiames, *Hyoscyamus niger* et *albus*, donnent un extrait riche en *Hyoscyamine* qui a les mêmes propriétés que l'atropine.

Les *Strychnos*, et surtout le *Str. Nux-vomica*, ont une graine connue sous le nom de noix vomique (fig. 432) et dont

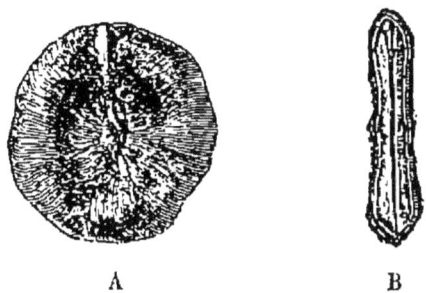

Fig. 432. — Noix vomique. — A, face postérieure; B, coupe verticale.

la saveur, très amère, est due à 3 alcaloïdes toxiques : la *Strychnine*, la *Brucine* et l'*Igasurine*. La noix vomique constitue, à faible dose, un stimulant actif du système musculaire. Aussi l'emploie-t-on contre la constipation opiniâtre.

L'écorce du *Str. Nux-vomica* est aussi riche en alcaloïde. C'est l'*Écorce de fausse Angusture*.

Les graines de *Str. Ignatii* s'appellent *fèves de Saint-Ignace*, elles jouissent des mêmes propriétés que la noix vomique.

Ces Strychnées habitent l'Inde, l'Annam, la Cochinchine.

D'autres Strychnées de l'Amérique du Sud contiennent, dans leur écorce, une substance qui, extraite, constitue le *Curare* ou poison des Indiens. Le curare, injecté dans le sang, détermine la paralysie des nerfs moteurs sans produire celle des nerfs sensitifs.

Les Verbascées.

264. Caractères. — La Molène ou Bouillon blanc (*Verbascum*) ressemble à une Solanée qui aurait une tendance à devenir symétrique par rapport à un plan. Comme le montre le diagramme (fig. 433), le sépale supérieur, le plus rapproché de l'axe de l'inflores-

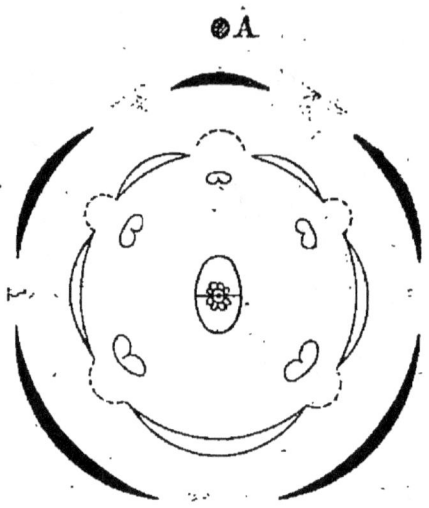

Fig. 433. — Diagramme de la fleur de *Verbascum*.

cence, est beaucoup plus petit que les autres. Il en est de même des étamines; l'étamine supérieure est très petite, les suivantes sont de taille moyenne et les inférieures beaucoup plus grandes.

Les fleurs du *Verbascum* donnent une infusion calmante.

Scrofularinées.

265. Caractères. — Les caractères des Verbascées s'accentuent encore dans les Scrofularinées (fig. 434). La fleur est devenue nettement bilatérale et l'étamine supérieure a complètement avorté; il n'en reste donc plus que quatre, les deux étamines supérieures étant plus grandes que les deux autres. Le pistil a la même forme que celui des Solanées.

DICOTYLÉDONES GAMOPÉTOLES 427

Le fruit est une capsule à deux loges qui s'ouvre à son sommet par un trou circulaire (*déhiscence porricide*) (fig. 435) ou par déhiscence septicide.

Les fleurs ont souvent une corolle à deux lèvres

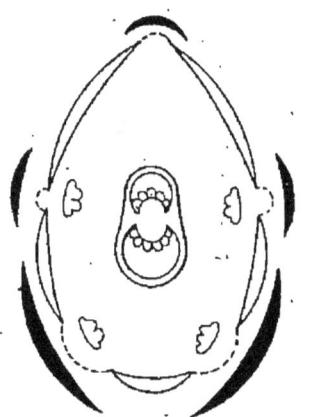  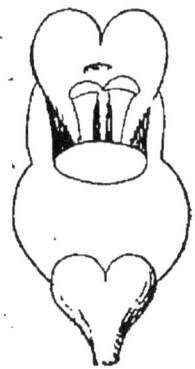

Fig. 434. — Diagramme de Scrofularinée.   Fig. 435. Fruit de Muflier.   Fig. 436. — Fleur de *Scrofularia Nodosa*.

(fig. 436) s'ouvrant comme une bouche sous une pression latérale; cette disposition de la corolle a fait aussi donner le nom de *Personées* aux plantes de cette famille.

266. Scrofularinées utiles. — La Digitale (*Digitalis purpurea*) (fig. 437), contient dans ses feuilles de la *Digitaline* qui a la propriété de ralentir les contractions du cœur et de diminuer leur énergie.

La Gratiole, *Gratiola officinalis*, est purgative, mais peut provoquer des accidents.

L'*Euphrasia officinalis* a été employée contre les maladies des yeux.

A côté des Scrofularinées, on peut citer les Orobanches, plantes sans chlorophylle et parasites sur les racines de diverses autres plantes (Thym, Luzerne).

428 CLASSIFICATION DES PHANÉROGAMES

Citons, à côté de ces familles importantes :

267. Les Apocynées. — Parmi elles se trouve la *Pervenche*, dont la décoction est encore administrée dans les campagnes pour faire passer le lait ; le Tanguin (Madagascar), *Cerbera venenifera*, dont les graines toxiques paralysent le

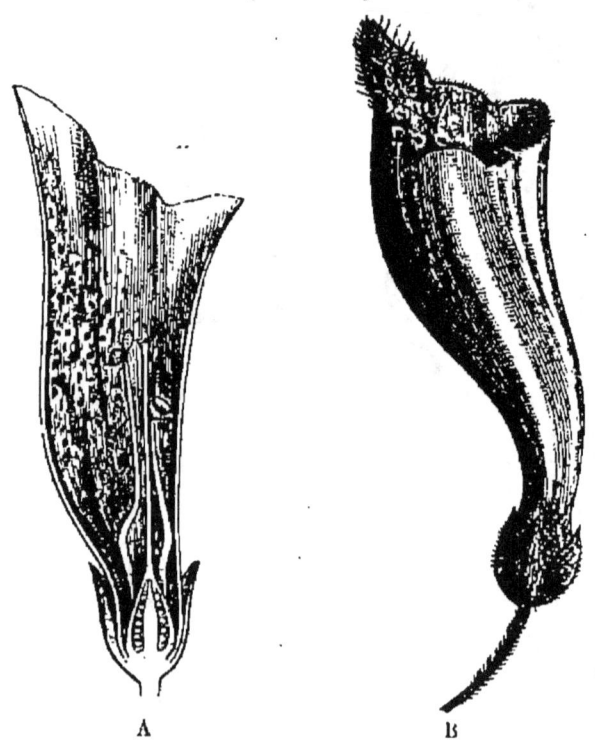

Fig. 437. — Fleur de Digitale. — A, coupée en long ; B, entière.

cœur. Il en est de même du latex du *Tabernæmontana lecis* (Brésil). Le *Gelsemium* a un rhizome et une racine fébrifuges (Amérique du Nord). Le Laurier Rose contient un principe toxique, l'*Oléandrine*. Enfin, un grand nombre d'Apocynées fournissent du caoutchouc.

268. Les Asclépiadées. — Le *Vincetoxicum officinale* ou Dompte-venin renferme un principe amer et vomitif. Un certain nombre d'Asclépiadées sont purgatives.

DICOTYLÉDONES GAMOPÉTALES

269. Les Convolvulacées. — Cette famille renferme beaucoup de plantes à tiges volubiles. Le *Convolvulus Scammonia* renferme dans l'écorce de sa racine, un latex nommé *Scammonée* qui, grâce à une résine, la jalapine, qu'il contient, constitue un purgatif énergique. Il en est de même de la racine de Jalap, *Exogonium Jalapa*. D'ailleurs, un grand nombre de Convolvulacées contiennent de la jalapine. Quelques-unes fournissent une racine comestible. Exemple : le *Batatas edulis* ou Patate douce.

Borraginées.

270. Caractères. — Famille très homogène. Une Borraginée ne diffère d'une Solanée que par son pistil : 5 sépales gamosépales, 5 pétales gamopétales, 5 étamines insérées sur le tube de la corolle (fig. 438). Ovaire à 2 loges biovulées (fig. 439). Mais chaque loge étant partagée elle-même par une fausse cloison, l'ovaire

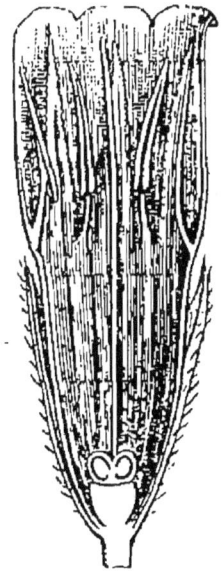

Fig. 438. — Fleur de *Simphytum Officinale* (Grande Consoude) coupée en long.

Fig. 439. — Diagramme de la fleur de la Bourrache.

semble être à 4 loges uniovulées, très apparentes à l'extérieur, parce que chaque ovule distend la loge qui le renferme. De la dépression qui se trouve au point de jonction des quatre loges, part un style unique. Feuilles alternes, couvertes de poils rudes. Inflorescence scorpioïde.

271. Borraginées utiles. — Le *Borrago officinalis*, Bourrache (fig. 440) à fleurs bleues ou roses, renferme, dans ses

Fig. 440. — *Borrago officinalis* (Bourrache).

fleurs, du nitrate de potassium, ce qui explique leur emploi comme sudorifique.

Le *Symphytum officinale* ou Grande Consoude, renferme un abondant mucilage ; aussi est-elle recommandée dans les campagnes contre les gerçures des nourrices.

La Pulmonaire, *Pulmonaria officinalis*, a des feuilles employées comme émollient.

Le Cynoglosse, *Cynoglossum officinale* (fig. 441), exhale une odeur forte. Sa racine et ses feuilles sont émollientes.

La racine d'Orcanette, *Alkanna tinctoria*, est tinctoriale.

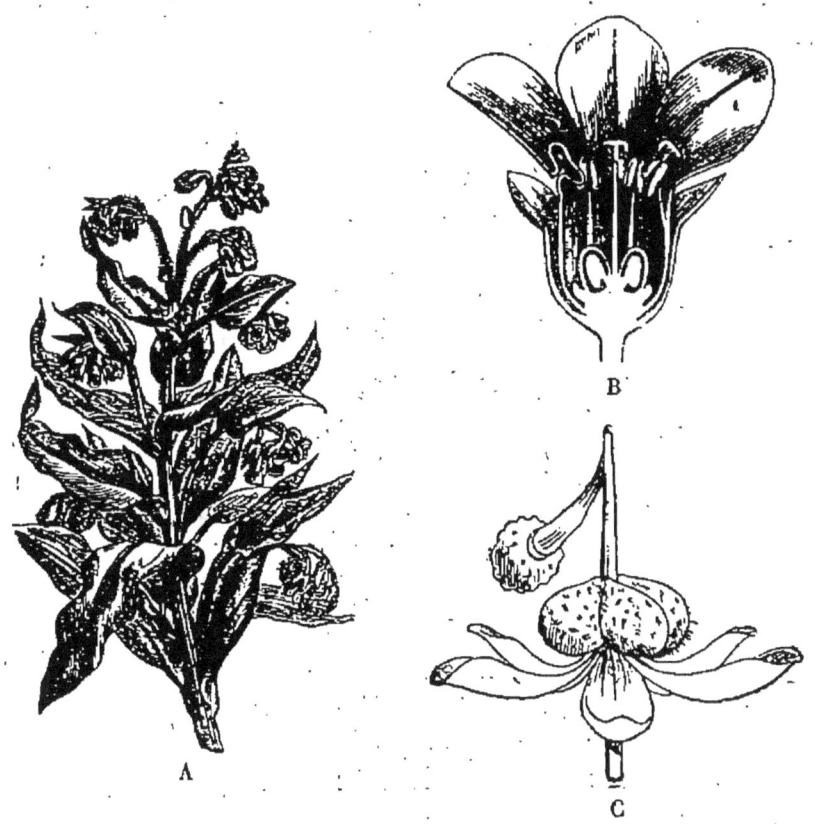

Fig. 411. — *Cynoglossum officinale*. — A, pied fleuri; B, une fleur; C, le fruit.

272. Type intermédiaire entre les Borraginées et les Labiées. — De même que le Bouillon blanc (*Verbaseum*) est intermédiaire entre les Solanées et les Scrofularinées, de même la Vipérine, *Echium vulgare*, forme le passage entre les Borraginées et les Labiées.

En effet, la symétrie de la fleur de l'*Echium* a une tendance à devenir bilatérale. L'étamine supérieure est très petite, les deux latérales de grandeur moyenne et les deux inférieures plus grandes que toutes les autres (fig. 443) ; le pistil est, d'ailleurs, fait comme celui des Borraginées.

Fig. 442.
Fleur d'*Echium vulgare*.

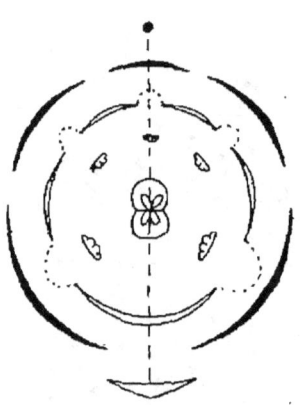

Fig. 443. — Diagramme de la fleur d'*Echium vulgare* (Vipérine).

Labiées.

273. Caractères. — Famille très homogène. Fleurs à symétrie bilatérale, calice gamosépale à 5 sépales.

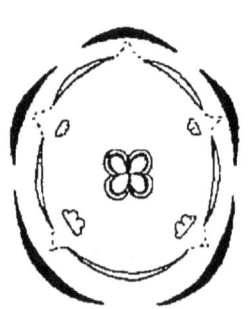

Fig. 444. — Diagramme d'une fleur de Labiée.

Fig. 445. — Fleur de Sauge (*Salvia officinalis*).

Corolle gamopétale à 5 pétales (fig. 444). La corolle es bilabiée, c'est-à-dire que les 2 pétales supérieurs forment une lèvre, et les 3 pétales inférieurs en forment une autre (fig. 445); 4 étamines, les 2 supérieures courtes, les 2 inférieures longues ; l'étamine supérieure, déjà très petite dans l'*Echium*, a disparu. Le pistil se compose d'un ovaire d'abord biloculaire, devenant plus tard quadriloculaire par la formation de fausses cloisons qui divisent chaque loge en deux

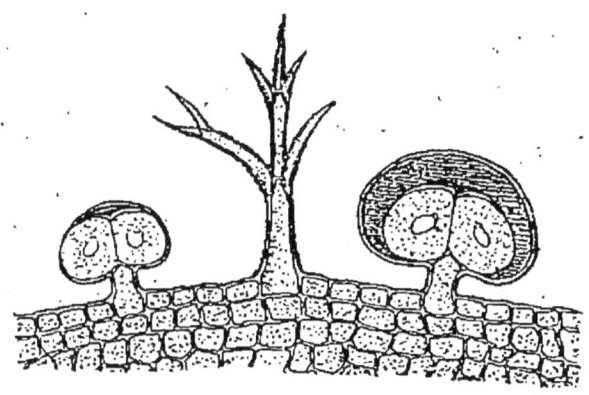

Fig. 446. — Poils glanduleux de *Lavandula Spica*.

fausses loges uniovulées. Le style part du fond de la dépression qui se trouve au point de jonction des 4 loges : il est *gynobasique*.

Le fruit est formé de 4 akènes enveloppés par le calice persistant. Les feuilles sont opposées et la tige habituellement quadrangulaire.

Les Labiées possèdent très souvent (fig. 446) des poils glanduleux à essence, dont le réservoir est habituellement formé par un soulèvement de la cuticule.

274. Labiées utiles. — La *Lavandula vera*, Lavande, est cultivée en Angleterre. On en retire de l'essence odorante de lavande qui jouit de propriétés stimulantes énergiques. — La *Lavandula spica*, distillée dans le Midi de la France, donne l'essence d'aspic.

Les *Menthes* (fig. 447), distillées, donnent l'essence de Menthe.

La Sauge, *Salvia officinalis*, est considérée comme fébrifuge dans les campagnes. On en fait des infusions qui peuvent remplacer le thé.

Le Romarin, *Rosmarinus* (région méditerranéenne) (fig. 448),

Fig. 447. — Menthe poivrée.

Fig. 448. — *Rosmarinus officinalis* (Romarin).

donne l'essence de Romarin, très parfumée et qui est employée en frictions comme stimulant externe.

Le Thym, *Thymus-Serpyllum*, fournit aussi une essence employée comme stimulant externe.

L'essence de Mélisse, administrée en infusion ou sous

forme de teinture (eau de mélisse des Carmes), jouit de propriétés stimulantes assez énergiques.

Familles voisines des Borraginées et des Labiées.

275. Verbénacées. — La Verveine ou herbe sacrée est commune aux bords des routes.

276. Styracacées. — Le *Styrax Benzoïn* fournit la résine de benjoin, employée comme encens dans les églises grecques.

277. Oléacées. — L'Olivier a un fruit drupacé à chair abondante, gorgée d'huile. — Le Frêne est reconnaissable à ses feuilles opposées, composées, et à ses bourgeons noirs. Le *Fraxinus ornus* (région méditerranéenne) laisse couler, par les incisions transversales qu'on pratique dans son écorce, une substance purgative connue sous le nom de Manne. Les feuilles du Frêne de nos pays passent pour purgatives.

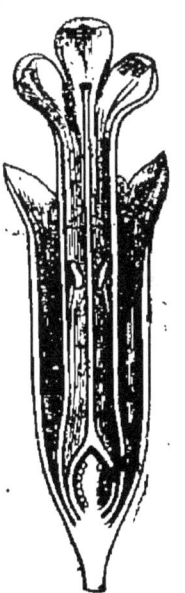
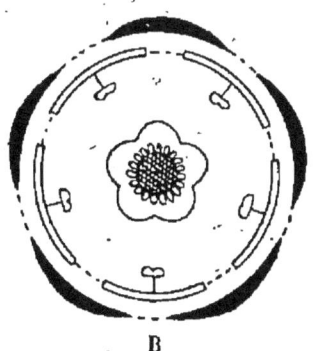

Fig. 449. — Fleurs de *Primula officinalis*.
A, fleur coupée ; B, son Diagramme.

278. Ilicinées. — L'écorce de la tige du Houx sert à la préparation de la glu.

Les Primulacées.

279. Caractères. — Plantes herbacées à fleurs régulières. 5 sépales concrescents. 5 pétales soudés en un tube. 5 étamines opposées aux lobes de la corolle au

Fig. 450. — *Primula officinalis.*

lieu d'être alternes, à filets très courts et à anthères presque sessiles insérées sur la corolle (fig. 449. A). Ovaire multiovulé à placentation centrale. Le diagramme (fig. 449. B) résume ces caractères.

DICOTYLÉDONES GAMOPÉTALES

280. Primulacées utiles. — La Primevère à inflorescence en ombelle et à fleurs situées toutes à la base (fig. 450), possède une souche dont on retirait autrefois une essence antispasmodique. Le Mouron rouge, *Anagallis arvensis*, est un poison pour les oiseaux ; son fruit est une pyxide (fig. 451).

Fig. 451. — Fruit du Mouron rouge.

Le *Cyclamen europæum* ou Pain de pourceau, possède un rhizome riche en *cyclamine*, substance toxique. On s'en sert dans certains pays pour empoisonner les rivières.

DICOTYLÉDONES GAMOPÉTALES A OVAIRE ADHÉRENT

Rubiacées.

281. Caractères. — Cette famille renferme des plantes de port très varié, depuis l'herbe jusqu'à l'arbre.

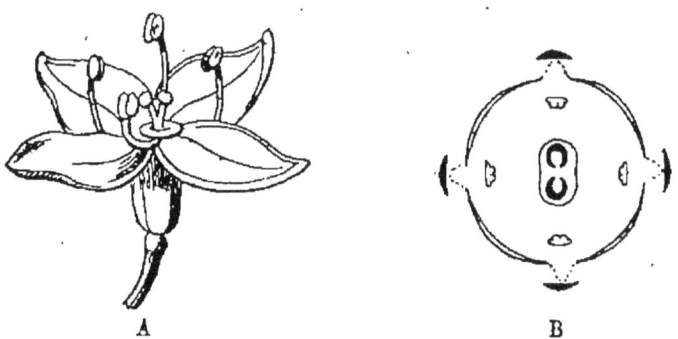

Fig. 452. — Fleur de *Galium Mollugo*. — A, entière ; B, son Diagramme.

Les caractères eux-mêmes sont assez variables. La fleur est du type 4 ou du type 5.

Prenons comme exemple la fleur de *Galium* (fig. 452).

Elle comprend 4 sépales très petits, 4 pétales concrescents, 4 étamines alternant avec les pétales et soudées au tube de la corolle. Le pistil est composé de deux carpelles formant un ovaire à deux loges uni-ovulées et surmonté de deux styles quelquefois concrescents, quelquefois séparés. Le fruit est un double akène

Fig. 453.
Fleur de Galium.

Fig. 454.
Asperula odorata.

(fig. 453), chaque akène contenant une graine à albumen corné.

Les feuilles semblent souvent verticillées (fig. 454); mais, en réalité, il n'y a que deux *feuilles opposées* que l'on reconnaît à ce qu'elles portent à leur aisselle deux bourgeons pouvant se développer en rameaux. Les autres appendices du verticille sont de nature stipulaire.

La tige est souvent quadrangulaire.

282. Rubiacées utiles. — Parmi les Rubiacées de nos pays, il y a la Garance, *Rubia tinctorum*, dont la souche contient une matière colorante rouge, l'*Alizarine*. Les *Galium* sont employés dans certains pays comme antispasmodiques.

Mais, les Rubiacées les plus importantes sont exotiques :

les *Cinchona* (fig. 469) sont des arbres dont l'écorce constitue le quinquina. Les principes actifs du quinquina sont la *quinine*, la *quinidine*, la *cinchonine*, la *cinchonidine* et la

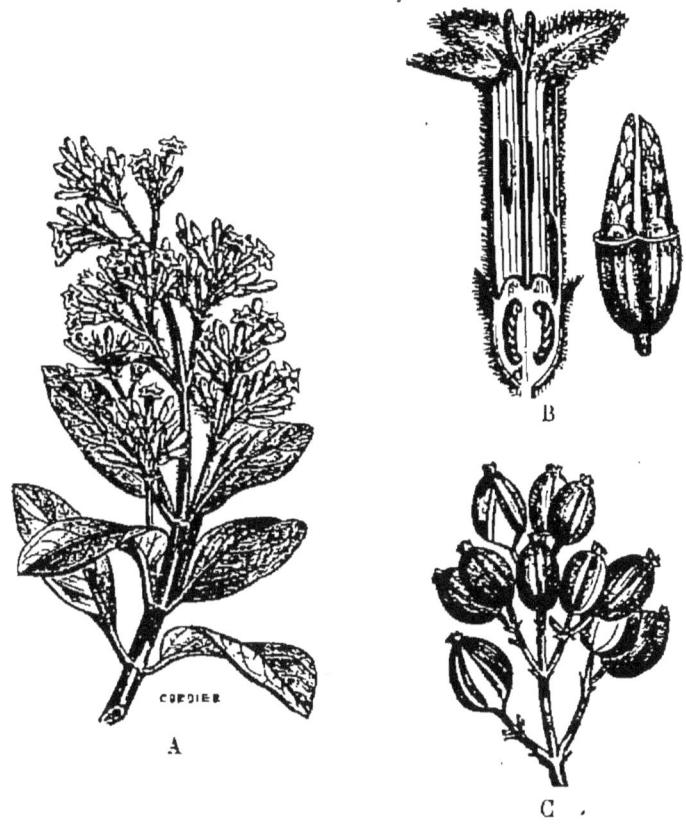

Fig. 155. — *Cinchona Calisaya.*
A, un rameau fleuri; B, sa fleur; C, une grappe de fruits.

quinamine. La quinine est fébrifuge, mais l'écorce entière est en même temps tonique.

Le *Cephælis Ipécacuanha* (fig. 456) est une petite plante de l'Amérique du Sud dont on utilise la racine. La poudre de la racine d'Ipécacuanha est très irritante; mise en contact avec la peau, elle en détermine la rougeur et le gonflement. Son action vomitive est due à l'irritation qu'elle produit sur la muqueuse stomacale.

Le *Coffœa* ou Café (fig. 457) est originaire de l'Abyssinie

Fig. 456. — *Cephaelis Ipecacuanha.*

Fig. 457. — Pied de Café.

mais on le cultive maintenant dans un grand nombre de régions chaudes. Il produit une graine qui contient beaucoup de *caféine*, excitant du système nerveux.

Familles voisines des Rubiacées.

283. Caprifoliacées. — Elles se distinguent des Rubiacées par la multiplicité de leurs carpelles. Le *Sambucus nigra* ou Sureau (fig. 458) produit des fleurs avec lesquelles on fait

Fig. 458. — *Sambucus nigra* (Sureau).

des infusions sudorifiques. Les feuilles sont diurétiques, laxatives et même purgatives. L'écorce est purgative et vomitive.

La Viorne, *Viburnum Lantana*, a une écorce vésicante. Les baies et les feuilles sont astringentes.

Les *Lonicera* ou Chèvrefeuilles ont des belles fleurs considérées comme antispasmodiques.

25.

Les Composées.

284. Caractères. — L'inflorescence est un *capitule*.

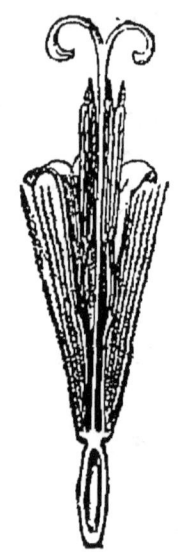

Fig. 459. — Fleuron de fleur composée à corolle régulière.

Fig. 460. — Fleuron de fleur composée à corolle irrégulière.

Dans chaque capitule, il y a un grand nombre de fleurs. Le calice de chaque fleur du capitule est représenté (fig. 459) par une sorte d'aigrette enveloppant la corolle. La corolle est du type 5, tantôt régulière (fig. 459), tantôt irrégulière (fig. 460). Les 5 étamines insérées sur le tube de la corolle sont, en outre, soudées ensemble par leurs anthères. C'est ce qui fait appeler quelquefois les Composées des *Synanthérées*. Le style de l'ovaire passe au milieu du tube formé par la soudure

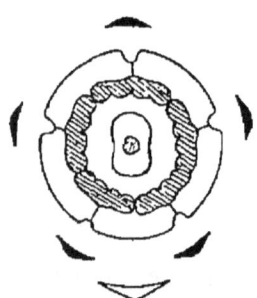

Fig. 461. — Diagramme d'un fleuron de fleur composée.

DICOTYLÉDONES GAMOPÉTALES 443

des anthères. L'ovaire est uniloculaire, a un seul ovule anatrope dressé au fond de la loge. Le fruit est un akène à graine unique, sans albumen.

Les feuilles sont alternes. Il existe un peu partout des canaux laticifères.

285. Classification des Composées. — 1° Les fleurs sont toutes tubulées, régulières, comme dans la figure 473. On les dit alors *tubuleuses* et le capitule est appelé *flosculeux*;

2° Les fleurs se prolongent toutes en une languette

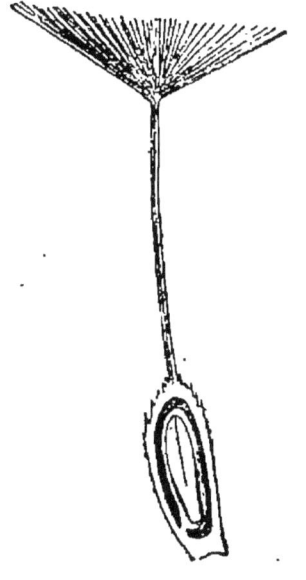

Fig. 462.
Fruit de Pissenlit.

Fig. 463.
Fleuron ligulé.

(fig. 463). Elles sont alors dites *ligulées* et le capitule est *demi-flosculeux*;

3° Les fleurs du centre du capitule sont tubuleuses et les fleurs du pourtour ligulées. Le capitule est alors *radié*.

D'où 3 groupes dans les Composées :

1ᵉʳ groupe. Capitule flosculeux. . . *Tubuliflores.*
2ᵐᵉ groupe. Capitule demi-flosculeux. *Liguliflores.*
3ᵐᵉ groupe. Capitule radié . . . . . *Radiées.*

286. Tubuliflores. — Les Chardons, le Bluet appartiennent à ce groupe. Le Bluet est appelé Casselunettes, parce que

Fig. 464. — *Lactuca virosa.*

ses fleurs servaient à préparer une eau réputée souveraine dans les maladies des yeux. — L'Artichaut est cultivé pour son réceptacle et pour la base des bractées de son involucre qui sont comestibles. — Le Carthame est cultivé pour ses fleurs tinctoriales d'un beau rouge orangé.

287. Liguliflores. — *Lactuca virosa* (fig. 464) contient un latex blanc, le *lactucarium* (Prusse Rhénane), doué de propriétés narcotiques faibles. D'ailleurs toutes les Laitues en contiennent.

Taraxacum officinale, ou Pissenlit, a des akènes surmontés d'aigrettes et sa racine contient un latex blanc, très amer, inusité en France. Le Salsifis et la Scorsonère sont cultivés pour leurs racines comestibles. Les Chicorées se mangent en salade.

288. Radiées. — Les Arnica (fig. 465) ont des fleurs riches

Fig. 465. — *Arnica Montana.*

en *arnicine*, qui sert à faire une teinture usitée à l'extérieur contre les meurtrissures, à l'intérieur comme stimulante. Le Topinambour renfle ses tiges souterraines en tubercules comestibles. — La fleur de Camomille donne une infusion tonique. Les fruits de l'*Artemisia maritima*, cueillis avant l'épanouissement, constituent la drogue vermifuge connue sous le nom de *semen contra*.

Familles voisines des Composées.

289. Les Dipsacées. — Le Chardon à foulon est employé à carder la laine.

Les *Scabieuses* sont des plantes ornementales. Elles ont une souche riche en tannin et dont la décoction est, par conséquent, astringente.

Les *Valérianées*, parmi lesquelles la *Valeriana officinalis*

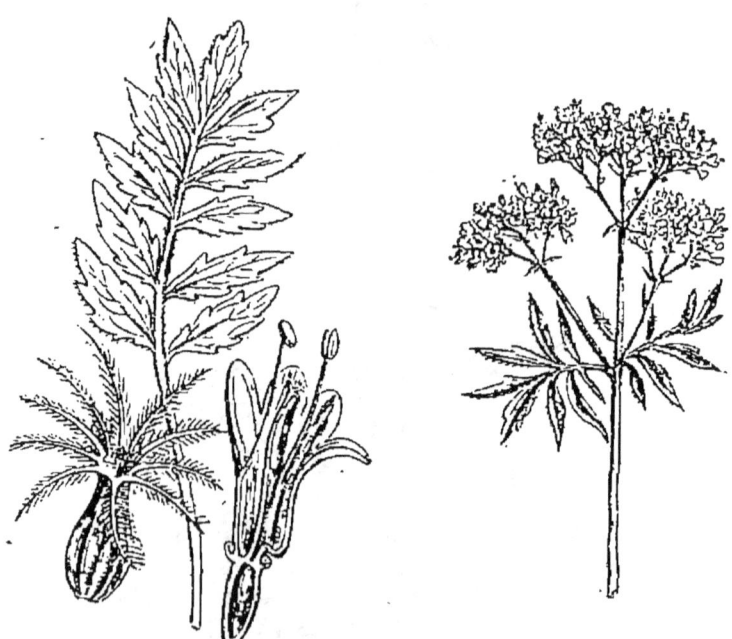

Fig. 466. — *Valeriana officinalis*. Feuilles, fleurs et fruit.

(fig. 466), plante antispasmodique. Il en est de même d'autres Valérianées dont on retire le *nard*, qui n'est autre que leur racine.

DICOTYLÉDONES GAMOPÉTALES

290. Les Campanulacées (fig. 467), parmi lesquelles on trouve la Raiponce dont la racine est alimentaire. — Le Lobelia (Amérique du Nord) contient un alcaloïde, la *lobeline*, nauséeuse et émétique, et même narcotique à haute dose; on la prescrit contre l'asthme spasmodique.

Fig. 467. *Campanula Rapunculus* (Raiponce).

291. Les Cucurbitacées (fig. 468) à fleurs unisexuées. Il n'y en a qu'une espèce indigène, la Bryone dioïque. D'autres Cucurbitacées ont des fruits comestibles : Melon,

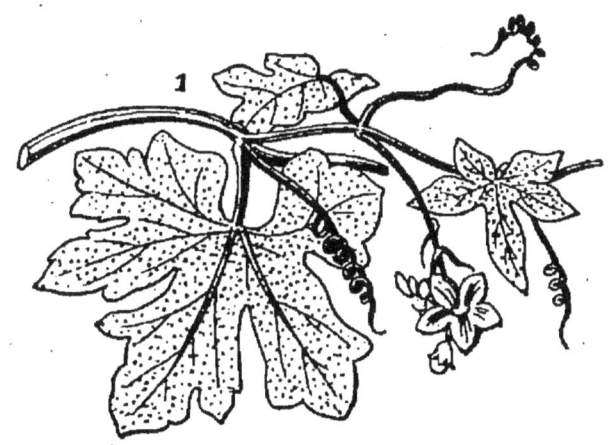

Fig. 468. — *Bryone dioïque.*

Concombre. — L'*Ecballium elaterium* ou *officinale* sert à préparer l'*élaterine* qu'on retire du fruit et qui est un purgatif puissant.

CHAPITRE IV

PHANÉROGAMES GYMNOSPERMES

Les Conifères.

292. Préliminaires. — Les arbres résineux ou conifères, tels que les Pins, Sapins, constituent la plus grande partie des Gymnospermes. Il y a lieu de considérer chez ces végétaux, comme nous l'avons fait pour les Angiospermes, l'appareil végétatif et l'appareil reproducteur. Nous nous occuperons d'abord des Conifères.

293. Racine et tige. Le Bois. — La racine et la tige

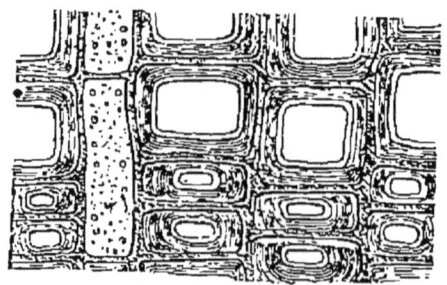

Fig. 409. — Structure du bois chez les Conifères.

présentent peu de particularités. Elles ont la même

PHANÉROGAMES GYMNOSPERMES

structure et le même mode d'accroissement que chez les Dicotylédones.

Il y a cependant quelques différences de détail : ainsi le bois est très pauvre en vaisseaux (fig. 469). L'élément principal du bois est une fibre assez courte, terminée en biseau à ses deux extrémités. La cloison de séparation de deux fibres consécutives persistant, on voit qu'il n'y a guère, dans le bois des Conifères, que ce que nous avons appelé des « vaisseaux imparfaits ».

Examinons maintenant, de face, sur une coupe longitudinale passant par l'axe, les membranes des éléments ligneux; nous y verrons des ornements singuliers (fig. 470), constitués par un cercle brillant entouré

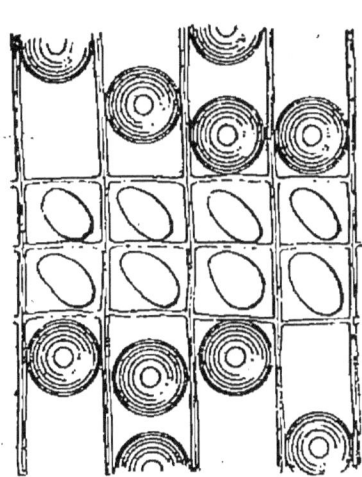

Fig. 470. — Ponctuation aréolée.

d'une sorte d'auréole d'autant plus foncée qu'on s'éloigne d'avantage du cercle central. On donne à ces ponctuations le nom de ponctuations *aréolées. Elles sont caractéristiques des gymnospermes.*

Une section transversale du bois (fig. 471) montre de profil, ces ponctuations aréolées; elle permet de comprendre l'aspect qu'elles présentent de face et que nous venons de décrire. Considérons, en effet, la figure 472. Quand la cellule est jeune, sa membrane est mince et réduite à la partie indiquée en noir sur la figure. Mais, à mesure que la cellule vieillit, la membrane s'épaissit sur toute son étendue, sauf en certains points m. C'est là, comme nous l'avons vu (p. 38), le procédé général de formation des ponctuations en creux.

Mais ici l'épaississement de la membrane se fait en surplombant les parties m restées minces, de sorte

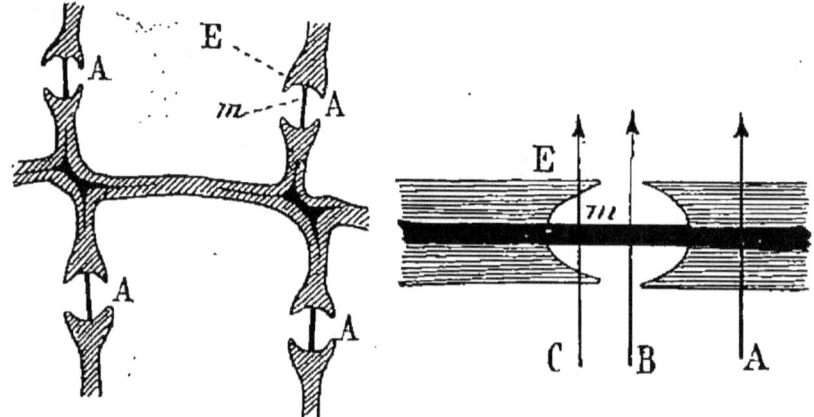

Fig. 471. — Section transversale du bois d'un Pin montrant les ponctuations aréolées.

Fig. 472. Schéma d'une ponctuation aréolée.

que, quand on regarde de face, au microscope, une pareille ponctuation, la lumière qui va du miroir de l'appareil à l'œil et qui passe en B, ne traversant que la portion restée mince de la membrane, est fort peu atténuée. Il y a donc au centre de la ponctuation un cercle brillant.

La lumière qui passe en C est plus atténuée puisqu'elle traverse, outre la partie m, les bords de la partie surplombante. Le cercle brillant central est donc entouré d'une auréole plus assombrie, mais qui l'est moins cependant que la membrane générale épaisse et qui, par conséquent, laisse passer en A, par exemple, une lumière relativement faible.

294. Rayons secondaires. — Nous avons vu que, chez les Dicotylédones, certaines parties de l'assise génératrice au lieu de donner naissance à des cellules qui se transformeront en bois, en produisent qui restent parenchymateuses et qui forment ainsi des files rayonnantes, interrompant le bois et le découpant en secteurs. Ce sont les rayons secondaires. Chez les Conifères, les rayons secondaires n'ont jamais qu'une épaisseur d'une cellule (fig. 473) sur une coupe transversale de l'organe.

De plus, sur une coupe tangentielle d'une tige, on peut voir que ce même rayon n'est formé, en hauteur, que de 3 ou 4 cellules; de sorte qu'un rayon secondaire de gymnosperme est une lame rayonnante traversant le bois, épaisse d'une cellule et haute de 3 ou 4.

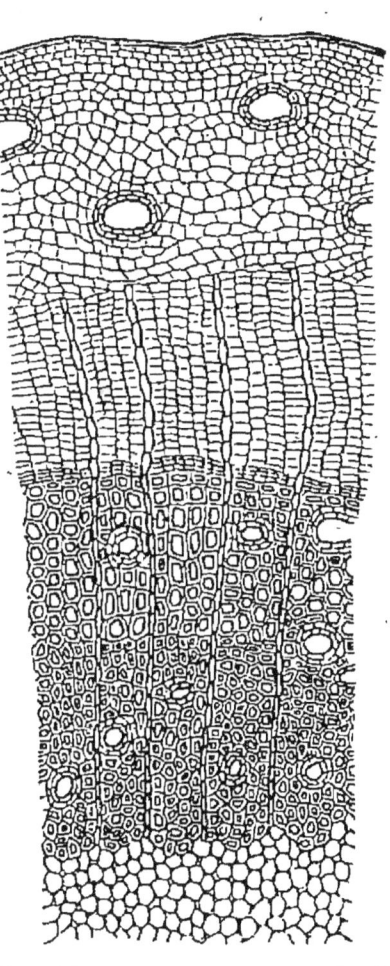

Fig. 473. — Coupe transversale d'un rameau de deux ans de *Pinus sylvestris*.

295. Tubes criblés. — Les feuilles des Conifères restant vertes hiver comme été, on comprend que les cribles du liber ne s'obstruent pas en hiver par des cals comme le font les tubes similaires des Angiospermes.

296. Les Feuilles. — Les feuilles sont ordinairement linéaires, surtout chez les Pins ; on les appelle des *aiguilles*. Leur disposition sur la tige et les rameaux est variable selon les espèces que l'on considère. Les feuilles sont persistantes et vivent généralement plusieurs années.

Une section transversale de la feuille du Pin montre qu'il n'est plus possible d'y distinguer un tissu

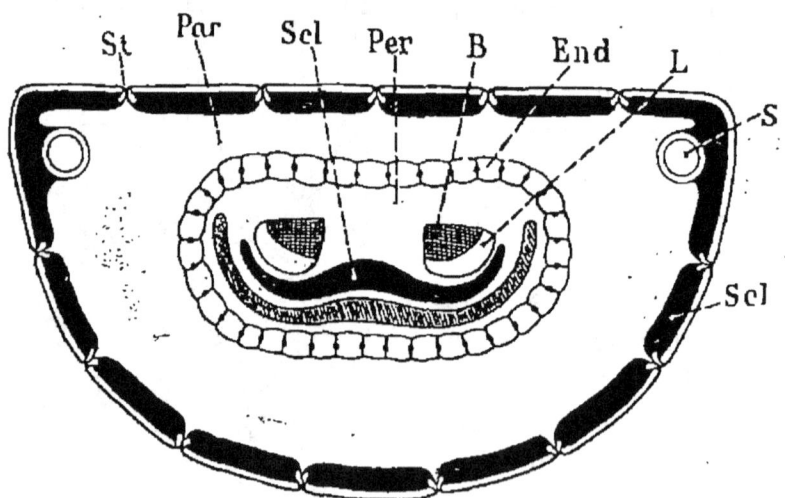

Fig. 474. — Coupe transversale d'une feuille de Pin.

palissadique et un tissu lacuneux. Le tissu est homogène et formé d'un épiderme fortement cutinisé, interrompu par des stomates. Le tissu de soutien (sclérenchyme) y est très développé ; on voit, dans la figure 474, l'épiderme doublé par du sclérenchyme sur tout le pourtour de la feuille, sauf en face des stomates où il est interrompu.

Au-dessous, vient le parenchyme chlorophyllien au milieu duquel se trouve un certain nombre de canaux sécréteurs S. Ces canaux sont d'ailleurs répandus un peu partout dans tous les organes, comme il est facile de le constater sur la figure 473. Ces canaux contiennent de la résine.

Au milieu de la feuille un seul faisceau médian (fig. 474) dédoublé, entouré d'un parenchyme incolore P*er*, limité lui-même par une assise *End* qui présente, sur ses parois radiales, les ponctuations caractéristiques de l'endoderme des Angiospermes.

297. Fleurs mâles. — Les fleurs sont unisexuées, monoïques ou dioïques. Mais les fleurs mâles sont toujours plus nombreuses que

Fig. 475.
Fleur mâle du Pin.

Fig. 476. — Montrant le même rameau de Pin portant les fleurs mâles et les inflorescences femelles.

les fleurs femelles. Considérons, par exemple, la fleur du Pin sylvestre.

Le même pied de Pin porte à la fois des fleurs mâles (fig. 475) et des inflorescences femelles (fig. 476).

Les fleurs mâles sont de petites masses arrondies, couvertes, à la maturité, d'une poussière jaune, qui est le pollen. Si l'on fait une coupe longitudinale dans l'une de ces fleurs, on voit qu'elle est formée d'un axe R (fig. 477. A), né sur un rameau B, à l'aisselle d'une

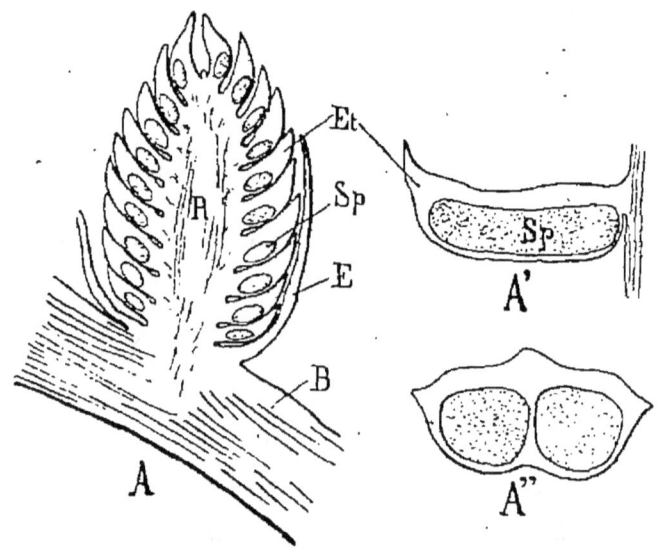

Fig. 477. — A, fleur mâle ; A', coupe longitudinale d'une étamine ; A'', coupe transversale de la même.

bractée E ; sur cet axe sont échelonnées, en hélice, des écailles Et très serrées, et qui portent sur leur face *inférieure* deux sacs polliniques Sp (fig. 477. A', A'') s'ouvrant chacun par une fente longitudinale pour mettre le pollen en liberté.

298. Le grain de pollen. — Le grain de pollen présente deux expansions latérales remplies d'air (fig. 478) et qui facilitent la dissémination des grains en donnant plus de prise au vent. Ces expansions sont dues à ce qu'en ces points, l'exine s'est soulevée.

en se séparant de l'intine. Mais là n'est pas la particularité importante du grain de pollen.

Nous avons vu que, chez les Angiospermes, le noyau primitif du sac pollinique se divise en deux : le noyau générateur et le noyau végétatif, et que chacun de ces deux noyaux entraîne avec lui une portion du protoplasme, de sorte que le grain de pollen est, en réalité, bicellulaire, bien que les deux cellules ne soient pas séparées l'une de l'autre par une cloison cellulosique.

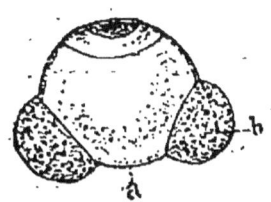

Fig. 478.
Grain de pollen de Pin.

Chez les Gymnospermes, les deux cellules sont nettement séparées par une cloison de cellulose qui découpe dans la grande cellule, une cellule plus petite en forme de calotte et contenant le plus petit noyau

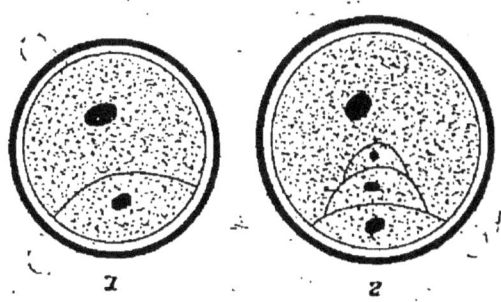

Fig. 479. — Grains de pollen de Gymnosperme.

(fig. 479, 1). Il arrive même (Mélèze) que des bipartitions successives du noyau primitif produisent plusieurs petites cellules en forme de calottes, emboîtées les unes dans les autres. Dans ce cas, c'est un véritable tissu pluricellulaire qui s'est formé au sein même du grain de pollen et aux dépens de son noyau (479, 2).

299. Fleurs femelles. — Les fleurs femelles sont

groupées en inflorescence le long d'un axe court autour duquel elles sont disposées en hélice.

L'axe de l'inflorescence, n'étant autre chose qu'un rameau, porte des feuilles disposées en hélice, comme d'habitude. Ces feuilles sont souvent réduites à de très petites écailles parfois invisibles. C'est à l'aisselle de chacune de ces écailles foliaires que naît une fleur femelle.

Considérons une section schématique longitudinale de l'inflorescence femelle (fig. 480). L'axe A de l'inflorescence porte sur ses flancs des écailles fo-

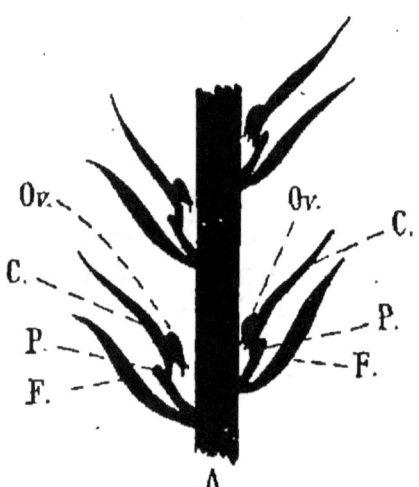

Fig. 480.
Inflorescence femelle de Conifère.

Fig. 481. — Écaille femelle portant des ovules sur sa face supérieure.

liaires F que nous avons supposées assez développées; à l'aisselle de chaque écaille naît un rameau P qui avorte aussitôt après avoir produit, du côté opposé à l'écaille F, une feuille C qui est un carpelle portant un ovaire Ov sur sa face tournée vers l'axe de l'inflorescence.

Dans le Pin, le rameau P porte côte à côte deux carpelles tels que C. Ces deux carpelles, étant tout à côté l'un de l'autre, sont concrescents sur leur ligne médiane et forment ainsi une écaille unique portant deux ovules à sa base (fig. 481).

PHANÉROGAMES GYMNOSPERMES

Il arrive parfois que les choses ne sont pas aussi nettes, soit parce que l'écaille F a avorté, soit parce qu'étant développée elle s'est soudée au rameau P et au carpelle C. Mais, même dans ce cas, l'orientation des faisceaux de la masse concrescente ainsi formée permet de déterminer, sur une section transversale, l'origine multiple de l'organe. Il est facile de voir en effet, avec un peu de réflexion, que dans l'écaille F et dans le carpelle C les faisceaux sont orientés en sens inverse et se regardent par leur bois.

On voit que, d'après cette disposition, l'ovule pend sur la face morphologiquement inférieure du carpelle et qu'il n'est plus enveloppé dans un ovaire protecteur ; l'ovule est donc nu dans le milieu extérieur, c'est ce qui a fait donner à ces plantes le nom de *Gymnospermes*.

300. L'ovule. Le sac embryonnaire.— L'ovule, orthotrope, n'est formé que d'un seul tégument T et du nucelle N (fig. 482) dont la partie voisine du micropyle se résorbe de façon à se séparer du tégument et à former une cavité *Chp*, nommée la chambre pollinique. Le nucelle et le tégument, nettement séparés dans la région micropyllienne, sont soudés ailleurs sur la plus grande étendue de leur surface.

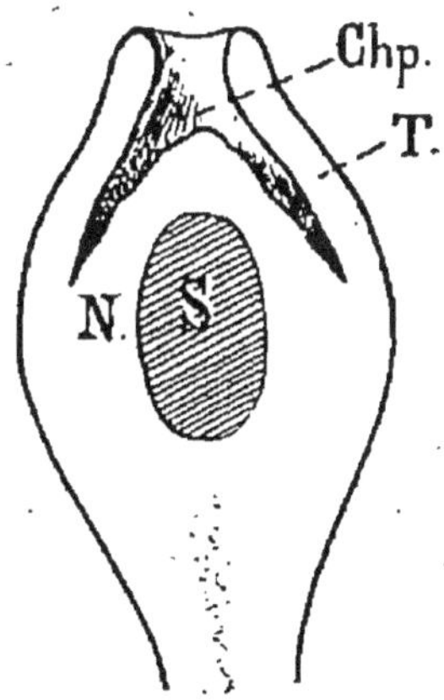

Une ou plusieurs cellules du nucelle grossissent et produisent des sacs embryonnaires ; mais il n'y en a généralement qu'un, S, qui arrive à son complet développement.

Fig. 482. — Coupe longitudinale d'un ovule.

À partir de ce moment, la différence s'accentue entre les Angiospermes et les Gymnospermes.

Nous savons en effet que, chez les Angiospermes, le noyau du sac se divise un nombre limité de fois, de façon à produire, près du micropyle, deux synergides et un oosphère et, à l'opposé, les antipodes. Chez les Gymnospermes, la division du noyau du sac est très active, si bien que le sac embryonnaire ne tarde pas à se remplir complètement d'un tissu cellulaire compact, très riche en matières nutritives qui occupe, dans le sac embryonnaire, la place de l'albumen des Angiospermes, mais n'en est pas l'homologue puisqu'il précède au lieu de suivre la fécondation et, que c'est à ses dépens que va se constituer l'*oosphère*. On lui donne le nom d'*Endosperme;* quelques auteurs lui donnent le nom de *Prothalle*.

301. Formation des Corpuscules. — Pendant que le sac embryonnaire se remplit de cellules et forme l'endosperme, certaines de ces cellules situées dans la partie du sac embryonnaire qui avoisine la chambre pollinique, au lieu de se multiplier en se cloisonnant comme leurs voisines, restent indivises ou plutôt ne se coupent qu'en deux cellules inégales superposées, la petite R coiffant la grande O (fig. 483). Puis la cellule R se divise elle-même par deux cloisons cruciales (fig. 483). De sorte que, quand l'ovule est arrivé à maturité, il comprend (fig. 484) :

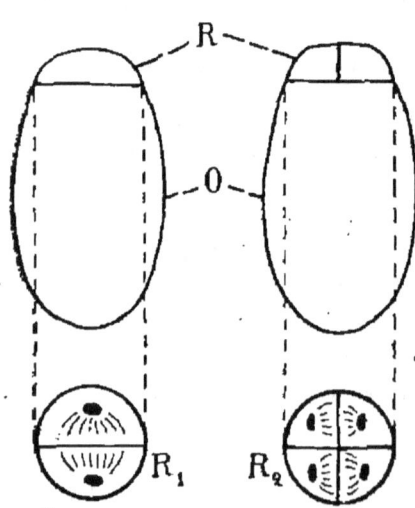

Fig. 483. — Formation du corpuscule aux dépens d'une cellule de l'Endosperme.

PHANÉROGAMES GYMNOSPERMES 459

1° Un tégument T ;

2° Le nucelle N et, entre la partie supérieure du nucelle et le tégument, la chambre pollinique C*hp*;

3° Dans le nucelle un sac embryonnaire rempli d'endosperme (E*nd*);

4° Dans l'endosperme, vers la région voisine du micropyle, un certain nombre de grandes cellules O, ayant chacune un protoplasme abondant, une vacuole cen-

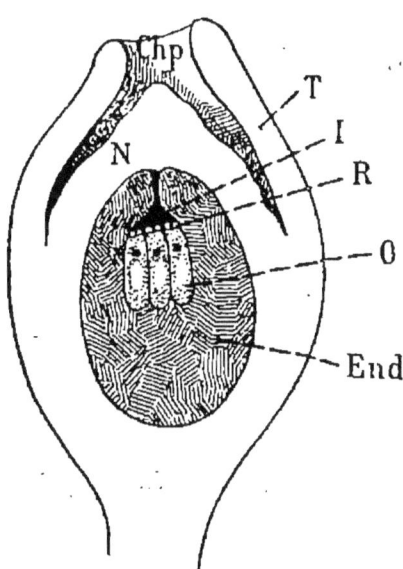

Fig. 484. — Un ovule mûr.

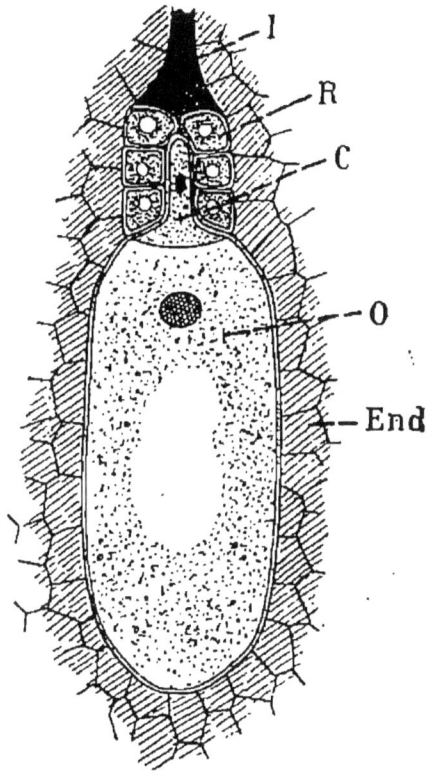

Fig. 485. — Un corpuscule isolé.

trale et le noyau au-dessus de la vacuole. Chaque grande cellule est surmontée d'une *rosette* R de 4 cellules ou même de plusieurs assises de 4 cellules. La grande cellule se nomme l'*Oosphère*. L'oosphère O avec sa rosette R a reçu le nom de *Corpuscule*. On remarquera, sur la figure 484, que les corpuscules se trouvent au fond d'une dépression en forme d'entonnoir I. Cet entonnoir est dû à ce que l'endosperme continue à s'accroître au-dessus des corpuscules après que ceux-ci sont formés. Il dépasse donc leur niveau et constitue ainsi la dépression dont il s'agit.

D'autre part, si nous considérons (fig. 485) un corpuscule isolé, nous verrons, à un moment donné, l'oosphère découper immédiatement sous la rosette, une petite cellule C qui s'insinue entre les cellules de la rosette et les écarte. Cette cellule C se nomme la cellule du *canal*. On comprend, en effet, que, quand cette cellule C disparaîtra en se résorbant, sa disparition laissera vide, entre les cellules de la rosette, un espace en forme de canal.

Tout est, à ce moment, préparé pour la fécondation.

302. Fécondation. — Le grain de pollen amené par le vent au micropyle de l'ovule, pénètre dans la chambre pollinique et y germe; il produit un tube qui pénètre dans les tissus du nucelle, puis interrompt son développement. Cet arrêt de développement, qui permet au grain de pollen d'attendre que la maturation de l'ovule soit complète, peut durer des semaines, des mois ou même un an (Pin sylvestre).

Quand l'ovule est mûr, le tube pollinique reprend sa croissance, traverse tout le nucelle et pénètre dans l'entonnoir qui surmonte les corpuscules.

Pendant ce temps, la cellule du canal de chaque corpuscule s'est résorbée. A sa place se trouve maintenant une sorte de matière mucilagineuse. Il en résulte que le passage est libre pour le tube pollinique qui peut ainsi arriver sans obstacle au contact même de l'oosphère.

Nous avons vu que, dans les Angiospermes, c'est le noyau de la petite cellule du grain de pollen qui est générateur, tandis que le noyau de la grande est végétatif. Jusqu'à ces derniers temps, on croyait (1) que les phénomènes se produisent d'une façon inverse dans les Gymnospermes. On disait que le tube pollinique est formé par la grande cellule, et que c'est le noyau de cette cellule, ou une de ses divisions, qui va dans le corpuscule s'unir au noyau de l'oosphère. La petite cellule resterait donc inutile et stérile ; mais des travaux

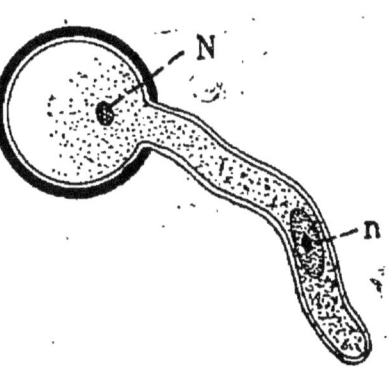

Fig. 486. — Grain de pollen de Gymnosperme germant.

récents (2) ont montré que si, en effet, c'est bien la grande cellule qui forme le tube pollinique, c'est, d'autre part, la petite qui passe tout entière dans le tube, entourée même de sa membrane de cellulose (fig. 486). Elle se rend avec son protoplasme dans le corpuscule, où son noyau, ou bien l'une de ses divisions, se réunit au noyau de l'oosphère. Le mécanisme de la fécondation serait donc le même dans les deux grandes divisions des Phanérogames.

303. Développement de l'œuf en embryon. — L'œuf se trouve donc constitué par la réunion du noyau de l'oosphère avec un autre noyau qui peut être ou le noyau de la petite cellule lui-même, ou un noyau secondaire provenant de sa division en plusieurs fragments.

Les mêmes phénomènes se sont passés en même

---

(1) Strassburger.
(2) Belajef.

temps dans les différents corpuscules du même endosperme. De sorte qu'un ovule fécondé contient autant d'œufs qu'il y a de corpuscules. Tous ces œufs vont, au moins pendant un certain temps, évoluer de la même façon. Considérons-en donc un en particulier (fig. 487).

Le noyau fécondé va se placer à l'extrémité de l'oosphère opposée à la rosette R (1) et là, se divisant deux

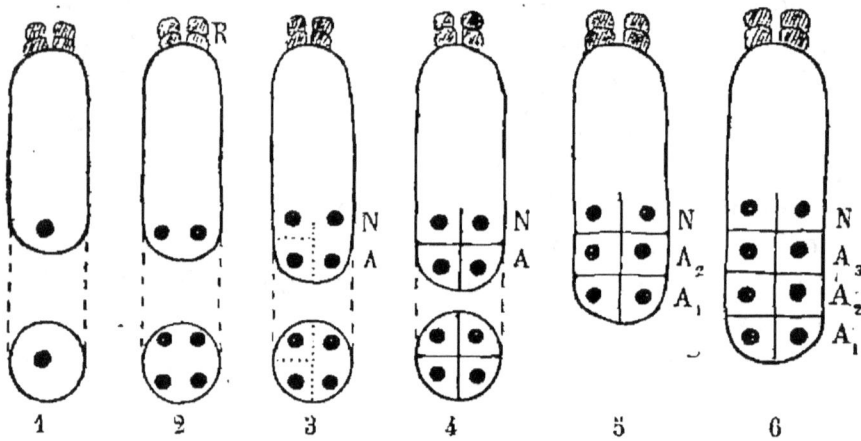

Fig. 487. — Développement de l'œuf chez les Conifères.

fois dans un plan perpendiculaire à l'axe du corpuscule, produit 4 noyaux qui occupent ainsi le fond de l'oosphère (fig. 487, 2).

Ces 4 noyaux se divisent ensuite dans une direction parallèle à l'axe du corpuscule et se séparent les uns des autres par des cloisons de cellulose, de façon à former deux étages. L'étage inférieur A (fig. 487, 3 et 4) est formé par des cellules complètes; l'étage supérieur N n'est composé que d'alvéoles.

L'étage inférieur A se cloisonne ensuite deux fois, toujours dans le même sens, et produisant de nouvelles cellules qui refoulent vers la rosette les alvéoles N (fig. 487, 5 et 6). De sorte qu'en définitive, au fond de l'oosphère se trouvent trois étages A_1 A_2 A_3 de quatre cellules, surmontés de 4 alvéoles contenant des noyaux, ce qui fait, en tout, quatre étages superposés qui constituent ce qu'on appelle le *préembryon*.

304. Développement du préembryon. — Les étages A_2 et A_3 vont constituer les *suspenseurs*. Les cellules inférieures A_1 donneront l'embryon ou les embryons, chacune des quatre cellules de l'étage inférieur pouvant donner naissance à un embryon distinct.

A cet effet, les cellules de l'étage moyen A_2 s'allongent dans les deux sens, refoulant vers la rosette les alvéoles N qui ne tardent pas à se résorber et à disparaître, et enfonçant de l'autre côté, dans l'endosperme qu'elles digèrent, les cellules de l'étage inférieur A_1 qui

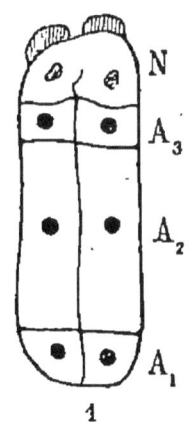
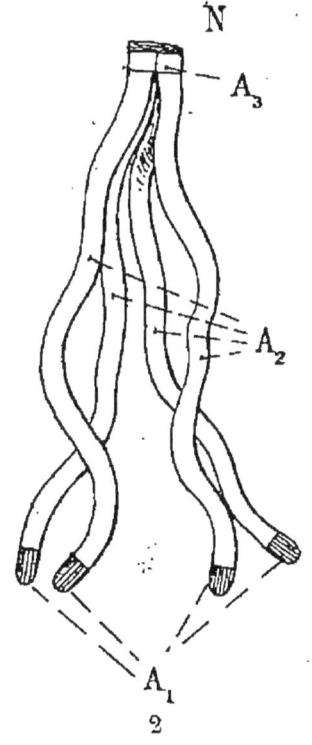

Fig. 488. — Développement du préembryon en embryons.

se cloisonnent, se divisent dans tous les sens et s'organisent de façon à devenir des embryons. La figure 488 montre en 1, le début de l'allongement des cellules de l'étage A_2.

Pendant cet allongement des cellules A_2 et leurs cloisonnements répétés aux moyens desquels elles se transforment en suspenseurs, il arrive que chacune des cellules de l'étage A_1 donne naissance à un embryon distinct, ce qui fait 4 en tout. Ces 4 embryons se séparent; il en est de même des suspenseurs qui s'entortillent plus ou moins, si bien qu'au bout d'un certain temps, le préembryon développé présente l'aspect de la figure 488, 2. On a conservé aux suspenseurs les lettres A_2 et A_3 et aux embryons la lettre A_1, qui rappellent leur origine et qui permettent de comparer d'un coup d'œil la figure 488 aux figures 486 et 487.

Ce que nous venons de dire se rapporte à un seul Corpuscule; mais si l'on se rappelle que, dans un même endosperme, il peut y avoir plusieurs corpuscules, 3 par exemple, et que chaque corpuscule peut produire 4 embryons, on verra que, dans une graine de Pin par exemple, il devrait y avoir 12 embryons.

En réalité, il n'y en a qu'un, parce que généralement, un seul de ces embryons multiples arrive à son complet développement en étouffant en quelque sorte tous les autres.

Il n'est d'ailleurs pas rare que les quatre cellules inférieures A_1 ne forment qu'un seul embryon au lieu d'en former quatre. Chaque corpuscule ne produit dans ce cas, qu'un seul embryon et qu'un seul suspenseur; c'est le cas de l'*Épicea*.

L'embryon est fait sur le type de celui des Dicotylédones; seulement, il peut porter un nombre de cotylédons très variable, pouvant aller jusqu'à 9, comme dans le *Sequoia*.

305. Développement du fruit. — Pendant que l'ovule se transforme en graine, les carpelles se rapprochent, s'épaississent, deviennent quelquefois charnus (Genevrier), mais le plus souvent ligneux et durs, et constituent ce groupe de fruits qu'on appelle un *cône*, d'où le nom de *Conifère* donné à la famille. Dans le Pin, par exemple, les écailles sont lignifiées et fortement serrées les unes contre les autres, de façon que la protection de l'ovule et de la graine est parfaitement assurée malgré la gymnospermie. Quand la graine est mûre, les écailles s'écartent (fig. 476) par la dessiccation et la graine est mise en liberté. Dans le Pin, en particulier, cette graine est munie d'ailes latérales (fig. 489) qui facilitent la dissémination par le vent.

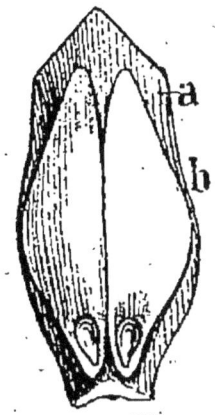

Fig. 489.
Graine de Pin.

306. Conifères utiles. — La division des Conifères est donnée par le tableau suivant :

CONIFÈRES.	ayant un cône	Carpelles indépendants de la bractée mère............	Abiétinées (Pin, Sapin).
		Carpelles soudés avec la bractée mère...............	Cupressinées (Cyprès).
	Pas de cône...		Taxinées (If).

Les Pins servent surtout à l'extraction des goudrons. Ils fournissent la *térébenthine*. Les bourgeons sont vendus sous le nom de *bourgeons de sapin*.

Le Mélèze (fig. 490) fournit la *térébenthine de Venise*. Son écorce est considérée comme expectorante et antihémorrhagique; on en retire la *mélézitose* ou manne de Briançon, considérée comme laxative. L'*Abies balsamica*, ou baumier du Canada, produit le *baume du Canada* que l'on prescrit contre les bronchites et dont on se sert pour monter les préparations microscopiques.

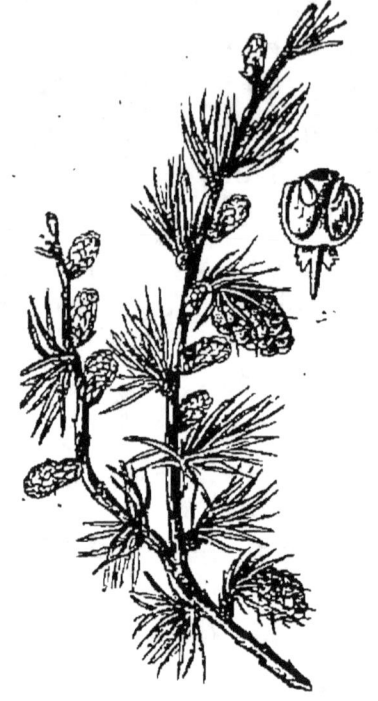

Fig. 490.
Le Mélèze (*Larix Europæa*).

L'*Abies pectinata* (Vosges, Alpes, Thuringe) produit la *térébenthine de Strasbourg* ou *térébenthine au citron*, nommée ainsi à cause de l'odeur de citron qu'elle dégage en se desséchant. La térébenthine cuite des pharmaciens est le résidu de la distillation de cette substance.

L'*Abies cœcelsa* produit la résine connue sous le nom de poix de Bourgogne, poix des Vosges.

Le Genevrier (fig. 491) a comme fruits des baies (baies de genièvre) utilisées comme diurétiques et expectorantes.

Fig. 491. — *Juniperus communis* (Genevrier).
A, pied mâle; B, pied femelle.

Autres familles de Gymnospermes.

307. Les Cycadées. — Extérieurement, les Cycadées ressemblent beaucoup à des Fougères arborescentes ou à des Palmiers. Un Cycas, par exemple, est constitué par un tronc qui peut avoir 10 mètres de haut, et qui porte à son sommet, un bouquet de grandes feuilles composées pennées.

Dans les Cycas, les fleurs femelles ne sont pas autre chose que des verticilles de feuilles modifiées, occupant la place des feuilles ordinaires, c'est-à-dire que la tige, en s'allongeant, produit d'abord un verticille de feuilles ordinaires, puis plusieurs verticilles d'écailles, puis un verticille de feuilles carpellaires, ensuite plusieurs verticilles d'écailles et ainsi de suite.

Une feuille carpellaire est simplement une feuille (fig. 492) beaucoup plus courte, plus trapue que les feuilles ordinaires et dont certaines découpures ont pris une forme arrondie, ovoïde, rappelant la forme des figues : ce sont les *ovules*, qui peuvent acquérir de très grandes dimensions. On voit que les ovules sont encore bien moins protégés ici que dans les Conifères et que les Cycadées méritent, plus encore que ces derniers, le nom de Gymnospermes.

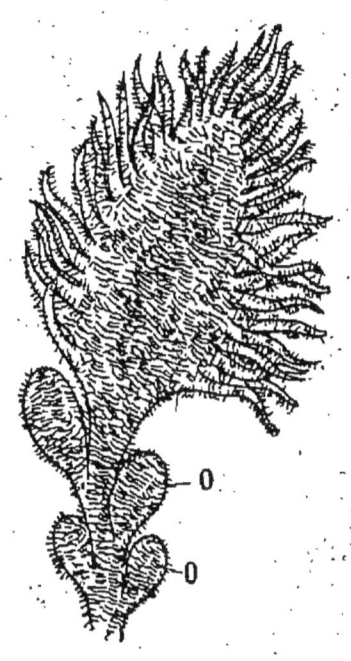

Fig. 492.
Feuille carpellaire de Cycas.

La fleur mâle est une feuille non découpée portant sur toute sa face infèrieure, groupés par paquets ou *sores*, des sacs polliniques. Dans le Zamia, toutes les étamines sont groupées en forme de massue (fig. 493, A); chaque étamine a la forme d'un clou (fig. 493, B), et la mosaïque que l'on remarque sur la figure 493, A, est formée par les têtes de ces clous. C'est sous ces têtes que se trouvent groupés en *sores*, un grand nombre de sacs polliniques.

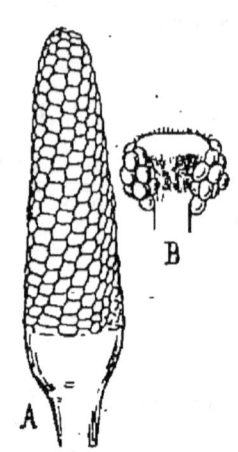

Fig. 493. — Appareil reproducteur mâle de Zamia.

308. Les Gnétacées. — Nous ne signalons ces Gnétacées que parce que ce sont les plus protégées des Gymnospermes. L'ovule naît sur un court rameau qui produit un peu au-dessous de lui deux bractées concrescentes par leurs bords, et qui, par suite, constituent une enveloppe protectrice autour de l'ovule. C'est une ébauche d'ovaire.

LIVRE IV

CRYPTOGAMES VASCULAIRES MUSCINÉES, THALLOPHYTES

CHAPITRE PREMIER

CRYPTOGAMES VASCULAIRES

309. Préliminaires. — Étudions d'abord un type bien nettement caractérisé de Cryptogame vasculaire, une Fougère, par exemple. Cette Fougère nous semblera au premier abord, surtout au point de vue de la reproduction, très différente du type Phanérogame. Mais, en étudiant ensuite d'autres Cryptogames vasculaires, nous verrons qu'il est possible de relier et d'homologuer le type Fougère au type Phanérogame.

Étude d'une Fougère.

310. Mode de végétation. — Les Fougères de nos pays sont toutes des plantes à rhizomes. La figure 494 montre ce rhizome horizontal qui produit des racines adventives s'enfonçant en terre, et des feuilles qui se dressent verticalement et viennent s'étaler à l'air, grâce

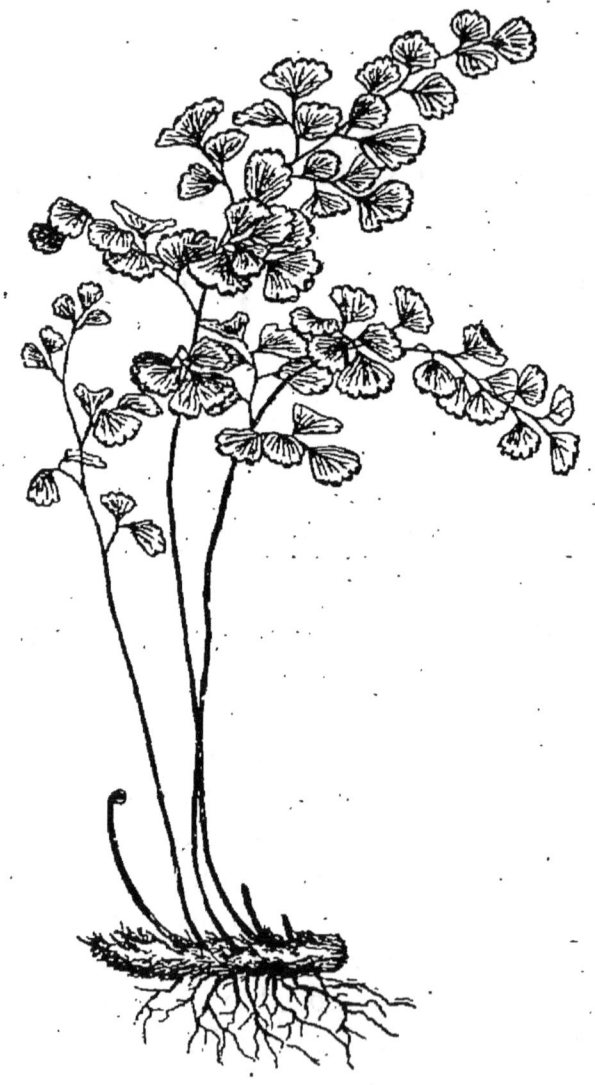

Fig. 494. — Une Fougère. *Adiantum Capillus Veneris*.

à leur pétiole allongé. Il est bon de faire remarquer qu'un certain nombre de Fougères des pays chauds ont une tige dressée, souvent très élevée, portant à son sommet un bouquet de feuilles. Ces fougères, dites *arborescentes*, ont donc un port qui rappelle beaucoup celui des Palmiers.

Il arrive fréquemment que la tige se ramifie ; mais le bourgeon qui doit, en s'allongeant, produire un ra-

Fig. 495. — *Polystichum Filix mas* (Fougère mâle).

meau ne se trouve pas nécessairement à l'aisselle d'une feuille. Il arrive même souvent que des bourgeons adventifs naissent sur le pétiole ou le limbe des feuilles. Dans le *Polystichum Filix mas*, ces bourgeons adventifs apparaissent assez haut sur le pétiole, au-dessus du point d'insertion du pétiole sur la tige. Dès leur naissance, et étant encore attachés à la feuille, ils commencent à s'enraciner ; ils ne se séparent que plus tard de la plante mère pour devenir des rhizomes indépendants.

Les feuilles sont ordinairement très profondément découpées (fig. 495) et ont un développement très lent. Au moment où elles se forment, elles sont le plus souvent *enroulées en crosse* (fig. 496). Elles naissent à une

Fig. 496. — Extrémité d'une tige avec feuilles jeunes enroulées en crosse.

certaine distance du bout du rhizome qu'elles ne recouvrent pas. Il n'y a donc pas de bourgeon terminal protecteur. Le rhizome est, dans un grand nombre de cas, couvert de poils ou d'écailles brunâtres qui peuvent même monter assez haut sur la feuille. L'épiderme de la feuille contient de la chlorophylle.

311. La racine. — La racine n'offre pas grand'chose de particulier dans sa structure. Elle a le type binaire, c'est-à-dire qu'il n'existe que deux faisceaux ligneux, situés l'un en face de l'autre et se réunissant au centre de l'organe, de façon à former une lame ligneuse qui règne dans toute la longueur de la racine (fig. 497) ;

les vaisseaux qui constituent cette lame sont des vaisseaux imparfaits.

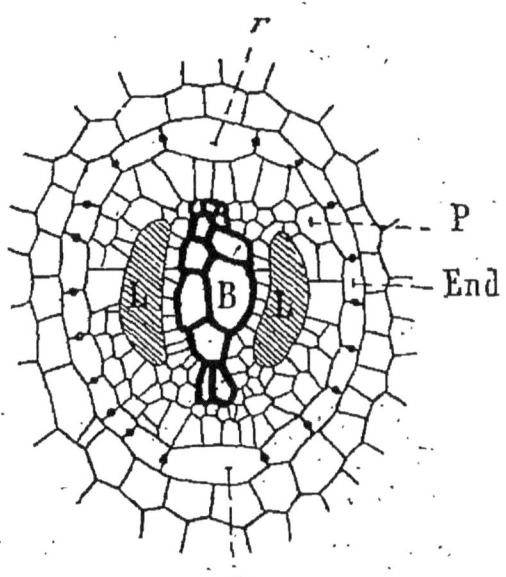

Fig. 497. — Section transversale d'une racine de Fougère.

L'allongement de la racine se fait par *une seule cellule initiale tétraédrique* (I, fig. 498). Ce mode

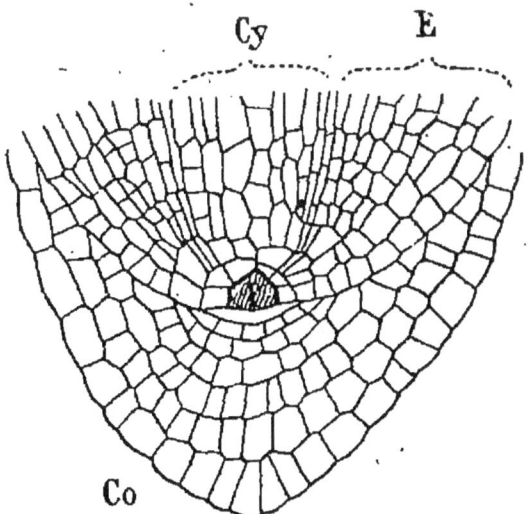

Fig. 498. — Section longitudinale de l'extrémité de la racine.

d'accroissement est caractéristique des Cryptogames

vasculaires. On sait, en effet, que les Phanérogames possèdent plusieurs initiales, que chacune des parties constitutives de la racine a ses initiales propres. Ici, une seule initiale suffit pour donner tous les tissus.

En découpant successivement des segments parallèles à sa face convexe inférieure (fig. 498), elle forme des calottes emboîtées les unes dans les autres, et qui n'ont plus qu'à grandir et à se sectionner par des cloisons radiales pour produire les différentes assises de la coiffe Co.

Les cloisonnements parallèles aux trois faces latérales de la cellule tétraédrique I découpent des segments plans qui n'ont plus qu'à s'allonger et à se sectionner à leur tour pour former tous les autres tissus de la racine.

312. Origine des radicelles. — Les radicelles ne naissent pas, comme chez les Phanérogames, dans le péricycle, mais dans l'endoderme, exactement en face des faisceaux du bois. Ainsi, dans la figure 497, c'est la cellule r qui donnera naissance à une radicelle. A cet

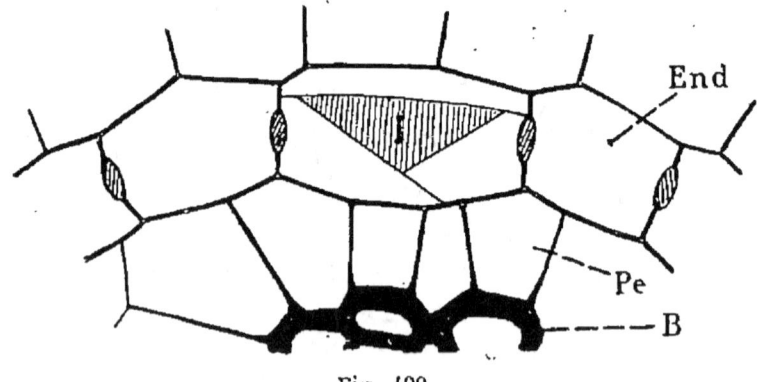

Fig. 499.

effet (fig. 499), elle découpe en son milieu, par des cloisonnements tangentiels et obliques, une cellule tétraédrique I qui devient l'initiale de la radicelle. Le raccordement vasculaire de la radicelle et de la racine mère se fait évidemment aux dépens du péricycle Pe interposé.

La racine mère étant du type binaire, les radicelles appartiennent au même type, le plan de la lame vasculaire de chaque radicelle r étant perpendiculaire au plan de la lame vasculaire de la racine mère R (fig. 500).

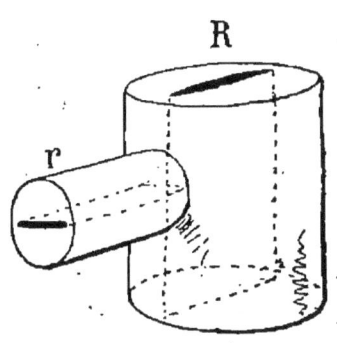

Fig. 500. — Raccordement d'une radicelle avec la racine mère.

313. Tige. — Coupons transversalement une tige de Fougère aussi simplifiée que possible. Nous la trouvons constituée par un parenchyme homogène (fig. 501), au milieu duquel sont plongés des cordons vasculaires V disséminés assez régulièrement le long d'une circonférence.

En dehors de ce premier cercle, on remarque un certain nombre d'autres cordons C, de moindre importance et dont la disposition est moins régulière : ce sont les cordons qui se détachent du cercle principal pour se rendre aux feuilles ou aux racines adventives souvent très abondantes le long de la tige, surtout lorsque celle-ci est un rhizome.

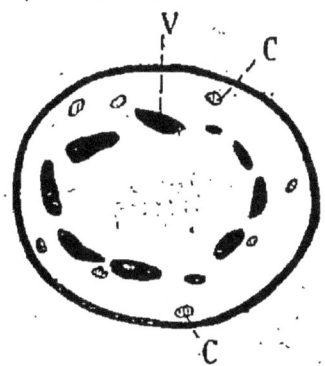

Fig. 501. — Section transversale d'une tige de fougère.

Si l'on fait macérer une pareille tige de façon à désorganiser tout son tissu parenchymateux et à ne laisser subsister que son squelette vasculaire, on voit que tous les cordons vasculaires sont anastomosés en un réseau régulier, des mailles duquel partent les faisceaux foliaires f (fig. 502) et les faisceaux radicaux r.

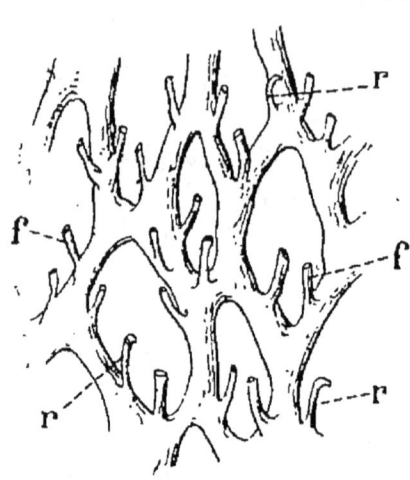

Fig. 502. — Un fragment de tige disséquée dans lequel les éléments vasculaires subsistent seuls.

On comprend, dès lors, que la disposition des cordons vasculaires sur une coupe transversale de la tige doit varier dans d'assez fortes proportions, selon le niveau auquel est faite la section.

Souvent la structure de la tige est encore compliquée par la présence d'un appareil de soutien extrêmement développé, formé de fibres très épaisses et lignifiées, assez fréquemment imprégnées, en outre, d'une substance colorante brune, ce qui les rend très apparentes, même à l'œil nu. La disposition de cet appareil de soutien est assez variable : Très abondant dans les Fougères arborescentes à tiges dressées, il l'est moins dans les rhizomes ; il peut même manquer complètement, comme dans la Fougère commune, *Polypodium vulgare*.

Chaque cordon vasculaire peut être complètement entouré d'une gaine de sclérenchyme ; et il y a souvent, en outre, des arcs très épais doublant, soit intérieurement, soit extérieurement, le cylindre formé par les réseaux vasculaires : la figure 503, qui représente une coupe transversale de la tige d'une Fougère arborescente, montre l'importance que peut prendre le tissu de soutien.

Si maintenant nous étudions, sur une section transversale, la structure particulière d'un cordon vasculaire isolé (fig. 504), nous y reconnaîtrons une assise continue bordant extérieurement le tissu vasculaire

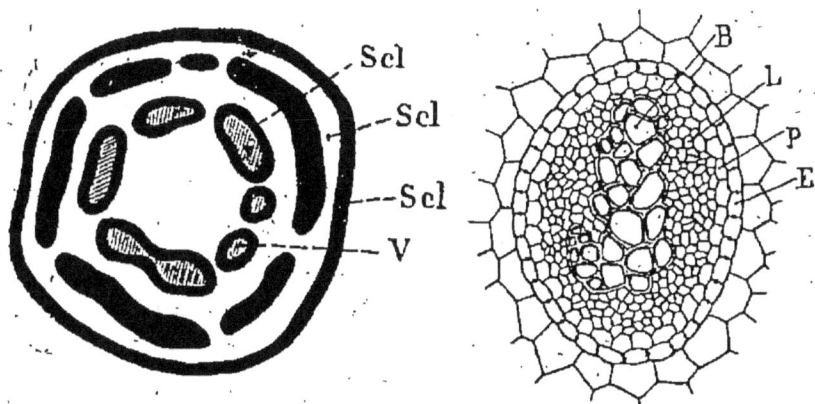

Fg. 503. — Section transversale d'une tige de fougère montrant la disposition du sclérenchyme.

Fig. 504.
Un faisceau de fougère.

et le séparant du parenchyme général. Cette assise présente tous les caractères d'un *endoderme;* nous lui conserverons donc ce nom. Cet endoderme a d'ailleurs souvent ses cellules très épaissies et constitue, par suite, un énergique tissu de soutien. Ensuite viennent une ou plusieurs assises de cellules à parois minces et cellulosiques: c'est le *péricycle*, qui enveloppe de toutes parts le tissu *libérien*. Enfin, tout à fait au centre, une masse ligneuse, le *bois*.

314. **Structure particulière du bois et du liber.** — Une coupe longitudinale d'un cordon vasculaire, coupe intéressant à la fois le bois et le liber, nous montre d'abord que les fibres ligneuses manquent : le bois n'est composé que de vaisseaux imparfaits. Les plus petits vaisseaux sont spiralés ou annelés; mais les plus gros sont scalariformes, c'est-à-dire que les ornements de leur membrane sont des ornements creux,

478 CRYPTOGAMES VASCULAIRES

linéaires et disposés les uns au-dessus des autres, le long de la paroi, comme les barreaux d'une échelle (fig. 507).

Quant au liber, il est très incomplet, en ce sens que les tubes criblés ne percent jamais complètement leurs parois transversales de façon à établir une communication directe entre leurs différents segments superposés. D'autre part, ces tubes criblés sont extrêmement rares et très difficiles à découvrir au sein du tissu que l'on considère d'habitude comme du liber.

315. Croissance de la tige. — Il n'y a, comme dans la racine, qu'une cellule initiale donnant naissance à tous les tissus de la tige. La figure 508, représentant un jeune embryon, montre

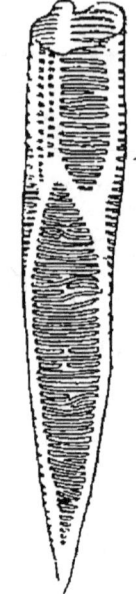

Fig. 507. — Vaisseau scalariforme de Fougère.

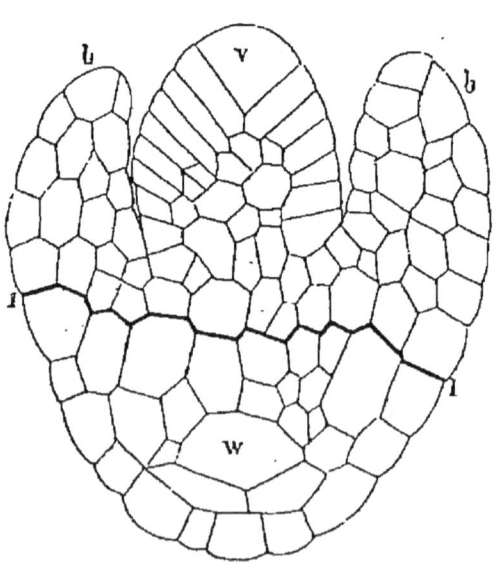

Fig. 508. — Jeune embryon dans lequel on voit la cellule initiale tétraédrique v.

que cette cellule tétraédrique occupe l'extrémité même de la tige. Comme elle ne doit pas produire de coiffe, elle ne se sectionne que parallèlement à ses faces latérales, sans jamais découper de calottes parallèles à sa surface externe. Ce sont les cellules provenant de ces cloisonnements latéraux qui, se sectionnant et se différenciant à leur tour, produisent tous les tissus de la tige.

316. Reproduction. — Examinons la face inférieure d'une feuille de *Polypodium vulgare* (fig. 509). Nous y re-

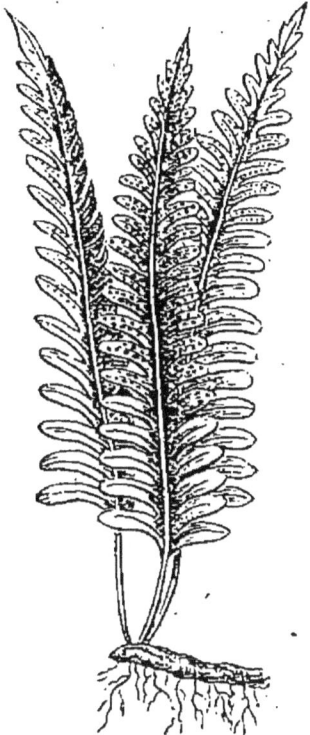

Fig. 509. — Feuilles de *Polypodium vulgare*.

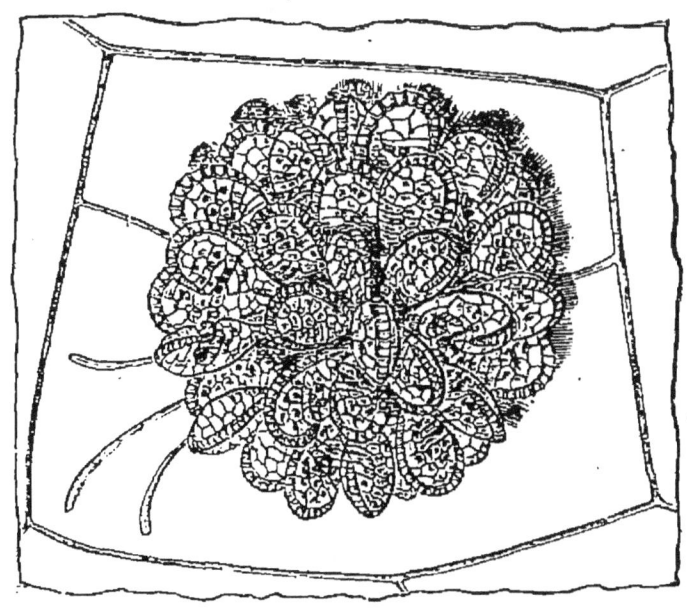

Fig. 510 — Un *sore* de Fougère.

marquons, disposées très régulièrement en séries le long des nervures du limbe, de petites masses brunâtres, arrondies, qui paraissent pulvérulentes : ce sont les *sores*. Regardé à la loupe (fig. 510), un sore se montre formé d'une grande quantité de corps ovoïdes, qu'on nomme des *sporanges* parce qu'ils contiennent une fine poussière de petites cellules rondes qu'on nomme *spores*. Mises en liberté par la déhiscence du sporange, les spores sont emportées et disséminées par le vent.

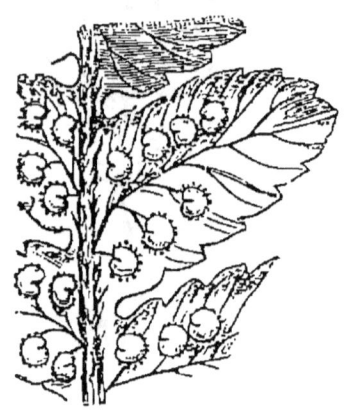

Fig 511. — Indusier de fougère mâle.

Donc, en résumé, sous la feuille du *Polypodium vulgare*, se trouvent des *sores*.

Un sore est la réunion de plusieurs *sporanges*.

Un sporange est un sac qui s'ouvre quand il est mûr et laisse échapper les *spores*.

Avant d'aller plus loin, nous devons faire observer que les sores ne sont pas toujours de forme ronde, ils peuvent être allongés; ils peuvent être nus comme dans le Polypode, ou

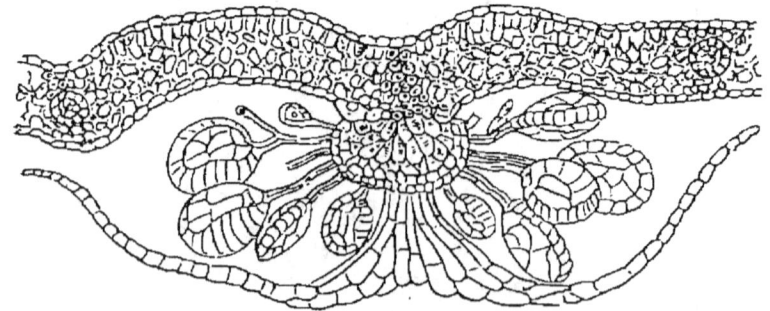

Fig. 512. — Coupe d'un sore de Fougère mâle (*Polystichum Filix mas*).

recouverts d'un repli protecteur de l'épiderme foliaire, qu'on nomme un *indusium*. La figure 511 montre de face les sores de la Fougère mâle (*Polystichum Filix mas*), qui sont recouverts de leur indusium de façon qu'on ne voit pas les sporanges. La figure 512 montre une coupe à travers un sore de la même plante. On y voit tous les sporanges attachés sur une nervure par un long pédicelle, et recouverts par l'indusium protecteur. L'indusium se dessèche à la maturité et ses bords se replient de façon à découvrir les sporanges.

317. Origine du sporange et formation des spores. — Le sporange a pour origine une cellule de l'épiderme qui grandit, fait saillie au dehors et se divise ensuite par une cloison transversale a au niveau de la surface de l'épiderme (fig. 513, II).

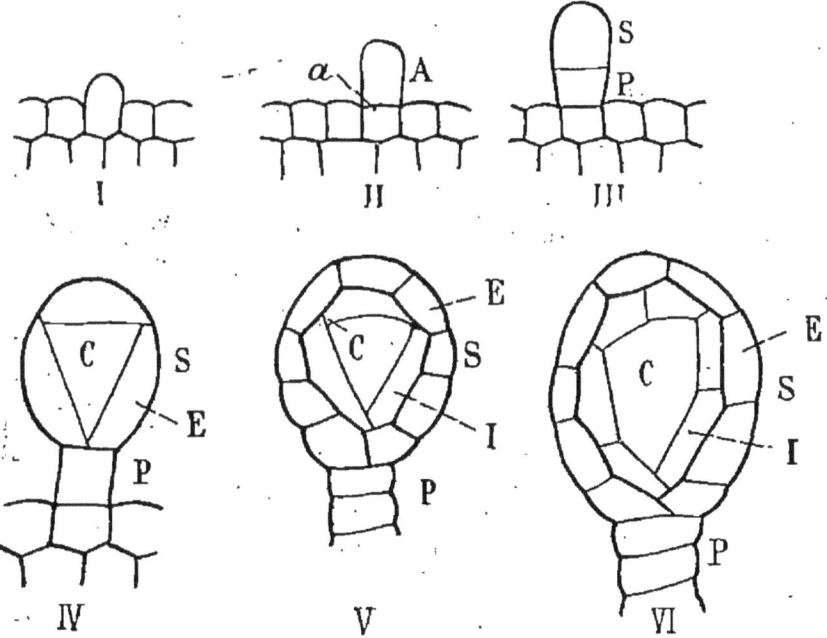

Fig. 513. — Développement du sporange.

La cellule A ainsi obtenue se divise à son tour en deux cellules, P et S (fig. 513, III) ; P va s'allonger, se cloisonner et donner le pédicelle du sporange. Nous ne nous en occuperons donc plus.

Le corps même du sporange provient tout entier de la cellule S. A cet effet, des cloisons tangentielles découpent au centre de la cellule S une cellule tétraédrique C (fig. 513, IV) et, à la périphérie, une assise de cellules superficielles, F, qui vont, en se cloisonnant radialement, former la paroi du sporange (fig. 513, V).

Le même cloisonnement tangentiel peut se répéter plusieurs fois de suite dans la cellule tétraédrique centrale, produisant ainsi chaque fois une assise de cellules qui augmente l'épaisseur de la paroi en doublant les assises plus superficielles précédemment formées. Dans la figure V, on voit la cellule tétraédrique centrale C qui se cloisonne une seconde fois, de sorte que le sporange (fig. 513, VI) possède, pour le moment, une paroi formée de deux assises de cellules, I et E, et une cellule centrale C.

Laissons provisoirement de côté les cellules I et E.

C'est la cellule C qui produit les spores par un procédé identique à celui que nous avons décrit (p. 297) lorsqu'il s'est agi d'expliquer la formation des grains de pollen dans l'anthère.

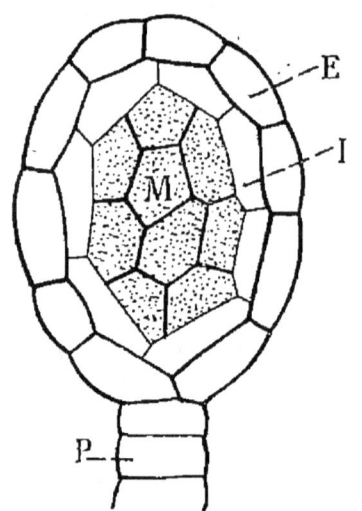

Fig. 514. — Sporange au centre duquel on voit un massif M des cellules mères des spores.

La cellule C se transforme, en effet, par des cloisonnements successifs en un massif de cellules M, qui sont souvent au nombre de 16 (fig. 514). Ces cellules M sont les *cellules-mères* des spores. Chaque cellule-mère, M, se divise en quatre cellules qui restent, un certain temps, unies en tétrades, puis qui se séparent les unes des autres par la gélification de la partie moyenne des membranes qui les unissaient. De sorte que bientôt les spores, isolées les unes des autres, flottent dans la cavité du sporange, cavité encore agrandie par la destruction totale et la transformation en gelée de l'assise interne I des cellules pariétales.

On voit que le mode de formation des spores est calqué sur le mode de formation des grains de pollen dans la loge de l'anthère.

Il résulte de la disparition de l'assise I, ou des assises I s'il y en avait plusieurs, que le sporange n'a plus qu'une assise de cellules pariétales enveloppant une cavité dans laquelle se trouvent des spores.

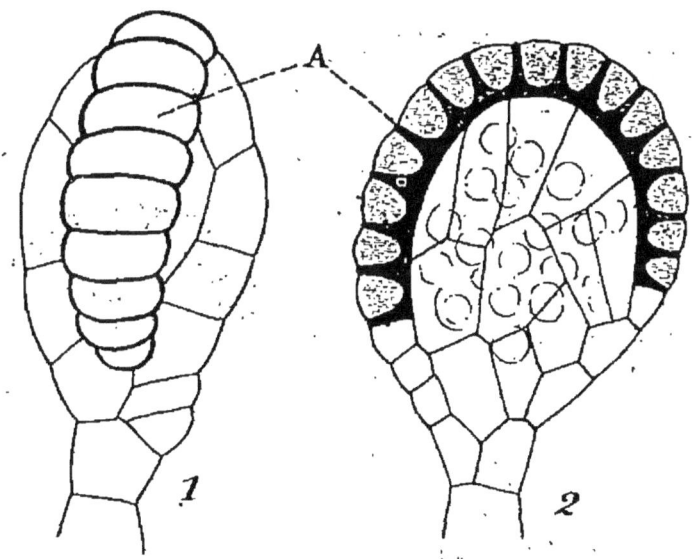

Fig. 515. — Aspect extérieur du sporange mûr.

Pendant que les spores se forment, des modifications intéressantes s'accomplissent dans l'assise des cellules E qui constituent la paroi du sporange : Certaines cellules, disposées d'une façon variable selon les espèces, mais le plus souvent le long d'un méridien (fig. 515, 1), grossissent, épaississent et lignifient leurs parois *internes* (fig. 515, 2) et forment ainsi l'*anneau mécanique* qui va jouer un rôle important dans la déhiscence du sporange.

318. Déhiscence du sporange. — Les cellules de l'anneau mécanique sont, avons-nous dit, épaissies et lignifiées sur *leur face interne*. Leurs membranes externes sont restées cellulosiques. Chaque cellule a donc très nettement la forme d'un U et contient de l'eau. Quand l'indusie s'est relevée, que le sporange est exposé à l'air libre, l'eau que renferment les cellules de l'anneau mécanique s'évapore à travers la fine membrane cellulosique qui la sépare de l'air am-

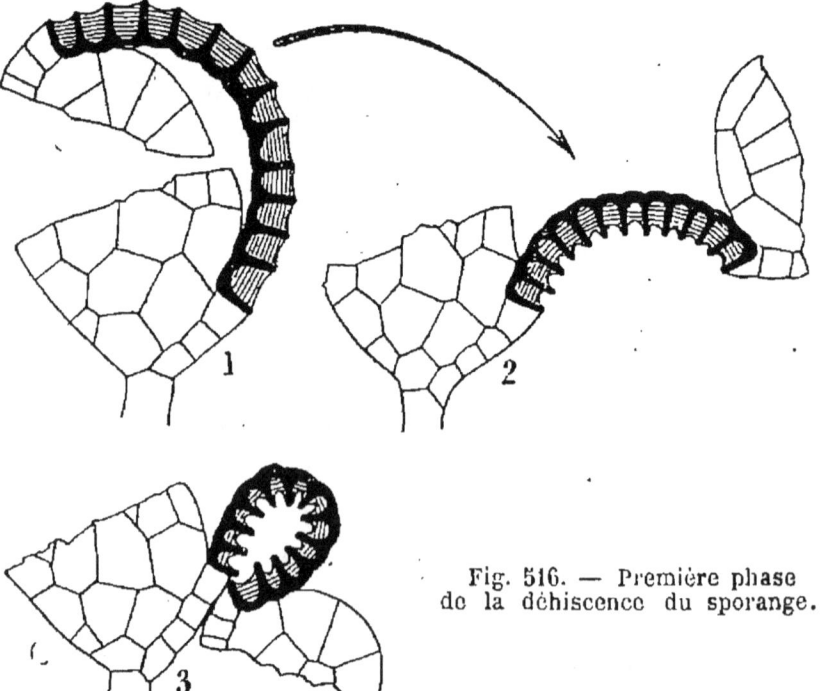

Fig. 516. — Première phase de la déhiscence du sporange.

biant. Il en résulte une notable diminution de pression à l'intérieur des cellules en U, et la membrane externe, déprimée par la pression atmosphérique comme l'est la membrane de baudruche dans l'expérience classique du crève-vessie, exerce, par conséquent, une traction sur les deux branches de chaque U et les rapproche l'une de l'autre. Comme le même effet se produit en même temps dans toutes les cellules de l'anneau mécanique, celui-ci a donc une tendance à se redresser, et l'effort qu'il exerce sur la paroi du sporange, relativement peu résistante, est bientôt suffisant pour la déchirer. L'anneau prend alors la position 1 (fig. 516).

L'évaporation continuant, la membrane cellulosique de chaque cellule en U se déprime de plus en plus sous la pression de l'atmosphère; de sorte que les deux branches montantes de chaque U allant sans cesse en se rapprochant, l'anneau mécanique, après s'être redressé comme nous l'avons dit, se recourbe en sens inverse et prend successivement les positions 2 et 3 (fig. 516).

A ce moment (position 3), l'anneau, dont l'extrémité vient buter contre la base du sporange, a atteint son maximum de renversement. Mais l'évaporation de l'eau de ses cellules continuant à se produire et la membrane externe ne pouvant pas se déprimer plus qu'elle ne l'est, puisque l'anneau mécanique ne peut plus changer de forme, on comprend qu'à mesure que l'eau s'évapore, la pression diminue dans chaque cellule. Il arrive un moment où la diminution de pression est telle que les gaz dissous dans l'eau se dégagent. On voit alors instantanément apparaître dans chaque cellule en U (fig. 517, 1), une bulle de gaz qui rétablit l'équilibre de pression sur les deux faces de la membrane mince. Aussitôt celle-ci redevient plane et, par conséquent, rend aux cellules mécaniques la possibilité d'obéir à l'élasticité de leurs parties lignifiées et de reprendre leur forme primitive.

Aussi voit-on le sporange passer *brusquement* de la position 3 (fig. 516) à la position 1 (fig. 517) par un mouvement rapide de détente ayant pour effet de projeter au loin les spores qui ont pu rester adhérentes

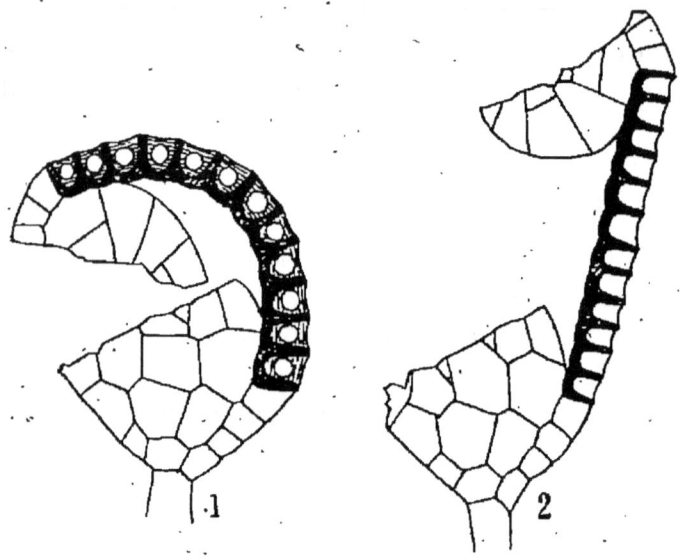

Fig. 517. — Deuxième phase de la déhiscence du sporange.

au sporange. A partir de ce moment, les cellules continuant à perdre leur eau, on voit peu à peu l'anneau mécanique se redresser pour prendre, quand ses cellules sont vides, la position rectiligne 2 qui est sa position d'équilibre (fig. 517) (1).

319. Germination de la spore. — Quand la spore tombe sur un sol humide, elle germe comme fait un grain de pollen sur le stigmate, c'est-à-dire qu'elle émet un prolongement tubulaire. Seulement, ici, le prolongement ne tarde pas à se diviser par des cloi-

---

(1) Leclerc du Sablon.

sons dans différents sens (fig. 518), de sorte qu'en

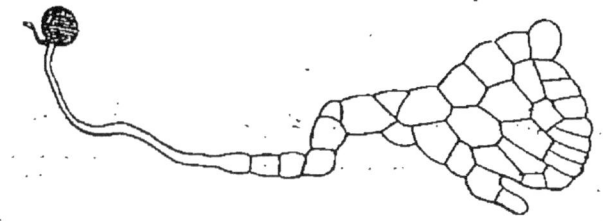

Fig. 518. — Germination de la spore d'une Fougère.

définitive, ce qui provient de la spore est une lame verte (fig. 519), ordinairement échancrée en forme de cœur, et qu'on nomme le *prothalle*. Au voisinage de l'échancrure, le prothalle possède une région plus épaisse, le *coussinet*, et il est fixé au sol par de longs poils.

Sur ce prothalle et *à sa face inférieure* se développent des organes de deux sortes : les *anthéridies* et les *archégones*.

Les anthéridies sont très nombreuses et distribuées sur tout le pourtour du prothalle. Les archégones sont plus rares et ne se trouvent que sur le coussinet. Mais les uns comme les autres proviennent toujours d'une cellule épidermique du prothalle.

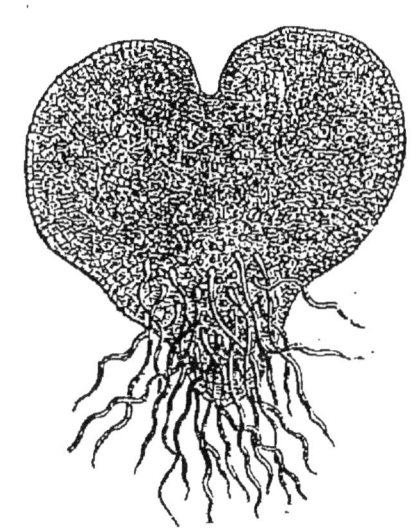

Fig. 519. — Prothalle de *Polystichum Filix mas*.

320. Formation de l'anthéridie. — Une cellule épidermique fait saillie au dehors (fig. 520, 1), et s'isole par une cloison transversale (2). La partie saillante se divise alors en deux par une cloison en forme de cloche (3). Une cloison transversale sépare la cloche en

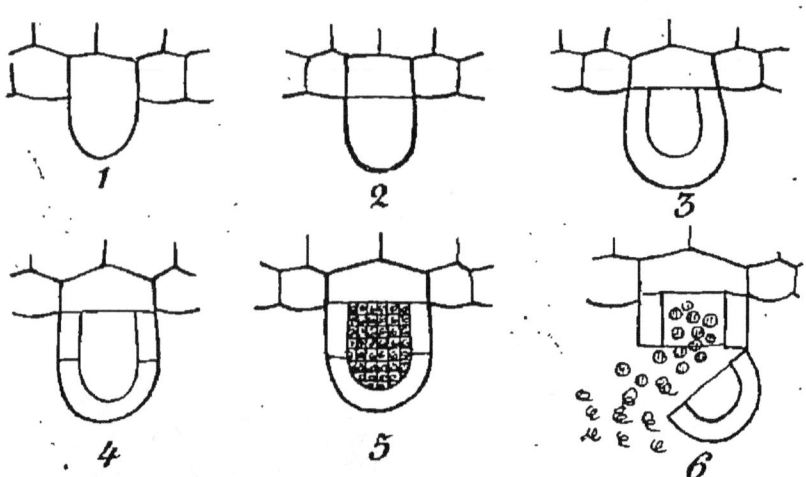

Fig. 520. — Développement de l'anthéridie.

un anneau cylindrique inférieur et un dôme supérieur (4). Quant à la cellule centrale, elle se divise en un grand nombre de cellules qui sont les cellules-mères des *anthérozoïdes* (5).

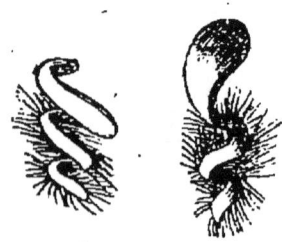

Fig. 521.
Anthérozoïde de Fougère.

A la maturité, l'anthéridie s'ouvre comme une boite (6) et laisse s'échapper les cellules à demi gélifiées qu'elle contient et dont la membrane, par conséquent, se dissout dans l'eau qui se trouve sur le sol. De chaque cellule on voit alors sortir un ruban spiralé, muni de cils vibratiles nombreux qui lui permettent de nager dans les gouttes d'eau qu'il rencontre. C'est l'*anthérozoïde* (fig. 521), qui n'est autre qu'une transformation du noyau de la cellule-mère qui l'a produit.

321. L'archégone. — L'archégone naît d'une cellule épidermique du coussinet, exactement comme le corpuscule des Gymnospermes naît d'une cellule de l'endosperme et les deux organes ont à peu près la même forme. L'archégone comprend, en effet, une cellule, l'*oosphère* O, surmontée d'une rosette R formée par

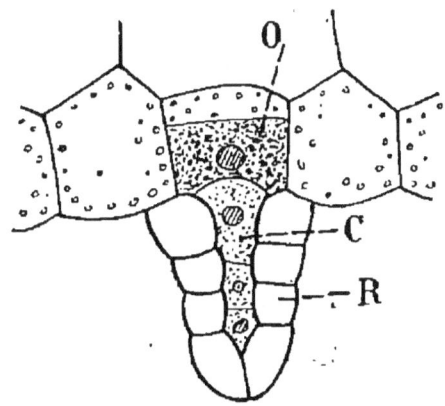

Fig. 522. — Un archégone de Fougère : O, oosphère ; R, col ; C, cellule du canal n'ayant pas encore ouvert le col.

quatre assises superposées de quatre cellules tout à fait analogues à la rosette des Gymnospermes. L'oosphère produit encore ici, comme chez les Gymnospermes, une cellule du canal qui écarte les cellules de la rosette en s'insinuant entre elles, et ouvre, par conséquent, le *col* de l'archégone. La gelée produite par la destruction de la cellule du col vient former une gouttelette visqueuse à l'orifice même du col.

322. Fécondation. — De sorte que, quand un anthérozoïde, nageant dans l'eau qui se trouve sous le prothalle et à la surface du sol, rencontre cette gouttelette gélatineuse, il est en quelque sorte happé au passage ; il pénètre alors dans le col de l'archégone en tournant sur lui-même et c'est ainsi qu'il finit par arriver à l'oosphère dans laquelle il se fond.

Le résultat de la fusion de l'anthérozoïde et de l'oosphère est l'*œuf* qui s'entoure aussitôt d'une membrane de cellulose et entre, pendant un temps plus ou moins long, dans une période de repos.

323. Développement de l'œuf. — Quand l'œuf se met à germer, il commence par se diviser en quatre cellules par deux cloisons rectangulaires (fig. 523). La

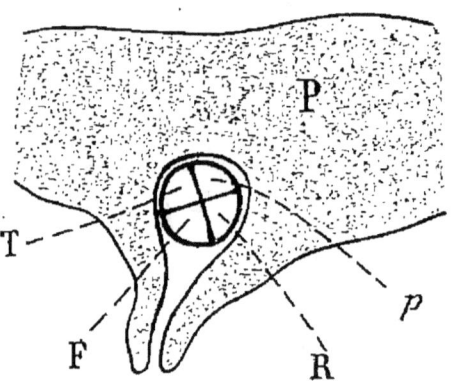

Fig. 523. — Développement de l'œuf sur le prothalle et dans l'archégone fécondé.

cellule *p*, en se cloisonnant activement, produit une sorte de suçoir, le *pied* qui s'enfonce dans le tissu du prothalle P, et y puise la nourriture nécessaire au développement des trois autres cellules, dont le cloisonnement actif va reproduire une Fougère feuillée ; R donne la racine, T la tige ou le rhizome et F la première feuille.

Quand la racine est suffisamment développée pour que la plante puisse se suffire à elle-même, le prothalle, épuisé par les emprunts que lui a faits le pied, se dessèche et disparaît, et la jeune plante n'a plus alors qu'à grandir pour devenir une Fougère semblable à celle dont est sortie la spore.

324. Résumé. — La reproduction des Fougères peut se résumer en quelques lignes :

1° Sur la face inférieure d'une feuille naissent des *sporanges* groupés en *sores* et qui produisent des *spores* ;

2° La spore, tombant sur le sol humide, germe et donne naissance à une lame verte, le *prothalle* ;

3° Sous le prothalle apparaissent des organes de deux sortes : les *anthéridies* et les *archégones*. Les anthéridies produisent les *anthérozoïdes*, et, au fond de chaque archégone, se trouve l'*oosphère* ;

4° L'anthérozoïde, en nageant au moyen de ses nombreux cils, pénètre dans l'archégone et se fusionne avec l'oosphère pour former un *œuf* ;

5° L'œuf se développe aux dépens du prothalle sur lequel il se greffe et donne naissance à une nouvelle plante feuillée.

Si l'on remarque que, dans les phases 1 et 2, il n'est pas question de sexualité et que les éléments mâles et femelles n'apparaissent que sur le prothalle (phase 3), on comprend que l'on ait pu caractériser la reproduction des Cryptogames vasculaires en disant que ces plantes ont des *générations alternantes* : la génération asexuée donne naissance au prothalle et la génération sexuée qui lui succède produit la plante feuillée.

Les Équisétacées.

325. Mode de végétation. — Les Équisétacées sont des Cryptogames vasculaires ; donc elles ont racines, tiges et feuilles.

La tige est un rhizome qui produit de distance en distance des tiges aériennes de deux sortes (fig. 524) : les unes, terminées par une sorte de massue, sont fertiles et reproductrices, les autres, à croissance indéfinie, sont stériles.

Les tiges fertiles se développent en général les premières; elles sont peu ou pas ramifiées, tandis que les tiges stériles portent à chaque nœud un verticille de rameaux souvent très développés et très longs.

Le rhizome et la partie inférieure des tiges aériennes portent de nombreuses racines au niveau de chaque nœud : les racines qui alimentent la plante sont donc uniquement latérales.

326. La tige et les feuilles. — Considérons une tige aérienne.

Elle a la forme générale d'un cylindre présentant des sillons longitudinaux V, séparés par des lignes saillantes C. Les

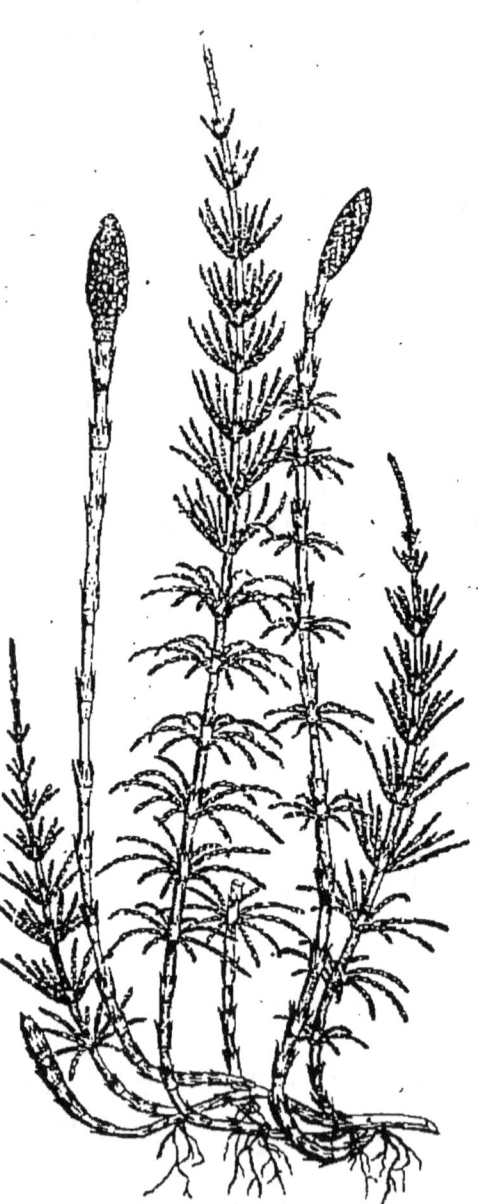

Fig. 524. — *Equisetum sylvaticum.*

sillons s'appellent des *vallécules* et les lignes saillantes des *carènes* (fig. 526). Un entre-nœud présente donc tout à fait l'aspect d'une colonne cannelée.

Seulement les cannelures ne se correspondent pas d'un entre-nœud au suivant : les carènes d'un nœud sont, en effet, exactement superposées aux vallécules de l'entre-nœud précédent et inversement; et comme les faisceaux libéro-ligneux (fig. 525) sont placés exactement en face des carènes, on voit que leur course longitudinale n'est pas rigoureusement rectiligne. A chaque nœud, chaque faisceau se dédouble et donne deux branches qui vont s'unir à celles qui proviennent du dédoublement des faisceaux voisins, de façon à constituer, par leur réunion, les faisceaux de l'entre-nœud suivant (fig. 525).

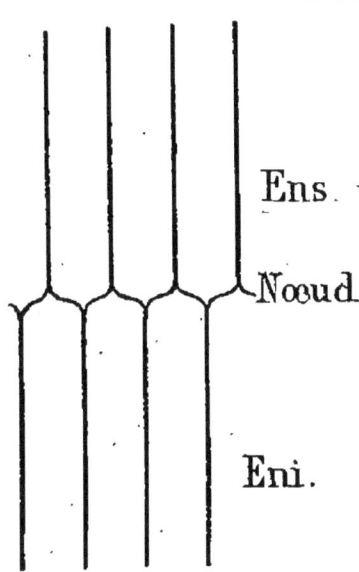

Fig. 525. — Course longitudinale des faisceaux dans une tige d'*Equisetum*.

Autour de chaque nœud (fig. 524) se trouve une sorte de manchette dentelée, formée par un verticille d'autant de feuilles concrescentes par la base qu'il y a de faisceaux et, par conséquent, de crêtes sur la tige. Les dents de la manchette ne sont autres que les pointes des feuilles, et comme chaque feuille se trouve en face d'un faisceau de l'entre-nœud au-dessus duquel elle est attachée, il en résulte que les dents de la manchette se trouvent juste en face des vallécules de l'entre-nœud autour duquel cette manchette forme une sorte de gaine.

327. Structure interne de la tige. — Une section

transversale de la tige montre (fig. 526) : 1° un épiderme silicifié, c'est-à-dire dont les membranes sont incrustées de silice, ce qui lui donne une dureté considérable ; 2° un hypoderme *Hyp* lignifié, faisant l'office de tissu de soutien ; 3° un tissu parenchymateux formé de deux couches : l'une, *Cl*, extérieure, pleine de

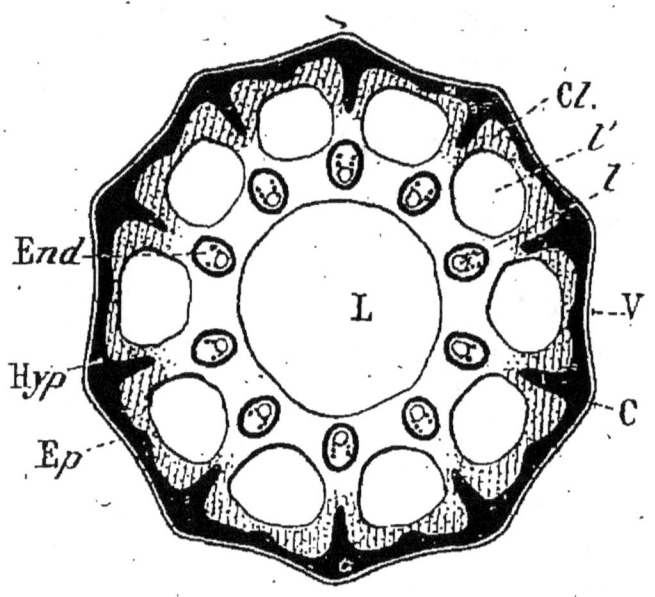

Fig. 526. — Section transversale d'une tige d'*Equisetum*.

chlorophylle, l'autre, intérieure, incolore et sans chlorophylle ; 4° un cercle de faisceaux libéro-ligneux, à orientation normale, c'est-à-dire à bois interne et à liber externe, et placés en face des carènes de la tige.

Trois systèmes de lacunes existent dans la tige. D'abord un cercle de lacunes *l'* sous-hypodermiques, situées en face des vallécules. Ensuite une grande lacune centrale L formée par la désorganisation des tissus de la moelle. Enfin, à la pointe interne de chaque faisceau, une lacune *l* provenant de la disparition des premiers vaisseaux formés.

LES ÉQUISÉTACÉES

328. Structure du faisceau (fig. 527). — Un faisceau est composé de bois et de liber. Avant la formation de la lacune l, le bois affecte dans son ensemble la forme d'un V renfermant le liber L entre ses deux branches. Quand les premiers vaisseaux formés, ceux qui occupent la pointe du V, ont disparu, il ne reste plus que les branches latérales qui remontent de chaque côté du liber. Nous avons déjà remarqué cette disposition du bois relativement au liber, dans la plupart des Monocotylédones (p. 356).

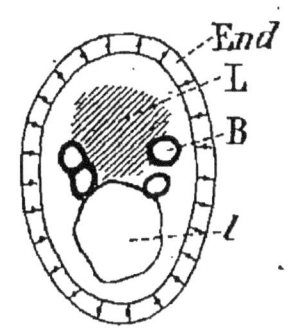

Fig. 527. — Un faisceau d'*Equisetum*.

Mais ce qu'il y a de caractéristique chez les Équisétacées, c'est la présence, autour de chaque faisceau, d'un anneau complet formé d'une assise présentant tous les caractères de l'endoderme. Chaque cordon vasculaire possède donc son endoderme spécial.

Il arrive parfois, que les cordons vasculaires sont tellement rapprochés les uns des autres, qu'ils se soudent par leurs bords latéraux. Aux points de soudure, les endodermes disparaissent et ils ne subsistent que dans les portions internes et externes de chaque cordon. De sorte qu'il y a deux endodermes continus : l'un extérieur $End. e$, l'autre intérieur $End. i$ (fig. 528).

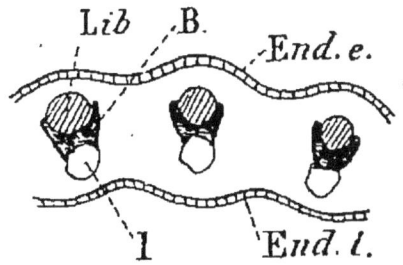

Fig. 528. — Aspect d'une tige dans laquelle les cordons vasculaires sont soudés bord à bord.

Il peut même arriver que l'endoderme interne perde ses caractères propres ; alors il semble ne plus y avoir qu'un seul endoderme formant un cercle continu extérieur aux cordons vasculaires. Dans ce cas, la structure de la tige des Équisétacées se rapproche beaucoup de celle des Dicotylédones herbacées, mais en *apparence seulement*, car on voit, d'après ce qui précède, que l'on ne peut pas homologuer avec le cylindre central des Dicotylédones tous les tissus qui se trouvent, chez les Équisétacées, à l'intérieur de l'endoderme.

329. Ramification de la tige. — Au niveau de chaque nœud, prennent naissance des rameaux qui ont la même structure que la tige principale. Seulement ils paraissent avoir une origine interne, contrairement à ce qui arrive pour les rameaux ordinaires. Cette origine endogène n'est qu'apparente : chacun d'eux naît, en effet, à l'aisselle d'une feuille ; mais comme la manchette foliaire est plus ou moins longuement soudée à sa base avec la tige, son aisselle vraie n'est pas son aisselle apparente. Il en résulte que le bourgeon axillaire, qui se trouve à sa place normale, naît dans la masse cellulaire commune à la tige et à la feuille et doit nécessairement percer celle-ci pour venir à l'extérieur.

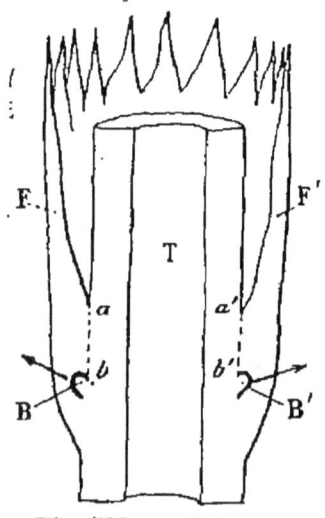

Fig. 529. — Naissance des bourgeons axillaires.

La figure 529 représente schématiquement comment les choses se passent : F,F' est la manchette foliaire ; ab, $a'b'$ sont les lignes de soudure des feuilles F et F' avec la tige T. B et B' sont les bourgeons axillaires qui, prenant naissance au milieu d'un tissu compact, sont bien obligés de le percer pour sortir à l'état de rameaux.

330. Reproduction. — La reproduction est, à quelques petites particularités près, la même que celle des Fougères. Les spores sont produites par les extrémités des rameaux fertiles.

L'appareil sporifère est une sorte de petit plateau monté sur un court pédicelle (fig. 530). Sous le pla-

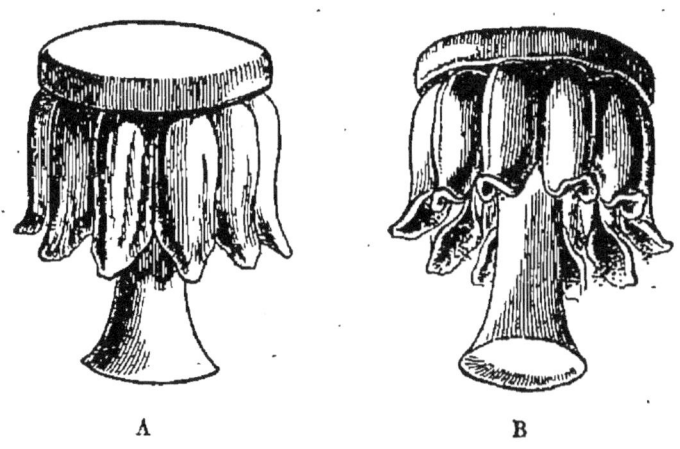

Fig. 530. — Ecaille fructifère isolée d'*Equisetum*.
A, vue en dessus; B, en dessous.

teau sont attachés de 5 à 10 sporanges, sortes de sacs qui s'ouvrent à la maturité pour laisser échapper les spores.

Que l'on imagine un grand nombre de ces plateaux ou tablettes attachés par leur pédicelle autour de l'extrémité de la tige fertile et disposés en verticilles successifs très rapprochés. On comprend que tous les plateaux sous lesquels se trouvent les sporanges, étant très serrés les uns contre les autres, prendront une forme hexagonale et dessineront, à la surface du rameau fertile, une sorte de mosaïque très régulière.

Les sporanges, bien à l'abri sous le toit ininterrompu formé par les plateaux juxtaposés, se développent donc en sûreté, et quand ils sont mûrs, un léger allongement de la tige fertile sépare les verticilles les uns des autres (partie inférieure de l'épi dans la figure 531).

28.

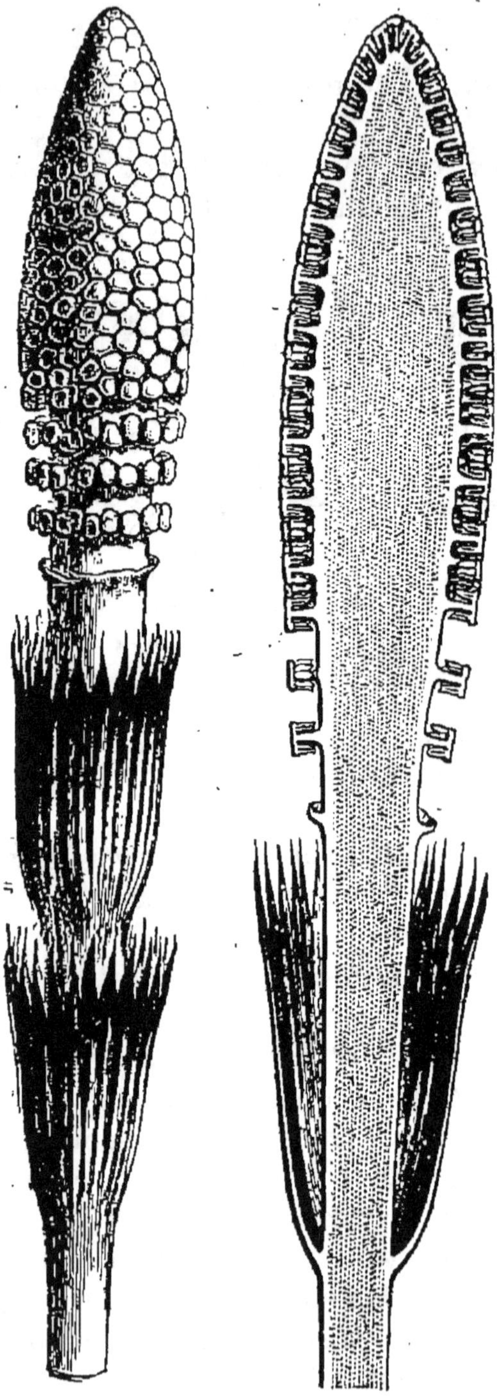

Fig. 531. — Rameau fertile d'*Equisetum*. A, entier ; B, coupé en long.

Fig. 532. — Sporange ouvert laissant échapper les spores.

Les sporanges, exposés à l'air, s'ouvrent alors sous l'influence de la sécheresse, et mettent en liberté les spores.

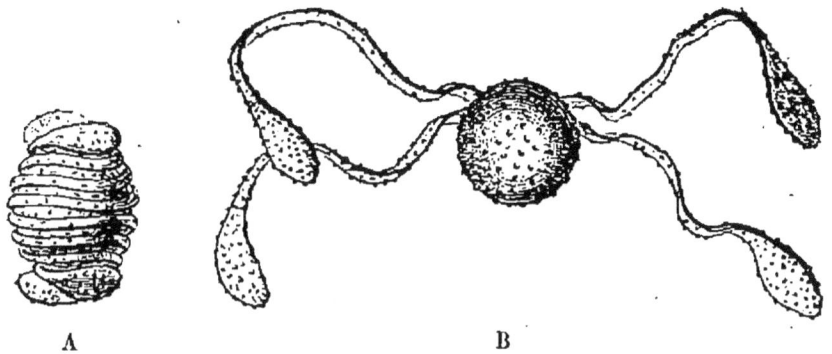

Fig. 533. — Spore d'*Equisetum*.
A, l'exospore est enroulée; B, l'exospore est déroulée.

Ces spores ont un aspect singulier (fig. 533) : la par-

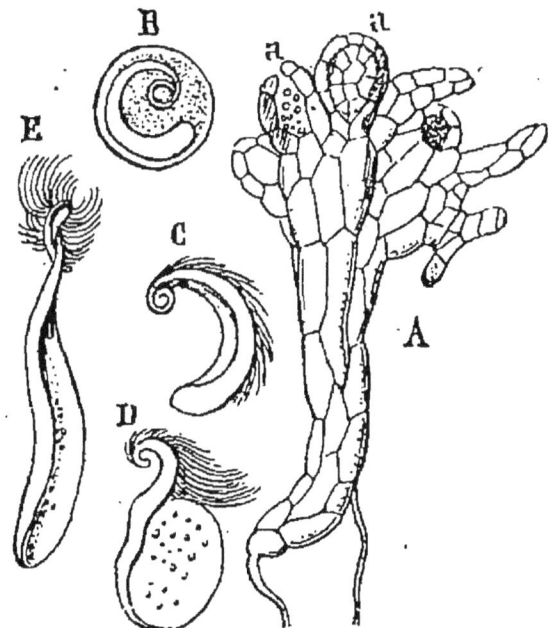

Fig. 534. — A, prothalle mâle d'*Equisetum arvense*;
B, C, D, E, anthérozoïdes.

tie la plus externe de la membrane ou *exospore* se

découpe en quatre rubans enroulés en spirale autour de la spore. Quand ces quatre rubans se dessèchent, ils se déroulent et forment comme quatre grandes pattes allongées. Vienne de l'humidité, les quatre rubans s'enroulent brusquement de nouveau autour de la spore.

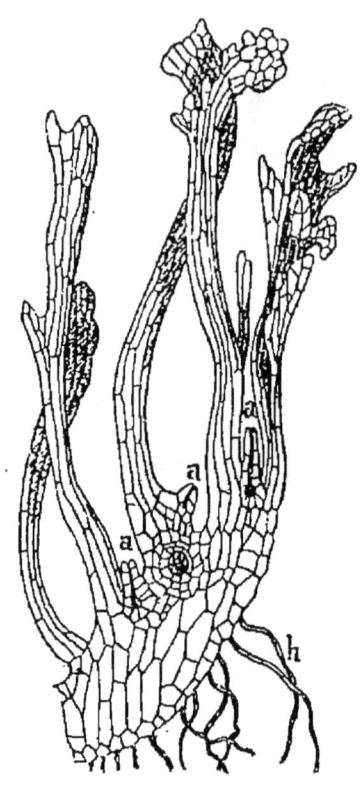

Fig. 535. — Prothalle femelle d'*Equisetum arvense*.

Ces mouvements très brusques d'extension et d'enroulement, causés par les alternatives de sécheresse et d'humidité, ont pour effet de projeter la spore à une certaine distance. Celle-ci se déplace donc par bonds saccadés jusqu'à ce qu'ayant enfin trouvé un terrain constamment humide, les bandes restent enroulées définitivement et la spore demeure immobile ; alors elle germe.

Les spores donnent naissance à deux sortes de prothalles : les uns (fig. 534) ne produisent que des anthéridies et des anthérozoïdes : ce sont les *prothalles mâles.* Les autres ne portent que des archégones, ce sont des *prothalles femelles* (fig. 535).

Ainsi, tandis que chez les Fougères la spore donne toujours un prothalle hermaphrodite, dans les Équisétacées, les spores, qui toutes, cependant, ont la même origine et la même forme, donnent des prothalles unisexuées, les uns mâles, les autres femelles.

Le reste se passe comme chez les Fougères.

Lycopodiacées.

331. Aspect extérieur. — Les Lycopodiacées ont une tige couverte de feuilles très serrées qui donnent à ces plantes l'aspect d'une mousse (fig. 536). Ce qui caractérise les Lycopodiacées, c'est le mode de végétation de leur racine qui ne porte pas de racines latérales, mais se divise à son extrémité en deux branches d'égale valeur. Il y a, comme on dit, ramification par *dichotomie*.

332. Reproduction. — Les *Lycopodes* présentent des épis terminaux de bractées très serrées les unes contre

Fig. 536.
Lycopodium clavatum.

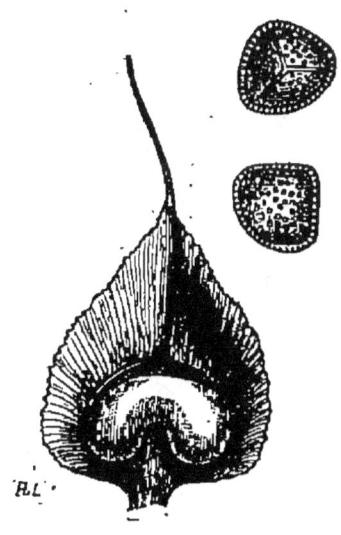

Fig. 537. — Bractée sporangifère et spore de *Lycopodium clavatum.*

les autres (fig. 536). Sur la face supérieure de chaque bractée se trouve un sac (fig. 537) qui n'est qu'une émergence de la bractée, une sorte de verrue dans laquelle se développent les spores. Ce sac s'ouvre à la maturité par une fente longitudinale, et la spore, tombant sur un sol humide, y germe et produit, comme chez les Fougères, un prothalle hermaphrodite à anthéridies et à archégones.

Chez les *Sélaginelles*, les prothalles sont, comme chez les Équisétacées, les uns à anthéridies et les autres à archégones. Seulement la différenciation est poussée plus loin, en ce sens qu'il est facile de distinguer, parmi les spores, celles qui donneront des prothalles à archégones de celles qui donneront des prothalles à anthéridies. Il y a donc des spores mâles ou *microspores* et des spores femelles ou *macrospores*. Comme son nom l'indique, la macrospore a de plus grandes dimensions que la microspore.

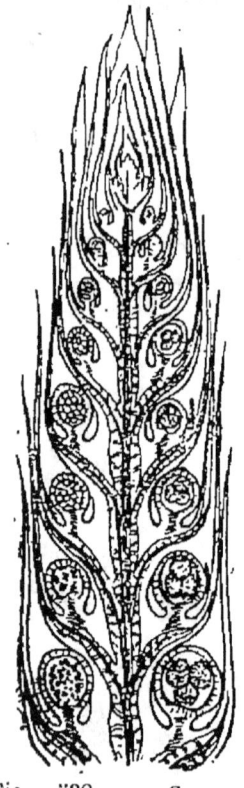

Fig. 538. — Sommet fructifère portant, à droite des macrosporanges, à gauche, des microsporanges. *Selaginella inæqualifolia*.

L'appareil reproducteur est encore, comme chez les Équisétacées, l'extrémité d'un rameau. C'est un épi de bractées dont chaque feuille porte sur sa face supérieure un sac ou sporange (fig. 538). Selon qu'il renferme des microspores ou des macrospores, le sporange est un *microsporange* ou un *macrosporange*. Les microsporanges sont rouges, les macrosporanges jaunes. Les microsporanges se trouvent en général groupés tous d'un même côté de l'épi, les macrosporanges se trouvant de l'autre. Ni les uns, ni les autres ne sont déhiscents : leurs parois se détruisent et les spores sont mises en liberté.

333. La microspore. — Comme le grain de pollen des Phanérogames avec lequel elle a de nombreuses analogies, la microspore, longtemps avant sa sortie du microsporange, se divise en deux cellules, l'une petite et l'autre plus grande. La petite cellule demeure indivise. Elle constitue, à elle seule, toute la partie végétative du prothalle mâle, prothalle réduit, comme on le voit, à sa plus simple expression, puisqu'il ne se compose que d'une seule cellule (fig. 539). L'autre

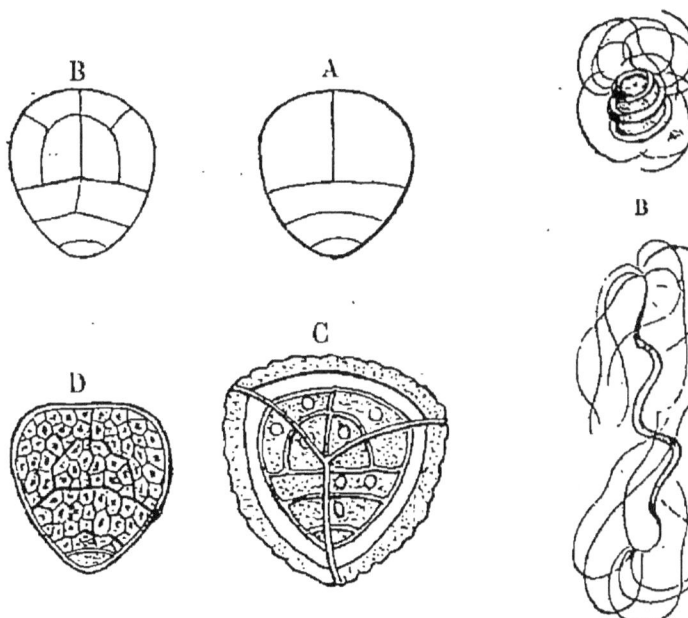

Fig. 539.
Segmentation de la microspore.

Fig. 540. — Anthérozoïdes d'*Isoetes lacustris*.— A, à la sortie de la cellule mère ; B, en mouvement.

cellule, la grande, est l'anthéridie qui se divise par des cloisons de façon à isoler en son centre un massif de 4 ou 5 cellules mères d'anthérozoïdes.

504 CRYPTOGAMES VASCULAIRES

Quand les anthérozoïdes sont développés dans les cellules mères, l'*exospore*, ou portion externe de la membrane d'enveloppe de la spore, se rompt, puis l'*endospore*, et les anthérozoïdes (fig. 540) sont mis en liberté. Donc, dans les Sélaginelles, le *prothalle mâle, réduit à une cellule intérieure à la microspore, ne produit qu'une anthéridie.*

334. La macrospore. — Avant même que les macrospores soient sorties du macrosporange, on voit leur contenu protoplasmique se diviser en deux parties : A la partie supérieure se forme un tissu de petites cellules ; c'est le prothalle femelle, au sein duquel certaines cellules se transformeront en archégones (fig. 541). A la partie inférieure se trouve un tissu formé d'un petit nombre de grandes cellules, tissu auquel on a donné le nom d'endosperme, par analogie avec l'endosperme des Conifères. C'est une réserve nutritive.

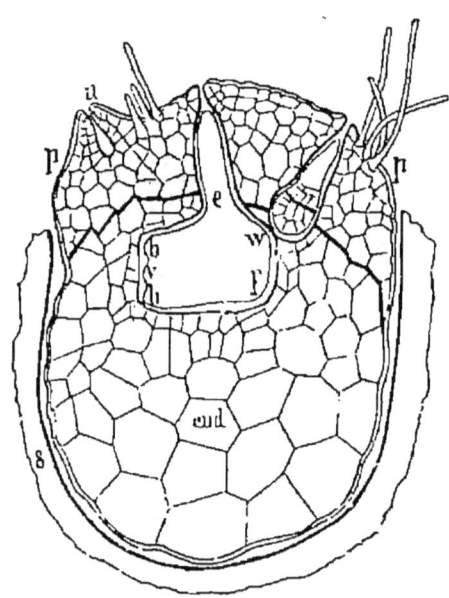

Fig. 541. — Coupe longitudinale d'une macrospore germée de Sélaginelle. — *p*, prothalle ; *a*, archégone jeune ; *c*, embryon en voie de développement ; *end*, endosperme.

Bien entendu, la formation rapide du prothalle et de l'endosperme a pour effet de déchirer l'exospore ; de sorte que le prothalle femelle, avec les archégones qu'il porte, fait saillie à l'extérieur de la macrospore.

L'archégone se forme toujours par le même procédé: une cellule superficielle du prothalle se divise par une cloison transversale en deux cellules superposées. La supérieure se divise elle-même rapidement par deux cloisons en croix en une rosette de 4 cellules. Ces 4 cellules se divisent ensuite par des cloisons transversales de façon que la rosette se dédouble et constitue deux assises. Ce sont les cellules du col (fig. 542, A).

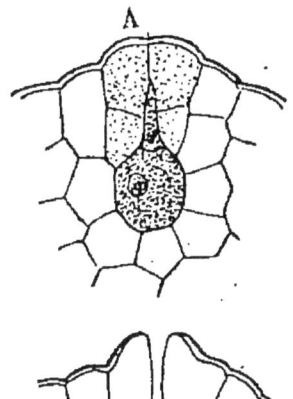

La cellule inférieure se divise alors en deux, l'une supérieure qui s'insinue entre les cellules du col et ouvre le canal qui doit faire communiquer la cellule inférieure ou oosphère avec l'extérieur. Cette *cellule du canal* disparaît ensuite (fig. 542, B) en

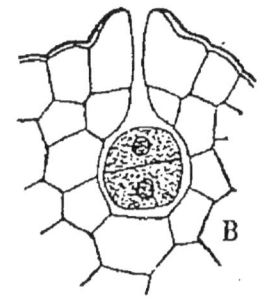

Fig. 542. — A, jeune archégone; B, archégone fécondé.

formant, à l'orifice du canal, une gouttelette gélatineuse destinée à retenir les anthérozoïdes qui arrivent à son contact.

335. Fécondation et développement de l'œuf. — L'anthérozoïde, provenant de la microspore, pénètre par le canal dans l'oosphère et de la réunion des deux éléments mâle et femelle résulte *l'œuf*.

L'œuf se segmente en deux cellules, l'une supérieure, l'autre inférieure (fig. 542, B); la supérieure (fig. 543) se segmente à son tour et produit un filament qui, en s'allongeant, enfonce dans l'endosperme nutritif la cellule inférieure déjà divisée et devenue l'embryon. Dans la figure 543, on peut voir le suspenseur soutenant l'embryon dans lequel on remarque déjà la cellule initiale

BOTAN.

S qui donnera naissance à tous les tissus par voie de segmentation rapide sur ses faces latérales, comme il a été dit pour les Fougères.

On peut voir aussi sur la figure 541 un embryon en place déjà très développé et enfoncé dans l'endosperme qu'il digère en grandissant. Une fois l'endosperme complètement absorbé, l'embryon débarrassé de la macrospore s'enracine, se développe et reproduit une Sélaginelle feuillée.

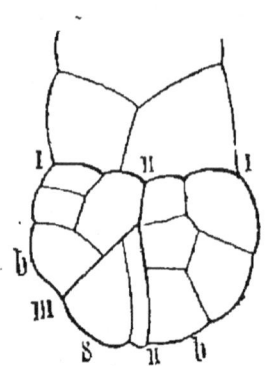

Fig. 543. — Embryon de Sélaginelle. — 1, 1, première cloison séparant le suspenseur de l'embryon; S, cellule initiale.

Il est impossible de ne pas remarquer l'analogie qui existe entre la microspore et le grain de pollen d'une part, entre la macrospore et l'ovule des gymnospermes d'autre part ; on comprend donc que certains auteurs n'aient pas hésité à appeler *prothalle*, chez les Conifères, ce que les autres appellent endosperme ; en outre, à quelques différences près, il y a une très grande analogie entre la reproduction des Sélaginelles et celle des Fougères. Les Sélaginelles établissent donc très nettement le passage, au point de vue de la reproduction, entre les Phanérogames d'une part, et les Cryptogames vasculaires de l'autre.

Rhizocarpées.

336. Aspect xtérieur. — Prenons comme type le *Salvinia natans*. C'est une plante herbacée (fig. 544) annuelle, flottant à la surface de l'eau. Ses feuilles, plates, disposées par groupes, sont portées par une tige qui n'a aucun lien avec le sol. En face de chaque groupe de feuilles se trouve un faisceau de filaments radiciformes qui plongent dans l'eau. Ce ne sont pas de vraies racines, mais des feuilles modifiées jouant le rôle de racines.

337. Appareils reproducteurs.

— A la base de la feuille

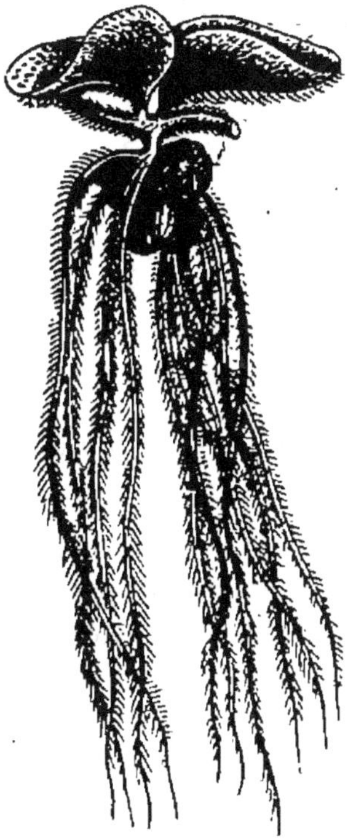

Fig. 544.
Salvinia natans.

Fig. 545. — *i*, sporocarpes à microsporanges ; *a*, sporocarpe à macrosporange (*Salvinia natans*).

submergée radiciforme, on voit un petit nombre de sphéroïdes, noirs, quand ils sont mûrs et qui ont reçu le nom de *sporocarpes*. Leur parois sont doubles, c'est-à-dire formées par deux assises de cellules, entre lesquelles se trouvent des lacunes aérifères dirigées suivant les méridiens de chaque sphéroïde (fig. 545). A l'intérieur, le pédicelle du sporocarpe se prolonge en une colonnette sur laquelle sont attachés les *sporanges*. Si l'on veut comparer l'appareil sporifère du *Salvinia* à l'appareil analogue d'une Fougère quelconque, on voit que le groupe de sporanges attaché à la colonnette centrale peut être assimilé à un sore et que le sporocarpe n'est autre chose qu'une indusie très développée et hermétiquement close. Certains sporocarpes ne renferment que des *microsporanges*, les autres ne renferment que des *macrosporanges*.

A la maturité les sporocarpes se détachent de la tige et flottent dans l'eau. En hiver, leurs parois se dissocient et les sporanges, mis en liberté, germent au printemps suivant.

338. Microsporange et Microspores. — Les microspores sont très nombreuses dans le microsporange. Seulement, comme elles y sont plongées dans une masse mucilagineuse durcie qui remplit tout l'espace qu'elles n'occupent pas, elles ne peuvent pas sortir du sporange et se disséminer. Elles germent donc à l'intérieur même du sporange.

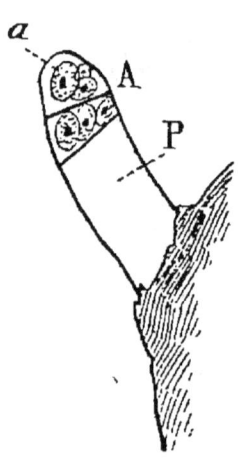

Fig. 548. — Prothalle mâle provenant de la microspore d'un *Salvinia*.

Chaque microspore produit alors un tube assez semblable à un prothalle ou à un tube pollinique ; ce tube perce l'exospore, perce le mucilage qui enveloppe la spore, perce l'enveloppe du sporange et vient faire saillie à l'extérieur, de sorte qu'on voit souvent des microsporanges hérissés, sur tout leur pourtour, d'un certain nombre de petits tubes saillants qui ne sont autres que les petits prothalles mâles rudimentaires, émis par les microspores emprisonnées à l'intérieur du microsporange (fig. 548).

Chaque prothalle tubulaire, par une cloison transversale, isole son extrémité qui contient un protoplasme abondant. La cellule terminale ainsi formée se divise à son tour en deux cellules, et chacune de ces cellules forme 4 anthérozoïdes qui deviennent libres par la déhiscence des parois des cellules anthéridiques.

Les anthérozoïdes ont une forme hélicoïde et sont munis d'un grand nombre de cils vibratiles qui leur servent à se mouvoir dans l'eau.

339. Macrosporange et Macrospore.

— Le macrosporange commence par se diviser en un grand nombre de cellules. Mais une seule de ces cellules se développe en spore en étouffant toutes les autres, de sorte

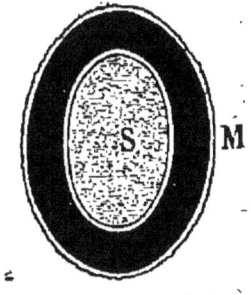

Fig. 547. — Schéma d'une macrospore.

qu'en définitive, dans chaque macrosporange, on ne trouve *qu'une seule macrospore* qui remplit tout le macrosporange.

L'appareil femelle du *Salvinia* comprend donc, de dehors en dedans (fig. 547) : 1° l'enveloppe du macrosporange ; 2° une masse mucilagineuse durcie, l'épispore ; 3° la macrospore S. Celle-ci se divise en deux cellules par une cloison en forme de calotte. La cellule inférieure, très grosse, ne se divise pas, elle constitue une réserve nutritive qu'on nomme l'endosperme.

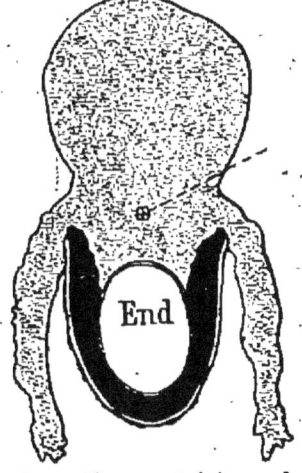

Fig. 548. — Schéma de prothalle femelle d'un *Salvinia*.

Quant à la petite cellule supérieure, elle grandit, déchire l'exospore, l'épispore, la paroi du macrosporange, et vient faire saillie à l'extérieur où elle se cloisonne et constitue un prothalle qui verdit, même à l'obscurité. Ce prothalle prend une forme pyramidale. Les deux arêtes latérales de la pyramide se prolongent en ailes, qui redescendent le long du sporange (fig. 548), et c'est sous la troisième arête, ou arête dorsale, que se

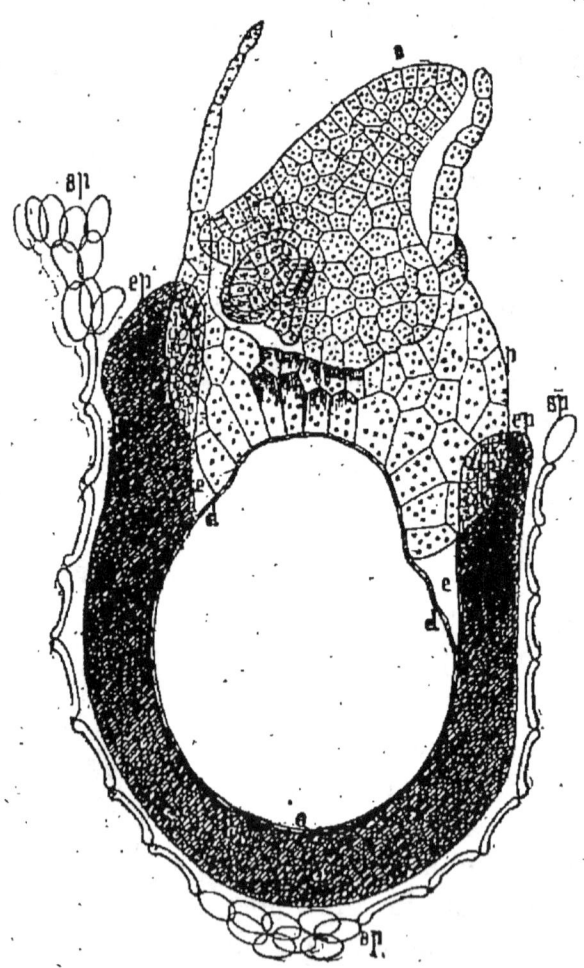

Fig. 549. — *Salvinia natans*. Coupe longitudinale d'une macrospore. *p*, prothalle; *ep*, épispore; *sp*, enveloppe du macrosporange.

développe, toujours de la même façon, le premier archégone. Un ou deux autres apparaissent à ses côtés

RHIZOCARPÉES

et s'ils ne sont pas fécondés, il peut s'en produire d'autres encore sur la face antérieure; mais jamais ce prothalle ne donne d'anthéridies. C'est donc un prothalle exclusivement femelle.

340. Développement de l'œuf. — L'œuf formé par la réunion d'un anthérozoïde avec l'oosphère d'un archégone, se transforme comme d'habitude en un embryon qui, pendant son premier développement, épuise le prothalle et l'endosperme, et devient peu à peu un pied ordinaire de *Salvinia*.

La figure 549 montre l'embryon S qui se développe sur le prothalle *p* et à ses dépens.

341. Familles voisines des Salviniacées. — A côté des Sal-

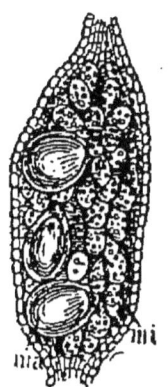

Fig. 550. — Logette de *Marsilia salvatrix* contenant à la fois des microsporanges et des macrosporanges.

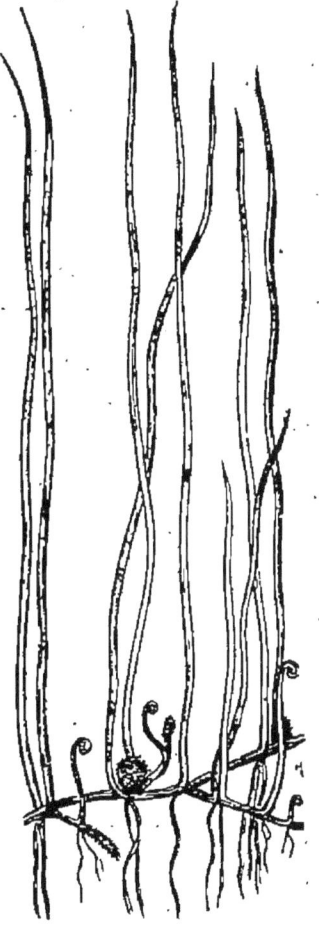

Fig. 551.
Pilularia globulifera.

viniacées, se placent les Marsiliacées qui n'en diffèrent guère que parce que les sporocarpes renferment à la fois des sporanges mâles et des sporanges femelles (fig. 550), c'est-à-dire des microsporanges et des macrosporanges.

Les Pilularia se distinguent des Marsilia par leurs feuilles réduites au pétiole (fig. 553).

Classification des Cryptogames vasculaires.

342. Caractères. — Plantes munies de feuilles, tiges et racines, mais sans fleurs, présentant, dans leur reproduction, des générations alternantes.

Plantes à ramification latérale..
- une seule sorte de spores..........
  - prothalle monoïque. **Fougères.**
  - prothalle dioïque... **Equisétacées.**
- deux sortes de spores............... **Rhizocarpées.**

Plantes à ramification dichotomique, au moins en ce qui concerne la racine.................................. **Lycopodiacées.**

CHAPITRE II

EMBRANCHEMENT DES MUSCINÉES

343. Division des Muscinées. — Il y a deux types à étudier : les Mousses et les Hépatiques qui se distinguent les unes des autres, surtout par leur appareil végétatif.

1° Mousses.

344. Mode de végétation. — L'appareil végétatif d'une Mousse est des plus simples : il se réduit à une tige dressée, couverte de feuilles vertes serrées les unes contre les autres. La Mousse puise l'humidité dans le sol par un grand nombre de poils incolores nommés des *rhizoïdes*.

345. Structure de la tige, de la feuille et des rhizoïdes. — Une section transversale de la tige montre qu'elle est à structure homogène, c'est-à-dire qu'il est impossible d'y retrouver les différentes zones que nous avons rencontrées dans la tige des végétaux supérieurs. Parfois cependant, les cellules qui occupent la partie axile s'allongent un peu dans le sens de l'organe, et épaississent leurs parois; mais elles ne deviennent jamais de vrais vaisseaux (fig. 552) car elles ne perdent pas leur contenu protoplasmique.

Les feuilles sont réduites à un seul plan de cellules contenant de la chlorophylle. Cependant la ligne médiane est marquée par une sorte de cordon pluricel-

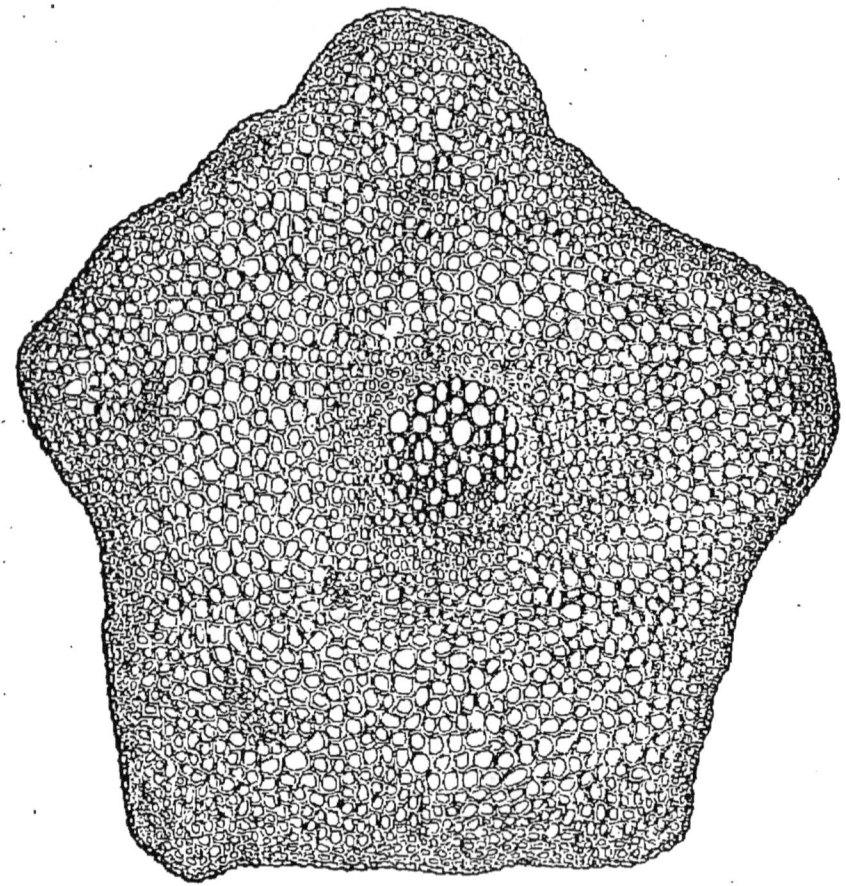

Fig. 5.2. — Une tige de Mousse.

lulaire dont les cellules, allongées comme celles du centre de la tige, semblent être des vaisseaux rudimentaires. Ce cordon est une ébauche de nervure.

Quant aux rhizoïdes, ils sont formés de cellules toutes semblables, où il est impossible de distinguer même une ébauche de tissu vasculaire.

MOUSSES

Quand une tige se ramifie, le rameau prend toujours naissance au-dessous d'une feuille; il y a donc, ici encore, une relation étroite entre la situation des feuilles et celle des rameaux.

346. Reproduction. — Nous trouvons encore, chez les Mousses, ce que l'on est convenu d'appeler des générations alternantes.

Prenons comme exemple une Mousse commune, la Mousse qui se développe abondamment sur les ronds de charbonniers, le *Funaria hygrometrica*.

A l'extrémité de la tige, se trouve une rosette de feuilles figurant une sorte de coupe ou de réceptacle, et à laquelle on donne le nom d'*involucre*. Dans certaines de ces coupes se développent des anthéridies, dans d'autres, portées par d'autres pieds de mousses, naissent des archégones. La plante que nous étudions est donc *dioïque*.

347. Anthéridies. — L'anthéridie a la forme d'une

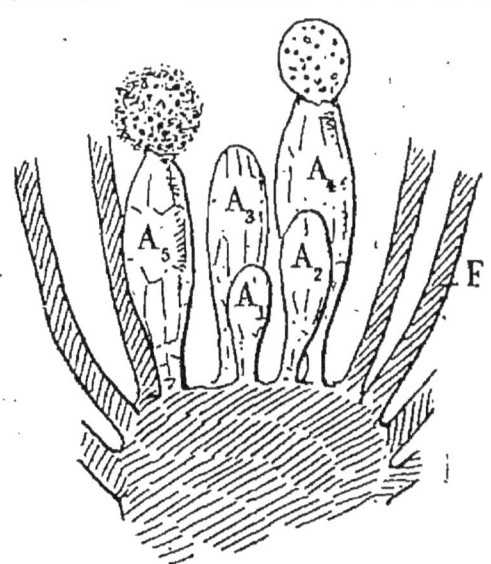

Fig. 553. — Involucre mâle d'une Mousse.

massue (fig. 553); elle est supportée par un court pédicelle. La paroi de l'anthéridie est formée d'une seule couche de cellules, enveloppant un massif central constitué par un grand nombre de cellules dont chacune donne naissance à un anthérozoïde. A cet effet, le noyau de la cellule s'allonge de façon à prendre l'aspect d'une sorte de têtard, épais à un bout, effilé à l'autre ; le bout effilé est prolongé par deux cils très allongés qui s'organisent dans le protoplasme. Ainsi le corps de l'anthérozoïde provient du noyau, et les cils vibratiles destinés à le faire mouvoir viennent du protoplasme de la cellule mère. Jusqu'à la maturité de l'anthéridie, chaque anthérozoïde reste pelotonné dans la cellule mère où il a pris naissance (fig. 554 *b*).

Fig. 554. — Anthéridie laissant échapper les anthérozoïdes.

Quand l'anthéridie est mûre, elle se déchire au sommet (fig. 554 *a*) et toutes les cellules sortent par l'ouverture. Si l'involucre, au fond duquel se dresse l'anthéridie, contient une goutte d'eau, les parois mucilagineuses des cellules mères se dissolvent, rendant libres les anthérozoïdes qui, au moyen de leurs cils, se mettent aussitôt à nager dans le liquide.

348. Archégone. — Si l'on examine un involucre femelle, on voit, au fond de cet involucre, des sortes de bouteilles à long col ce sont les archégones (fig. 555).

Les parois du ventre de l'archégone ont plusieurs épaisseurs de cellules et, au centre, se trouve une cellule arrondie, l'*oosphère*.

La paroi du col comprend une seule assise de cellules. Quant au canal qui en occupe l'axe, il a été, comme toujours, ouvert par une *cellule du canal* provenant elle-même d'un dédoublement de la cellule centrale.

Une fois son rôle rempli, la cellule du canal se détruit, et de sa destruction résulte une gouttelette gélatineuse qui fait saillie à l'orifice du canal.

349. Fécondation. — Qu'un anthérozoïde, en nageant dans l'eau qui remplit souvent l'involucre après une pluie, rencontre l'extrémité du col d'un archégone, aussitôt, par le col de l'archégone, il pénètre jusqu'à l'oosphère qu'il féconde. L'œuf, résultant de la pénétration de l'anthérozoïde, s'entoure immédiatement de cellulose et devient propre à germer.

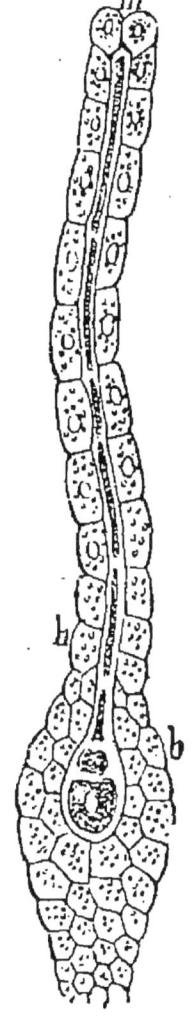

Fig. 555.
Archégone de Mousse.

350. Développement de l'œuf. — A peine formé, l'œuf germe dans l'archégone même.

Il se divise en deux cellules superposées qui subissent rapidement de nouveaux cloisonnements, et donnent naissance à un embryon ayant la forme d'un long filament E, qui grandit à la fois par son sommet et par sa base. Il en résulte qu'il s'enfonce, se greffe, en quelque sorte, dans le sommet de la tige sur laquelle se trouve l'archégone (fig. 556), et y puise la nourriture nécessaire à son développement.

Mais, avons-nous dit, l'embryon s'allonge aussi par son sommet, exerçant une traction sur l'archégone dans lequel il est enfermé. Celui-ci, obéissant, pendant un certain temps, à la traction de l'embryon, s'allonge en même temps que lui ; mais bientôt l'étirement qu'il subit dépasse les limites de sa capacité de croissance ; il cède à l'effort exercé par l'embryon et se déchire. L'embryon, en continuant à s'allonger, emporte donc à son sommet les débris de l'archégone, qui lui constituent une sorte de chapeau qu'on nomme la *coiffe*.

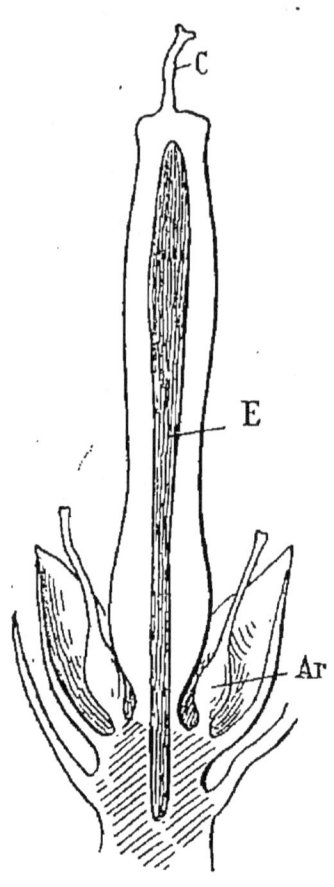

Fig. 556.
Développement de l'embryon.

En même temps, le sommet de l'embryon s'épaissit, s'organise et prend l'aspect d'une urne; de sorte que l'embryon complètement développé, est formé d'un long pédicelle, la *soie*, greffé sur le sommet de la tige, et qui porte, à son extrémité, une urne, la *capsule*, recouverte par la *coiffe*. La soie, la capsule et la coiffe, forment ce qu'on nomme le *sporogone* : c'est, en effet, dans la capsule que se développent les spores (fig. 557).

La base de la soie s'insère au centre d'un bourrelet circulaire auquel on donne le nom de *vaginule*. La vaginule est due à une prolifération des tissus du sommet de la tige.

Fig. 557. — Sporogone de *Funaria hygrometrica*.

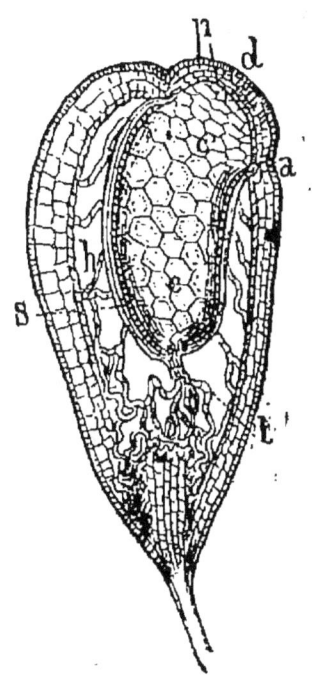

Fig. 558. — Sporange de *Funaria hygrometrica* (coupe longitudinale) c, columelle ; d, opercule ; a, anneau ; S, cellules mères des spores.

351. Structure de la capsule (fig. 558). — La capsule est d'abord formée d'un tissu cellulaire compact et homogène. Mais une grande lacune h ne tarde pas à se former entre les couches superficielles formant la paroi, et le massif cellulaire central. La paroi est d'ailleurs reliée par des trabécules cellulaires t, au tissu qui occupe le centre de la capsule.

Ensuite certaines cellules S, disposées tout autour du massif cellulaire central, à une profondeur de deux ou trois épaisseurs de cellules, deviennent plus granuleuses. Chacune d'elles se divise en 4 autres cellules qui deviennent des spores par le procédé connu, et déjà étudié lorsqu'il s'est agi de la formation des grains de pollen. Les cellules S sont donc les cellules mères des spores. Le tissu C, qui est à l'intérieur des cellules mères, se nomme la *columelle*.

Déhiscence de la capsule. — Quand les spores sont constituées et que le sporogone est mûr, le couvercle *d* ou *opercule* se détache le long d'un anneau *a* et tombe, découvrant la partie supérieure de l'assise S qui contient les spores, dont la sortie et la dissémination deviennent dès lors possibles.

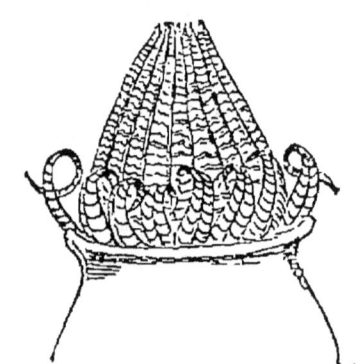

Fig. 559. — Le Péristome.

Certaines membranes cellulaires lignifiées persistent sur les bords de la capsule, après la chute de l'opercule. Elles y forment des dents souvent fort élégantes, et dont l'étude est très importante lorsqu'il s'agit de faire la classification des Mousses. Ces dents constituent, par leur ensemble, ce qu'on nomme le *Péristome* (fig. 559).

352. Germination de la spore. — La spore tombant sur un sol humide, y germe (fig. 560). Cette spore a une double enveloppe : une *exospore* cutinisée, et une *endospore* cellulosique. La spore se gonfle d'eau, et l'endospore fait saillie en déchirant l'exospore. Il se produit ainsi un long filament vert, segmenté en cellules, plusieurs fois ramifié, qu'on appelle le *Protonema*. C'est un véritable prothalle, tout à fait comparable à celui des Cryptogames vasculaires. En certains points on voit naître par bourgeonnement sur le prothalle même, des appareils polycellulaires K qui se développent, grandissent, se différencient, et deviennent la tige feuillée, capable de produire des anthéridies et des archégones.

On voit, en résumé, que chez les Mousses, comme chez les Fougères, il y a alternance de générations : 1° on remarque d'abord une reproduction sexuée par anthéridies et archégones, qui donne le sporogone d'où sortent les spores ; 2° Une reproduction asexuée par spores. La spore, en germant, donne un proto-

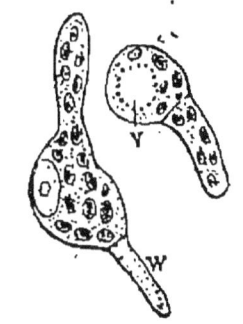

Fig. 560.
Spores germant.

Fig. 561. — Le Protonéma formé par la germination de la spore.

néma sur lequel, par bourgeonnement, prend naissance une tige feuillée qui produit anthéridies et archégones.

La différence entre le mode de reproduction et de développement des Mousses et celui des Fougères est que, chez les Fougères, la tige feuillée provient de la reproduction sexuée, tandis que chez les Mousses, la tige feuillée provient de la reproduction asexuée.

353. Autre mode de reproduction. —
Chez certaines Mousses, il n'est pas rare de rencontrer des sortes de bourgeons qui se développent au sommet de certaines tiges (fig. 562) et qui portent le nom de *propagules*; lorsqu'une propagule se détache et tombe sur le sol humide, elle y germe, grandit, et reproduit directement une tige feuillée.

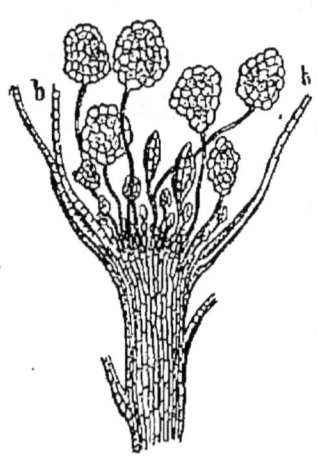

Fig. 562.
Propagules de Mousses.

C'est plutôt là une *multiplication*, une sorte de bouturage, qu'une reproduction proprement dite. Mais il y a beaucoup de Mousses chez lesquelles il est très rare

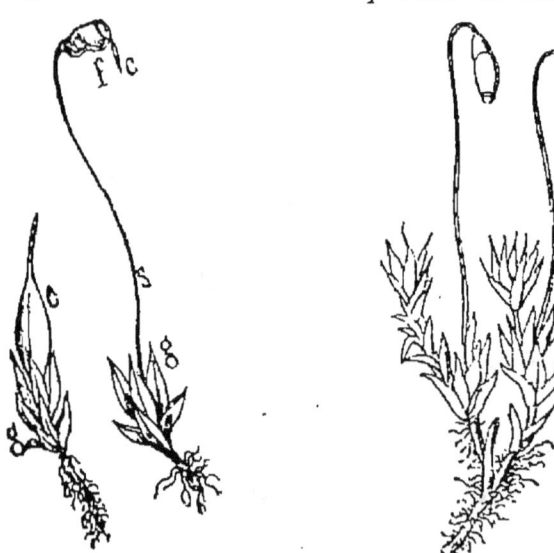

Fig. 563. — Mousse acrocarpe. Fig. 564. — Mousse pleurocarpe.

de rencontrer les appareils reproducteurs que nous

avons décrits, et qui ne se multiplient pas autrement que par propagules.

354. Classification des Mousses. — Quand les organes reproducteurs et, par suite, le sporogone auquel ils ont donné naissance, se trouvent au sommet même de la tige principale, la Mousse est dite *acrocarpe* (fig. 563). Elle est *pleurocarpe* (fig. 564) quand les organes reproducteurs sont au sommet de rameaux latéraux.

On divise les Mousses en quatre grands groupes. Le tableau suivant résume la classification.

MOUSSES...
- la couche sporigène cylindrique, entoure une columelle allant jusqu'au sommet du sporange..
  - Capsule s'ouvrant par la chute d'un opercule.. **Bryacées**.
  - Capsule indéhiscente... **Phascacées**.
- la couche sporigène, en forme de cloche, recouvre la columelle comme d'une calotte............
  - Déhiscence de la capsule par 4 valves.......... **Andræacées**.
  - Déhiscence de la capsule par une fente circulaire qui détache une calotte. **Sphagnacées**

Les *Bryacées* renferment la plupart des Mousses de nos pays.

Les *Sphagnum*, ou Mousses des tourbières, sont importantes en ce sens que c'est avec leurs débris que se constitue la tourbe. La tige est entourée d'une gaine de cellules mortes, dont les parois sont perforées de larges ouvertures circulaires. De sorte qu'il suffit que l'extrémité inférieure de la tige plonge dans l'eau, pour que toute la tige s'imbibe par capillarité, comme le ferait une éponge. Et, en effet, il n'y a jamais de vivant, dans une Sphaigne, que les extrémités des rameaux et des tiges, leurs parties inférieures mortes, mais persistantes, ne servant plus qu'à puiser l'eau et à la conduire aux parties terminales vivantes.

524 EMBRANCHEMENT DES MUSCINÉES

Les feuilles ont une structure assez particulière. Elles n'ont qu'un plan de cellules; mais ces cellules sont de deux sortes : les unes, petites et pleines de

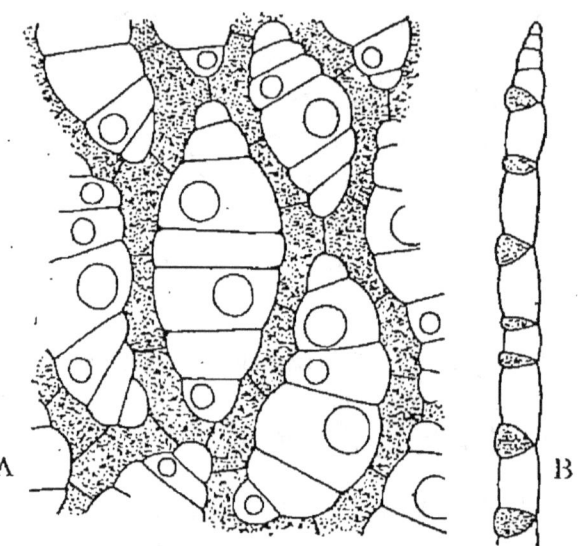

Fig. 565. — Feuille de *Sphagnum*. — A, vue de face; B, vue de profil.

chlorophylle, forment un réseau dont les larges mailles sont occupées par de grandes cellules incolores, mortes et perforées comme celles de la gaine de la tige, de sorte que les feuilles ont, elles aussi, une structure spongieuse qui leur permet de s'imbiber comme la tige.

355. Formation de la tourbe et de la houille. — Les Sphaignes se développent très bien dans une eau limpide à écoulement lent. Quand toutes ces conditions sont réunies, les Sphaignes prospèrent et leurs parties inférieures, mortes, allant sans cesse en s'accumulant au fond de l'eau, finissent par former une masse feutrée, compacte, qui, se décomposant lentement à l'abri de l'air, perd ses produits volatils, Oxygène, Hydrogène et carbures d'hydrogène, si bien que, peu à peu, la matière en voie de décomposition tend à ne plus conserver que son Carbone : c'est la *Tourbe* que l'on exploite comme combustible dans certaines régions telles que la vallée de la Somme.

La *Houille* s'est constituée de la même façon pendant les périodes géologiques anciennes ; seulement, les végétaux aux dépens desquels elle s'est formée, sont surtout des Cryptogames vasculaires, Fougères, Equisétacées géantes, Lycopodiacées, et quelques Gymnospermes, Conifères ou Cycadées. Ces végétaux qui, à l'époque dite Houillère où ils vivaient, pouvaient acquérir des dimensions énormes, étaient arrachés aux forêts par les cours d'eaux. Ils étaient ensuite charriés dans des lacs ou dans des estuaires où, bientôt recouverts de limon par les apports continuels du fleuve, ils se décomposaient lentement de façon à se transformer peu à peu en Carbone presque pur, par la perte graduelle de leur Oxygène et de leur Hydrogène, ce dernier à l'état de carbures.

La décomposition n'est d'ailleurs pas encore complètement achevée à l'heure actuelle ; c'est ce qu'indiquent les dégagements de carbures volatils, tels que le grisou, qui s'effectuent couramment dans les mines de Houille.

L'*Anthracite* est un charbon plus pur que la Houille ; c'est une houille enfouie depuis plus longtemps et dont la carbonisation est, par conséquent, plus avancée.

Les *Lignites* sont formées par des débris végétaux enfouis depuis une époque relativement récente. Leur décomposition est donc peu avancée. Les lignites établissent, au point de vue de la richesse en Carbone, la transition entre la Houille et la Tourbe.

2° **Hépatiques.**

356. Mode de végétation et appareil végétatif.— Nous pouvons prendre comme exemple d'Hépatique, le *Marchantia polymorpha* que l'on rencontre un peu partout, sur le sol, dans les lieux humides.

Fig. 566. — *Marchantia polymorpha*. — A, pied femelle; B, pied mâle.

Le Marchantia ne présente pas de tiges feuillées : c'est cas ordinaire chez les Hépatiques. Son appareil végétatif est formé de plaques vertes (fig. 566) épaisses, charnues, très découpées, plus ou moins étroitement appliquées contre le sol. La face inférieure est plus pâle que la face supérieure et s'attache au sol par de nombreux poils.

Sur la lame végétative ou *fronde* du Marchantia, se dressent, de distance en distance, les appareils reproducteurs.

Une section transversale de la fronde montre qu'elle est formée de cellules toutes semblables : sa structure est donc homogène. Sur l'épiderme on voit de larges espaces vides, bordés de cellules : ce sont des stomates dont la forme particulière peut servir à caractériser le Marchantia. L'accroissement se fait au niveau de l'extrémité de chaque lobe par les cloisonnements successifs d'une cellule située au fond d'une petite échancrure.

357. Appareils reproducteurs. — Les appareils reproducteurs sont des sortes de plateaux surmontant des pédicelles dressés sur le bord des frondes (fig. 566). Ces appareils sont de deux sortes : les uns ont un plateau d'abord plat et rond (fig. 567), dont le bord ne tarde pas à se découper en lobes qui se relèvent et donnent au plateau une forme concave sur les bords, tandis que le centre reste convexe. C'est le *chapeau mâle*

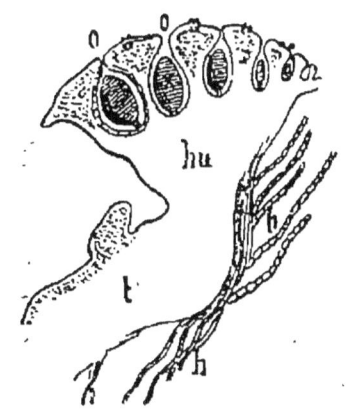

Fig. 567. — Chapeau mâle de *Marchantia polymorpha*.

qui porte les anthéridies sur sa *face supérieure*.

Le *chapeau femelle* est découpé en huit ou dix lobes

528   EMBRANCHEMENT DES MUSCINÉES

étroits (fig. 569). C'est *sous* le chapeau que se trouvent les archégones.

358. Anthéridies. — Chaque anthéridie (fig. 567) est logée au fond d'une dépression de la face supérieure du chapeau mâle et communiquant avec le dehors par un orifice étroit.

Le chapeau mâle est d'abord plat et une anthéridie naît (fig. 568, *a*) d'une cellule épidermique qui fait saillie comme un poil. Puis, cette cellule se divise pendant que le tissu voisin prolifère de façon à envelopper de tous côtés l'anthéridie en voie de formation et qui finit par se trouver ainsi au fond d'une sorte de puits (fig. 568, *b*).

Les divisions de la cellule mère de l'anthéridie ont pour effet de produire un pédicelle surmonté d'une masse ovoïde, composée, comme toujours, d'une paroi enfermant le massif des cellules mères des anthérozoïdes. La figure 568 *c*, montre ces différentes parties déjà ébauchées.

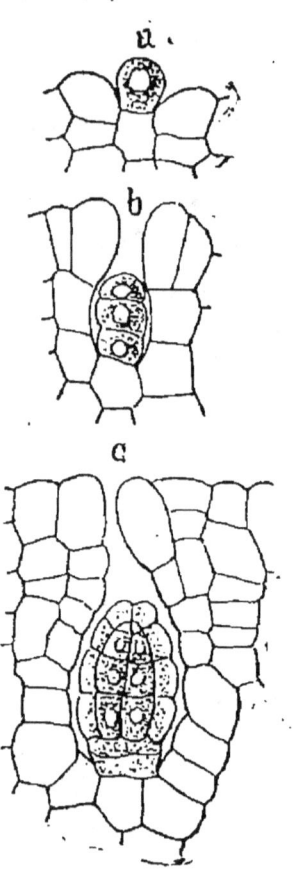

Fig. 568. — Développement de l'anthéridie.

Chaque cellule mère produit, comme il a été dit pour les Mousses, aux dépens de son noyau et de son protoplasme, un anthérozoïde à deux cils, qui sort par la déhiscence de l'anthéridie et se met aussitôt à tournoyer dans l'eau en agitant ses cils.

HÉPATIQUES

359. Archégones. — Sous le chapeau femelle (fig. 569), on remarque des groupes d'archégones organisés exactement comme ceux des Mousses. Chaque groupe d'archégone est enveloppé d'un repli foliacé connu sous le nom de *périchèze*.

De plus, chaque archégone est protégé par un repli saillant du chapeau (voir A fig. 570), sorte de bourrelet circulaire qui finit même par envelopper complètement l'archégone.

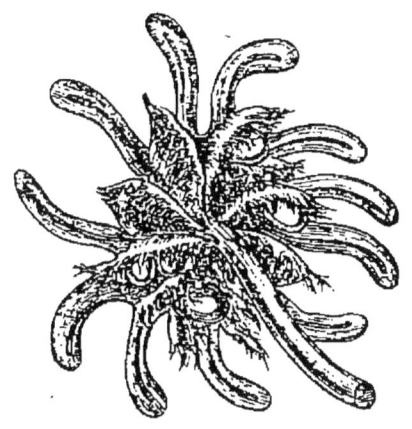

Fig. 569. — Chapeau femelle de *Marchantia polymorpha*.

360. Fécondation et développement. — La fécondation se fait, comme toujours, par la pénétration d'un anthérozoïde dans l'oosphère. L'œuf, aussitôt formé, s'enveloppe de cellulose et commence son évolution, de façon à devenir un sporogone analogue à celui des Mousses, mais moins différencié. Ce sporogone est aussi enveloppé d'une *coiffe*, qui

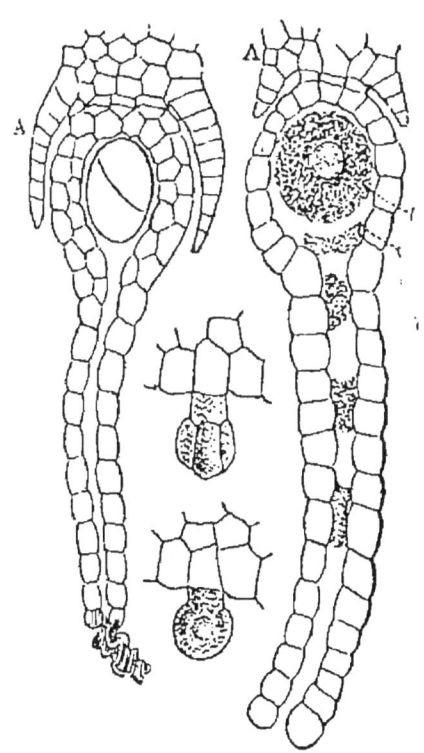

Fig. 570. — *Marchantia polymorpha*. Archégone et son développement.

BOTAN.

n'est autre que l'archégone. Il se compose d'une masse sphérique, portée par un pied très court enfoncé dans le tissu du chapeau. Sa paroi E comprend une seule assise de cellules, et son tissu général est formé d'un grand nombre de cellules qui n'évoluent pas toutes de la même façon. Les unes restent courtes : ce sont les *cellules mères* CM. Chacune d'elles produit 4 spores en tétrade, par le procédé plusieurs fois décrit. Les autres E*l*, très allongées, ornées d'épaississements lignifiés hélicoïdes, sont les *élatères* (fig. 571 et fig. 572).

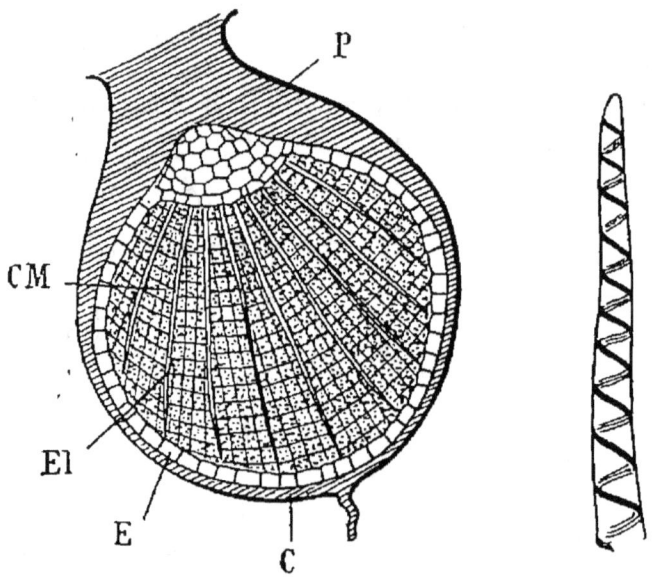

Fig. 571. — Sporogone d'hépatique. La partie ouverte représente le ventre de l'archégone.

Fig. 572. Une élatère.

Quand la déhiscence du sporogone se produit par la déchirure irrégulière de ses parois, les élatères, très hygrométriques, subissent l'influence de l'humidité, dont les variations déterminent chez elles des mouvements brusques ayant pour effet de projeter les spores hors du sporogone. Les élatères sont donc des organes de dissémination.

HÉPATIQUES

361. Germination de la spore. — La spore, en germant sur la terre humide, y produit un protonéma filamenteux très semblable à celui des Mousses, mais beaucoup plus rudimentaire et sur lequel se développent ultérieurement et par bourgeonnement, toujours comme chez les Mousses, les *frondes* de l'Hépatique.

362. Reproduction par propagules. — Chez les Hépatiques, on retrouve encore le mode de multiplication par propagules. On remarque sur la figure 566, des sortes de coupes minuscules, des conceptacles, qui contiennent un certain nombre de petites lames vertes, échancrées (fig. 573) : ce sont des propagules qui, détachées de la plante mère, peuvent germer

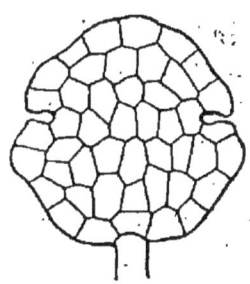

Fig. 573.
Une propagule.

Fig. 574.
Jungermannia.

et reproduire directement par la multiplication de ses cellules, un appareil végétatif d'Hépatique.

On voit qu'en somme, à quelques légères différences près, la reproduction des Hépatiques est presque calquée sur celle des Mousses.

363. Classification des Hépatiques. — On peut partager les Hépatiques en deux groupes :

1° Les Hépatiques à thalle....... *Marchantiacées;*
2° — à rameaux plus
ou moins foliacés (fig. 573)..... *Jungermanniées.*

Les Characées.

364. Mode de végétation. — Les Characées forment un petit groupe assez spécial et auquel il est difficile d'assigner une place dans la classification. Il ne comprend guère que deux genres : le genre *Chara*, qui a donné son nom au groupe, et le genre *Nitella*.

Prenons pour exemple le genre *Chara* et en particulier le *Chara fragilis*, abondant dans les eaux douces de nos pays. Il est complètement submergé et vit fixé au fond de l'eau par des sortes de racines. Il comprend un tronc cylindrique (fig. 575), portant de distance en distance des verticilles de rameaux attachés aux *nœuds.*

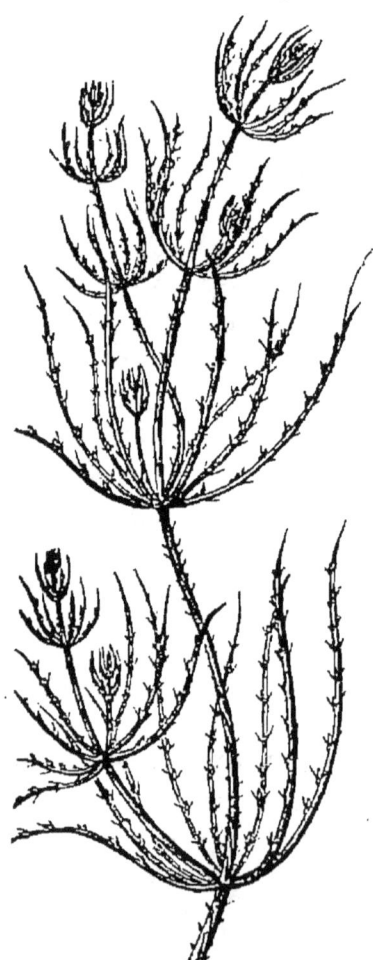

Fig. 575. — *Chara fragilis.*

Il y a toujours alternance entre les rameaux de deux verticilles consécutifs, c'est-à-dire qu'un rameau d'un verticille est toujours placé en face de l'intervalle qui sépare deux rameaux du

CHARACÉES

verticille immédiatement inférieur ou immédiatement supérieur.

Ces rameaux peuvent donner, eux aussi, naissance à des ramuscules verticillés. Seulement, tandis que, sur le tronc principal, tous les rameaux d'un verticille sont égaux et de même importance, les ramuscules du même verticille, nés sur un rameau, ont des dimensions inégales; de sorte que, dans l'ensemble, le rameau accuse une symétrie bilatérale, ce qui est, chez les végétaux supérieurs, la caractéristique des appendices de nature foliaire. On peut donc assimiler le tronc principal d'un *Chara* à une tige, puisque sa symétrie est axile, et les rameaux à des feuilles, puisque leur symétrie est bilatérale. Un argument de plus en faveur de cette manière de voir est que la croissance de la tige est illimitée, tandis que celle des rameaux est limitée. Enfin, c'est toujours à l'aisselle d'une de ces feuilles que se forme le bourgeon destiné à fournir une branche.

365. Structure de la tige.

— Un entre-nœud est formé par une seule cellule qui peut atteindre 10 ou 15 centimètres de long. C'est la cellule *internodale* EN (fig. 576). A chaque nœud se trouve une sorte de plateau formé par un plan de petites cellules nodales N. Ces cellules N, en se développant et se cloisonnant, produisent les ramifications foliaires (fig. 576).

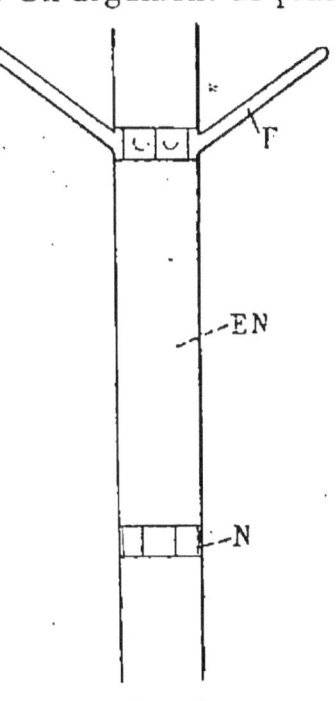

Fig. 576.
Schéma d'une tige de *Chara*.

366. Reproduction. — La reproduction est uniquement sexuée. Certaines feuilles se différencient et deviennent, les unes des anthéridies, les autres des archégones particuliers qui ont reçu le nom d'*oogones*.

Anthéridie. — L'anthéridie, *a* (fig. 577), est une sphère creuse, rouge, dont la paroi est formée par 8 cellules

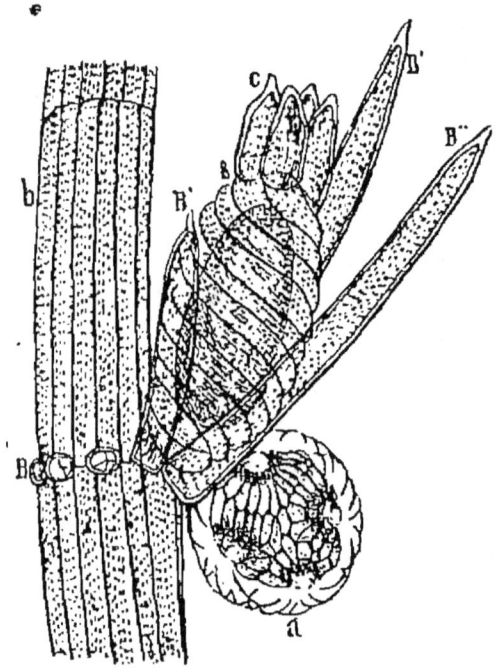

Fig. 577. — Nœud portant les appareils reproducteurs.

plates, triangulaires, à bords lobés, et nommées *écussons*. Chaque écusson (fig. 578) porte en son centre une cellule cylindrique, M, le *Manubrium*, terminé lui-même par une *tête*, T. Sur la tête, sont groupées 6 cellules arrondies, les *têtes secondaires t*, qui portent chacune 4 longs filaments *f*, les *fouets*, enroulés sur eux-mêmes et qui remplissent toute la cavité de l'anthéridie (fig. 579).

Un fouet est divisé en cellules aplaties qui ne sont

autres que les cellules mères des anthérozoïdes (fig. 580).

Chacune des cellules du fouet transforme son noyau en un anthérozoïde. Ces anthérozoïdes,

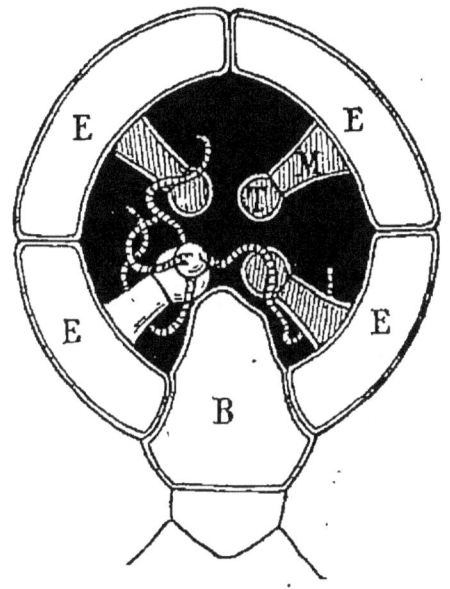

Fig. 579. — Schéma d'une anthéridie. On n'a laissé subsister qu'une seule tête secondaire avec ses 4 fouets anthéridiques.

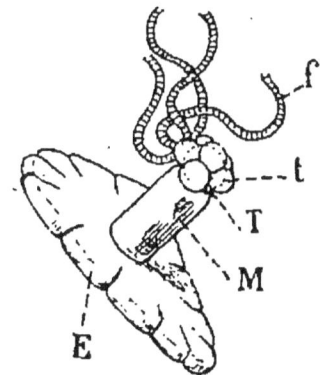

Fig. 578. — Détail d'un écusson de l'anthéridie.

terminés par deux longs cils comme ceux des Mousses, sont mis en liberté par la destruction des parois de leurs cellules mères et par la déhiscence de l'anthéridie.

367. L'Oogone. — L'oogone mûr (fig. 581) est elliptique et porté par un court pédicelle B, formé d'une seule cellule qui est une cellule internodale d'un rameau. Cette cellule basilaire est surmontée de 6 cellules nodales, une centrale N et cinq périphériques P.

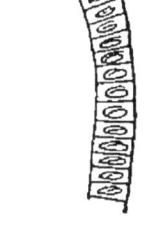

Fig. 580. — Cellules mères des anthérozoïdes.

La cellule centrale se prolonge en un coussinet pluricellulaire qui se termine par une grosse cellule, l'oosphère O. Les cinq cellules nodales périphériques P, prennent l'aspect de cinq tubes enroulés en hélice autour de l'oosphère, de façon à lui former un revêtement protecteur. Chacune de ces cinq longues cellules se termine à son sommet par deux petites cellules C. Il y a donc au pôle de l'oogone une sorte de petite couronne, la *coronule*, formée par les 10 cellules terminales des 5 cellules pariétales P.

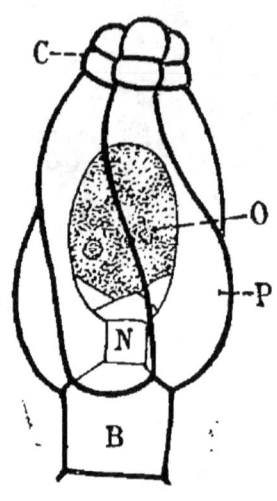

Fig. 581.
Un oogone mûr.

368. Fécondation. — A la maturité, les cellules de la coronule s'écartent latéralement, tout en restant unies par leur sommet. Il en résulte 5 ouvertures en boutonnières par lesquelles l'eau et les anthérozoïdes qu'elle contient, peuvent pénétrer jusqu'à l'oosphère et la féconder.

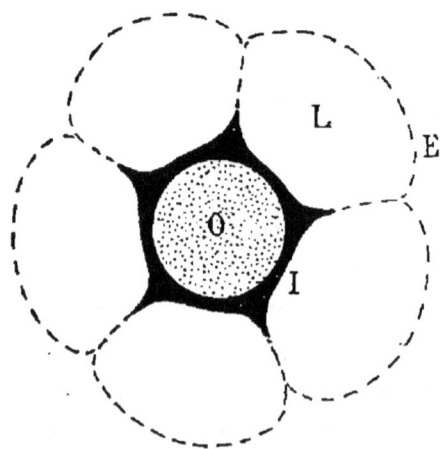

Fig. 582. — Section de l'œuf.

L'œuf, une fois formé, s'entoure de cellulose. En même

temps, les parois des cellules pariétales qui sont en contact direct avec l'œuf se lignifient et les membranes externes disparaissent, de sorte que l'œuf se trouve enveloppé d'un tégument protecteur lignifié, sur lequel on voit, en relief, des lignes spirales qui ne sont autres que les vestiges des cloisons latérales des cellules d'enveloppe de l'oogone. La figure 582 représente une section transversale schématique de l'œuf enveloppé des membranes internes lignifiées, I, des cellules latérales L. Les parois externes E ont disparu.

369. Développement de l'œuf. — L'œuf, en germant, produit une sorte de prothalle rudimentaire avec nœuds et entre-nœuds. Le premier nœud produit uniquement des rhizoïdes, *w* ; puis une cellule périphérique du nœud suivant, au lieu de produire une feuille, donne naissance à la tige ordinaire (fig. 583).

370. Place des Characées dans la classification. — La forme des anthérozoïdes des Characées et la présence de feuilles le long de la tige, rapprochent évidemment les Characées des Mousses; mais elles s'en éloignent par la structure rudimentaire de leurs organes végétatifs qui les rend très voisines des Algues, dont nous allons maintenant nous occuper.

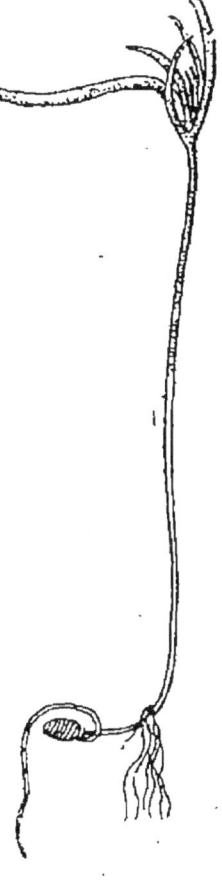

Fig. 583.
Œuf germant.

CHAPITRE III

EMBRANCHEMENT DES THALLOPHYTES

371. Appareil végétatif. — Les Thallophytes sont des végétaux chez lesquels l'appareil végétatif est extrêmement réduit et très peu différencié. Il est impossible d'y distinguer une tige, des feuilles et des racines. On donne à cet appareil végétatif le nom de *Thalle*, d'où le nom de Thallophytes appliqué à l'embranchement tout entier.

372. Algues et Champignons. — L'embranchement des Thallophytes est assez hétérogène. Cependant, il est possible d'y faire une coupure assez nette et de séparer les Thallophytes en deux classes bien distinctes, la Classe des *Algues* et celle des *Champignons*. Les Algues sont des végétaux aquatiques ou, tout au moins, exigeant pour vivre un milieu très humide. Ils sont pourvus de chlorophylle. Ils peuvent donc se suffire à eux-mêmes et puiser directement dans l'air, le Carbone dont ils ont besoin.

Les Champignons n'ont pas de chlorophylle. Ne pouvant donc pas décomposer l'acide carbonique de l'air, ils sont obligés de prendre le Carbone qui leur est nécessaire à des substances organiques vivantes ou mortes. S'ils vivent aux dépens de substances mortes, on dit qu'ils sont *saprophytes*; s'ils vivent aux dépens d'êtres vivants, animaux ou végétaux, on dit qu'ils sont *parasites*.

LES ALGUES

373. Préliminaires. — Les Algues sont, d'après ce que nous venons de dire, d'une organisation bien supérieure à celle des Champignons, puis qu'elles renferment de la chlorophylle; c'est donc par elles que nous commencerons.

Seulement, comme leur nombre est immense, nous ne pourrons nécessairement pas les passer toutes en revue dans un ouvrage aussi élémentaire; nous prendrons donc un certain nombre de types dont nous ferons l'histoire, de façon à donner une idée précise du groupe entier, et à établir une base solide d'instruction sur laquelle, au moyen d'ouvrages spéciaux, le lecteur pourra asseoir, s'il le désire, des connaissances plus complètes et plus approfondies.

Nous conserverons l'ordre jusqu'à présent suivi dans ce livre, en commençant l'étude des Algues par celle d'une Algue bien caractérisée, le *Fucus vesiculosus*, pour descendre ensuite l'échelle jusqu'aux types les plus inférieurs.

1° Algues brunes.

374. Fucacées. Appareil végétatif. — Les Fucacées font partie de la grande famille des *Algues brunes* qui, presque toutes, vivent dans la mer. Chez ces Algues, les corps chlorophylliens renferment, outre la chlorophylle, un pigment brunâtre, la *phycophéine*, qui peut être assez abondante pour masquer la chlorophylle. Cette phycophéine se dissout lentement dans l'eau douce, à la température ordinaire quand la plante est morte ; mais elle est instantanément enlevée par l'eau bouillante.

Le *Fucus vesiculosus*, type de cette famille, est très abondant sur nos côtes, où il couvre souvent d'une couche épaisse les rochers que la mer découvre à marée basse. Son thalle est très découpé (fig. 584) et présente, de distance en distance, des renflements vésiculeux et remplis d'air qui lui ont fait donner son nom. Les extrémités de certaines frondes sont renflées et pustuleuses : c'est là que se trouvent les organes reproducteurs. Les frondes présentent une sorte de nervure, mais où l'on ne trouve pas trace de vaisseaux. Toute la plante est fixée au support par des sortes de crampons.

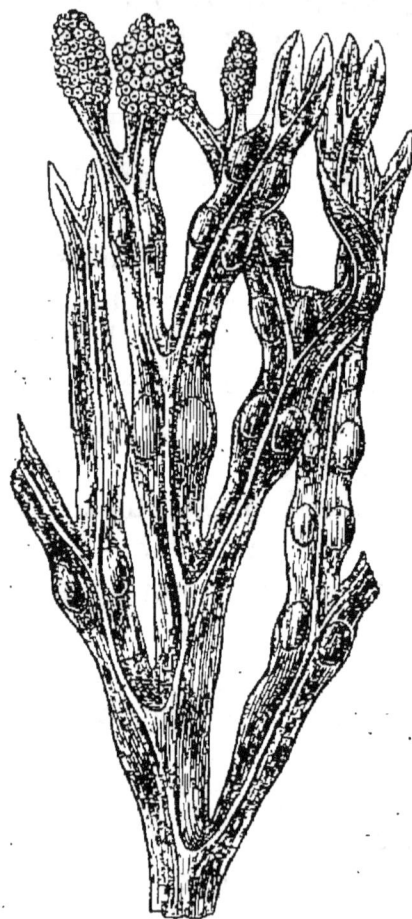

Fig. 584. — *Fucus vesiculosus*.

375. Reproduction. — Le *Fucus vesiculosus* est dioïque et ne se reproduit que par œufs.

Considérons un pied mâle. Faisons une section

ALGUES BRUNES

transversale dans la région pustuleuse de l'extrémité d'une fronde, nous y verrons le tissu de l'Algue creusé d'un certain nombre de poches très profondes, nommées *conceptacles*, communiquant avec l'extérieur par une étroite ouverture, l'*ostiole*. Ce conceptacle est tapissé par l'épiderme général qui y a produit un feutrage très serré de poils (fig. 585).

Dans les conceptacles mâles, au milieu de poils

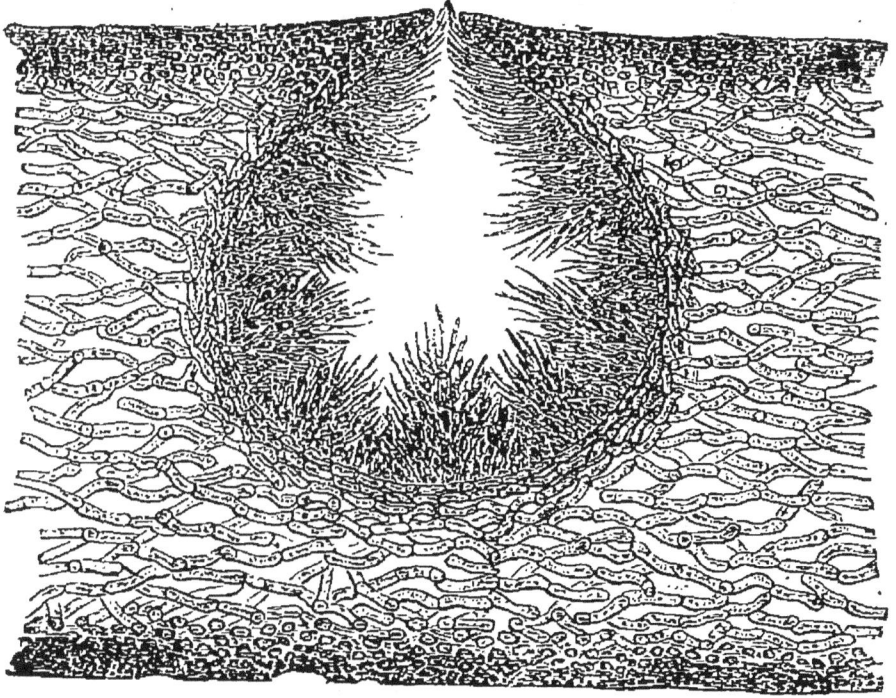

Fig. 585. — Conceptacle mâle de *Fucus vesiculosus*.

stériles nommés *paraphyses*, on voit de nombreux poils ramifiés (fig. 586) et pluricellulaires, dont certaines ramifications se renflent et se remplissent d'un protoplasme très granuleux et très réfringent : ce sont les anthéridies. Le noyau de chaque anthéridie se divise rapidement en un grand nombre de noyaux, et chacun des nouveaux noyaux s'enveloppe d'une portion du protoplasme général ; si bien que la masse protoplasmique de l'anthéridie ne tarde pas à être décomposée en un grand nombre de petits corps arrondis ayant

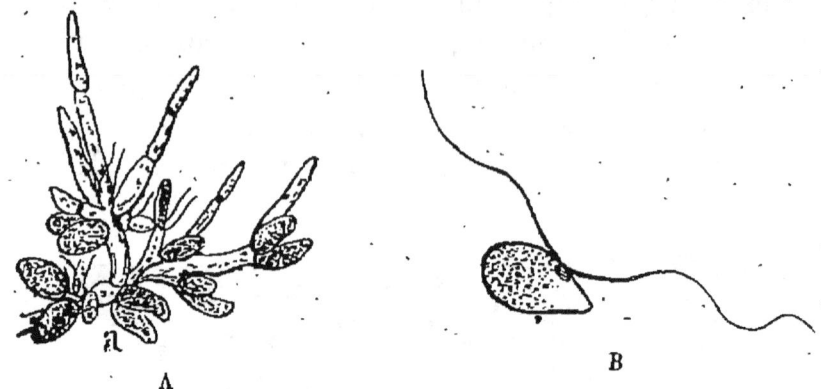

Fig. 586. — A, anthéridies ; B, anthérozoïde.

chacun pour centre un des fragments du noyau primitif : ce sont les anthérozoïdes. Ils sont piriformes, présentant une tache rouge orangé du voisinage de laquelle partent deux cils vibratiles dirigés, l'un en avant, l'autre en arrière (fig. 586 B).

A la maturité, les anthéridies se détachent des rameaux qui les portent et viennent former, à l'orifice de l'ostiole, une sorte de gouttelette mucilagineuse de couleur orangée ; puis ils se gonflent en absorbant de l'eau, éclatent et mettent en liberté les anthérozoïdes, qui nagent aussitôt dans le liquide au moyen de leurs cils.

Conceptacles femelles. — Un conceptacle femelle (fig. 587) présente encore de nombreux poils stériles, au milieu desquels sont d'autres poils courts, formés de deux cellules seulement, une cellule basilaire surmontée d'une grosse cellule ovoïde qui est l'*oogone*. Le protoplasme de l'oogone ne tarde pas à se diviser en 8 cellules qui sont autant d'*oosphères*, pendant que la membrane de l'oogone se divise en deux couches, l'une interne, l'autre externe.

Quand les huit oosphères sont constituées, la membrane externe de l'oogone cède à la pression et, par

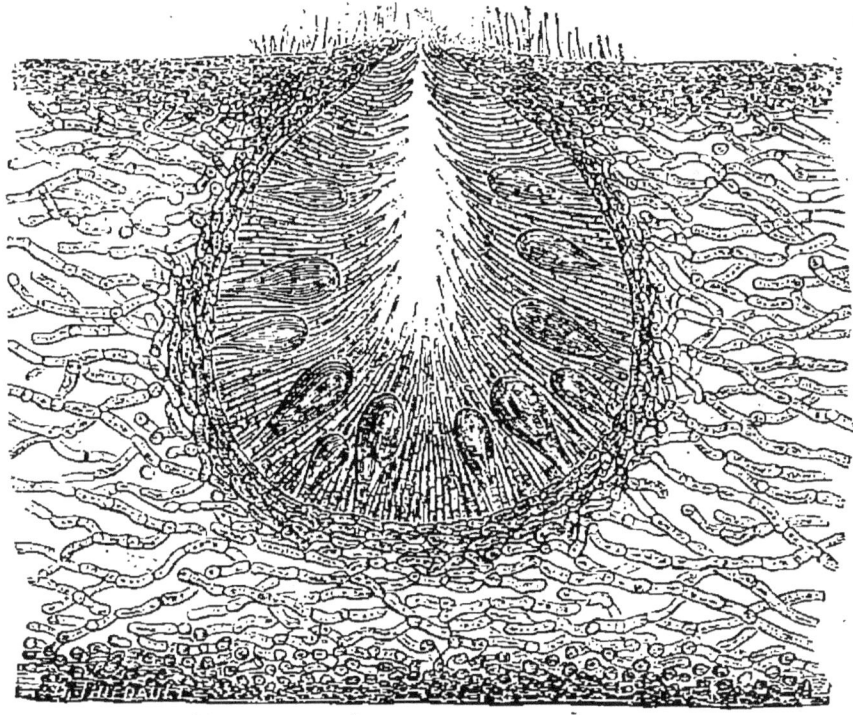

Fig. 587.

la déchirure produite, sort le groupe des huit oosphères encore enveloppées de la membrane interne (fig. 589). Toutes les oosphères viennent, à marée basse, se grouper vers l'ostiole du conceptacle et, quand le flux revient, la membrane qui enveloppe chaque groupe se rompt et les oosphères sont mises en liberté dans la mer.

376. Fécondation. — Les anthérozoïdes, toujours nombreux dans le voisinage des ostioles, s'appliquent en grand nombre sur chaque oosphère et, grâce aux mouvements de leurs cils, la font tournoyer pendant un certain temps; puis l'un d'eux, peut-être plusieurs,

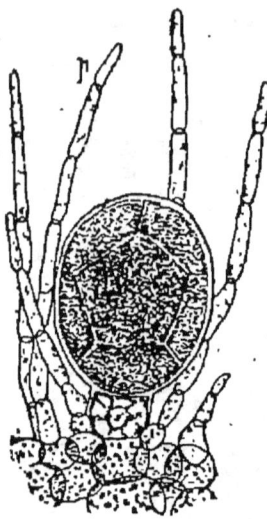

Fig. 588. — Oogone.

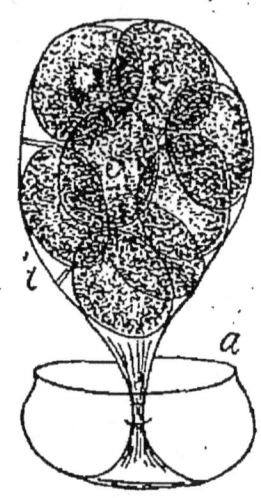

Fig. 589. — Oosphères encore enveloppées de la membrane interne de l'oogone.

pénètrent dans l'oosphère et la fécondent. Celle-ci s'entoure alors de cellulose. Elle est devenue une *oospore*.

377. Développement. — L'oospore s'allonge, se ramifie en petits crampons à l'une de ses extrémités par laquelle elle se fixe au support, et elle n'a plus qu'à grandir en se divisant et multipliant ses cellules, pour reproduire un *Fucus* ordinaire, semblable à celui dont elle provient.

378. Autres Algues brunes. — Les *Sargasses*, qui forment de vastes amas dans l'océan Atlantique, sont des Fucacées.

Les *Laminaires* sont très abondantes sur nos côtes, où on les rencontre sous forme de longs rubans d'un brun verdâtre, terminés par une sorte de crampon. On mange cette algue dans certains pays. Le *Laminaria saccharina* (fig. 590) passe même pour contenir du sucre.

Les **Diatomées** forment un groupe d'algues unicellulaires dont la membrane est incrustée de silice. Le Tripoli est une roche formée par l'accumulation de carapaces siliceuses de Diatomées. Cette membrane est

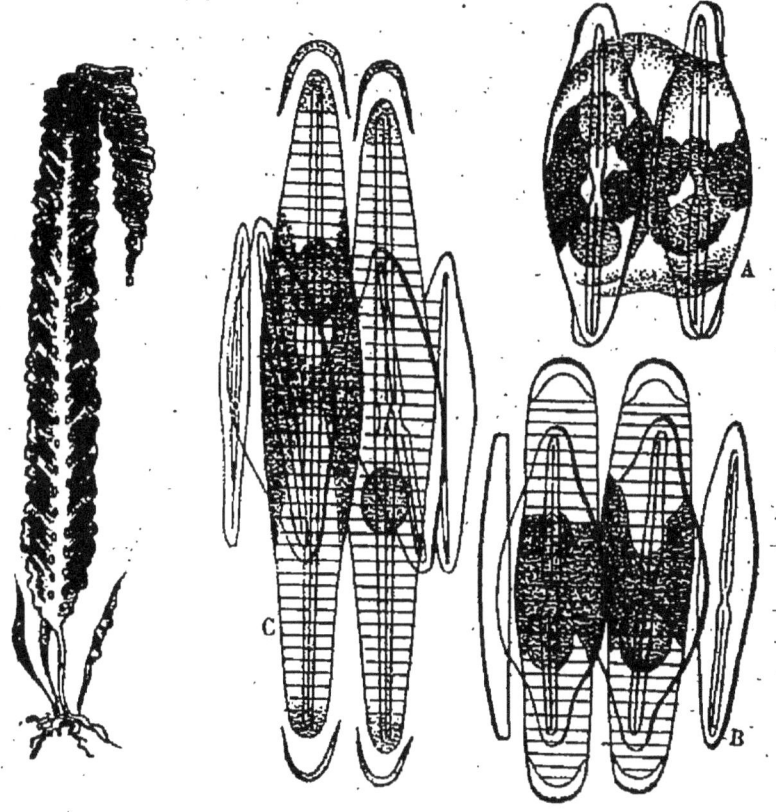

Fig. 590.— *Laminaria saccharina*.

Fig. 591. — Reproduction des Diatomées.

formée de deux valves s'emboîtant l'une dans l'autre, comme une boîte dans son couvercle.

La reproduction des Diatomées mérite de nous arrêter un instant.

Reproduction asexuée. — Une Diatomée se divise simplement en deux. Chaque moitié emmenant avec elle la valve qui la recouvre, se fabrique la valve qui lui manque et reproduit ainsi une Diatomée complète. Mais les valves nouvelles étant toujours plus petites que les anciennes, on comprend que, de division en division, la taille des Diatomées aille sans cesse en diminuant. Quand les individus ont ainsi peu à peu atteint une taille minimum, la reproduction sexuée intervient pour rendre à l'Algue sa taille primitive.

Reproduction sexuée. — (Fig. 591). Deux individus se rapprochent, les valves s'ouvrent et les deux protoplasmes se fondent en une seule masse (A). A peine la conjugaison est-elle accomplie, que la masse commune se divise en deux masses distinctes qui grandissent et dépassent rapidement la taille des valves : ce sont des *auxospores*, qui se fabriquent d'abord des sortes de capuchons provisoires, puis des valves nouvelles. Et l'on a ainsi de nouveaux individus, plus grands que les premiers, qui peuvent se multiplier un certain temps par voie asexuée.

Il est bon de faire remarquer que les auxospores peuvent se former sans conjugaison préalable, par rénovation et accroissement d'une seule Diatomée qui abandonne sa carapace.

2° Floridées ou Algues rouges.

379. Aspect extérieur. — Les Floridées sont des Algues marines, pour la plupart. Leur thalle est coloré en rouge par un pigment, la *phyco-érythrine*, qui se trouve uni à la chlorophylle dans les corps chlorophylliens.

Leur thalle est très rudimentaire, souvent réduit à une lame n'ayant qu'une épaisseur de cellules, comme dans les *Porphyra*, ou bien plus compliqué, comme dans les *Delesseria*, où il peut acquérir de très grandes dimensions. Une espèce, le *Batrachospermum moniliforme*, est très abondante aux environs de Paris.

380. Reproduction. — Il y a deux modes de reproductions : la reproduction asexuée et la reproduction sexuée.

La reproduction asexuée se fait par l'intermédiaire des *tétraspores* (fig. 592). A l'extrémité d'un rameau, on voit la cellule terminale, le sporange, se diviser en quatre spores, qui s'échappent à la maturité et germent de façon à reproduire un nouveau thalle.

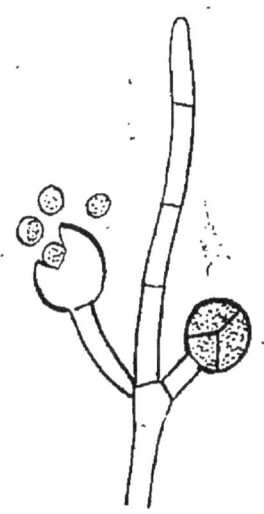

Fig. 592. — Formation des tétraspores.

La reproduction sexuée est un peu plus compliquée. Elle se présente d'ailleurs sous des formes très variables, selon les espèces que l'on considère. Voici, par exemple, ce qui se passe dans le *Nemalion multifidum*. Certaines branches du thalle (fig. 593, I) produisent à leur extrémité des rameaux secondaires, *a*, dont les cellules terminales renferment un protoplasme très granuleux. A un moment donné, ce protoplasme s'échappe de la cellule qui le contient et, prenant une forme sphéroïdale, devient le *pollinide* (*s*), qui flotte au gré des courants.

A côté des rameaux producteurs des pollinides, ou sur une autre portion du thalle, se trouve un oogone contenant : une oosphère, *o*, surmontée d'un long filament grêle, *t*, le *trichogyne*, dont le sommet est toujours mucilagineux, de façon à retenir les pollinides qui arrivent à son contact. On a quelquefois comparé

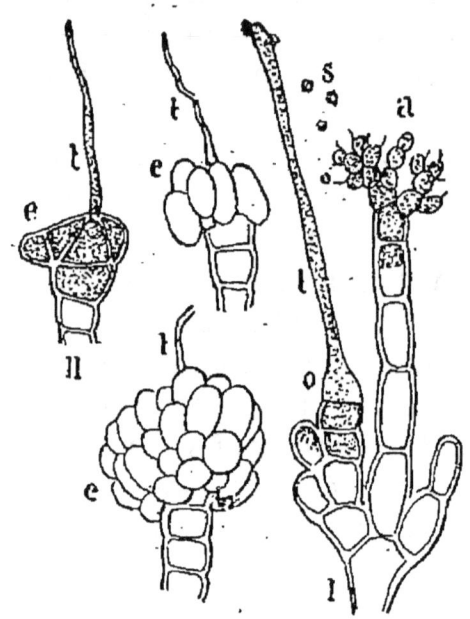

Fig. 593. — Développement du *Nemalium multifidum*.

ce trichogyne au stigmate et au style d'une Phanérogame, le pollinide étant, comme son nom l'indique, assimilé au grain de pollen.

Qu'un pollinide vienne se coller au trichogyne et l'on voit, au bout de très peu de temps, l'oosphère, *o*, se contracter à la base de l'oogone, s'entourer de cellulose et devenir un œuf. Il est probable, par conséquent, que le pollinide a déversé son contenu dans le trichogyne et de là dans l'oosphère.

381. Développement. — Le trichogyne ayant rempli son rôle se flétrit. En même temps l'œuf se cloisonne (fig. 593, II *e*) et produit tout autour de lui des filaments courts, mais qui se ramifient de façon à constituer, à la place où était l'œuf, une masse cellulaire qui a le contour apparent d'une mûre et qu'on nomme le *cystocarpe*. Les cellules terminales des filaments constitutifs du cysto-

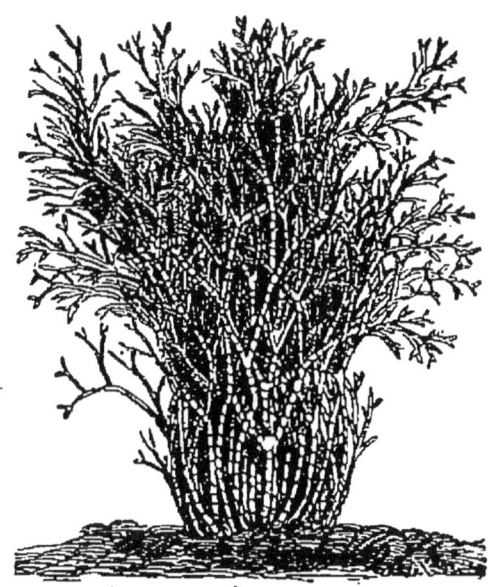

Fig. 594. — *Corallina officinalis.*

carpe abandonnent leur contenu protoplasmique et forment ainsi des spores qui flottent en liberté dans le liquide. Bientôt chaque spore se fixe, germe, produit un filament, sorte de prothalle sur lequel bourgeonne ensuite un thalle définitif.

382. Autres Floridées. — Le *Chondrus crispus*, connu sous le nom de *carragaen*, est employé comme émollient à cause de ses membranes gélifiées.

La Coralline, *Corallina officinalis*, est, comme toutes les Algues de la famille des Corallines (fig. 594), remarquable par la propriété qu'elle possède de se recouvrir d'une couche épaisse de carbonate de chaux. Autrefois employée à cause de ce carbonate, la Coralline est maintenant sans usage.

3° Les Algues vertes.

383. Caractère. — Presque toutes habitent l'eau douce ou l'air humide. Aucun pigment n'est surajouté à la chlorophylle dans leurs corps chlorophylliens.

384. Les Conjuguées. — Algues vertes, filamenteuses, à filaments simples, segmentés mais non ramifiés. Les corps chlorophylliens y affectent souvent des formes singulières; ainsi ils sont hélicoïdes dans les Spirogyres (fig. 595).

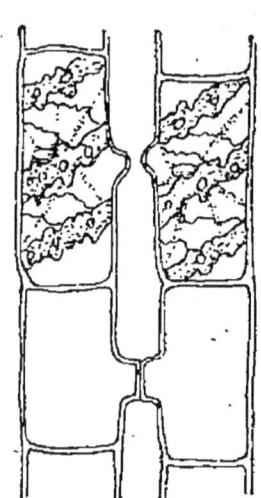

Fig. 595. — Deux filaments de Spirogyre en voie de conjugaison.

Reproduction. — Les Conjuguées ne se reproduisent que par œufs. Deux filaments voisins émettent, en face l'un de l'autre, des renflements en forme de papilles, qui arrivent à se toucher. Les membranes de contact se résorbent et il s'établit ainsi un véritable canal de communication d'un filament à l'autre. Pendant ce temps, les protoplasmes des deux cellules qui ont émis les papilles se contractent, se détachent des parois, et prennent une forme ovoïde sur laquelle il est possible de voir encore très nettement la forme spiralée du corps chlorophyllien. L'une de ces masses protoplasmiques, passant par le canal de communication (fig. 596), va se fusionner avec l'autre qui demeure immobile dans sa cellule, et de leur réunion résulte une seule *Zygospore* (fig. 597) qui s'entoure de cellulose et devient libre par la destruction de la membrane. La

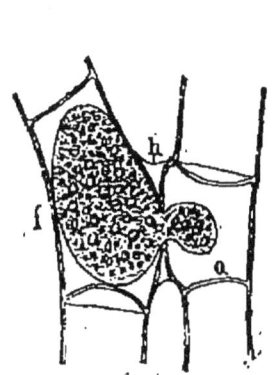
Fig. 596.
Fusion des deux protoplasmes.

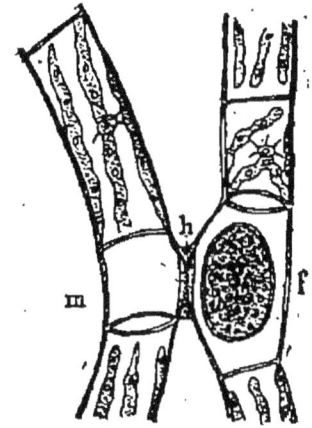
Fig. 597. — Deux cellules après la conjugaison : l'œuf est formé.

zygospore, en s'allongeant et se segmentant toujours dans le même sens, produit un filament nouveau de Spirogyre.

Telle est la façon dont les choses se passent chez les *Spirogyres* ou les *Sirogonium*. On appelle *gamète* mâle celui des deux protoplasmes qui se déplace pour aller trouver l'autre ; ce dernier est, par conséquent, le *gamète femelle*. Mais chez les *Mésocarpus* (fig. 598), il est impossible de reconnaître une sexualité quelconque dans les deux gamètes, chacun d'eux faisant la moitié du chemin et la zygospore se formant au milieu du canal de communication.

Dans les *Pleurocarpus* (fig. 599), la conjugaison a lieu entre deux cellules voisines d'un même filament.

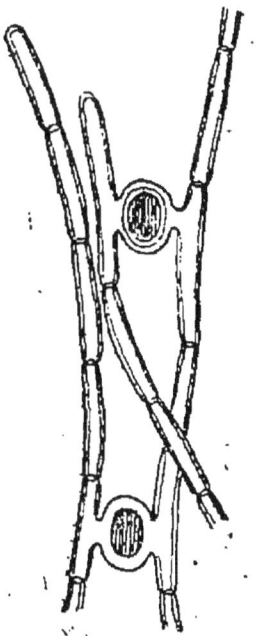
Fig. 598. — Conjugaison de *Mésocarpus*.

Ce mode de reproduction par la fusion de deux gamètes de valeur et d'importance à peu près égales, est la raison qui a fait donner aux Algues de cette famille le nom de *Conjuguées*.

385. Œdogoniées. — Algues vertes filamenteuses, segmentées et souvent ramifiées; deux genres seulement : *Œdogonium* et *Bulbochæte*.

Dans l'*Œdogonium*, il y a deux modes de reproduction :

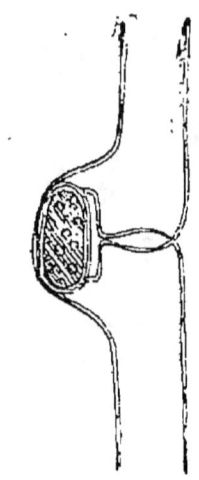

Fig. 599. — Conjugaison de *Pleurocarpus*.

1° Le contenu de certaines cellules se contracte et se transforme en une zoospore caractérisée par une couronne de cils vibratiles (fig. 600). Puis après avoir nagé un certain temps, cette zoospore perd ses cils, se fixe et reproduit simplement, en s'allongeant et se segmentant, un filament d'*Œdogonium*.

2° Un filament d'*Œdogonium* donne naissance à certaines zoospores ciliées nommées *androspores*, tandis que d'autres renflent leurs cellules en oogones, *og* (fig. 601). Les androspores vont se fixer dans le voisinage d'un oogone et y germent de façon à produire un filament cellulaire, *n* (A). Chacune des cellules du filament donne naissance à un anthérozoïde conique. L'un d'eux pénètre (B) dans l'oogone par une petite ouver-

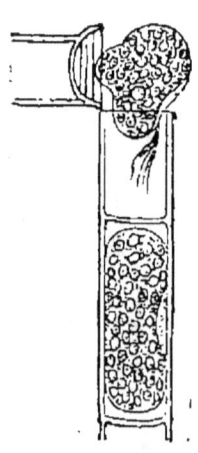

ig. 600. — Production de Zoospores asexuées dans l'*Œdogonium*.

ALGUES VERTES

ture latérale et se fusionne avec l'oosphère pour former l'œuf.

L'œuf fécondé, ou *oospore*, grandit (D) et segmente

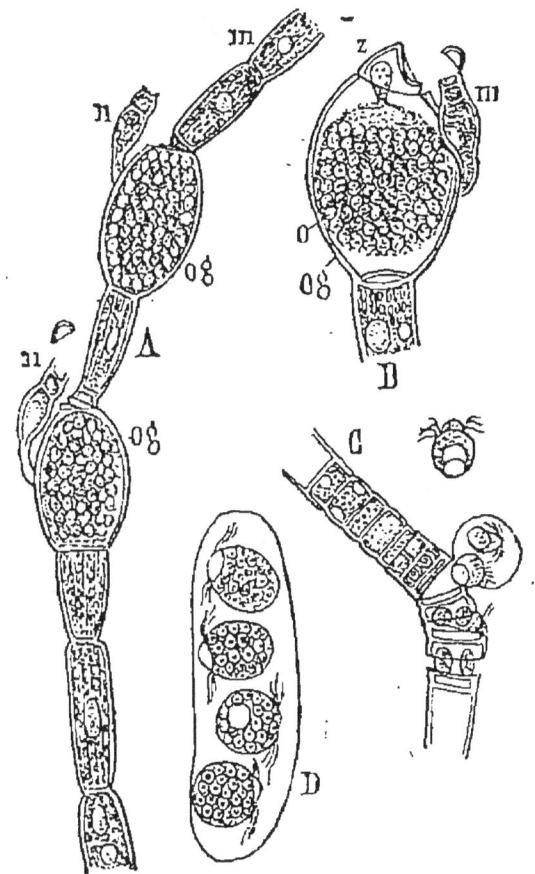

Fig. 601. — A, filament d'*OEgonium ciliatum* portant des oogones *og* et des anthéridies *m*; *n*, filaments nés des androspores; B, oogone au moment de la fécondation; C, filament mâle d'*OEdogonium gemelliparum* émettant des anthérozoïdes; D, zoospores produites dans une oospore.

son protoplasme en quatre zoospores qui peuvent reproduire un *OEdogonium* par germination directe.

386. **Confervacées.** — Algues vertes, filamenteuses,

segmentées, non ramifiées. Prenons comme type l'*Ulothrix zonata* (fig. 602).

Reproduction asexuée. — Les cellules du filament donnent naissance à deux sortes de zoospores (fig. 602) : 1° les macrozoospores, qui se forment à raison de deux par cellule, et qui peuvent reproduire directement un filament nouveau. Elles sont volumineuses et pourvues de quatre cils (*b*). 2° les microzoospores.

Reproduction sexuée. — Celles-ci, se formant en grand nombre dans certaines cellules, sont plus petites

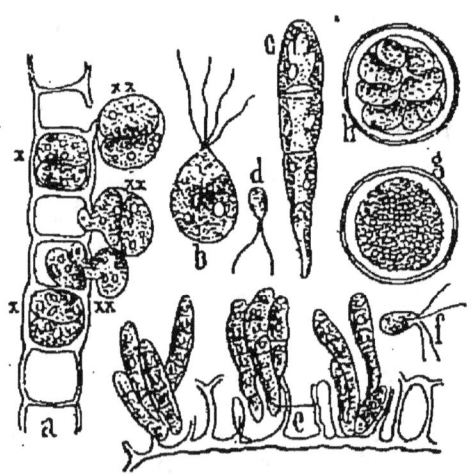

Fig. 602. — *Ulothrix zonata*. — *a*, filament émettant des macrozoospores ; *b*, macrozoospore ; *c*, macrozoospore germant ; *d*, microzoospore ; *e*, filament émettant de jeunes plantes issues de la germination de microzoospores à l'intérieur des cellules mères ; *f*, zygospore provenant de la conjugaison de deux microzoospores ; *g*, zygospore au repos ; *h*, zygospore se segmentant pour produire des oospores.

que les précédentes et n'ont que deux cils (*d*). Elles se fusionnent ensemble deux à deux et forment, par leur réunion, des zygospores (*h*) dont le contenu se divise en spores capables de germer et de reproduire un filament nouveau.

Dans le *Sphæroplœa* il existe des filaments mâles

ALGUES VERTES

et des filaments femelles. Les cellules des premiers divisent leur protoplasme en un certain nombre d'anthérozoïdes allongés, à deux cils. Les cellules des filaments femelles produisent un certain nombre d'oosphères (fig. 603).

Les anthérozoïdes pénètrent dans la cellule femelle par une ouverture qui se produit dans la paroi et viennent féconder les oosphères qui se transforment aussitôt en oospores capables, après un temps de repos plus ou moins long, de donner naissance à un certain nombre de *zoospores* à deux cils. Chaque zoospore en germant produit un nouveau filament d'Algue.

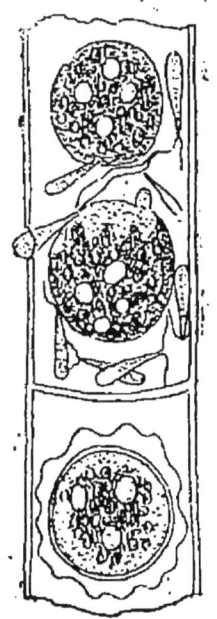 

Fig. 603. — *Sphæroplæa annulina.*   Fig. 604. — *Bryopsis plumosa.*

387. Les Siphonées. — Le thalle des Siphonées est continu, c'est-à-dire qu'il n'est pas segmenté par des cloisons transversales en cellules distinctes. Cela ne l'empêche pas d'atteindre des dimensions parfois con sidérables et d'avoir une forme très compliquée (fig. 604).

Les Siphonées sont généralement marines. Cependant il y en a, comme les *Vaucheria*, qui vivent dans les eaux douces. Nous allons les prendre comme type.

Reproduction asexuée. — Le thalle est formé par une grande cellule cylindrique, de 20 à 30 centimètres de long, ramifiée à son sommet.

Les extrémités de certains rameaux se séparent du reste par une cloison et deviennent ainsi des *zoospo-*

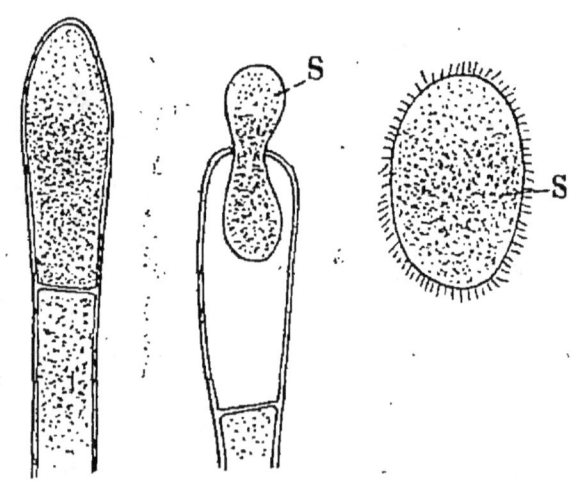

Fig. 605. — Formation d'une zoospore de *Vaucheria*.

ranges (fig. 605). Chaque zoosporange produit par la contraction de son protoplasme une seule zoospore *couverte de cils vibratiles*. Bientôt elle se fixe, perd ses cils, se recouvre de cellulose et s'allonge de façon à reproduire un *Vaucheria*.

Reproduction sexuée. — En un point du thalle, se produit une boursouflure O (fig. 607) qui se sépare du

ALGUES VERTES

reste par une cloison : c'est l'oogone dont le protoplasme contracté est l'oosphère.

A côté, naît une autre protubérance plus étroite que la première, et qui s'allonge en se recourbant. Son extrémité se sépare par une cloison, et la cellule terminale ainsi produite est l'*anthéridie*, dont le protoplasme se divise en un grand nombre d'anthérozoïdes munis de

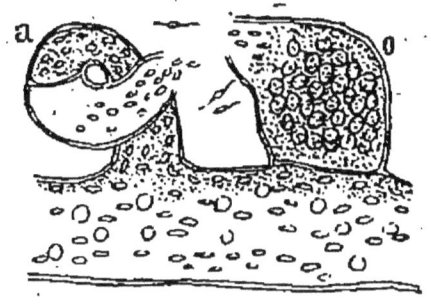

Fig. 607. — Reproduction sexuée des *Vaucheria senilis* : *o*, oospore ; *a*, anthéridie.

deux cils, l'un en avant, l'autre en arrière.

Pendant ce temps l'oogone s'est ouvert à son sommet. Il en est de même de l'anthéridie. Les anthérozoïdes vont alors féconder l'oosphère qui, devenue oospore, s'entoure de cellulose, prend une teinte rougeâtre et reproduit une plante nouvelle.

388. Les Protococcacées. — Algues vertes, formées de petites cellules arrondies possédant un noyau et

Fig. 608. — *Chroococcus turgidus*.

vivant isolées, ou unies en colonies, dans l'eau ou dans les lieux humides.

Leurs membranes ont une tendance à se gélifier.

Leur reproduction est des plus simples : une cellule

se divise en quatre autres qui se dissocient et redeviennent chacune une Algue (fig. 608).

388. Les Volvocinées. — Algues unicellulaires, vertes, vivant isolées ou en familles, et enveloppées, dans ce dernier cas, d'une membrane cellulosique commune,

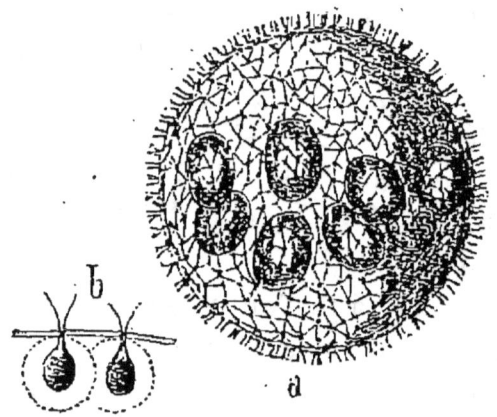

Fig. 609. — *Volvox globator.* — *a*, colonie entière ; *b*, deux individus isolés.

de laquelle sortent les cils vibratiles appartenant aux différents individus de la colonie (*b*, fig. 609).

Reproduction asexuée. — Dans le *Pandorina Morum*, par exemple, un individu se divise en seize individus nouveaux qui restent unis, et forment une colonie nouvelle mise en liberté par la destruction de la membrane de la colonie primitive.

Reproduction sexuée (fig. 610). — La membrane commune d'une famille se dissout et les individus (*b*), rendus libres, se conjuguent deux à deux (*d*) pour constituer des zygospores. Chaque zygospore formée divise son contenu de façon à reconstituer une nouvelle colonie de seize individus.

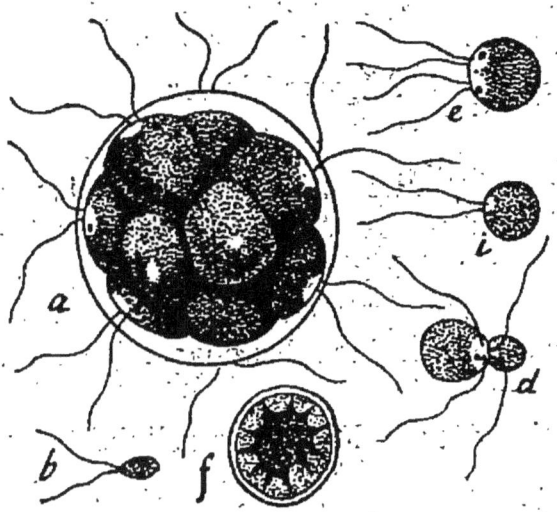

Fig. 610. — *Pandorina morum.* — *a*, colonie; *b*, *e*, individus isolés; *d*, *i*, conjugaison de deux cellules; *f*, zygospores.

390. Hydrodychtiées. — Algues unicellulaires, unies en colonies souvent fort élégantes, affectant la forme de

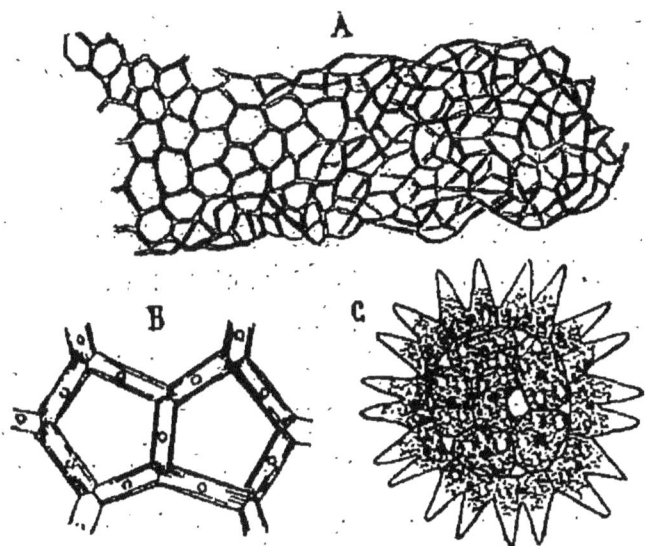

Fig. 611. — *Hydrodychtion reticulatum.* — A, un réseau; B, fragment de réseau montrant qu'il est formé par la juxtaposition d'individus distincts; C, *Pediastrum Selenoea.*

sacs ou de réseaux. On ne connaît que la reproduction asexuée (fig. 611).

Algues bleues.

391. Caractère distinctif. — Ce sont les plus inférieures de toutes les Algues. Elles renferment un pigment bleu qui imprègne, comme la chlorophylle, toute la masse du protoplasme. Les pigments ne sont donc plus contenus dans des chromoleucites.

392. Oscillariées. — Filaments cellulaires segmentés,

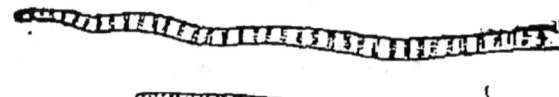

Fig. 612. — A, *Oscillaria viridis*; B, *Oscillaria trachiformis*.

animés souvent de mouvements oscillants (fig. 612). Les *cellules sont sans noyau apparent*.

La membrane du filament est extérieurement gélifiée.

Reproduction. — Certaines cellules se séparent du reste et forment des sortes de boutures (*hormogonies*) qui vivent indépendantes, s'allongent et se segmentent de façon à former des filaments nouveaux. On ne connait que cette reproduction asexuée.

393. Nostoccacées. — Chapelets de cellules, toujours enveloppés d'une épaisse gelée provenant de la gélification de la portion externe des membranes cellulaires du chapelet; on les trouve sur le sol ou dans les lacunes aérifères des Sphagnum et de certaines Hépatiques.

Les cellules d'un chapelet sont de deux sortes

(fig. 613) : les unes, pleines de protoplasme, vertes et vivantes, les autres, jaunes, privées de protoplasme, de

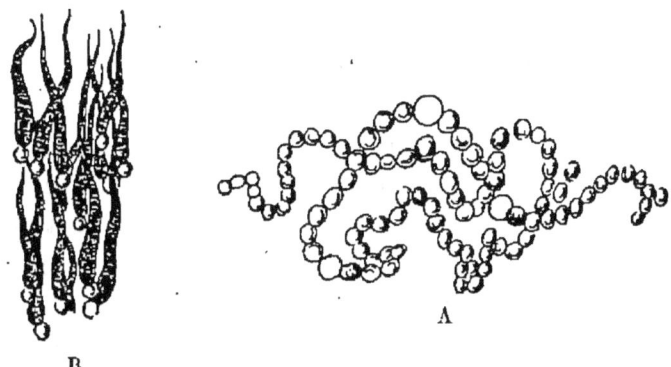

Fig. 613. — A, *Rivularia Pisum*; B, *Nostoc commune*.

dimensions plus grandes et auxquelles on donne le nom d'*hétérocystes*.

Reproduction. — Elle se fait par l'intermédiaire d'hormogonies comme celle des Oscillaires. Quelquefois certaines cellules épaississent leurs parois, s'enkystent et peuvent rester plus ou moins longtemps à l'état de vie ralentie, en attendant des conditions favorables pour reprendre leur activité.

LES CHAMPIGNONS

394. Division des Champignons. — La classe des Champignons est une classe très hétérogène. Elle contient un certain nombre de types bien distincts qu'il faut successivement passer en revue, et dont les principaux sont :

Les Basidiomycètes, les Urédinées, les Ascomycètes, les Myxomycètes et les Oomycètes.

Basidiomycètes.

395. Caractères distinctifs. — Cet ordre renferme les Champignons les plus connus de tout le monde. Leurs caractères généraux sont :

Un thalle vivace (que dans le cas particulier des Champignons on nomme *mycelium*) filamenteux (fig. 614), segmenté en cellules placées bout à bout, et sur lequel naît un appareil reproducteur de forme très variable selon les espèces ; mais toujours les cellules reproductrices ou *spores* se trouvent à l'extrémité renflée de certains filaments qu'on nomme des *basides* (fig. 645).

396. Mode de végétation. — Prenons comme type le

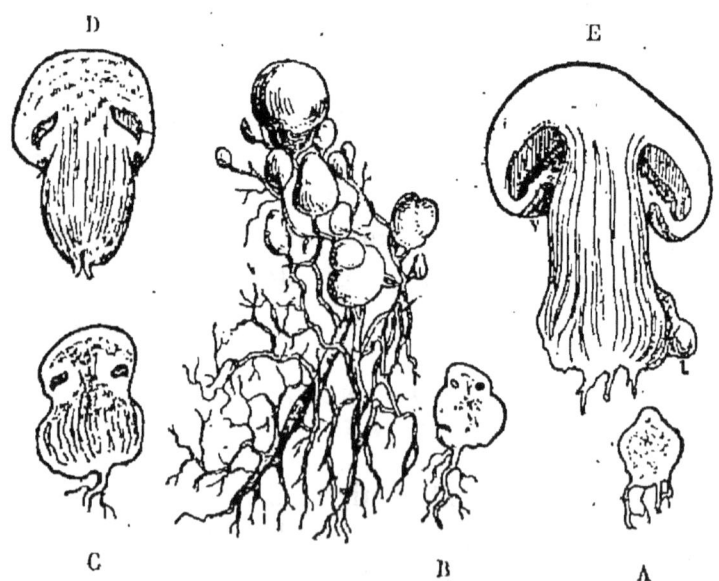

Fig. 614. — Mycelium et appareil sporifère du *Psalliota campestris*.

Champignon de couche (*Psalliota campestris*). Son mycélium, connu sous le nom de Blanc de Champignon, est formé d'un enchevêtrement compliqué de filaments blanchâtres sur lesquels apparaissent à certains moments les appareils sporifères. Ce sont d'abord de petits mamelons qui se différencient rapidement de façon à présenter un *pied* et un *chapeau* (A, B, C, D, E, fig. 614). Cet appareil est formé par un feutrage très serré de filaments mycéliens qui se sont groupés de façon à lui donner sa forme bien connue ; ces filaments juxtaposés, dont l'assemblage constitue l'appareil producteur des spores, ont reçu le nom d'*hyphes*.

Sous le chapeau, les hyphes se disposent en lames rayonnantes. Si l'on fait une section transversale d'une lame (fig. 615, C), on voit les hyphes qui s'infléchissent de façon à venir tous se terminer perpendiculairement à la surface de la lame. La dernière cellule de certains d'entre eux se renfle, fait saillie et peut devenir une *baside* en produisant deux spores portées par de courts pédicelles ou *stérigmates*.

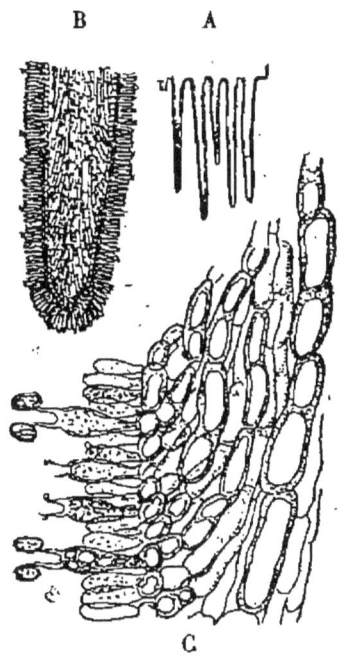

Fig. 615. — A, lames de chapeau coupées transversalement ; B, une lame plus grossie ; C, couche hyméniale et sous-hyméniale avec basides et spores.

D'autres cellules terminales d'hyphes restent stériles, bien que renflées, ce sont les *paraphyses*.

L'ensemble des basides et des paraphyses s'appelle l'*hyménium*, et la couche formée par les cellules courtes qui terminent les hyphes, est la couche *sous-hyméniale*.

Qu'une spore détachée de son stérigmate et tombée

de sa baside, se trouve dans des conditions convenables, elle germe (1) et produit un nouveau mycélium capable de produire à son tour un appareil sporifère.

Remarques. — Quand l'appareil sporifère est jeune, les bords de son chapeau sont rattachés au pied par des hyphes qui forment ainsi une sorte de voile (fig. 614, E). Quand, par suite de l'accroissement du pied et du chapeau, ce voile se déchire, il reste souvent tout autour du pied une sorte de collerette, débris du voile, qu'on nomme l'*anneau*. Quelque-

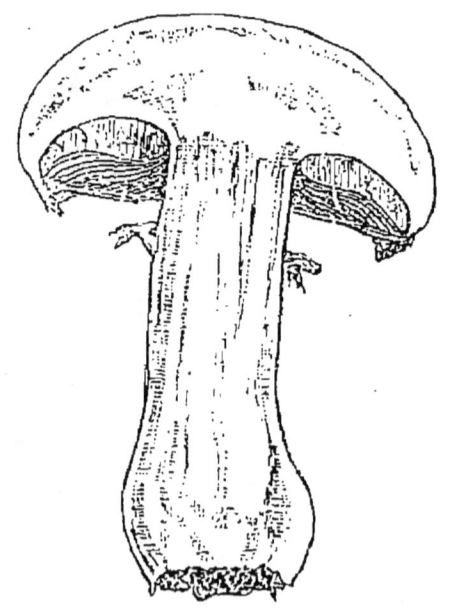

Fig. 616. — Champignon avec anneau et cortine.

fois la déchirure se fait tout contre le pied, alors le voile reste pendu le long des bords du chapeau. On lui donne, dans ce cas, le nom de *cortine*.

Souvent pied et chapeau jeunes sont pourvus d'une enveloppe complète qu'on nomme la *volve*. Quand la volve est

---

(1) Costantin et Matruchot.

déchirée par l'accroissement du pied, on en trouve souvent des débris, sous forme d'écailles, sur le chapeau même et à la base du pied où persiste une sorte de sac (fig. 617).

397. Reproduction par conidies. — On a signalé dans le Coprin stercoraire un autre mode de reproduc-

Fig. 617. — Fausse oronge. On voit la volve à la base du pied et, sur le chapeau, des écailles, débris de la volve.

tion : Certaines branches du mycélium sont courtes, dressées et produisent à leur extrémité de petites cellules en forme de baguettes cylindriques (fig. 618), qui se détachent, peuvent germer et reproduire un mycélium si elles tombent dans un milieu riche en substances nutritives. Cette condition est nécessaire, car elles sont elles-mêmes dépourvues de réserves nutritives. On a donné à ces baguettes reproductrices le nom de *conidies* ou de *spermaties*.

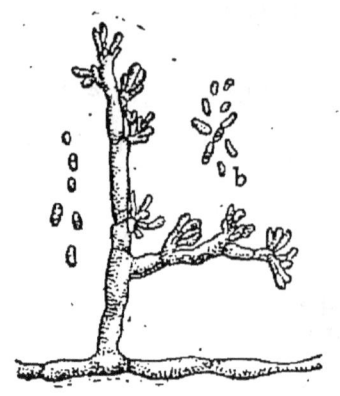

Fig. 618. — Branche de Mycélium de *Coprinus Stercorarius* portant des spermaties.

398. Variations du type Basidiomycète. — Nous ne décrirons pas les formes multiples que peut prendre l'appareil sporifère. Disons seulement que les *Bolets* se distinguent des *Agarics* parce que l'hyménium, au lieu d'être disposé sous le chapeau, à la surface de lames rayonnantes, tapisse de petits puits creusés côte à côte dans la masse du chapeau,

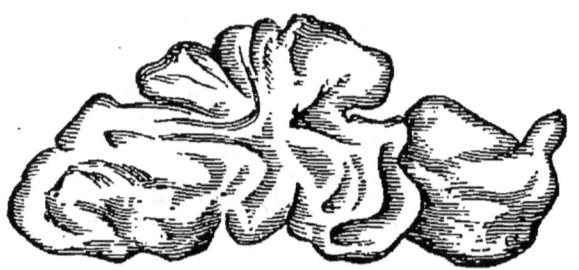

Fig. 618 bis. — *Tremellina mesenterica*.

et venant s'ouvrir sur sa face inférieure par de nombreux pores.

Il en est de même chez les Polypores; seulement, tandis que le pied est central chez les Bolets, il est latéral chez les Polypores. Chez les *Lycoperdon* (vesse de loup), l'hyménium tapisse des cavités nombreuses creusées dans un appareil ovoïde dont la paroi s'ouvre à la maturité pour laisser échapper les spores.

Les Trémellinées (fig. 618 *bis*) croissent sur le bois mort; l'appareil sporifère est gélatineux et étalé à la surface du bois; les basides produisent des spores qui, montées sur de longs stérigmates, se trouvent, par conséquent, en dehors de la masse gélatineuse.

Les Urédinées

399. Étude d'un type. — Les Urédinées comprennent les espèces à thalle cloisonné qui vivent sur les plantes vivantes, et principalement envahissent leurs feuilles. Prenons comme exemple le *Puccinia graminis*. Ce champignon a deux formes qui vivent, l'une sur la feuille du Blé où il constitue la maladie connue sous le nom de *rouille*, et l'autre sur l'Épine-Vinette.

1re phase.— Considérons une feuille d'Épine-Vinette envahie par le Champignon : son mycélium, fait de filaments très fins, forme un épais feutrage qui végète entre les cellules du parenchyme de la feuille. Ce mycélium produit deux sortes d'appareils reproducteurs.

1° Sur la face supérieure de la feuille de l'Épine-Vinette attaquée, apparaissent des sortes de bouteilles s'ouvrant au dehors par des orifices très étroits (C. fig. 619). Du fond de la bouteille où viennent aboutir des filaments de mycélium, partent des poils qui, terminaisons des filaments mycéliens, viennent former une petite aigrette à l'ostiole. Ces poils stériles, ou paraphyses, sont entremêlés d'autres filaments plus courts, à l'extrémité desquels se forment des chapelets de conidies connues sous le nom d'*écidiolispores*, et qui étant très pauvres en réserves nutritives, comme le sont la plupart des conidies, germent, par conséquent, difficilement. Cependant, mises dans un milieu nutritif convenable, elles grossissent et produisent des spores secondaires ou *sporidies* qui, emportées par le vent sur une feuille voisine, y développent un mycélium qui pénètre dans la feuille et finit par envahir son parenchyme. C'est donc par les écidiolispores que le champignon se propage de feuille en feuille, sur le même pied ou sur des pieds différents d'Épine-Vinette.

2° Sur la face inférieure de la même feuille d'Épine-Vinette, on voit des filaments mycéliens qui, placés parallèlement, côte à côte, forment par des cloisonnements actifs des files de cellules qui s'allongent rapidement et ne tardent pas à faire éclater l'épiderme sous lequel elles se sont développées. Cet épiderme s'ouvre alors largement en forme de cupule (fig. 619 C). Le fond de la cupule est occupé par de longues cellules qui se découpent constamment à leur sommet par des cloisons transversales, de façon à constituer ces chapelets de

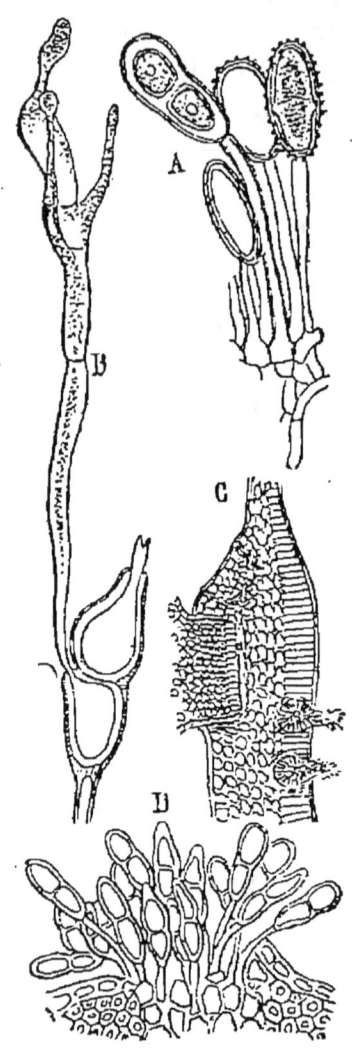

Fig. 619. — C, feuille d'Épine-Vinette avec *æcidium* sur sa face inférieure et spermogonies sur sa face supérieure. — A, urédospores avec une téleutospore; D, groupe de téleutospores; B, germination de la téleutospore.

cellules qui les surmontent et ne sont autres que des conidies.

Les conidies étant produites par les cloisonnements de la cellule basilaire de chaque chapelet, il est clair que les plus âgées sont celles qui occupent l'extrémité de la file. Ces conidies (ou *écidiospores*) *sont incapables de germer sur l'Épine-Vinette.*

Il faut, pour qu'elles puissent germer, que le vent les porte sur les feuilles du Blé.

Donc cette première phase du développement de la Puccinie nous montre que le champignon installé sur l'Épine-Vinette produit des conidies de deux sortes : sur la face supérieure de la feuille, des Écidiolispores qui propagent le parasite sur l'Épine-Vinette et, sur la face inférieure, des Écidiospores qui ne peuvent germer sur l'Épine-Vinette, mais germent très bien sur la feuille du Blé.

2ᵉ *phase.* — Supposons donc une Écidiospore transportée sur le Blé. Elle produit, en germant, un tube qui pénètre dans la feuille par l'ouverture d'un stomate et envahit, en s'allongeant et se ramifiant, tout le parenchyme.

Ce mycélium ne pénètre pas dans les cellules, il se contente d'utiliser les méats intercellulaires. Au bout de 5 à 6 jours, certains filaments mycéliens viennent, en se serrant sous l'épiderme, former une sorte d'hyménium (fig. 619, A) et dont chaque branche s'allonge et se termine par une spore monocellulaire, pleine de granules rouges, et qu'on nomme *urédospore*. Toutes ces urédospores, en se formant sous l'épiderme de la feuille, le font éclater et se montrent au dehors sous forme d'une fine poussière rouge dont la coloration a fait précisément donner à ce parasite le nom de *rouille du blé*.

Les urédospores sont rondes, et leur enveloppe

externe, verruqueuse, présente, sur son équateur, quatre pores qui sont situés aux quatre extrémités de deux diamètres rectangulaires.

Ces urédospores, tombant sur une feuille de Blé, peuvent y germer et produire un nouveau mycélium. L'urédospore est donc l'agent chargé de disséminer et de propager pendant tout l'été le champignon sur les feuilles du Blé.

Mais vers la fin de l'été, les spores produites par la Puccinie ne sont plus rouges, elles sont noires et bicellulaires, tandis que les urédospores de la Rouille rouge sont unicellulaires. Ces spores d'automne ou *téleutospores*, devant traverser l'hiver, ont leurs parois fortement lignifiées, sauf en un point qui constitue un pore par lequel, le moment venu, la téleutospore pourra produire un tube et germer. Les téleutospores passent l'hiver sur le chaume de la Graminée.

Au printemps suivant, les deux cellules de la téleutospore germent et fournissent un filament court (fig. 619, B) cloisonné, ramifié à son extrémité et qu'on nomme le *promycelium*. Chaque rameau du promycélium se termine par une petite spore ou *sporidie* qui ne *peut pas germer sur le Blé, mais germe très bien sur l'Épine-Vinette*, surtout sur les jeunes feuilles. Or, comme, à ce moment, on est au printemps, les feuilles fraîchement épanouies sont abondantes.

La sporidie germe donc sur l'Épine-Vinette, produit un tube qui perce de part en part une cellule épidermique, et arrive ainsi dans les espaces intercellulaires qu'il envahit en se ramifiant.

Nous voilà donc revenu au point de départ de la première phase.

400. Résumé. — Si nous résumons ce développement un peu compliqué, nous voyons que la Puccinie du

Blé a deux hôtes : un hôte de printemps, qui est l'Épine-Vinette, un hôte d'été, qui est le Blé.

Sur l'Épine-Vinette, le mycélium produit des écidiospores qui ne peuvent germer que sur le Blé. L'écidiospore germant sur le Blé donne un mycélium qui, pendant tout l'été, produit des spores de propagation sur le Blé ou urédospores. Vers la fin de l'été, il ne se produit plus que des *téleutospores* qui passent l'hiver à l'état de vie ralentie et, germant au printemps suivant, donnent des sporidies qui, si elles tombent sur l'Épine-Vinette, y germent et le même circuit recommence.

Remarque. — On a pu remarquer la quantité de noms donnés aux différents états sous lesquels se présentent les spores. Le Champignon lui-même a reçu différents noms parce qu'on a cru tout d'abord qu'on avait affaire à des Champignons différents, et non pas à des aspects différents d'un même Champignon ; ainsi le parasite de l'Épine-Vinette s'appelait *Œcidium berberidis;* la Rouille rouge du Blé qui produit des urédospores s'appelait *Uredo linearis* et enfin la Rouille noire à téleutospores, *Puccinia graminis*. C'est ce dernier nom seul qu'on a conservé.

401. Autres Urédinées. — Le *Puccinia Graminis* n'est pas la seule Urédinée qui présente un pareil polymorphisme et un cycle de développements successifs sur deux hôtes différents. Ainsi le *Puccinia straminis* passe le printemps sur les Borraginées, l'été sur les Graminées. Le *P. Coronata* passe le printemps sur la Bourdaine et l'été sur l'Avoine, etc.

Toutes les Urédinées qui ont ainsi deux domiciles, sont dites *Hétéroïques*.

Mais il y a aussi des Urédinées *homoïques*, c'est-à-dire qui développent sur le même hôte leurs quatre sortes de spores : dans ce cas, il y a souvent simplification du développement par suppression d'une ou plusieurs sortes de spores. Ainsi le *Puccinia prunorum* ne produit plus que des téleutospores.

Ascomycètes.

402. Appareil végétatif. — Reproduction par spores. — Les *Ascomycètes* sont, comme les Basidiomycètes, formés d'un mycélium ramifié et cloisonné, pouvant, dans certains cas former un feutrage souvent très serré d'hyphes, de façon à constituer des appareils sporifères parfois très compliqués.

Prenons comme exemple une *Pézize*. Le mycélium produit des sortes de coupes nommées *Périthèces*

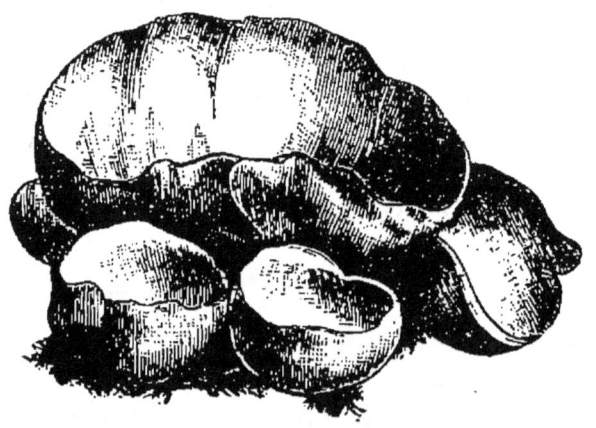

Fig. 620. — *Peziza aenotica*.

(fig. 620), dont le fond est tapissé par un hyménium, c'est-à-dire par un enchevêtrement d'hyphes sur lesquels se dressent des poils de deux sortes : les uns stériles, ce sont les *paraphyses*, les autres, producteurs de spores, ce sont les *asques*.

L'asque n'est autre chose qu'un poil qui se renfle en massue et dont le noyau primitif se divise successivement en 8 noyaux disposés linéairement dans l'asque. Chaque noyau concentre autour de lui une portion du protoplasme ; puis, le tout s'entoure de cellulose et devient ainsi une spore. Dans chacun des asques, il y a donc 8 spores (fig. 621) qui sont plongées dans la portion du protoplasme non utilisée pour la formation des ascospores et qu'on nomme l'*épiplasme*.

A la maturité, l'asque gélifie à son sommet une ligne circulaire et c'est ainsi que se détache une sorte de couvercle ou opercule. Les paraphyses voisines, se gonflant sous l'action de l'eau, pressent sur l'asque et l'opercule se soulève, mettant en liberté les *ascospores* qui sont souvent projetées

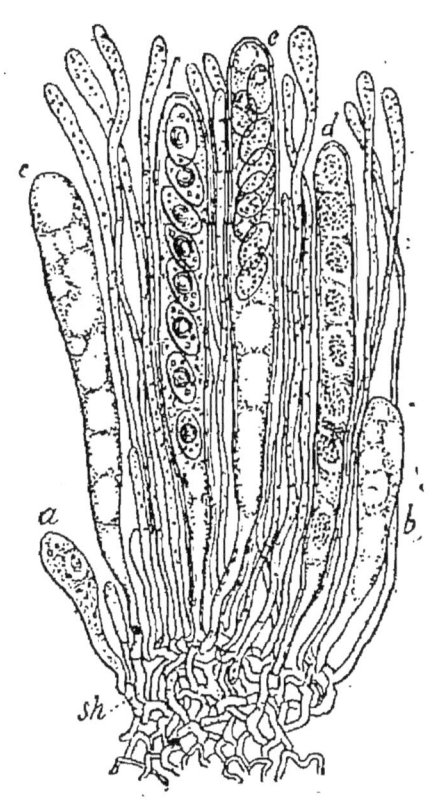

Fig. 621. — *Peziza convexula.* — *sh*, couche sous-hyméniale ; *a, b, c, d, e, f*, asques à différents états de développement, entremêlés de paraphyses.

assez loin par la compression des paraphyses. Chaque spore a une paroi double, en ce sens que la partie externe de sa paroi ou *exospore* est cutinisée, la partie interne ou *endospore* restant cellulosique.

403. Appareil conidien. — Les Ascomycètes ont encore un autre mode de reproduction qui, bien que moins général que le mode de reproduction par asques, n'en est pas moins très répandu. Il peut, en effet, se former des *conidies*, c'est-à-dire de ces petites spores que nous avons vues dans d'autres groupes, se former à l'extrémité de rameaux mycéliens.

Ainsi, par exemple, dans l'*Eurotium repens*, moisissure qui vit sur les fruits cuits, on voit se dresser sur le mycelium des filaments renflés en sphère au sommet (fig. 622, B). Sur cette sphère, on voit bourgeonner de petites proéminences qui produisent bientôt chacune un chapelet de conidies pouvant germer et reproduire un mycélium.

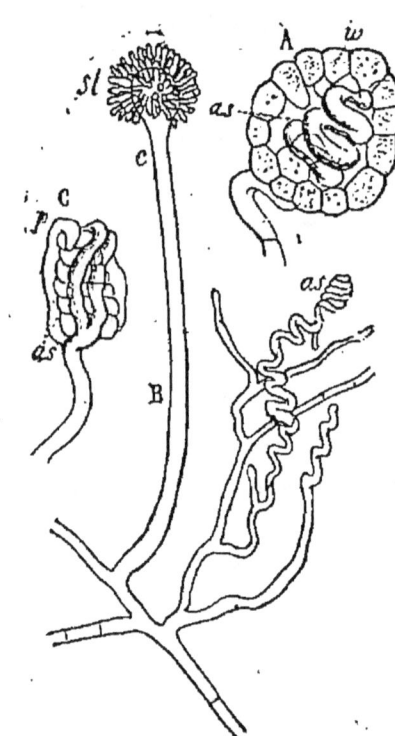

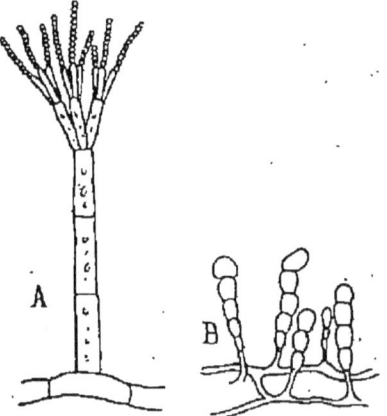

Fig. 622. — *Eurotium repens*. — B, appareil conidien ; *as*, ascogone en voie de formation.

Fig. 622 *bis*. — A, forme *Penicillium*; B, forme *Oïdium*.

On a donné à cette forme d'appareil conidien, composé d'une sphère portant des filaments conidiens rayonnants, le nom de forme *aspergillus*, à cause de sa ressemblance avec un goupillon.

Quand l'appareil conidien est formé d'un pied ramifié à son extrémité, et dont les derniers rameaux produisent des chapelets de conidies (fig. 622 *bis*, A), on dit que l'appareil conidien présente la forme *Penicillium*, à cause de sa ressemblance avec un pinceau.

Enfin, quand l'appareil conidien est formé d'un filament unique (fig. 622 *bis*, B), non ramifié à son extrémité, et produisant directement un chapelet de spores, on a affaire à la forme *Oïdium*.

404. Importance de la forme conidienne. — Ces trois formes sont les formes ordinaires d'un grand nombre de moisissures. Il y en a même beaucoup chez lesquelles on ne connaît que ce mode de reproduction, et que l'on n'hésite pas cependant à classer parmi les Ascomycètes, parce qu'il existe beaucoup d'Ascomycètes bien caractérisés, possédant des asques très nets, comme l'*Eurotium*, par exemple, où l'on trouve, en même temps que les asques, l'un de ces appareils conidiens.

Une preuve que cette façon de généraliser est légitime, c'est qu'en faisant varier les conditions dans lesquelles on place des conidies de moisissures, on a pu reproduire des ascomycètes bien caractérisés et réunir ainsi sous un même nom deux formes dont on avait fait jusqu'alors des espèces distinctes.

C'est ainsi qu'on a reconnu que l'*Oïdium* de la Vigne n'est que la forme conidienne de l*Erysiphe Tuckeri*, Ascomycète depuis longtemps connu. De même le *Botrytis Cinerea*, moisissure des grains de raisin, est la forme conidienne de la *Peziza Fuckeliana*, autre Ascomycète qui vit sur les feuilles mortes de la Vigne. Il n'est pas douteux qu'on ne finisse ainsi par faire rentrer dans les Ascomycètes une foule de moisissures dont on ne connaît jusqu'à présent que la forme conidienne.

405. Classification des Ascomycètes. — 1° **Les Périsporiacées.** Caractérisés par la situation profonde des

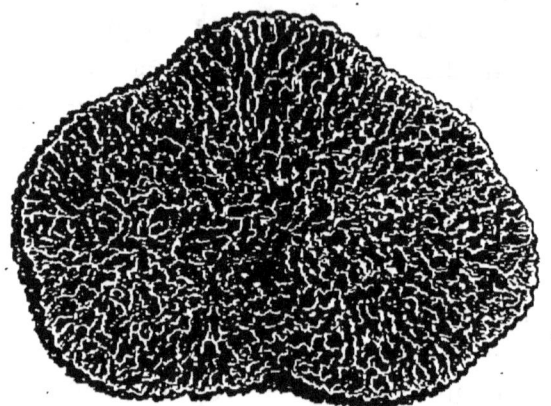

Fig. 623. — Truffe coupée.

asques, enveloppés de toutes parts dans un faux tissu fait d'un enchevêtrement d'hyphes. Si, par exemple, on

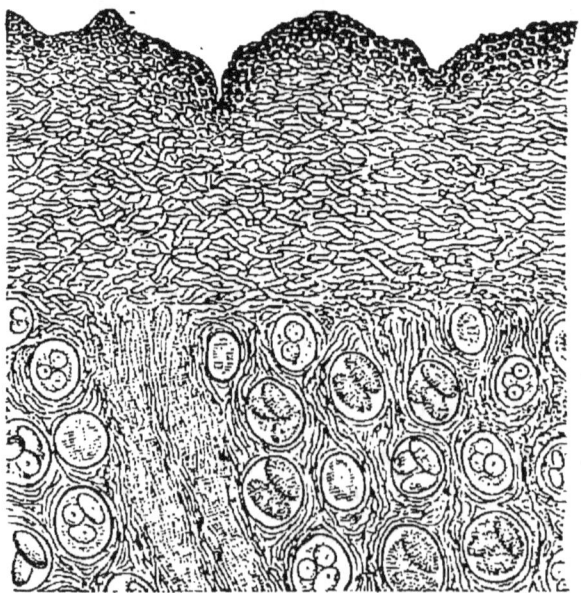

Fig. 624. — Section dans une Truffe.

fait une coupe dans la Truffe (fig. 623), on voit qu'elle

est formée d'un feutrage d'autant plus serré, d'autant plus épais, qu'on se rapproche davantage de la surface (fig. 624). Au milieu de ce feutrage, certains filaments renflent leur extrémité en asque contenant 2 ou 4 spores à membrane cutinisée et couverte de piquants. Ces asques sont mises en liberté par la destruction du tubercule. On n'a pas, jusqu'à présent, suivi la germination de l'ascospore.

2° **Les Pyrénomycètes.** — Caractérisés par leurs asques enfermées au fond de sortes de bouteilles s'ouvrant à l'extérieur par un étroit ostiole.

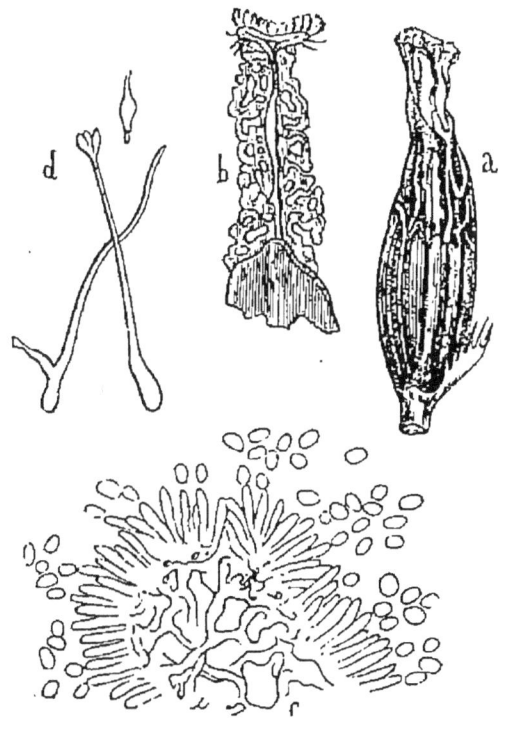

Fig. 625. — *Claviceps purpurea*. — *a*, sphacélie; *b*, coupe longitudinale de la sphacélie et du sommet de l'ovaire; le sommet de l'ovaire est soulevé par la sphacélie; *c*, l'hyménium portant des spores; *d*, conidies en germination.

Le type est l'Ergot du Seigle (*Claviceps purpurea*),

qui présente très nettement deux formes d'appareils reproducteurs, l'asque et l'appareil conidien.

Son mycélium envahit l'ovaire du Seigle lorsqu'il est encore enfermé dans les glumes. Il se substitue au tissu de l'ovaire dont il conserve la forme. Au-dessus de lui se trouve le stigmate.

La surface de l'ovaire envahi est alors creusée de sillons profonds (fig. 625, *a* et *b*), sur lesquels les filaments mycéliens produisent bientôt de nombreuses conidies (fig. 625 *c*). C'est la forme *sphacélie* dont on avait fait autrefois une espèce distincte. Les conidies s'échappent alors à travers un épais mucilage qui couvre l'ovaire.

Mais le mycélium qui occupe la base de l'ovaire est très dense, très dur et forme ce qu'on appelle un *sclérote* qui, en grandissant et se développant, déchire le tissu conidien qui le recouvre, repousse celui qui le surmonte, de sorte que le tissu conidien mucilagineux finissant par tomber et disparaître, le sclérote reste seul et nu, et constitue ce qu'on nomme *l'Ergot du seigle* (fig. 626).

Puis, l'ergot se détache et tombe sur le sol où il reste à l'état de vie ralentie jusqu'au printemps suivant. Il germe alors et produit des rameaux qui sortent du feutrage général et se terminent en boules (fig. 627, *a*).

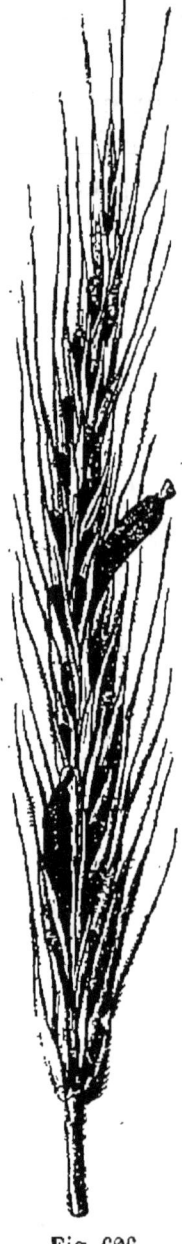

Fig. 626.
Seigle ergoté.

Une section longitudinale de l'une de ces boules

montre, à sa périphérie, un grand nombre de bouteilles au fond desquelles se dressent des asques (fig. 627, *b*

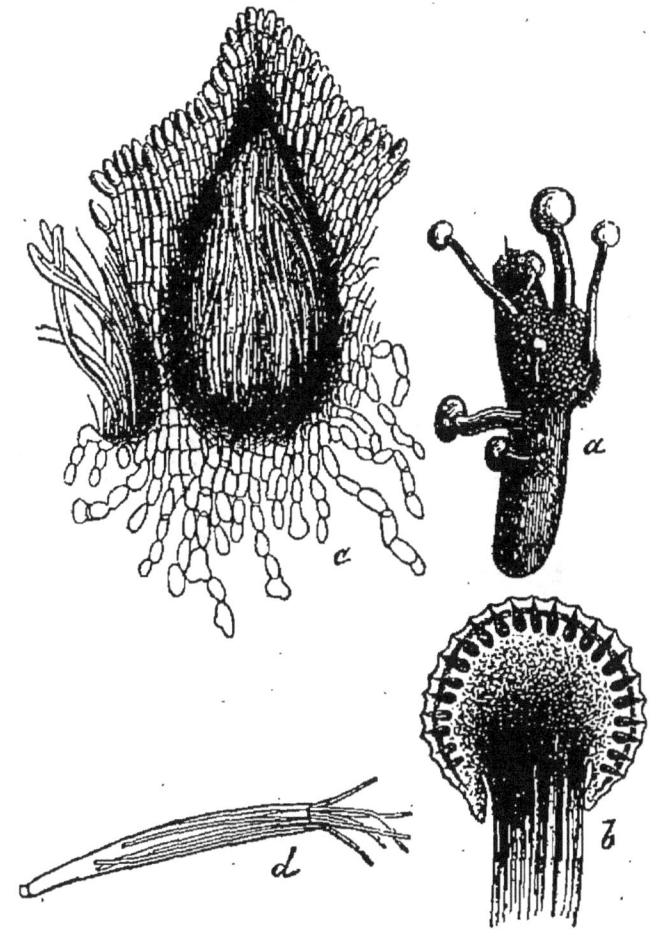

Fig. 627.— *Claviceps purpurea*.— *a*, ergot produisant les réceptacles *b* ; *c*, coupe d'un conceptacle très grossi rempli d'asques ; *d*, asque déchiré à son extrémité et laissant sortir les spores allongées.

et *c*). Ce sont donc des périthèces. Dans chaque asque se développent des ascospores filiformes (fig. 627, *d*), qui, transportées par le vent sur un ovaire de Seigle, y reproduiront une nouvelle sphacélie.

3° **Les Discomycètes** sont des Ascomycètes chez lesquels les asques, ne sont ni complètement entourés par le mycélium comme dans les Périsporiacées, ni placés au fond de cupules en forme de bouteilles comme chez les Pyrénomycètes, mais portés à nu par le mycélium. Même si les asques sont placés, comme chez les Pézizes au fond de périthèces en forme de cupules, ces cupules sont toujours largement ouvertes.

Les Pézizes, la Morille (fig. 628) sont des Discomy-

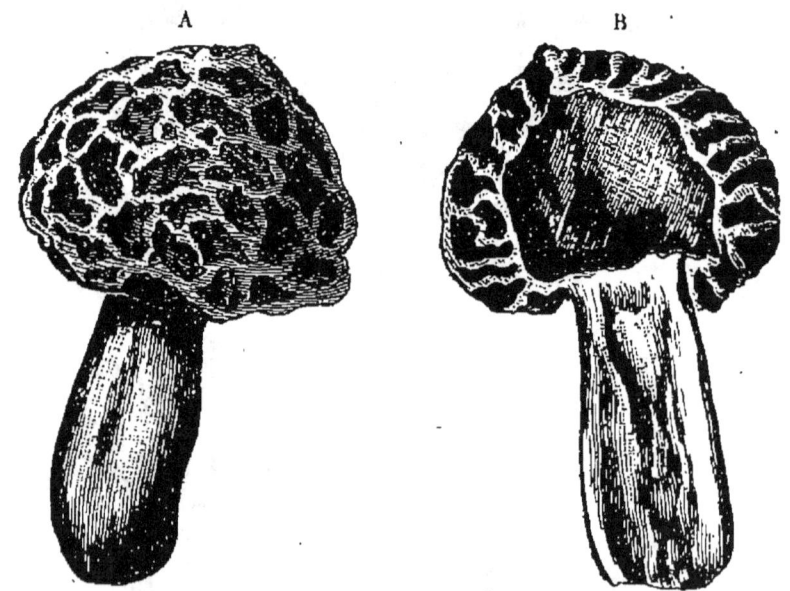

Fig. 628. — Le Morille. — A, entière ; B, coupée.

cètes. La Morille a un réceptacle pédonculé terminé par une sorte de renflement en forme de chapeau, creusé de cavités plus ou moins profondes. L'hyménium tapisse ces cavités. Les Helvelles sont aussi des Discomycètes.

Il en est de même des Levures qui provoquent les fermentations.

Considérons, en effet, la Levure de bière *Saccharomyces cerevisiæ*. Elle est formée de cellules ovales, éparses ou réunies en files. Si l'on cultive cette levure *sur* un liquide sucré, au contact de l'air par consé-

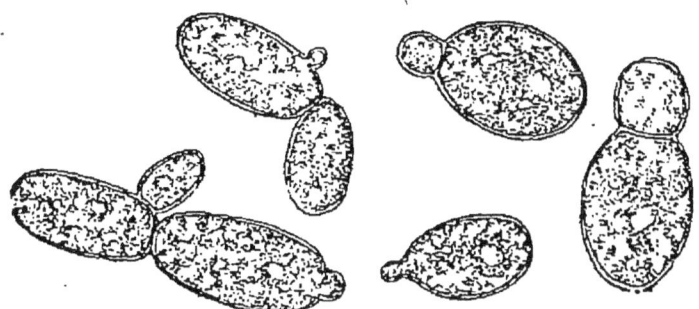

Fig. 629. — Bourgeonnement des cellules de *Saccharomyces Cerevisiæ*.

quent, on voit les cellules bourgeonner (fig. 629), c'est-à-dire produire de petites saillies qui se séparent de la cellule mère par une cloison, grandissent et

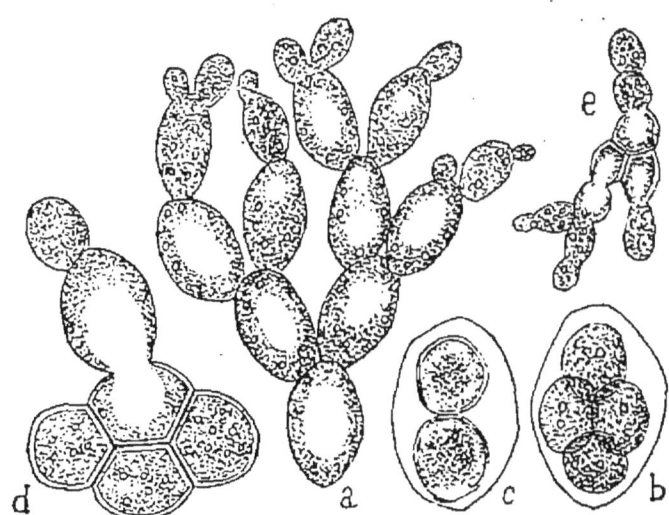

Fig. 630. — *a*, colonies de cellules produites par bourgeonnement ; *b*, *c*, formation de spores ; *d*, *e*, spores germant.

peuvent même se détacher et se rendre indépendantes quand elles ont acquis une taille suffisante.

Rien, jusqu'à présent, ne nous indique que cette Levure est un Ascomycète ; mais, cultivée dans d'autres conditions, sur des tranches de betterave, par exemple, le thalle change d'aspect : il n'est plus dissocié en cellules distinctes comme dans le cas précédent; en outre on voit le noyau de certaines cellules se diviser en deux et même en quatre (fig. 630, *b* et *c*) et chacun des nouveaux noyaux s'entoure d'une partie du protoplasme. Dans la cellule considérée ont donc pris naissance deux ou quatre spores, par un processus identique à celui qui produit les asques chez les Ascomycètes bien caractérisés.

Il existe beaucoup d'autres *Saccharomyces*. Le *S. Mycoderma* ou Fleur du vin, qui détruit l'alcool du vin. Le *S. ellipsoïdeus*, abondant à la surface des fruits : il paraît être l'agent principal de la fermentation alcoolique du jus de raisin. Le *S. Pastorianus*, qu'on trouve dans le vin, à la fin de la fermentation du jus sucré. Le *S. albicans*, qui détermine le Muguet et forme les plaques blanches de la bouche, si caractéristiques de cette maladie, etc.

Tous ces *Saccharomyces* ont un développement analogue à celui du *S. cerevisiæ*.

Myxomycètes.

406. Reproduction. — Les Myxomycètes sont des champignons qui passent une partie de leur existence à l'état de *plasmodie*. On nomme ainsi une masse protoplasmique nue qui se déplace sur la terre humide ou dans l'intérieur de terres meubles, au moyen de mouvements de reptation particuliers qu'on appelle mouvements amiboïdes, par analogie avec ceux dont sont animés les *amibes* (voir le *Cours de Zoologie*).

MYXOMYCÈTES

Quand le moment de se reproduire est venu, la plasmodie sort du sol, si elle y était, et vient à l'air; puis elle se concentre en une masse compacte, en boule comme dans les *Arcyria* (fig. 632), ou en forme de gâteau épais, comme dans les *Spumaria* : c'est le Sporange.

Ce sporange possède alors une enveloppe résistante. Il divise son contenu en autant de spores que son protoplasme avait de noyaux, et chaque spore, à l'intérieur même du sporange, s'enveloppe de cellulose.

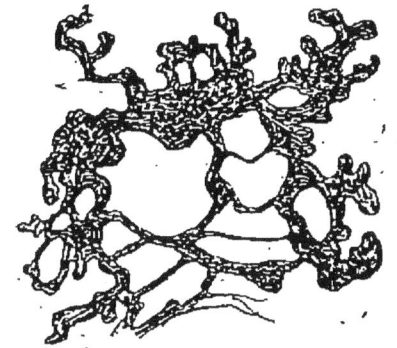

Fig. 631.
Plasmode de Myxomycète.

A la maturité, l'enveloppe du sporange se déchire et s'ouvre largement (fig. 633). Avant la

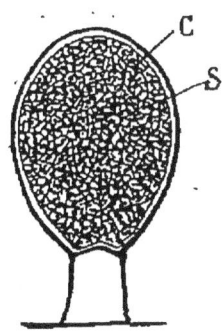
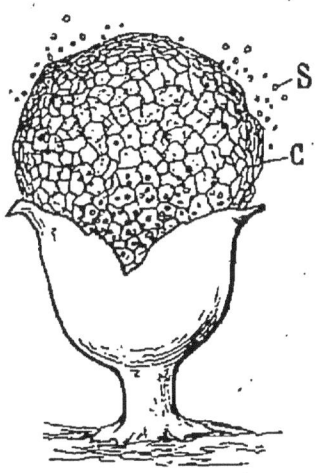

Fig. 632. — Sporange d'*Arcyria*. — S, spores ; C, réseau du capillitium appliqué contre la paroi du sporange.

Fig. 633. — Sporange ouvert ; S, spores ; C, capillitium.

déhiscence, cette enveloppe était doublée intérieurement par un fin réseau de filaments solides et résistants, le *capillitium*. Sous l'influence de la dessication, le capillitium qui était pelotonné à l'intérieur du sporange, se détend brusquement en projetant les spores au dehors.

Les spores peuvent rester longtemps sans germer. Mais lorsqu'elles rencontrent enfin de l'humidité, leur membrane cellulosique se déchire et leur protoplasme sort sous la forme d'une zoospore munie d'un long cil avec lequel elle nage dans le liquide, tout en s'aidant de mouvements amiboïdes (fig. 634, S et Z).

Puis la zoospore perd son cil et ne se déplace plus

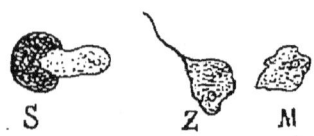

Fig. 634. — S, spore germant; Z, zoospore; M, myxamibe.

que par des mouvement amiboïdes; on l'appelle alors un *myxamibe* (fig. 634, M).

Le myxamibe se développe, grandit, se segmente et produit ainsi, tant que les conditions sont favorables, une foule de myxamibes distincts.

Si le milieu nutritif dans lequel vivent les myxamibes s'épuise, ils se réunissent deux à deux, trois à trois et forment des *symplastes*.

Les symplastes, eux-mêmes, peuvent se fondre pour former des *plasmodies*, c'est-à-dire des masses protoplasmiques ayant autant de noyaux qu'il y a de myxamides ayant concouru à leur formation et nous voilà revenus au point de départ.

407. Enkystement. — Nous devons signaler une particularité des Myxomycètes : Si le milieu dans lequel ils vivent n'est plus à leur convenance, ils se contractent et s'enveloppent d'une membrane résistante pour attendre des conditions plus favorables.

Oomycètes.

408. Champignons se reproduisant par œufs. — Dans tous les groupes qui précèdent nous n'avons pas rencontré de reproduction sexuée. Les Oomycètes, eux, présentent toujours une reproduction par œufs, ce qui ne les empêche pas d'ailleurs de se reproduire par spores. Nous allons passer successivement en revue les différents types d'Oomycètes.

1° **Mucorinées.** — Un grand nombre de moisissures appartiennent à cette famille. Leur mycélium est un enchevêtrement de filaments en apparence cloisonnés. Les cloisons transversales sont en effet très visibles, ça et là le long des filaments mycéliens; seulement, si l'on examine avec attention une partie du thalle, on voit que le protoplasme se réfugie toujours aux extrémités des filaments et qu'il se sépare ensuite, par une cloison, des parties qu'il a abandonnées. De sorte que la partie protoplasmique vivante du thalle n'est pas cloisonnée.

Reproduction par spores (*Mucor Mucedo*). — Étudions à ce point de vue, le *Mucor Mucedo*, moisissure *blanche très commune qui se développe sur le pain*. Certains filaments très vivants du mycélium se dressent verticalement et se renflent à leur extrémité en une boule, dans laquelle afflue le protoplasme du tube qu'elle termine. La boule se sépare bientôt du pédicelle par une cloison bombée et qui se bombe de plus en plus vers l'intérieur de la boule, sous la pression des liquides contenus dans le pédicelle.

La boule terminale pleine de protoplasme est le

586 EMBRANCHEMENT DES THALLOPHYTES

sporange, la cloison qui la sépare du pédicelle se nomme la *columelle* (fig. 635. A et B).

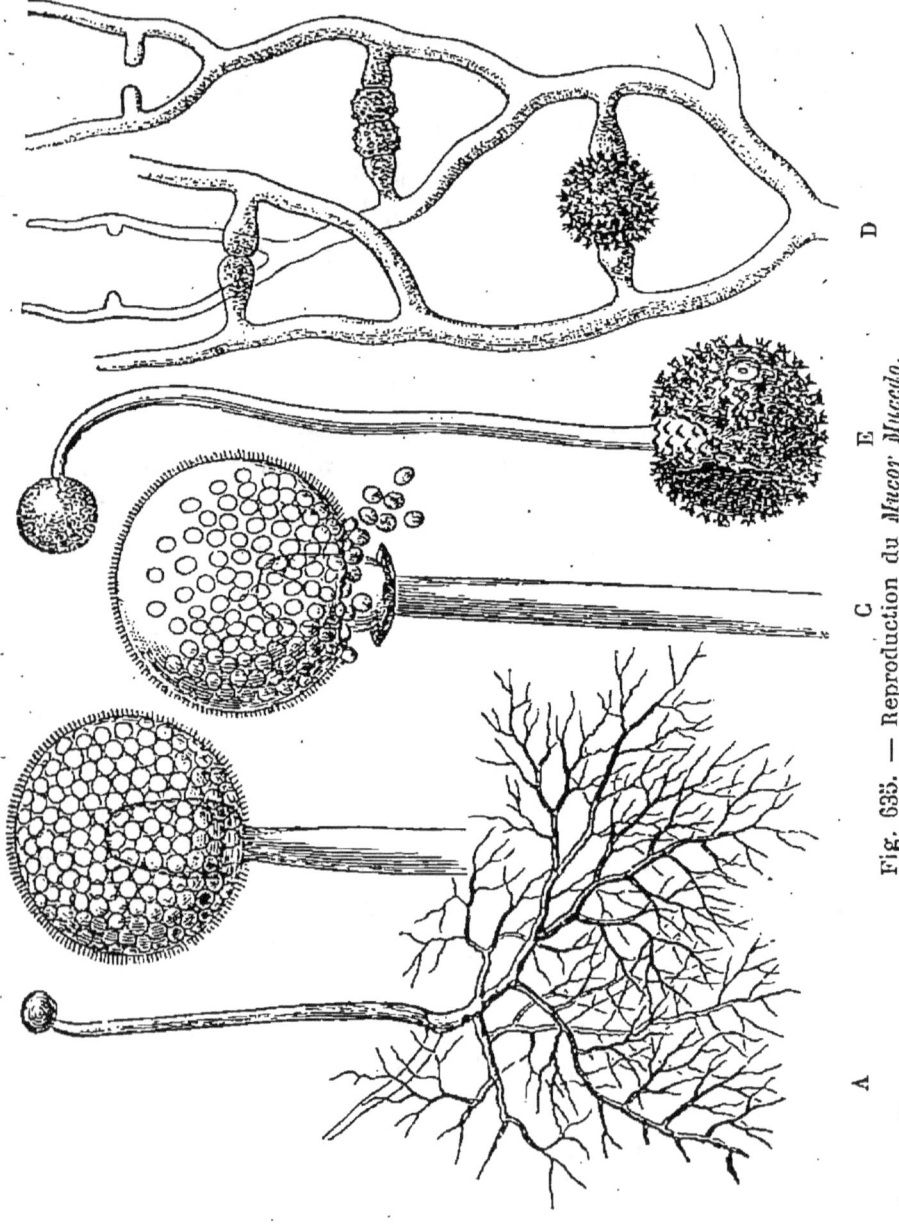

Fig. 635. — Reproduction du *Mucor Mucedo*. A, mycélium ; B, sporange ; C, sporange déhiscent ; D, conjugaison ; E, germination de la zygospore.

Le sporange divise son contenu en un grand nombre

de spores et, comme sa membrane est soluble dans l'eau, elle se détruit sous l'influence de l'humidité et les spores sont mises en liberté. Si elles tombent dans un milieu suffisamment nutritif, elles germent et produisent un nouveau mycélium.

Reproduction par œufs. — Considérons le *Phycomyces nitens*. Deux branches voisines du mycélium

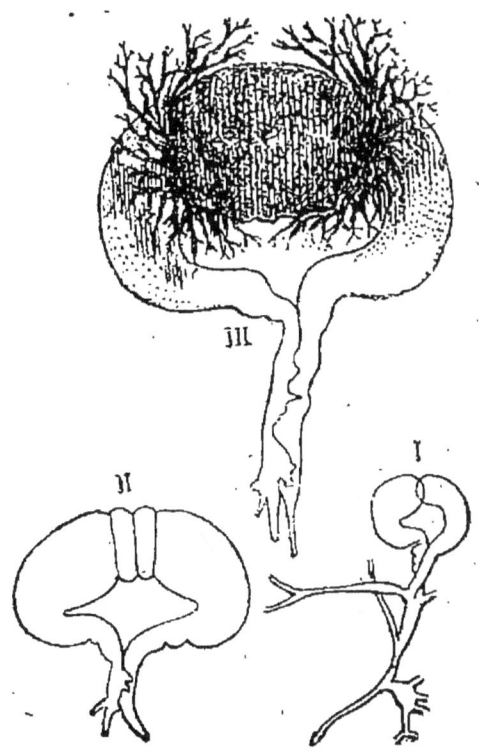

Fig. 666. — *Phycomyces nitens.*

se recourbent et viennent accoller leurs extrémités pleines de protoplasme. Ces extrémités s'isolent l'une et l'autre, par une cloison, du reste des filaments dont elles sont les parties terminales. Puis chacune des deux cellules ainsi formées, grandit jusqu'à ce que la membrane de contact qui les sépare, se gélifiant, disparaisse, ouvrant ainsi une large communication entre les deux cavités cellulaires.

Alors les deux protoplasmes et leurs noyaux, se fondent l'un dans l'autre, formant par leur réunion un œuf ou *zygospore* dont le volume total est sensiblement moindre que la somme des volumes des protoplasmes composants; ce qui prouve que la fusion des deux *gamètes* en un œuf est accompagnée d'une contraction protoplasmique.

Une fois formé, l'œuf grossit pendant que les cellules qui sont dans le voisinage des deux cellules conjuguées, produisent souvent des filaments en forme d'épines ramifiées qui viennent entourer l'œuf et lui constituer une enveloppe protectrice. C'est le cas du *Phycomyces nitens* (fig. 636).

Germination de l'œuf. — Ici deux cas se présentent : si l'œuf est dans un milieu très nutritif, il produit directement un mycélium ; sinon, il donne naissance à un tube se terminant par un sporange identique à celui que nous avons précédemment décrit lorsqu'il s'agissait de la reproduction asexuée du Mucor Mucedo. Du sporange ouvert, s'échappant des spores qui peuvent être disséminées au loin (fig. 635, E).

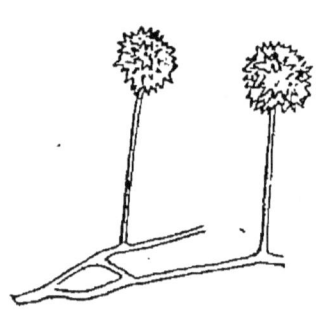

Fig. 637. — Chlamydospore du *Mortierella polycephala*.

Chlamydospores. — On a signalé, chez certaines Mucorinées (*Mortierella*), une reproduction par *chlamydospores*.

Des filaments dressés se renflent en boule à leur extrémité, et, dans ce renflement rempli de protoplasme et dont la paroi est hérissée de piquants, se produit une seule spore, la *chlamydospore*, capable de germer et de donner un mycélium comme une spore ordinaire.

2° **Péronosporées.** — Prenons comme exemple le *Cystopus candidus* qui vit en parasite sur les Légumineuses.

Reproduction asexuée. — De la feuille envahie par

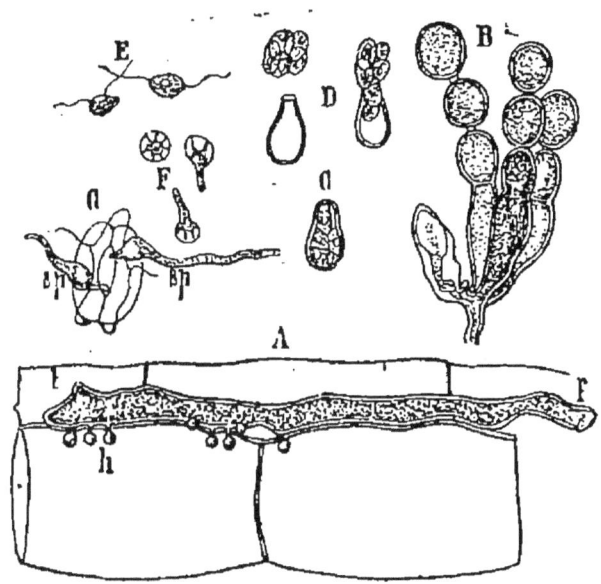

Fig. 638. — *Cystopus candidus.* — A, filament mycélien rampant entre les cellules ; *h*, ses suçoirs ; B, branches sporifères ; C, sporange ; D, formation des spores dans un sporange et sortie des zoospores ; E, zoospores ; F, germination des zoospores ; G, germination des zoospores près du stomate d'une feuille.

le mycélium, on voit sortir des paquets de filaments terminés par des chapelets de spores (fig. 638. B) ; les plus jeunes sont naturellement les spores inférieures, les plus rapprochées du filament qui les supporte, puisqu'elles sont dues aux cloisonnements successifs de l'extrémité même de ce filament.

Ces spores, qui sont plutôt des sporanges, se détachent et laissent échapper (C, D, E, fig. 638) des zoospores à deux cils qui, lorsqu'elles rencontrent une feuille du végétal sur lequel peut vivre le *Cystopus*, germent et envoient dans un stomate (G) un tube qui envahit les espaces intercellulaires où il se ramifie à l'état de mycélium. Le mycélium se nourrit en émettant des suçoirs dans les cellules du végétal (A).

Reproduction sexuée. — Cette reproduction a lieu tout entière à l'intérieur de la plante hospitalière (fig. 639).

Le mycélium renfle en sphère, les extrémités de

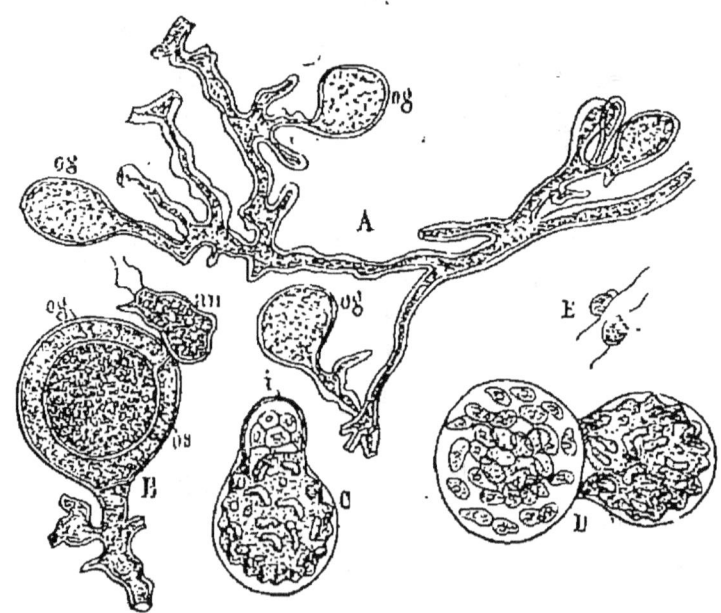

Fig. 639. — *Cystopus candidus.* — A, mycélium portant de jeunes oogones *og* ; B, oogone contre lequel s'applique une anthéridie *an* ; C, formation de zoospores à l'intérieur de l'oospore *i* ; D, sortie des zoospores ; E, zoospores.

certains rameaux qui deviennent ainsi des *oogones*

séparées du reste du mycélium par des cloisons. Dans chaque oogone se forme une oosphère. Un autre rameau voisin se renfle également à son extrémité, et vient s'appliquer sur l'oogone dont il perce la paroi afin de déverser dans l'oosphère, une partie de son protoplasme. L'oosphère ainsi fécondée est devenue une oospore qui passe l'hiver à l'état de vie ralentie et ne germe qu'au printemps. A ce moment, l'exospore éclate et l'endospore fait saillie par l'ouverture (C et D), puis, l'endospore elle-même se déchire et livre passage à une masse de zoospores ciliées qui germent sur les feuilles de Légumineuses, comme celles qui proviennent du sporange de génération sexuée.

Le *Mildiou* de la vigne a un développement analogue à celui du *Cystopus*.

On voit que, dans les Péronosporées, la différenciation des gamètes a fait un pas de plus que dans les Mucorinées. Tandis que, chez les Mucorinées, les deux gamètes sont à peu près semblables, identiques même, dans un grand nombre de cas, ici, le gamète mâle est très différent du gamète femelle. — Dans une famille voisine, celle des Monoblépharidées, la différence est plus grande encore, puisqu'il existe un véritable anthérozoïde cilié : c'est d'ailleurs la seule famille de Champignons qui en présente.

3° **Famille voisine des Mucorinées.** — On classe dans le voisinage des Mucorinées un petit groupe assez mal connu, celui des Trichophytées, que nous signalons parce qu'il renferme un certain nombre de parasites de l'homme.

Exemple : l'*Achorion Schœnlenii* qui détermine la Teigne faveuse, le *Trichophyton tonsurans* ou Teigne tondante, le *Microsporon furfur*, champignon du Pityriasis.

CHAPITRE IV

TYPES ABERRANTS

Les Lichens.

409. Différentes formes du thalle. — L'appareil végétatif des Lichens est des plus simples : c'est un thalle fixé par des crampons à un support quelconque.

Fig. 640. — Lichen tuberculeux. *Cetraria Islandica.*

La forme du thalle des Lichens est très variée selon les espèces. Tantôt il se dresse sur son support (fig. 640) et semble être composé de tiges et de feuilles ; on dit dans ce cas qu'il est *fruticuleux*. Tantôt il s'étale en une lame aplatie plus ou moins découpée sur les bords, et fixée sur le support par une grande étendue de sa face inférieure ; dans ce cas, le thalle est *foliacé* (fig. 641). Il est *crustacé*, quand il constitue une croûte si intimement adhérente au support qu'il est impossible de l'en détacher. Tel est le cas du *Pertusaria communis* qui forme à la surface des rochers, une tache blanche, zônée, bien connue.

Enfin, le thalle est *gélatineux*, quand, au contact de l'humidité, il peut, comme dans les *Collema*, se ramollir et devenir visqueux.

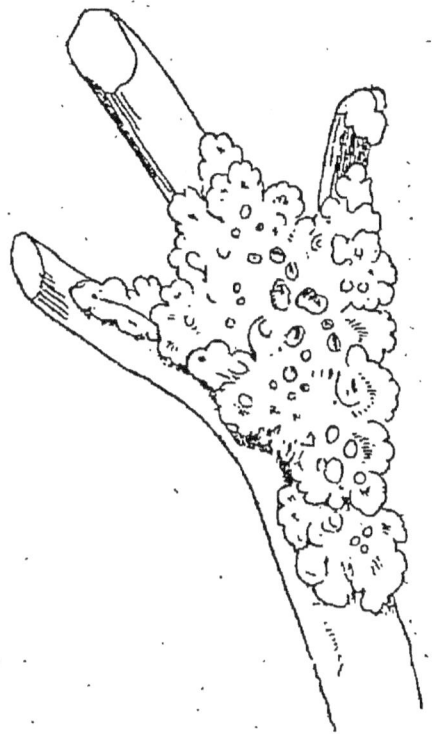

Fig. 641. — Lichen foliacé. *Xanthoria parietina*.

Il est inutile de faire remarquer qu'entre ces quatre formes types du thalle, il est possible de trouver tous les intermédiaires.

410. Structure du thalle. — Si l'on fait une section transversale du thalle d'un Lichen, on remarque qu'il est formé d'un feutrage de filaments mycéliens rappelant tout à fait les hyphes des Champignons Ascomycètes (fig. 642). Aux deux surfaces inférieure et supérieure, le feutrage devient plus épais, plus dur, les hyphes sont plus serrés, et constituent en haut et en bas, une sorte de tégument qu'on appelle la couche corticale. Les hyphes de la face inférieure se prolongent en poils rhizoïdes qui ne sont autres que les crampons fixateurs du thalle sur son support.

Emprisonnées dans les mailles du réseau des hyphes, se trouvent de petites cellules vertes, arrondies, nommées *Gonidies* et qui ressemblent tout à fait à ces Algues que nous avons appris à connaître sous le nom de *Protococcus*. Les gonidies sont surtout abondantes au voisinage de la couche corticale supérieure (1).

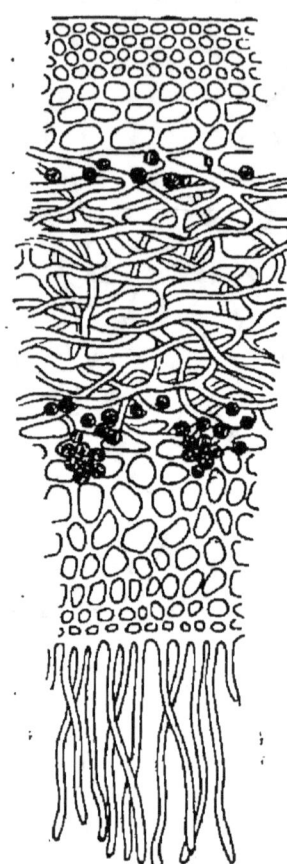

Fig. 642. — Thalle de Lichen (Coupe transversale).

411. Mode de végétation du Lichen. — Les gonidies sont en effet des Algues. Et ceci suffit pour nous faire comprendre comment vit un Lichen. Le Lichen résulte de l'union intime, de l'association d'un Champignon représenté par les hyphes, et d'une Algue verte emprisonnée par le Champignon. Le Champignon, privé de chlorophylle, est incapable d'assimiler le Carbone contenu dans l'acide carbonique de l'air. D'autre part, l'Algue ne peut vivre que dans un milieu humide. En s'associant, ces deux végétaux se complètent l'un

---

(1) De Bary; Schwendener.

LICHENS

par l'autre : l'Algue assimile le Carbone pour l'association, et les hyphes du Champignon fournissent à l'Algue l'humidité dont elle a besoin. On voit qu'aucun des deux végétaux associés ne peut être considéré comme parasite de l'autre. Chacun des deux tire un bénéfice de l'association à laquelle, dans ce cas, on donne le nom de *symbiose*. Nous reviendrons, un peu plus loin, sur cette interprétation des phénomènes. Pour le moment, étudions la façon dont le Lichen se reproduit et se multiplie.

412. Multiplication par sorédies. — On voit souvent à la surface du thalle un dépôt pulvérulent de petits corps arrondis et verdâtres qu'on appelle des *sorédies*. Ce sont des hyphes enveloppant une masse de gonidies, et dont l'ensemble forme une sorte de petit bourgeon qui, à la maturité, se détache du tissu général et est emporté au loin par le vent. Comme une sorédie renferme toutes les parties essentielles d'un thalle de Lichen, hyphes et gonidies, on comprend qu'elle n'a qu'à développer ses éléments pour reproduire un lichen. C'est là le procédé le plus habituel de dissémination des Lichens.

413. Reproduction par spores. — Mais il existe un autre mode de reproduction. Sur le thalle des Lichens,

Fig. 643. — Apothécies de Lichen.

on voit souvent des appareils spéciaux, souvent en forme de coupe (fig. 643) et qu'on nomme des *Apo*-

596 TYPES ABERRANTS

thécies. Le fond de ces apothécies est tapissé par un hyménium en tout semblable à un hyménium d'Ascomycète et produisant comme lui des paraphyses et des asques à huit spores. Ces spores sont-elles capables, en germant, de reproduire tout le Lichen? C'est ce dont nous allons maintenant nous occuper.

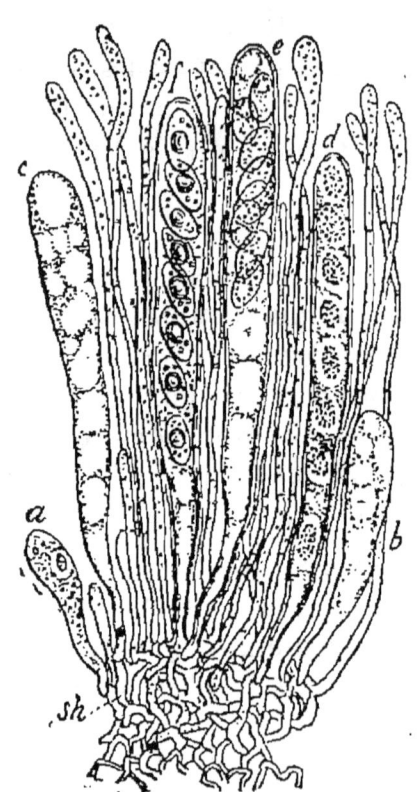

Fig. 644. — L'hyménium de l'apothécie d'un Lichen.

414. Nature du Lichen; son analyse. — Si l'on prend une de ces spores et qu'on la place dans des conditions propres à sa germination, elle émet aussitôt un tube en tout semblable à un mycélium de Champignon, mais dont le développement ne tarde pas à s'arrêter. Cependant, en prenant quelques précautions, on (1) est arrivé récemment à obtenir, au moyen de spores provenant d'un Lichen, le développement complet de Champignons d'espèce inconnue, mais parfaitement caractérisés comme Champignons.

D'autre part, les gonidies isolées et placées dans un

---

(1) Möller.

milieu humide, végètent seules comme des Algues, se multiplient et prospèrent.

Cela seul suffirait pour démontrer la double nature des Lichens. Mais nous avons d'autres arguments plus probants encore.

415. Synthèse des Lichens. — Un autre procédé, inverse du précédent, a permis de rendre indiscutable l'hypothèse qui veut que les Lichens soient l'association d'une Algue et d'un Champignon. On peut, en effet, réaliser la synthèse du Lichen. Il suffit, pour cela

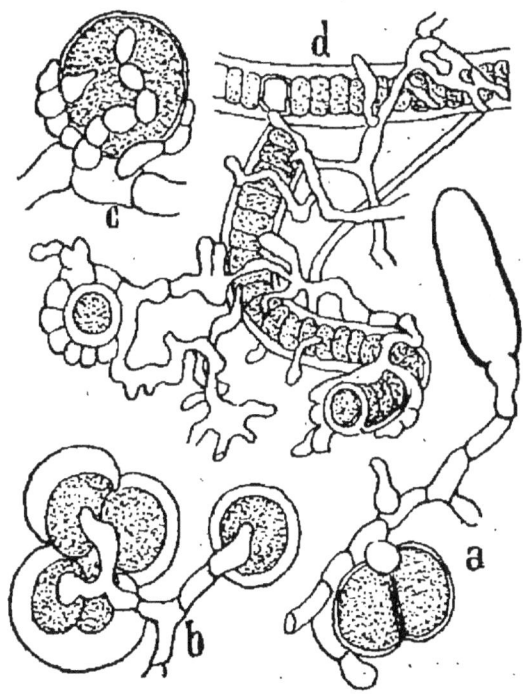

Fig. 615. — a, spores de *Xanthoria parietina* germées sur des cellules de *Protococcus viridis*; b, hyphes de *Synalissa* sur des cellules de *Glæocapsa*; c, hyphes sur *Protococcus*; d, hyphes de *Stereocaulon annulatum* sur des chapelets de cellules de *Scytonema*.

de semer une spore dans le voisinage des Algues que la théorie indiquait comme pouvant entrer dans la constitution d'un Lichen (1). On voit alors les filaments mycéliens produits par la spore, venir former autour des Algues un réseau très serré d'hyphes, les emprisonner et tendre à reconstituer ainsi un Lichen.

Malheureusement, ces expériences ayant été faites à l'air libre, la culture était bientôt envahie par des organismes étrangers, par des moisissures, qui renrendaient impossible toute observation.

On (2) a alors songé à utiliser les procédés pastoriens, et à faire des *cultures pures* de Lichen sur un fragment d'écorce contenu dans un flacon Pasteur. Sur l'écorce préalablement stérilisée, on sème côte à côte une spore de Lichen et une Algue. Le mycélium produit par la spore emprisonne l'Algue dans ses filaments, et comme la culture ne peut être ni envahie, ni étouffée par les organismes étrangers, on voit rapidement apparaître un Lichen bien défini qui se développe, grandit et finit par envahir toute l'écorce. On a même pu, en procédant de cette façon, produire des Lichens en faisant germer des spores sur un protonéma de Mousse.

De l'observation, de l'analyse et de la synthèse, il résulte donc bien évidemment, que le Lichen est, comme nous l'avons dit, une symbiose, c'est-à-dire le résultat de l'association d'un Champignon Ascomycète et d'une Algue verte.

416. Rôle des Lichens. — Les Lichens trouvant en eux tout ce qu'il faut pour vivre, étant assez hygrométriques pour puiser directement dans l'air l'humidité qui leur est nécessaire, pouvant aussi, grâce à l'Algue qu'ils contiennent, assimiler directement le Carbone,

---

(1) Stahl, Reess, Bornet, Treub.
(2) Gaston Bonnier.

sont aptes à végéter sur les substratum les plus arides. Où aucun végétal ne pourrait subsister, le Lichen prospère. Qu'un rocher, qu'un continent émerge donc de la mer, la première végétation qui s'y installera ne pourra être composée que de Lichens dont les débris, sans cesse accumulés, formeront une première couche végétale dans laquelle des Mousses pourront enfoncer leurs rhizoïdes. Les Mousses, elles-mêmes, augmenteront de leurs débris l'épaisseur de l'humus formé, et c'est alors qu'apparaîtront les premiers végétaux à racines. C'est donc aux Lichens que les continents, d'abord arides, doivent l'humus sans lequel toute végétation demeurerait impossible.

417. Lichens utiles — Le *Cetraria Islandica*, Lichen fruticuleux, contient de l'amidon et joue un rôle im-

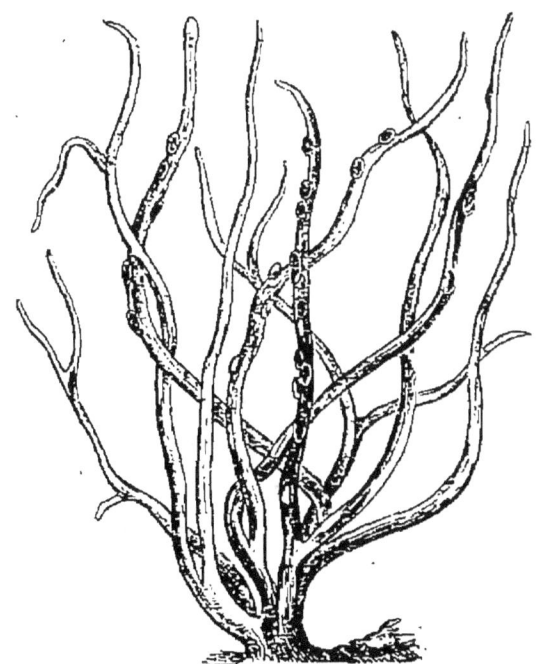

Fig. 646. — Orseille.

portant dans l'alimentation des Islandais qui en font

du pain. Il contient un principe amer. Il est considéré comme émollient, adoucissant et tonique dans les maladies des bronches.

Le *Lecanora esculenta*, libre de toute adhérence avec un support quelconque, se présente sous forme de petits globoïdes de la grosseur d'une cerise. Il est emporté par le vent et constitue une nourriture substantielle à cause de sa richesse en amidon. L'Orseille (fig. 646), fournit une matière colorante rouge utilisée en teinture.

Le *Tournesol en pains* (qu'il ne faut pas confondre avec le *Tournesol en drapeau* fourni par une Euphorbiacée, le *Crozophora tinctoria*) est donné par un certain nombre de Lichens.

Le *Lichen des rennes* sert à la nourriture des animaux.

Le *Cladonia pyxidata* autrefois employé comme fébrifuge.

Le *Peltigera canina*, mélangé au poivre, constituait une poudre réputée souveraine contre la rage, etc.

Les Bactériacées.

418. Préliminaires. — Nous plaçons les Bactériacées à la suite des Lichens parce que ces végétaux constituent des types aberrants qu'il est très difficile de classer dans l'une des catégories végétales admises. Certains auteurs en font des Champignons voisins des Levures sous le nom de *Schizomycètes*, d'autres les rangent parmi les Algues sous ce nom de *Schizophycées*. Nous verrons, en étudiant une Bactériacée quelconque, que les uns et les autres peuvent invoquer de bonnes raisons en faveur de leur opinion.

419. Étude d'un type. — Le type que nous étudierons est le *Bacillus subtilis* que l'on appelle quelquefois le Bacille du foin. Nous choisissons cette espèce parce qu'en raison même de la facilité avec laquelle on se la procure, c'est celle que les Botanistes ont le mieux observée et dont ils recommandent l'étude aux débutants.

Pour l'avoir à sa disposition, on n'a qu'à laisser exposée à l'air dans une étuve à 36° centigrades, une infusion de foin. On voit, au bout d'un ou deux jours, se former à sa surface une sorte de pellicule mucilagineuse, le *voile* ou la *fleur* qui n'est pas autre chose qu'une agglomération de *Bacillus subtilis*.

Portons, au moyen d'une baguette de verre, une petite parcelle de la *fleur* avec une goutte de liquide sur le porte-objet du microscope et examinons. Nous

Fig. 647. — *Bacillus subtilis* formé à la surface d'une infusion de foin bouilli après 24 ou 48 heures

voyons que la pellicule est formée d'une agglomération de filaments longs, ondulés, articulés (c'est-à-dire formés d'articles placés bout à bout) et parallèles les uns aux autres (fig. 647). Ces filaments sont maintenus réunis par une substance mucilagineuse qu'ils ont sécrétée.

Cette forme de Bactéries réunies par une substance mucilagineuse, se nomme la forme *Zooglœa*.

Si la goutte liquide que l'on a transportée sous le microscope en même temps que la bactérie, renferme encore des substances nutritives en quantités suffisantes, on voit alors chacun des bâtonnets d'une file se diviser à intervalles réguliers et d'autant plus rapprochés, que la température de la pièce où l'on se trouve est plus élevée. Cette division est assez rapide pour s'effectuer deux fois en une heure.

Fig. 648. — Bactérie se multipliant par bipartition.

A cet effet, chaque bâtonnet s'allonge sans s'amincir et quand il est suffisamment long, une cloison transversale apparaît dans sa partie médiane et le divise en deux segments qui s'allongent à leur tour pour se diviser de nouveau, et ainsi de suite.

Ces divisions successives et rapides des bâtonnets expliquent leur disposition en file ainsi que la forme sinueuse qu'affectent les files. Celles-ci, en effet, s'allongeant sans cesse, finissent par être trop longues pour l'espace dont elles disposent; leurs extrémités viennent donc butter contre les parois du vase et la file, qui continue à s'allonger, est forcée de prendre une forme ondulée, visible même à l'œil nu, sur la surface de la fleur où elle détermine des stries et des rides.

420. Formation des spores. — Mais quand les substances nutritives de la goutte d'eau sont épuisées, les bâtonnets cessent de se diviser et deviennent le siège de modifications profondes.

Le protoplasme de chaque bâtonnet se concentre autour d'un point central, s'entoure d'une fine membrane de cellulose et devient ainsi une spore (fig. 649

et fig. 650). Le reste du bâtonnet paraît vide et les différentes spores, nées dans les bâtonnets d'un filament, forment ainsi une file. Ces spores arrondies ne sont plus reliées entre elles que par la membrane incolore du filament primitif; puis cette membrane elle-même ne tarde pas à disparaître et les spores, mises en liberté, tombent au fond du liquide.

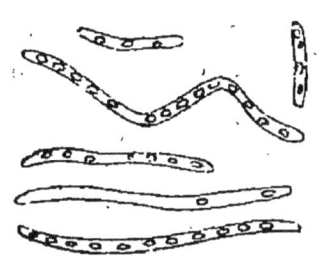

Fig. 649. — Formation des spores dans le *Bacillus Anthracis*.

421. Germination des spores. — La spore résiste très bien à l'ébullition, pourvu que celle-ci ne soit pas trop prolongée. Si donc on sème ces spores dans un liquide nutritif, qu'on les fasse bouillir pendant cinq minutes et qu'on les laisse refroidir ensuite, elles germent avec la plus grande facilité.

La membrane de la spore s'ouvre (fig. 650) son contenu fait saillie à l'extérieur, s'allonge, se segmente et devient

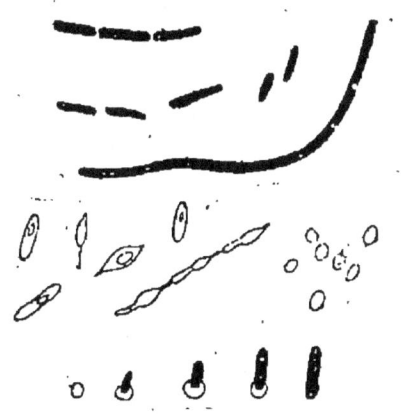

Fig. 650. — Formation de la spore, sa germination dans le *Bacillus ubtilis*.

rapidement une file de bâtonnets du Bacillus. Alors, grâce à deux cils qui terminent la file, celle-ci est animée de mouvements serpentiformes assez rapides au sein du liquide nutritif dans lequel elle nage. De sorte que, si l'on a semé beaucoup de spores, la masse du liquide nutritif est bientôt envahie, à toutes les profondeurs, par un grand nombre de filaments du Bacillus qui y évoluent dans tous les sens.

Mais bientôt tous ces filaments se rassemblent à la surface du liquide, s'y mettent au repos, gélifient leurs parois et reconstituent un zooglœa identique à celui dont elles proviennent.

422. Autres Bactériacées. — Ce que nous venons de dire du développement du *Bacillus subtilis*, pourrait se répéter presque dans les mêmes termes de toute autre Bactérie.

Fig. 651. — *Micrococcus.*

On a essayé de classer les Bactéries d'après la forme des articles de leurs filaments, d'après leur degré d'union, d'après la production plus ou moins considérable de mucilage, d'après leur mobilité.

Quand les cellules sont rondes, la Bactériacée s'appelle un *Micrococcus* (fig. 651).

Des cellules cylindriques et qui se séparent aussitôt qu'elles sont formées, constituent un *Bacterium*. Si ces cellules cylindriques restent unies en filaments plus ou moins longs, on a affaire à un *Bacillus* (fig. 647).

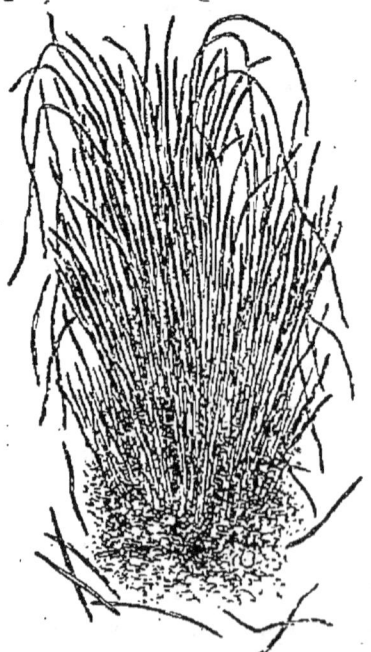

Fig. 652. — *Leptothrix buccalis.*

La forme *Leptothrix* est présentée par des cellules unies en filaments très longs et non ramifiés (fig. 652).

Un filament enroulé en spirale, se dissociant rapidement en bâtonnets arqués, est un *Vibrion* (fig. 653).

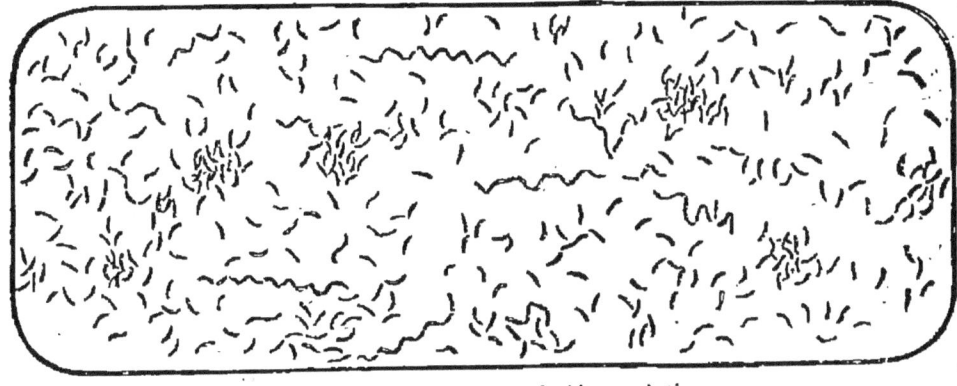

Fig. 653. — Vibrions du choléra asiatique.

Des bâtonnets plus longs, et enroulés en tire-bouchons, sont des *Spirillum* (fig. 654). Si la longueur est

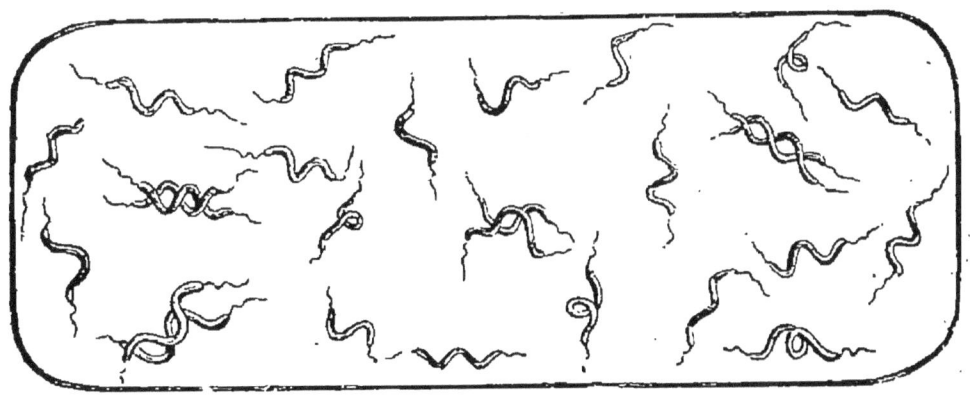

Fig. 654. — *Spirillum*.

plus grande encore, avec un grand nombre de tours de spire, c'est un *Spirochœte* (fig. 655), etc., etc.

On remarquera (fig. 654) que les bâtonnets sont souvent terminés par deux cils qui leur permettent de se déplacer rapidement dans les liquides où ils se trouvent.

Quelquefois les cellules, au lieu de se diviser toujours dans la même direction comme cela se passe

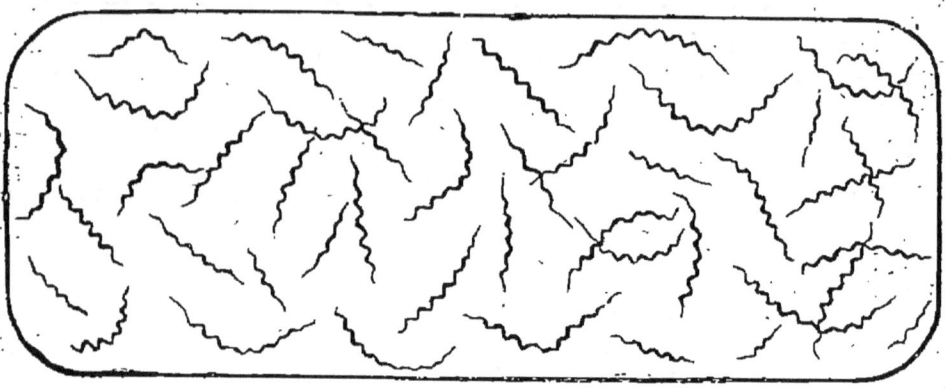

Fig. 655. — *Spirochæta buccalis* de l'homme.

dans le Bacillus, se divisent dans plusieurs directions. Ainsi, dans les *Sarcina* (fig. 656), la division se fait

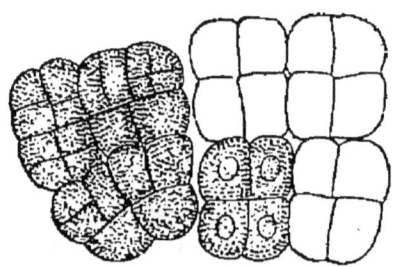

Fig. 656. — *Sarcina ventriculi*.

dans trois directions rectangulaires, et les cellules filles restant réunies, figurent assez bien un paquet ficelé en croix par un cordon.

423. Polymorphisme des Bactériacées. — On voit que la forme des Bactéries est extrêmement variée; mais il ne faudrait pas croire qu'une espèce donnée soit caractérisée par sa forme. Il n'est pas rare, en effet, de rencontrer des Bactéries qui, selon les circonstances, selon les milieux dans lesquels elles vivent, passent successivement par plusieurs formes.

Ainsi, le *Bacillus amylobacter* ou Ferment butyrique, se présente, selon les circonstances, sous forme de bâtonnets cylindriques ou renflés à un bout (fig. 657), droits ou courbés, isolés ou réunis en chaînettes et en zooglées. Donc la forme ne peut pas caractériser une espèce. Cependant si, au même moment, dans un même milieu, on trouve des formes différentes, il est probable qu'on a affaire à des espèces aussi différentes.

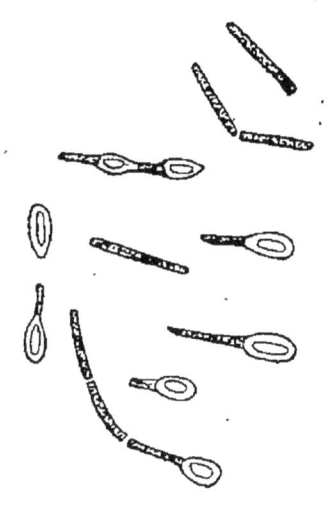

Fig. 657.
Bacillus amylobacter.

424. Classification des Bactériacées. — Toute classification des Bactériacées, basée uniquement sur la forme, sera donc nécessairement inexacte. La seule classification logique dans l'état actuel de la Science, est celle qui repose sur leur étude physiologique et sur le rôle qu'ils jouent dans la Nature. On a donc établi trois divisions physiologiques principales chez les Bactériacées, et on les classe en *Bactériacées chromogènes,* en *Bactériacées ferments* et en *Bactériacées pathogènes*.

425. Bactériacées chromogènes. — On nomme ainsi celles qui peuvent, au contact de l'air, produire certaines matières colorantes. Tels sont, par exemple, le *Micrococcus prodigiosus*, qui peut rendre rouges comme du sang les matières féculentes cuites et le lait; le *Micrococcus pyocyaneus*, qui rend le pus bleu ; le *Bacterium cyanogenum*, qui, se développant dans le lait, lui donne une coloration bleue. — Certaines Bactéries rendent phosphorescentes les substances organiques (viande, poisson) qu'elles envahissent.

426. Bactériacées ferments. — Depuis Pasteur, on sait que toute fermentation, n'est que la transformation chimique d'une grande quantité de la matière fermentescible, sous l'action d'un être vivant qu'on nomme Ferment. C'est ainsi que, sous l'action du Champignon *Saccharomyces cerevisiæ*, végétant au fond d'un liquide sucré avec de la glucose, celle-ci se désoxyde et se transforme peu à peu en alcool.

La même fermentation peut être produite par certains Champignons du genre *mucor*. Mais ce n'est là qu'une exception car la plupart des ferments sont des Bactériacées. Ainsi, le *Micrococcus aceti* forme à la surface des liquides alcooliques, un voile glutineux bien connu sous le nom de *mère du vinaigre*. Ce *Micrococcus* prend à l'air l'oxygène dont il a besoin pour sa respiration, mais il en fixe une partie sur l'alcool sous-jacent, qui se transforme ainsi peu à peu en acide acétique, principe actif du vinaigre.

Le *Micrococcus lacticus* dédouble le sucre de lait en acide lactique. C'est lui l'agent principal de la fabrication du fromage. Nous avons vu (p. 211) l'action produite dans le sol, par le ferment nitreux et le Ferment nitrique sur les matières azotées. Ces ferments sont aussi des *Micrococcus*.

Le *Bacillus amylobacter* qui, lui, est anaérobie, c'est-à-dire qu'il ne peut pas vivre dans l'oxygène, décompose les substances ternaires les plus diverses (sucres, dextrine, amidon), et les dédouble en acide butyrique, acide carbonique, Hydrogène et divers produits accessoires. Le *Bacillus amylobacter* dissout la cellulose. En raison du grand nombre de substances que ce Bacille fait disparaître, il est donc une des Bactériacées les plus importantes. Il joue un rôle prépondérant dans la putréfaction d'une foule de matières. Abondant dans la panse des Ruminants, il dissout pour eux la cellulose des aliments herbacés qu'ils avalent.

427. Bactériacées pathogènes. — On nomme ainsi toutes les Bactériacées qui, vivant en parasites dans le corps des êtres vivants, déterminent chez eux des désordres plus ou moins graves et engendrent des maladies. Pour comprendre comment se comportent ces Bactériacées dans l'organisme, étudions en particulier la maladie des moutons, connue sous le nom de *Charbon* ou *Sang de rate*.

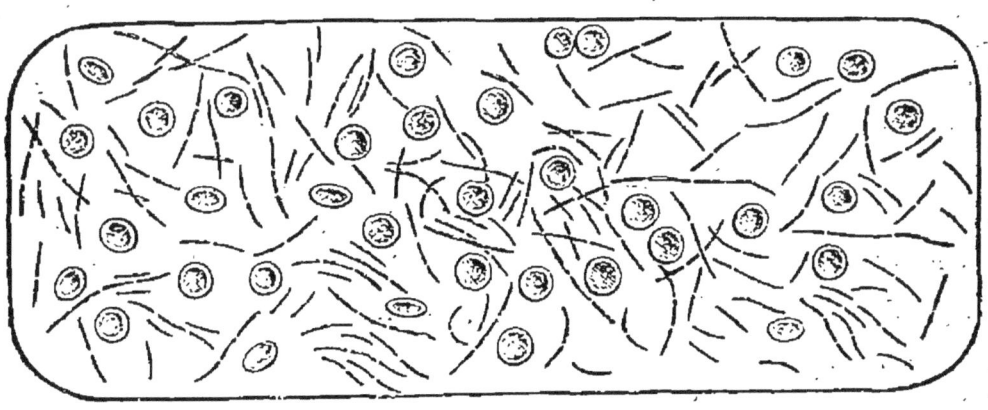

Fig. 658. — *Bacillus anthracis* dans le sang du mouton.

Il arrive souvent que les troupeaux de moutons sont frappés d'une maladie soudaine qui cause une grande mortalité.

L'autopsie révèle un sang noir et poisseux et une

rate énorme, ramollie. Or, l'analyse microscopique du sang montre constamment la présence dans ce liquide, de petits bâtonnets qui ne sont autres que des filaments d'une Bactériacée à laquelle on donne le nom de *Bacillus anthracis*.

Ce *Bacillus* existant toujours dans le sang des moutons malades, il y avait lieu de se demander s'il produit la maladie, ou s'il n'est là que par suite de la maladie. En d'autres termes, s'il est la cause, ou s'il est l'effet.

Pasteur et Joubert, prouvent qu'il est la cause en inoculant à des moutons parfaitement sains, des *Ba-*

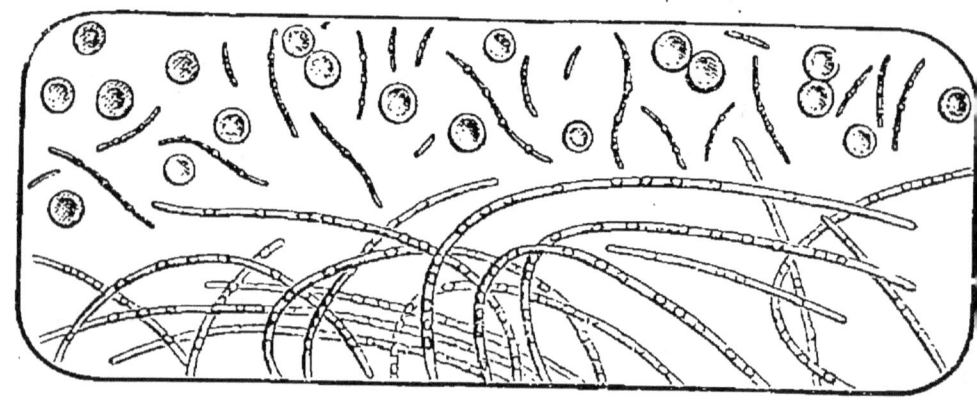

Fig. 659. — *Bacillus anthracis* formant des spores.

cillus cultivés à l'état de pureté dans du bouillon. Les moutons périssent rapidement en présentant tous les symptômes de la maladie charbonneuse.

Mais comment la maladie se propage-t-elle?

Comme le font toutes les Bactériacées, quand l'aliment commence à leur manquer : le *Bacillus anthracis* fabrique des spores (fig. 659), mais pour cela, il a besoin du concours de l'air.

Or, quand un mouton meurt, on l'enterre. La putréfaction du cadavre produit des gaz qui distendent la peau et la déchirent, donnant issue à des liquides chargés de Bactéries encore vivantes. Celles-ci, se trouvant dans un sol fraîchement remué et par conséquent aéré, sont dans les meilleures conditions pour produire des spores.

Les vers de terre en allant chercher leur nourriture autour du cadavre, ramènent de la profondeur du sol les spores qui se sont formées, et les déposent à la surface, dans ces petits tortillons que tout le monde connaît. Qu'un mouton ayant mangé des herbes dures, ayant, par conséquent, des lésions, des égratignures dans la gorge, avale en broutant un de ces tortillons, voilà la spore qui pénètre dans le sang, y germe, produit des filaments et le mouton meurt du charbon.

428. **Vaccination.** — La cause de la maladie étant découverte il fallait trouver le remède. On sait depuis longtemps qu'une personne qui a subi les atteintes d'une maladie contagieuse, même sous sa forme bénigne est en général préservée contre une atteinte nouvelle. De là à chercher à donner aux moutons un Charbon bénin pour les préserver du Charbon mortel, il n'y avait qu'un pas. Ce pas fut franchi.

La chaleur atténue la force de la Bactérie. Si on la cultive dans un bouillon à 43° centigrades pendant dix ou douze jours, et qu'on l'inocule au bout du douzième jour, à un mouton, non seulement elle ne le tue plus, mais encore elle le rend réfractaire au Charbon mortel. Elle a perdu, comme on dit, sa virulence et elle a *immunisé* le mouton.

A 43° elle ne produit jamais de spores; mais on a reconnu que si l'on cultive ensuite à 30 ou 35° des bactéries préalablement atténuées par la chaleur, elles produisent alors des spores atténuées elles-mêmes, c'est-à-dire qui, inoculées à un mouton, lui donneront une maladie bénigne, l'immunisant contre la maladie violente. Or, les spores étant très résistantes et très facilement transportables, on comprend l'importance de la découverte, puisqu'elle permet d'expédier dans le monde entier des spores atténuées, capables de vacciner les moutons contre l'affection charbonneuse.

429. Explication de l'immunisation. — On a remarqué (1) qu'une Bactérie en pleine activité dans un bouillon de culture, y déverse de très fortes quantités d'un poison violent auquel on donne le nom de toxine. Une Bactérie qui envahit l'organisme agit de même :

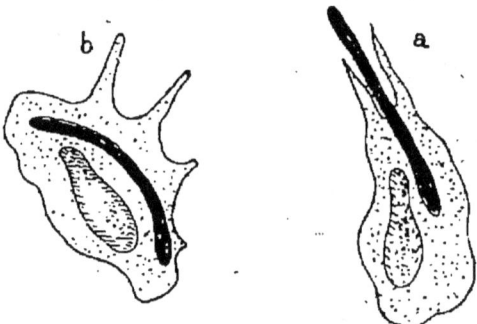

Fig. 660. — Globule blanc du sang digérant une bactérie.

elle y déverse constamment sa toxine. Or, les globules blancs du sang entrent toujours en lutte contre les corps étrangers qui tendent à pénétrer dans l'organisme. Si ce corps étranger est une Bactérie, on les voit souvent s'en emparer et la digérer (fig. 660). Mais comme ils sont impuissants à absorber toutes les Bactéries envahissantes qui rapidement pullulent, ils possèdent encore un autre moyen de défense : ils secrètent une antitoxine capable de neutraliser l'effet de la toxine produite par la Bactérie et de la rendre inoffensive. C'est même le seul moyen que les globules

---

(1) Roux-Yersin.

blancs ont de lutter contre la Bactérie, lorsque, comme dans le cas de la Diphtérie, elle ne pénètre pas directement dans le sang, mais, installée sur une lésion de la gorge, se contente d'y déverser sa toxine.

Donc, d'une part, la bactérie produit de la toxine ; d'autre part, le globule blanc réagit en produisant l'antitoxine.

Deux cas peuvent se présenter : si le globule blanc produit naturellement assez d'antitoxine pour réagir, la maladie est enrayée et ne se développe pas. C'est ce qu'on exprime en disant que l'animal est naturellement réfractaire à la maladie.

Mais il peut se faire que les globules blancs ne produisent pas assez d'antitoxine. Dans ce cas, la toxine est la plus forte et détermine chez l'animal atteint la maladie avec toutes ses conséquences.

Or, si, dans le sang d'un animal qui n'est pas naturellement réfractaire, on introduit par injection, une toxine atténuée, d'abord, puis des toxines de plus en plus virulentes, les globules blancs vont, par cette espèce de mithridatisation, s'entraîner, en quelque sorte, à produire des quantités croissantes d'antitoxine, de sorte que bientôt l'animal pourra non seulement supporter sans danger la toxine la plus virulente, mais encore la neutraliser par une production abondante d'antitoxine. Il sera immunisé.

C'est évidemment ce qui se passe dans le cas de la vaccination des moutons contre le Charbon. En leur inoculant une Bactérie atténuée, celle-ci sécrète une toxine faible, mais qui a pour effet d'exciter les globules blancs à produire de l'antitoxine, de sorte que, quand on leur inocule ensuite la Bactérie très virulente, ils se trouvent armés et parfaitement entraînés à lutter avec succès contre sa toxine. Cette explication est due à M. Mentschnikoff.

428. Sérothérapie. — On comprend alors que le sang d'un animal artificiellement immunisé contre une maladie bacillaire doit être très riche en antitoxine. C'est de cette observation qu'est née la Sérothérapie.

Si, en effet, on injecte ce sang, ou mieux, du sérum de ce sang, dans les veines d'un autre animal ou de l'homme, on y déverse du même coup beaucoup d'antitoxine, qui lui conférera l'immunisation. C'est à cette injection du sérum d'un animal immunisé, dans les veines d'un autre animal qui ne l'est pas et qui le devient, qu'on a donné le nom de sérothérapie (1).

Nous n'avons fait qu'indiquer en quoi consiste la méthode. Nous n'insisterons pas, estimant que se serait sortir du cadre que nous nous sommes tracé. Nous renvoyons, pour le surplus, aux ouvrages spéciaux.

429. Bactériacées pathogènes principales. — *Bacillus tuberculosus* ou bacille de Koch, producteur de la tuberculose.

Bacillus diphtericus ou bacille de Lœffler, produit la diphtérie.

B. typhicus, provoque la fièvre typhoïde.

Leptothrix buccalis, se trouve dans le tartre dentaire avec beaucoup d'autres *Micrococcus*, *Bacillus* et *Spirillum*, auxquels on attribue la carie des dents.

Le Spirille virgule du choléra asiatique, etc.

---

(1) Richet, Héricourt, Behring, Kitasato, Yersin, Martin, Chaillou, Roux.

RÉSUMÉ GÉNÉRAL

Caractères distinctifs des animaux et des végétaux

Maintenant que nous connaissons l'organisation des végétaux, il nous devient possible de donner les caractères qui les distinguent des animaux.

I. — Il y a un caractère principal des végétaux qui établit une séparation très nette et très tranchée entre eux et les animaux : *c'est la présence autour de la cellule végétale d'une membrane de cellulose.* Cette substance ne se rencontre pas chez les animaux. Sans doute, il existe des végétaux qui, au moins à une phase de leur existence, ne possèdent pas de cellulose; tels sont le plasmode des Myxomycètes, les zoospores, les anthérozoïdes des Thallophytes, des Cryptogames vasculaires ou des Muscinées. Mais cette absence de cellulose à une phase de la vie d'un végétal, n'est jamais que temporaire et, si l'on suit son évolution complète, on s'aperçoit qu'il arrive toujours un moment où la cellulose apparaît autour du protoplasme.

II. — Le protoplasme est une substance vivante et, par conséquent, contractile, animée sans cesse de mouvements plus ou moins rapides, selon les influences extérieures qui la sollicitent. Or, le protoplasme végétal étant enfermé à l'intérieur d'une membrane résistante et rigide, il est clair qu'il peut se mouvoir, même activement, à l'intérieur de sa prison sans que ses mouvements se fassent sentir à l'extérieur. C'est ce qui explique suffisamment l'*absence de motricité que l'on remarque chez les végétaux.*

Chez les animaux, les conditions ne sont pas les mêmes; les membranes cellulaires, n'étant pas rigides, ne masquent pas et n'étouffent pas les mouvements du protoplasme. D'autre part, comme il existe chez les animaux un système nerveux coordonnant les mouvements protoplasmiques et au besoin, les provoquant en même temps dans toute une région de l'organisme, il est clair que la *motricité peut, chez les animaux, librement s'exercer* et se manifester à l'extérieur.

Il est bon de remarquer que le caractère distinctif tiré de la motricité ne s'applique plus si l'on considère les végétaux dans la phase de leur existence où leur protoplasme est libre et nu, sans membrane cellulosique, par exemple, s'il s'agit du plasmode des Myxomycètes qui, nous l'avons vu, peut se déplacer par de véritables mouvements de reptation, fuir les conditions mauvaises d'existence et rechercher les favorables, comme le font les animaux inférieurs, qu'on nomme les amibes.

III. — Nous savons que les végétaux *possèdent de la chlorophylle*, tandis que les animaux n'en possèdent pas. Mais ce caractère est loin d'être absolu, puisqu'il existe toute une catégorie de végétaux, les Champignons, qui ne présentent pas trace de chlorophylle.

Il est donc facile, d'après cela, de définir un végétal. *C'est un être vivant, c'est-à-dire qui naît d'un être semblable à lui, se nourrit, grandit, se reproduit et meurt, — dont les cellules sont entourées de membranes rigides de cellulose, ce qui étouffe la motricité, — qui est privé de sensibilité générale et qui contient le plus souvent une substance verte, la chlorophylle.*

TABLE DES MATIÈRES

LIVRE I

LA CELLULE ET LES TISSUS VÉGÉTAUX

CHAPITRE I

Éléments constitutifs de la Cellule.

Pages.

La cellule est l'élément du corps vivant. — Constitution d'une cellule — ses parties essentielles. — Le protoplasme est la partie essentielle de la cellule. — La membrane provient du protoplasme. — Autonomie du noyau et des leucites. — Fonctions des différentes parties de la cellule.................................... 1

CHAPITRE II

Le Protoplasme et le Suc Cellulaire.

Caractères chimiques du protoplasme. — Structure du protoplasme. — Substances contenues dans le protoplasme (*amidon, corps gras, cristalloïdes*). — Substances contenues dans le suc cellulaire (*aleurone, cristaux, inuline, dextrine, sucres, gommes, glucosides, tannin, acides, matières colorantes, sels minéraux, alcaloïdes, ferments*) 7

CHAPITRE III

Les Leucites et la Membrane.

Composition des leucites. — Les deux catégories de leucites. — Rôle des leucites (*réserves, amidon*)..................................... 16
La membrane — sa constitution chimique — ses modifications chimiques (*subérification, gélification, lignification, cérification, minéralisation*) — sa structure — son mode de croissance............ 20

CHAPITRE IV

Le Noyau; Reproduction des Cellules.

Pages.

Universalité de la présence du noyau — sa structure. — Caractères physiques et chimiques de ses différentes parties. — Les sphères directrices extra-nucléaires... 26

Reproduction des cellules : la cellule peut se diviser. — Bipartition cellulaire. — Le cloisonnement... 28

CHAPITRE V

Les Tissus.

Structures linéaire, lamellaire, massive. — Rapports des cellules entre elles : méats, lacunes. — Différenciation de la membrane. — Rôle des parties épaisses et des parties minces de la membrane. — Communication des cellules entre elles. — Les tissus (épidermique, subéreux, de soutien, conducteur, sécréteur et ses produits, parenchymateux, méristémateux)... 35

LIVRE II

ÉTUDE D'UNE PLANTE PHANÉROGAME

INTRODUCTION

Les quatre embranchements du règne végétal. — Coup d'œil général sur la vie d'une plante phanérogame : Formation des réserves, sa reproduction, sa durée (*plantes annuelles, bisannuelles, pluriannuelles, vivaces*)... 57

CHAPITRE I

La Graine et la Germination.

La graine. — Toute Phanérogame sort d'une graine. — Constitution de la graine mûre (*tégument, albumen, embryon*). — Graines albuminées et exalbuminées. — Vie ralentie... 64

Germination. — Caractères d'une bonne graine. — État des réserves. — Conditions intérieures et extérieures nécessaires à la germination. — Phénomènes germinatifs ordinaires. — Germinations raccourcies ou incomplètes. — Utilisation des réserves par l'embryon : ferments digestifs (*amylase, invertase, émulsine, pepsines, saponase*). — Variations de poids de la graine pendant la germination. — Dégagement de chaleur... 67

CHAPITRE II
La Tige et la Racine.

	Pages.
Généralités	84
Caractères distinctifs de la tige et de la racine, tirés de la morphologie externe : 1° absence de feuilles sur la racine	85
2° Géotropisme : sa cause. — Forces capables de modifier le géotropisme (*phototropisme, hydrotropisme, thermotropisme*)	85
3° Croissance de la tige et de la racine	96
4° La coiffe et le bourgeon	97
5° Les poils absorbants; leur rôle	101
Caractères distinctifs de la tige et de la racine, tirés de leur structure anatomique. — Dimensions relatives de l'écorce et du cylindre central	104
L'écorce de la racine, l'écorce de la tige (stomates)	105
Le cylindre central des plantes à épaississement limité. — Sa symétrie. — Dispositions des faisceaux dans la tige et dans la racine. — Structure du faisceau	111
Le conjonctif dans la tige et dans la racine	115
Origine de la structure dite primaire : méristème vasculaire	119
Modifications apportées par l'âge aux tiges et aux racines à épaississement limité (sclérenchyme, métaxylème)	126
Raccordement de la structure primaire de la racine à celle de la tige : structure tigellaire	130
Le cylindre central des plantes à épaississement continu et illimité. — Épaississement de la tige. — Couches annuelles. — Rayons conjonctifs secondaires	132
Cas des Monocotylédones	138
Épaississement de la racine	142
Formations secondaires dans l'écorce (phellogène, liège, lenticelles)	147
Caractères distinctifs entre la tige et la racine, tirés de la ramification : les membres — leur situation sur la tige et sur la racine. — Divergence. — Origine de la ramification sur la tige et dans la racine. — Naissance des radicelles	152
Systèmes radicaux	158
Résumé général des caractères distinctifs de la tige et de la racine	160

CHAPITRE III
La Feuille.

Disposition des feuilles à chaque nœud. — Aspect extérieur d'une feuille. — Morphologie du limbe (nervures, parenchyme, formes des feuilles)	162
Morphologie du pétiole, sa symétrie	168
La gaine et les stipules	169
Anatomie du pétiole	170
Structure du limbe (*parenchyme, nervures, stomates*)	171
Chute des feuilles	179

CHAPITRE IV

Variation de l'appareil végétatif du type Phanérogame.

Pages.

Variations spécifiques. — Différentes sortes de tiges. — Tiges volubiles (*circumnutation*), grimpantes (*vrilles, crampons*), rampantes (racines adventives), souterraines, rhizomes, tiges bulbeuses 180

Variations physiologiques. — Influence des conditions extérieures sur la structure des plantes, influence du milieu souterrain 188

Influence du milieu aquatique 191
Influence de la lumière 195
Influence du climat 196
Transformisme 200

CHAPITRE V

Physiologie générale.

Introduction 202
Absorption. — Analyse chimique des plantes 202
Méthode des sols artificiels (Amendements, engrais) 205
Méthode des liquides nutritifs ou méthode de Knop 208
Forme assimilable de la matière minérale 210
Absorption de l'azote (nitrification, assolements) 211
Absorption de l'oxygène : respiration 217
Absorption du carbone : assimilation chlorophyllienne 221
La chlorophylle, son origine, sa formation, sa nature chimique ... 224
Absorption de radiations par la chlorophylle 231
Influence des radiations sur l'assimilation chlorophyllienne 232
Mode d'action de la chlorophylle 237
Rapport du volume d'oxygène émis au volume d'acide carbonique absorbé dans l'assimilation 237
Parasitisme 239
Constitution des réserves, leur digestion. — Synthèses organiques 240
Élimination. — Substances éliminées 242
Émission de la vapeur d'eau — ses variations 243
Origine de la vapeur d'eau émise. — Transpiration et chlorovaporisation. — Relation de la chlorovaporisation avec l'éclairement. — Sudation, nectar, odeur crépusculaire 248
Sécrétion et matières sécrétées 252
Résumé de l'alimentation 254
Circulation dans les végétaux. — Pénétration des liquides dans la racine 255
Ascension de la sève 257
Distribution de la sève élaborée 259
Turgescence. — Mouvements des feuilles 260

CHAPITRE VI

Reproduction des Phanérogames.

	Pages.
La Fleur...	270
Inflorescence..	271
Structure de la fleur — ses parties constitutives.................	282
Importance inégale des verticilles floraux..........................	285
Le calice, sa préfloraison, ses différentes formes................	287
La corolle...	288
L'androcée : forme de l'étamine, sa nature foliaire, sa structure, son développement..	292
Formation des grains de pollen..	296
Paroi de l'anthère, sa déhiscence.....................................	299
Le grain de pollen..	301
Le pistil, structure du carpelle, rapports des carpelles entre eux, différentes sortes d'ovaires......................................	303
L'ovule, sa forme extérieure, sa structure, son développement, formation du sac embryonnaire..................................	313
Fécondation : Pollinisation...	321
Germination du grain de pollen..	324
Fécondation proprement dite. — Arrivée du tube pollinique dans l'oosphère...	328
Transformation de l'ovule en graine. — Formation de l'albumen..	330
Développement de l'œuf en embryon. Digestion de l'albumen.....	334
Évolution des téguments...	337
Classification des fruits...	338
Multiplication des Phanérogames. — Marcottage, Bouturage, Greffage...	345

LIVRE III

CLASSIFICATION DES PHANÉROGAMES

CHAPITRE PREMIER

Sous-embranchements et classes.

Diagrammes. — Classification générale. — Caractères distinctifs des Monocotylédones et des Dicotylédones.......................	351

CHAPITRE II

Phanérogames Angiospermes.

Monocotylédones. — *Liliacées*.....................................	358
Asparaginées. Colchicacées..	360

TABLE DES MATIÈRES

	Pages.
Iridacées..	362
Amaryllidées, Orchidées...	363
Scitaminées, Hydrocharidées, Zingibéracées..............................	369
Joncées, *Palmiers*..	370
Aroïdées...	372
Typhacées, *Graminées*..	374
Cypéracées...	379
Dicotylédones, division en sous-classes..................................	380
Apétales à ovaire non adhérent: Urticacées............................	380
Cannabinées...	381
Morées...	383
Artocarpées..	384
Ulmacées, Platanées, Pipéracées...	385
Salicinées...	387
Polygonacées...	388
Chénopodées..	389
Apétales à ovaire adhérent. — Cupulifères............................	391
Juglandées...	393
Dialypétales à ovaire non adhérent. — *Renonculacées*....	394
Magnoliacées..	396
Rosacées (Rosées, Agrimoniées, Fragariées, Spirées, Quillajées, Pyrées, Prunées)...	397
Légumineuses papilionacées..	401
Légumineuses césalpiniées...	403
Légumineuses mimosées..	405
Lauracées, Ménispermacées, Berberidacées.............................	407
Nymphéacées...	408
Papavéracées..	409
Fumariacées, *Crucifères*...	410
Capparidées...	412
Caryophyllées...	413
Rutacées..	414
Térébinthacées, Euphorbiacées...	415
Malvacées..	416
Diptérocarpées, Ternstrœmiacées, Bixacées, Ampélidées, Buxées, Rhamnées, Hypéricinées...	419
Dialypétales à ovaire adhérent. *Ombellifères*.......................	419
Araliacées, Grossulariées, Hamamélidées, Liquidambarées, Myrtacées	421
Gamopétales à ovaire non adhérent. *Solanées*....................	421
Verbascées...	425
Scrofularinées...	426
Apocynées, Asclépiadées..	428
Convolvulacées, *Borraginées*...	429
Echium..	431
Labiées..	432
Verbénacées, Styracacées, Oléacées, Ilicinées..........................	435
Primulacées...	436
Gamopétales à ovaire adhérent. *Rubiacées*.........................	437
Caprifoliacées...	441

TABLE DES MATIÈRES

Pages.
Composées.. 443
Dipsacées... 446
Campanulacées, Cucurbitacées.................................... 447

CHAPITRE IV
Phanérogames gymnospermes.

Les Conifères, Tige et Racine.................................. 448
Feuilles.. 452
Fleurs.. 453
L'ovule, le sac embryonnaire..................................... 457
Fécondation, développement de l'œuf.............................. 460
Cycadées, Gnétacées.. 467

LIVRE IV
CRYPTOGAMES VASCULAIRES, MUSCINÉES THALLOPHYTES

CHAPITRE I
Cryptogames vasculaires.

Étude d'une Fougère.. 469
Racine.. 472
Origine des radicelles... 474
Tige.. 475
Reproduction des Fougères.. 479
Équisétacées. — Appareil végétatif.............................. 491
Reproduction des Équisétacées.................................... 496
Lycopodiacées. — Appareil végétatif et reproduction............ 501
Rhizocarpées... 506

CHAPITRE III
Muscinées.

Mousses. — Appareil végétatif................................... 513
Reproduction des Mousses... 515
Formation de la Tourbe et de la Houille.......................... 525
Hépatiques. — Appareil végétatif................................ 526
Reproduction des Hépatiques...................................... 527
Characées. — Mode de végétation et appareil végétatif.......... 53
Reproduction des Characées....................................... 5342

CHAPITRE III
Thallophytes.

Appareil végétatif. — Algues et Champignons.................. 538

Algues.

Algues brunes. — Fucacées............................... 539
Diatomées... 545
Algues rouges ou Floridées............................. 546
Algues vertes. — Conjuguées............................ 550
Œdogoniées.. 552
Confervacées.. 553
Siphonées... 555
Protococcacées.. 557
Volvocinées... 558
Hydrodychtiées.. 559
Algues bleues. — Oscillariées, Nostoccacées............ 560

Champignons.

Division des Champignons.................................. 561
Basidiomycètes.. 562
Urédinées... 567
Ascomycètes (Périsporiacées, Pyrénomycètes, Discomycètes).. 572
Mysomycètes... 582
Oomycètes (Mucorinées, Péronosporées)..................... 585

CHAPITRE IV
Types aberrants.

Lichens... 592
Bactériacées.. 600
Résumé général, caractères distinctifs des animaux et des végétaux   615
Table des matières.. 617

Paris. — Imp. PAUL DUPONT, 4, rue du Bouloi (Cl.) 564.10.96.

www.ingramcontent.com/pod-product-compliance
Lightning Source LLC
Chambersburg PA
CBHW051323230426
43668CB00010B/1129